COLLECTION / SANTÉ

Dictionnaires

DICTIONNAIRE
ENCYCLOPÉDIQUE DES
ALIMENTS

Données de catalogage avant publication (Canada)

Monette, Solange

Dictionnaire encyclopédique des aliments
(Collection Santé. Dictionnaires)

ISBN 2-89037-475-0

1. Aliments – Dictionnaires.   2. Cuisine – Dictionnaires.
I. Titre.   II. Collection.
TX349.M66 1989   641.3'003'41 C89-096333-9

Dépôt légal:
Bibliothèque nationale du Québec
Bibliothèque nationale du Canada
4e trimestre 1989
ISBN 2-89037-475-0

Montage
Andréa Joseph

DICTIONNAIRE ENCYCLOPÉDIQUE DES
ALIMENTS

Solange Monette

ÉDITIONS QUÉBEC/AMÉRIQUE

425, rue Saint-Jean-Baptiste, Montréal, Québec H2Y 2Z7 (514) 393-1450

À mes enfants,
Alain, Normand, Julie,
et à ma mère, Yvette.

Remerciements

Je remercie tout spécialement Serge Mongeau qui a toujours eu confiance en mon projet, qui m'a encouragée et soutenue lors des périodes de découragement et qui m'a aidée de ses conseils lorsque j'en avais besoin.

Je remercie également mes trois enfants, Alain, Normand et Julie Mongeau, qui ont tous collaboré au dictionnaire à un moment donné. Alain fut un précieux collaborateur pendant un an et demi. Normand fut mon expert-consultant en informatique en plus d'être mon secrétaire, tandis que Julie a aussi copié mes textes sur l'ordinateur losrque Normand n'était pas disponible.

Je veux aussi souligner l'apport de Louise Lambert-Lagacé et de Cynthia Doherty, qui ont révisé le manuscrit et qui m'ont fait de judicieux commentaires, et celui de Hélène Vadeboncœur, qui a lu une partie du texte les premières années et qui m'a exhortée à poursuivre mon œuvre.

Introduction

Comment l'idée d'écrire un dictionnaire encyclopédique des aliments peut-il bien prendre naissance? Ce projet a atterri sur ma table de travail à la suite d'une suggestion de Jacques Fortin, le directeur de Québec/Amérique. Je venais de terminer ma maîtrise en anthropologie, au cours de laquelle je m'étais spécialisée en alimentation, et j'avais du temps à consacrer à l'écriture. Je me suis donc attaquée à cette œuvre sans me douter qu'il s'écoulerait huit années avant que le livre ne soit publié, dont sept ans de travail assidu. Mises à part la collaboration de mon fils Alain à la recherche et à la rédaction pendant un an et demi et celles de mon fils Normand et de ma fille Julie pour transcrire mes textes à l'ordinateur, j'ai accompli ce travail seule.

Un des buts du *Dictionnaire encyclopédique des aliments* est de fournir de l'information claire et précise sur les aliments, non seulement en les décrivant mais en expliquant comment les acheter, les préparer, les cuire, les utiliser et les conserver. On y trouvera aussi une partie historique ainsi que des données sur la valeur nutritive; ne sont mentionnés toutefois que les principaux éléments nutritifs et ce, afin de ne pas contribuer à renforcer une attitude médicalisée face aux aliments, attitude beaucoup trop répandue actuellement. Un autre objectif de cet ouvrage est d'aider à l'amélioration des habitudes alimentaires, en rendant accessibles les connaissances qui permettent d'y arriver.

Le *Dictionnaire encyclopédique des aliments* est unique sur le marché par la façon dont sont traités les sujets. J'ai choisi d'expliquer pourquoi et comment il est préférable d'agir afin qu'on comprenne et qu'on puisse, si désiré, faire des choix éclairés. Ces informations sont souvent difficiles à obtenir et elles sont rarement réunies dans un même volume.

Ce *Dictionnaire* se distingue aussi par ses rubriques consacrées aux principaux groupes d'aliments – algues, céréales, champignons, crustacés, épices, fines herbes, fromages, fruits, légumes, légumineuses, poissons, viande et volaille. Ces rubriques informent en profondeur sur lesdits aliments en les décrivant et en les traitant sous les aspects suivants: valeur nutritive, achat, préparation, cuisson, utilisation et conservation. Ces sections générales permettent également d'éviter les répétitions; aussi est-il conseillé de s'y référer en plus de lire le texte sur chaque aliment.

ABATS

Noms anglais: *giblets, offal*

Nom donné aux parties comestibles autres que la viande provenant des animaux tués. On distingue habituellement les abats rouges (cœur, foie de veau, langue, poumons, rate et rognons) des abats blancs (cervelle, fraise, mamelle, moelle, pieds, ris, tête et tripes). Certains abats sont plus recherchés (foie de veau, cervelle, langue et rognons), ce qui en augmente le prix; la plupart cependant ne sont guère prisés et coûtent relativement peu. Le poumon et la rate servent surtout pour alimenter les animaux; en temps de disette, on s'en est servi pour préparer certains mets. La moelle, principalement de bœuf, peut être pochée seule ou dans l'os; elle peut aussi être mise à fondre comme du beurre et servir à la cuisson de la viande et des légumes. La tête de porc sert à fabriquer du fromage de tête; la tête de veau est la plus appréciée et celle qui est apprêtée avec le plus de diversité; les têtes des autres animaux entrent surtout dans la préparation d'autres mets (terrines, museau, etc.).

VALEUR NUTRITIVE Les abats sont riches en vitamine A, en vitamine C, en niacine, en acide folique et en fer, ce qui explique pourquoi diététistes et médecins les recommandent souvent. Les bienfaits des abats ne sont pas reconnus par tout le monde cependant; les hygiénistes entre autres leur reprochent principalement de contenir des résidus non souhaitables (notamment de médicaments) et d'entraîner la formation d'acide urique, ce qui impose un surcroît de travail au système rénal humain. Les résidus se retrouvent principalement dans le foie, la cervelle, le thymus (ris), les rognons et le cœur.

UTILISATION La diversité des abats se répercute non seulement sur leur texture, leur saveur et leur valeur nutritive mais également sur leur utilisation. On se sert beaucoup des abats en charcuterie ou pour cuisiner soupes, ragoûts et spécialités.

CONSERVATION Les abats sont très périssables; ils ne se conservent qu'un jour ou deux au réfrigérateur; ils peuvent être congelés. Toujours s'assurer qu'ils soient bien frais et les apprêter le plus rapidement possible. Certains doivent être cuits à fond, telle la langue; d'autres, très peu, notamment le foie et la cervelle.

ABRICOT

Prunus armeniaca, **Rosacées**
Nom anglais: *apricot*

Fruit de l'abricotier, arbre originaire de Chine. Le mot «abricot» est dérivé d'un terme arabe *al birqûq*, qui signifie «précoce», et ce, parce que l'abricotier fleurit extrêmement tôt au printemps. On a longtemps cru que l'abricotier venait d'Arménie et il fut baptisé *Prunus armeniaca*. On l'accusa pendant un long moment de produire des fruits maudits; on pensait qu'ils donnaient la fièvre.

L'abricot a des feuilles caduques et il peut atteindre de 6 à 9 m de haut; il produit de magnifiques fleurs odorantes qui ont la curieuse caractéristique d'être fixées directement sur les branches et le tronc. Il en existe plus de 40 variétés; la plupart poussent sous les climats chauds mais certains hybrides sont acclimatés aux régions tempérées; en Amérique du Nord on peut le cultiver jusqu'au Québec, mais dans la région métropolitaine seulement. Les États-Unis fournissent environ 90 % de la production mondiale; la majeure partie de la récolte américaine est mise en conserve.

L'abricot est un fruit à noyau (drupe) qui ressemble légèrement à la pêche mais en plus petit et en plus allongé. De couleur allant du jaune pâle au jaune orangé, il est parfois teinté de rose. Sa peau comestible est légèrement duveteuse, sauf à maturité où elle devient lisse. Sa chair orangée est sucrée et très parfumée; elle est cependant souvent farineuse et peu savoureuse car le fruit est délicat et il voyage mal.

VALEUR NUTRITIVE

L'abricot contient 1,4 g de protéines, 0,4 g de matières grasses, 11 g d'hydrates de carbone et 48 calories/100 g. Il est riche en carotène, en potassium, en calcium, en magnésium, en fer et en cuivre. Lorsqu'il est séché, la concentration de ses éléments nutritifs est plus élevée; il contient souvent un additif (anhydride sulfureux ou peroxyde d'hydrogène) qui lui confère une couleur brillante et qui permet de le conserver plus longtemps.

ACHAT

Il n'est pas facile d'acheter un abricot vraiment savoureux; d'une part, ce fruit ne peut atteindre sa pleine saveur que sur l'arbre, car une fois cueilli, son contenu en sucre ne bouge plus; d'autre part, il mûrit très vite. Choisir des fruits intacts, ni trop fermes, ni trop mous, de couleur uniforme et exempts de taches blanchâtres.

UTILISATION ET CONSERVATION

Délicieux lorsqu'il est mangé nature, l'abricot est cependant plus souvent cuit. Il entre dans la confection de tartes, gâteaux, sorbets, glaces, yogourts, crêpes, confitures, salades, etc. Il est mis en compote, dans l'alcool, confit ou déshydraté (il est utilisé tel quel ou après avoir trempé dans de l'eau, du jus ou de l'alcool). L'abricot se prépare, est cuit et se conserve comme la pêche et le brugnon (ces fruits sont d'ailleurs interchangeables dans la plupart des recettes).

ACHIGAN

Micropterus spp, **Centrarchidés**
Autres noms et espèces: *achigan à petite bouche,*
achigan à grande bouche, perche truitée
Nom anglais: *bass*

Poisson gibier difficile à prendre, qui se tient en milieu lacustre ou fluvial. L'achigan peut atteindre une longueur maximale de 64 cm environ; ce poisson bossu a des nageoires dorsales épineuses, des écailles rugueuses et une tête effilée qui occupe le tiers de son corps. Les caractéristiques particulières des différentes espèces varient selon les endroits où elles vivent.

Achigan à petite bouche *(Micropterus dolomieni)*. De forme allongée, cette espèce peut atteindre de 30 à 50 cm de long; elle pèse en moyenne un ou deux kilos. La bouche, dont la mâchoire inférieure est proéminente, est garnie de nombreuses petites dents. La couleur varie selon l'environnement; habituellement le dos est vert foncé, les flancs dorés ou bronzés avec des rayures sombres et les nageoires rouges ou violettes.

Achigan à grande bouche *(Micropterus salmoides)*. Le corps est un peu plus robuste que celui de l'achigan à petite bouche. Le dos est vert foncé et les flancs verdâtres ont des reflets argentés; on remarque aussi des bandes latérales sur les flancs, surtout chez les jeunes spécimens. La bouche se prolonge jusque derrière l'œil, ce qui la distingue de celle de l'achigan à petite bouche dont la mâchoire arrive à peine à la hauteur de l'œil. Cet achigan préfère des eaux plus chaudes; il s'accommode plus volontiers des cours d'eau paresseux et des lacs vaseux. Il peut atteindre une taille et un poids à peine supérieurs à ceux de l'achigan à petite bouche. On le nomme «perche truitée» en Europe.

VALEUR NUTRITIVE ET UTILISATION

La chair blanche est maigre, floconneuse et très fine. Elle contient 19 g de protéines, 2,6 g de matières grasses et 104 calories/100 g. On en tire aisément de beaux filets, quoique les arêtes pouvant s'y trouver sont plutôt embarrassantes. Les écailles sont tenaces; pour s'en débarrasser, on peut plonger le poisson quelques instants dans l'eau bouillante citronnée, puis le gratter ou enlever la peau. L'achigan supporte tous les genres de cuisson. L'achigan de taille moyenne peut s'apprêter comme la truite tandis que celui de taille plus importante peut se préparer comme la carpe ou l'alose, entier ou le plus souvent en filets.

Ce poisson de pêche sportive est souvent contaminé par divers résidus. La contamination varie en fonction de l'âge du poisson et de son habitat. Plus un poisson est âgé, donc gros, plus la concentration de résidus est élevée. Il est préférable de limiter la consommation d'achigan, à moins de savoir qu'il provient d'un habitat

13

non pollué. Au Québec, le ministère de l'Environnement recommande de ne pas manger plus de 230 g d'achigan par 2 semaines.

CONSERVATION   Voir poissons, p. 429.

AGNEAU et MOUTON

Ovis, **Ovidés**

Noms anglais: *lamb, sheep, mutton*

L'agneau est le petit de la brebis, un animal relativement docile, domestiqué depuis les temps anciens. En boucherie, le terme mouton s'applique au mâle adulte castré, au mâle non castré (bélier) et à la femelle. La viande d'agneau provient d'un animal âgé de moins de 12 à 14 mois (les normes varient selon les pays). On distingue en général 3 catégories d'agneaux en fonction de leur âge: l'agneau de lait ou «agnelet», tué avant sevrage à l'âge de 30 ou 40 jours, lorsqu'il pèse habituellement de 7 à 11 kg – viande très tendre et délicate; l'agneau blanc («léger» ou «laiton»), tué entre 5 et 12 semaines et pesant de 11 à 25 kg – il représente la plus grande partie des agneaux de boucherie, viande rosée et tendre (quoique un peu ferme) avec du gras bien blanc; et l'agneau gris («lourd» ou «broutard») âgé de 6 à 9 mois et pesant entre 20 et 40 kg – viande plus foncée, gras grisâtre et saveur prononcée.

L'élevage du mouton a longtemps joué un rôle économique important dans les sociétés pastorales où les familles dépendaient de ces bêtes pour obtenir laine, cuir, viande et lait (avec lequel elles produisaient fromage, beurre et yogourt). L'agneau apparaît souvent comme symbole dans le folklore ou les religions (agneau pascal, Agneau de Dieu, etc.).

La viande de mouton peut provenir d'animaux d'élevage ou de vieux animaux élevés pour la production de laine. Plus l'animal est âgé, plus la viande est rouge, dure, «persillée» de gras et de saveur prononcée; de tels animaux sont responsables de la mauvaise réputation du mouton dont on dit qu'il «goûte la laine». Pour sa part, la viande d'agneau est délicieuse, en particulier quand elle est fraîche.

VALEUR NUTRITIVE   L'agneau renferme 16 g de protéines, 24 g de matières grasses et 280 calories/100 g; plus il est âgé, plus il contient de gras et plus il est calorifique tout en ayant un contenu en protéines légèrement moindre. Il est riche en potassium, en phosphore et en vitamines du complexe B, notamment en niacine, en riboflavine et en B_{12}.

L'agneau et le mouton se distinguent des autres animaux par la nature de leur gras, nommé «gras dur». On l'appelle ainsi parce que ce gras fige rapidement dans l'assiette, acquérant une texture dure, ce qui rend désagréable la consommation de viande réfrigérée. Ce gras fond à une température plus basse que le gras des autres viandes; à haute température, il occasionne un plus grand assèchement de la viande, causant une perte de saveur. Il rancit plus rapidement.

ACHAT La couleur, la texture et la saveur de la viande dépendent de la race, de l'âge, de l'alimentation et des conditions de vie de l'animal. L'état des os et la couleur du gras et de la chair permettent de distinguer l'agneau du mouton; les articulations des membres antérieurs sont cartilagineuses chez l'agneau et osseuses chez le mouton, le gras est plus foncé chez le mouton et sa chair est dans les teintes de rouge tandis qu'elle est dans les teintes de rose chez l'agneau. L'os d'un gigot constitue environ 25 % du poids; en tenir compte lors de l'achat pour éviter la désagréable surprise de cuire un gigot trop petit pour le nombre de convives.

CUISSON La viande d'agneau est à son meilleur encore rosée. Comme le bœuf, elle peut être mangée saignante (température interne entre 63 et 65 °C), à point (68 °C) ou bien cuite (autour de 80 °C). Comme elle s'assèche facilement, la saisir seulement pour une courte période et éviter de la surcuire. La cuisson s'effectue presque toujours à découvert; on calcule environ 20 minutes par livre à 165 °C pour un gigot. On cuit très souvent le mouton par braisage ou par pochage afin de l'attendrir et de masquer sa forte odeur. Le cuire à basse température pour fondre le gras doucement et éviter que la senteur ne se répande dans toute la maison.

UTILISATION Divers assaisonnements avantagent l'agneau et le mouton dont le basilic, la menthe, le romarin, la sauge et le zeste de citron, de lime ou d'orange. Cette viande peut être mangée froide; la réchauffer cependant si elle sort du réfrigérateur pour rendre le gras moins dur.

Le gigot d'agneau est un mets traditionnel du jour de Pâques dans plusieurs pays. Le méchoui, un agneau ou un mouton entier rôti à la broche sur les braises d'un feu de bois, fait partie des coutumes en Afrique du Nord et dans d'autres pays arabes. La cuisine arabe aime bien aussi incorporer l'agneau ou le mouton dans le couscous.

CONSERVATION Bien frais, l'agneau se conserve 3 jours au réfrigérateur (une seule journée s'il est haché). Au congélateur, il se conserve de 5 à 9 mois en morceaux et de 3 à 4 mois haché.

AGRUMES

Nom anglais: *citrus fruits*

Nom collectif donné aux fruits produits par les *citrus*, arbres de la famille des Aurantiacées. Les citrus ont un feuillage persistant et ils atteignent selon les espèces des tailles variables (autour de 5 m pour le limettier et jusqu'à 18 m pour le pamplemoussier). Ils ne poussent que sous les climats où il ne gèle pas et où l'été est long et chaud. Le terme agrume vient du latin *acrumen* signifiant «saveur âcre»; bergamote, cédrat, citron, citron vert, clémentine, lime, limette, mandarine, orange, pamplemousse, pomélo, tangélo, tangerine et quelques autres sont désignés par ce terme.

Les agrumes sont des baies recouvertes d'une écorce plus ou moins épaisse, d'abord verte puis devenant jaune, rosée ou orange selon les espèces; quelques espèces cependant restent vertes même à maturité. Leur chair juteuse et acidulée contient ou est exempte de pépins, selon les variétés. Elle est recouverte d'une fine membrane et se divise plus ou moins facilement en quartiers. Les agrumes ne mûrissent plus une fois cueillis; ce sont des fruits moyennement fragiles.

VALEUR NUTRITIVE

Les agrumes contiennent généralement de 0,60 à 1,10 g de protéines, de 8 à 12 g d'hydrates de carbone, des matières grasses à l'état de traces et de 30 à 50 calories/100 g.

Ils sont une excellente source de vitamine C. Ils contiennent des bioflavonoïdes, surtout concentrés à l'intérieur de la peau et dans les membranes, éléments qui aident à l'absorption de la vitamine C. Ils sont également riches en acide folique, en biotine, en potassium, en calcium, en magnésium et en acide citrique, ce dernier responsable de leur saveur aigrelette. La teneur des divers éléments nutritifs varie selon les espèces et les variétés.

Ces fruits sont munis d'une membrane intérieure blanchâtre légèrement amère, qui contient divers éléments nutritifs, dont la pectine qui gélatinise confitures, gelées et marmelades; en l'enlevant, on se prive de ses nutriments et de son action bénéfique sur le système digestif, car elle facilite le transit intestinal. L'écorce (le zeste) renferme de minuscules sacs remplis d'huile essentielle très aromatique, dont on se sert entre autres pour parfumer les aliments.

ACHAT

Choisir des fruits intacts, exempts de taches noires, de moisissures et de points mous, avec une peau lisse, ni trop épaisse ni trop terne. Une écorce très rugueuse est généralement épaisse et le fruit risque d'être petit et peu juteux. Des fruits légers pour leur taille manquent habituellement de fraîcheur et leur légèreté est signe de dessèchement; au contraire, quand les agrumes sont lourds, c'est souvent parce qu'ils sont juteux. La façon idéale d'acheter les agrumes serait d'examiner un spécimen coupé en deux; l'épaisseur de l'écorce et l'état de la pulpe sont alors visibles, ce qui évite les mauvaises surprises. C'est une pratique en vigueur dans de nombreux pays.

Comme beaucoup de fruits, les agrumes sont classifiés par numéros. Ces chiffres font référence à la grosseur, qui s'établit en fonction du nombre de fruits qui entrent dans une boîte. Plus les fruits sont petits, plus le chiffre est élevé car ces fruits prennent peu de place, ils sont donc plus nombreux dans le contenant; une orange 113 est donc plus petite qu'une orange 88.

UTILISATION   La popularité des agrumes en jus ou nature est bien connue. Ces fruits se cuisinent cependant de maintes façons, de l'entrée au dessert; ils accompagnent viande, volaille et poisson, ils entrent dans les salades composées et dans une multitude de desserts. Des pépins on tire de l'huile, de la peau blanche de la pectine, de l'écorce une huile essentielle. Cette écorce peut être cuite (marmelade), confite (friandise), râpée ou coupée en fines lamelles (zeste) pour arômatiser desserts, tisanes, etc. Il est préférable de laver l'écorce à l'eau chaude en la brossant légèrement si on la cuisine, car la plupart des agrumes viennent en contact avec diverses substances chimiques.

Pour peler un agrume, on peut se servir de ses doigts, d'une cuiller ou d'un couteau. Pour râper le zeste, toujours travailler quand le fruit est entier, il se tient mieux et le risque de se râper les doigts est moindre. Quand on utilise l'écorce telle quelle, la pétrir quelques instants entre les doigts, cela libère la saveur. Rouler l'agrume en le pressant avant d'en extraire le jus, on obtient alors plus de jus car on rompt les capsules qui l'emprisonnent.

CONSERVATION   La plupart des agrumes peuvent êtres laissés à la température de la pièce, loin d'une source de chaleur, si on les conserve un court laps de temps. Font exception les plus fragiles telles les mandarines et les tangerines qui se rangent dans un endroit frais (non froid car elles s'endommagent) ou au réfrigérateur dans le tiroir à fruits ou dans la partie la moins fraîche. Réfrigérer les agrumes pour une conservation à plus long terme; ne pas oublier de les sortir quelque temps avant de les consommer pour qu'ils soient plus savoureux. Se méfier de la condensation qui se forme quand ils sont dans un sac de plastique ou dans un récipient hermétique, elle accélère le pourrissement. Faire des trous dans les sacs ou laisser le contenant entrouvert. La congélation leur convient lorsqu'ils sont en jus. Le zeste se congèle ou se déshydrate.

AIGLEFIN ou ÉGLEFIN

Melanogrammus aeglefinus ou *Gadus aeglefinus*, **Gadidés**
Autres noms et espèces: *morue de Saint-Pierre, morue noire, ânon*
Nom anglais: *haddock*

Poisson des mers froides, cousin de la morue et lui ressemblant.

L'aiglefin est plus petit que la morue, mesurant entre 30 et 90 cm et pesant de 2 à 5 kg. Sa mâchoire supérieure est légèrement proéminente et sa bouche est petite. Sous son menton se loge un petit barbillon très court. Son dos, de couleur gris-brun, est orné d'une ligne latérale noire et une grosse tache foncée surmonte chaque nageoire pectorale.

VALEUR NUTRITIVE   La chair blanche et maigre a une texture délicate; elle contient 18 g de protéines, 0,1 g de matières grasses et 75 calories/100 g. Très savoureuse, elle est plus douce que celle de la morue tout en possédant une valeur nutritive identique.

UTILISATION   L'aiglefin peut s'apprêter d'une infinité de façons et les recettes de morue lui conviennent parfaitement. Il est particulièrement délicieux en sauce. Plus fragile que la morue, il est plus souvent fumé que salé; il prend alors le nom anglais de haddock. Il est également séché ou congelé.

CONSERVATION   Voir poissons, p. 429.

AIL

Allium sativum, **Liliacées**
Nom anglais: *garlic*

Plante potagère annuelle originaire de l'Asie centrale ou de l'Inde. Connu depuis l'Antiquité, l'ail est parmi les plus anciennes plantes cultivées. Réputé pour ses diverses vertus culinaires et médicinales, il se caractérise par une odeur et une saveur tenaces. Son nom latin *allium* serait dérivé du celte *alle* signifiant «chaud».

Le bulbe ou «tête d'ail» est formé de caïeux, plus souvent nommés gousses; on en compte de 8 à 40 par tête. Le bulbe ainsi que chaque gousse à l'intérieur sont recouverts d'une membrane blanchâtre extrêmement fine. À maturité, lorsque ses longues feuilles vertes et plates dépérissent, l'ail est prêt à être cueilli; il est très souvent mis à sécher mais peut se consommer frais. Il en existe plus de 30 variétés, ce qui se répercute sur la grosseur, la couleur et la saveur. Parmi les plus courantes, on trouve l'ail commun (enveloppe extérieure blanche ou grisâtre), l'ail rose ou rouge (seule l'enveloppe est teintée de ces couleurs) et l'ail éléphant, une espèce voisine *(A. ampeloprasum)*, plus grosse et de saveur moins prononcée.

VALEUR NUTRITIVE   Depuis toujours, la croyance populaire attribue à l'ail de nombreuses propriétés médicinales dont plusieurs furent corroborées par des recherches médicales. On le dit notamment diurétique, expectorant, carminatif, bactéricide, stomachique, tonique, vermifuge et anticancérigène. L'ail contient 0,2 g de protéines, des matières grasses à l'état de traces, 0,9 g d'hydrates de carbone et 4 calories/3 g (1 gousse). Il est riche en soufre, en iode et en potassium; il contient du sulfure d'allyle qui en fait un antiseptique et un désinfectant puissants. Au Québec on s'en sert dans l'élevage des porcs pour remplacer les antibiotiques chimiques depuis 1983. On a découvert, en 1984, que l'ail contenait de l'ajoene, une substance qui aurait notamment la propriété d'éclaircir le sang, donc qui empêche la formation de caillots. Les personnes intéressées par les vertus bénéfiques de l'ail ingèrent souvent des comprimés d'ail. L'ail peut être difficile à digérer.

ACHAT   Rechercher des bulbes intacts et fermes, exempts de germes et de taches. L'ail est aussi disponible sous forme de poudre, de flocons, d'huile ou de jus.

CUISSON   L'ail est parfois fort décrié à cause de sa saveur particulièrement tenace qui laisse des traces persistantes dans l'haleine. Cette saveur apparaît lorsqu'on coupe l'ail; la rupture des membranes libère des substances qui deviennent actives à l'air ambiant. De notre intervention dépendra l'intensité de la saveur; plus l'ail est écrasé et coupé finement, plus il est savoureux. La cuisson joue aussi un rôle important; plus elle s'effectue à feu vif ou se prolonge, plus la saveur diminue; ajouter l'ail en toute fin de cuisson donne un maximum de saveur. La pratique qui consiste à frire l'ail jusqu'à ce qu'il brunisse détruit presque toute la saveur tout en rendant l'ail âcre, ce qui se transmet aux autres aliments. Laisser l'ail entier et le cuire sans l'éplucher ni le couper donne une saveur discrète qui rappelle la noisette et qui épargne l'haleine.

UTILISATION   L'ail peut servir comme légume et il est excellent comme tel, mais c'est principalement comme condiment qu'il est utilisé. Pour peler facilement les gousses, les écraser légèrement avec le revers de la lame d'un couteau, la membrane s'enlève ensuite presque d'elle-même. L'ail aromatise une foule d'aliments (potages, salades, légumes, vinaigrettes, viandes, ragoûts, charcuterie, marinades, etc.). Le frotter à l'intérieur des plats à salade ou à fondue confère une délicate touche aillée. Quelques gousses déposées dans de l'huile la parfumeront; plus elles y séjournent longtemps, plus la saveur est prononcée. Les tiges vertes peuvent remplacer l'échalote ou la ciboulette. Pour rafraîchir l'haleine après l'ingestion de l'ail, mâcher du persil, de la menthe ou des grains de café.

CONSERVATION   L'ail n'a pas besoin d'être réfrigéré, d'ailleurs son odeur se transmettrait aux autres aliments. Il se conserve plusieurs mois à l'air ambiant dans un endroit bien aéré, sec et pas trop chaud. Plus il fait chaud et humide, plus il germe et moisit rapidement. La meilleure température pour une conservation prolongée oscille autour de 0 °C avec pas plus de 60 % d'humidité. Ses tiges tressées permettent de le suspendre et ajoutent une note décorative. L'ail se congèle tel quel simplement débarrassé de sa peau extérieure; sa durée de conservation est d'environ 2 mois.

ALGUES

Noms anglais: *algae, seaweed*

Plantes aquatiques croissant dans les eaux salées et les eaux douces. Les algues sont parfois désignées sous le vocable de «légumes de mer». Dans certaines parties du globe, on consomme les algues depuis les temps reculés; c'est le cas notamment en Amérique du Sud et en Asie. Au Japon par exemple, des découvertes archéologiques ont démontré qu'on en mangeait il y a 10 000 ans. En Amérique du Nord et en Europe, les algues n'ont jamais été beaucoup utilisées en cuisine sauf chez certains peuples côtiers, tels les Bretons et les Écossais. C'est au Japon qu'il se consomme le plus d'algues par habitant; ce pays est aussi le plus grand producteur et exportateur d'algues, ce qui explique pourquoi on connaît souvent les algues sous leur appellation japonaise (kombu, wakamé, hijiki, etc.).

Les algues sont dépourvues de feuilles, de tiges et de racines; leur organe végétatif est appelé «thalle», du grec *thallos* signifiant «rameau», car il est non vascularisé. Ces végétaux annuels ou vivaces se trouvent dans les eaux chaudes, tempérées ou froides. Leur habitat influence considérablement leur taille et leur forme; ainsi les algues des mers chaudes sont des herbes ou des buissons dépassant rarement 30 cm de hauteur, tandis que les algues des mers froides mesurent de 1 à 10 m de haut et forment souvent une végétation luxuriante. Les algues effectuent la photosynthèse de leurs glucides. La texture et la saveur des algues sont fort variables; on trouve ainsi des algues caoutchouteuses, tendres, croquantes, etc.; la saveur est plus ou moins prononcée.

Il y aurait de 24 000 à 25 000 espèces d'algues; toutes ne sont pas comestibles cependant, en fait très peu sont agréables à consommer (entre 40 et 50 espèces). Les algues utilisées comme aliments se divisent en 3 groupes, soit les algues rouges (*Rodophycées*), les algues brunes (*Phéophycées*) et les algues vertes (*Chlorophycées*). Une autre catégorie d'algues, les algues bleues (*Cyanophycées*), sont des végétaux primitifs microscopiques classés parfois avec les bactéries; la spiruline (*spirulina spp*) souvent consommée comme supplément alimentaire en fait partie. Quelques espèces d'algues sont cultivées; on se sert de feuilles, de tubes de plastique ou de cordes placés dans des réservoirs à température contrôlée ou en pleine mer, sur lesquels se nichent les spores qui donneront naissance aux algues.

Chaque ordre d'algues présente des caractéristiques différentes:

ALGUES ROUGES (*Rodophycées*). Les algues rouges constituent un groupe important qui comprend notamment la dulse (ou goémon à vache, *Palmaria palmata*), la mousse d'Irlande (*Chondrus crispus*) et les 30 espèces du genre *Porphyra*, dont la oni-amanori *(P. dentata)*, la asakusa-nori *(P. tenera)*, la susabi-nori *(P. yezoensis)* et l'algue comestible rouge *(P. perforata)*. Les espèces d'un sous-embranchement sont appelées floridées, du latin *floridus,* à cause de leur aspect fleuri. La couleur rouge est donnée par un pigment rouge qui recouvre la chlorophylle.

Plusieurs algues rouges se distinguent par la nature de leurs hydrates de carbone, des polysaccharides visqueux; de certaines on extrait l'agar-agar et d'autres la carragheen.

L'agar-agar (gélose, kanten) est une substance mucilagineuse transparente qu'on utilise comme la gélatine, qu'elle peut d'ailleurs remplacer. On l'obtient en faisant bouillir pendant plusieurs heures certaines espèces d'algues *(Gelidium, Pteroclaida, Gracilaria,* etc.)*. Selon le procédé traditionnel, on intègre à l'eau de cuisson du vinaigre (acide acétique), alors que les méthodes industrielles actuelles se servent plutôt d'acide sulfurique, ce qui raccourcit et facilite la production tout en donnant un produit plus blanc. L'eau gélatineuse est ensuite déshydratée, le plus souvent après congélation, ce qui donne un produit plus pur. L'agar-agar est dépourvu d'odeur, de saveur et de valeur nutritive; il est vendu sous forme de poudre, de flocons, de bâtonnets ou de longs fils.

Contrairement à la gélatine, l'agar-agar n'est pas soluble dans l'eau; il absorbe l'eau cependant, qui le ramollit. On le fait fondre à feu doux avant de l'incorporer aux aliments. Il se transforme en gélatine en quelques minutes à la température de la pièce. Il n'est pas aussi moelleux dans la bouche que la gélatine. L'industrie alimentaire s'en sert entre autres comme stabilisateur et l'incorpore notamment dans les confitures, les gelées, les garnitures à gâteaux et la crème fouettée.

L'agar-agar est populaire auprès des végétariens qui n'aiment pas se servir de la gélatine qui est d'origine animale. Cette substance active le transit intestinal; elle occasionne parfois des allergies.

La carragheen a un grand pouvoir gélifiant et elle enrobe et s'intègre bien aux aliments. Elle se distingue de l'agar-agar entre autres en ce qu'elle contient de l'ammoniaque, du calcium, du potassium, des sels de sodium et une plus grande proportion de polysaccharides sulfatés. On l'extrait en particulier de l'espèce *Chondru* (la **mousse d'Irlande** entre autres) et de l'espèce *Eucheuma.*

UTILISATION   Utilisée en Irlande depuis fort longtemps pour épaissir notamment les blancs-mangers et autres produits laitiers, cette substance porte le nom d'un village côtier irlandais *Carragheen*, où la cueillette et le commerce de cette algue sont importants.

L'industrie alimentaire utilise abondamment la carragheen comme émulsifiant, stabilisant, agent épaississant et gélifiant. Elle l'emploie notamment dans les produits laitiers et chocolatés (crème glacée, sorbets, fromages, lait au chocolat), dans les soupes instantanées, les gâteaux, les biscuits et les confiseries. Elle en extrait de l'alginate et la transforme en alginate de glycol propylénique, un additif alimentaire qu'elle obtient en réactivant l'alginate avec du glycol de propylène; cet additif sert entre autres dans la bière, les desserts congelés, la crème glacée et les vinaigrettes.

Comme l'agar-agar, la carragheen est dépourvue de valeur nutritive. On ne connaît pas encore exactement ses effets sur la santé; on la soupçonne entre autres d'entraîner des mutations génétiques.

ALGUES BRUNES *(Phéophycées)*. Ce sont les plus nombreuses et les plus utilisées. Un pigment jaune masquant la chlorophylle est responsable de la couleur brune. Au Japon, on récolte l'aramé, la hijiki, la kombu et la wakamé; en Amérique du Nord ce sont notamment les varechs.

L'aramé *(Eisenia bicyclis)* est formée de grandes lames ciselées, d'un brun jaunâtre lorsqu'elles sont fraîches et noires quand elles sont séchées. Elle est plus épaisse que les autres algues et moins fragile car elle se décolore peu. Elle est plus tendre jeune; on la consomme principalement frite ou dans les soupes.

L'hijiki *(Hizikia fusiforme)* est formée de multiples brindilles cylindriques attachées à des tiges principales; ces brindilles noirâtres sont minuscules lorsqu'elles sont déshydratées et elles augmentent au moins 5 fois de volume lorsqu'elles sont mises à tremper. La texture de l'hijiki est légèrement croustillante et la saveur prononcée. L'hijiki est souvent cuite à la vapeur puis sautée ou mijotée; elle est aussi mise dans les soupes et les sandwichs, servie comme légume ou infusée.

Les kombus *(Laminaria spp)* sont de grandes algues aux lames plates plus ou moins larges et épaisses. Ce sont les plus riches en iode. Plusieurs noms identifient la kombu, notamment selon la variété [ma-kombu *(L. japonica)*, oni-kombu *(L. diabolica)*, naga-kombu *(L. longissima)*, mitsuishi-kombu *(L. angustata)*] ou la présentation [kombu hachée (tororo kombu), kombu cuite au tamari (kakufiri kombu), etc.].

Les kombus servent principalement à préparer des bouillons; elles sont riches en acide glutamique (dont on extrait le glutamate monosodique, une substance qui accentue la saveur) qui s'active au contact de l'eau. Il est préférable de très peu les bouillir car elles libèrent du magnésium inorganique, de l'acide sulfurique et du calcium qui confèrent un goût désagréable. Ne pas les jeter après l'ébullition, elles peuvent entrer dans la préparation d'autres mets.

La wakamé *(Undaria pinnatifida)* ressemble à une grande feuille largement dentelée. Elle mesure de 60 cm à 1,2 m de long et de 30 à 40 cm de large. Une épaisse nervure mucilagineuse située au centre orne la partie supérieure. Elle est riche en acide glutamique et en calcium. Sa texture et sa saveur sont délicates. Son utilisation est variée; elle accompagne riz, tofu, viande, volaille, poisson et fruits de mer; elle se met dans les soupes et les salades.

Le varech géant (*Macrocystis pyrifera*), le **varech** (*Pleurophycus gardneri*) et le **varech géant de taureau** (*Nereocystis luetkeana*) sont surtout utilisés par l'industrie alimentaire et pharmaceutique. Les varechs géants atteignent des tailles impressionnantes, pouvant mesurer jusqu'à 60 m de haut.

ALGUES VERTES (*Chlorophycées*). La chlorophylle de ces algues n'est pas recouverte d'un pigment d'une autre couleur, d'où la teinte verte. Les algues vertes comprennent notamment les **Ulvas** et les **Caulerpas**. Certaines **Ulvas** sont nommées **laitues de mer** (*U. lactuca* et *U. fascuata*) car elles ressemblent à une feuille de laitue, sont aussi tendres et ont une saveur identique; les **Caulerpas** sont appelées **raisins de mer** à cause de leur forme (elles aussi goûtent la laitue).

En Asie, plusieurs espèces sont pulvérisées et pressées en de minces feuilles qui ont l'apparence du papier (**Ulva, Aonori, Monostroma**, etc.); on les appelle **nori** au Japon. On se sert du nori notamment pour enrouler du riz et du poisson cru coupé en morceaux (sushi). On le fait griller aussi avant de l'utiliser, ce qui le rend croustillant et plus savoureux; on l'émiette alors ou on le pulvérise.

La plupart des algues vertes ont une saveur délicate. Ce sont les plus appréciées en Asie. On les mange fraîches ou réhydratées. On les incorpore notamment dans les soupes, les salades et les pains; on les sert avec le poisson et le tofu et on les infuse.

VALEUR NUTRITIVE   La valeur nutritive des algues varie selon les espèces, les saisons et l'habitat. Le contenu en protéines est particulièrement variable; ainsi il oscille entre 5 à 10 g/100 g de matières sèches pour l'hijiki, et entre 15 à 23 g/100 g pour la laitue de mer (**Ulva lactuca**). La spiruline se distingue par sa teneur protéique très élevée, soit de 64 à 69 g/100 g de matières sèches. Les acides aminés composant les protéines sont plus équilibrés que ceux des plantes terrestres; la plupart n'ont qu'une déficience en acides aminés soufrés.

Les hydrates de carbone sont un important constituant des algues; ils représentent de 40 à 60 % du poids sec (40 à 60 g/100 g de matières sèches). Seulement de 5 à 10 % sont des glucides simples, la plupart étant des polysaccharides. On en connaît assez peu actuellement sur la digestibilité des polysaccharides des algues; on sait qu'ils sont difficilement dégradables par le système digestif, ce qui rendrait les algues peu calorifiques. Il semble cependant qu'une adaptation s'effectue quand la consommation des algues est constante, le système digestif développant des enzymes qui facilitent l'assimilation des polysaccharides.

Les algues sont pauvres en matières grasses (1 à 2 g/ 100 g de matières sèches) et en calories. Elles constituent une source importante d'oligo-éléments et de sels minéraux (5 à 20 % de matières sèches), notamment de calcium, de chlore, de sodium, de magnésium, d'iode, de zinc et de cuivre. Elles contiennent plusieurs vitamines, dont de la vitamine A, des vitamines du complexe B, de la vitamine E et un peu de vitamine C. Il semblerait qu'une grande consommation d'algues pourrait occasionner un déséquilibre nutritionnel. Les algues ont de nombreuses propriétés médicinales; on dit notamment qu'elles aident à prévenir l'artériosclérose, l'hypertension, l'obésité, la constipation, l'hyperthyroïdie et les tumeurs; qu'elles sont antibactériennes et vermifuges. Leurs propriétés médicinales sont mises à contribution en thalassothérapie, en algothérapie et en pharmacologie; on en tire par exemple des médicaments anticoagulants.

UTILISATION   Les algues peuvent contenir du sable, aussi les lave-t-on avant de les utiliser. Les algues déshydratées sont presque toujours mises à tremper avant cuisson (15 à 60 minutes ou plus). Les algues sont consommées comme aliment, comme assaisonnement, comme garniture ou comme supplément alimentaire (en poudre ou en comprimé). On les sert en entrées, en soupes, avec les mets principaux, comme légumes, en desserts et en infusion. On peut les apprêter de multiples façons: bouillies, frites, sautées, froides ou chaudes, etc. Les réfrigérer après cuisson.

Les algues ont diverses autres utilisations; on s'en sert notamment comme fourrage, comme engrais, en photographie, pour fabriquer de la colle, de la poudre d'artillerie, du verre, des dentifrices, des produits de beauté et des additifs alimentaires.

CONSERVATION   La plupart des algues fraîches se conservent quelques jours au réfrigérateur. Placer les algues déshydratées dans un endroit frais et sec.

ALKÉKENGE

Physalis spp, **Solanacées**
Autres noms: *physalis, amour en cage, coqueret,
cerise de terre, cerise d'hiver*
Noms anglais: *alkekengi, husk tomato, ground cherry,
strawberry tomato, winter cherry, chinese lantern*

Fruit d'une plante annuelle originaire d'Amérique du Sud. L'alkékenge appartient à la grande famille des Solanacées, elle est donc apparentée notamment à la tomate, à l'aubergine, au piment et à la pomme de terre. C'est une baie rouge ou jaune verdâtre, grosse comme une cerise et recouverte d'une fine membrane (calice) orange brunâtre de la consistance d'une mince feuille de papier. Ce fruit consommé comme légume est peu juteux et de saveur aigrelette. Il en existe une cinquantaine d'espèces.

VALEUR NUTRITIVE   L'alkékenge contient 91 % d'eau et peu de calories (25/100 g). Elle est riche en phosphore, en niacine et en vitamine C. On la dit fébrifuge, diurétique, antirhumatismale et dépurative.

UTILISATION   L'alkékenge est plus souvent cuite que mangée crue; on en fait des tartes, des confitures, de la gelée, des sorbets, du jus, etc.

CONSERVATION   Ce fruit qui ressemble à une petite tomate se conserve de façon identique.

ALOSE

Alosa spp, **Clupeidés**

Autres noms et espèces: *grande alose* (A. pontica pontica), *alose d'été* (A. aestivalis), *alose savoureuse* (A. sapidissima), *alose feinte* (A. finta), *gaspareau* (A. pseudoharengus), *mattowacca* (A. mediocris), *poisson de mai, pucelle, chatte*

Noms anglais: *shad, white shad, eastern shad, American shad*

Un des poissons les plus importants en Amérique du Nord, l'alose est très recherchée pour sa chair et ses œufs. La grande alose est un poisson prolifique qui habite l'Atlantique et le Pacifique et qui remonte les fleuves au printemps pour y frayer. Son corps est comprimé latéralement comme celui du hareng, un proche parent. Elle peut atteindre de 50 à 75 cm de long et pèse en moyenne 3 kg. Son dos est bleu-vert foncé et ses flancs argentés ont une ou plusieurs taches foncées derrière les branchies.

VALEUR NUTRITIVE   La chair blanche est grasse, tendre et floconneuse. Crue, elle contient 18,6 g de protéines, 10 g de matières grasses et 170 calories/100 g. Chez certaines variétés elle est très savoureuse, alors que chez d'autres elle est peu appréciée et ne sert qu'à nourrir les animaux car elle contient beaucoup d'arêtes (360 pour l'espèce sapidissima). Une rangée d'arêtes parallèles à la grande arête est située de chaque côté de celle-ci, à environ deux centimètres; il est possible de la sentir avec les doigts, ce qui est utile pour lever les filets. L'alose est souvent apprêtée avec des ingrédients à haute teneur en acide telles l'oseille, la rhubarbe et les groseilles à maquereau; ils en facilitent la digestion.

ACHAT ET UTILISATION   Chez le poissonnier, l'alose est surtout vendue sous forme de filets. Quand on la pêche soi-même, une personne peu habituée à lever les filets choisira de la cuire entière. Si la cuisson est courte, les arêtes restent attachées à l'arête centrale. L'alose femelle est plus appréciée parce que ses arêtes sont plus grosses, donc plus faciles à éviter, et que ses œufs sont délicieux. L'alose peut se substituer au hareng et au maquereau dans la plupart des recettes.

L'alose s'avarie facilement, aussi faut-il la cuisiner le plus rapidement possible.

CONSERVATION   Voir poissons, p. 429.

AMANDE
Prunus amygdalus, **Rosacées**
Nom anglais: *almond*

Fruit de l'amandier, arbre que l'on croit originaire du Proche-Orient ou d'Asie. L'amandier peut atteindre de 4 à 9 m de haut; il est apparenté au pêcher mais son fruit est sec. Très sensible au froid, il pousse dans les régions au climat méditerranéen et sa culture s'est répandue en Amérique du Sud, en Australie et en Californie. L'amande est appréciée depuis la nuit des temps; on la mentionne dans les plus anciens écrits. Les premiers à en faire la culture semblent avoir été les Grecs; les Romains nommeront d'ailleurs l'amande la «noix grecque». L'amande servit à des fins tant alimentaires que médicales.

L'amande est de forme ovale et de couleur blanchâtre; elle est recouverte d'une mince peau brunâtre qui se pèle aisément après avoir été blanchie quelques instants. Elle est nichée dans une coque plus ou moins dure selon les variétés (plusieurs centaines). Cette coque est prisonnière d'une enveloppe fibreuse et coriace, de couleur verte, qui éclate à maturité. Habituellement seule dans sa coque, l'amande peut avoir une sœur jumelle, on parle alors d'amandes philippines.

Les amandes se divisent en 2 grands groupes comprenant les amandes amères et les amandes douces:

Amande amère *(P. amygdalus* var. *amara).* L'amande amère, semblable à l'amande douce, a une composition différente. Elle renferme diverses substances plus ou moins toxiques, dont l'acide benzaldéhique, responsable de l'amertume. Son huile essentielle, incolore lorsque pure, est traitée afin que soient éliminés les éléments toxiques lorsqu'on la destine à des fins alimentaires où elle sert d'agent aromatisant (essence d'amande).

Amande douce *(P. amygdalus* var. *dulcis).* C'est l'amande comestible que l'on connaît bien. On la mange le plus souvent séchée, mais elle est comestible fraîche, lorsqu'elle est de couleur verte et que sa coque est ferme mais encore tendre.

VALEUR   L'amande douce est nourrissante. Elle contient 20 g de pro-
NUTRITIVE   téines, 52 g de matières grasses, 20 g d'hydrates de carbone et 589 calories/100 g. Les protéines sont d'une qualité supérieure à celle des autres noix mais comme toutes les protéines végétales, on dit qu'elles sont incomplètes (voir théorie de la complémentarité, p. 536); les

matières grasses sont composées à 86 % d'acides non saturés (65 % d'acides monoinsaturés et 21 % d'acides polyinsaturés, voir corps gras, p. 147). L'amande est particulièrement riche en potassium et en phosphore et elle constitue une bonne source de calcium, de fer, de magnésium, de vitamine E et de vitamines du complexe B, notamment de riboflavine.

ACHAT   Les amandes sont disponibles sous plusieurs formes: écalées, non écalées, tranchées, nature, rôties, blanchies, salées, etc. Les amandes non écalées sont protégées par leur coquille; elles se conservent plus longtemps sans rancir et risquent moins d'avoir été traitées chimiquement. S'assurer que leur coque est intacte. Comme l'écalage est un travail fastidieux, surtout lorsqu'on a besoin d'une grande quantité d'amandes, l'achat d'amandes écalées est souvent pratique. L'idéal est de choisir des amandes non pelées et non rôties.

PRÉPARATION   On peut peler (monder) et rôtir soi-même les amandes:

pour les peler: amener de l'eau à ébullition, mettre les amandes sèches dans une passoire et les plonger dans l'eau bouillante. Retirer la casserole du feu dès que la peau gonfle, éplucher les amandes puis les passer sous l'eau froide pour arrêter l'action de la chaleur. Les égoutter, les sécher à feu très doux ou les rôtir;

pour les rôtir: les amandes peuvent être rôties à sec ou à l'huile, entières, en morceaux ou moulues, avec la peau ou mondées, au four ou sur le dessus de la cuisinière;

au four à sec: chauffer le four (100 à 140 °C). Étaler les amandes sur une tôle à biscuits, les enfourner et les brasser de temps en temps. Le temps de cuisson dépend de la chaleur du four et du format des amandes. Sortir les amandes du four lorsqu'elles sont dorées uniformément et les transvider pour arrêter la cuisson;

au four à l'huile: seuls changent le début et la fin du processus; enduire tout d'abord les amandes d'huile [15 ml (1 cuillerée à soupe) par 250 g]; après cuisson, les étendre sur un papier absorbant;

dans un poêlon: à sec ou à l'huile, utiliser un feu moyen et brasser continuellement.

UTILISATION   L'utilisation de l'amande est multiplie et variée. L'amande se sert comme amuse-gueule ou comme collation; on tire aussi de l'amande douce une huile qu'on utilise beaucoup en pharmacologie et en cosmétologie, et qui sert également à des fins culinaires (voir huile, p. 255). L'amande entre dans une multitude de plats, tant salés que sucrés [potages, tofu, fruits de mer, poissons (truite ou sole meunière), volaille, pâtisseries, bonbons, biscuits, confiseries, liqueurs, etc.]. Moulue à sec, elle est incorporée aux farces ou est cuisinée en desserts variés; moulue avec un liquide (lait, eau), elle devient un lait d'amande qui sert à préparer divers desserts et qui est à la base de l'orgeat, un sirop rafraîchissant aromatisé à la fleur d'oranger. Parmi les nombreuses gâteries fabriquées avec les amandes, se trouvent les pralines (amandes enrobées de sucre caramélisé) et le massepain, petite pâtisserie à base d'amandes pilées.

CONSERVATION   Voir noix, p. 359.

AMARANTE

Amaranthus spp, **Amarantacées**
Noms anglais: *green amaranth, Inca wheat*

Plante herbacée annuelle dont les feuilles rugueuses et les graines minuscules sont comestibles. L'amarante est surtout connue aujourd'hui comme plante ornementale, mais il n'en fut pas toujours ainsi. Au Mexique d'avant la Conquête, les Aztèques en faisaient la culture intensive; plus de 10 mille acres lui étaient consacrés. L'amarante servait à des rites religieux, elle constituait un aliment de base et les paysans étaient tenus de payer tribut avec une partie de leurs récoltes. Le conquistador Cortéz trouva inacceptable les rites païens; il fit détruire les champs et interdit la culture de l'amarante, coupant les mains aux récalcitrants ou leur imposant la peine de mort. Ces mesures extrêmes réussirent et l'amarante disparut des tables pendant des siècles. Cette plante a été remise à l'honneur récemment à cause de sa grande valeur nutritive et de sa facilité d'adaptation à différents environnements; elle résiste notamment à la sécheresse.

L'amarante serait originaire d'Amérique centrale. Cette plante aux feuilles d'un rouge flamboyant peut atteindre de 30 à 90 cm de haut. Ses petites fleurs rouges forment des épis serrés. Des graines de la grosseur d'une tête d'épingle sont enfermées dans des capsules individuelles disposées en épis compacts. Un plant peut produire jusqu'à un demi-million de graines. Il en existe plusieurs variétés dont seules celles à graines blanches sont cultivées comme aliment. Comme le sarrasin et le quinoa, l'amarante est une pseudo-céréale.

VALEUR NUTRITIVE   Les graines contiennent 18 g de protéines, 5 g de matières grasses, 65 g d'hydrates de carbone et 360 calories/100 g (variété cœur pourpre). Les protéines sont de haute qualité, plus complètes que celles du blé et du haricot de soya, car elles ont une meilleure combinaison en acides aminés essentiels (voir théorie de la complémentarité, p. 536). L'amarante contient légèrement plus de fer et de calcium que le blé et deux fois plus de fibres.

UTILISATION   Les feuilles d'amarante sont utilisées comme l'épinard, qu'elles peuvent remplacer agréablement. Les grains peuvent être cuits tels quels (une trentaine de minutes dans 2 à 3 parties d'eau par partie d'amarante) et être mangés comme céréale. Ils n'éclatent pas à la cuisson ni ne collent; leur saveur est légèrement épicée. Il est aussi possible de les souffler, de les faire germer et de les moudre en farine. La farine d'amarante rend les pâtisseries plus humides et plus sucrées; elle contient peu ou pas de gluten, aussi ne lève-t-elle pas à la cuisson. On s'en sert telle quelle pour préparer biscuits, crêpes ou gaufres notamment, mais il est nécessaire de la combiner à de la farine de blé pour confectionner pains et gâteaux levés. La saveur délicate du blé ne camoufle pas celle de l'amarante et la richesse en protéines de cette dernière augmente la valeur nutritive du blé.

CONSERVATION La farine d'amarante se conserve plus longtemps que la farine de blé; la ranger dans un contenant opaque à l'abri des insectes et des rongeurs, dans un endroit frais et sec. Les graines se conservent de la même façon. Les feuilles se gardent quelques jours au réfrigérateur ou se congèlent comme l'épinard.

ANANAS

Ananas comosus, **Broméliacées**
Nom anglais: *pineapple*

Fruit d'une plante herbacée probablement originaire du Brésil, et croissant maintenant dans à peu près toutes les régions tropicales. Le terme «ananas» vient d'un mot indien, *nana*, évoquant le parfum délicat du fruit. En anglais, on nomme ce fruit «pineapple» par référence au fait qu'il ressemble à une pomme de pin.

La plante, qui mesure de 1 à 1,2 m de haut, a de longues feuilles rigides et effilées, aux extrémités garnies d'aiguillons. Des fleurs pourpres au nombre d'une centaine s'épanouiront alternativement de bas en haut dans un motif en spirale, pour finir par se fusionner et former un seul fruit sans être fécondées. L'ananas est en fait un amalgame de fruits individuels, des «yeux» soudés entre eux; il ne contient pas de pépins. Sa chair blanchâtre ou jaunâtre est recouverte d'une écorce à motif d'écailles, qui a des teintes de jaune, de brun verdâtre ou de brun rougeâtre. Il pèse en général entre 800 g et 2 kg; il peut atteindre la taille d'un melon cantaloup. Son sommet est orné de bractées qui peuvent servir de bouture; on peut en faire une plante d'intérieur (couper la tête de l'ananas en laissant 1 cm de chair et laisser cette partie sécher à l'air ambiant 48 heures. Déposer cette couronne dans un pot, couvrir de terre la partie séchée et parsemer un peu de terre à la base des bractées. Tenir le sol à peine humide jusqu'à l'apparition de nouvelles feuilles puis arroser un peu plus).

Il existe de nombreuses variétés d'ananas, dont cinq sont particulièrement importantes commercialement, soit:

la Cayenne: à chair jaunâtre, ferme, acide, juteuse, assez fibreuse et passablement sucrée;

la Queen: à chair pâle, un peu moins acide et juteuse, à consistance croustillante, de saveur douce;

la Spanish: à chair jaune pâle, fibreuse, acidulée et très aromatique et à peau pourpre;

la Sugarloaf: à chair jaune ou blanchâtre. Regroupe plusieurs variétés sucrées, aromatiques. Elle est de forme imposante;

la Pernambuco: à chair jaunâtre ou blanchâtre, sucrée, douce, tendre et modérément acide.

La mise en conserve de l'ananas constitue une industrie florissante qui crée des sous-produits, car avec les parties retirées à l'ananas (peau et cœur) on fait de la compote, de l'alcool, du vinaigre et même de la nourriture pour le bétail. Certaines variétés se prêtent mieux à la mise en conserve que d'autres, notamment la Cayenne, réputée pour sa fermeté.

VALEUR NUTRITIVE L'ananas contient 0,4 g de protéines, 0,4 g de matières grasses, 13 g d'hydrates de carbone et 50 calories/100 g; il est riche en vitamine C et en potassium. Comme le kiwi, il contient de la broméline, une enzyme qui, lorsqu'elle est mise en contact avec l'air, digère les protéines, facilite la digestion, attendrit la viande, empêche la gélatine de prendre, fait «tourner» le lait (pas le yogourt cependant ni la crème glacée) et amollit les salades de fruits (sauf si l'ananas est ajouté au dernier moment). La cuisson fait disparaître ces propriétés.

ACHAT Rechercher un ananas lourd pour sa taille, de couleur relativement uniforme, exempt de taches, de moisissures et de parties détrempées. Les feuilles du dessus doivent être d'un beau vert et se détacher facilement. Frapper légèrement l'ananas avec la paume de la main; un son sourd annonce un fruit mûr alors qu'un son creux révèle qu'il manque de jus. Une odeur trop tenace est signe de fermentation; des «yeux» noircis et des feuilles jaunies indiquent une trop grande maturation. Le moment de la cueillette est particulièrement important pour l'ananas car sa teneur en sucre n'augmente plus une fois qu'il est récolté et sa pleine saveur ne peut se développer. Le marché offre deux catégories d'ananas, une cueillie avant maturité afin qu'elle puisse supporter le transport et les délais de la mise en marché, et une cueillie plus tard que l'on commercialise plus rapidement, l'expédiant immédiatement par avion; cette catégorie est plus dispendieuse.

PRÉPARATION Pour être comestible, l'ananas doit être débarrassé de son écorce. Plusieurs techniques sont possibles:

– on peut enlever les deux extrémités puis couper l'écorce de haut en bas, le plus mince possible. On enlève les «yeux» qui restent en creusant autour avec la pointe d'un couteau. Il ne reste plus qu'à couper l'ananas en tranches puis, si désiré, en cubes ou en dés; il n'est pas nécessaire d'enlever le cœur si l'ananas est vraiment mûr;

– on peut aussi enlever les deux extrémités puis trancher l'ananas en deux dans le sens de la hauteur; il s'agit ensuite de séparer la chair de l'écorce avec un long couteau, d'enlever si désiré le cœur, puis de découper la chair à sa guise. On peut également garder l'ananas intact et ne couper que le haut, puis on détache la chair avec un couteau; après l'avoir coupée, on peut la remettre dans le fruit;

– on peut aussi se servir d'un appareil cylindrique qui enlève instantanément la peau; il ne s'ajuste pas à la grosseur de l'ananas, alors la perte de chair est assez élevée.

L'ananas perd du jus lorsqu'il est pelé et coupé; l'idéal est de récupérer ce jus, en coupant le fruit dans une assiette par exemple.

UTILISATION   Excellent nature, l'ananas peut aussi s'apprêter de diverses façons, tant cru que cuit, déshydraté, confit ou en jus. Il se met dans les tartes, gâteaux, salades de fruits, yogourts, entremets, punchs, etc. Il accompagne souvent des mets salés; les cuisines asiatique et antillaise lui font une place particulière, l'utilisant avec le porc, le canard, le poulet et les crustacés. Il apparaît fréquemment dans des plats aigres-doux. Lorsqu'il est déshydraté, l'ananas est utilisé tel quel ou après avoir trempé dans de l'eau, du jus ou de l'alcool.

CONSERVATION   Malgré son apparence, l'ananas est un fruit fragile; il est sensible aux chocs, fermente facilement et s'endommage à des températures inférieures à 7 °C. Gardé à la température de la pièce, il mûrit rapidement, il faut donc le surveiller pour éviter qu'il passe et devienne immangeable. Lorsqu'il est mûr, le consommer le plus rapidement possible ou le réfrigérer; il se conserve de 3 à 5 jours mais perd de la saveur; le sortir quelque temps avant de le consommer pour qu'il soit plus savoureux.

ANCHOIS

Engraulis engrasilochus, **Clupéidés** ou **Engraulidés**

Nom anglais: *anchovy*

Petit poisson allongé, au corps et à la tête comprimés latéralement. L'anchois a une bouche largement fendue, des yeux proéminents et une mâchoire supérieure très avancée qui se termine par un museau arrondi. Il peut atteindre de 15 à 20 cm de long (rarement plus); il en faut habituellement 20 pour un kilo. Son dos de couleur bleu-noir ou gris a parfois une bande argentée sur les flancs. L'anchois fait partie d'une famille qui contient neuf genres et plus de 80 espèces, dont huit vivent dans l'Atlantique.

VALEUR NUTRITIVE   La chair est grasse surtout lorsqu'elle est conservée dans l'huile; elle contient alors 10 g de matières grasses, 19 g de protéines et 175 calories/100 g.

ACHAT   Très périssable, ce poisson est rarement vendu frais; il est plutôt congelé, saumuré et surtout mis en conserve (mariné, salé, en pâte, en beurre ou sous forme d'essence). Quand il est conservé dans l'huile, il devient une importante source de matières grasses et de calories et il se digère plus difficilement; il est préférable de l'égoutter avant de le servir.

PRÉPARATION   L'anchois salé devra être dessalé avant d'être consommé. Pour ce faire, le passer délicatement sous l'eau froide. Il sera plus savoureux s'il a macéré de 30 à 90 minutes dans du lait, du vin sec, du vinaigre de vin ou de l'eau.

UTILISATION   L'anchois est apprécié depuis fort longtemps des peuples méditerranéens qui l'intègrent dans plusieurs mets (pissaladière, tapenado, anchoïade, etc.). Son essence sert à parfumer soupes, potages ou sauces. Mis en beurre ou en pâté, on l'utilise abondamment avec les viandes que l'on badigeonne avant cuisson ou sur du pain bis que l'on tartine.

CONSERVATION   Voir poissons, p. 429. Le pâté d'anchois peut se garder un bon moment au réfrigérateur si on a pris le soin de le recouvrir d'huile.

ANDOUILLE – ANDOUILLETTE

Noms anglais: *andouille, chitterling, small chitterling*

Charcuterie cuite, à base d'intestins de porc ou de fraise de veau, dans laquelle entrent souvent panse, caillette, gorge, tête, cœur et poitrine. Habituellement mise dans des boyaux, la viande est ficelée, séchée et fumée à froid ou d'abord fumée, puis ficelée et bouillie à l'eau, au bouillon ou au lait.

L'andouille mesure entre 25 et 30 cm de long et est mangée froide, coupée en fines rondelles; l'andouillette mesure entre 10 et 15 cm de long, est parfois enrobée de chapelure, de gelée ou de saindoux et est mangée grillée ou poêlée, traditionnellement accompagnée de légumineuses, de choucroute, de chou rouge ou de frites, ce qui en fait un mets lourd à digérer.

VALEUR NUTRITIVE   L'andouille contient presque autant de protéines (22,7 g/100 g) que de matières grasses (24,5 g/100 g); elle est passablement calorifique (320 calories/100 g).

CONSERVATION   Cette charcuterie se conserve au réfrigérateur.

ANETH

Anethum graveolens, **Ombellifères**
Autres noms: *aneth odorant, fenouil bâtard, fenouil puant*
Noms anglais: *dill, aneth*

Plante aromatique annuelle originaire d'Orient. L'aneth est très proche du fenouil avec lequel il est facilement confondu; son nom est d'ailleurs dérivé du grec anethon signifiant «fenouil». Les branches de ces deux plantes sont similaires tout comme leurs feuilles filiformes qui se terminent en ombelles et qui portent des fleurs jaunâtres. La racine de l'aneth donne rarement naissance à plus d'une tige, contrairement au fenouil qui en a plusieurs. La plante peut atteindre de 80 cm à 1,5 m de hauteur. Ses graines ressemblent à de petites pastilles striées et aplaties, bordées de minces ailes (celles du fenouil sont ovoïdes). Leur odeur douce et piquante évoque à la fois celles du fenouil, du carvi et de la menthe. Les fruits matures sont toxiques pour les oiseaux, qui évitent alors de les toucher. Beaucoup utilisé en Scandinavie sous le nom de dill, l'aneth est également très apprécié en URSS et en Afrique du Nord.

VALEUR NUTRITIVE

L'aneth a des propriétés médicinales, on le dit notamment diurétique, carminatif et antispasmodique; il serait un bon stimulant pour l'estomac et les intestins. Toute la plante peut être infusée après avoir bouilli 2 ou 3 minutes [15 ml (1 cuillerée à soupe) par tasse d'eau (240 ml)].

UTILISATION

En cuisine, les graines sont utilisées pour aromatiser vinaigres, poissons, cornichons, marinades, gâteaux, bonbons, etc. Les feuilles au goût plus léger peuvent être utilisées comme légume, en fin de cuisson cependant afin d'en conserver le parfum. Les jeunes pousses et les tiges s'intègrent dans les salades; les ombelles fleuries agrémentent sauces et ragoûts. Les feuilles sont difficiles à sécher et elles ne doivent jamais bouillir (même séchées) car leur parfum disparaît; les ajouter en toute fin de cuisson.

L'aneth est fameux avec la crème fraîche et la crème sûre. Il se marie bien avec le persil, le céleri-rave, la betterave rouge, le beurre fondu, les sauces blanches, les vinaigrettes légères, les nouilles et le poisson. Il coexiste plus ou moins bien avec le carvi et le cumin et plutôt mal avec l'ail et l'huile d'olive.

ACHAT ET CONSERVATION

Voir épices, p. 188.

ANGÉLIQUE

Angelica spp, **Ombellifères**

Diverses espèces: *angélique officinale* (A. archangelica), *angélique sylvestre* ou *sauvage* (A. sylvestris), *angélique américaine* (A. atropurpurea)

Nom anglais: *angelica*

Plante aromatique géante qui serait originaire du nord de l'Europe où elle est abondante. La partie nordique du continent américain abrite une espèce voisine qui varie légèrement de forme mais qui a des propriétés similaires. L'angélique est beaucoup plus utilisée en Europe qu'en Amérique du Nord.

L'angélique ressemble un peu au céleri; elle atteint entre 30 cm et 2 mètres de hauteur; plus elle est haute, plus elle a de saveur. Ses tiges violacées sont creuses et bordées de sillons. Ses grandes feuilles décoratives d'un beau vert émeraude sont découpées en dents de scie et leurs pétioles enflés à la base sont rouge violacé. Ses nombreuses petites fleurs blanchâtres ou jaune verdâtre forment de très larges ombelles comptant de 30 à 40 rayons. La plante est bisannuelle en ce sens que sa floraison s'effectue habituellement au bout de 2 ans. Elle dégage une odeur caractéristique, chaude et musquée.

VALEUR NUTRITIVE

L'angélique aurait des propriétés stimulantes, stomachiques, expectorantes et carminatives. On l'emploie contre l'asthme, la bronchite chronique, la toux des fumeurs, les rhumes, les coliques et les rhumatismes. On peut en faire un excellent rince-bouche. En tisane, mettre 15 ml (1 cuillerée à soupe) de racines par tasse d'eau (240 ml) et bouillir 5 minutes ou mettre 15 ml (1 cuillerée à soupe) de feuilles et de graines, les bouillir 5 minutes puis les laisser infuser 10 minutes.

UTILISATION

L'angélique est très utilisée en pâtisserie, ses tiges confites aromatisant ou décorant gâteaux, pains d'épices, puddings, soufflés, etc. Elle peut servir de condiment avec le poisson ou aromatiser le vinaigre. Cuite avec des fruits acides, elle les rend plus sucrés. Les liquoristes se servent de son huile essentielle ou de ses tiges macérées dans de l'alcool pour confectionner diverses boissons alcoolisées tels la Chartreuse, le gin et le ratafia.

ANGUILLE

Anguilla spp, **Anguillidés**

Autres noms et espèces: *anguille d'Amérique* ou *commune* (A. rostrata), *anguille d'Europe* (A. anguilla), *pibale*

Noms anglais: *eel, European eel, American eel*

Poisson qui ressemble à un serpent par son corps allongé cylindrique. L'anguille est recouverte d'écailles obliques coupantes. Elle a une petite tête, des mâchoires fortes et des dents pointues, ce qui la distingue de la lamproie avec laquelle elle est souvent confondue. Elle peut atteindre jusqu'à 1,5 m de long et peser de 700 grammes à plus de 4 kilos. Sa couleur varie selon l'âge et l'habitat. Il en existe environ 15 espèces différentes; on ne retrouve que l'anguille commune en Amérique du Nord.

L'anguille possède un cycle de vie passablement différent de celui des autres poissons. Elle naît en mer, puis vers l'âge de trois ans elle pénètre dans les eaux douces où elle vit de 8 à 15 ans; elle retourne frayer en eau salée où elle meurt. L'anguille d'Amérique va pondre dans les eaux tropicales de l'Atlantique, au large des côtes des Bermudes. Les œufs qui deviennent des larves transparentes sont transportés par des courants ascendants. Les anguilles naissent toutes femelles. Ce n'est qu'après un certain temps que quelques-unes changeront de sexe pour devenir mâles; ces derniers vivent 8 ans et les femelles de 6 à 7 années de plus. À l'âge de 3 ans, l'anguille est appelée «civelle» ou «pibale» et elle est très appréciée car elle est petite et savoureuse; il en faut près de 2 000 pour 1 kilo.

VALEUR NUTRITIVE   La chair de l'anguille, riche en azote, en niacine et en potassium, est fine, ferme et grasse. Crue, elle contient 16 g de protéines, 18 g de matières grasses et 233 calories/100 g. Une grande partie des matières grasses sont logées entre la chair et la peau, de telle sorte qu'on peut les ôter assez facilement, surtout chez les grosses anguilles. Le sang de l'anguille est venimeux s'il est mis en contact avec des plaies. Il est cependant inoffensif pour la consommation car le venin est détruit par la cuisson et les sucs de la digestion. L'anguille contient souvent des résidus de polluants.

ACHAT   Dans certains pays, l'anguille est fréquemment conservée vivante dans des cuves d'eau courante jusqu'à la vente, car elle s'altère trop rapidement lorsqu'elle est morte. Elle est également disponible en filets, fumée, marinée, en gelée ou en conserve.

CUISSON   Griller l'anguille, la cuire au four, ou la cuisiner dans des ragoûts ou dans des soupes (matelote, bouillabaisse). Éviter les apprêts qui augmentent la teneur en matières grasses. La chair de l'anguille étant ferme, il faut plus de temps à la chaleur pour la pénétrer. C'est une autre raison pour éviter de la frire car elle a tendance à brûler avant d'être cuite, surtout si elle pèse plus de 500 grammes. Si on désire absolument frire l'anguille, la pocher d'abord de 15 à 20 minutes dans de l'eau salée additionnée de 5 à 10 ml (1 à 2 cuillerées à café) de jus de citron.

CONSERVATION   Voir poissons, p. 429.

ANIS

Pimpinella anisum, **Ombellifères**
Autres noms: *anis vert, boucage, pimpinelle, petit anis, anis d'Europe*
Nom anglais: *anise*

Plante aromatique annuelle, originaire d'Asie Mineure, possible-ment d'Égypte, de Grèce ou de Russie. L'anis pousse à l'état sau-vage dans les régions orientales de la Méditerranée et dans le Midi de la France où on le cultive intensément. Ses tiges creuses et très ramifiées peuvent atteindre de 50 à 75 cm de haut. Ses feuilles basses sont larges et lobées tandis que les hautes sont plumeuses et bien découpées. Ses petites fleurs blanches disposées en ombelles forment de nombreuses ombellules qui abritent les fruits, graines cannelées, dures et velues, de couleur vert-brun. Ces graines, lors-qu'elles sont mûres, tombent très facilement.

Une certaine confusion entoure cette épice du fait que plusieurs plantes possèdent à divers degrés sa saveur, soit le fenouil (parfois appelé «anis doux»), l'aneth, le carvi et le cumin (nommés «anis bâtards» ou «faux anis»). Le véritable anis provient d'une espèce appelée «anis vert» (Pimpinella anisum); comme les autres, il fait partie de la famille des Ombellifères, mais un arbuste de la famille des Magnoliacées produit un fruit appelé «anis étoilé» (Illicium varcum) qui a la même saveur et les mêmes propriétés.

Anis étoilé (ou **badiane**, *Illicium varcum*). Le nom *Illicium,* qui signifie «appât» ou «attrait», vient de ce que cet anis était très uti-lisé au XVIᵉ siècle comme appât dans les pièges à souris. Le bada-nier est un petit arbre de 3 à 5 m de haut, originaire de Chine méridionale et très répandu en Asie centrale. Ses feuilles lan-céolées, brillantes et persistantes rappellent celles du laurier ou du magnolia. Ses fruits d'un brun orangé et en forme d'étoile à 8 branches renferment à chaque pointe une graine verte ovoïde striée longitudinalement. Ces graines ont une saveur moins subtile que celle de l'anis vert et elles sont plus fortes et plus poivrées, aussi conservent-elles leur saveur plus longtemps. Un plat de taille considérable peut être parfumé par quelques graines seulement.

VALEUR NUTRITIVE

L'anis a une saveur épicée légèrement sucrée et possède dans son huile essentielle de l'anéthole, une composante comparable à celle du fenouil. Il aurait des propriétés diurétiques, carminatives, aphrodisiaques, digestives et antispasmodiques. Il tonifierait le cœur, stimulerait la digestion et soulagerait la toux, l'asthme et les flatulences. En tisane, mettre 5 ml (1 cuillerée à café) de graines écrasées, 4 à 5 étoiles ou quelques feuilles par tasse d'eau chaude (240 ml), laisser bouillir 2 minutes puis infuser 10 minutes.

UTILISATION

L'anis se met dans les gâteaux et les biscuits; il est beaucoup uti-lisé en confiserie (réglisse, bonbons) et en liquoristerie (pastis, anisette, bitter, etc.). En Orient, il accompagne le porc et le canard; en Inde, il entre dans la composition de divers mélanges d'épices (curry, garam masala). L'anis peut aussi remplacer des épices telles la cannelle et la muscade dans les compotes, gâteaux, pains et autres. Les feuilles, plus délicates que les graines, sont excellentes cuites ou crues, en salade, dans les soupes, avec du fromage à la crème, du poisson, des légumes, dans le thé, etc. Ce sont cependant les fruits (graines, étoiles) qui sont les plus employés. Les racines peuvent servir à la fabrication de vin.

ACHAT ET CONSERVATION

Voir fines herbes, p. 188.

ANONE

Anona spp, **Anonacées**

Autres noms et espèces: *corossol, chérimole, cachiman, anone cœur de bœuf, anone muriquée, pomme cannelle, cherimoya*

Noms anglais: *cherimoya, chirimoya*

Fruit des régions tropicales et subtropicales, originaire des Andes. L'anone croît sur un arbre qui peut atteindre jusqu'à 8 m de haut, qui est chargé d'épines et dont les fleurs sont très odorantes. Il en existe une soixantaine de variétés dont certaines reçoivent des noms différents; les fruits ont une forme, une grosseur et une saveur qui peuvent varier. L'anone est considérée par plusieurs comme un des fruits les plus fins et les plus savoureux. Ce n'est pas toujours le cas cependant car elle est très périssable et voyage mal; si elle est trop mûre ou pas assez, sa saveur laisse à désirer. L'anone est cultivée intensivement en Amérique du Sud, en Espagne et en Afrique du Nord.

L'anone est une grosse baie de forme irrégulière, qui peut être ovale, conique, sphérique ou en forme de cœur; elle peut peser quelques grammes ou plusieurs kilos. Quelques variétés sont recouvertes de grandes écailles; celles qui en sont exemptes ont quand même un motif d'écailles imprimé sur la peau. Cette peau verte est très fragile et non comestible car elle est amère; elle devient foncée et même presque noire en vieillissant. La chair blanchâtre est délicate, quelque peu granuleuse (moins que celle de la poire), juteuse, sucrée, très parfumée et légèrement acidulée. Elle renferme de 15 à 20 grosses graines noires non comestibles. Ce fruit a une saveur qui rappelle l'ananas (le terme anone est d'ailleurs inspiré de ce mot), la mangue, la papaye et la banane.

VALEUR NUTRITIVE

L'anone contient 1,3 g de protéines, 0,4 g de matières grasses, 24 g d'hydrates de carbone et 94 calories/100 g, ce qui en fait un fruit passablement nourrissant. Elle est riche en vitamine C, en niacine et en calcium.

ACHAT   Choisir un fruit parfumé, dont la pulpe fléchit sous une délicate pression des doigts.

UTILISATION   L'anone doit être pelée puis on la consomme habituellement à la cuiller. Parce qu'elle s'oxyde une fois coupée, elle est souvent servie avec du jus d'orange qui empêche le noircissement; au Chili par exemple, cette présentation est classique. L'anone se met notamment dans les salades de fruits, les sorbets et la crème glacée; elle est transformée en compote, en confiture, en gelée, en jus, etc.

CONSERVATION   Ce fruit fragile se conserve au réfrigérateur. Le réfrigérer seulement s'il est mûr cependant car le froid arrête le mûrissement.

ARACHIDE

Arachis hypogaea, **Légumineuses**
Autres noms; *pistache de terre, cacahuète*
(ou *cacahouète*, de tlacacahualt, un mot d'origine aztèque).
Noms anglais: *peanut, earthnut, goober, groundnut, monkey nut*

Fruit d'une plante annuelle dont on a longtemps cru qu'elle était originaire d'Amérique du Sud, possiblement du Brésil. La récente découverte en Chine d'arachides fossilisées vieilles de plus de 100 000 ans a remis cette théorie en question. L'arachide a longtemps occupé une place de choix dans l'alimentation des peuples d'Amérique du Sud; on en a retrouvé des vestiges dans des tombes Inca. Les Portugais et les Espagnols la découvrirent lorsqu'ils colonisèrent l'Amérique; ils devaient par la suite l'introduire en Afrique et aux Philippines. L'arachide gagna les États-Unis lors de la traite des esclaves africains. L'Inde et la Chine sont les deux plus importants pays producteurs suivis de l'Afrique de l'Ouest, de l'Amérique du Sud et des États-Unis.

L'arachide préfère les climats tropicaux et subtropicaux mais on arrive à la cultiver en régions tempérées. Elle pousse sur une plante grimpante ou buissonnante, dont les tiges florales ont la curieuse habitude de se courber vers le sol après la pollinisation; les fleurs s'enfouissent dans le sol de 2 à 6 cm de profondeur et l'arachide se développe sous terre. Des gousses nervurées, mesurant habituellement 6 cm de long et devenant cassantes lorsqu'elles sont séchées, abritent de 1 à 6 graines blanc jaunâtre, recouvertes d'une mince peau comestible. La récolte s'effectue par l'arrachage de la plante entière qui est laissée à sécher quelques jours dans les champs, après quoi les gousses sont retirées. Il existe une dizaine d'espèces d'arachides et de très nombreuses variétés.

VALEUR NUTRITIVE   L'arachide est nourrissante et calorifique car elle est riche en protéines, en matières grasses et en calories. Selon les variétés, elle contient de 21 à 31 g de protéines (protéines dites incomplètes, voir théorie de la complémentarité, p. 536), de 41 à 52 g de matières grasses (composées à 85 % d'acides non saturés dont 52 % d'acides monoinsaturés et 33 % d'acides polyinsaturés, voir corps gras, p. 147), de 11 à 27 g d'hydrates de carbone et de 560 à 590 calories/100 g. Elle est riche en niacine, en vitamine E, en calcium, en potassium, en phosphore et en magnésium.

L'arachide est souvent difficile à digérer, surtout lorsqu'elle est rôtie à l'huile. On trouve maintenant sur le marché des arachides rôties à sec; leur teneur en matières grasses n'est pas aussi élevée que celle des arachides rôties à l'huile; elles contiennent très souvent des additifs.

ACHAT　L'arachide peut être contaminée par l'aflatoxine, une moisissure produite par l'Aspergilus flavus. Cette moisissure, invisible à l'œil nu, est soupçonnée d'être cancérigène chez l'être humain car elle a entraîné l'apparition de cancers chez des animaux de laboratoire. Tous les aliments peuvent être victimes de cette moisissure, mais l'arachide est particulièrement menacée car elle est exposée à la chaleur et à l'humidité. Les gouvernements ou les fabricants voient à la détection des arachides impropres à la consommation. Pour s'assurer de ne pas ingérer d'arachides contaminées, délaisser les arachides vieillies, tachées, noircies, rances ou moisies.

CUISSON　On considère habituellement l'arachide comme une noix, c'est en fait une légumineuse appartenant à la même famille que les pois, les fèves et les haricots et pouvant être utilisée de la même façon (soupes, ragoûts, etc.). Cuite (même temps de cuisson que le haricot pinto), elle gonfle légèrement, demeure intacte et conserve une certaine fermeté qu'elle perd cependant quand le mets est réchauffé. Pour que l'arachide reste croquante, ne l'ajouter quand c'est possible que dans la portion d'aliment qui sera consommée immédiatement. La saveur de l'arachide cuite se rapproche plus de celle de la châtaigne d'eau que de celle des autres légumineuses.

UTILISATION　L'arachide peut être laissée entière, pilée, moulue ou transformée en pâte. Le beurre d'arachide – une excellente source de protéines – n'est pas une invention américaine comme pourrait le faire croire l'importance de cet aliment en Amérique du Nord; Indiens d'Amérique du Sud, Africains et Indonésiens préparaient une pâte semblable il y a bien longtemps. L'arachide occupe une place de choix dans la cuisine de ces pays, accompagnant viande, poisson et volaille ou aromatisant sauces, salades, desserts, etc. Le monde occidental est plus familier avec les usages de l'arachide en friandises; plusieurs centaines de produits, comprenant barres de chocolat, bonbons, gâteaux et amuse-gueule, contiennent ou sont ornés d'arachides.

Cette graine oléagineuse donne une excellente huile de saveur neutre, capable de supporter de nombreuses fritures sans se dénaturer (voir huile, p. 255). Une grande portion des récoltes mondiales va à l'extraction de l'huile, notamment en Asie.

CONSERVATION   L'arachide crue se détériore plus rapidement que l'arachide rôtie, aussi est-elle plus difficile à conserver et beaucoup plus rare sur le marché. La ranger au réfrigérateur dans un contenant hermétique. L'arachide rôtie se conserve à l'abri des insectes et des rongeurs dans un endroit frais et sec. L'arachide supporte la congélation.

ARBOUSE

Arbustus unedo, **Ericacée**s
Noms anglais: *arbutus berry, arbute*

Baie d'un rouge vif, ressemblant à une grosse fraise qui aurait la chair de poule, sa peau étant légèrement granuleuse. De saveur aigrelette, l'arbouse est un peu fade surtout si elle est mangée crue. Elle pousse sur un arbre, l'arbousier, appelé parfois «arbre aux fraises» ou «fraisier en arbre». Cet arbre originaire de la région Méditerranéenne atteint de 4 à 5 m de haut.

UTILISATION   L'arbouse est principalement transformée en confitures et en gelées ou elle est mise en conserves (que l'on peut se procurer dans diverses épiceries fines); on en tire aussi une liqueur appelée crème d'arbouse, de l'eau-de-vie ou du vin. En Italie, elle est utilisée en confiserie.

CONSERVATION   Voir fruits, p. 227.

ARROW-ROOT

Nom anglais: *arrow-root*

Fécule extraite originairement de la maranta *(Maranta arundinarea)*, une racine tubéreuse appartenant à la famille des Marantacées et originaire d'Amérique du Sud. Graduellement, le terme «arrow-root» en est venu à désigner aussi l'amidon tiré de diverses autres espèces de rhizomes, telle l'«arrow-root du Queensland» *(Canna edulis)*. Emprunté à l'anglais, le mot arrow-root signifie «racine à flèche». Les étymologues ne s'entendent pas sur son origine; certains croient qu'il dérive de *araruta*, mot d'un dialecte indien signifiant «racine à farine»; d'autres avancent qu'il fut inspiré par une pratique autochtone consistant à soigner les blessures des flèches empoisonnées avec cette substance; d'autres enfin disent que c'est parce qu'on enduisait les flèches de certaines fécules faites à partir d'espèces vénéneuses.

Les racines de la maranta mesurent de 20 à 30 cm de long et de 2,5 à 3 cm de diamètre; elles contiennent 1,7 g de protéines et environ 30 g d'hydrates de carbone/100 g. Ces rhizomes sont séchés, puis moulus; on obtient une fine poudre blanche qu'on utilise de la même façon que la fécule de maïs ou la farine, qu'elle peut d'ailleurs remplacer. Il en faut presque deux fois moins que la farine pour obtenir le même résultat. Elle est très digestible. Contrairement à la fécule de maïs, elle laisse la transparence aux liquides clairs.

CONSERVATION   L'arrow-root se conserve à l'abri des insectes à la température de la pièce.

ARTICHAUT

Cynara scolymus, **Composées**
Nom anglais: *artichoke*

Capitule (regroupement de très nombreuses petites fleurs insérées les unes à côté des autres dans un réceptacle) d'une plante potagère originaire de la région méditerranéenne. L'artichaut fut un légume particulièrement apprécié des Grecs et des Romains. Il devint rare au Moyen Âge où il acquit la réputation d'être aphrodisiaque. Il fut introduit en France par Catherine de Médicis, qui l'apporta de son Italie natale lorsqu'elle épousa le roi de France. Il est cultivé abondamment en Europe et dans le sud des États-Unis, notamment à Castroville en Californie du sud.

L'artichaut pousse sur une plante qui peut atteindre de 1 à 1,5 m de haut et dont les feuilles sont largement découpées. Il est comestible avant floraison, c'est-à-dire avant l'apparition de fleurs violettes ressemblant à celles du chardon, un proche cousin. Les parties comestibles sont le réceptacle (le fond) et la base charnue de ce que l'on prend pour des feuilles mais qui sont en réalité des bractées. Le foin sur le fond, qui donne éventuellement naissance aux fleurs, ne se consomme pas. Il existe une quinzaine d'espèces d'artichaut, ce qui crée une certaine diversité dans la forme (habituellement ronde et légèrement allongée) et la couleur (vert assez foncé tirant sur le bleu ou le violacé). L'artichaut préfère les climats chauds où il est vivace; ailleurs il est souvent annuel.

VALEUR NUTRITIVE   L'artichaut contient 85 % d'eau, 3 g de protéines, 0,2 g de matières grasses, 12 g d'hydrates de carbone et 51 calories/100 g; il est riche en potassium, en phosphore, en sodium et en vitamine A. Il contient de la cynarine, une substance qui stimule la sécrétion biliaire, de l'inuline, des tannins et des substances azotées. Il est reconnu pour posséder de grandes vertus médicinales; il serait notamment apéritif, épuratif, reconstituant et diurétique; on le dit excellent pour le foie. On obtient le maximum des effets thérapeutiques en infusant les larges feuilles dentelées.

ACHAT   Choisir l'artichaut le plus compact et le plus lourd possible, avec des bractées charnues et serrées d'une belle couleur. À noter que la qualité n'est pas tributaire de la taille, qui dépend des variétés. Plus l'artichaut est jeune, plus il est savoureux; rechercher une grosse tige surmontée d'une tête assez petite. Si les bractées s'étalent, sont décolorées et tachées, semblent rudes ou fibreuses, c'est que la fraîcheur laisse à désirer; la saveur sera forte et désagréable. Dépister également les traces de vers en jetant un coup d'œil à la base; ils pénètrent habituellement vers l'intérieur du cœur par cet endroit. Les cœurs d'artichaut prêts à manger se vendent en conserve, baignant dans une eau salée, non salée ou additionnée de vinaigre.

PRÉPARATION   Pour laver l'artichaut, écarter les bractées afin de déloger les saletés, en évitant cependant de toucher aux extrémités qui se terminent par des piquants. On peut, si désiré, les couper en tranchant une petite partie de la tête de l'artichaut. Si l'artichaut est envahi d'insectes, le mettre à tremper dans de l'eau vinaigrée environ une demi-heure. Éviter de couper la tige avec un couteau, la rompre plutôt avec les mains, ceci permet d'enlever une certaine quantité de fibres non comestibles et de feuilles filandreuses. Égaliser ensuite la tige avec un couteau afin que l'artichaut puisse se tenir droit.

CUISSON   L'artichaut peut être mangé cru, surtout s'il est jeune et bien frais; il suffit de bien mastiquer le bas des feuilles. Pour le cuire, diverses méthodes sont possibles, entre autres au four, à l'eau et à la vapeur. La cuisson à l'eau est la plus courante malgré ses désavantages (voir légumes, p. 293); elle dure de 20 à 35 minutes. Ne pas mettre trop d'eau; éviter l'ajout d'un élément alcalin (bicarbonate de soude) qui rend l'artichaut d'un vert peu appétissant et qui détruit des vitamines (voir légumes, p. 293); si possible ne pas se servir de casseroles en aluminium ou en fer qui rendent l'artichaut grisâtre. Cuire le moins longtemps possible afin d'empêcher la perte de saveur et de valeur nutritive. Pour vérifier si l'artichaut est prêt, insérer la pointe d'un couteau dans le cœur ou retirer une bractée et y goûter. Si désiré, l'égoutter quelques instants tête en bas avant de servir.

UTILISATION   L'artichaut est fréquemment consommé tel quel. On retire une à une les bractées dont on racle l'extrémité charnue avec les dents, après les avoir trempées dans une vinaigrette ou une mayonnaise allégée. Quand elles sont toutes enlevées, le cœur apparaît; il reste à retirer le foin qui le recouvre avant de le savourer; c'est la partie la plus charnue et la meilleure. Le cœur seul est souvent apprêté de diverses façons; il est farci et cuit au four ou farci après cuisson; il se met dans les salades, se sert en hors-d'œuvre, etc. L'artichaut peut être mangé chaud, tiède ou froid.

CONSERVATION   Ne pas laisser l'artichaut cuit longtemps à la température de la pièce car il se détériore; le placer au réfrigérateur. Cru, l'artichaut se conserve quelques jours au réfrigérateur, surtout si sa tige est dans l'eau.

ASPERGE
Asparagus officinalis, **Liliacées**
Nom anglais: *asparagus*

Plante potagère vivace dont on consomme les jeunes pousses (turions) comme légume. Probablement originaire du bassin méditerranéen, l'asperge était déjà appréciée dans l'Antiquité pour ses vertus médicinales; on l'a longtemps considérée comme un légume aphrodisiaque.

Il existe de 300 à 400 espèces d'asperges dont peu sont comestibles, n'étant pour la plupart qu'ornementales. Les meilleures ont des tiges droites, tendres et charnues. De couleur vert clair, blanc ou violacé, elles ont des pointes compactes plus foncées avec parfois des teintes bleutées. L'asperge blanche est une variété que l'on soustrait des rayons du soleil. Plus tendre, son goût est également plus délicat; elle est plus coûteuse car sa culture nécessite un surcroît d'attention. L'asperge est très fragile et vieillit rapidement après la cueillette.

VALEUR NUTRITIVE L'asperge contient 3 g de protéines, 0,2 g de matières grasses, 4 g d'hydrates de carbone et 22 calories/100 g; elle est riche en eau (90 à 95 %), en vitamines A et C, en fer, en potassium, en zinc et en cellulose. Elle contient de l'aspargine, une substance acide qui lui confère sa saveur particulière et qui est diurétique. L'asperge aurait d'autres propriétés médicinales; on la dit laxative, dépurative et tonique. Son passage dans l'organisme ne passe pas incognito car il «parfume» l'urine d'une odeur d'acétone.

ACHAT Rechercher des asperges d'une couleur brillante, aux tiges fermes et à tête compacte. Délaisser les asperges tirant sur le jaune, aux tiges amollies et aux fleurs qui commencent à s'entrouvrir, elles manquent de fraîcheur.

PRÉPARATION Avant de cuire l'asperge, rompre la tige en la pliant vers la base; elle devrait se casser à l'endroit où la tige devient fibreuse (on peut utiliser cette partie pour faire des potages si l'asperge n'est pas trop vieille). On peut aussi, si désiré, peler l'asperge; c'est surtout adapté pour l'asperge blanche. Bien laver l'asperge à l'eau froide pour la débarrasser du sable et de la terre. On peut même enlever les petites écailles sur la tige pour de meilleurs résultats.

CUISSON Comme tous les légumes verts, l'asperge demande des soins particuliers si on veut qu'elle garde sa couleur (voir légumes, p. 293). On l'attache souvent en bottes contenant 10 tiges au maximum afin qu'elle ne s'endommage pas lors de la cuisson. On peut aussi la placer verticalement dans une casserole étroite et mettre environ 5 cm d'eau, ainsi la tête, qui est plus fragile que la tige, cuit à la vapeur. Éviter de trop la cuire car elle ramollit et perd de la saveur. Calculer de 8 à 15 minutes pour la cuisson à l'eau et un peu plus pour la cuisson à la vapeur. Si possible, ne pas se servir de casseroles en fer car le tannin que l'asperge contient en grande quantité réagit avec le fer, ce qui affecte la couleur. L'asperge devrait idéalement être mangée encore croquante.

UTILISATION   L'asperge peut être mangée chaude ou froide, telle quelle, avec de la vinaigrette ou de la mayonnaise légère; elle se met dans les salades, les potages, les crèmes et les quiches ou elle sert de légume d'accompagnement. Elle peut aussi être mangée crue.

CONSERVATION   L'asperge est fragile et se conserve peu de temps. La ranger au réfrigérateur; l'envelopper dans un linge humide prolonge sa fraîcheur. Elle se congèle; la blanchir 3 ou 4 minutes, selon la grosseur des tiges.

AUBERGINE

Solanum melongena, **Solanacées** ou **solanée**s
Noms anglais: *eggplant, aubergine*

Fruit d'une plante originaire de l'Inde. L'aubergine est consommée comme légume. Connue en Asie depuis plus de 2 500 ans, l'aubergine gagna ensuite l'Afrique du Nord, puis l'Espagne lorsque les Arabes conquirent ce pays. Les premières variétés étaient très amères mais la domestication de l'aubergine permit d'en améliorer la saveur. Les Européens apprécièrent d'abord l'aubergine pour ses vertus ornementales.

L'aubergine préfère les climats chauds mais s'est adaptée aux climats tempérés; elle demande beaucoup d'eau. Un plant peut atteindre 1 m de haut; il donne de magnifiques fleurs bleu-violet. Le fruit peut être rond ou allongé et sa grosseur peut se rapprocher de celle d'un œuf ou atteindre les dimensions d'un ballon. Le plus souvent dans les tons de pourpre noirâtre, l'aubergine peut aussi être blanche, rose ou verte. Elle est recouverte d'une peau luisante et lisse, qui est comestible, et qui a parfois un goût amer, selon les variétés. La chair blanc jaunâtre et spongieuse contient des petites graines brunâtres comestibles. Plus l'aubergine est jeune, moins elle contient de graines et plus sa peau est tendre et non amère. La chair s'oxyde rapidement à l'air lorsqu'elle est coupée.

VALEUR NUTRITIVE   L'aubergine contient 93 % d'eau, 1 g de protéines, 0,1 g de matières grasses, 6 g d'hydrates de carbone et 26 calories/100 g; elle est riche en potassium et constitue une bonne source de niacine, de calcium et de fer. On la dit bénéfique contre la constipation, les coliques et les ulcères d'estomac. Sa réputation d'être calorifique lui vient de ce qu'elle est très souvent frite et qu'elle absorbe le gras à la manière d'une éponge.

ACHAT   Rechercher une aubergine ferme, lourde, avec une peau lisse d'une belle couleur uniforme et une tige verte. Laisser de côté un fruit abîmé, dont la peau est ratatinée, flasque ou parsemée de taches brunes; le manque de fraîcheur le rend amer. Pour vérifier si l'aubergine est mûre, exercer une légère pression sur les côtés avec les doigts: si l'empreinte reste imprimée, elle est à point, si la chair rebondit, c'est qu'elle est immature.

PRÉPARATION   Une croyance très répandue attribue au sel le pouvoir d'atténuer l'amertume de l'aubergine, et de nombreuses recettes suggèrent de faire dégorger l'aubergine une trentaine de minutes en la couvrant de sel pour qu'elle perde une partie de son eau et de son amertume. Cette pratique est discutable au plan de la santé car elle augmente la teneur en sel; la substance amère étant soluble à l'eau, mettre à tremper l'aubergine une quinzaine de minutes permet de diminuer considérablement l'amertume (dont l'intensité dépend des variétés). On peut aussi peler l'aubergine, puisque la substance responsable de l'amertume est logée sous la peau.

CUISSON   Pour consommer moins de gras, on peut cuire l'aubergine au four: la laisser entière (et non pelée si désiré), la trancher ou la couper en morceaux (les badigeonner d'un peu d'huile et, si désiré, les aromatiser). Lorsqu'elle est entière, taillader ou piquer l'aubergine sinon elle risque d'éclater; le temps de cuisson oscille entre 30 et 60 minutes dans un four à 200 °C. L'aubergine peut être également cuite à l'eau ou à la vapeur, on peut aussi la blanchir quelques minutes avant de l'apprêter. Si on préfère la frire tout en limitant l'absorption de gras, former une couche protectrice en trempant l'aubergine dans de la farine, de la panure ou dans un œuf battu avec un peu de lait.

L'aubergine devient très molle à la cuisson. Éviter de la saler, surtout en début de cuisson. Elle est délicieuse chaude ou froide et s'apprête de plusieurs façons: farcie, en casserole, en brochettes, en purée, gratinée, etc. Elle est indispensable dans la ratatouille et dans la moussaka.

CONSERVATION   L'aubergine doit être manipulée avec soin car elle se meurtrit facilement. Elle est extrêmement sensible aux changements de température; elle s'endommagera à des températures inférieures à 10 °C et deviendra sujette au pourrissement. Elle se conserve près d'une semaine au réfrigérateur. La pratique commerciale qui consiste à l'envelopper de papier cellophane ne lui est pas favorable, aussi le retirer dès que possible. L'aubergine peut se congeler mais les résultats seront plus satisfaisants si elle est cuite auparavant avec d'autres légumes.

AVOCAT

Persea gratissima, **Lauracées**
Noms anglais: *avocado, alligator pear*

Fruit de l'avocatier, arbre originaire d'Amérique Centrale ou d'Amérique du Sud où il est connu depuis des temps immémoriaux. Les Aztèques désignèrent ce fruit sous le nom de *ahua-galt,* terme que les Espagnols transformèrent en *ahuacate* puis en *aguacate* (encore utilisé), qui donna finalement lieu à l'appellation *avocado.* La popularité de l'avocat, tant en Amérique du Nord qu'en Europe, est récente.

L'avocatier croît sous les climats tropicaux et subtropicaux; il peut atteindre 15 m de haut; ses feuilles ovales et cireuses sont persistantes. Il en existe près d'une dizaine d'espèces qui produisent pour la plupart des grappes de petites fleurs blanchâtres ou jaune verdâtre très odorantes. La floraison qui s'effectue en deux temps ne donnera qu'une faible proportion de fruits.

L'avocat est une baie qui peut varier de forme, de poids, de couleur, de texture, d'épaisseur de peau et de valeur nutritive (surtout quant au contenu en gras). Les variétés les plus courantes ressemblent un peu à une poire plus ou moins arrondie. La peau, lisse ou granuleuse, peut être assez dure; elle est verte, violacée ou brunâtre. Les différences de poids sont notoires, allant de 100 g à plus de 2 kg. Dans les meilleures variétés, la pulpe a un goût de noisette; sa consistance rappelle celle du beurre et sa couleur jaune verdâtre (parfois vert orangé) est plus verte près de l'épicarpe et plus jaune à proximité du noyau. Ce gros noyau facilement détachable loge au centre du fruit; il est recouvert d'un suc laiteux qui prend une teinte rougeâtre au contact de l'air et qui peut tacher les tissus.

VALEUR NUTRITIVE

L'avocat a une grande valeur nutritive; il contient environ 75 % d'eau, 2 g de protéines, 15 g de matières grasses, 7 g d'hydrates de carbone et 161 calories/100 g. C'est un aliment gras et calorifique mais il se digère facilement; ses matières grasses sont insaturées à 83 %, étant composées de 69 % d'acides monoinsaturés et de 14 % d'acides polyinsaturés (voir corps gras, p. 147). L'avocat est riche en vitamines et sels minéraux, particulièrement en vitamine A, en vitamines du complexe B, en vitamine C, en vitamine E, en acide folique et en potassium, que la cuisson vient rarement détruire. Son huile, souvent extraite sous forme d'émulsion, est beaucoup utilisée en cosmétologie.

ACHAT

Choisir un avocat pas trop ferme, exempt de taches noires et de meurtrissures, plutôt lourd pour sa taille et d'une belle couleur. L'avocat est à point quand il cède à une légère pression des doigts. Le mettre dans un sac de papier le fera mûrir plus vite car le gaz éthylène qui se dégage lors de la maturation est emprisonné et accélère le processus.

PRÉPARATION   Avant de couper l'avocat, il est préférable de laver l'écorce. Éviter de préparer une grande quantité car l'avocat se conserve mal, s'oxydant au contact de l'air; arroser la partie exposée à l'air avec un élément acide (jus de citron, vinaigre, etc.) retarde le noircissement.

On coupe habituellement l'avocat en deux dans le sens de la longueur; s'il adhère au noyau, séparer les deux moitiés en les faisant pivoter doucement en sens contraire, puis enlever le noyau. Ce noyau peut donner une belle plante d'appartement: le mettre à tremper dans environ 2 cm d'eau tiède, à la chaleur et à l'abri de la lumière, côté pointu vers le haut, en ajoutant de l'eau au besoin. Si nécessaire, introduire 3 cure-dents pour que le noyau reste en suspension au-dessus du récipient. Quand la tige commence à faire des feuilles, la mettre à la lumière; lorsqu'elle atteint 20 cm de haut, la couper horizontalement de moitié. Mettre le noyau en terre, laissant un tiers de sa partie supérieure non recouverte, quand la tige mesurera à nouveau 20 cm de haut. Garder la plante à l'abri du soleil pendant une semaine puis l'y exposer; en été, la protéger du soleil direct qui est trop chaud.

UTILISATION   L'avocat tolère très mal la cuisson car une température élevée constante le rend amer; ne l'ajouter qu'en fin de cuisson et éviter l'ébullition. On le consomme surtout frais; on le sert souvent tel quel, simplement coupé en deux, avec dans sa cavité de la vinaigrette, de la mayonnaise allégée ou du jus de citron assaisonné de sel et de poivre. On le farcit aussi ou on le met en purée; nommée guacamole par les peuples hispanophones et souvent très épicée, cette purée est populaire au Mexique, en Amérique Centrale et en Amérique Latine. L'avocat se met également dans les sandwichs et les salades; on en fait des potages et des desserts (crème glacée, mousses, salade de fruits, etc.).

CONSERVATION   Ne pas soumettre l'avocat à une température inférieure à 6 °C car il serait endommagé par le gel. Ne jamais mettre un avocat qui n'est pas à point au réfrigérateur car il ne mûrira plus; le laisser à la température de la pièce. Mûri, le garder au frais ou le réfrigérer s'il n'est pas consommé immédiatement car il se détériore rapidement; il se conservera plusieurs jours. L'avocat entamé se conserve au réfrigérateur un ou deux jours; verser un ingrédient acide sur les parties exposées à l'air puis couvrir. L'avocat peut se congeler lorsqu'il est mis en purée qui contient du jus de citron.

AVOINE
Avena sativa, **Graminées**
Nom anglais: *oats*

Céréale d'origine incertaine, probablement de Perse. L'avoine fut longtemps considérée comme une mauvaise herbe, particulièrement du temps des Grecs et des Romains. Il semble qu'on commença à la cultiver au début de l'ère chrétienne. Son usage principal fut de nourrir les animaux, sauf en Scandinavie et en Germanie où cette céréale devint un aliment de base; on s'en servit aussi à des fins médicinales. L'avoine fut introduite en Amérique du Nord au début du XVIIe siècle par les premiers colons écossais. Aux États-Unis, maintenant le plus grand pays producteur mondial d'avoine avec l'URSS, l'avoine est la troisième céréale la plus consommée.

L'avoine préfère les climats tempérés et humides mais elle s'adapte aisément à d'autres conditions. Elle pousse facilement dans des terrains pauvres, là où la culture de la plupart des autres céréales est impossible. Cette plante annuelle, qui peut atteindre de 60 cm à 1,5 m de haut, a des épis composés de 20 à 150 épillets semblables à ceux du millet et qui jaunissent à maturité. Il en existe plusieurs centaines de variétés, divisées en avoine d'hiver et en avoine d'été. Les grains peuvent être blancs, jaunes, gris, rouges ou noirs. La plupart sont recouverts de nombreux poils.

L'avoine est nettoyée par trempage, séchée, parfois rôtie, puis décortiquée. Le rôtissage lui confère une légère saveur de noisette et facilite le décorticage, une opération qui consiste à enlever l'enveloppe extérieure du grain (balle), partie non digestible par le corps humain (des nouvelles variétés dépourvues de balle n'ont pas besoin d'être décortiquées). L'avoine est passée à la vapeur avant le décorticage, le temps qu'elle ramolisse et que soit désactivée la lipase, une enzyme qui confère une saveur savonneuse aux aliments lorsqu'elle vient en contact avec certaines matières grasses. L'amande libérée est laissée telle quelle, transformée en flocons (en passant entre des lames d'acier) ou moulue; on retire aussi souvent le son. Le grain d'avoine devient de l'avoine roulée à l'ancienne, de l'avoine écossaise, de l'avoine roulée à cuisson rapide, du gruau prêt à servir, du son d'avoine et de la farine d'avoine.

Avoine roulée à l'ancienne. L'amande entière est aplatie et non coupée, ce qui donne un gros flocon. Utiliser deux à trois parties d'eau pour une partie d'avoine et cuire environ 20 minutes.

Avoine écossaise (steel-cut). L'amande passe entre des lames d'acier qui la coupent sur la longueur en tranches plus ou moins minces (habituellement 3 tranches). Plus elle est coupée finement, plus elle cuit rapidement. Calculer de trois à quatre parties d'eau pour une partie d'avoine.

Avoine roulée à cuisson rapide. Le grain est traité comme précédemment, sauf qu'il s'agit de particules d'amande, ce qui donne des flocons petits et minces. La valeur nutritive de l'avoine à cuisson rapide est égale à celle de l'avoine à l'ancienne mais sa saveur est moindre. Sa cuisson plus rapide s'effectue en 5 minutes dans 2 parties et demie de liquide pour une partie d'avoine.

Gruau prêt à servir. Le grain est cuit à l'eau, séché puis roulé très mince. Il est prêt à manger dès qu'il vient en contact avec un liquide. Ce produit est le moins intéressant du point de vue nutritif car les traitements subis occasionnent des pertes d'éléments nutritifs, et il est presque toujours très sucré (jusqu'à 76 %) et salé (jusqu'à 1 107 mg/100 g), en plus de contenir souvent des additifs.

Son d'avoine. Situé dans les couches extérieures du grain, le son d'avoine est plus étroit et plus long que celui du blé. Il contient environ 18 % de protéines, 7 % de gras, 59 % d'hydrates de carbone et 379 calories/100 g. Il est riche en vitamines, en sels minéraux et en fibres. Il peut être cuit comme le gruau ou être ajouté aux aliments comme le germe de blé.

Farine d'avoine. Le grain est moulu après avoir supporté les mêmes conditions thermiques que l'avoine roulée. Dépourvue de gluten, la farine d'avoine ne lève pas à la cuisson; on doit la combiner à de la farine de blé pour préparer pains et autres aliments levés; ces produits sont plutôt massifs.

VALEUR NUTRITIVE
Contrairement à la plupart des céréales, l'avoine conserve pratiquement tous ses éléments nutritifs après le décorticage, car son bulbe de son et son germe adhèrent fortement à l'amande. Elle est très nourrissante et contient en général 14 g de protéines, 6 à 7 g de matières grasses, 68 g d'hydrates de carbone et 330 calories/100 g. La qualité nutritionnelle des protéines est bonne; cependant, comme dans toutes les céréales, certains acides aminés essentiels sont présents en petite quantité (voir céréales, p. 113). L'avoine contient un anti-oxydant naturel qui la rend très résistante au rancissement. Elle est riche en vitamines du complexe B, vitamine E, phosphore, fer, calcium, cuivre, magnésium, sodium, potassium, manganèse et zinc. L'avoine renferme de l'acide phytique; on a longtemps soupçonné cet acide de nuire à l'absorption du calcium; il semble plutôt que l'organisme s'adapte à l'ingestion d'acide phytique lorsqu'elle est continue.

L'avoine est riche en lipase, une enzyme qui prend un goût savonneux lorsqu'elle est mise en contact avec certaines substances tels le bicarbonate de soude, l'huile de palme ou l'huile de coco. La lipase est inactivée quand le grain d'avoine subit un traitement thermique. L'avoine (surtout le son) réduirait le taux de cholestérol sanguin. Son contenu en auxine, une hormone de croissance, la rendrait bénéfique aux enfants et sa richesse en silice aurait un effet diurétique.

UTILISATION   Le gruau est probablement l'usage le plus connu de l'avoine (il peut être consommé non cuit; tremper l'avoine plusieurs heures). L'utilisation de cette céréale est cependant beaucoup plus variée. L'avoine se met entre autres dans les granolas, müeslis, ragoûts, charcuteries, muffins, biscuits, crêpes et pains [elle doit alors être mélangée avec de la farine de blé à raison d'environ 960 ml (500 g) pour 240 ml (180 g) d'avoine]. On s'en sert aussi pour épaissir soupes, pains de viandes, pâtés et puddings et pour confectionner carrés aux dattes, croustilles aux pommes, gâteaux, gelées, bières et boissons.

CONSERVATION   Voir céréales, p. 113.

BABEURRE

Nom anglais: *buttermilk*

Appelé aussi lait de beurre, c'est le liquide blanchâtre, tirant parfois sur le jaune ou le vert, qui se sépare de la crème lors de la fabrication du beurre. Le babeurre a une consistance qui rappelle légèrement la crème. Au repos, il se sépare en 2 couches, la plus légère constituée de lactosérum, la plus lourde faite de caséine coagulée en de fins grumeaux. Il peut aussi être fabriqué avec du lait écrémé ou partiellement écrémé et de la crème ensemencés d'une bactérie comme le yogourt et mis à fermenter. Il est souvent sucré, aromatisé et stabilisé avec des additifs.

VALEUR NUTRITIVE Le babeurre obtenu par le barattage du beurre a une valeur nutritive semblable au lait écrémé. Riche en acide lactique et en azote, il est pauvre en matières grasses; c'est un aliment qui convient bien aux personnes souffrant de troubles digestifs. Le babeurre contient 8,6 g de protéines, 2,3 g de matières grasses, 12,4 g d'hydrates de carbone et 105 calories/250 ml. La valeur du babeurre ensemencé dépend des ingrédients utilisés; il est souvent calorifique car riche en sucre. Lire la liste des ingrédients sur l'étiquette si on recherche un produit exempt de sucre et d'additifs.

UTILISATION Le babeurre est un émulsifiant naturel utilisé en pâtisserie, dans la crème glacée, des desserts, des soupes et des fromages. Il se vend liquide ou déshydraté. Le babeurre et le lait sur peuvent être remplacés dans la plupart des recettes par du lait frais auquel on ajoute 5 à 10 ml (1 à 2 cuillerées à café) de vinaigre.

CONSERVATION Le babeurre se conserve au réfrigérateur.

BACON

Nom anglais: *bacon*

Lard fumé maigre, généralement présenté en fines tranches. Le bacon peut provenir du dos, de la poitrine ou de la longe de porc. Le mot «bacon» est dérivé de *bakko*, un vieux terme francique signifiant «jambon». En Europe, le mot «baconique», maintenant désuet, désigna longtemps un repas de gala où le porc était à l'honneur. Le bacon fait souvent partie du repas matinal, notamment en Amérique du Nord.

VALEUR NUTRITIVE Le bacon croustillant, frit ou grillé, contient 31 g de protéines, 50 g de matières grasses et 625 calories/100 g [deux tranches moyennes cuites (16 g) contiennent 5 g de protéines, 8 g de matières grasses et 100 calories]; c'est un aliment gras et calorifique. Il est riche en sodium et il contient du nitrite de sodium, un additif qui donne du goût, de la couleur et qui vise à empêcher le développement de bactéries qui causent le botulisme, une maladie grave. Les nitrites n'ont pas que des effets positifs cependant, car ils se transforment en nitrosamines, des substances cancérigènes. Les fabricants de bacon sont maintenant en mesure de remplacer les nitrites car un nouveau procédé a été inventé (le procédé wisconsin, du nom de la ville américaine où il fut créé, qui consiste à injecter un mélange d'acide lactique et de sucre). Les fabricants sont lents à l'adopter car le bacon n'a plus sa couleur habituelle et ils craignent que les gens n'aiment pas cela, ce qui entraînerait une baisse des ventes.

Outre le bacon en tranches, il existe diverses autres présentations (bacon en granules, en poudre, etc.). Certains de ces produits sont fabriqués artificiellement, ils contiennent entre autres des protéines de soya hydrolisées et divers additifs qui leur confèrent couleur et saveur. Ces produits apparaissent de plus en plus fréquemment dans les soupes, salades, vinaigrettes, trempettes et autres mets préparés.

CUISSON   Il est préférable de cuire le bacon à feu modéré et dans une pièce bien aérée, en égouttant le gras à mesure qu'il s'accumule, car la cuisson à feu vif accélère la formation des nitrosamines, par suite d'une interaction complexe du gras avec la chaleur. Le gras obtenu après la cuisson du bacon peut contenir jusqu'à 3 ou 4 fois plus de nitrosamines que le bacon; aussi vaut-il mieux ne pas le réutiliser. Égoutter le bacon sur du papier absorbant avant de le servir.

CONSERVATION   Le bacon se congèle mais il perd un peu de saveur; sa durée de conservation est réduite (1 à 2 mois) car le gras rancit facilement.

BAMBOU
Phyllostachys spp, **Graminées**
Nom anglais: *bamboo*

Plante vivace dont on consomme les jeunes pousses comme légume. Le bambou est originaire d'Orient et il croît dans les régions tropicales. Il existe près de 500 espèces de cette plante aux feuilles caduques ou persistantes, dont les tiges ligneuses peuvent atteindre 30 m de haut et mesurer 1 m de circonférence. Toutes ne sont pas comestibles.

Les pousses de bambou sont consommées en Asie depuis des milliers d'années. On les récolte dès qu'elles sortent de terre, quand elles mesurent environ 10 cm de haut; elles sont de couleur blanc ivoire car logées à l'intérieur des tiges elles ne sont pas exposées à la lumière. On doit les dégainer puis les débarrasser des petits poils acérés qui les recouvrent. Elles ne sont pas comestibles crues car elles contiennent des substances toxiques qui disparaissent à la cuisson.

VALEUR NUTRITIVE

Les pousses de bambou crues contiennent 91 % d'eau, 2,6 g de protéines, 0,3 g de matières grasses, 5,2 g d'hydrates de carbone et 29 calories/100 g; elles sont riches en phosphore et en vitamines du complexe B.

UTILISATION

Ce légume peut être consommé à la manière des asperges; bouilli, le cuire une trentaine de minutes. Il sert de légume d'accompagnement ou s'emploie dans les hors-d'œuvre, les soupes et les plats mijotés. Dans les pays occidentaux, il est surtout disponible séché ou en conserves vendues dans les épiceries spécialisées; les meilleures conserves sont à l'eau. Les pousses sont comestibles sans autre cuisson mais on peut les cuire à nouveau (braiser, sauter, etc.).

CONSERVATION

Les pousses de bambou cuites se conservent une dizaine de jours au réfrigérateur, dans un récipient hermétique et recouvertes d'eau fraîche, renouvelée chaque jour.

BANANE

Musa spp, **Musacées**
Nom anglais: *banana*

Fruit du bananier, plante herbacée géante. Probablement originaire de Malaisie, mais recensée pour la première fois en Inde, de 500 à 600 ans avant Jésus-Christ, la banane existerait depuis un million d'années. Une légende indienne affirme même que c'est le fruit qu'Ève tendit à Adam, ce qui explique pourquoi dans ce pays on l'appelle «fruit du paradis». Le bananier atteint de 3 à 6 m de haut; il est muni de grandes feuilles, mesurant jusqu'à 60 cm de large et 3 m de long; leur base épaisse s'entrecroise de façon régulière et serrée pour former un pseudo-tronc.

Les bananes (des baies) se développent sur la tige florale, succédant à des grappes de fleurs pourpres. On appelle «main» le groupement en rangées de 10 à 25 bananes et «régime» l'assemblage en forme de grappes; un régime comporte habituellement 25 mains pour un total de 250 à 300 bananes, ce qui peut représenter un poids d'une trentaine de kilos. La tige sur laquelle se trouve le régime se courbe vers le sol sous le poids des bananes mûrissantes tandis que les bananes s'érigent vers le haut. Croissant sous les climats tropicaux et subtropicaux, notamment en Amérique Centrale et en Afrique, le bananier ne produit qu'une seule fois, après quoi il est coupé pour qu'une nouvelle pousse apparaisse. Il s'écoule près d'un an avant que les bananes soient prêtes à être cueillies. Il existe plus d'une trentaine de variétés, ce qui a une incidence sur la forme, la taille, la couleur et la saveur des bananes. Elles sont divisées en bananes à cuire (bananes-plantain, *M. paradisiaca*) et en bananes douces *(M. sapientium, M. nana)*. Certaines variétés sont vertes à maturité, d'autres rouges et la plupart jaunes. On récolte les bananes avant leur maturité complète car elles sont meilleures lorsqu'elles ne mûrissent pas sur la plante. Traditionnellement, on les laissait mûrir tranquillement à la cave ou dans les entrepôts; maintenant, on les expose très souvent au gaz éthylène pour hâter le mûrissement.

VALEUR NUTRITIVE

La banane contient 1 g de protéines, 0,5 g de matières grasses, 23 g d'hydrates de carbone et 92 calories/100 g. Les hydrates de carbone se transforment à mesure que la banane mûrit. D'abord présents sous forme d'amidon peu digestible, ils se convertissent graduellement en fructose, glucose et saccharose rapidement assimilables. Ceci explique pourquoi la banane blette est tellement sucrée et nourrissante. La banane renferme du fluor et elle est riche en potassium et en magnésium. Légèrement constipante, surtout lorsqu'elle n'est pas mûre, la banane devient légèrement laxative quand elle est blette.

ACHAT

Rechercher des bananes intactes, ni trop vertes et dures, car parfois elles mûrissent mal, ni trop molles, sauf si elles sont destinées à la cuisson. Leur stade de maturation se décèle à la coloration de la peau; les bananes mûres à point seront légèrement luisantes, bien souvent légèrement parsemées de petites taches brunâtres (surtout si elles ont mûri sans l'aide de gaz éthylène).

UTILISATION

La banane peut être mangée en tout temps; son utilisation va du potage au dessert, comme fruit ou comme légume. La peau n'est pas comestible. La banane s'oxyde à l'air, il vaut mieux la peler juste avant de l'utiliser; quand ce n'est pas possible, l'arroser de jus d'agrumes pour l'empêcher de noircir.

Très souvent mangée telle quelle, la banane peut aussi être frite, cuite au four, bouillie ou sautée. On peut sauter des bananes vertes, surtout si elles sont employées comme légume; elles se défont moins et sont moins sucrées. La banane se met en purée et entre dans la préparation de tartes, gâteaux, yogourt, liqueurs, etc. Il n'est pas nécessaire de la sucrer, surtout si elle n'est pas consommée immédiatement, car son amidon se transforme en sucre. La banane peut être séchée et constituer, comme les dattes et les autre fruits déshydratés, un aliment hautement calorifique. Elle est également disponible sur le marché sous forme de farine ou de croustilles, des petites tranches jaunes particulièrement riches en calories car elles ont été frites.

CONSERVATION

Malgré son aspect, la banane est un fruit fragile qui n'aime pas les fluctuations subites de température, ni les températures en dessous de 12 °C, surtout lorsqu'elle est immature car elle arrête alors de mûrir. Elle se conserve à la température de la pièce. Pour accélérer son mûrissement, la mettre dans un sac ou dans du papier journal. Trop mûre, elle risque de pourrir; la ranger au réfrigérateur, la pelure noircira mais non la chair; pour plus de saveur, la sortir quelque temps avant de la consommer.

La banane peut se congeler; la mettre d'abord en purée, lui ajouter un peu de jus de citron pour l'empêcher de noircir et de prendre un mauvais goût. La manger telle quelle en dessert glacé ou prendre soin de la mesurer par portion et s'en servir pour confectionner gâteaux, muffins et autres mets. Deux ou trois bananes donnent 250 ml; la durée d'entreposage est d'environ deux mois. Les bananes partiellement décongelées ont la curieuse propriété de mousser si elle sont fouettées, donnant ainsi un dessert ressemblant à de la crème glacée.

BANANE PLANTAIN

Musa paradisiaca, **Musacées**
Nom anglais: *plantain*

Banane qui se différencie des bananes douces par une taille plus importante (30 à 40 cm de long), une peau plus épaisse, une chair plus ferme et surtout par une composition en amidon qui la rend non comestible crue, même mûre. Surnommée «banane à cuire» et «banane à farine», ce fruit traité comme un légume est très populaire sur le continent africain, qui en est en outre le plus grand producteur. La banane plantain est aussi beaucoup consommée aux Antilles et en Amérique du Sud.

VALEUR NUTRITIVE La banane plantain contient 0,8 g de protéines, 0,2 g de matières grasses, 31 g d'hydrates de carbone et 116 calories/100 g. Elle est riche en potassium et en vitamines A et C. Elle contient beaucoup d'amidon que la cuisson rend digestible et elle renferme des tannins neutralisés par la cuisson. Comme toutes les bananes, la banane plantain voit son contenu en amidon se transformer en sucre à mesure qu'elle vieillit; la banane qui commence à jaunir est plus sucrée que la banane verte et celle dont la peau a noirci l'est encore plus.

UTILISATION La banane plantain est utilisée comme légume et sa consistance ainsi que sa saveur rappellent un peu la patate douce, ou, si elle est très mûre, la banane. On peut la cuire au four sans la peler (bien laver la peau); compter environ 1 heure à 180 °C; on peut aussi sectionner les deux bouts et enlever la peau ou simplement l'inciser sur toute sa longueur. La banane plantain peut être cuite également à l'eau (environ 25 minutes), au gril (environ 45 minutes à 10 cm de la source de chaleur), sautée, etc.

CONSERVATION Tout comme la banane, la banane plantain réagit mal à des températures inférieures à 12 °C.

BAR

Anarhichas spp, **Serranidés**
Autres noms et espèces: *bar de l'Atlantique ou bar rayé* (A. lupus),
perche blanche ou petit bar (A. americanus),
loup tacheté (A. minor), *mérou* (Ephinephelus morio), *loup*
Noms anglais: *wolffish, spotted catfish, wolf-eel*

Poisson au corps allongé qui ressemble à la perche d'eau douce. Le bar est surnommé «loup» ou «loup de mer» car il est féroce et vorace. Il est redoutable pour les espèces plus petites, qu'il poursuit pour les manger. Il grimpe sur les filets des pêcheurs qu'il endommage.

Ce poisson a le corps comprimé latéralement et il est bossu; selon les espèces, cette bosse diffère légèrement. La première nageoire dorsale est épineuse. La tête de forme triangulaire est importante, les yeux sont proéminents et les dents solides. La couleur varie tout comme la taille qui, selon les espèces, peut atteindre jusqu'à 1 m de long. Le bar ne se limite pas à la mer, il aime beaucoup les eaux saumâtres des estuaires et des baies ainsi que les fleuves; il fraie d'ailleurs en eau douce.

VALEUR NUTRITIVE
La chair blanche, délicate et savoureuse contient 17,5 g de protéines, 16 g de matières grasses et 219 calories/100 g. Elle est très recherchée car elle est ferme, résiste bien à la cuisson et a peu d'arêtes.

UTILISATION
On aura avantage à cuire le bar le plus simplement possible afin de ne pas en masquer la finesse. Pour vider le poisson, l'entailler sous le ventre près des ouïes. La peau étant fragile, l'écailler avec précaution. Si le bar est grillé entier ou poché, il est même préférable de ne pas l'écailler; une fois cuit, enlever tout simplement la peau, les écailles suivent et la chair est plus savoureuse car elle est moins sèche. Toutes les recettes de poisson lui conviennent; le bar est excellent froid.

CONSERVATION
Voir poissons, p. 429.

BARBOTTE

Ictalurus spp, **Siluridés**
Noms anglais: *catfish, sheatfish*

Poisson nocturne de taille variable, qu'on retrouve dans les rivières, les lacs et les eaux lentes d'Amérique du Nord et d'Amérique Centrale. La barbotte a un corps massif arrondi vers l'avant, qui va en s'aplatissant latéralement vers l'arrière. Sa peau sans écailles est douce. Sa grosse tête aplatie est munie de plusieurs barbillons qui lui servent d'antennes pour repérer la nourriture dans les eaux boueuses qu'elle affectionne. Ses nageoires dorsales et pectorales ont chacune une grosse épine.

Diverses espèces vivent dans les eaux canadiennes, dont la barbotte brune, la noire, la jaune, la barbotte des rapides et la barbue de rivière.

La barbotte brune *(Ictalurus nebulosis)* a le corps plus élancé que les autres et une queue carrée. Sa tête est lourde et sa mâchoire supérieure proéminente. On la trouve dans des lacs aux fonds vaseux. Elle peut atteindre de 20 à 35 cm de long.

La barbotte noire *(I. melas)* est plus petite, plus massive et trapue. Elle se distingue aussi par une barre blanchâtre à la base de la queue. Elle fréquente les lacs vaseux et boueux. Elle atteint de 12 à 18 cm de long.

La barbotte jaune *(I. natalis)* a un corps massif et robuste plus ventru que les autres. Sa tête est longue et sa queue légèrement arrondie. Elle atteint de 20 à 30 cm de long.

La barbotte des rapides *(Notorus flavus)* préfère les rivières au courant fort ou les eaux peu profondes. Sa peau épaisse est recouverte de mucus. Ses lèvres sont charnues et sa mâchoire supérieure est quelque peu avancée. Sa queue est arrondie. De couleur plutôt pâle, elle peut atteindre de 15 à 30 cm de long. Les piqûres de ses épines peuvent être dangereuses et douloureuses car on trouve à leur base une glande sécrétant du poison.

La barbue de rivière ou **barbue d'Amérique** *(I. punctatus)* est la plus grosse des 5 espèces, atteignant parfois jusqu'à 60 cm de long. Elle affectionne des eaux plus claires et plus fraîches. C'est la seule à avoir une queue fourchue.

VALEUR NUTRITIVE ET UTILISATION   La chair des barbottes contient 17,5 g de protéines, 3 g de matières grasses et 103 calories/100 g. Blanche, grasse, ferme et souvent floconneuse, elle contient beaucoup d'arêtes. Elle est assez savoureuse sauf chez certaines espèces, dont la barbotte des rapides. La barbotte est très souvent cuite au four, pochée, braisée ou frite; les recettes de la carpe lui conviennent bien.

La barbotte est surtout consommée par les pêcheurs sportifs. Elle est très souvent contaminée par divers résidus. La contamination varie en fonction de l'âge du poisson et de son habitat. Plus un poisson est âgé, donc gros, plus la concentration de résidus est élevée. Il est préférable de limiter la consommation de barbotte, à moins de savoir qu'elle provient d'un habitat non pollué. Au Québec, le ministère de l'Environnement recommande de ne pas manger plus de 230 g de barbotte par semaine.

CONSERVATION   Voir poissons, p. 429.

BARBUE

Scophtalmus rhombus, **Pleuronectidés**
Nom anglais: *brill*

Poisson voisin du turbot mais au corps plus allongé, plus ovale, moins large et sans tubercule osseux. Sa queue est fourchue, caractéristique propre à cette seule variété de poissons plats. Sa peau grise ou châtain clair est lisse et parsemée de petites taches nacrées. La barbue peut atteindre entre 30 et 75 cm de long. Sa chair plus fine et plus fragile que celle du turbot supporte toutes les cuissons (voir poissons plats, p. 439).

BARDANE

Arctium lappa, **Composées**
Surnoms: *gratteron, teigne, herbe aux teigneux*
Noms anglais: *burdock, gobo*

Plante bisannuelle originaire d'Europe, que l'on trouve à l'état sauvage (mauvaise herbe) près des routes et dans les terrains vagues des régions tempérées. La bardane est cette plante dont les fruits sont des bractées piquantes terminées en petits crochets qui s'accrochent au poil des animaux et au linge; cette caractéristique lui a valu plusieurs surnoms. Ses tiges, munies de grandes feuilles vert pâle, ovales, ondulées et ornées de duvet sur le dessous, atteignent environ 1 m de haut la deuxième année.

Les parties comestibles sont les racines, les jeunes pousses et les feuilles; leur goût est agréable et rafraîchissant. Les racines doivent être déterrées lors de la première année avant que la tige florale n'ait fait son apparition. Séchées au soleil, elles se conservent quelques mois si elle sont bien nettoyées.

VALEUR NUTRITIVE   La bardane contient 1,5 g de protéines, 0,2 g de matières grasses, 17 g d'hydrates de carbone et 72 calories/100 g. Elle possède diverses propriétés médicinales; on la dit sudorifique, diurétique, astringente et stomachique; elle a la réputation de purifier le sang. On peut préparer une infusion à partir des feuilles et des fleurs [l5 ml (1 cuillerée à soupe) par tasse d'eau (240 ml), infusées 10 minutes] ou encore faire une décoction avec les racines [15 ml (1 cuillerée à soupe) par tasse d'eau (240 ml), bouillies 5 minutes].

UTILISATION   En cuisine, les tiges et les racines charnues se préparent comme l'asperge et le salsifis. On peut les peler, les mettre à tremper 30 minutes dans de l'eau froide avec un peu de jus de citron ou de vinaigre, les couper sur le large puis les faire bouillir dans de l'eau salée jusqu'à ce qu'elles soient tendres. Les tiges les plus tendres peuvent être pelées et braisées ou ajoutées à des potages; les feuilles peuvent être cuisinées comme n'importe quel légume feuillu.

CONSERVATION Voir légumes, p. 293.

BASILIC

Ocimum basilicum, **Labiées** ou **Labiacées**
Noms anglais: *basil, sweet basil*

Plante aromatique annuelle originaire de l'Inde. Très odorant, le basilic est une fine herbe fort appréciée; le terme pour le désigner est dérivé du grec *basilikon* signifiant «royal». Il existe environ 60 variétés de cette plante trapue mesurant de 15 à 50 cm de haut. Ses feuilles lancéolées sont d'un vert plus ou moins foncé ou rougeâtres. Fragiles, elles ont une saveur piquante qui est à son maximum avant que des fleurs blanches en épis n'apparaissent aux extrémités des tiges; cette saveur s'amenuisera lorsque les feuilles seront séchées. La saveur diffère selon les variétés; elle peut rappeler le citron, le jasmin, le clou de girofle, l'anis, le thym, etc.

VALEUR NUTRITIVE C'est une des fines herbes les plus riches en vitamine A et son contenu en vitamine C, en calcium et en phosphore est important. Le basilic aurait des propriétés antispasmodiques, toniques, antiseptiques, stomachiques, peptiques et carminatives; il pourrait aider à combattre les migraines d'origine nerveuse ou gastrique, les insomnies et les infections. En tisane, mettre 15 ml (1 cuillerée à soupe) de feuilles par tasse d'eau (240 ml) et laisser infuser 10 minutes.

UTILISATION Le basilic est associé à la cuisine méditerranéenne; c'est la fine herbe par excellence pour relever les tomates. C'est aussi l'assaisonnement de base de la soupe au pistou où, en compagnie d'ail et d'huile d'olive, il est transformé en pâte ajoutée en fin de cuisson. «Pistou» est d'ailleurs un mot provençal inspiré de *pistar* signifiant «piler», «broyer». En Italie, cette pâte est agrémentée de fromage et parfois de pignons (pesto) et accompagne les pâtes alimentaires. Le basilic aromatise également toutes sortes d'aliments tels poisson, fruits de mer, œuf, fromage, volaille, agneau, porc et lapin. Ses tiges et ses feuilles parfument délicatement le vinaigre. On peut conserver ses feuilles fraîches dans de l'huile d'olive. Il semblerait que d'en placer un bouquet près des fenêtres aiderait à éloigner les moustiques.

CONSERVATION Voir fines herbes, p. 188.

BAUDROIE

Lophius spp, **Lophiidés**
Autres noms et espèces: *lotte de mer* (L. americanus ou L. piscatorius),
crapaud de mer, diable de mer
Nom anglais: *angler*

Poisson très laid qui fréquente les fonds vaseux de la mer, en particulier ceux de l'Atlantique. Sa tête énorme et aplatie est ornée de lambeaux de peau. Sa bouche non moins énorme est garnie de plusieurs dents pointues. Sa peau visqueuse et flasque n'a pas d'écailles mais elle est couverte d'épines et d'appendices. Son dos est brun olivâtre et son ventre grisâtre. La baudroie peut atteindre de 50 cm à 1,5 m de long. Elle est plus appréciée en Europe qu'en Amérique.

La chair blanche est maigre, ferme et fine. Elle n'a pas d'arêtes, si ce n'est une grosse arête centrale. Seule la queue est comestible. Elle est vendue fraîche, congelée ou fumée et est toujours dépouillée. Comme elle contient beaucoup d'eau, il est préférable de la faire revenir d'abord dans un poêlon pour en extraire l'excédent.

UTILISATION   Les meilleurs modes de cuisson sont le pochage ou le braisage. Les sauces avantagent la baudroie car sa chair a tendance à sécher puisqu'elle demande un peu plus de cuisson que celle des autres poissons. Il est préférable de l'arroser souvent lorsqu'on la grille. Elle est délicieuse dans les soupes ou servie froide avec une vinaigrette.

CONSERVATION   Voir poissons, p. 429.

BERGAMOTE

Citrus bergamia, **Aurantiacées**
Nom anglais: *bergamot*

Fruit jaunâtre qui ressemble à une petite orange. La bergamote serait issue d'un croisement entre la limette et l'orange amère (bigarade) ou elle serait un hybride de l'orange amère. Elle tire son nom de la ville turque Bergama. Elle est surtout cultivée dans le sud de l'Europe, notamment en Sicile et en Calabre.

La bergamote est immangeable telle quelle car elle est très acide. On utilise son zeste et son huile essentielle. Le zeste s'emploie surtout en pâtisserie et en confiserie; l'huile essentielle sert aussi en confiserie ainsi qu'en parfumerie. La ville de Nancy en France se spécialise dans la production de bonbons à la bergamote depuis 1850. La bergamote aromatise le thé Earl Gray.

BETTE

Beta vulgaris var. *cicla*, **Chenopodiacées**
Autres noms: *blette, bette à carde, poirée*, parfois appelée incorrectement *charde suisse*, une traduction littérale de son nom anglais
Noms anglais: *chard, swiss chard*

Plante potagère parente de la betterave. La bette pourrait se comparer à l'épinard; sa saveur est plus douce cependant, et ses feuilles, plus larges et plus fermes. Ces feuilles sont habituellement vertes mais peuvent être jaunâtres ou rougeâtres selon les variétés; elles surmontent de longues tiges charnues, tendres et croustillantes, de couleur blanchâtre (parfois rougeâtre) et de saveur assez prononcée; elles atteignent jusqu'à 60 cm de haut et peuvent avoir plus de 15 cm de large.

VALEUR NUTRITIVE
La bette contient 91 % d'eau, 2 g de protéines, des matières grasses à l'état de traces, 4 g d'hydrates de carbone et 20 calories/100 g.

UTILISATION
Comestibles aussi bien crues que cuites, les tiges se préparent comme l'asperge ou le céleri et les feuilles comme l'épinard. Les tiges ont tendance à noircir lorsqu'elles sont cuites, sauf si on les blanchit dans de l'eau salée jusqu'à ce qu'elles s'attendrissent légèrement ou si on les arrose avec un ingrédient acide (jus de citron, vinaigre). Fragile comme tous les légumes-feuilles, la bette s'achète, se prépare et se conserve de la même façon. À l'instar de l'épinard, elle supporte la congélation après un blanchiment de 2 minutes.

CONSERVATION
Voir légumes, p. 293.

BETTERAVE

Beta vulgaris, **Chenopodiacées**
Noms anglais: *beet, beetroot, red beet*

Plante potagère à racine, originaire d'Afrique du Nord. La betterave n'est consommée en Europe que depuis le XIVᵉ siècle et en Amérique du Nord que depuis une centaine d'années. Jusqu'au IIIᵉ siècle, elle fut uniquement cultivée pour ses feuilles, puis on apprit à apprécier sa racine. La betterave a une chair habituellement rouge vif mais qui peut aussi être jaune; globulaire ou conique et plus ou moins charnue, elle a une peau lisse. Il existe 2 autres espèces de betteraves, la betterave fourragère (qui sert à nourrir le bétail) et la betterave sucrière (transformée en sucre ou en alcool).

VALEUR NUTRITIVE
La betterave contient 87 % d'eau, 1,5 g de protéines, des matières grasses à l'état de traces, 10 g d'hydrates de carbone et 44 calories/100 g. Elle est riche en potassium, en calcium et en acide

folique. On lui attribue diverses propriétés médicinales, notamment d'être apéritive et anticancérigène; elle agirait sur les reins et la peau et soignerait maux de tête et de dents, tumeurs, grippe, constipation, anémie et obésité. Les feuilles sont riches en vitamine A, en calcium, en potassium, en magnésium et en fer.

ACHAT   Choisir des betteraves fermes et lisses, sans taches ni meurtrissures et d'une belle coloration rouge foncé. Éviter les très grosses betteraves ou celles aux longues racines, car elles risquent d'être fibreuses. Lorsqu'elles sont encore présentes, l'état des feuilles permet de juger de la fraîcheur plus aisément; délaisser les betteraves aux feuilles fanées. Se procurer des betteraves de même grosseur, elles cuisent plus uniformément. Des betteraves cuites sont souvent vendues au comptoir des légumes frais; elles ont perdu une partie de leur saveur et de leur valeur nutritive.

CUISSON   La betterave doit sa coloration typique à la bétacyanine, un pigment de la famille des anthocyanines, excessivement soluble à l'eau. La moindre meurtrissure la fait «saigner»: lorsqu'elle entre en contact avec un liquide, elle devient alors rouge pâle. Cette caractéristique est exploitée dans la soupe bortsch, originaire de Russie, où les betteraves sont coupées très finement afin que la soupe soit le plus rouge possible. Ses vertus décoratives sont également utilisées pour colorer divers autres aliments; le moment où l'on ajoute la betterave et la quantité utilisée déterminent la couleur. Ce colorant tache facilement les doigts, un peu de jus de citron le fera disparaître; il peut aussi colorer urine et selles, ce qui n'est pas dangereux. La cuisson avive et même restaure la couleur si on ajoute un ingrédient acide; un ingrédient alcalin par contre (soda à pâte) la bleuit et le sel la décolore; saler en fin de cuisson.

Laver la betterave à l'eau courante sans la meurtrir; si nécessaire, la brosser délicatement. La cuire intacte, sans la peler ni la couper, en laissant la racine et 2 ou 3 cm de tiges. La betterave est longue à cuire, de 25 à 60 minutes pour la cuisson à l'eau et plus pour la cuisson à la vapeur; s'assurer que durant tout ce temps l'eau ne manque pas. La cuisson au four protège la saveur mais accentue la couleur. Pour vérifier le degré de cuisson, éviter de piquer la betterave avec une fourchette ou la pointe d'un couteau, car il y aura perte de couleur s'il faut continuer la cuisson; passer plutôt le légume sous un filet d'eau froide, si la pelure s'enlève facilement, c'est qu'il est cuit.

UTILISATION   La betterave peut être mangée crue ou cuite. Crue, la peler, la râper et si désiré l'assaisonner. Lorsqu'elle est cuite, elle peut être mangée chaude ou froide, arrosée de vinaigrette, dans une sauce, en salade, etc. Ses feuilles sont délicieuses cuites et s'apprêtent comme l'épinard ou la bette.

CONSERVATION   La betterave est moyennement fragile; elle se conserve environ

3 semaines au réfrigérateur ou dans un endroit frais (près de 0 °C) et humide (90 à 95 %). Non lavée, on peut l'enfouir dans du sable, elle se conserve alors de 2 à 4 mois, parfois plus. Ses feuilles restent fraîches près d'une semaine au réfrigérateur si elles ne sont pas lavées et si on les place dans un sac. Contrairement à celles de la betterave, elles supportent la congélation.

BEURRE
Nom anglais: *butter*

Substance grasse et onctueuse, extraite du lait non écrémé par barattage. La crème étant une émulsion de matières grasses dans une solution liquide, le barattage, qui consiste à brasser le produit laitier, provoque une inversion de ce phénomène et permet de séparer les matières grasses des autres constituants (la partie aqueuse qui reste est nommée babeurre). Il faut de 24 à 25 kilos de lait pour obtenir un kilo de beurre.

Le terme beurre désigne aussi des substances onctueuses et riches en matières grasses extraites de divers végétaux; dans ce cas on mentionne le nom de l'aliment d'où il provient (beurre d'arachide, beurre de cacao, beurre d'amandes, beurre de noix de coco, etc.).

L'histoire du beurre est aussi vieille que celle du lait, puisqu'il en est un sous-produit. Les anciens ont utilisé le beurre dans les cérémonies religieuses et comme médicament, s'en servant notamment comme cataplasme contre les infections de la peau et les brûlures (son efficacité est reliée à la présence de vitamine A). On obtient le beurre non seulement du lait de vache mais de celui des autres mammifères, telles la chèvre, l'ânesse, la jument, la bufflonne et la chamelle. Ces beurres à saveur plus prononcée se retrouvent surtout en Asie, en Afrique et dans certaines régions de l'Amérique du Sud, où ils sont produits à petite échelle. En général, on est plus familier avec le beurre de lait de vache; en Europe et en Amérique du Nord, ce beurre est produit abondamment, constituant même d'énormes surplus.

Dans la fabrication industrielle du beurre, la crème est d'abord pasteurisée, puis maturée à l'aide de ferments lactiques acidifiants, ferments qui vont favoriser l'apparition de substances, notamment le diacétyl, conférant au beurre son goût et son arôme particuliers. Suit le barattage, puis le beurre est lavé et malaxé afin que soient extraits les résidus d'eau et de lait qui risquent de lui conférer un goût aigre et acide. L'addition de sel et de colorant jaune est très courante bien que non essentielle; le sel joue notamment un rôle de préservation, tout en permettant de masquer les saveurs indésirables et de rehausser le goût; le colorant permet de produire un beurre de couleur uniforme tout au long de l'année car l'alimentation des animaux a une influence sur la coloration du beurre et elle varie selon les saisons.

Depuis quelques années, il existe sur le marché du beurre mou. Ce produit fut mis au point par les chimistes afin de concurrencer la margarine, facilement tartinable dès qu'elle est sortie du réfrigérateur, contrairement au beurre qui est dur et qui se travaille mal. Divers ingrédients que l'on ne retrouve pas dans le beurre peuvent être présents dans ce succédané de beurre dont du babeurre, de la lécithine, de la gomme de caroube, de l'acide citrique, des mono et diglycérides et du sorbate de potassium.

Toujours en vue d'endiguer la baisse de ventes du beurre au profit de la margarine, en 1989, les producteurs laitiers ont mis sur le marché un beurre «allégé», moins riche en matières grasses, en cholestérol, en calories et en sel que le beurre régulier.

VALEUR NUTRITIVE

Le beurre régulier contient au moins 80 % de matières grasses, qui sont évidemment d'origine animale. Il renferme de 240 à 280 mg de cholestérol/100 g [33 à 39 mg/15 ml (1 cuillerée à soupe)] et la plus grande partie de ses acides gras sont saturés. C'est un aliment hautement calorifique, fournissant autour de 750 calories/100 g. Son contenu en protéines, en hydrates de carbone, en vitamines et en sels minéraux est infime; font exception la vitamine A et son précurseur la carotène, ainsi que le sodium qui est ajouté et qui peut atteindre 10 % dans le beurre salé et 5 % dans le beurre demi salé (appelé demi-sel en Europe); la vitamine D est présente surtout dans le beurre d'été.

Le beurre mou renferme légèrement plus de protéines et d'hydrates de carbone que le beurre, beaucoup moins de calories (355/100 g) et de matières grasses (40 %).

Le beurre allégé contient 52 % moins de matières grasses que le beurre régulier, 46 % moins de cholestérol, 46 % moins de calories et 25 % moins de sel. Il renferme 390 g de matières grasses et 390 calories/100 g.

Le beurre fabriqué avec de la crème non pasteurisée, dit «beurre fermier» en Europe, contient un peu plus de protéines et de lactose que le beurre commercial et sa saveur est plus prononcée. Il a pratiquement disparu du marché car comme le lait cru, il est facilement contaminé et porteur de bactéries qui peuvent causer des maladies graves. Il rancit vite et ne se conserve que de 8 à 14 jours.

Le beurre est un aliment controversé, décrié par les uns à cause de son contenu en acides gras saturés et en cholestérol, défendu par les autres, surtout les producteurs, qui vantent le naturel de son contenu. Comme dans les autres polémiques sur les aliments, les informations ne sont pas toujours objectives et d'énormes sommes d'argent sont en jeu (voir viande, p. 556). On devrait consommer le beurre modérément car il constitue une source importante de matières grasses, d'acides gras saturés, de cholestérol et de calories, ce qui est peu adapté à la vie sédentaire qui est le lot d'un très grand nombre d'Occidentaux.

CUISSON   Le beurre est plus digestible frais que fondu, alors qu'il est encore sous sa forme d'émulsion. Il se prête d'ailleurs mal aux cuissons à haute température car ses matières grasses se décomposent rapidement et il y perd ses vitamines. Le beurre ainsi chauffé (nommé beurre noir) brunit et forme notamment de l'acroléine, une substance indigeste et nocive. Le beurre s'émulsifie plus facilement que les autres graisses, ce qui le rendrait plus facile à métaboliser et permettrait à l'estomac de l'évacuer plus rapidement.

Le beurre mou ne doit pas servir pour la cuisson car il ne supporte pas la chaleur et il change la texture des pâtisseries et autres mets du genre.

UTILISATION   Le beurre occupe une place de choix dans la cuisine de plusieurs pays car il confère une saveur inégalable aux aliments. On le retrouve dans les sauces (beurre manié, roux, sauce béarnaise, hollandaise, etc.), en pâtisserie, dans les crèmes, dans les potages, etc. Très employé pour faire revenir les aliments, le beurre brûle beaucoup plus rapidement que l'huile et la margarine; éviter de le chauffer à feu vif. On peut l'utiliser en combinaison avec de l'huile, ainsi il se décompose moins rapidement (le faire fondre après avoir ajouté l'huile). On peut aussi «clarifier» le beurre (le ghee de la cuisine indienne), c'est-à-dire le débarrasser de ses impuretés; il devient limpide comme l'huile et peut ensuite supporter la friture. Pour ce faire, fondre le beurre à feu très doux au four (135 °C) ou sur le dessus de la cuisinière; en fondant, une partie des impuretés remontent à la surface et l'autre partie se dépose au fond de la casserole. Chauffer le beurre jusqu'à ce que les impuretés brunissent, elles vont former une couche sur le dessus ou vont adhérer au récipient; couler le beurre dans une mousseline ou enlever les impuretés à l'aide d'une cuiller trouée puis transvaser le beurre lentement, en prenant soin de laisser les impuretés dans la casserole. Le beurre clarifié maison se conserve au réfrigérateur, l'industriel peut être laissé à la température de la pièce.

On peut ajouter divers ingrédients au beurre froid; on obtient le «beurre composé» qui sert pour assaisonner grillades, poissons, escargots, fruits de mer, canapés, légumes, potages, etc. Les ingrédients (ail, échalote, persil, raifort, caviar, moutarde, roquefort, sardines, cresson, citron, amandes, etc.) sont hachés très finement ou mis en purée; certains sont cuits et réduits. Le beurre est d'abord travaillé en pommade à l'aide d'une cuiller ou d'une spatule de bois; on peut se servir d'un appareil électrique, surtout lorsqu'on a une quantité importante à préparer.

Mesurer le beurre n'est pas toujours une tâche agréable dans les pays où les recettes sont conçues au volume et non au poids, comme au Canada et aux États-Unis. Une façon de rendre cette tâche plus facile consiste à mesurer le beurre dans de l'eau. Remplir une tasse à mesurer d'une quantité précise d'eau froide, puis ajouter du beurre jusqu'à ce que le niveau de l'eau atteigne la hauteur désirée; ainsi, s'il faut 125 ml de beurre, mettre 250 ml d'eau et arrêter d'ajouter le beurre quand le niveau aura atteint 375 ml; égoutter le beurre.

CONSERVATION   Le beurre absorbe facilement les odeurs et s'oxyde rapidement; bien le couvrir, le tenir éloigné des aliments qui peuvent lui conférer un mauvais goût et le réfrigérer (ou le mettre au frais). Il peut se couvrir de moisissures ou de taches dues à l'apparition de bactéries ou de champignons; il peut aussi acquérir une coloration trop prononcée causée par la déshydratation s'il est mal emballé, ce qui affecte sa saveur. Il se congèle mais perd légèrement de la saveur; l'utiliser en dedans de 5 à 6 mois pour minimiser cette perte.

BICARBONATE DE SODIUM
Nom anglais: *baking soda*

Sel alcalin très utilisé en cuisine, vendu sous forme de poudre blanche. Le bicarbonate de sodium (ou bicarbonate de soude) fut inventé vers le milieu du XIXe siècle aux États-Unis. Cette découverte chambarda les habitudes culinaires, facilitant et permettant l'essor de la fabrication de gâteaux, biscuits, pâtisseries, etc. Au Québec, on désigne souvent incorrectement cette substance par l'expression «soda à pâte», une traduction littérale de l'anglais «baking soda».

On obtint d'abord le bicarbonate de sodium en traitant de la cendre de soude au gaz carbonique. Le procédé de fabrication le plus courant maintenant consiste à introduire de l'eau saumurée dans d'énormes réservoirs contenant de l'ammoniac; le mélange entre ensuite en contact avec du gaz carbonique, ce qui crée le bicarbonate de sodium. Cette substance insoluble se précipite au fond des récipients; elle est alors filtrée, lavée à l'eau froide, séchée, puis moulue en une fine poudre.

Le bicarbonate de soude se décompose en carbonate de sodium, en eau et en gaz carbonique lorsqu'il est mis en contact avec un ingrédient acide et la chaleur, ce qui fait lever la pâte. Le carbonate de sodium confère une saveur désagréable, aussi la pâte doit-elle toujours contenir une quantité suffisante d'acidité pour le neutraliser; mélasse, miel, malt, chocolat, cacao, jus de citron, crème, lait de beurre ou lait sur sont les ingrédients les plus couramment utilisés. On n'a pas toujours sous la main le lait sur et le lait de beurre; on peut les remplacer par:

- 240 ml de lait et 5 ml (1 cuillerée à café) de crème de tartre;
- ou 240 ml de lait dans lequel on ajoute 15 ml (1 cuillerée à soupe) de vinaigre ou de jus de citron.

Il arrive que le bicarbonate de sodium laisse un arrière-goût aux aliments car il est plutôt stable et nécessite une chaleur élevée pour se décomposer. Si on en utilise trop, on le retrouvera sous forme de taches jaunâtres et cette partie aura une saveur très désagréable.

UTILISATION Le bicarbonate de soude est souvent utilisé lorsque des fruits sont incorporés à la pâte; il en neutralise l'acidité. On s'en sert aussi pour cuire les légumes et les légumineuses; il protège la couleur des légumes et raccourcit le temps de cuisson. Cette pratique entraîne cependant une perte significative de valeur nutritive et donne facilement des légumes détrempés et trop cuits car le bicarbonate agit rapidement sur la cellulose, qu'il amollit. Le bicarbonate est efficace pour éteindre les feux qui peuvent survenir dans la cuisine.

BIGORNEAU

Littorina littorea, **Littorinidé**s
Autres noms et espèces: *littorine, vigneau* (ou *vignot*), *bourgot*
Noms anglais: *periwinkle, winkle*

Petit mollusque carnivore de la classe des gastéropodes (ou gastropodes), abondant notamment dans l'Atlantique, le long des côtes canadiennes. Le bigorneau ressemble à l'escargot, se meut comme lui et se déplace seulement la nuit, temps idéal pour le pêcher. Il est revêtu d'une petite coquille conique, plus ou moins ronde, solide, lisse et épaisse, fermée par un opercule, une pièce cornée qui le protège. Selon les variétés, sa coquille est brune ou grise, avec des bandes spiralées noirâtres ou rougeâtres, bordées de blanc à l'intérieur. Le bigorneau devient intéressant à consommer quand sa taille atteint 2 ou 3 cm de hauteur et de largeur. Il aime vivre dans les crevasses, monter sur les rochers ou se rassembler dans le lichen.

VALEUR NUTRITIVE Le bigorneau contient 20 g de protéines, 2,3 g de matières grasses et 100 calories/100 g.

CUISSON ET UTILISATION Avant de laver le bigorneau, bien le secouer afin qu'il rentre dans sa coquille. Le temps de cuisson ne devrait pas dépasser 5 minutes, sinon le bigorneau devient coriace et est plus difficile à extraire de sa coquille devenue très friable. Il est cuit de diverses façons: il peut être frit, sauté, mariné, cuit au court-bouillon, poché, etc. Pour le pocher, le mettre dans de l'eau salée ou de l'eau de mer, l'amener à ébullition, l'égoutter, puis le retirer de sa coquille; se servir d'une épingle pour le retirer de sa coquille, en enlevant tout d'abord l'opercule. Le bigorneau peut être mangé chaud ou froid, en entrée, en salade, en plat principal, etc. Sa chair maigre est similaire à celle de l'escargot terrestre et peut la remplacer dans la plupart des recettes. Le bigorneau supporte la congélation.

CONSERVATION   Voir mollusques, p. 344.

BLÉ

Triticum spp, **Graminées**
Nom anglais: *wheat*

Céréale probablement originaire d'Asie mineure. Le blé occupe, avec le riz, une place très importante dans l'alimentation humaine et ce, depuis les temps préhistoriques. On sait qu'on le consommait il y a 10 000 ans. Depuis environ 6 000 ans, on a constaté que le développement de certaines civilisations était lié aux progrès dans la culture du blé. Dans l'Antiquité, le blé aurait d'abord été cultivé au Moyen-Orient, puis se serait répandu en Europe.

Le blé, également appelé froment, est une plante très adaptable qui pousse presque partout à travers le monde. Il résiste au froid mais nécessite un été assez long pour que ses fleurs puissent produire des grains; depuis peu cependant, on a créé des hybrides qui croissent dans les régions nordiques où l'été est très court. Le blé atteint entre 60 cm et 1,8 m de hauteur. Il développe des épis formés de groupes de fleurs (épillets) comportant chacun entre 3 et 5 fleurs. Chaque épillet a deux bractées stériles à sa base (glumes) et deux bractées fertiles (glumelles). Après fécondation, la fleur, qui reste fermée à maturité, développe le grain (caryopse) de forme ovale, plus ou moins bombé et orné d'un profond sillon longitudinal. Une extrémité porte une barbe de petits poils et l'autre, un germe minuscule. Le grain varie de grosseur, de forme et de couleur, selon les variétés, fort nombreuses; on en aurait recensé plus de 30 000, qui appartiennent toutes au genre *Triticum*.

On regroupe habituellement le blé d'après le nombre de chromosomes dans ses cellules, ce qui donne trois groupes principaux soit le blé dur (à pain), le blé mou (à pâtisserie) et le blé durum (à pâtes alimentaires). La culture du blé peut se faire à deux périodes différentes. Le blé d'hiver est semé à l'automne et reste sous une forme dormante l'hiver; il pousse au printemps dès que la température le permet, beaucoup plus tôt que le blé de printemps qui ne peut être semé qu'après l'assèchement de la terre et qui se récolte conséquemment plus tard que le blé d'hiver.

Une fois débarrassé de son écorce extérieure indigeste pour

l'être humain, le grain de blé comporte trois parties principales: le son, le germe (embryon) et l'endosperme (amande). L'amande représente environ 83 % du poids du grain. C'est dans l'amande qu'on trouve le gluten (ce mot contient le terme latin *glu* signifiant «colle»), une substance protidique insoluble formée de gliandine et de glutéine. Cette matière, qui devient visqueuse et élastique lorsqu'elle est mise en contact avec un liquide, a la propriété de retenir le gaz produit par la fermentation d'une pâte faite de farine et d'eau, ce qui fait lever la pâte (voir pain, p. 391). Le pétrissage ou un battage vigoureux activent l'action du gluten (c'est pourquoi il faut très peu travailler la pâte à tarte ou à muffins).

La nature et le contenu de l'amande diffèrent selon les variétés de blé, ainsi:
- l'amande du grain de blé dur est dure, rocailleuse et d'apparence vitreuse; elle contient plus de protéines que le blé mou et ses protéines sont plus riches en gluten;
- l'amande du blé mou est farineuse et blanchâtre; elle contient plus d'amidon et plus de protéines solubles (albumines, globulines et protéoses) que le blé dur;
- l'amande du blé durum reste granuleuse même moulue et ses granules très durs en font le blé de prédilection pour fabriquer des pâtes alimentaires. Le blé durum résiste mieux à la cuisson et ne colle pas; il est plus jaune que les autres variétés de blé.

L'épeautre *(T. speltum)* est un membre de la famille; il a déjà été cultivé intensivement en Europe mais il est tombé graduellement dans l'oubli depuis le début du XXe siècle. Il se distingue par ses petits grains bruns adhérant fortement à la balle et par le fait que ces grains peuvent être utilisés comme le riz, qu'ils remplacent avantageusement; ils cuisent en 1 heure. L'épeautre mélangé avec du blé dur est panifiable.

VALEUR NUTRITIVE Le blé contient de 6 à 23 g de protéines (les variétés les plus usuelles contiennent en moyenne 12,5 g de protéines, soit plus que la plupart des céréales), 1,5 g de matières grasses, de 67 à 75 g d'hydrates de carbone et environ 330 calories/100 g. Comme toutes les céréales, sa principale déficience en acides aminés essentiels est la lysine; une alimentation variée permet de compléter cette carence (voir céréales, p. 113). Le blé est riche en thiamine, niacine, vitamine E, calcium, chlore, phosphore, potassium, soufre, fer et zinc. Un certain pourcentage de la population est allergique au gluten de blé; les principaux symptômes sont des problèmes respiratoires et gastro-intestinaux, du rhumatisme articulaire et des éruptions cutanées.

La valeur nutritive du blé sera fortement influencée par la façon dont il aura été décortiqué, car les éléments nutritifs sont répartis inégalement dans le grain. L'endosperme, constitué principalement des grains d'amidon liés entre eux par le gluten, contient de 70 à 72 % de l'amidon et près de 75 % des protéines. Le son est riche en fibres, en vitamines et en sels minéraux tandis que le germe se distingue entre autres par sa richesse en vitamine E, en thiamine (B_1) et en fer, ainsi que par sa haute teneur en gras (6 à 11 %), ce qui le rend très périssable.

Depuis la fin du XIXe siècle, les meuneries appauvrissent le blé en lui enlevant son et germe, parties riches en nutriments de toutes sortes. Cette pratique permet d'augmenter les profits car la farine et les produits fabriqués avec le blé peuvent rester sur les tablettes beaucoup plus longtemps puisqu'ils rancissent moins vite. De plus, le son et le germe sont vendus séparément (ils servent notamment à nourrir le bétail). Ce procédé a eu des conséquences néfastes pour la santé; ainsi, l'absence quasi totale de son dans la diète a été un facteur déterminant dans l'apparition des maladies du système digestif, maladies fréquentes en Occident.

Le grain de blé n'est pas seulement réduit en farine, il peut aussi se consommer sous diverses formes: entier, concassé, soufflé, en flocons, en semoule (couscous), en boulghour, en son, en germe et en huile de germe.

Grains entiers. Grains simplement débarrassés de leur enveloppe extérieure. Ils peuvent être cuits tels quels ou être incorporés aux soupes, plats mijotés, légumineuses, etc. Il est préférable de les mettre à tremper une douzaine d'heures dans de l'eau tiède avant de les cuire (environ 2 heures); utiliser le liquide de trempage pour la cuisson. Le blé dur nécessite de 720 à 960 ml de liquide par 240 ml (200 g) de grain, et le blé mou, 720 ml. Les grains peuvent être mangés crus, grossièrement moulus après avoir trempé 12 heures; ils sont généralement ajoutés aux müeslis et aux granolas. Ils servent également à la fabrication d'alcool, de fécule et de glutamate monosodique. Ils peuvent aussi être mis à germer.

Blé concassé. Grains brisés en plusieurs morceaux, habituellement de 4 à 8. Ils sont utilisés comme les grains entiers; ils cuisent plus rapidement (30 minutes) et nécessitent moins de liquide [de 480 à 840 ml par 240 ml (150 g) de grains].

Blé soufflé. Grain éclaté après avoir été chauffé et soumis à une très forte pression. Le blé soufflé est surtout utilisé comme céréale à déjeuner et en confiserie; sa valeur nutritive est peu élevée.

Flocons de blé. On trouve sur le marché des flocons cuits et des flocons crus. Les flocons cuits sont des céréales sèches prêtes à manger. Leur valeur nutritive est fort variable car elle dépend du degré de raffinage et des procédés de fabrication. Les flocons crus sont fabriqués de la même façon que les flocons d'avoine, ils sont écrasés par d'énormes rouleaux. Les mettre à tremper plusieurs heures avant de les cuire; utiliser de 480 à 600 ml de liquide par

240 ml (140 g) de flocons; compter une heure et demie de cuisson.

Semoule. Blé moulu en granules plus ou moins fins. Le terme semoule vient du latin *simila* signifiant «fleur de farine»; il désigne soit la farine de blé durum dont on se sert pour fabriquer des pâtes alimentaires, soit le produit obtenu après la mouture de n'importe quelle variété de blé ou d'autres céréales (maïs, riz). La semoule est fabriquée habituellement à partir de l'amande (endosperme); le son et le germe en sont donc absents. L'amande est d'abord moulue finement puis délayée dans de l'eau; la pâte obtenue est ensuite façonnée en de minces fils, cuite à la vapeur, séchée puis granulée plus ou moins grossièrement. La semoule très fine est utilisée principalement comme céréale à déjeuner, dans les potages ou comme dessert (puddings, crèmes, soufflés). La semoule plus grosse, nommée «couscous», nom d'un plat d'origine nord-africaine dont elle fait obligatoirement partie, sert surtout d'accompagnement des plats principaux. Le couscous peut être cuit seul et utilisé comme le riz ou toute autre céréale qu'il remplace avantageusement; il cuit rapidement car il a déjà subi un début de cuisson; on peut même seulement le réhydrater à la manière du boulghour.

Boulghour (ou **bulghur**). Blé traité selon une méthode originaire du Proche-Orient et vieille de quelques milliers d'années. Traditionnellement, le blé est mis à tremper une douzaine d'heures; il est ensuite égoutté sommairement puis mis à germer de deux à trois jours. Quand apparaît un minuscule germe, le blé est cuit environ une heure et demie, puis il est séché et concassé. Il en résulte une céréale au goût de noisette qui se prépare rapidement. Le boulghour est particulièrement riche en niacine, en acide folique, en fer, en phosphore et en potassium.

Il existe deux façons de préparer le boulghour; par simple réhydratation ou par cuisson:

– si le boulghour est destiné à des plats froids, le mettre seulement à tremper dans du liquide bouillant [entre 360 à 480 ml de liquide par 240 ml (140 g) de céréale]. Amener le liquide à ébullition (eau, bouillon, jus, etc.), éteindre le feu, ajouter le boulghour puis couvrir, ou verser le liquide sur le boulghour et couvrir. Le boulghour est prêt à manger après une trentaine de minutes. S'il n'est pas assez mou, ajouter un peu de liquide et attendre qu'il soit absorbé; s'il reste trop de liquide, l'égoutter ou continuer le trempage;

– s'il est servi chaud, il peut être plus satisfaisant de le cuire une quinzaine de minutes à feu doux. Éviter de soulever le couvercle inutilement durant la cuisson et de rincer le boulghour avant ou après sa réhydratation. Tout surplus de liquide non absorbé est riche en éléments nutritifs et peut être utilisé dans une soupe, une fricassée, une sauce, etc.

Le boulghour peut être mangé comme céréale le matin ou entrer dans la composition d'une foule de mets. Le plus connu est sans doute le taboulé, une salade d'origine libanaise agrémentée de persil, de tomates, de menthe et de jus de citron. Le boulghour peut être utilisé comme le riz, qu'il remplace d'ailleurs agréablement; il se met dans les soupes, les salades, les farces, les ragoûts, etc. Il peut constituer un mets principal, accompagné de légumineuses, de graines ou de produits laitiers.

Son de blé. Enveloppe du grain, logée en périphérie, il représente environ 15 % du poids du grain et se présente sous forme de flocons après avoir été séparé. Le son est riche en fibres et en protéines; il contient 80 % de la niacine présente dans le grain, une grande partie des autres vitamines du complexe B, ainsi que de nombreux sels minéraux, dont du phosphore, du magnésium, du fer et du calcium. Le son a la propriété d'absorber les liquides.

Germe de blé. Embryon de la plante situé dans la partie inférieure du grain. C'est le germe de vie et même s'il ne représente qu'environ 3 % du poids du grain, c'est la partie qui contient le plus d'éléments nutritifs. Il renferme de 3 à 4 fois plus de matières grasses que le blé dur (8 à 10 g), 2 fois plus de protéines (25 g) et plus de calories (386/100 g); il a cependant moins d'amidon (49 g). Ses matières grasses sont composées en grande partie d'acide linoléique (voir corps gras, p. 147). Le tryptophane, un acide aminé essentiel, est particulièrement abondant, ce qui est rare dans un produit céréalier. Le germe de blé contient un grand nombre de vitamines, de sels minéraux et d'oligo-éléments. Il est riche en vitamines B_1 (thiamine), B_2 (riboflavine), B_6 et E, en phosphore, magnésium, potassium, fer, soufre, chlore, calcium et cuivre; il possède de la carotène, un précurseur de la vitamine A.

Le germe de blé est vendu cru ou rôti, souvent sucré et épicé. Le germe rôti acquiert une saveur de noisette mais la chaleur détruit une partie des vitamines B. Très périssable, le germe de blé est vendu sous vide ou réfrigéré. N'en acheter qu'une petite quantité à la fois. Le conserver au réfrigérateur lorsqu'il n'est pas sous vide car il rancit très rapidement, à mesure que le contenu en vitamine E diminue. L'idéal est de le congeler et de s'en servir non décongelé.

Le germe de blé a un usage varié; on le mange seul ou ajouté aux céréales. On le saupoudre sur presque tout (légumes, omelettes, légumineuses, desserts, yogourts, etc.); on le met dans les farces, les pâtés, les pâtisseries, le pain, etc.; on l'ajoute à la farine blanche pour lui redonner une partie de sa valeur nutritive [remplacer 60 ml (30 g) de farine par 60 ml (30 g) de germe de blé].

Huile de germe de blé. Huile obtenue soit par pressage des grains à froid, soit à l'aide de solvants. Très riche en vitamine E, l'huile de germe de blé s'ajoute aux aliments ou sert de supplément vitaminique. Elle est dispendieuse car chère à produire.

CONSERVATION   Conserver le grain de blé entier à l'abri des insectes et des rongeurs, dans un endroit frais et sec. Les sous-produits du grain (boulghour, son, germe, semoule) devraient être réfrigérés pour retarder le rancissement et préserver la valeur nutritive.

BLEUET et MYRTILLE

Vaccinium spp, **Ericacées**
Nom anglais: *blueberry*

Fruits faisant partie d'une grande famille qui comprend 150 espèces, pas toutes comestibles cependant. Les Européens appellent habituellement ces fruits «airelles», terme trop général qui inclut aussi bien les atocas (airelles rouges) que les bleuets.

Le bleuet est une baie ronde qui se cultive en Amérique du Nord. Les variétés *angustifolium* (ou *pensylvanicum*) et *myrtilloïdes* (ou *canadense*) sont les plus répandues au Québec; ce sont de robustes arbustes qui donnent des fruits minuscules. Une variété géante hybride *(V. corymbosum)* est surtout cultivée en Colombie-Britannique et aux États-Unis; atteignant jusqu'à 4 ou 5 m de hauteur, elle produit un bleuet qui peut être 4 fois plus gros que le bleuet nain et qui a la grosseur d'une bille. Le bleuet est de couleur bleu noirâtre; sa chair contient de très petites graines; le bleuet nain est souvent plus sucré et plus savoureux que le gros bleuet. Une mince pellicule cireuse et naturelle, la pruine, recouvre fréquemment ce fruit et lui donne un aspect terne.

La myrtille *(V. myrtillus)* est une espèce européenne originaire d'Eurasie; elle pousse à l'état sauvage dans les landes et sur les montagnes boisées. Elle croît sur un buisson ramagé atteignant de 20 à 60 cm de haut, dont le feuillage vert devient rouge foncé à l'automne. Elle apparaît en petites grappes après la floraison de fleurs blanches ombellées. C'est un fruit bleu foncé d'un diamètre d'environ 8 mm.

VALEUR
NUTRITIVE   Le bleuet contient 0,7 g de protéines, 0,4 g de matières grasses, 14 g d'hydrates de carbone et 56 calories/100 g. Il est riche en acide folique et en potassium. Il renferme plusieurs acides, notamment les acides oxalique, malique et citrique. Il serait astringent, antiseptique, minéralisant et désinfectant. Sa matière colorante, la myrtilline, colore également les selles.

UTILISATION   Les bleuets (et les myrtilles) sont excellents nature. Les laver brièvement avant de les consommer, si nécessaire. Comme toutes les baies, on les utilise pour confectionner de nombreux desserts (muffins, tartes, gâteaux, crème glacée, yogourt, etc.) ou des confitures. On les met aussi dans les salades de fruits, les céréales et les crêpes ou on les transforme en jus et en boissons. Les Indiens du Canada avaient l'habitude de les cuire en pâte concentrée.

CONSERVATION   Fragiles, le bleuet et la myrtille doivent être manipulés avec soin. Bien frais et non lavés, ils se conservent quelques jours au réfrigérateur. Ils pourriront très vite si certains d'entre eux sont endommagés. Ils se congèlent tels quels après avoir été lavés et triés; l'ajout de sucre n'est pas nécessaire. La congélation affecte la saveur et la texture, ce qui importe peu si les fruits sont utilisés pour la cuisson. Quand c'est possible, les employer sans les avoir préalablement dégelés.

BŒUF

Bos, **Bovidés**
Nom anglais: *beef*

Mammifère domestiqué en Macédoine et en Mésopotamie il y a environ 8 000 ans. Aussi bien sauvage qu'apprivoisé, le bœuf a été vénéré tout au long de l'histoire humaine et le demeure encore dans certaines parties du globe, en Afrique noire par exemple. La consommation de bœuf est souvent investie d'un pouvoir symbolique; c'est un signe de prospérité et un gage de santé.

Il existe plusieurs centaines de races de bœufs et un nombre incalculable de croisements; environ une trentaine de races seulement sont destinées à la consommation, à cause de leur rendement élevé en viande et de la qualité de leur chair.

En boucherie, le terme bœuf désigne indifféremment la viande de génisse, de vache, de taureau, de taurillon, de bœuf ou de bouvillon, même si la tendreté et la saveur sont loin d'être identiques. L'âge de l'animal, ses conditions de vie et les méthodes d'élevage jouent un rôle important sur la qualité de la viande; plus l'animal a travaillé fort et est âgé, plus la viande est dure mais plus aussi elle a de la saveur.

Les méthodes de découpage de la carcasse varient selon les pays, ce qui se répercute sur la nomenclature des morceaux. Un fait demeure constant, la carcasse comporte toujours des parties plus tendres que d'autres, parties dites «nobles»; elles ne représentent qu'environ 30 % de l'animal et sont donc plus rares, plus en demande et plus coûteuses que les parties moins tendres. Les morceaux moins tendres peuvent donner d'aussi bons résultats s'ils sont bien apprêtés, c'est-à-dire s'ils sont marinés et cuits lentement.

VALEUR NUTRITIVE   Ses matières grasses renferment une certaine quantité d'acides gras saturés et de cholestérol. Le tableau ci-dessous indique la valeur nutritive de quelques coupes les plus populaires. Le bœuf est une bonne source de protéines, de fer, de zinc et de vitamines du complexe B. La valeur nutritive du bœuf est fort variable car elle dépend de plusieurs facteurs, notamment de la race de l'animal, des méthodes d'élevage, de la coupe, du mode de cuisson et du fait qu'on enlève ou non le gras visible.

Valeur nutritive par portion de 100 g

	Calories	Protéines	Matières grasses	Cholestérol
	(Kcal)	(g)	(g)	(mg)
À ragoût, mijoté				
– maigre seulement	227	33	9	86
Côtes, rôti de; rôti				
– maigre et gras	288	25	20	68
– maigre seulement	220	29	11	67
Croupe, rôti de; rôti				
– maigre et gras	231	29	12	75
– maigre seulement	199	30	8	74
Palette, rôti de; braisé				
– maigre et gras	282	29	18	87
– maigre seulement	246	32	12	87
Ronde (intérieur, bifteck de; grillé)				
– maigre et gras	175	30	5	65
– maigre seulement	163	30	4	65
Surlonge, bifteck de; grillé				
– maigre et gras	213	27	11	72
– maigre seulement	186	29	7	72

Source: Agriculture Canada 1987

L'industrie de la viande consacre d'importantes sommes d'argent pour combattre ce qu'elle considère comme une image négative de la viande. L'information porte cependant essentiellement sur la teneur en gras et en cholestérol; on ne mentionne pas la question des résidus (voir viande, p. 556). Aussi longtemps que prévaudront les méthodes actuelles d'élevage, diminuer la consommation de viande est une solution à la présence de résidus.

Aussi étonnant que cela puisse paraître, une viande plus tendre est plus grasse qu'une viande dure; ce gras est cependant peu visible car il est logé dans les fibres musculaires. Ces fibres ont peu travaillé, alors le gras n'a pas été éliminé. Un filet mignon est très bon au goût mais il est plus gras qu'un steak de ronde par exemple. Pour réduire l'ingestion de matières grasses:

– choisir des coupes maigres et des modes de cuisson sans gras;
– enlever le gras visible;
– dégraisser la sauce;
– ne manger que le maigre (cela permet aussi d'abaisser l'ingestion de calories et de cholestérol).

CUISSON   Le bœuf partage avec l'agneau la caractéristique d'être consommable à divers degrés de cuisson; il se mange bleu (cru à l'intérieur et légèrement réchauffé à l'extérieur), saignant, à demi saignant, à point ou bien cuit. Peu de temps sépare souvent les divers degrés de cuisson, aussi une certaine vigilance est de mise. Une grande diversité s'applique aussi pour les températures de cuisson et plusieurs recettes se contredisent; en fait la température dépend du résultat désiré. Une température élevée permet l'obtention d'une croûte extérieure mais entraîne une plus grande perte de volume. Une basse température réduit la perte mais donne une viande sans croûte et cuite plus uniformément. Les températures intermédiaires donnent des résultats... intermédiaires.

Cuisson du bœuf

Genre de viande	temps approx. de cuisson en minutes/kilo	température externe du thermomètre	degré de cuisson	tempétature interne
Bœuf/coupes	100-110	105-120 °C	saignant	60 °C
moins tendres	120-135		médium	65 °C
	135-155		bien cuit	70 °C
Bœuf/coupes	40-45	150 °C	saignant	60 °C
tendres	45-55		médium	70 °C
	60-65		bien cuit	75 °C

UTILISATION   Les apprêts du bœuf sont quasiment illimités. Les personnes désireuses de diminuer leur consommation de viande réduiront leurs portions (on calcule que 85 à 115 g de viande par portion est suffisant) ou utiliseront la viande à la manière orientale, n'intégrant qu'une petite quantité de bœuf, plus pour donner de la saveur et compléter un plat de légumes et de céréales que comme mets principal.

CONSERVATION   Voir viande, p. 556.

BOLET

Boletus spp, **Bolétacées**
Autres noms: *bolet comestible, gros pied, cèpe de Bordeaux* (en France)
Noms anglais: *bolete, cepe*

Champignon comestible charnu également connu sous le nom de «cèpe». Il existe plusieurs dizaines d'espèces de bolets; l'espèce *Boletus edulis* est particulièrement appréciée à cause de sa douce et délicate saveur de noisette.

Croissant généralement dans les forêts de conifères et de pins, donc dans les régions tempérées de l'hémisphère nord, le bolet est formé d'une tige atteignant parfois jusqu'à 25 cm de hauteur. Sa base comporte souvent un pied ferme et trapu. Sa tête est ornée d'un chapeau charnu, lisse ou écailleux, habituellement rond et convexe, atteignant entre 6 et 20 cm de diamètre. La couleur du bolet est variable; plusieurs espèces sont brunâtres, mais on en rencontre aussi des bleutées, des rougeâtres, des jaunâtres et des blanchâtres. Les bolets sont relativement difficiles à trouver si on ne sait pas trop précisément où les chercher. Choisir si possible les jeunes spécimens, plus tendres et plus savoureux.

VALEUR NUTRITIVE
Le bolet contient 89 % d'eau, 2,7 g de protéines et 0,4 g de matières grasses/100 g. Il est riche en potassium et en phosphore.

La chair de certaines espèces de bolets noircit rapidement lorsqu'elle est exposée à la température ambiante, ce qui explique la couleur foncée de certains bolets séchés. La face intérieure du chapeau du bolet est recouverte de tubes verticaux surnommés «foin», ce qui facilite l'identification du champignon car elle est habituellement en lamelles chez les autres espèces. Ces tubes, qui ont tendance à devenir visqueux, s'enlèvent facilement et doivent être ôtés avant la cuisson. Les jeunes bolets peuvent être mangés crus, surtout les cèpes de Bordeaux.

CONSERVATION
Voir champignons, p. 120.

BOUDIN

Nom anglais: *blood pudding*

Charcuterie à base de sang et de gras de porc (ou d'un autre animal). Le boudin est préparé depuis les temps lointains; on en trouve mention dans des textes vieux de plus de 5 000 ans.

Il existe un nombre incalculable de variétés de boudin; on dit même qu'en France, il y en a autant que de charcutiers, puisqu'on peut y ajouter les ingrédients de son choix (oignons crus, raisins, châtaignes, crème, pommes, eau-de-vie, semoule, mie de pain, flocons d'avoine, épinards, œufs, pruneaux, épices, fines herbes, etc.). Le mélange est emprisonné dans une enveloppe, habituellement les boyaux de l'animal, puis il est cuit par ébullition. Ce boudin est appelé «boudin noir» afin de le distinguer du «boudin blanc», d'origine beaucoup plus récente puisqu'il a été inventé au Moyen Âge. Un charcutier parisien s'inspira d'une coutume de Noël, la consommation après la messe de minuit d'une bouillie à base de lait, et imagina d'y incorporer œufs, viande blanche, lard gras et assaisonnements et de loger ce mélange dans des boyaux d'animal; le «boudin blanc» était né. Encore aujourd'hui on nomme ce boudin «à la parisienne».

VALEUR NUTRITIVE   Le boudin contient environ 15 g de protéines, 35 g de matières grasses (fortement saturées) et 375 calories/100 g. Il est généralement dépourvu de vitamines et contient peu de sels minéraux, sauf le sodium qui est ajouté. Il peut contenir des additifs, dont du glutamate monosodique, des citrates et des polyphosphates.

CUISSON   Habituellement poêlé ou grillé une dizaine de minutes, le boudin noir est souvent servi avec une purée de pommes de terre ou de pommes. Le boudin blanc peut être cuit au four, en papillotes ou à la poêle doucement.

CONSERVATION   Le boudin se conserve mal car il s'altère vite, aussi doit-on le consommer le plus rapidement possible.

BOURRACHE
Borago officinalis, **Borraginacées**
Nom anglais: *borage*

Plante potagère annuelle probablement originaire de Syrie. On cultive la bourrache en Amérique et en Europe, où elle pousse également dans les terrains vagues et sur le bord des routes. Ses tiges, qui mesurent en général de 30 à 45 cm de haut, peuvent atteindre 1 m dans un sol propice. Ses larges et longues feuilles sentent un peu le concombre; elles sont ridées, rugueuses et hérissées de longs poils blancs, très raides à maturité. Ses fleurs décoratives en forme d'étoiles sont d'abord roses puis bleu vif; elles contiennent une grande quantité de pollen dont les abeilles sont friandes.

VALEUR NUTRITIVE   La bourrache contient 1,8 g de protéines, 0,7 g de matières grasses, 3 g d'hydrates de carbone et 21 calories/100 g. Elle est riche en mucilage, en potassium et en calcium. On la dit diurétique, émolliente, tonique, purificatrice, régénératrice et sudorifique. Cette dernière vertu est d'ailleurs à la base de son appellation dérivée de l'arabe *abu rache* signifiant «père de la sueur». Sa teneur en mucilage en fait une plante efficace contre le rhume et les bronchites.

UTILISATION   Il est préférable d'utiliser les feuilles et les fleurs fraîches car elles perdent rapidement leur parfum en séchant. Les feuilles peuvent être mangées en salade; les mariner une demi-heure avant de les employer ou utiliser des jeunes pousses. Les hacher pour aromatiser yogourt, fromage en crème, rillettes et vinaigre ou les cuire comme l'épinard qu'elles peuvent remplacer; éviter de les laisser bouillir car elles perdent leur saveur. Les fleurs se conservent bien lorsqu'elles sont confites dans du sucre; elles décorent salades, gâteaux et autres desserts. On peut les substituer à la menthe ou les faire macérer dans des boissons, du vin et autres breuvages qu'elles rafraîchissent.

CONSERVATION   Voir légumes, p. 293.

BROCHET

Esox spp, **Esocidés**

Nom anglais: *pike*

Poisson d'eau douce que l'on trouve un peu partout en Amérique du Nord, en Europe et en Asie. Le corps et la tête du brochet sont allongés et élancés de façon très caractéristique; la tête occupe un volume important. La bouche très largement fendue renferme près de 700 longues dents pointues; le long museau est plat. Une unique nageoire dorsale fourchue est située très près de la queue. Mangeur vorace, le brochet apprécie particulièrement les grenouilles et les canards; il offre aux pêcheurs une féroce compétition. Au Canada, cinq espèces sont courantes:

Brochet vermiculé *(Esox americanus vermiculatus)*. C'est un poisson souvent trop petit pour être agréable à manger. Son corps est plus court et sa tête plus longue que chez les autres brochets; il a une raie jaunâtre sur le dos. Son nom lui fut donné parce qu'une multitude de stries sinueuses (vermiculées) sont placées entre les larges barres verticales qui ornent son dos.

Brochet américain *(E. americanus)*. Il ressemble au brochet vermiculé par sa forme mais n'a ni la raie, ni les barres, ni les stries.

Brochet maillé *(E. niger)*. Plutôt petit, ses flancs colorés en vert sont ornés de motifs en forme de maille noire. Sa chair est très tendre.

Maskinongé *(E. masquinongy)*. Ce poisson porte un nom d'origine indienne. C'est le plus grand de tous: il peut atteindre plus de 2 m et peser autour de 45 kg (ce qui est plutôt rare de nos jours cependant, les poissons capturés ayant surtout entre 70 cm et 1,2 m et pesant entre 2 et 16 kg). Sa couleur varie selon les habitats; il est toujours parsemé de rayures plus foncées que la couleur de fond.

Grand brochet ou **brochet du nord** *(E. lucius)*. Poisson le plus commun; il pèse entre 0,9 et 9 kg et peut mesurer plus de 75 cm de long. Certains spécimens atteignent parfois entre 16 et 24 kg et même plus. Le corps très allongé et de couleur variable est orné de mouchetures.

VALEUR NUTRITIVE
La chair blanche est maigre, ferme et floconneuse. Elle contient 19 g de protéines, 0,5 g de matières grasses et 84 calories/100 g. Elle est parfois sèche ou a un goût de vase; la mettre alors à tremper quelques heures dans de l'eau fraîche ou vinaigrée. Les œufs et les laitances sont légèrement toxiques, surtout durant la période du frai.

UTILISATION
Le brochet peut être cuit sans être écaillé (on retire la peau avant de le servir). Il est préférable de ne pas trop le laver avant la cuisson car son enduit visqueux le rend plus tendre. Les petits spécimens sont meilleurs que les gros qui ont tendance à être fermes; ces derniers seront surtout utilisés en pâtés, en quenelles ou en pains de poissons. Le brochet peut être cuisiné de plusieurs façons (au four, poché, braisé, poêlé, frit, etc.) et peut être substitué à d'autres poissons dans beaucoup de recettes.

Les brochets, en particulier le grand brochet et le maskinongé, sont souvent contaminés par divers résidus. La contamination varie en fonction de l'âge du poisson et de son habitat. Plus un poisson est âgé, donc gros, plus la concentration de résidus est élevée. Il est préférable de limiter la consommation du brochet, à moins de savoir qu'il provient d'un habitat non pollué. Au Québec, le ministère de l'Environnement recommande de ne pas en manger plus de 230 g par semaine.

CONSERVATION
Voir poissons, p. 429.

BROCOLI

Brassica oleracea var. *italica et asparagoïdes,* **Crucifère**s
Nom anglais: *broccoli*

Légume-fleur originaire du sud de l'Europe où il est connu depuis l'Antiquité. Le brocoli tient son nom du terme italien *brocco* qui fait référence à sa forme, une tige ou «bras» surmontée d'une tête, avec de multiples ramifications et des inflorescences. Il existe plusieurs variétés de ce légume vert qui a parfois une teinte pourpre à la tête, notamment le «brocoli chinois» (voir chou frisé, p. 136) et le «chou-brocoli» (var. *botrytis*) qui se rapproche du chou-fleur. La popularité du brocoli en Amérique du Nord est récente; elle l'est encore plus en France, où ce légume est souvent appelé chou-asperge.

On cueille le brocoli avant que ses fleurs (jaunes) ne s'ouvrent. Lorsqu'on coupe seulement la tige centrale, plusieurs petits brocolis repoussent (c'est parfois le cas avec le chou-fleur).

VALEUR NUTRITIVE
Le brocoli contient 89 % d'eau, 3 g de protéines, 0,3 g de matières grasses, 5 g d'hydrates de carbone et 28 calories/100 g. C'est

un légume bien pourvu en vitamines et en sels minéraux. Il est riche en carotène, en vitamines B et C, en calcium, en phosphore et en potassium. Son apport en fibres est élevé.

ACHAT   Rechercher du brocoli ferme et bien coloré, aux bourgeons compacts. Délaisser le brocoli fleuri, jauni, flétri, taché ou qui perd ses bourgeons, il n'est ni frais ni tendre.

PRÉPARATION   La tige du brocoli cuit plus lentement que la tête. Selon le mode de cuisson, il faut parfois soit la cuire seule quelques minutes, soit la peler si elle est très fibreuse, soit pratiquer des incisions sur la longueur, voire carrément la sectionner (ce qui est même indispensable si elle est épaisse). Les feuilles sont riches en vitamines et en sels minéraux; en laisser le plus possible sur la tige si elles ne sont pas fanées, tout au moins les petites. Les autres peuvent s'ajouter aux soupes, ragoûts et divers mets du genre.

CUISSON   Comme tous les légumes verts, le brocoli doit être cuit avec soin; le cuire le moins possible pour conserver saveur et valeur nutritive (voir cuisson des légumes, p. 295). La cuisson à l'eau ou à la vapeur nécessite entre 10 et 20 minutes. Dans la marmite à pression (103 kPa), le brocoli cuit en 50 ou 55 secondes et sera plus vert et plus savoureux si une très petite quantité de sucre est ajoutée. Le brocoli peut être mangé cru ou cuit et il est aussi bon chaud que froid. Son utilisation est des plus variée, on peut apprêter le brocoli à la vinaigrette, en soupe, en trempette, à la chinoise, au gratin, etc.

CONSERVATION   Ce légume dépérit rapidement; ses feuilles se fanent, ses bourgeons fleurissent ou tombent et sa tige se durcit. Le ranger au réfrigérateur où il se conservera 2 ou 3 jours, ou un peu plus longtemps s'il est frais cueilli. Le brocoli se congèle après un blanchiment de 3 ou 4 minutes selon la grosseur.

BUCCIN

Buccinum spp, **Buccinidés**

Autres noms et espèces: *buccin* (B. undatum), *buccin rayuré* (B. canaliculatum), *buccin à nodules* (B. carica), *escargot de mer*

Noms anglais: *conch, lambi*

Petit mollusque gastéropode (univalve) faisant partie d'une grande famille. Le buccin ressemble au bigorneau mais en plus gros (8 à 10 cm). Sa coquille brunâtre ou blanchâtre est conique et spiralée; chez certaines espèces, l'intérieur est nacré. On trouve des buccins notamment sur les rivages le long des côtes de l'Atlantique. Ce mollusque carnivore se nourrit de bivalves. L'espèce commune se pêche avec des filets comme le crabe, mais les autres variétés se capturent en eaux plus profondes (4 à 6 m) ou sur les rives après une grosse tempête.

VALEUR NUTRITIVE   Le buccin contient 18 g de protéines, 2,5 g de matières grasses et 94 calories/100 g. La chair maigre est parfois difficile à digérer.

CUISSON   Ne prendre que des buccins encore en vie, dont la coquille est intacte. Bien les secouer avant de les laver pour qu'ils rentrent dans leur coquille. La cuisson exige une certaine attention car la chair devient coriace à un moment donné, puis elle finit par s'attendrir si la cuisson continue. Le buccin commun est poché dans l'eau salée ou au court-bouillon une quinzaine de minutes; les espèces plus grosses (15 à 30 cm) demandent plus de cuisson; les pocher le temps de les faire sortir de leur coquille, les extraire puis enlever la viscère molle qui relie le corps à la coquille, ne gardant que la chair ferme qu'il faut encore cuire. Le buccin s'apprête comme le bigorneau.

CONSERVATION   Voir mollusques, p. 344.

CACAO

Theobroma cacao, **Malvacées**
Nom anglais: *cocoa*

Produit extrait de la fève du cacaoyer (ou cacaotier), arbre originaire d'Amérique tropicale. Le cacao entre dans la confection du chocolat; le mot désigne aussi une boisson faite à partir de poudre de cacao.

Le terme «cacao» serait dérivé de *cacahuatl* (ou *cacahuaquchtl*), mot d'un dialecte maya (le nahuatl) qui désignait le cacaoyer. Le terme «chocolat» serait d'origine aztèque et viendrait de *xocoatl*, mot qui désignait un breuvage chocolaté très apprécié, dans lequel les Aztèques mettaient piments, poivre, vanille, roucou (pour la couleur rouge), miel et parfois du maïs.

Le cacao occupait une place importante dans plusieurs sociétés indiennes; ainsi les Aztèques et les Mayas lui attribuaient diverses vertus médicinales et s'en servaient comme aliment et comme tribut. Christophe Colomb fut le premier à l'introduire en Europe, en 1502, mais à titre de curiosité seulement. Les fèves n'étant pas grillées, ce fut plutôt un désastre car la saveur était désagréable. C'est Cortez qui commença l'exploitation commerciale du cacao en 1519. Elle se répandit en Europe à partir de l'Espagne d'abord puis de l'Italie; beaucoup plus tard, elle gagna l'Afrique (vers 1822). De nos jours, les plus grands pays producteurs sont africains (Ghana, Côte-d'Ivoire, Cameroun et Nigeria) et sud-américain (Brésil); les plus grands consommateurs sont les Américains, qui consomment environ 25 % de la production mondiale. La Suisse, pays où fut inventé le chocolat au lait, est reconnue pour sa vocation chocolatière.

On n'a jamais trouvé de cacaoyer à l'état sauvage. Il existe 3 ou 4 espèces principales de cacaoyers qui ont donné naissance à de nombreuses variétés, souvent classifiées différemment selon les auteurs. Certaines variétés donnent des cacaos dits supérieurs, notamment celles qui poussent en Amérique du Sud alors que d'autres, plus nombreuses, produisent des cacaos qualifiés d'ordinaires, courants en Afrique et qui sont vendus moins chers. Le cacaoyer croît généralement à l'ombre d'arbres de grande taille; il atteint de 8 à 10 m de hauteur vers sa douzième année. Il a de longues feuilles (jusqu'à 30 cm de long et de 7 à 12 cm de large) d'abord rose pâle puis qui verdissent jusqu'à devenir d'un vert très foncé; elles sont alors brillantes et prennent l'aspect du cuir. Les fleurs, petites et de couleur safran clair teinté de rose, croissent en petites touffes à même le tronc ou sur les branches basses. Seules quelques fleurs seront pollinisées de telle sorte que les fruits en résultant apparaîtront de façon solitaire.

Ce fruit, appelé cabosse, est une baie plus ou moins oblongue mesurant de 10 à 25 cm de long. Il ressemble à une sorte de melon peu charnu dont la surface lisse ou bosselée durcit à mesure qu'il mûrit et change de couleur, passant du vert au jaune, au vermillon, au rouge, à l'orange ou au mauve selon les variétés. Il renferme une pulpe mucilagineuse rosâtre, qui abrite de 25 à 75 graines (ou fèves) roses ou pourpre pâle, agencées autour du cœur en une sorte de colonne. Ces fèves mesurent de 20 à 25 mm de long et de 12 à 16 mm de large; elles sont composées d'une amande, d'un tégument et d'un germe. Seules les fèves sont consommées et uniquement après traitement car elles sont très amères. Le procédé comporte plusieurs étapes: la fermentation, le triage, la torréfaction, le refroidissement, le concassage et le broyage.

La fermentation occasionne un début de modifications dans la composition des fèves;

le triage sépare les corps étrangers (roches et débris de toutes sortes);

la torréfaction, une étape très importante, fait éclater la coque qui recouvre l'amande, abaisse le taux d'humidité et transforme une partie des tannins, permettant le développement de la saveur et de la couleur;

le refroidissement vise à arrêter l'action de la torréfaction;

le concassage sépare le tégument (une enveloppe très mince qui recouvre l'amande) et le germe, partie très dure, difficilement pulvérisable et qui confère un goût amer peu agréable au cacao;

le broyage transforme l'amande en pâte fluide, appelée aussi liqueur de cacao, base des produits chocolatés. C'est de cette pâte qu'on extrait le beurre de cacao, substance blanc jaunâtre qui renferme de 50 à 54 % de matières grasses. La poudre de cacao est obtenue par le broyage du tourteau, résidu du traitement du beurre de cacao et qui contient encore autour de 18 % de beurre; l'emploi de solvants tels l'alcool éthylique et isopropylique, de l'essence de pétrole et du trichloréthylène cyclohexane est courant.

Fabrication du chocolat

La fabrication du chocolat est un art complexe et difficile car le sucre et le cacao ont des propriétés physiques dissemblables qui rendent ardue l'obtention d'une pâte homogène. La fabrication du chocolat comporte plusieurs étapes, dont le mélange du sucre et du cacao en une pâte homogène, le chauffage et l'agitation (conchage) puis le refroidissement (tempérage).

Un seul granule de sucre peut causer la cristallisation du chocolat, alors on utilise le sucre le plus fin possible. S'il est trop chauffé, même de quelques degrés, le chocolat se travaille difficilement car il perd de la fluidité et il peut coller et brûler; pour contourner cette difficulté, on le cuit à basse température, on se sert préférablement d'un thermomètre et on incorpore souvent de la lécithine. S'il n'y tombe qu'une seule goutte de liquide ou un corps étranger, aussi petit soit-il, même de la poussière, le chocolat cristallise. Le chocolat doit être brassé quand il est chauffé, quand il est refroidi et quand il est réchauffé; si ces opérations ne sont pas faites correctement, on obtient un chocolat grisâtre et sans lustre.

Le cacao est difficilement soluble; un Hollandais, C.J. Van Houten, inventa en 1828 un procédé facilitant sa solubilisation par l'ajout d'un élément alcalin (potasse avec parfois de l'ammoniaque) qu'on nomma «procédé hollandais». Le chocolat hollandais est plus foncé, moins acide et moins amer.

Il existe divers produits chocolatiers définis selon leur teneur en cacao et les ingrédients qu'on leur ajoute; la régulation de leur composition relève des gouvernements et chacun édicte des normes différentes. Les catégories les plus courantes comprennent le chocolat blanc, au lait, semi-doux, amer, à cuire, à croquer et fondant. On trouve également de plus en plus souvent des substituts de chocolat; quelques-uns contiennent une certaine quantité de cacao, les autres en sont dépourvus; on leur ajoute divers additifs pour obtenir couleur, texture et saveur qui imitent le véritable chocolat.

Le chocolat blanc est fait à partir du beurre de cacao, substance blanchâtre à laquelle on incorpore du lait très concentré ou du lait en poudre, du sucre et de l'essence de vanille. Ce chocolat a une saveur plus douce et une texture plus crémeuse que le chocolat brun. Il peut être de synthèse, fabriqué à partir d'autres corps gras et aromatisé artificiellement.

Le chocolat au lait, comme son nom l'indique, renferme du lait (ou de la crème); il contient aussi divers autres ingrédients dont du beurre de cacao, du sucre et des aromates, ce qui lui confère une saveur douce et une texture onctueuse. Le chocolat mi-doux ne contient pas de lait; sa saveur est à mi-chemin entre celles du chocolat au lait et du chocolat amer. Le chocolat amer, qui renferme le plus de poudre de cacao, a une saveur prononcée.

VALEUR NUTRITIVE   L'amande de cacao renferme diverses substances dont des matières grasses (beurre), de l'amidon, des matières albuminoïdes, des alcaloïdes de la famille des xanthines (caféine et théobromine, voir café, p. 87), des polyphénols (tannins, voir thé, p. 532), des protéines, de la cellulose, de l'acide oxalique, des sels minéraux en petites quantités, notamment du phosphore, du potassium et du fer, et des vitamines A et B en quantité négligeable. Le cacao traité avec le procédé hollandais voit son contenu en sodium augmenter.

La teneur en matières grasses oscille autour de 50 % dans le chocolat et se situe entre 8 à 30 % dans le cacao, selon le pourcentage de beurre de cacao qui en a été extrait. L'industrie retire souvent ce gras (utilisé en cosmétique notamment) et incorpore par exemple du beurre de coco ou de l'huile de palme.

Le contenu en protéines du cacao et du chocolat varie entre 5 et 20 %; le chocolat au lait en contient le plus, à cause de la présence du lait justement. Le nombre de calories est d'environ 300/100 g pour la poudre de cacao; il est plus élevé pour le chocolat, habituellement autour de 500 calories/100 g; il varie cependant selon la composition du chocolat.

Le cacao et par le fait même le chocolat contiennent des excitants, soit de la théobromine (1 à 1,7 %) et de la caféine (0,8 %); ainsi, 30 g de chocolat au lait fournissent 15 mg de théobromine et 6 mg de caféine alors que 150 ml de cacao en contiennent respectivement 173 mg et 13 mg. Le fait que ces substances soient présentes en proportion moindre que dans le café diminue l'intensité de leurs effets, qui demeurent fondamentalement les mêmes cependant.

Le chocolat est un aliment très concentré qui fournit une source d'énergie rapide, due à sa haute teneur en sucre (en général 60 %) et à la présence d'excitants. C'est pour cette raison qu'il est souvent recommandé aux sportifs et lors d'activités fatigantes. Il contient du phényléthylamine (un composant des protéines); on a constaté que le cerveau d'une personne amoureuse sécrète aussi cette substance et on croit que les personnes qui consomment du chocolat pourraient ainsi compenser instinctivement de cette façon un manque d'amour.

ACHAT   Du chocolat de qualité a une odeur agréable, se brise en laissant une fracture nette, miroite car il est riche en beurre de cacao, et fond immédiatement dans la bouche ou au contact de la chaleur de la main. Éviter l'achat de chocolat terne, grisâtre, blanchâtre ou cristallisé; il manque de fraîcheur, a été gardé dans de mauvaises conditions ou renferme du gras autre que du beurre de cacao. Si possible (et si désiré), vérifier la composition du chocolat pour s'assurer qu'il s'agit de véritable chocolat, non d'un succédané.

PRÉPARATION   La poudre de cacao a une haute teneur en amidon, ce qui la rend difficile à délayer. La mélanger tout d'abord avec un liquide froid (s'il est chaud il se formera des grumeaux) ou lui incorporer du sucre qui sépare les particules d'amidon. La cuisson augmente la digestibilité et la saveur du cacao car elle transforme l'amidon.

UTILISATION   Le cacao et le chocolat servent à parfumer une grande variété d'aliments (tartes, biscuits, sauces, crèmes glacées, mousses, pains, puddings, bonbons, boissons, digestifs, etc.). De Suisse, nous vient la fondue au chocolat, chocolat auquel on incorpore de la crème et un soupçon d'alcool et dans lequel on trempe fruits frais et biscuits secs. Dans certains pays, en Espagne et au Mexique par exemple, on cuisine le chocolat avec des mets salés; il accompagne notamment fruits de mer, lapin, canard et dinde. Le chocolat peut être mangé aussi tel quel ou agrémenté d'arachides, d'amandes, de caramel, de cerises, de biscuits, de nougat, d'alcool, etc.

CONSERVATION   Bien enveloppé, soumis à une température constante et tenu à l'abri de l'humidité et de la chaleur, le chocolat peut se conserver plusieurs mois. Il se garde à la température de la pièce qui, idéalement, ne devrait pas dépasser 16 ou 17 °C, on peut le mettre au réfrigérateur ou même au congélateur, mais il en résulte une légère perte de saveur.

CAFÉ

Coffea spp, **Rubiacées**
Nom anglais: *coffee*

Grain du caféier, arbuste qui serait originaire de l'Éthiopie et de l'Afrique tropicale. Les grains de café servent à préparer une boisson dont l'origine est incertaine et qui donne lieu à plusieurs légendes. Une version fait remonter la découverte du café à environ 1 500 ans et la situe en Abyssinie, maintenant l'Éthiopie. Un berger aurait noté que ses chèvres étaient excitées après avoir mangé certaines baies; il l'aurait dit aux moines d'un couvent qui auraient eu l'idée de préparer une décoction. Étonnés par l'effet exaltant du liquide, les moines nommèrent cette boisson «kawa», s'inspirant du nom du roi persan, Kavus Kai, qui serait monté aux cieux dans un char ailé. Une autre légende raconte qu'un moine, après avoir observé l'agitation des chèvres qui consommaient des baies, aurait eu l'idée de bouillir les grains afin d'obtenir une potion qui l'aiderait à demeurer éveillé les nuits de prières.

Le commerce du café fut longtemps monopolisé par les Arabes, qui allèrent même jusqu'à ne vendre que des grains bouillis afin qu'on ne puisse pas les faire germer. La première brèche dans ce monopole eut lieu vers 1610 grâce aux Vénitiens; les Européens plantèrent par la suite le caféier dans leurs colonies tropicales, ce qui devait marquer l'expansion phénoménale de la culture du café dans le monde et de sa consommation comme breuvage. Aujourd'hui le café est une denrée très répandue et son importance commerciale est telle qu'elle occupe le second rang derrière le pétrole dans les échanges mondiaux. C'est un produit coté à la bourse; il sert parfois de monnaie à la Banque Mondiale et les pays producteurs l'échangent aux pays riches contre de l'aide extérieure. Le Brésil est le premier producteur mondial de café.

Le caféier peut atteindre selon les variétés de 5 à 7 m de hauteur; on rabat les espèces cultivées pour en faciliter la cueillette. Cet arbre aux feuilles persistantes ne commence à produire que dans sa septième année. Ses fleurs blanches donnent naissance à des baies qui ressemblent à des cerises rouge foncé. Mesurant 1 ou 2 cm de diamètre, ces fruits abritent deux petits grains de café vert pâle (parfois un seul); ils sont cueillis traditionnellement un à un car leur maturation sur l'arbre n'est pas uniforme. Ils sont mis à sécher au soleil puis on les débarrasse de leur coque lorsqu'elle a durci, soit par méthode humide, soit par méthode sèche. La méthode humide consiste d'abord à laver les grains plusieurs fois pour séparer les fruits mûrs des fruits non matures et enlever feuilles et brindilles. La coque est ensuite ôtée puis les grains sont mis à fermenter de 7 à 12 heures; après quoi ils sont rincés, dépulpés puis séchés. La méthode sèche n'utilise aucun lavage; les grains sont mis à sécher naturellement ou artificiellement puis ils sont décortiqués et calibrés. Les fèves décortiquées seront obligatoirement torréfiées car le café doit être grillé pour être buvable; la torréfaction s'effectue habituellement dans les pays consommateurs.

Il existe environ 60 espèces de caféiers mais deux espèces occupent à elles seules le gros du marché, soit l'Arabica, le plus ancien et le plus connu (environ 75 % de la production) et le Robusta (plus ou moins 25 % de la production). Chaque espèce de café possède un goût, un arôme et des caractéristiques, telle la teneur en caféine, qui lui sont propres. Ainsi, les grains de l'Arabica sont passablement gros et allongés; ce café au goût doux et fin est un des plus appréciés; son taux de caféine est peu élevé (0,8 à 1,3 %). L'Arabica est surtout cultivé en Amérique Latine et dans les Caraïbes; on le trouve aussi dans quelques régions montagneuses d'Asie et d'Afrique. Les grains du Robusta, plus grands et plutôt irréguliers, ont un goût moins raffiné que ceux de l'Arabica et leur teneur en caféine est beaucoup plus élevée (elle atteint de 2 à 2,5 %). Appelé «Robusta» parce qu'il vient de plants robustes et productifs, ce café, cultivé principalement en Afrique, est moins coûteux. Le café est nommé d'après la variété ou d'après le lieu d'origine (Brésil, Colombie, Java, Moka, etc.); toutefois, cette appellation n'est pas exclusive et le café peut venir d'autres parties du globe.

Le café vendu sur le marché international est vert, donc non torréfié, car il peut ainsi se conserver plusieurs années sans perte de saveur. La torréfaction, un procédé capital qui permet à la saveur et à l'arôme d'émerger, est souvent le moment où l'on procède au mélange des différentes espèces et variétés de café. Les proportions varient selon les torréfacteurs, aussi, même si des mélanges de café portent des noms identiques, tel Moka-Java, leur saveur et leur arôme ne sont pas uniformes.

Torréfaction. Les grains sont rôtis à sec à haute température dans des fours cylindriques, puis ils sont immédiatement refroidis afin que soit minimisée la perte des substances aromatiques. On les enrobe souvent d'une mince pellicule de résine, de gomme arabique ou de sucre, ce qui les rend brillants et aide à conserver la saveur. La torréfaction provoque toute une série de transformations dans le grain:

- la couleur change du vert au jaune, puis tourne au brun, dont l'intensité dépend de la température atteinte (qui ne doit pas dépasser 230 °C sous peine de donner un café trop noir et ayant perdu de la saveur);
- les grains gonflent de 50 à 100 % de leur volume initial et perdent environ 15 % de leur poids d'humidité; il se forme du dioxide de carbone et du cafféol, une huile essentielle extrêmement volatile, responsable de l'arôme et de la saveur du café;
- la teneur en caféine est affectée et elle augmente avec la durée de la torréfaction.

Le café brun (préféré des Nord-Américains) nécessite de 15 à 17 minutes de torréfaction, le café mi-noir de 17 à 20 minutes et le café noir de 20 à 22 minutes.

VALEUR NUTRITIVE   Les grains de café renferment une centaine de substances dont les plus importantes sont la caféine, des tannins (dont l'acide chlorogénique), des huiles et des matières azotées. La caféine est un stimulant qui fait partie des xanthines, comme la théobromine présente dans le thé et le cacao. Ses effets sur l'organisme sont nombreux et variés; elle est entre autres diurétique, elle stimule le système nerveux central et le système respiratoire, elle assure la dilatation des vaisseaux, elle accélère le rythme cardiaque, elle accroît le travail des muscles striés et elle retarde la fatigue cérébrale et musculaire. Une trop grande consommation entraîne le caféisme, un état de dépendance qui est caractérisé par divers symptômes quand l'apport de caféine est arrêté, dont les plus fréquents sont le mal de tête et une sensation de dépression.

La quantité maximale idéale de café à ingérer quotidiennement dépend de la variété de café, du temps de torréfaction, du mode de préparation, de la tolérance personnelle (les personnes qui boivent rarement du café et les enfants sont particulièrement sensibles à la caféine et ont de plus grandes réactions que les personnes habituées) et de l'ingestion ou non d'autres substances contenant de la caféine, tels le thé, le cacao, des boissons gazeuses (colas) et certains médicaments (diurétiques, analgésiques, plusieurs médicaments contre le rhume, etc.). Une tasse moyenne de café régulier contient entre 100 et 168 mg de caféine avec du café préparé au percolateur, entre 146 et 180 mg avec du café-filtre, entre 66 et 117 mg avec du café instantané et entre 1 et 3 mg avec du café décaféiné.

ACHAT

Le café perd rapidement son arôme et sa saveur, surtout s'il est moulu et placé dans un récipient non hermétique, aussi est-il préférable de l'acheter dans un empaquetage sous vide et dans un magasin où le roulement est rapide. S'assurer si possible qu'il n'ait pas été mélangé avec de la chicorée ou des céréales, sauf si on recherche un café moins fort en caféine. Spécifier le type de cafetière auquel il est destiné pour obtenir la mouture appropriée, car une mouture trop fine donne du café âcre et une mouture trop grosse du café qui goûte l'eau. L'achat d'une petite quantité qui répondra aux besoins immédiats est l'idéal. Acheter le café en grains et le moudre seulement avant de le préparer permet d'en tirer le maximum de saveur.

PRÉPARATION

La préparation du café va du très simple, avec le café instantané, au très sophistiqué, quand on fait son propre mélange, qu'on moud le café au gré des besoins et qu'on se sert d'une cafetière. Du choix de la cafetière dépendra la saveur du café, car chaque procédé exige une mouture particulière; plus la mouture est fine, plus le café est fort et plus il a de saveur, plus il est économique aussi. Il existe divers modèles de cafetières qui fonctionnent selon des principes différents; mentionnons la cafetière-filtre, la cafetière expresso, le percolateur, la cafetière Bodum (ou Melior) et l'ibrik.

Cafetière-filtre, mélitta, etc. Il existe plusieurs variantes de ce procédé qui consiste à verser de l'eau bouillante sur du café placé dans un filtre, eau qui s'égoutte ensuite lentement. Un filtre conique déposé au-dessus d'une cafetière reçoit un filtre de papier ou de tissu synthétique (procédé Mélitta) dans lequel on dépose du café moulu très finement. Prendre soin de réchauffer préalablement la cafetière pour que ce café savoureux soit très chaud. Verser de l'eau bouillante sur le café, en petite quantité au début pour qu'il s'humecte et qu'il gonfle (attendre 30 secondes).

Cafetière expresso. Ce procédé fonctionne à la vapeur; la cafetière comporte 2 compartiments superposés: une base munie d'une valve dans laquelle on verse l'eau, et une partie supérieure qui se visse à la base et où se loge l'eau après avoir remonté sous forme de vapeur en infusant le café moulu finement. Placer la cafetière sur le feu, amener au point d'ébullition, baisser le feu; la retirer quand cesse le bouillonnement, il se crée alors un vide et le café redescend. Ce café est corsé.

Percolateur. Ce procédé très utilisé en Amérique du Nord fonctionne par «lessivage» du café et donne un café plus ou moins savoureux et souvent amer. Le café moulu moyennement est déposé dans un récipient qui est placé au sommet d'un petit cylindre dans lequel monte de l'eau portée à ébullition. Cette eau arrose le café puis retombe en s'égouttant lentement; comme le processus se répète de 7 à 10 minutes, le café risque de bouillir.

Cafetière Bodum, Melior. Cafetière en verre, pourvue d'un piston que l'on presse pour retenir le marc; le café est infusé puis filtré. Ébouillanter d'abord la cafetière, y mettre ensuite le café moulu finement, ajouter de l'eau bouillante, remuer une fois puis laisser infuser 5 minutes. Presser le piston avant de servir.

Ibrik. Cafetière qui sert à préparer le café turc, un café très corsé qu'il vaut mieux siroter si on ne veut pas avaler le marc (beaucoup d'amateurs consomment aussi le marc). Jeter du café moulu en poudre extrêmement fine dans de l'eau frémissante et porter à ébullition trois fois; ajouter quelques gouttes d'eau froide pour précipiter le marc au fond et verser le café sans le filtrer.

Pour les amateurs, la préparation d'un bon café est un art régi par des règles bien précises:
- ne moudre le café qu'au dernier moment;
- ne prendre que de l'eau fraîche, donc qui n'a pas été déjà chauffée;
- laisser seulement l'eau frémir (90 à 95 °C), jamais bouillir car elle perd son oxygène et devient plate;
- éviter l'eau trop calcaire et trop chlorée qui donne un mauvais goût;
- surveiller le temps d'infusion car la concentration de tannins augmente à mesure qu'il se prolonge.
- ne jamais laisser bouillir ni réchauffer le café;
- ne pas se servir de cafetières et de tasses en métal qui donnent un café au goût métallique;
- servir le café dans une tasse de grès ou de faïence qui conserve plus la chaleur que le verre;
- bien laver la cafetière pour enlever l'huile laissée par le café, huile qui peut rancir, donnant un goût désagréable au café, et bien la rincer pour faire disparaître le savon.

La quantité de café moulu nécessaire pour obtenir une tasse de café dépend de la mouture, de la variété de café et du goût recherché; on calcule en général de 10 à 12 g, soit une cuiller à soupe comble.

UTILISATION   Le café n'est pas seulement une boisson bue telle quelle ou agrémentée de sucre, de lait, de crème, d'alcool, de grains de cardamome, de poudre de chocolat, de cannelle, etc.; il est beaucoup utilisé en confiserie et pour confectionner divers desserts (gâteaux moka, éclairs, glaçage, crème glacée, etc.). Pour que les aliments dans lesquels on l'ajoute aient plus de goût, on le prépare très fort en diminuant de moitié la quantité d'eau habituelle. Le café sert aussi en distillerie où il aromatise diverses liqueurs.

CONSERVATION   La conservation du café est délicate puisque la perte de saveur commence dès la torréfaction et qu'elle devient considérable lorsque le café est moulu. Le placer à l'abri de l'air et de la lumière, idéalement dans un contenant en verre opaque. Le mettre au réfrigérateur ou au congélateur.

SUCCÉDANÉ DE CAFÉ

Substance exempte de caféine et qui sert à préparer des boissons dont le goût se rapproche de celui du café. Le succédané utilisé le plus fréquemment est la chicorée; l'orge et le seigle lui sont souvent mélangés. Il arrive que des producteurs de café intègrent ces céréales au café sans le mentionner afin de maximiser leurs profits.

CAFÉ DÉCAFÉINÉ

Café dont on a retiré la majeure partie de la caféine. Les grains de café sont traités pendant qu'ils sont encore verts, c'est-à-dire avant la torréfaction. Dans la méthode la plus habituelle, on utilise des solvants contenant du carbone dont le chlorure de méthylène, l'acétate d'éthyle et le bioxyde de carbone liquide. Cette méthode consiste à extraire la caféine par contact direct du grain avec le solvant. Les grains sont d'abord humidifiés à la vapeur jusqu'à ce qu'ils atteignent un taux d'humidité de 30 à 40 %, ce qui les ramollit et attire la caféine à leur surface. Ils sont ensuite plongés dans divers bains de solvants pendant 12 à 18 heures jusqu'à ce qu'environ 97 % de la caféine en soit extraite; puis ils sont égouttés, passés à la vapeur pour que le solvant s'évapore, séchés à l'air chaud et grillés; parfois on les moud immédiatement.

L'usage de solvants entraîne l'ingestion de résidus car il reste toujours une certaine quantité de solvant dans le café. Le niveau de résidu permis pour le chlorure de méthylène et l'acétate d'éthyle, tant au Canada qu'aux États-Unis, est de 10 parties par million. En général, la quantité de ces solvants est moindre. Le chlorure de méthylène est une substance dont on se sert aussi dans les produits cosmétiques en aérosol, dans plusieurs fixateurs notamment. Il a provoqué l'apparition de tumeurs cancéreuses chez les rats et les souris, aussi aux États-Unis la Food and Drug Administration (FDA) se propose d'en bannir l'emploi, uniquement dans les aérosols cependant, car elle considère que les quantités trouvées dans le café décaféiné ne sont pas dangereuses.

Il existe une autre méthode, beaucoup moins répandue cependant, appelée procédé suisse: on utilise la vapeur et on omet le solvant, sauf pour récupérer la caféine en solution dans l'eau. Les grains sont mis à tremper dans de l'eau chaude jusqu'à ce qu'environ 97 % de la caféine soit dissoute. Le liquide est ensuite filtré à l'aide de charbon traité avec de l'acide formique et du sucrose, puis il est concentré et ajouté aux grains décaféinés. Les grains sont alors séchés, torréfiés puis moulus.

CAFÉ INSTANTANÉ

Poudre de café à laquelle il suffit d'ajouter de l'eau pour reconstituer immédiatement la boisson. Les grains qui donneront le café instantané sont généralement de qualité moindre, souvent de l'espèce Robusta; ils sont d'abord torréfiés et moulus puis ils sont mis dans d'énormes percolateurs jusqu'à ce que le taux d'extraction atteigne 45 à 55 % (ce taux est de 18 à 30 % pour un bon café). La solution de café est ensuite déshydratée par air chaud sous pression dans d'immenses tours où la poudre de café s'accumule dans le fond. Cette poudre contient, à cause du haut taux d'extraction, plusieurs des composantes du café absentes de la boisson ordinaire, composantes qui sont loin de contribuer à la qualité de la saveur. La poudre peut être vendue telle quelle, mais généralement elle est d'abord agglomérée, procédé qui consiste à la façonner en particules plus grosses à l'aide d'eau ou de vapeur, en vue d'imiter la texture du café frais moulu. En outre, le café instantané est parfois aromatisé à l'aide d'un extrait de café concentré.

Une autre méthode, le séchage à froid, produit un café instantané plus savoureux; elle est moins fréquente car plus onéreuse et ce café coûte plus cher. La solution de café issue du percolateur est rapidement congelée, puis l'eau en est ensuite expulsée sous vide.

Le café instantané n'est pas aussi savoureux que le café infusé mais il est très populaire parce qu'il est simple à préparer.

CAILLE

Coturnix spp et *Colinus spp*, **Gallinacés**
Noms anglais: *quail, bob white, colin*

Oiseau migrateur qui serait originaire d'Asie ou d'Afrique, et qui serait apparu en Occident il y a plus de 11 000 ans. Les Égyptiens faisaient déjà l'élevage de ce volatile facile à garder en captivité. Cette pratique est maintenant courante un peu partout dans le monde.

Il existe environ 200 espèces de cailles, le plus petit des Gallinacés. Rondelette, la caille domestiquée pèse entre 200 et 300 g; sa chair est délicate et savoureuse. Ses œufs, souvent bleutés et tachetés de brun, sont comestibles malgré le fait qu'ils soient minuscules (ils pèsent 10 g); frais, marinés ou cuits dur, on s'en sert surtout comme amuse-gueule ou à des fins décoratives.

VALEUR NUTRITIVE   La caille est maigre et peu calorifique. La chair crue contient 22 g de protéines, 4,5 g de matières grasses et 134 calories/100 g. Si on inclut la peau, on obtient 20 g de protéines, 12 g de matières grasses et 192 calories/100 g.

UTILISATION   La caille n'a pas besoin d'être faisandée, on la cuit dès qu'elle est tuée. Sa chair est maigre, raison pour laquelle les recettes conseillent souvent de la barder (recouvrir de lanières de lard); cette pratique n'est ni essentielle ni souhaitable, elle augmente l'ingestion de matières grasses et fait perdre de la finesse à la caille, qui absorbe la saveur du lard. Pour ne pas dessécher la caille, éviter de la cuire à trop forte température. Ce volatile peut être rôti, grillé, sauté ou braisé; il peut aussi être préparé en pâtés ou en terrines. Les os petits et délicats peuvent être mangés, particulièrement lorsque la caille est bien cuite. Calculer 2 à 3 cailles par personne.

CONSERVATION   Voir volaille, p. 573.

CALMAR
Loligo vulgaris, **Loliginidés**
Autre espèce: *encornet* (L. vulgaris)
Noms anglais: *squid, calamary*

Mollusque dépourvu de coquilles. Le calmar a le corps allongé de couleur variable car il s'adapte à son environnement; il est souvent brun moucheté de rouge, de rose ou de pourpre. Il a des yeux volumineux, une bouche qui contient plusieurs dents et dix bras ou tentacules, qui partent de la tête et qui sont munis de ventouses; deux de ces tentacules sont trois fois plus longs que les autres. Il utilise ses tentacules pour se nourrir ou pour se déplacer. Près de la moitié arrière de son corps est recouverte d'une longue nageoire triangulaire, ce qui aide à le différencier de la seiche, une espèce voisine. Son corps contient un cartilage transparent appelé «plume». Les parties comestibles sont les tentacules et la poche qui forme le corps, ce qui représente environ 80 % de l'animal. Le calmar possède une glande qui produit un liquide noirâtre, la sépia, surnommé «encre», qu'il éjecte lorsqu'il est attaqué et qui forme un nuage noir le soustrayant à la vue de ses ennemis. Cette «encre», qui est comestible, est souvent utilisée en peinture; le mot calmar vient d'ailleurs de *calamarius* qui signifie «écriture». Il existe près de 350 espèces de calmars. Au Canada, où ce mollusque a une grande importance commerciale, deux espèces sont particulièrement nombreuses, une à nageoires courtes, l'autre à nageoires longues. Les calmars adultes atteignent entre 30 cm et 1 m de long et vivent dans les profondeurs des mers.

VALEUR NUTRITIVE   La chair blanche est maigre, ferme, légèrement caoutchouteuse et savoureuse. Elle contient 16,4 g de protéines, 1 g de matières grasses, 1,5 g d'hydrates de carbone et 84 calories/100 g; elle est riche en phosphore.

ACHAT   Le calmar s'achète frais, congelé, en conserve ou séché. Frais (ou décongelé), il n'est pas toujours vendu nettoyé ni prêt à cuire et quand il l'est, il coûte plus cher (l'encre logée dans le corps, qui a la forme d'un sac allongé, en est presque toujours absente cependant).

PRÉPARATION   Pour préparer le calmar, séparer la tête du corps en tirant fermement mais sans brusquerie. Étendre les tentacules à plat, enlever la partie dure située au centre ainsi que les yeux. Laver les tentacules et retirer la peau qui les recouvre en grattant avec les ongles; les garder entiers ou les sectionner. Ôter le cartilage logé dans le corps, les filaments et la peau. Laver le corps du calmar, l'essorer, le couper ou le laisser entier et le farcir.

UTILISATION   Le calmar se prépare de diverses façons: grillé, braisé, farci, frit, en sauce, en salade, en casserole, etc. Il peut être mangé chaud, froid, ou, s'il est très petit, cru; au Japon, par exemple, on s'en sert pour préparer du sashimi. Le cuire à feu doux et peu de temps afin de ne pas en ruiner la saveur et pour empêcher qu'il durcisse. Pour le sauter ou le frire, calculer 1 ou 2 minutes à feu moyen; en sauce, 10 minutes, au four (190 °C), de 15 à 20 minutes. L'encre est utilisée dans certaines recettes.

CONSERVATION   Ce mollusque se conserve au réfrigérateur ou au congélateur. Lorsqu'il est fraîchement pêché, le calmar doit être entreposé au réfrigérateur 1 jour ou 2, afin que sa chair s'attendrisse.

CANARD

Anas platyrhynchos, **Anatidés**
Nom anglais: *duck*

Oiseau palmipède domestiqué en Chine il y a plus de 2 000 ans. Facile à apprivoiser et affectueux, le canard suit facilement ses maîtres, ce qui ravit notamment les enfants. Le canard vit en couple et est affecté par la mort de l'autre; en Chine, à cause de cette particularité, il a longtemps été un symbole de fidélité.

Le canard occupe une place importante dans la cuisine asiatique; il est aussi beaucoup consommé en Europe, spécialement en France, le plus grand pays producteur européen, à cause notamment de la production de foie gras.

Il existe plusieurs races de canards, tant sauvages que domestiquées; ceci se répercute sur la quantité de la chair, la saveur, qui est plus ou moins musquée, et la teneur en gras.

Le marché offre habituellement des canetons âgés de 7 à 12 semaines, qui pèsent entre 1 et 2,5 kg et dont la chair est tendre. Le canard d'élevage est plus charnu et plus savoureux que le canard sauvage. Habituellement saigné, il arrive que le canard soit tué par étouffement; le sang reste alors dans les chairs qui prennent une teinte noirâtre. Ce procédé accentue la saveur, mais favorise le développement de bactéries et de toxines si la volaille n'est pas cuite rapidement.

VALEUR NUTRITIVE

La valeur nutritive du canard dépend des méthodes d'élevage et de la race. La chair et la peau du canard d'élevage rôti contiennent 19 g de protéines (la chair seule 23 g), 28 g de matières grasses (la chair seule 11 g) et 337 calories/100 g (la chair seule 201). La chair du canard sauvage contient légèrement plus de protéines et beaucoup moins de matières grasses et de calories. Le canard est riche en calcium, en fer et en vitamines du complexe B. Il peut être difficile à digérer, surtout s'il est très gras.

ACHAT

Choisir un canard charnu, à la peau souple et d'un blanc crème, au bec et aux bouts des ailes flexibles. S'il est surgelé, ce qui arrive souvent, rechercher un canard non desséché et de couleur uniforme. Délaisser un canard très jeune, donc pesant moins de 1,3 kg; il manquera de saveur et donnera très peu de chair. Le meilleur canard pèse entre 1,4 et 2,2 kg. Le canard est la moins profitable des volailles, ce qui explique pourquoi sa cuisson est si souvent une expérience décevante.

CUISSON

Le rôtissage permet d'obtenir une viande moins grasse si on prend soin de piquer le canard un peu partout avec une fourchette avant cuisson (moins sur les cuisses, plus maigres) et si on le place sur une grille au-dessus d'une lèchefrite. Les opinions sur la température idéale de cuisson diffèrent; certaines recettes disent de cuire le canard à 190 °C quelques heures; d'autres recommandent de pré-cuire à 230 °C durant 30 minutes, puis d'abaisser la température à 180 ou 190 °C et de terminer la cuisson en 45 à 60 minutes (selon la grosseur); c'est finalement une question de goût. Plus la chaleur est forte, plus le gras fond rapidement. Le gras en fondant rend la peau croustillante. Le canard adulte est moins tendre et peut être cuisiné à la chaleur humide ou être transformé en pâtés et en plats mijotés.

Prévoir environ 750 g de volaille crue par personne. On peut trancher le canard en de fines tranches nommées «magrets» que l'on cuit comme un steak. Ce volatile est souvent servi accompagné de marrons ou de fruits acides telles l'orange, la cerise et la pomme, qui masquent sa saveur prononcée.

Les œufs de canard, relativement peu consommés en Occident, sont fort appréciés des Asiatiques; ils sont mangés cuits dur ou cuisinés car ils contiennent souvent des bactéries qu'il faut détruire par la cuisson.

CONSERVATION   Voir volaille, p. 573.

CANNEBERGE

Vaccinium macrocarpum et *oxycoccos*, **Ericacées**
Autres noms: *ataca, atoca*
Nom anglais: *cranberry*

Baie native d'Amérique du Nord. La canneberge fait partie d'une grande famille qui comprend notamment le bleuet et la myrtille. Au Canada, on nomme souvent ce fruit «atoca» (ou «ataca»), un mot d'origine indienne. Le terme «canneberge» a une origine inconnue; c'est possiblement une déformation du mot anglais *cranberries*, dérivé de *crane*, signifiant «grue». Les Américains auraient donné un tel nom à cette plante parce que ses fleurs, au début de leur développement, poussent vers le sol et ressemblent à la tête d'une grue. La canneberge est cultivée intensément aux États-Unis, particulièrement dans l'état du Massachusetts. Au Canada, sa culture pour des fins commerciales est plus modeste car plus récente. Ce fruit est peu connu en Europe où il ne pousse qu'une variété sauvage assez petite.

La canneberge croît sur des arbustes qui affectionnent les terrains humides, sablonneux et bourbeux. Ces arbustes sont formés de plusieurs racines d'où émergent à la verticale des branches rigides, un peu comme celles des framboisiers. Ils sont très sensibles au froid, on doit donc les arroser lorsqu'il y a risque de gel, ce qui exige une installation coûteuse. Les baies, qui n'apparaissent que la troisième année, ressemblent à des petites cerises; elles atteignent généralement entre 10 et 20 mm de diamètre. On les récolte très souvent en inondant les champs, alors que les fruits détachés mécaniquement flottent à la surface de l'eau. Les canneberges ont une saveur acidulée et sont astringentes, même après la cuisson.

VALEUR NUTRITIVE   La canneberge contient 0,4 g de protéines, 0,2 g de matières grasses, 11 g d'hydrates de carbone, 88 % d'eau et 46 calories/100 g; elle est relativement riche en vitamine C. Elle renferme divers acides, notamment les acides oxalique, tannique, citrique, malique et benzoïque, responsables de son goût aigrelet. Ce fruit serait bénéfique pour la circulation sanguine, la peau et le système digestif; on s'en sert pour traiter des infections urinaires.

ACHAT   Rechercher des canneberges charnues, fermes et lustrées. Délaisser les fruits mous, ratatinés, écrasés, avec des taches blanchâtres ou dont la peau est terne et décolorée.

UTILISATION   Il est rare que l'on mange des canneberges nature à cause de leur saveur aigrelette. On les utilise telles quelles dans des aliments qui vont cuire (muffins, pains ou gâteaux) ou on les cuit très brièvement, juste pour les faire éclater, puis on les utilise pour confectionner tartes, sorbets, mousses, crêpes, etc. La cuisson s'effectue avec une petite quantité d'eau dans une casserole couverte car les baies se gonflent sous l'effet de la vapeur et éclatent, à la manière du maïs soufflé. Les canneberges sont aussi transformées en compote, gelée, confiture ou chutney. Ces préparations accompagnent souvent la volaille; ainsi, canneberges et dinde sont des inséparables des traditionnels repas de l'Action de Grâces et de Noël, tant au Canada qu'aux États-Unis. La canneberge donne un jus excellent.

CONSERVATION   Laver les canneberges seulement avant de les utiliser, ainsi elles se conservent plus longtemps, au moins deux mois si elles sont réfrigérées. Éviter de les laisser à la température de la pièce car elles s'endommagent rapidement. Les canneberges se congèlent telles quelles.

CANNELLE

Cinnamomum spp, **Lauracées**
Nom anglais: *cinnamon*

Écorce séchée du cannelier, arbre appartenant à la même famille que le laurier et l'avocatier. C'est une des plus anciennes épices connues; on mentionne son existence dans le plus vieux traité de botanique chinois datant de 2 700 ans avant notre ère. Des papyrus égyptiens et la Bible y font aussi référence. On obtient la cannelle en coupant des petites branches vieilles de 3 ans sur lesquelles on pratique 2 ou 3 incisions longitudinales; en séchant, l'écorce s'enroule sur elle-même, donnant des bâtons friables de 7 à 8 cm de long et d'environ 1 cm de diamètre. Il existe environ 100 espèces différentes de canneliers aux propriétés aromatisantes plus ou moins semblables. Les deux plus importantes commercialement sont le cannelier de Ceylan et le cannelier de Chine.

Cannelier de Ceylan *(C. zeylanicum)*. Arbre de taille moyenne atteignant de 6 à 10 m de hauteur, qui croît dans beaucoup de pays tropicaux. Ses grandes feuilles vertes, dures, luisantes et persistantes, tirent sur le gris bleuté sous leur face inférieure. Ses petites fleurs blanches ou jaunâtres se présentent en grappes et ses baies, qui ressemblent à celles du laurier, sont bleu foncé. Son écorce fine, mince et lisse, d'un brun clair mat est la plus aromatique de toutes. Plus elle est pâle, meilleure est sa qualité.

Cannelier de Chine *(C. cassia)*. Arbre plus imposant qui atteint de 13 à 17 m de hauteur. Cette espèce, retrouvée à l'état sauvage en Indochine, est aussi cultivée en Indonésie et en Asie. Ses longues feuilles foncées et brillantes sont presque cireuses; ses petites fleurs sont vert pâle. Son écorce appelée «casse» a une saveur moins raffinée que celle du cannelier de Ceylan car sa force et son effet piquant prédominent. Elle coûte moins cher et occupe presque tout le marché nord-américain.

VALEUR NUTRITIVE

La cannelle est riche en calcium et en fer. On la dit vermifuge, antispasmodique, stimulante, tonifiante, antiseptique et bactéricide. De la poudre ajoutée à du thé aiderait à soulager les troubles gastriques et à combattre la diarrhée. En tisane, mettre 1 à 2 g d'écorce par tasse d'eau (240 ml) et laisser infuser 10 minutes.

UTILISATION

La cannelle est utilisée en bâton, moulue ou en essence; en Orient, boutons floraux, feuilles et baies déshydratés sont également appréciés. En cuisine, la cannelle sert pour épicer gâteaux, biscuits, tartes, puddings, crêpes, compotes, yogourts, bonbons, etc. Dans plusieurs pays, son usage est plus diversifié et elle accompagne soupes, viandes, sauces tomate, légumes, pot-au-feu, couscous, pâtes et vins. La cannelle est également utilisée en pharmacie pour aromatiser diverses préparations dont le dentifrice.

CONSERVATION

Voir épices, p. 188.

CÂPRE

Capparis spinosa, **Capparidacées**
Nom anglais: *caper*

Bouton floral du câprier, arbrisseau vivace et grimpant, originaire d'Orient et beaucoup cultivé dans les régions méditerranéennes. Le câprier a de petites feuilles vertes, ovales, épaisses et touffues. Ses grandes fleurs abondantes ont des pétales blancs teintés de rose; ses fruits passent du vert au rougeâtre à maturité.

UTILISATION

Les boutons floraux acquièrent leur saveur caractéristique lorsqu'ils sont saumurés ou confits dans du vinaigre et du sel. Plus ils sont petits, plus leur saveur est délicate. Ils auraient des propriétés toniques, apéritives, digestives et diurétiques.

La saveur aigrelette et amère des câpres s'accorde bien avec les aliments gras ou salés et relève le parfum de ceux qui sont fades et insipides. Souvent utilisées pour assaisonner la mayonnaise (sauce tartare), les câpres peuvent également aromatiser moutardes, viandes, poissons, volailles, hors-d'œuvre, sandwichs, pizzas, riz, sauces, etc. Les boutons floraux de la capucine, du sureau et de la renoncule donnent un produit semblable; il arrive parfois qu'on s'en serve pour remplacer frauduleusement les câpres.

CAPUCINE

Tropaeolum majus, **Tropaeolacées**
Noms anglais: *nasturtium, Indian cress*

Plante ornementale originaire du Pérou, dont plusieurs parties sont comestibles. La capucine est vivace sous les climats tropicaux et pousse en annuelle sous les climats tempérés. Elle fut initialement appelée «cresson des Indes», cresson parce que son goût est piquant et des Indes parce qu'on avait confondu l'Amérique avec l'Inde. Ses feuilles vertes sont plates et arrondies; ses fleurs délicates arborent des teintes de jaune vif, d'orange ou de rouge. Il en existe environ 100 variétés; certaines peuvent atteindre jusqu'à 3 ou 4 m de hauteur. L'espèce commune, basse et compacte, dépasse rarement 30 cm. La capucine est surtout cultivée maintenant pour ses vertus ornementales.

VALEUR NUTRITIVE La capucine a un certain nombre de propriétés médicinales; on la dit tonique, dépurative, antiseptique, stomachique, diurétique et pectorale. Comme elle a des effets purgatifs, il ne faut pas en consommer de trop grandes quantités; d'ailleurs sa saveur piquante appelle la modération.

UTILISATION Les diverses parties de la plante, au goût piquant et poivré, sont utilisées en cuisine. Les boutons floraux sont confits dans le vinaigre et peuvent remplacer les câpres. Les jeunes feuilles et les fleurs peuvent être mangées en salade, y ajoutant un goût épicé.

CONSERVATION Voir légumes, p. 293.

CARAMBOLE

Averrhoa carambola, **Averrhoacées**

Autres noms: *fruit étoile, groseille de Cormandel, bilimbi*

Nom anglais: *carambola*

Fruit tropical originaire de l'Asie du Sud-Est. La carambole croît sur un arbuste qui mesure habituellement de 3 à 4 m de haut et qui produit des grappes de fleurs blanches, rouges ou violettes d'odeur suave. Elle est cultivée intensément surtout dans les Caraïbes, en Amérique du Sud, en Asie et à Hawaï. Elle a été introduite récemment dans plusieurs pays occidentaux.

La carambole est une baie ovale de couleur jaune (parfois blanche), mesurant de 6 à 12 cm de long. Elle a un aspect inusité, étant formée de 5 côtes saillantes disposées en étoile (la carambole ressemble à une étoile une fois coupée, d'où son surnom); chaque côte contient 2 graines. D'apparence cireuse, la carambole a une fine peau comestible. Sa pulpe charnue, translucide et croquante, est juteuse et acidulée. Sa saveur diffère selon les variétés, qui se divisent en deux grands groupes: les variétés sucrées, dont la saveur rappelle à la fois la pomme, la prune et le raisin avec en plus une touche d'acide, et les variétés sures, qui ont une saveur qui se rapproche de celle de la rhubarbe ou du concombre, mais un peu plus sucrée. La variété est rarement indiquée lors de l'achat, ce qui occasionne parfois des surprises désagréables.

VALEUR NUTRITIVE
La carambole contient 0,5 g de protéines, 0,35 g de matières grasses, 7,8 g d'hydrates de carbone et 33 calories/100 g. Elle est riche en vitamine A, en vitamine C et en potassium.

ACHAT
Rechercher un fruit charnu, intact et bien coloré, exempt de taches, de meurtrissures et dégageant si possible un arôme fruité.

UTILISATION
La carambole sure est consommée comme légume, crue ou cuite; crue, elle est mangée par exemple arrosée de vinaigrette, seule ou dans une salade composée. La variété sucrée est mangée nature ou après cuisson. Cuite, elle entre dans la confection de tartes, confitures, purées, sorbets, mousses, etc. On en tire un jus rafraîchissant.

CONSERVATION
La carambole semble fragile mais elle se conserve facilement. La laisser à la température de la pièce si on a l'intention de la consommer dans un jour ou deux ou si elle n'est pas assez mûre. La réfrigérer pour une conservation plus longue, qui peut dépasser 15 jours si le fruit est en bon état.

CARDAMOME
Elettaria cardamomum, **Zingibéracées**
Nom anglais: *cardamom*

Graine très parfumée croissant sur une plante vivace originaire d'Orient. De la même famille que le gingembre, la cardamome a une fine saveur chaude, légèrement poivrée. Elle était connue des Grecs et des Romains; les soldats d'Alexandre le Grand l'introduisirent en Europe lorsqu'ils revinrent de l'Inde. Les Scandinaves demeurent de grands consommateurs de cardamome, tandis que l'Inde et le Guatemala sont les plus importants pays producteurs.

Il existe plusieurs variétés de cardamome; les trois plus importantes commercialement sont la cardamome de Malabar, la cardamome de Ceylan et la cardamome d'Indochine.

Cardamome de Malabar *(E. cardamomum)*. Petite graine noire produite par une plante vivace atteignant de 2 à 3 m de haut. Cette plante à rhizomes pousse à l'état sauvage, notamment dans le sud de l'Inde, sur des monts nommés Cardamon. Ses longues feuilles engainantes sont lancéolées. Ses fleurs logées près du sol sont jaunâtres mêlées de bleu. Ses fruits jaune verdâtre ou bruns sont en forme de capsule ovoïde, grosse comme une noix de muscade; ils renferment plusieurs graines très aromatiques; ce sont les plus recherchées de toutes et les plus coûteuses.

Cardamome de Ceylan *(E. major)*. Cette plante n'est pas toujours considérée comme étant différente de la précédente, car elle lui ressemble beaucoup. Sa taille est plus grande cependant et son fruit, plus gros et allongé, produit des graines de qualité moindre.

Cardamome ou **amome d'Indochine** *(Amomin kravanh)*. Plante d'une espèce voisine, fréquente au Cambodge et en Indochine, et qui atteint environ 3 m de haut. Ses fleurs petites et regroupées en de courtes grappes d'épis allongés sont denses et cylindriques. Ses fruits ronds contiennent des graines similaires de forme et de saveur à celles de la cardamome de Malabar.

VALEUR NUTRITIVE

La cardamome est riche en nutriments divers; elle contient 1 g d'hydrates de carbone, des protéines et des matières grasses à l'état de traces et 6 calories/5 ml (2 g). On considère la cardamome comme un bon antiseptique pulmonaire et on la dit carminative, stimulante et digestive. Lorsqu'on les mâche, les graines peuvent camoufler la mauvaise haleine.

ACHAT

La cardamome se vend en gousses, écossée ou moulue. Il est préférable de l'acheter en gousses et de la moudre au besoin, elle conserve ainsi sa saveur plus longtemps. Cela permet aussi un usage plus étendu (car la cardamome peut être utilisée entière) et on peut également éviter les falsifications (il arrive qu'on mélange la cardamome moulue avec d'autres épices moins coûteuses).

UTILISATION

La cardamome est utilisée plus couramment en Orient et dans les pays arabes que dans le monde occidental; elle aromatise viandes, currys indiens, poissons, riz, œufs, desserts, thé et café. En Occident, on l'emploie surtout pour parfumer gâteaux, compotes de fruits, marinades, vins, liqueurs et charcuteries. La cardamome peut remplacer le gingembre ou la cannelle dans la plupart des recettes. En tisane, mettre quelques graines dans de l'eau, faire bouillir légèrement 2 à 3 minutes et laisser infuser 10 minutes.

CONSERVATION   Voir épices, p. 188.

CARDON

Cynora cardunculus, **Composées**
Nom anglais: *cardoon*

Plante potagère vivace originaire de la région méditerranéenne. Le cardon est un proche parent de l'artichaut et du chardon. On le cultivait intensément en Europe, au Moyen Âge; de nos jours, il est plutôt tombé dans l'oubli et pousse le plus souvent à l'état sauvage. En Amérique du Nord, il est presque inconnu et parfois on le confond avec la bette, qui lui ressemble.

Le cardon est formé de longues tiges (cardes) semblables à celles du céleri mais plus aplaties. Sa saveur rappelle l'artichaut et le céleri. Les tiges externes du cardon sauvage sont ligneuses et dures; on les jette presque toujours, ne conservant que les tiges internes, que l'on débarrasse du feuillage et des fils enfouis le long des nervures. Le cardon cultivé est plus tendre.

ACHAT   Ce légume est peu nourrissant; il renferme environ 90 % d'eau, 0,7 g de protéines, 0,1 g de matières grasses, 5 g d'hydrates de carbone et 20 calories/100 g. Il constitue une bonne source de potassium, de calcium et de fer; il est passablement riche en sodium. Il aurait des propriétés calmantes.

CUISSON   Couper les tiges en tronçons de 10 à 12 cm de long et les citronner pour éviter qu'elles noircissent. Les braiser ou les blanchir (10 à 15 minutes) à l'eau bouillante vinaigrée, puis les apprêter selon la recette choisie.

UTILISATION   Le cardon s'apprête comme le céleri ou l'asperge. Il est souvent cuisiné à la crème ou rissolé. Il sert comme légume d'accompagnement ou se met dans les soupes et les ragoûts. On le mange également froid, arrosé de vinaigrette par exemple.

CONSERVATION   Le cardon se conserve facilement au réfrigérateur ou au sec dans une chambre froide, enfoui dans du sable.

CARI

Autres noms: *curry, carry, kari*
Nom anglais: *curry*

Terme utilisé pour désigner à la fois un mélange d'épices d'origine indienne et une variété de mets à base de poisson, de viande, de légumineuses ou de légumes que cet assaisonnement agrémente. Cette combinaison d'épices est très employée en Asie; elle gagne graduellement de la popularité en Occident. En Inde, les mélanges varient selon les régions, les castes et l'usage; le plus souvent on fabrique soi-même son mélange, ce qui donne lieu à des variations quasiment illimitées. En Occident, on est plus familier avec le cari en poudre ou en pâte; plusieurs mélanges proviennent de l'Angleterre, pays qui a longtemps colonisé l'Inde.

UTILISATION   Le cari comprend très souvent de la coriandre, du cumin, du curcuma, du poivre, de la cardamome, du gingembre, du tamarin, du piment, de la muscade et du clou de girofle. On lui ajoute selon l'inspiration du moment ou le besoin de la cannelle, des amandes, de la noix de coco, des graines de moutarde, de l'oignon, etc. On trouve des caris doux (mild), semi-piquants (medium hot), forts (hot) et brûlants (very hot); leur valeur nutritive varie en fonction des ingrédients utilisés.

Le cari a un usage varié car il assaisonne aussi bien les plats principaux que les soupes, les légumes, les céréales, les sauces et les mayonnaises.

ACHAT ET CONSERVATION   Voir épices, p. 188.

CAROTTE
Daucus carota var. *sativa*, **Ombellifères**
Nom anglais: *carrot*

Plante potagère à racines, probablement originaire d'Afghanistan. Bisannuelle cultivée en annuelle, la carotte fut longtemps un légume ligneux surtout apprécié pour ses vertus médicinales. Originellement beige jaunâtre, la carotte n'acquit sa couleur orangée qu'au XIXe siècle, par suite de l'intervention d'agronomes français. Il en existe plus d'une centaine de variétés, ce qui a une incidence sur la forme (plus ou moins allongée ou trapue, pouvant atteindre de 6 à 90 cm de long et un diamètre de 1 à 6 cm), la couleur (orangée, blanche, jaune, rouge ou violette) et la valeur nutritive.

VALEUR NUTRITIVE

La carotte contient généralement 1 g de protéines, 0,2 g de matières grasses, 10 g d'hydrates de carbone (ce qui explique son goût sucré) et 42 calories/100 g. Elle est très riche en carotène, substance que l'organisme transforme en vitamine A; plus elle est orangée, plus elle est susceptible d'en contenir. C'est une bonne source de vitamines du complexe B, de potassium, de pectine et de fibre. On lui reconnaît de nombreuses propriétés médicinales, notamment la capacité d'aider à maintenir une bonne vision. Crue et râpée, elle serait utile contre les brûlures. Son jus hautement régénérateur semble particulièrement bénéfique pour le foie. Toute consommation exagérée de carottes colore la peau en jaune à cause de la présence de la carotène, phénomène fréquemment observable chez les bébés mais sans danger. Bien mastiquer la carotte crue permet d'assimiler une plus grande quantité des éléments nutritifs.

ACHAT

Ce légume-racine est habituellement vendu sans son feuillage (fanes) qu'on enlève à la cueillette pour diminuer la perte d'humidité. Choisir des carottes fermes et bien colorées; délaisser les carottes amollies, aux parties détrempées ou qui ont commencé à tiger.

PRÉPARATION

Simplement laver ou brosser délicatement la carotte, cela permet de sauvegarder les vitamines et les sels minéraux logés sous la peau. On peut l'éplucher si elle est vieille (et encore il vaut mieux la peler après cuisson) ou si elle a été exposée aux produits chimiques (ce qui est souvent le cas). Si la partie près de la tige est verte, c'est que les carottes ont été exposées au soleil; retrancher cette partie plus amère.

UTILISATION

Les possibilités d'utilisation de la carotte sont quasi illimitées, allant du hors-d'œuvre au dessert, en passant par la fabrication de vin. La carotte est aussi bonne crue que cuite. Crue, elle peut être râpée, coupée en bâtonnets, en dés et en tranches; on la met dans les salades, les entrées, les gâteaux, les biscuits, etc. Elle est facile à cuire et tous les modes de cuisson lui conviennent; abréger sa cuisson pour conserver saveur et valeur nutritive. Quand les carottes sont vieilles, l'ajout de jus de citron au liquide de cuisson [15 ml (1 cuillerée à soupe) pour 500 ml (250 g) de carottes] améliorera leur saveur et les empêchera de noircir; elles pâliront cependant légèrement. Les fanes riches en sels minéraux font d'excellents potages ou s'ajoutent aux salades et aux sauces.

CONSERVATION   La carotte se conserve assez facilement. Au réfrigérateur, l'envelopper car lorsqu'elle est laissée à l'air libre, elle perd son humidité; par contre, ne pas la placer dans un sac trop hermétique car il se crée de la condensation qui la fait pourrir; percer quelques trous dans le sac ou y mettre une feuille de papier absorbant. On peut stocker la carotte dans un endroit sombre, bien ventilé, frais (0 ou 1 °C) et humide (98 à 100 % n'est pas trop). Plus la température est basse, plus la carotte gardera sa saveur longtemps. Ne pas l'entreposer près des fruits ou des légumes qui dégagent beaucoup de gaz éthylène, telles les poires, pommes ou pommes de terre, car elle mûrit alors trop rapidement et devient amère. Une des meilleures façons de l'entreposer est de l'enfouir dans du sable sans la laver; elle se conservera ainsi jusqu'à 6 mois. La carotte peut hiberner dans le jardin, bien enterrée et recouverte de paillis; on peut ensuite la récolter au besoin. La carotte se congèle facilement après un blanchiment de 3 minutes lorsqu'elle est coupée et de 5 minutes si elle est entière.

CAROUBE

Ceratonia siliqua, **Césalpinacées (Légumineuses)**
Noms anglais: *carob, bokser, algarroba, locust bean*

Fruit du caroubier, arbre originaire de la région méditerranéenne. Le caroubier est cultivé depuis l'Antiquité; on le connaît parfois sous le nom de «pain de Saint-Jean» car une légende raconte que saint Jean-Baptiste se serait nourri de ses graines (il semble cependant qu'il aurait plutôt mangé des sauterelles...). L'industrie alimentaire utilise abondamment le caroube comme substitut du cacao et comme additif à cause de ses propriétés stabilisantes, liantes et gélifiantes. Le caroube sert aussi de succédané de café et de nourriture pour les animaux.

Le caroube fut un aliment populaire en Europe jusqu'au début du XXe siècle puis il tomba plus ou moins dans l'oubli. Il réapparut massivement sur le marché en 1979, notamment en Amérique du Nord, quand l'industrie alimentaire l'utilisa en remplacement du cacao qui était rare et coûteux à la suite d'une pénurie; le bas prix du caroube permettait des profits intéressants sans augmentation de prix des produits dans lesquels il entrait.

Le caroubier peut vivre 100 ans; il croît sous les climats chauds et atteint jusqu'à 15 m de haut; ses feuilles persistantes, lisses et ovales sont vert foncé. Ses petites fleurs rougeâtres donnent naissance à des fruits, de longues gousses brunes, qui mesurent de 10 à 30 cm de long; elles renferment une pulpe sucrée et juteuse, au sein de laquelle s'aligne une rangée de 5 à 15 graines luisantes, de couleur brun rougeâtre. La culture du caroubier s'est étendue à plusieurs parties du monde; cet arbre pousse notamment au Mexique, dans le sud des États-Unis, aux Indes, en Afrique du Sud, en Australie et au Proche-Orient.

Le caroube est vendu sous forme solide, en poudre, en brisures ou en sirop. On obtient la poudre en séparant la pulpe des grains, pulpe qui est ensuite séchée, torréfiée puis moulue. Le degré de torréfaction affecte la couleur et la saveur; plus il est élevé, plus le caroube est foncé et plus il perd de sa saveur. Le caroube solide, le sirop et les brisures sont faits à partir de la poudre.

Certaines personnes consomment le caroube parce qu'elles sont allergiques au cacao ou parce qu'elles en apprécient le goût; la majorité cependant en mangent parce qu'elles surveillent leur poids, qu'elles veulent éviter les désagréments du cacao (notamment les excitants) et qu'elles croient ingérer un aliment meilleur pour la santé que le cacao et le chocolat. Or comme nous allons le voir, le caroube ne possède pas tous ces avantages.

VALEUR NUTRITIVE   La poudre de caroube contient 4,5 g de protéines, 1,4 g de matières grasses, 80,7 g d'hydrates de carbone et 353 calories/100g. Elle renferme moins de protéines et de matières grasses que le cacao. Son contenu en vitamines et en sels minéraux est aussi différent, ainsi elle ne contient pas de vitamines, elle est beaucoup moins riche en phosphore et deux fois plus riche en calcium. Elle renferme des tannins mais pas de caféine ni de théobromine (voir café, p. 87); elle n'est pas allergène et se digère facilement.

La valeur nutritive des produits à base de caroube dépend des ingrédients qui les composent puisqu'on leur incorpore notamment du sucre (on en ajoute parfois plus que dans le chocolat), de l'huile végétale, (habituellement hydrogénée et fortement saturée, voir corps gras, p. 147) et de l'arôme artificiel.

UTILISATION   L'utilisation du caroube est presque aussi étendue que celle du cacao et du chocolat. On l'emploie tel quel ou combiné avec le cacao ou le chocolat. On peut substituer jusqu'à 25 ou 30 % de caroube dans la plupart des recettes sans que la différence soit appréciable; la proportion peut atteindre jusqu'à 50 % si l'ajout d'aromates et d'ingrédients à saveur forte en masquent le goût. Quand la poudre de caroube remplace le cacao, diminuer d'environ le quart la quantité de sucre dans la recette, car cette poudre est plus sucrée que la poudre de cacao.

Le caroube est moins soluble que le cacao; une certaine quantité reste en suspension dans les liquides, donnant une consistance moins limpide et créant un dépôt au fond du récipient. Le délayer d'abord avec de l'eau chaude permet de mieux le dissoudre. Le caroube fond à une température plus basse que le chocolat et se liquéfie plus vite, ce qui peut causer des embêtements pour la préparation de mousses par exemple.

CONSERVATION   Mettre le caroube dans un récipient hermétique afin qu'il soit à l'abri de l'humidité car il devient grumeleux lorsqu'il est humide.

CARPE

Cyprinus carpio, **Cyprinidés**
Nom anglais: *carp*

Poisson d'eau douce que l'on retrouve dans les étangs, les rivières et les canaux. La carpe serait originaire d'Asie, probablement de Chine. On en fait l'élevage depuis des milliers d'années; les Chinois auraient été les premiers à l'élever en captivité il y a 3 000 ans. Au Moyen Âge, une région d'Europe centrale, la Bohême, devint célèbre pour la qualité de ses carpes de pisciculture; les habitants de cette contrée accordent toujours une place de choix à ce poisson, particulièrement lors des festivités de Pâques et de Noël.

Le corps de la carpe est comprimé latéralement, plutôt haut, robuste et recouvert de grandes écailles épaisses. La tête triangulaire est munie de deux paires de barbillons situés autour de la bouche, bouche démunie de dents; la mâchoire supérieure est légèrement proéminente. Une dure épine orne le devant de chacune des deux nageoires (l'anale et la dorsale). La carpe peut mesurer de 50 cm à 1 m de long et pèse en général de 1 à 5 kg; certains spécimens peuvent peser jusqu'à 25 kg. Le poisson adulte a habituellement le dos olivâtre qui devient jaunâtre vers le ventre.

VALEUR NUTRITIVE   La chair blanche et maigre contient 18 g de protéines, 4,2 g de matières grasses et 115 calories/100 g. Elle constitue une bonne source de niacine, de calcium, de fer, de phosphore et de potassium.

PRÉPARATION ET CUISSON   La saveur de la carpe est variable; celle des espèces sauvages goûte souvent la vase. Pour faire disparaître ce goût de vase, il est possible de faire séjourner la carpe de 2 à 3 semaines dans un vivier d'eau douce en renouvelant l'eau (la carpe peut vivre longtemps hors de son milieu naturel). On peut aussi l'écailler et la vider, en ayant soin de retirer le fiel sous la tête, puis la mettre à tremper de 2 à 3 heures dans de l'eau salée légèrement vinaigrée, en changeant l'eau à l'occasion. La carpe s'écaille difficilement; la mettre quelques secondes dans de l'eau bouillante facilite la tâche. Elle peut être cuite sans être écaillée, notamment si elle est pochée, (enlever la peau avant de servir). La cuire entière, en filets ou en tronçons; elle supporte bien tous les modes de cuisson (pochage, grillage, à la poêle, friture, braisage, etc.); elle peut remplacer la morue, l'aiglefin et autres poissons semblables. Les œufs, la laitance, les joues et les lèvres sont des parties très recherchées. La carpe est parfois disponible fumée.

CONSERVATION   Voir poissons, p. 429.

CARVI

Carum carvi, **Ombellifères**

Autres noms: *cumin des prés, cumin des montagnes, anis bâtard, anis des Vosges*

Nom anglais: *caraway*

Plante aromatique bisannuelle originaire d'Europe et d'Asie occidentale. Cette plante qui atteint entre 30 cm et 1 m de hauteur est très proche du fenouil et de l'aneth avec lesquels elle est souvent confondue. Ses feuilles lancéolées sont découpées en de nombreuses lanières très étroites. Ses très petites fleurs blanches, roses ou mauves sont groupées en ombelles. Ses fruits (ou graines) brunâtres de forme oblongue sont comprimés latéralement comme ceux du cumin. Très aromatiques, ces graines ont une saveur âcre et piquante, moins forte que celle du cumin et plus que celle de l'aneth.

VALEUR NUTRITIVE   Les vertus du carvi sont identiques à celles de l'aneth et du fenouil. Ses graines qui assaisonnent souvent des plats lourds en faciliteraient la digestion. En tisane, mettre 5 ml (1 cuillerée à café) de graines écrasées dans une tasse d'eau (240 ml), faire bouillir 2 minutes, puis laisser infuser 10 minutes.

UTILISATION   Le carvi est une épice populaire dans de nombreux pays. En Inde, il accompagne de nombreux plats, tels les currys, les lentilles et le riz. Avec le cumin, le fenouil et la coriandre, c'est une des quatre épices chaudes dont les Arabes sont friands et que l'on retrouve dans leurs salades, méchouis, brochettes, etc. Dans les pays de l'Est et en Allemagne, il assaisonne la charcuterie et la choucroute. Le carvi parfume divers fromages (gouda, livarot, munster) ainsi que plusieurs boissons, notamment le «Kummel» et le «Schnaps» allemands. Il épice agréablement poissons, crustacés, légumes, fruits et pâtisseries. On le retrouve en confiserie entouré d'une carapace de sucre.

Écraser et rôtir les graines pour qu'elles dégagent toute leur saveur. Si on veut amoindrir leur force et faire en sorte que leur parfum soit plus délicat, les sauter brièvement dans un corps gras avant de les écraser. Les racines de la plante sont comestibles; on peut les faire bouillir et les employer comme des carottes. Les feuilles et les jeunes pousses agrémentent volontiers salades, soupes et ragoûts.

CONSERVATION   Voir épices, p. 188.

CAVIAR

Le véritable caviar est constitué uniquement d'œufs d'esturgeons salés. Les œufs de plusieurs autres espèces de poissons sont aussi comestibles (saumon, carpe, cabillaud, hareng, brochet, thon, etc.) mais doivent recevoir une autre appellation. Les œufs de saumon sont parfois appelés improprement «caviar rouge». On calcule que 98 % du caviar vendu dans le monde provient de la mer Caspienne; l'U.R.S.S. et dans une moindre mesure l'Iran contrôlent ce marché.

Le caviar jouit d'un énorme prestige; à l'instar du champagne, c'est un aliment chargé de symbole. Par nature, le caviar ne peut être que rare, puisqu'il provient d'une seule espèce de poisson et qu'il n'est disponible que lors de la période de reproduction. C'est donc un aliment qui coûte cher. Les œufs sont récoltés chez les femelles vivantes avant le frai; ils sont ensuite tamisés, lavés à l'eau froide, salés, mis à maturer, égouttés puis emballés. Le caviar est commercialisé en grains ou pressé (il s'agit alors d'œufs trop petits ou éclatés), dans des contenants en verre ou en métal. Selon les espèces d'esturgeons, la grosseur des grains varie ainsi que leur couleur (jaune, noir ou dans les teintes de gris) et leur saveur.

VALEUR NUTRITIVE   Le caviar contient habituellement 2,7 g de protéines, 1,5 de matières grasses, 3,3 g d'hydrates de carbone et 26 calories/10 g (une cuillerée à café). Il est riche en calcium, en phosphore, en fer, en niacine et en acide pantothénique.

UTILISATION   Ne jamais cuire le caviar; le consommer frais mais non froid. Le placer au réfrigérateur à l'endroit le plus chaud et le sortir une quinzaine de minutes avant de le servir (placer le récipient sur de la glace). Les avis diffèrent parfois sur la façon de le consommer; on recommande ou on rejette le pain grillé ainsi que l'ajout de jus de citron et de beurre; c'est une question de préférence personnelle. Les Russes aiment bien l'étendre sur des blinis (petites crêpes de sarrasin) et l'accompagner de crème sure et de vodka.

CONSERVATION   Le caviar en conserve acquiert facilement un goût métallique lorsque la boîte est ouverte, si cette dernière n'est pas étamée; éviter de l'y laisser séjourner.

CÉDRAT

Citrus medica, **Aurantiacées**
Noms anglais: *cedrat, citron*

Fruit du cédratier, arbre que l'on croit originaire de Chine ou de Perse. La culture du cédrat remonte aux temps anciens; des documents datant de 300 ans av. J.-C. en attestent la pratique. Dans la religion juive, on pense que le cédrat serait le fruit de la connaissance dans lequel Adam aurait mordu. Ce fruit est cultivé intensivement en Corse et dans une moindre mesure aux Antilles et en Grèce.

UTILISATION   Le cédrat ressemble à un immense citron difforme ayant un peu la forme d'une poire; il peut peser jusqu'à 9 kg. Son écorce jaune verdâtre est épaisse et verruqueuse. La plupart des variétés sont très acides.

Le cédrat est rarement vendu frais; sa pulpe et son écorce sont surtout confites. On le mange en friandise ou on s'en sert en pâtisserie et en confiserie; on l'incorpore notamment dans les gâteaux, les biscuits et les puddings et on l'utilise à des fins décoratives. En Corse, on se sert du cédrat pour préparer une liqueur, la cédratine, ainsi que des bonbons.

CONSERVATION   Voir agrumes, p. 15.

CÉLERI

Apium graveolens var. *dulce*, **Ombellifères**
Nom anglais: *celery*

Plante potagère bisannuelle qui fut d'abord utilisée pour ses vertus médicinales et décoratives. Originellement nommé «ache odorante» et poussant à l'état sauvage, le céleri ne fut cultivé que vers le XVIe siècle. Pendant longtemps on le consomma cuit; ce n'est que vers le XVIIIe siècle qu'on lui trouva de l'intérêt lorsqu'il est mangé cru.

Ce légume-tige s'élève au-dessus de la terre à environ 30 ou 40 cm. Ses tiges charnues et côtelées sont soudées ensemble à la base, formant ce que l'on appelle un «pied» d'où partent les racines; leur sommet est couronné de branches feuillues. Lors de la deuxième année de culture, des fleurs blanches disposées en ombelles apparaissent; elles céderont leur place à des graines fortement aromatiques, couramment utilisées en cuisine.

Il existe plusieurs variétés de céleri aux tiges plus ou moins vertes ou blanchâtres. Les Européens préfèrent le céleri blanc tandis que les Nord-Américains ont adopté le vert, dont deux variétés occupent la quasi-totalité du marché soit le Pascal, vert pâle et peu fibreux, et l'Utah. Le céleri est souvent cultivé en étant blanchi, c'est-à-dire recouvert de terre, de papier ou de planches, afin qu'il ne devienne pas trop vert ni de saveur trop prononcée; ceci diminue cependant légèrement la valeur nutritive. Il existe maintenant des variétés améliorées qui n'ont pas besoin d'être blanchies.

VALEUR NUTRITIVE Le céleri contient 94 % d'eau, 0,7 g de protéines, 0,1 g de matières grasses, 3,6 g d'hydrates de carbone, 0,7 g de fibres et 16 calories/100 g. Il est riche en chlorure de sodium et en potassium. On le dit apéritif, diurétique, dépuratif, stomachique et tonique. Son jus aiderait à cicatriser ulcères et blessures lorsqu'il est appliqué directement. Ce légume peu calorifique est utile pour calmer la faim lorsqu'on ne veut pas prendre de poids.

ACHAT Choisir un céleri aux tiges lustrées, fermes, croustillantes et presque cassantes, ornées de feuilles fraîches et bien vertes. Éviter les tiges molles, endommagées, portant des cicatrices brunâtres et ayant des feuilles jaunies.

PRÉPARATION Le céleri est facile à préparer; couper la base, laver les tiges à l'eau courante (si elles sont très sales, se servir d'une brosse) puis les sectionner. Les tiges peuvent être mangées crues ou cuites; celles à l'extérieur ont un goût prononcé et sont fibreuses. Le cœur est la partie la plus tendre.

UTILISATION Quand il est cru, le céleri est consommé tel quel ou coupé de différentes façons (en dés, en bâtonnets, en tranches, etc.). On le met dans les salades et dans les hors-d'œuvre, on l'arrose de vinaigrette, on le farcit de fromage. Cuit, il parfume avantageusement soupes, plats mijotés et sauces ou il sert de légume d'accompagnement. Entier, le braisage le rend tendre et savoureux. Ses feuilles ne devraient pas être jetées car elles confèrent de la saveur aux aliments; elles peuvent être hachées ou utilisées telles quelles, tant fraîches que séchées. Les graines assaisonnent subtilement une foule de mets; elles peuvent remplacer le céleri quand celui-ci est trop coûteux ou non disponible. Elles sont vendues nature mais aussi avec du sel (sel au céleri); ce mélange est généralement peu économique et moins aromatisant (voir épices, p. 188).

CONSERVATION Le céleri se déshydrate passablement rapidement car il contient beaucoup d'eau. Ne pas le laisser à la température de la pièce, le conserver au régrigérateur, couvert. On peut l'entreposer dans un endroit frais (0 °C) et très humide sans le laver, en lui laissant ses racines et en l'enveloppant dans un sac de plastique perforé. On peut aussi l'enfouir sous de la terre humide; il se conservera quelques semaines; ne pas verser d'eau sur le feuillage. Éviter de conserver ou de raffermir les tiges coupées dans de l'eau froide, le trempage entraîne une perte de valeur nutritive. Pour raffermir le céleri, l'humecter légèrement et le réfrigérer; après quelques heures il sera redevenu croustillant. Le céleri résiste mal à la congélation qui l'amollit, ce qui n'est pas un inconvénient majeur si on le destine à la cuisson.

CÉLERI-RAVE

Apium graveolens var. *rapaceum,* **Ombellifères**
Nom anglais: *celeriac*

Variété de céleri dont seule la racine brunâtre, évoquant un peu la forme d'un gros navet, est comestible. Fortement bosselé, le céleri-rave mesure habituellement 10 cm de diamètre et pèse de 800 g à 1 kg. Sa saveur est piquante et plus prononcée que celle du céleri. C'est un légume populaire sur le continent européen mais plus ou moins ignoré en Amérique du Nord. Se cultivant plus facilement que le céleri, il se conserve également plus aisément, ce qui en fait un excellent légume d'hiver.

ACHAT Rechercher un céleri-rave lourd, ferme, intact et exempt de meurtrissures. Éviter celui qui sonne creux et qui mesure plus de 12 cm de diamètre car il sera plus fibreux.

VALEUR NUTRITIVE Le céleri-rave contient 88 % d'eau, 1,5 g de protéines, 0,3 g de matières grasses, 9,2 g d'hydrates de carbone et 40 calories/100 g. Il est riche en potassium et dans une moindre mesure en calcium, en phosphore et en sodium. Une fois pelé, il aura perdu 55 % de son poids initial à cause de l'irrégularité de sa surface.

PRÉPARATION La préparation de ce légume est simple; le laver puis le peler ou le peler après cuisson. La chair crue noircit rapidement au contact de l'air, sauf si on l'arrose immédiatement de jus de citron ou si on la plonge quelques secondes dans une eau acidulée ou salée.

UTILISATION Le céleri-rave peut être mangé cru ou cuit. Cru, coupé en lamelles, en cubes ou râpé, il est généralement assaisonné de mayonnaise fortement moutardée (céleri rémoulade). Il est cuit seul ou combiné à d'autres légumes que l'on peut mettre en purée; il entre dans les soupes et les ragoûts. Le braisage lui convient particulièrement bien. Éviter de trop le cuire; calculer de 10 à 15 minutes pour la cuisson à l'eau et un peu plus longtemps pour la cuisson à la vapeur. L'ajout d'un ingrédient acide au liquide de cuisson permet d'éviter l'oxydation.

CONSERVATION Le céleri-rave se conserve au réfrigérateur ou à une température se situant autour de 0 °C; le mettre dans un sac de plastique car il se déshydrate rapidement et retirer ses feuilles si elles sont encore présentes. Il ne supporte pas mieux la congélation que le céleri.

CÉRÉALES

Nom anglais: *cereals*

Les céréales ont constitué la base de l'alimentation humaine depuis l'émergence de l'agriculture, il y a plus de 8 000 ans. Le mot céréale fut composé à partir du nom de la déesse des moissons Cérès. L'importance des céréales est telle dans l'histoire qu'on a observé une concordance entre le développement de certaines civilisations et la culture de certaines céréales. Chaque continent a eu sa céréale de prédilection: le riz en Extrême-Orient, le mil et le sorgho en Afrique, le blé en Europe occidentale, le seigle et l'avoine en Europe orientale et en Europe septentrionale, le maïs en Amérique. Si le rôle des céréales dans l'alimentation est en baisse depuis plus d'un siècle dans les pays industrialisés, il demeure cependant prépondérant dans le tiers monde; les céréales y comptent encore pour plus de 70 % de l'apport énergétique contre de 20 à 40 % seulement dans les pays industrialisés.

Les céréales appartiennent toutes à la famille des graminées; le sarrasin, souvent considéré comme une céréale, fait partie des polygonacées. La structure des graines est semblable d'une céréale à l'autre, seule l'importance respective des parties varie. Le grain des céréales (caryopse) est donc constitué:

- d'une enveloppe extérieure (écorce), parfois non digestible pour les humains; c'est le cas notamment du riz, de l'orge, de l'avoine, du sarrasin et du millet; le grain est donc débarrassé de cette enveloppe (décortiqué);
- du son (péricarpe), constitué de couches concentriques de fibres, généralement de la lignine vers l'extérieur et de la cellulose vers l'intérieur. Une grande quantité de sels minéraux et de vitamines y est enfouie. Entre le son et l'amande se niche une sorte de membrane, mince couche de cellules d'aleurone enchevêtrées dans un réseau de cellulose, qui abrite une forte proportion de protéines, de vitamines et des sels minéraux (c'est ce qu'on appelle l'assise protéique);
- du germe (embryon), qui est situé à la base du grain. Il contient des sels minéraux, de la vitamine B et de la vitamine E, des protéines et une grande partie des lipides;
- et de l'amande (endosperme), principalement composée d'amidon.

L'amande est l'élément le plus volumineux puisqu'elle occupe plus des deux tiers de la céréale. L'amidon qu'elle renferme est un hydrate de carbone complexe, sucre qui est assimilé lentement par l'organisme.

VALEUR NUTRITIVE   Les céréales contiennent généralement de 7 à 15 % de protéines; leur apport protéique est donc très intéressant. Elles renferment les 8 acides aminés essentiels à la bonne assimilation des protéines, mais certains sont présents en petite quantité; on dit que ces protéines sont incomplètes. Leur principale déficience est la lysine. On peut trouver les acides aminés manquant en combinant des aliments (voir théorie de la complémentarité, p. 536).

Plusieurs substances composent les protéines; elles sont réparties inégalement dans les diverses céréales. C'est le cas notamment de la gliadine et de la glutémine qui forment le gluten, cette substance qui, lorsqu'elle est combinée à un liquide, produit la visco-élasticité requise pour faire lever la pâte (voir blé, p. 68). Le gluten est présent en quantité suffisante pour la panification dans le blé, le seigle et le triticale (ces deux derniers sont plus difficilement panifiables cependant).

Les céréales contiennent relativement peu de matières grasses (1 à 7 %); ces lipides, principalement concentrés dans le germe, sont surtout composés d'acides gras polyinsaturés (voir corps gras, p. 147). Elles renferment de 1 à 4 % de sels minéraux; les plus importants sont le fer (sauf dans le riz blanc qui en contient très peu), le phosphore, le magnésium et le potassium; elles sont pauvres en sodium. Elles sont riches en vitamines du complexe B (B_1, B_2 et niacine surtout) et en vitamine E. Les vitamines du complexe B sont surtout localisées en périphérie du grain et sont donc pratiquement absentes des produits transformés tels la farine blanche et le riz poli (sauf s'ils sont enrichis) car une grande partie disparaît lors du décorticage. La vitamine E, qui est surtout concentrée dans le germe, est aussi grandement absente des céréales raffinées car le germe est retiré. Les céréales sont pratiquement dépourvues de vitamine A (sauf le maïs) et de vitamine C, sauf si elles sont germées.

De l'acide phytique est présent dans les céréales, en quantité plus ou moins importante selon les espèces. On entend souvent dire que cet acide nuit à l'absorption du calcium car il a tendance à se lier au calcium, formant alors un composé peu assimilable. Des recherches récentes montrent cependant que l'organisme s'adapterait à l'acide phytique, qui perdrait ainsi de sa nocivité. De plus, maintes céréales sont riches en phytase, une enzyme qui hydrolise l'acide phytique, neutralisant une partie de ses effets négatifs. La germination, le trempage à la température de la pièce (toute une nuit par exemple ou 2 heures à 40 °C) et la fermentation contribuent aussi à atténuer la force de l'acide phytique; ainsi il ne reste plus environ que 40 % d'acide actif après que la pâte à pain a levé.

CUISSON   La cuisson des céréales s'effectue sur feu direct, au bain-marie ou plus rarement au four; elle entraîne diverses transformations dans le grain, dont les plus importantes sont la gélatinisation de l'amidon, le ramollissement de l'écorce et le changement de saveur. La transformation de l'amidon prend place s'il y a suffisamment de liquide, aussi la plupart des céréales entières nécessitent de 2 à 3 fois leur volume de liquide; plus de liquide donne un grain mou et pâteux, alors que moins laisse le grain plus sec et caoutchouteux. La texture finale des céréales sera différente selon qu'on les aura plongées dans un liquide en ébullition ou un liquide froid; le liquide bouillant donne un grain plus léger et moins pâteux.

Plus le grain est petit, plus il cuit rapidement et plus il forme une masse collante. Pour réduire la propension à coller, délayer d'abord les grains dans un peu de liquide froid avant de les plonger dans un liquide bouillant. Griller les grains à sec 4 à 5 minutes les empêche aussi de coller tout en augmentant leur digestibilité et leur confère une légère saveur de noisette; éviter cependant de trop griller, sinon la saveur sera âcre.

Le temps de cuisson des céréales est variable; cuire suffisamment pour que l'amidon soit plus digestible. La plupart des céréales entières restent légèrement croquantes après cuisson. Laver les céréales entières à l'eau froide et les mettre à tremper de 12 à 24 heures raccourciront le temps de cuisson, réduiront l'action de l'acide phytique et permettront un début de germination qui rendra les céréales plus faciles à digérer. Se servir de l'eau de trempage pour la cuisson. Utiliser une casserole épaisse, verser lentement les grains dans le liquide légèrement salé en brassant constamment, laisser bouillir 1 à 2 minutes, baisser le feu, couvrir et laisser mijoter jusqu'à ce que le liquide soit absorbé, tout en remuant à l'occasion; on peut aussi terminer la cuisson au bain-marie dès que la préparation commence à épaissir; le bain-marie élimine la nécessité de brasser. S'il reste du liquide, ne pas le jeter et s'en servir pour cuisiner; il est riche en éléments nutritifs. Les céréales augmentent 3 à 4 fois de volume à la cuisson.

Temps de cuisson des céréales complètes et des céréales transformées

240 ml (180 à 200 g) de:	Liquide (ml)	Cuisson
avoine (grains)	600 à 720	1 heure
blé concassé	600 à 720	45 - 55 minutes
blé (grains)	720	1 heure après trempage
boulghour	240 à 480	verser eau bouillante, couvrir, laisser reposer 15 - 30 minutes
couscous	480 à 720	verser eau bouillante, couvrir, laisser reposer 40 - 60 minutes
flocons d'avoine	480 à 720	15 - 30 minutes
flocons de blé	480	60 - 90 minutes
flocons de seigle	480	1 heure
flocons de soya	480	1 heure
millet	480 à 720	15 - 20 minutes
orge (grains)	720	1 h 15 ou 40 - 60 minutes après trempage et grillage
orge mondé	720 à 960	1 heure
riz brun	480	35 - 55 minutes
riz sauvage	960	20 minutes
sarrasin (kasha)	480	15 - 20 minutes
semoule de maïs	960	25 - 30 minutes

UTILISATION   Pour plusieurs personnes le mot céréale évoque des céréales sèches prêtes à servir ingérées au repas du matin. Cet aliment est beaucoup plus que cela; moulues ou concassées par exemple, les céréales occupent une place de choix dans l'alimentation humaine – on n'a qu'à penser aux pâtes alimentaires, à la semoule, au boulghour, à la farine, etc. On connaît mieux les nombreux usages du riz, mais les autres céréales peuvent être utilisées de façon similaire; des grains de blé, de triticale, d'orge ou de seigle dans un potage, par exemple, confèrent une touche inhabituelle et augmentent la valeur nutritive. On peut aussi préparer les céréales en croquettes, les incorporer aux légumineuses, s'en servir pour accompagner viande, poisson, volaille, légumes et fruits de mer, les apprêter avec des légumes, des fruits, des épices, etc. On peut les faire germer (elles acquièrent encore plus de valeur nutritive) et les ajouter notamment aux salades, sandwichs, soupes, légumes et ragoûts, ou les moudre et les intégrer dans la pâte à pain, les cuire en galettes, etc. Bien mastiquer les céréales germées lorsqu'elles sont crues pour faciliter leur digestion. Les céréales servent aussi beaucoup dans la fabrication de boissons alcoolisées, c'est notamment le cas pour la bière, le whisky, le bourbon, le saké (Japon) et la chicha (Amérique latine).

CONSERVATION   Les céréales se conservent à l'abri des insectes, des rongeurs, de l'humidité et de la chaleur. Placer si possible le contenant hermétique au réfrigérateur ou à une température autour de 5 °C pour retarder le rancissement, le développement de moisissures et l'infestation par des insectes.

CERFEUIL

Anthriscus cerefolium, **Ombellifères**
Autres noms et espèces: *cerfeuil commun, cerfeuil bâtard* (C. telulum),
cerfeuil musqué (Myrrhis odorata)
Nom anglais: *chervil*

Plante potagère annuelle probablement originaire de Russie. Le cerfeuil ressemble au persil frisé, un proche parent, tout en étant d'un vert moins soutenu. Il fut d'ailleurs nommé «persil de riches» en Europe au Moyen Âge. Ses fines feuilles dentelées sont profondément divisées. Des petites fleurs blanches en ombelles donnent naissance à de minces graines foncées de forme allongée. La plante, qui atteint de 20 à 80 cm de haut, est à son meilleur avant la floraison. Le cerfeuil a une saveur très subtile qui rappelle un peu celles de l'anis et de l'estragon.

VALEUR NUTRITIVE   Le cerfeuil aurait des propriétés digestives, dépuratives, diurétiques et stimulantes. Il perd son goût et ses propriétés lorsqu'il est séché ou ébouillanté car son huile essentielle est très volatile. Il est préférable de l'utiliser le plus frais possible, de le couper au dernier moment (de préférence avec des ciseaux) et de ne l'ajouter qu'en fin de cuisson.

UTILISATION   Le cerfeuil peut être utilisé comme le persil, qu'il remplace agréablement. Il aromatise potages, salades, vinaigrettes, omelettes, ragoûts, sauces, poissons, etc. En tisane, mettre 15 ml (1 cuillerée à soupe) de feuilles séchées par tasse d'eau (240 ml) et laisser infuser 10 minutes.

CONSERVATION   Le cerfeuil frais se conserve au réfrigérateur. Il est préférable de congeler le cerfeuil au lieu de le déshydrater, il conserve ainsi plus de saveur.

CERISE
Prunus spp, **Rosacées**
Nom anglais: *cherry*

Fruit du cerisier, un arbre appartenant à une grande famille, qui comprend notamment le prunier et le pêcher. Le cerisier serait originaire d'Asie mineure; il pousse sous les climats tempérés. Une légende dit que des oiseaux venant d'Asie auraient laissé tomber des noyaux tout le long de leur migration, contribuant à répandre le cerisier à travers le monde. Cet arbre peut dépasser 10 m de hauteur; les producteurs le maintiennent habituellement à des proportions plus modestes pour faciliter la cueillette. Au printemps, il se couvre de magnifiques fleurs blanches; elles donneront naissance aux cerises, drupes arrondies, charnues et juteuses, à la peau lisse. Elles sont suspendues à de longs et fins pédoncules (queues), qui sont rattachés en grappes sur l'écorce. Il en existe deux espèces principales, la cerise douce et la cerise acide, auxquelles s'ajoutent des variétés sauvages.

Cerise douce *(P. avium)*. Grosse, charnue et sucrée, elle est parfois de couleur jaune mais surtout dans les tons de rouge clair à rouge foncé. Globulaire, en forme de cœur ou oblongue, elle a une peau fine. Il en existe autour de 900 variétés; la plus connue en Amérique du Nord est la **Bing** juteuse et de couleur rouge pourpré. En France, les plus répandues sont les **bigarreaux**, en forme de cœur, à la chair ferme et croquante de couleur rouge ou jaune, teintée de vermillon, et les **guignes**, rouges ou noires, à la chair molle, très sucrée et savoureuse. Certaines variétés de guignes entrent dans la confection du kirsch.

La cerise douce contient en général 1,2 g de protéines, 0,9 g de matières grasses, 17 g d'hydrates de carbone et 72 calories/100 g.

Cerise acide ou **cerise surette** *(P. cerasus)*. Habituellement rouge foncé, elle pousse plus facilement sous les climats rigoureux. Il en existe environ 300 variétés, dont la **Montmorency**, grosse, acidulée, molle et rouge très foncé, et la **griotte**, plus petite. Ces cerises sont plus souvent cuites que mangées fraîches et leur parfum délicat aromatise conserves, confitures, tartes, clafoutis, diverses liqueurs, etc.

La cerise acide contient habituellement 1 g de protéines, 0,3 g de matières grasses, 11 g d'hydrates de carbone et 50 calories/100 g.

Cerise sauvage *(P. avium)*. Cerise noirâtre, petite et peu charnue, qui laisse dans la bouche un goût pâteux, surtout si elle n'est pas assez mûre. Elle est produite par le cerisier de Pennsylvanie et le cerisier de Virginie; on la connaît en Europe sous le nom de merise.

VALEUR NUTRITIVE   La cerise est riche en vitamine A (plus abondante dans la cerise acide) et constitue une source intéressante de vitamines B, de potassium, de calcium et de manganèse. Elle est reconnue pour ses propriétés désintoxicantes; on la dit diurétique et légèrement laxative. Ses queues et ses fleurs, qui ont les mêmes propriétés, sont utilisées en infusion. Son acidité lui vient principalement des acides malique et tartrique.

ACHAT

Les cerises sont rarement cueillies mûres mais elles continuent à mûrir après la récolte. Rechercher des cerises charnues, fermes, luisantes et bien colorées, dont les queues ne sont pas desséchées. Délaisser les cerises dures, petites et pâles car elles sont immatures, ou les cerises molles, collantes, meurtries et tachées de brun, elles manquent de fraîcheur.

UTILISATION

Les cerises peuvent aussi bien être consommées nature que cuites, séchées, confites, en conserve, dans de l'alcool ou distillées. Bien les laver mais ne pas les laisser tremper. Pour les dénoyauter, faire une incision avec la pointe d'un couteau, les couper en deux ou utiliser un appareil spécial. Indispensables dans les gâteaux aux fruits et le gâteau forêt-noire, les cerises se mettent également dans les salades de fruits, les flans, les sorbets, les tartes, les clafoutis, la crème glacée, le yogourt, etc. On les cuit en compote et en confiture ou on les transforme en vin et en eau de vie (kirsch, marasquin, ratafia). On s'en sert pour accompagner le gibier et la volaille.

CONSERVATION

On peut laisser mûrir la cerise à la température de la pièce, mais la réfrigérer dès qu'elle est mûre car elle est fragile et périssable. Elle se gardera environ une semaine au réfrigérateur si sa chair est molle et jusqu'à deux ou trois semaines si elle est ferme. La tenir éloignée des aliments à senteur persistante car elle absorbe facilement les odeurs, ce qui lui confère un mauvais goût; la mettre dans un sac ou un récipient car elle se déshydrate rapidement. La cerise se congèle, dénoyautée ou non, recouverte de sucre ou de sirop, mais les résultats sont souvent décevants. Déshydratée, elle se conserve près d'un an lorsqu'elle est placée dans un récipient fermé, mis dans un endroit frais et sec.

CERVELLE

Nom anglais: *brain*

Nom donné au cerveau des animaux destinés à la consommation humaine. Les cervelles les plus recherchées pour leur saveur sont les cervelles d'agneau et de veau; elles sont d'un rose très pâle. La cervelle de bœuf, plus ferme et veinée de rouge, a moins d'adeptes tandis que la cervelle de porc est rarement utilisée.

**ACHAT
ET
PRÉPARATION**

Rechercher des cervelles dodues, d'odeur agréable, exemptes de taches et de caillots. Les mettre à dégorger 1 heure ou 2 dans de l'eau très froide additionnée de vinaigre blanc ou de jus de citron. Retirer délicatement la fine membrane qui les recouvre, faire dégorger encore 20 minutes dans une nouvelle eau, bien rincer puis égoutter.

VALEUR NUTRITIVE La cervelle contient 10 g de protéines, 9 g de matières grasses, 0,8 g d'hydrates de carbone et 125 calories/100 g. Elle est riche en thiamine, en riboflavine, en niacine, en fer, en potassium et en phosphore. Son contenu en cholestérol est élevé (2,5 g/100 g); sa richesse en lécithine diminue cependant les effets nocifs du cholestérol.

UTILISATION La cervelle est souvent sautée ou cuite au court-bouillon froid (pocher 5 minutes, ne pas faire bouillir et laisser la cervelle refroidir dans le bouillon). Les cervelles les plus tendres sont servies telles quelles ou en salade; les autres entrent dans la préparation de gratins, de croquettes, de sauces, de farces, parfois de soupes.

CONSERVATION La cervelle est très périssable. La blanchir si elle n'est pas consommée immédiatement. Utiliser une eau salée additionnée de vinaigre ou un court-bouillon vinaigré. La conserver au réfrigérateur.

CHAMPIGNONS
Nom anglais: *mushroom*

Végétaux qui se distinguent par le fait qu'ils sont dépourvus de racines, de feuilles, de fleurs et de chlorophylle. L'absence de chlorophylle force le champignon à tirer sa subsistance des matières organiques, aussi le trouve-t-on niché dans des endroits extrêmement variés tels le bois, le verre sale, le métal rouillé, le fumier, l'humus et des chiffons pourris.

Le champignon est connu depuis la nuit des temps. Il a mauvaise réputation, fort justifiée d'ailleurs, car il peut entraîner la mort. Très peu d'espèces cependant, sur les plusieurs milliers de répertoriées, sont réellement vénéneuses; par contre, de nombreuses variétés occasionnent des réactions physiologiques déplaisantes comme de la diarrhée, des maux de ventre et des vomissements. Il est donc particulièrement important de bien identifier les champignons quand on va en cueillir dans la nature.

Les pharaons associaient les champignons à une nourriture des dieux et en interdisaient la consommation au peuple. Les Romains croyaient que ces végétaux donnaient de la force et en nourrissaient leurs soldats. Tout au long de l'histoire, on se servit des champignons à des fins meurtrières qui passèrent souvent inaperçues mais dont plusieurs sont célèbres tels l'assassinat de l'empereur romain Claude par sa femme Agrippine en l'année 54 av. J.-C., celui du pape Clément VII en 1534 et celui de l'empereur Charles VII en 1740. Les champignons furent aussi associés à la sorcellerie, ce qui inspirait crainte et méfiance.

La grande famille des champignons recouvre plusieurs genres, notamment les moisissures et les levures. Dans le langage courant, le mot «champignon» évoque ceux dont on se sert comme aliment. Plus de 150 000 de ces champignons ont été identifiés, et même si seulement quelques-uns sont vénéneux, plusieurs sont immangeables, parce qu'ils sont ligneux, gélatineux ou durs, qu'ils sentent ou qu'ils goûtent mauvais.

Plusieurs espèces de champignons peuvent être cultivées, c'est le cas notamment du bolet, de la chanterelle, de la morille, du shiitake, de la truffe et du psalliote des prés (ou champêtre). Ce dernier est le champignon que l'on retrouve sur le marché; il est aussi connu sous le nom de «champignon de couche» ou, en Europe, de «champignon de Paris» (car sa culture intensive s'effectue dans des carrières désaffectées de la région parisienne depuis bientôt 200 ans).

Contrairement aux végétaux habituels qui croissent à partir de graines, les champignons se propagent par des spores unicellulaires. En se développant, ces spores minuscules produisent des filaments très fins appelés «mycélium» ou «blancs». Pour la culture des psalliotes, le mycélium est produit en laboratoire et se présente sous forme solide, après une incubation d'environ 2 semaines. Les producteurs de champignons étendent cette culture sur du fumier naturel fermenté et pasteurisé ou du fumier synthétique à base de foin, de paille, de gypse et de phosphate, d'épis de maïs, etc; cette opération se nomme «lardage». Il faut de 14 à 21 jours au mycélium pour apparaître au-dessus du compost; après au moins 3 semaines, les champignons sont prêts pour la récolte. La culture des champignons demande des conditions atmosphériques soigneusement contrôlées.

VALEUR NUTRITIVE

Le champignon est composé en grande partie d'eau (environ 90 %). La plupart des variétés contiennent autour de 3 g de protéines et entre 3 et 7 g d'hydrates de carbone/100 g. Sauf quand il est cuit dans un corps gras, le champignon renferme très peu de matières grasses (0,4/100 g) et est peu calorifique (environ 40 calories/100 g). Le champignon est riche en potassium, en fer, en cuivre, en sélénium et en niacine. On le dit stimulant et régénérateur; sa teneur en fibres le rendrait légèrement laxatif.

ACHAT

Rechercher des champignons fermes et intacts car des champignons ratatinés, tachés et visqueux, avec la tête fendue et la couleur altérée, manquent de fraîcheur. Le facteur couleur est parfois trompeur car des variétés de champignons cultivés sont couleur café; or les gens sont portés à les laisser sur les tablettes, croyant qu'ils sont passés, sans se douter qu'ils délaissent des champignons qui ont un peu plus de goût que les blancs.

Les champignons sont disponibles frais, séchés, congelés, en conserve ou blanchis. Cette dernière présentation est la plus récente; des champignons tranchés qui ressemblent à des champignons frais mais qui se conservent 90 jours ont été blanchis brièvement, placés dans une solution salée ou d'acide ascorbique puis réfrigérés; ces champignons se situent quant à leur saveur et à leur valeur nutritive entre les champignons frais et les champignons en conserve.

PRÉPARATION   Ne nettoyer et préparer les champignons qu'au moment de les utiliser pour éviter qu'ils pourrissent et noircissent. Éviter de les mettre à tremper car ils se gorgent d'eau. Les laver rapidement à l'eau courante ou dans une eau légèrement vinaigrée (ce qui retarde l'oxydation) en se servant si désiré d'une brosse soyeuse (il en existe qui sont spécialement conçues à cette fin) ou seulement les essuyer avec un linge ou un papier humide. Arroser les champignons coupés avec un ingrédient acide (jus de citron, vinaigre, vinaigrette) les empêche aussi de noircir.

Peler les champignons entraîne une perte de saveur et de valeur nutritive; cette pratique est surtout indiquée avec des champignons vieillis (on peut aussi les gratter). Les tiges des champignons sont comestibles; plusieurs recettes suggèrent cependant de les enlever, surtout pour des motifs esthétiques ou pour permettre de préparer un bouillon délicatement parfumé.

UTILISATION   Le champignon, qui joue souvent un rôle condimentaire, est utilisé de multiples façons; entier, haché, étêté, tranché en quartiers ou en lamelles, sous forme d'extrait ou de farine; il entre dans les entrées, soupes, sauces, omelettes, ragoûts et pizzas; il accompagne viande, volaille, fruits de mer, etc.

Quelques espèces de champignons peuvent être mangées crues (psalliotes, cèpes de Bordeaux, vesses de loup, etc.); elles sont excellentes telles quelles ou marinées. La plupart des champignons cependant ne sont comestibles qu'après cuisson; presque tous les champignons sauvages demandent plus de cuisson que les variétés commerciales. Les champignons de couche rétrécissent et rendent de l'eau s'ils sont cuits à feu doux et longtemps; la cuisson idéale consiste à les faire revenir quelques minutes à feu vif en brassant continuellement. Les retirer du feu dès qu'ils commencent à rendre de l'eau; ne pas jeter cette eau riche en saveur et en valeur nutritive, s'en servir pour parfumer sauces, soupes et ragoûts. Ne jamais saler les champignons avant cuisson. Se servir si possible de casseroles en terre cuite, en verre, en fonte ou en acier inoxydable pour éviter l'oxydation.

Pour tirer le maximum de saveur des champignons, il est préférable de les incorporer en fin de cuisson dans les plats qui mijotent longtemps; les ajouter environ quinze minutes avant la fin de la cuisson ou les faire revenir à part dans un corps gras et les ajouter à la toute fin. Si possible, les omettre dans les plats qui seront congelés et ne les intégrer qu'au moment de l'utilisation.

CONSERVATION   Crus ou cuits, les champignons sont fragiles et s'altèrent rapidement. Les manipuler avec soin et les réfrigérer dès que possible dans un contenant non hermétique, préférablement un sac de papier, pour leur assurer une bonne circulation d'air. Percer l'emballage de plastique qui les recouvre car le manque d'aération favorise le pourrissement et une bactérie *(C. botulinum)*, source d'une intoxication grave (botulisme), se développe en milieu humide.

Les champignons se congèlent facilement; seulement les trancher et bien les envelopper. Le blanchiment, qui les durcit, est inutile si on conserve les champignons moins de 3 mois; si on prévoit les garder pour une période plus longue, les arroser avec du jus de citron dilué puis les blanchir 2 minutes et demie. Les utiliser sans les décongeler. On peut déshydrater les champignons; ils perdent jusqu'à 9/10 de leur volume initial et se conservent jusqu'à 1 an.

CHANTERELLE

Cantharellus spp, **Agaricacées**
Noms anglais: *chanterelle, girolle*

Champignon comestible également connu sous le nom de girolle, et qui croît comme le bolet, surtout dans les forêts de conifères des régions tempérées. La chanterelle a un chapeau jaunâtre en forme d'entonnoir, qui mesure entre 2 et 8 cm de large. Contrairement à la plupart des autres champignons, la face inférieure de ce chapeau n'est pas formée de lamelles mais plutôt de plis irréguliers. Chez certaines espèces, la partie inférieure du chapeau se continue dans le pied peu volumineux, mesurant entre 5 et 8 cm de long. Toutes les espèces de chanterelles sont comestibles; certaines ont une chair molle; les meilleures, telle la chanterelle ciboire (girolle), ont une chair ferme et fruitée, d'un blanc jaunâtre. La chair a souvent un goût poivré qui se perd à la cuisson.

CUISSON   La chanterelle doit être cuite lentement car elle devient caoutchouteuse à feu vif. C'est un accompagnement classique de la viande et des omelettes.

CONSERVATION   Voir champignons, p. 120.

CHAPON

Gallus gallus, **Gallinacés**
Nom anglais: *capon*

Coq châtré en vue d'être engraissé. Cette technique est pratiquée depuis l'Antiquité; lente et coûteuse, elle est encore utilisée en Europe mais rarement en Amérique du Nord. Le chapon devient 2 fois plus gras que le jeune poulet mais sa chair reste tendre et succulente, car il se forme des poches graisseuses entre les muscles qui assurent la tendreté. Il est à son meilleur quand il pèse autour de 4 kg. Le chapon figurait souvent dans les menus de fêtes. Sa délicatesse en faisait un plat de choix que l'on évitait de masquer avec des apprêts à forte saveur.

VALEUR NUTRITIVE

Le chapon cru (chair et peau) contient 19 g de protéines, 17 g de matières grasses et 230 calories/100 g. Le chapon est habituellement cuisiné simplement, généralement rôti.

ACHAT, PRÉPARATION ET CONSERVATION

Voir volaille, p. 573.

CHARCUTERIE

Nom anglais: *cold cuts*

Terme utilisé à l'origine pour nommer un produit à base de viande et d'abats de porc; il a maintenant une signification plus large et comprend les aliments préparés avec d'autres viandes. Le mot charcuterie vient de «chaircutier», de «chair» et de «cuit», nom qui a longtemps désigné la personne qui préparait et qui vendait de la viande de porc. Il désigne également l'endroit où l'on vend la charcuterie et l'industrie qui la produit.

Le souci d'utiliser toutes les parties de l'animal, en particulier les moins appréciées comme les intestins, la tête, la gorge, l'œsophage et le sang, a inspiré la création de la plupart des charcuteries. La fabrication de la charcuterie selon des normes précises remonte au temps des Romains; c'est à cette époque en effet qu'une loi nommée *porcella* vint définir la façon d'élever, de tuer, d'apprêter et de vendre le porc. Le porc a longtemps constitué la principale source de viande des paysans; dans les pays où les hivers longs et rigoureux rendent le pâturage rare, on le tuait à la fin de l'automne et la charcuterie (andouille, andouillette, bacon, boudin, cretons, galantine, foie gras, graisse de rôti, jambon, pâtés, saucisse, saucisson, rillettes, tête fromagée, terrines, tourtière, etc.) permettait de s'alimenter plusieurs mois; certaines préparations duraient même toute l'année. Considérée durant des siècles comme une nourriture modeste, la charcuterie acquit ses lettres de noblesse à la fin du XIXe siècle, principalement sous l'influence d'un charcutier célèbre surnommé le «Carême de la charcuterie» du nom de l'inventeur de la grande cuisine française. Il eut l'idée de l'inclure dans les menus des festins.

Il existe de nombreux procédés de fabrication de la charcuterie; en Europe, il n'est pas rare de voir une région se distinguer par une recette spéciale. Une classification rigoureuse de la charcuterie n'est guère aisée tant la variété des matières premières et des traitements thermiques est grande. La viande est toujours traitée pour qu'elle se conserve; elle est crue ou cuite, et peut être salée, fumée et séchée. Certains produits sont mangés tels quels (foie gras, saucissons, jambon cuit, terrines, etc.), d'autres après avoir été réchauffés (saucisses fumées), d'autres encore après avoir cuit (bacon, boudin, etc.).

VALEUR NUTRITIVE

La charcuterie est riche en gras saturé, en calories, en sel et très souvent en additifs (érythorbate de sodium, glutamate monosodique, phosphate de sodium, saveur de fumée, nitrate de sodium, nitrite de sodium, etc.). C'est un aliment qu'il est préférable de consommer modérément.

CONSERVATION

La charcuterie se conserve au réfrigérateur; bien l'envelopper pour qu'elle ne s'assèche pas et qu'elle ne transmette pas sa saveur aux autres aliments. Mise dans le compartiment des viandes, sa durée de conservation est d'environ 8 jours. Pour un maximum de saveur, sortir la charcuterie du réfrigérateur une quinzaine de minutes avant de la servir.

CHÂTAIGNE

Castanea spp, **Fagacées**
Nom anglais: *chestnut*

Fruit du châtaignier, arbre majestueux apparenté au chêne, qui serait originaire du bassin méditerranéen. La châtaigne est consommée depuis les temps préhistoriques, aussi bien en Asie mineure qu'en Chine et dans la région méditerranéenne. Elle a longtemps joué un rôle de premier plan dans l'alimentation de plusieurs peuples, notamment dans le sud de la France, en Italie, en Corse et en Afrique du Nord car elle est très nourrissante. Avant l'avènement de la pomme de terre, elle fut un aliment de base des gens pauvres.

Le châtaignier, qui peut atteindre 1 m de diamètre et 20 m de haut, est orné de longues feuilles caduques, dentelées et nervurées. Il en existe une cinquantaine d'espèces; les plus anciennes produisent des grappes de 2 ou 3 graines cloisonnées se formant aux aisselles des feuilles; elles sont logées dans des cupules (assemblage de bractées) vertes, hérissées de piquants. La plupart des châtaignes ont des cupules qui contiennent 3 graines triangulaires et aplaties plutôt petites; des espèces améliorées ne produisent qu'une seule graine, plus grosse donc plus charnue (2 à 3 cm de diamètre) et plus savoureuse. On appelle souvent la châtaigne «marron», terme inexact car le véritable marron est le fruit non comestible du marronnier d'Inde, une espèce appartenant à la famille des Térébinthales. Le terme marron est aussi le nom commercial des châtaignes; il en est venu au fil des ans à identifier les variétés de châtaignes améliorées. La châtaigne (un akène) fortement plissée, de couleur crème, elle est enfermée dans une membrane dure (péricarpe) non comestible de couleur brun rougeâtre; en français international on se sert du mot marron pour identifier cette couleur particulière alors qu'au Canada français on dit brun, sous l'influence de l'anglais *brown* qui ne fait pas de distinction.

VALEUR NUTRITIVE

La châtaigne est nourrissante. Fraîche, elle contient 2,8 g de protéines, 1,5 g de matières grasses, 41,5 g d'hydrates de carbone, composés à 40 % d'amidon, et 191 calories/100 g. Lorsqu'elle est séchée, ses éléments nutritifs sont plus concentrés et elle contient alors 6,7 g de protéines, 4,1 g de matières grasses, 78,6 g d'hydrates de carbone et 377 calories/100 g. La châtaigne est riche en calcium, en magnésium, en potassium, en phosphore, en fer, en vitamines du complexe B et en vitamine E. Elle peut causer des ballonnements et de la flatulence, surtout lorsqu'on la mange crue; une bonne mastication permet d'atténuer ces effets.

ACHAT

Rechercher des châtaignes lourdes et fermes, avec une écorce luisante bien tendue. Délaisser les châtaignes amollies et légères, elles sont vieilles.

CUISSON

La châtaigne est consommée bouillie, étuvée, braisée ou grillée après avoir été débarrassée de son enveloppe. Cette tâche est facilitée si la châtaigne a bouilli (la plonger 5 à 10 minutes dans de l'eau bouillante) ou si elle a été exposée à la chaleur sèche (qui la fait éclater); l'étendre sur une tôle à biscuits, verser une très petite quantité d'eau et mettre au four (200 à 250 °C) de 10 à 30 minutes. Pratiquer une incision en forme de croix sur l'écorce avec la pointe d'un couteau, pour éviter que la châtaigne éclate. On peut aussi la faire éclater sur la braise; bien la cuire par la suite afin qu'elle soit plus digestible. Toujours l'éplucher encore chaude. La châtaigne doit cuire 20 minutes par ébullition lorsqu'elle est fraîche et plus de 2 heures lorsqu'elle est déshydratée.

UTILISATION

L'utilisation de la châtaigne est des plus variée. La plus connue est sûrement en confiserie (marron glacé) où elle est confite au sucre. La châtaigne peut servir de légume d'accompagnement (elle remplace notamment la pomme de terre), être cuite en galette (polenta), se mettre dans les soupes, farces et salades, se transformer en farine, être déshydratée, etc. On en fait de la confiture, de la purée, des glaces, des tartes et des conserves. En Europe, elle est traditionnellement associée au gibier et à la volaille, surtout pendant la période de Noël et du Nouvel An.

CONSERVATION Conserver la châtaigne dans un endroit frais et sec à l'abri des rongeurs et des insectes. Pelée et cuite, elle se conserve quelques jours au réfrigérateur. On peut la congeler, crue ou cuite, avec ou sans son enveloppe; sa durée de conservation est alors d'environ 6 mois.

CHAYOTE

Sechium edule, **Cucurbitacées**
Autres noms: *poire végétale, pépinelle, mirliton, brionne,*
christophine (aux Antilles), *chouchoute*
(à Madagascar et en Polynésie)
Noms anglais: *chayote, christophine, custard marrow, mirliton*

Fruit d'une plante potagère annuelle probablement originaire du Mexique et de l'Amérique centrale. La chayote est une proche parente des courges, des concombres et des melons. Elle préfère les pays tropicaux et subtropicaux, mais peut être cultivée sous les climats tempérés quand la température reste chaude une bonne partie de l'automne. La chayote est particulièrement appréciée en Afrique du Nord, en Amérique centrale et en Amérique du Sud, aux Indes occidentales, en Indonésie, en Nouvelle-Zélande et en Australie.

De grosseur moyenne, en forme de poire et mesurant de 8 à 20 cm de long, la chayote a une chair croustillante blanchâtre. Elle renferme un unique noyau comestible, long de 2 à 5 cm, qui a la propriété de germer à l'intérieur du fruit. Elle est recouverte d'une peau lisse ou noueuse, marquée de côtes profondes, de couleur allant du blanchâtre au vert plus ou moins foncé, comestible lorsqu'elle est cuite. Sa saveur se situe à mi-chemin entre le concombre et la courge.

VALEUR NUTRITIVE La chayote contient 90 % d'eau, 0,9 g de protéines, 0,3 g de matières grasses, 7 g d'hydrates de carbone, 0,7 g de fibres et 31 calories/100 g. Elle est riche en vitamines A et C, en calcium, en fer, en magnésium et en potassium.

UTILISATION La chayote peut être mangée crue ou cuite; de saveur douce, elle est meilleure si elle reste légèrement croquante après cuisson. La peau plutôt épaisse est habituellement enlevée avant la cuisson, sauf si on veut farcir ou cuire la chayote entière. La chayote est délicieuse crue arrosée de vinaigrette ou cuite et nappée de sauce ou gratinée; elle cuit en 20-25 minutes. Elle peut remplacer les courges d'été dans la plupart des recettes.

CONSERVATION La chayote doit être manipulée avec soin. La réfrigérer enveloppée et elle se conservera environ 2 semaines.

CHEVAL

Equus caballus, **Équidés**

Nom anglais: *horse*

Mammifère domestiqué depuis les temps anciens et utilisé comme animal de trait et de transport. Le cheval était rarement tué pour servir d'aliment, étant trop précieux vivant. Il n'apparut comme viande sur les marchés occidentaux qu'à partir du XIXe siècle. La consommation du cheval demeure marginale; elle est plus courante en Europe et en Asie qu'en Amérique du Nord. La viande chevaline a souvent mauvaise réputation du fait qu'au début elle provenait de bêtes âgées ayant beaucoup travaillé, donc à la chair dure et filandreuse. De nos jours, les boucheries chevalines s'approvisionnent auprès d'éleveurs spécialisés ou de propriétaires de chevaux d'équitation; la viande est tendre et savoureuse.

VALEUR NUTRITIVE   La viande chevaline contient 18 g de protéines, 4,1 g de matières grasses, 0,9 g d'hydrates de carbone et 118 calories/100 g. Elle est plus sucrée que les autres viandes à cause de son contenu plus élevé en glycogène, ce qui lui confère un goût douceâtre. Ses protéines sont de qualité équivalente à celles des autres animaux de boucherie. Cette viande renferme peu de cholestérol et est très maigre; en outre, le gras est apparent car il se trouve autour des muscles; il est donc facile à enlever. Elle est d'un rouge plus sombre que la viande de bœuf car elle est plus riche en myoglobine. Elle s'oxyde et s'avarie très vite, particulièrement lorsqu'elle est hachée.

UTILISATION   La viande chevaline ressemble beaucoup au bœuf, suffisamment pour y être substituée parfois de façon malhonnête par des marchands attirés par le gain facile (elle leur coûte moins cher). Les apprêts du bœuf lui conviennent bien; le temps de cuisson est souvent plus long cependant car la température de cuisson ne doit pas être trop élevée, la viande étant maigre et s'asséchant facilement; un rôti saignant demande environ 40 à 45 minutes de cuisson par kilo. La viande de poulain est plus fragile car elle est plus maigre; on la cuisine souvent comme le veau, à la chaleur humide.

CONSERVATION   Voir viande, p. 556.

CHÈVRE

Capra spp, **Caprinés**

Nom anglais: *goat*

Un des premiers animaux domestiqués; c'est en Iran qu'on trouve les traces les plus anciennes de cette domestication. La chèvre est élevée depuis des millénaires principalement pour sa production laitière; on calcule qu'environ les deux tiers de la population mondiale consomment du lait de chèvre ainsi que des produits fabriqués à partir de ce lait, surtout des fromages (voir lait de chèvre, p. 282). Ce mammifère ruminant supporte une grande variété de conditions climatiques; on le trouve sur les cinq continents. La chèvre est aussi élevée pour sa chair et on tanne sa peau, nommée cuir ou maroquin. La toison de la chèvre angora est transformée en mohair, poils soyeux dont on se sert pour tricoter ou pour tisser.

VALEUR NUTRITIVE   La chair crue contient 19 g de protéines, 9 g de matières grasses et 165 calories/100 g.

UTILISATION   La chair de la chèvre est ferme et de saveur agréable malgré son odeur prononcée. La chair du mâle (bouc) est coriace, de saveur prononcée et d'odeur forte; on la cuisine surtout dans des plats mijotés. Dans plusieurs pays, on ne la consomme qu'en période de disette. Le petit de la chèvre (chevreau) a une chair un peu molle et fade; en boucherie, on ne tue que les mâles, les femelles étant plus importantes pour la production laitière.

CONSERVATION   Voir viande, p. 556.

CHICORÉE – ENDIVE – SCAROLE

Cichorium intybus, **Composées**
Noms anglais: *chicory, endive, escarole*

Plantes potagères dont certaines variétés semblent originaires de la région méditerranéenne et qui seraient consommées depuis les temps anciens. Chicorée, endive et scarole appartiennent à la même famille, ces légumes-feuilles sont plus ou moins semblables et ont des usages identiques.

Chicorée *(C. intybus)*. La chicorée sauvage pousse un peu partout en Amérique du Nord, en Europe et en Afrique du Nord. Elle est très amère. Ses tiges courtes sont formées de feuilles vertes très frisées. Elle a donné naissance à des variétés améliorées moins amères et consommées en salades, dont la Madgebourg, aux feuilles lisses et redressées avec des nervures blanches. Vers 1850, un jardinier belge transforma cette variété en chicon blanchi, plus savoureux que la simple chicorée car moins amer et plus sucré. Baptisé Witloof qui signifie «feuillage blanc» en flamand, ce légume est plus connu sous le nom d'endive, mais porte également le nom de chicorée-endive de Bruxelles. Longtemps inconnue en Amérique du Nord, la Witloof y est maintenant cultivée. Cette culture est assez compliquée car on ne récolte dans un premier temps qu'un turion, bourgeon formé à fleur de terre, qui est entreposé quelque temps au frais et à la noirceur. Ceci permet aux hydrates de carbones d'augmenter si les conditions sont bonnes. Repiquée par la suite, cette chicorée doit croître à l'abri des rayons de soleil sinon elle verdirait et deviendrait âcre. Sa taille idéale se situe entre 12 et 20 cm de long, avec un diamètre d'au moins 2,5 cm.

L'usage de la chicorée est diversifié et dépend des variétés; ses feuilles sont utilisées comme laitue tandis que certaines racines épaisses et charnues sont séchées, torréfiées et servent de succédané au café.

Chicorée-endive (*C. endivia* var. *crispa*). Plante souvent appelée chicorée frisée. Ses feuilles vertes, fortement dentelées, étroites et pointues poussent en rosette; elles peuvent atteindre 45 cm de long, formant un plant volumineux; elles ont des nervures rougeâtres et sont passablement amères. Les feuilles du milieu, moins amères que les feuilles extérieures, sont jaunâtres ou blanchâtres.

Scarole (ou **escarole**) (*C. endiva* var. *latifolia*). Parfois appelée escarole, terme archaïque inspiré du bas latin *escariola* signifiant «endive», la scarole a des feuilles larges et froissées, moins amères que celles de la chicorée-endive et formant un plant moins volumineux car poussant en rosettes. Les feuilles intérieures sont plus pâles et moins amères.

Raddichio (*C. intybus*). Variété de chicorée rouge originaire d'Italie. Le raddichio ressemble à un chou rouge mais est moins pommé et d'un goût légèrement amer. Ses feuilles plus tendres ont des teintes de vert; leur base est blanche.

VALEUR NUTRITIVE La valeur nutritive de ces légumes varie légèrement. Ainsi, la chicorée contient 95 % d'eau, 1,7 g de protéines, 0,3 g de matières grasses, 4,7 g d'hydrates de carbone, 0,8 g de fibres et 23 calories/100 g et la chicorée-endive renferme 94 % d'eau, 1,3 g de protéines, 0,2 g de matières grasses, 3,4 g d'hydrates de carbone et 17 calories/100 g. Ces légumes sont relativement riches en calcium, en phosphore et en vitamines B et C, surtout les variétés vert foncé. Ils seraient apéritifs, dépuratifs, digestifs, reminéralisants et toniques.

ACHAT Rechercher des feuilles fermes, lustrées et croustillantes, ni détrempées ni brunies. La scarole souffre souvent d'une infection qui brunit le bout de ses feuilles, surtout au centre (jeter les parties brunes). La chicorée forcée (Witloof) constitue un meilleur achat si elle est d'un blanc crémeux, cinq fois plus longue que large et si seulement deux feuilles extérieures sont visibles. Des endives un peu moins parfaites, aux feuilles plus courtes, sont à délaisser si plusieurs feuilles sont vertes car elles seront amères.

UTILISATION Ces légumes sont mangés crus ou cuits; on les utilise comme la laitue ou l'épinard. La plupart sont trop amers pour constituer une salade à eux seuls, sauf la chicorée qui est un mets recherché. Mélangés à d'autres verdures, ils apportent couleur, saveur, croustillant et certains nutriments, dont les vitamines A et C qu'ils possèdent en grande quantité. La Witloof a une utilisation plus variée; elle est souvent braisée (5 à 8 minutes), cuite au four (environ 30 minutes à 180 °C) ou étuvée. Pour qu'elle soit plus savoureuse, on ne doit ni la faire tremper dans de l'eau, ni la blanchir, ni la cuire à l'eau. Elle entre dans le gratin au jambon avec sauce blanche, une recette classique.

PRÉPARATION ET CONSERVATION   Ces légumes se préparent et se conservent comme la laitue (voir laitue, p. 284), sauf la chicorée Witloof qui est souvent laissée entière; la laver en écartant les feuilles. Leurs feuilles centrales sont parfois très amères; on peut les enlever en pratiquant une incision circulaire d'environ 2,5 cm de profondeur avec la pointe d'un couteau. La congélation leur convient très peu.

CHOU
Brassica oleracea, **Crucifères**
Nom anglais: *cabbage*

Plante potagère probablement originaire de l'Europe de l'Ouest. Le chou est apprécié depuis les temps anciens pour ses nombreuses propriétés médicinales. Il fut d'abord utilisé à des fins thérapeutiques, notamment comme antidiarrhéique, antiscorbutique, antibiotique, reminéralisant et apéritif, pour soigner maux de tête, surdité et goutte ou pour contrer les abus de table et d'alcool (les Romains en mangeaient pour prévenir une cuite ou en prévision d'un repas copieux).

Le chou fait partie d'une grande famille qui comprend notamment le brocoli, le chou de Bruxelles, le chou chinois, le chou-fleur, le chou frisé, le chou marin et le chou-rave. Il existe plus de 200 variétés de ces espèces, fort différentes entre elles tant par leur forme que par leur genre et parfois leur couleur. Certaines sont des fleurs (brocoli, chou-fleur), d'autres des racines (chou-rave), des tiges (chou chinois) ou des feuilles (chou frisé, pommé). Toutes partagent cependant certaines caractéristiques dans leur composition et leurs bienfaits.

Les légumes de cette famille renferment une substance qui provoque souvent la flatulence et diverses substances soufrées responsables de leur saveur et de leur odeur caractéristiques. Les substances soufrées sont libérées lorsqu'on coupe les légumes; elles entrent en contact et créent de nouvelles substances (processus identique à celui qui se passe avec l'ail et l'oignon). Ainsi, l'odeur désagréable semblable à celle des œufs cuits durs est produite par le sulfite d'hydrogène, un élément qui apparaît quand une enzyme, la myrosinase, entre en contact avec une molécule de sinigrine. Ces légumes se distinguent par leur richesse en fibres qui les rend parfois difficiles à digérer et par leur contenu en protéines qui oscille entre 1 et 3 g/100 g selon les espèces.

Le chou est formé d'une superposition de feuilles épaisses, pommées, lisses ou frisées, de couleur verte ou rouge. Les feuilles intérieures sont plus pâles car la lumière ne les atteint pas. Les choux pèsent généralement de 1 à 3 kg et mesurent de 10 à 20 cm de diamètre. Il en existe une grande variété, ce qui affecte notamment leur temps de maturation. Certains choux sont hâtifs, on les appelle choux de printemps, d'autres sont des choux d'été tandis que les plus tardifs sont des choux d'hiver, les meilleurs pour la conservation. La classification la plus courante tient compte de la diversité des choux; elle comprend:

– les choux verts (var. *capitata*), parfois appelés choux cabus, de l'italien «cappucio» signifiant à «grosse tête». Ces choux à tête dure et aux feuilles lisses ont des teintes allant du vert foncé au bleu-vert;

– les choux blancs (var. *alba*), couleur vert pâle;

– les choux de Milan (var. *sabauda*), qui ont des feuilles pommées très frisées allant du vert olive au vert foncé;

– les choux rouges (var. *rubra*), pommés et lisses.

VALEUR NUTRITIVE Le chou contient habituellement 92 % d'eau, 2 g de protéines, 0,1 g de matières grasses, 6 g d'hydrates de carbone, 1 g de fibres et 27 calories/100 g. Il constitue une bonne source de soufre, de calcium, de phosphore, de fer, de silice, de chlore, d'iode, de cobalt, de thiamine et de riboflavine. Comme tous les légumes de cette famille, il semble qu'il aide à prévenir le cancer et que son jus soit d'une grande efficacité pour le traitement des ulcères d'estomac. Plusieurs personnes le considèrent comme une véritable panacée.

ACHAT Choisir des choux lourds et compacts, aux feuilles bien croustillantes et colorées, exemptes de taches et de craquelures. L'hiver, les choux sont fréquemment débarrassés de leurs feuilles extérieures à mesure qu'ils vieillissent et que les feuilles se fanent et jaunissent. Quand elles sont toutes ôtées et que les choux ne sont plus qu'une boule «chauve» plutôt anémique (choux verts), leur odeur est plus prononcée et ils sont moins vitaminés.

PRÉPARATION Les choux peuvent être piqués par des vers; pour plusieurs personnes, c'est un bon signe car cela signifie souvent qu'ils ont été cultivés sans insecticides chimiques. Il est très facile de déloger les vers encore présents; ils remontent à la surface quand le chou est mis à tremper une quinzaine de minutes dans une bonne quantité d'eau additionnée de sel ou de vinaigre. Les choux exempts de vers n'ont pas besoin de tremper, ils sont simplement lavés après avoir été débarrassés de leurs feuilles extérieures les plus fibreuses ou altérées.

UTILISATION Le chou peut être mangé cru, cuit ou fermenté (il s'agit alors de la choucroute). La fermentation est obtenue par l'action du sel sur le chou, ce qui active une bactérie d'acide lactique; cette bactérie rend le chou plus digestible et laisse presque intact le contenu en vitamines et en sels minéraux tout en agissant sur la consistance et la saveur. Cru, le chou peut être râpé ou coupé; il est délicieux en salade. Une salade de chou sera plus savoureuse si elle a séjourné au moins 30 minutes au réfrigérateur.

CUISSON   Une cuisson trop longue ou à grande eau décolore le chou, le rend pâteux, lui fait perdre saveur et valeur nutritive tout en répandant son odeur dans toute la maison. Utiliser très peu d'eau (1 à 2 cm dans le fond de la casserole) et ne pas ajouter d'ingrédient acide (vinaigre, jus de citron) ni d'ingrédient alcalin (soda à pâte). Plonger le chou uniquement quand l'eau bout et cuire le moins longtemps possible (chou râpé de 3 à 8 minutes, en quartiers de 12 à 15 minutes). Le choix de mettre le couvercle dépend du but recherché (voir cuisson des légumes, p. 295). Le chou peut être cuit à l'étouffée, à la vapeur, être braisé, sauté, etc. Il entre dans plusieurs préparations (soupes, ragoûts, cigares, etc.).

Le chou rouge requiert aussi des soins particuliers si on veut éviter sa décoloration. On devrait le couper avec un couteau en acier inoxydable afin d'empêcher que ses pigments bleuissent. L'ajout d'un ingrédient acide à l'eau de cuisson avive sa couleur (voir légumes rouges, p. 295); trop d'eau le décolore.

CONSERVATION   La durée de conservation des choux dépend des variétés; les choux à croissance rapide se gardent de 3 à 6 semaines tandis que les choux à croissance lente de 4 à 6 mois. Ils nécessitent un haut taux d'humidité (90 à 95 %) et une température ne dépassant pas 3 °C, se situant si possible près de 0 °C. Un endroit trop aéré n'est pas adapté car il fait blanchir et amincir les feuilles tout en diminuant leur saveur. Pour une courte période, ranger les choux au réfrigérateur dans le bac à légume ou dans un sac de plastique. En vieillissant et surtout s'ils sont coupés, les choux acquièrent une odeur plus prononcée; les couvrir et veiller à ne pas les placer auprès d'aliments qu'ils pourraient altérer. Les choux se congèlent après avoir été blanchis (1 minute râpés, 2 minutes en pointes) mais ils perdent leur croquant. Ils supportent la déshydratation.

CHOU DE BRUXELLES

Brassica oleracea var. *gemmifera*, **Crucifères**
Nom anglais: *Brussels sprouts*

Variété de chou qui semble avoir été développée en Belgique au XIIIe siècle. Les choux de Bruxelles ressemblent à des choux verts miniaturisés; ils ont habituellement un diamètre de 3 cm quoique certains atteignent 8 cm. Ils se greffent en formation serrée sur une tige qui peut en contenir entre 20 et 40 et qui peut atteindre 1 m de haut. Ils se nichent à la base des feuilles.

VALEUR NUTRITIVE

Le chou de Bruxelles contient 85 % d'eau, 3,4 g de protéines, 0,3 g de matières grasses, 9 g d'hydrates de carbone, 1,5 g de fibres et 43 calories/100 g. Il est riche en vitamines A, B et C, en calcium, en fer, en phosphore et en potassium.

ACHAT ET PRÉPARATION

Choisir des choux de Bruxelles fermes, compacts et d'un beau vert. Pour les préparer, enlever si nécessaire les feuilles défraîchies puis bien laver. Mettre à tremper si, comme pour le chou, des vers sont présents.

CUISSON

Les choux de Bruxelles sont meilleurs cuits mais la cuisson les rend souvent pâteux; veiller à ce qu'elle soit la plus courte possible. Pour les faire bouillir, n'utiliser que 1 ou 2 cm d'eau et cuire de 8 à 12 minutes. À la vapeur ou par braisage, la cuisson demande autour de 15 minutes; dans la marmite à pression (103 kPa), de 50 à 60 secondes. Pour accélérer et rendre la cuisson plus uniforme (les choux de Bruxelles sont cuits entiers), faire une incision d'environ 50 mm en forme de croix à la base des choux.

CONSERVATION

Les choux de Bruxelles se conservent comme le chou pommé de 3 à 4 semaines dans un endroit frais. Au réfrigérateur, non lavés et dans un sac de plastique, ils se gardent quelques jours. Ils se congèlent entiers, après un blanchiment de 3 minutes pour les petits et de 5 minutes pour les gros.

CHOU CHINOIS

Brassica campestris, **Crucifères**

Nom anglais: *chinese cabbage*

Plante vraisemblablement indigène de Chine et d'Asie de l'Est. Au moins 33 variétés différentes ont été recensées en Asie dont très peu sont connues en Occident; certaines deviennent graduellement accessibles cependant. Une grande confusion existe dans leur classification tant scientifique que commune. Les variétés les plus connues en Occident sont la Pé tsai, la Bok choy et la Tsai shim.

Pé tsai (var. *pekinensis*). C'est l'espèce la plus répandue et celle connue en Occident depuis plus longtemps. Habituellement nommée «chou chinois», elle est connue aussi sous le nom de «napa», de «laitue chinoise» ou de «céleri chinois». La variété la plus fréquente est la **Michihili** qui peut atteindre 45 cm de long et 10 cm de diamètre. Ce chou de forme cylindrique ressemble à une laitue romaine tout en étant plus compact et en ayant des feuilles et des tiges aplaties et plus larges. Les feuilles extérieures sont plus foncées que celles de l'intérieur, d'un blanc verdâtre. Plus riche en eau que les autres variétés de chou (95 %), il est plus croquant, plus rafraîchissant et moins fibreux. Il contient 1,2 g de protéines, 0,2 g de matières grasses, 3 g d'hydrates de carbone, 0,6 g de fibres et 16 calories/100 g.

Le Pé tsai peut être mangé cru ou cuit, tant dans les salades que dans les plats mijotés.

Bok choy (Pak choy ou **Lei choy)** (var. *chinensis*). Ressemblant à la bette à carde, ces légumes sont appelés «choux chinois» mais aussi «choux moutarde», «moutardes chinoises» ou «céleris chinois». Leurs longues tiges blanchâtres qui forment un pied comme le céleri se terminent par des feuilles d'un vert soutenu. Le Bok choy contient 1,5 g de protéines, 0,2 g de matières grasses, 2 g d'hydrates de carbone, 0,6 g de fibres et 13 calories/100 g.

Ces légumes sont utilisés comme la bette à carde, tant crus que cuits. Leur saveur est délicate.

Tsai shim, Gai lohn *(Brassica alboglabra)*. Ces variétés diffèrent des deux autres; elles ressemblent davantage au brocoli mais en plus fragile. Certaines sont appelées «brocolis chinois» ou «choux frisés chinois». Ce sont des légumes-tiges qui se terminent par de fines tiges florales comestibles même après la floraison. Les feuilles, petites et tendres, sont aussi comestibles. On a dit du Gai lohn qu'il constituait le légume au goût le plus fin de toute la famille.

Un peu fragiles, ces choux se sont quand même adaptés aux climats tempérés. Ils sont préparés et cuits comme le brocoli mais demandent moins de cuisson.

CONSERVATION   Ces légumes se conservent au réfrigérateur.

CHOU-FLEUR

Brassica oleracea var. *botrytis*, **Crucifères**
Nom anglais: *cauliflower*

Légume-fleur originaire d'Asie Mineure. Le chou-fleur est composé d'une tête compacte formée de plusieurs inflorescences non développées qui sont rattachées à une courte tige centrale. Si on les laisse se développer, ces inflorescences donneront naissance à de petites fleurs jaunes peu savoureuses. Le chou-fleur est habituellement blanc mais certaines variétés sont pourpres en surface (elles tournent au vert en cuisant). Les blancs doivent être protégés de la lumière pour conserver leur blancheur, leurs feuilles sont donc attachées au sommet; des variétés auto-recouvrantes ont été développées, ce qui élimine cette opération. Le chou-fleur pourpre se rapproche beaucoup du brocoli, il cuit plus rapidement que le chou-fleur blanc et sa saveur est plus douce.

VALEUR NUTRITIVE

Le chou-fleur contient 91 % d'eau, 2,7 g de protéines, 0,2 g de matières grasses, 5,2 g d'hydrates de carbone, 1 g de fibres et 27 calories/100 g; il renferme un peu moins de calcium et de vitamines A et K que le chou mais plus de phosphore, de fer, de potassium et de vitamine C. Il contient de l'acide citrique et de l'acide malique. C'est le plus digestible de la famille.

ACHAT

Choisir un chou-fleur à tête (ou pomme) ferme et compacte, d'un blanc crémeux, possédant encore des feuilles d'un beau vert. Délaisser le chou-fleur décoloré, taché ou qui commence à fleurir.

PRÉPARATION

On prépare le chou-fleur en séparant les têtes de la tige principale; laisser cependant la portion de tige qui les relie au cœur et les petites feuilles vertes remplies de vitamines et de sels minéraux. Enlever les feuilles extérieures et le trognon. Laisser les têtes intactes ou les sectionner si elles sont très grosses, ce qui accélérera la cuisson et la rendra plus uniforme. Laver à l'eau courante et ne mettre à tremper que s'il y a des vers (15 minutes dans de l'eau additionnée de sel ou de vinaigre).

UTILISATION

Le chou-fleur peut être mangé cru ou cuit; les apprêts du brocoli lui conviennent bien. Ces légumes sont d'ailleurs interchangeables dans la plupart des recettes. Le chou-fleur cuit très rapidement, il faut surveiller sa cuisson attentivement car il se défait, devient vite pâteux et perd valeur nutritive et saveur. Il requiert les soins particuliers des légumes blancs (voir légumes, p. 293).

CONSERVATION

Réfrigérer le chou-fleur en le plaçant tête en bas dans un sac de plastique; ceci empêche la condensation de s'accumuler, retarde la détérioration et permet de le conserver environ 5 jours. Dans un endroit humide (90 à 95 %) et frais (0 °C), la durée de conservation est de 2 à 4 semaines; plus le chou-fleur vieillit, plus son goût et son odeur se transforment. Cuit, conserver le chou-fleur seulement 2 jours. Le chou-fleur se congèle après un blanchiment de 3 minutes; sa texture n'est plus la même à la décongélation.

CHOU FRISÉ

Brassica oleracea var. *acephala*, **Crucifères**
Noms anglais: *kale, borecole*

Légume-feuille composé d'une fine tige et qui ressemble plus à de la laitue frisée qu'à un chou pommé. Il en existe deux espèces principales: la Scotch, aux feuilles très frisées de couleur allant du jaune verdâtre au vert brillant ou bleuté, pouvant atteindre entre 30 et 35 cm de haut; et la Sibérienne, aux feuilles plissées et vert grisâtre, pouvant mesurer de 30 à 40 cm de haut et atteindre plus de 90 cm latéralement. La saveur diffère d'un variété à l'autre.

VALEUR NUTRITIVE

Le chou frisé contient 83 % d'eau, 3,3 g de protéines, 0,7 g de matières grasses, 10 g d'hydrates de carbone, 1,5 g de fibres et 50 calories/100 g. C'est un légume hautement vitaminé; il contient deux fois plus de vitamine A que le brocoli et deux fois plus de vitamine C que la plupart des autres légumes, poivrons exceptés.

Le chou frisé frais ajoute une note piquante aux salades. Cuit à la vapeur, il reste vert et juteux et ne répand pas d'odeur. Il est à son meilleur frais cueilli, cuit légèrement et arrosé d'un peu de jus de citron. Certaines variétés restent fibreuses même après la cuisson.

CONSERVATION   Voir chou, p. 131.

CHOU MARIN

Crambe maritima, **Crucifères**
Autres noms: *crambé* (ou *crambe*), *chou maritime*
Nom anglais: *sea kale*

Originaire des côtes d'Europe de l'Ouest, cette plante est plus connue en Europe qu'en Amérique du Nord. Vivace et mesurant entre 30 et 60 cm de haut, le chou marin possède des pétioles comestibles, que l'on recouvre souvent comme les asperges et les endives, pour qu'ils ne verdissent pas. Il en existe de 20 à 30 variétés.

VALEUR NUTRITIVE   Le chou marin bouilli contient 95 % d'eau, 1,4 g de protéines, des matières grasses à l'état de traces et 0,8 g d'hydrates de carbone/100 g.

UTILISATION ET CONSERVATION   Le chou marin s'apprête et se conserve comme l'asperge.

CHOU-RAVE

Brassica oleracea var. *caulorapa* ou *gongyloides*, **Crucifères**
Nom anglais: *kohlrabi*

Légume-tige apparemment originaire du nord de l'Europe. Le chou-rave a une forme très particulière; sa base d'un vert très pâle ou pourpre est bulbeuse mais pousse hors du sol. De nombreuses tiges orientées dans toutes les directions lui sont rattachées; elles se terminent par des feuilles vertes comestibles. Couramment utilisé en Asie et en Europe centrale, le chou-rave l'est relativement peu en Amérique du Nord. Le mot allemand le désignant signifie «chou-navet» ce qui décrit bien ce légume car sa base goûte le navet et est utilisée comme celui-ci tandis que ses tiges et ses feuilles rappellent le chou. Sa saveur est peu prononcée.

VALEUR NUTRITIVE   Le chou-rave contient 90 % d'eau, 1,7 g de protéines, 0,1 g de matières grasses, 6,2 g d'hydrates de carbone, 1 g de fibres et 27 calories/100 g. Il est riche en vitamines, en calcium et en potassium; les feuilles contiennent de la vitamine A.

ACHAT   Choisir un chou-rave de taille moyenne, ne dépassant pas 8 cm de diamètre afin éviter qu'il soit fibreux. La base doit être lisse et exempte de taches; les feuilles, tendres, croustillantes et d'un beau vert.

UTILISATION   Le chou-rave peut être mangé cru ou cuit; les apprêts du navet pour sa base et ceux du chou frisé pour ses feuilles lui conviennent parfaitement. Il n'est pas nécessaire de le peler avant la cuisson mais cela peut être plus facile qu'après. Pour cuire le chou-rave pourpre, voir cuisson des légumes rouges, p. 295.

CONSERVATION   Le chou-rave se conserve de 2 à 4 semaines au réfrigérateur dans un sac de plastique perforé ou dans une pièce où la température est de 0 °C et l'humidité à 90 à 95 %. La congélation ne lui convient pas vraiment car il y perd sa consistance; s'il est en purée, c'est la couleur qui en souffre.

CIBOULE – CIBOULETTE

Allium spp, **Liliacées**
Noms anglais: *cibol, chive*

Plantes aromatiques originaires d'Orient. Appelées autrefois «cive» et «civette», ces plantes se ressemblent beaucoup et sont souvent confondues.

Ciboule *(A. fistulosum)*. Elle ressemble à un petit oignon vert ou à la ciboulette mais en plus gros. Elle a un bulbe bien développé et sa partie blanche est plus charnue et plus longue que celle de la ciboulette. Au Québec, on la nomme souvent (et fautivement) échalote. Ses longues feuilles vertes sont étroites et creuses. On les blanchit souvent à la manière du céleri, en les recouvrant de terre afin que la partie blanche soit plus longue. Sa saveur légèrement piquante se situe entre celle de l'oignon et de la ciboulette. Il en existe plusieurs variétés.

Ciboulette *(A. schoenoprasum)*. Cette plante vivace est la plus petite de la famille de l'oignon. Elle pousse facilement à l'état sauvage ou cultivée, tant en Amérique du Nord et du Sud qu'en Europe et en Asie. Elle a de longues tiges vertes étroites, creuses et pointues, issues de minuscules bulbes blanchâtres réunis en touffes. Contrairement aux autres alliacées, on ne l'arrache pas; on la coupe avec des ciseaux et elle repousse continuellement. Elle atteint jusqu'à 30 cm de haut. Des capitules de fleurs violettes et blanches coifferont le sommet des tiges non récoltées. Ces tiges fleuries durcissent, on n'a qu'à les couper pour qu'il en repousse d'autres. La ciboulette a une saveur très douce.

VALEUR NUTRITIVE   La ciboulette contient 2,8 g de protéines, 0,6 g de matières grasses, 3,8 g d'hydrates de carbone, 1,1 g de fibres et 25 calories/100 g. Elle est riche en calcium, en vitamine A et en vitamine C.

Le jus de la ciboule et de la ciboulette est employé comme vermifuge.

UTILISATION La ciboulette et la partie verte de la ciboule sont souvent considérées commes des fines herbes et utilisées pour assaisonner une
foule de mets, aussi bien chauds que froids. Elles se mettent dans
les vinaigrettes, les salades et les soupes; elles accompagnent
viandes, poissons, œufs, etc. Les couper finement avec des ciseaux
ou les hacher avec un couteau. La partie blanche de la ciboule est
utilisée comme l'oignon.

CONSERVATION Il semble qu'il soit plus facile de conserver un plant de ciboulette dans la maison sans l'exposer en plein soleil que de le sécher.
Ces deux légumes se conservent au réfrigérateur et se congèlent
facilement sans blanchiment.

CITRON

Citrus limon, **Aurantiacées**
Nom anglais: *lemon*

Fruit du citronnier, arbre qui serait originaire de Chine, de
Malaisie ou de l'Inde. Il fut introduit en Europe autour du XIIe ou
du XIIIe siècle et fit ensuite le grand voyage vers l'Amérique en
1493, lors de la deuxième traversée de Christophe Colomb, abou-
tissant à Haïti.

Le citronnier est un arbuste épineux, plus grand que le bigaradier et poussant plus vite. Il porte à l'année de petites feuilles
ovales vert pâle et des fleurs blanches marbrées de pourpre. Le
citron est de forme ovoïde plus ou moins allongée et son écorce
jaune est plus ou moins épaisse. Sa chair juteuse et acide renferme
des pépins ou en est exempte. Les citrons sont cueillis verts puis
mûris artificiellement car cueillis à maturité, ils sont trop sucrés et
perdent leur propriété acidulée. Il en existe plusieurs variétés de
tailles et surtout de teneurs en acidité différentes.

**VALEUR
NUTRITIVE** Le citron contient 91 % d'eau, 1 g de protéines, 0,3 g de
matières grasses, 8 g d'hydrates de carbone, 0,4 g de fibres et 30
calories/100 g. Comme tous les agrumes, il est reconnu pour sa
richesse en vitamine C; un citron moyen renferme toutefois 40 %
moins de vitamine C qu'une orange moyenne. Il possède en
abondance des bioflavonoïdes et du potassium. Il est très acide,
contenant entre 6 et 10 % d'acide citrique, ce qui le rend trop
piquant pour être bu non dilué. Son essence contient environ 95 %
de terpènes (térébenthène) qui lui confèrent des vertus expectorantes. Il aurait de nombreuses autres propriétés médicinales; on
le dit notamment antirhumatismal, diurétique, fortifiant et
vermifuge. Il semble qu'il calme aussi les piqûres d'insectes.

ACHAT   Rechercher des citrons fermes et lourds, dont l'écorce d'un beau jaune a des grains serrés et est légèrement lustrée. Des teintes de vert indiquent un degré d'acidité plus élevé tandis qu'une surface assez rugueuse annonce que la peau sera probablement très épaisse, abritant peu de pulpe. Éviter les citrons plissés, qui ont des sections durcies ou ramollies, ou dont la couleur est terne ou jaune trop foncé, ils sont trop vieux.

UTILISATION   L'utilisation du citron est multiple, ne serait-ce que pour sa valeur thérapeutique où il s'avère être un antiseptique naturel des plus efficaces. En cuisine, la contribution que peuvent apporter son parfum et son acidité n'est pas négligeable; on dit qu'il a le pouvoir de «réveiller» le parfum et la saveur des aliments. Ajouté au poisson et aux légumes, il leur redonne de la vitalité tout en empêchant leur oxydation. On s'en sert pour relever sauces, soupes, gâteaux, glaces, etc. On en fait de la marmelade (qui demeure toutefois moins populaire que la marmelade d'orange). Le citron peut remplacer le vinaigre, dans la vinaigrette par exemple. Cette substitution permet d'augmenter la valeur nutritive des aliments puisque le citron est plus riche en éléments nutritifs que le vinaigre; il est plus léger, plus rafraîchissant et plus nourrissant. Il peut être utilisé pour mariner et attendrir les morceaux de viandes. C'est aussi un ingrédient désaltérant avec lequel on fait de la limonade ou qu'on ajoute au thé. Le zeste de citron peut être râpé, tranché ou confit, et utilisé pour parfumer desserts, breuvages et autres préparations.

CONSERVATION   Voir agrumes, p. 15.

CŒUR

Nom anglais: *heart*

Muscle classé parmi les abats rouges. Passablement fibreux, le cœur a une saveur plus ou moins agréable; sa texture est un peu sèche après la cuisson. Le cœur de veau et le cœur d'agneau sont les plus recherchés car ils sont petits et tendres. Les cœurs de porc et de poulet sont moyennement appréciés. Le cœur de bœuf est le plus volumineux et le plus ferme.

VALEUR NUTRITIVE   Le cœur est un des abats les moins gras. Il est plus riche en fer et en vitamines du complexe B que la cervelle. Sa valeur nutritive varie selon l'espèce d'où il provient:

Cœur braisé	Protéines	Matières grasses	Hydrates de carbone	Calories/100 g
de bœuf	31,3 g	5,7 g	0,7 g	188
d'agneau	29,5 g	14,4 g	1 g	260
de porc	30,8 g	6,9 g	0,3 g	195

ACHAT   Rechercher un cœur charnu et d'un rouge vif; délaisser tout cœur gris car il manque de fraîcheur.

PRÉPARATION   Débarrasser le cœur des fibres dures et des caillots de sang; si nécessaire, le faire dégorger quelques heures dans de l'eau froide, les caillots disparaîtront.

UTILISATION   Le cœur peut être sauté, grillé, rôti ou braisé; entier ou coupé, il est cuisiné en ragoûts et en sauces qu'il épaissit à cause de sa richesse en tissus cartilagineux. Les Péruviens sont friands des «anticuchos», cœurs grillés souvent cuisinés par des vendeurs ambulants. Cuire le cœur lentement et éviter qu'il cuise trop longtemps car cela le fait durcir.

CONSERVATION   Le cœur se conserve au réfrigérateur.

COING

Cydonia oblonga, **Rosacées**
Autres noms: *poire de Cydonie, pomme d'or, marmelo*
(en portugais, terme à l'origine du mot marmelade)
Nom anglais: *quince*

Fruit du cognassier, un petit arbre qu'on croit originaire d'Iran. Le cognassier ne pousse que sous les climats chauds; il donne naissance à des fruits à pépins de forme arrondie ou légèrement allongée, dont la couleur de la peau va du vert au jaune citron. Le coing fut apprécié des Grecs et des Romains. Les Romains notamment se servaient de son huile essentielle en parfumerie. La confiture est l'apprêt traditionnel du coing, et ce depuis les temps reculés; elle est particulièrement appréciée des peuples hispanophones qui la nomment «dulce de membrillo».

Comme la poire, une proche parente, le coing est cueilli avant maturité et doit ensuite mûrir à l'intérieur. Il existe une variété américaine, plus grosse et plus savoureuse que la variété européenne; à peine astringente, elle est très parfumée et on peut y croquer à belles dents. Sa cousine européenne, à chair plus coriace et d'un goût âpre (causé par son haut contenu en tannin et en pectine), sert plutôt à faire des confitures, des gelées, des compotes, des sirops, etc.

VALEUR NUTRITIVE   Le coing contient 0,4 g de protéines, 0,1 g de matières grasses, 15 g d'hydrates de carbone et 57 calories/100 g; il est riche en fibres et en potassium.

ACHAT   Rechercher des fruits fermes, intacts et d'une belle coloration.

UTILISATION   Le coing supporte bien la cuisson car il y conserve sa forme et sa texture. Il est cuit comme la pomme, après avoir été paré et, si désiré, pelé. En Europe de l'Est, au Proche Orient et en Afrique du Nord, il est souvent associé à la viande et la volaille, tant farci que dans des plats cuisinés. Le coing sert aussi à faire du vin.

CONSERVATION   Le coing se conserve et se congèle comme la pomme.

COLA

Cola spp, **Sterculiacées**
Autres noms: *kola, noix de cola, noix du Sénégal,*
café du Soudan, gourou
Noms anglais: *cola, kola nut*

Fruit du colatier, arbre à cime couronnée qui pousse surtout en Afrique et en Amérique du Sud. Le colatier atteint généralement de 10 à 18 m de hauteur en Afrique, alors qu'on ne le retrouve que sous forme d'arbuste en Amérique du Sud. C'est un proche parent du cacaotier; il en existe environ 50 espèces.

Ce fruit capsulaire ovoïde est formé de 4 à 10 graines irrégulières; chez l'espèce la plus courante *(Cola nitida)*, il ressemble à la châtaigne mais mesure jusqu'à 12,5 cm de long et 7,5 cm de diamètre. Jaune-vert, blanc ou rouge lorsqu'il est frais, il devient brun et dur une fois séché. C'est d'ailleurs à cause de cette dernière caractéristique qu'on nomme ces graines noix. Le cola a une saveur amère et il est astringent.

VALEUR
NUTRITIVE
ET
UTILISATION
Les graines de cola contiennent de la caféine, de la théobromine et de la colanine, des stimulants qui ont divers effets sur l'organisme (voir café, p. 87). Elles peuvent contenir plus de caféine que le café. L'action du cola est plus douce et plus prolongée que celle du café. Les graines sont beaucoup utilisées à des fins masticatoires par plusieurs populations indigènes, notamment en Amérique du Sud; elles ont plusieurs effets, entre autres d'apaiser la faim et la soif, de faire disparaître la fatigue et de donner de l'énergie. On les emploie aussi pour préparer des breuvages; pour cela, elles sont séchées, moulues, macérées ou bouillies dans de l'eau (parfois du vin).

CONCOMBRE

Cucumis sativus, **Cucurbitacées**
Nom anglais: *cucumber*

Fruit d'une plante herbacée annuelle apparentée aux melons et aux courges. Le concombre serait originaire de l'Himalaya ou de Thaïlande. Il fut beaucoup apprécié des Égyptiens, des Grecs, des Romains et des Hébreux. En France, un jardinier du roi Louis XIV inventa sa culture sous abri afin d'en avancer la récolte car le roi en était friand. Les premiers colons l'introduisirent en Amérique du Nord.

Le concombre pousse sur une plante qui atteint de 1 à 3 m de long; ses tiges rampantes sont munies de vrilles qui leur permettent de grimper. Le fruit apparaît après la floraison de grosses fleurs jaunes; il a une forme allongée et cylindrique et atteint de 8 à 60 cm de long. Il existe une quarantaine de variétés de concombres; les variétés dites «anglaises» ou «européennes» sont les plus longues. Certaines ont la peau lisse tandis que d'autres ont des protubérances parfois épineuses. La plupart du temps la peau est verte; parfois elle est jaune. La chair blanchâtre contient une certaine quantité de graines comestibles; des variétés en ont moins que d'autres. Les cornichons *(C. anguria)* sont des variétés cueillies avant qu'elles atteignent leur pleine maturité; elles servent habituellement à faire des marinades.

VALEUR NUTRITIVE

Le concombre est très rafraîchissant car il est composé de 96 % d'eau. Il contient 0,8 g de protéines, 0,1 g de matières grasses, 3 g d'hydrates de carbone et 14 calories/100 g. Il est riche en potassium. Le concombre est utilisé depuis les temps anciens pour les soins de la peau, qu'il éclaircit, adoucit et dont il resserre les pores. On lui reconnaît aussi des effets diurétiques, dépuratifs et calmants. Il peut être difficile à digérer; les variétés européennes et certaines variétés nouvelles sont plus facilement digestibles.

ACHAT

L'achat d'un concombre savoureux n'est pas facile, surtout l'hiver, car le concombre est presque toujours ciré, ce qui lui confère une apparence trompeuse. Choisir un concombre bien vert et ferme, non meurtri, sans teintes jaunâtres et pas trop gros. Plus il est volumineux, plus il risque d'être amer, fade et de contenir de nombreuses graines dures.

UTILISATION

Le concombre est mangé cru la plupart du temps mais il est délicieux cuit; il s'apprête alors comme sa cousine la courgette qu'il peut même remplacer. Enlever si nécessaire les graines dures. La décision de laisser ou non la peau est influencée par la fraîcheur ainsi que par la présence ou l'absence de pesticides et de cire.

Râpé ou coupé en long, en tranches ou en dés, le concombre cru est souvent mangé tel quel, mais peut aussi être accompagné de vinaigrette, de yogourt ou de crème sure. Il peut être confit, mariné ou farci. Très souvent dégorgé, c'est-à-dire saupoudré de sel afin qu'il perde de l'eau (laisser le sel une heure ou deux, rincer puis égoutter), le concombre acquiert une saveur plus subtile, amollit et se digère plus facilement; cela empêche aussi la préparation à laquelle il est ajouté de devenir trop aqueuse. Cuit, le concombre peut être braisé, sauté, préparé à l'étuvée, etc. Mis en purée, il peut remplacer jusqu'aux trois quarts l'huile d'une vinaigrette, ce qui en diminue beaucoup les calories. Il fait d'excellentes soupes, accompagne viandes et poissons, se met dans les ragoûts, les sauces, etc.

CONSERVATION Le concombre est sensible aux fluctuations de température. La température idéale pour le conserver se situe autour de 12 °C avec environ 95 % d'humidité; en dessous de 10 °C, le concombre s'endommage, au-dessus de 15 °C, il jaunit. Au réfrigérateur, il se conserve quelques jours; une fois coupé, bien l'envelopper car il confère son goût aux aliments environnants. Le concombre résiste mal à la congélation qui l'amollit.

CONGRE
Conger spp, **Congridés**
Nom anglais: *conger*

Poisson marin très allongé qui a la forme d'un gros serpent et dont la morsure est redoutable. On confond souvent le congre avec l'anguille de mer, un poisson appartenant à une autre famille. Le congre s'en distingue par une bouche largement fendue, une mâchoire supérieure proéminente et une peau nue sans écailles; sa couleur varie selon l'habitat mais elle est toujours plutôt unie. Il peut atteindre de 30 cm à plus de 2,5 m de long et peut peser jusqu'à 50 kg. En règle générale, les femelles sont plus développées que les mâles. On trouve 9 espèces de congre en Amérique du Nord, dont 8 dans l'Atlantique. Le congre noir, qui vit dans les roches et cohabite souvent avec le homard, est considéré comme le meilleur.

VALEUR NUTRITIVE ET UTILISATION La chair blanche et ferme contient 20 g de protéines, 3 g de matières grasses et 100 calories/100 g; elle est riche en potassium et en magnésium. Elle est exempte d'arêtes, sauf près de la queue. Les avies diffèrent sur sa saveur, qui dépend entre autres des espèces et de leur taille; les petits spécimens ne sont pas les meilleurs. Les gros congres sont vendus en tronçons ou en tranches. Ce poisson peut être cuisiné de toutes les façons.

CONSERVATION Voir poissons, p. 429.

COQUE
Cardium spp, **Cardiidés**
Diverses espèces: *coque commune* (C. edule), *coque d'Islande* (C. tuberculatum), *coque du Groenland* (Serripes groenlandis)
Nom anglais: *cockle*

Mollusque bivalve vivant près des côtes. Ses coquilles arrondies et plutôt minces ont des côtes radiales plus ou moins aplaties, de nombre variable selon les espèces. Leur couleur va du blanchâtre rayé de brun au roux et au grisâtre. Les coquilles de la coque commune ont un diamètre d'environ 5 cm. La coque a un gros ligament externe et peut atteindre de 1 à 8 cm de long.

VALEUR NUTRITIVE

La chair, de couleur pâle, est ferme et maigre; elle contient 10 g de protéines, 3 g de matières grasses et 67 calories/100 g. Elle est riche en phosphore, en potassium, en magnésium, en calcium et en fer.

UTILISATION

La coque peut être mangée crue ou cuite, aussi bien chaude que froide. Bien laver et brosser les coquilles et jeter les coques qui sont mortes. Si elles sont pleines de sable (ce qui arrive souvent), les mettre à dégorger une heure ou plus dans de l'eau salée (20 à 25 mg de sel par litre). Pour les ouvrir, les mettre sur le feu dans une casserole sans eau. Les recettes de moules leur conviennent bien.

CONSERVATION

Les coques se conservent au réfrigérateur; elles se garderont 24 heures si elles sont dans leur coquille et 1 ou 2 jours si elles sont écaillées, recouvertes de leur liquide et placées dans un récipient hermétique. Elles se congèlent et se conservent 4 mois.

CORÉGONE

Coregonus spp, **Corégonidés** (sous-famille des **Salmonidés**)
Autres noms et espèces: *corégone de lac* ou *poisson blanc* (C. clupeaformis),
cisco, cisco de l'est ou *hareng de lac* (C. artedii)
Noms anglais: *whitefish, cisco*

Un des plus importants poissons d'eau douce au monde. Le corégone est fréquent en Amérique, en Asie et en Europe; il fait partie d'une famille qui comprend environ 14 espèces, incluant entre autres les divers ciscos (de lac, des profondeurs, à grande bouche, à museau court, etc.). Le cisco de lac porte aussi le nom de «hareng de lac» parce qu'il ressemble quelque peu au hareng de mer, mais il n'appartient pas à la même famille.

Le corégone a un corps allongé et massif qui se termine par une queue fourchue; sa tête est peu volumineuse. Il a un museau arrondi et une petite bouche fragile, souvent démunie de dents. Sa peau, habituellement argentée sur les flancs et brun verdâtre sur le dos, est couverte de grandes écailles. L'identification des différentes espèces de corégones est assez problématique car la forme, la taille, les écailles et le rythme de croissance varient d'un lac à l'autre; en général elles mesurent environ 40 cm et pèsent entre 0,9 et 1,8 kg.

VALEUR NUTRITIVE

La chair blanche floconneuse contient près de 16 g de protéines, 7 g de matières grasses et 138 calories/100 g. Elle est recherchée car elle est très savoureuse.

ACHAT ET UTILISATION

Le corégone se vend frais ou congelé, en filets ou étêté et paré. Les ciscos sont parés mais non étêtés et souvent fumés. Les œufs, très appréciés, sont commercialisés sous le nom de «caviar doré».

Ces poissons s'apprêtent de multiples façons (au four, à la poêle, pochés, etc.); éviter d'en masquer la finesse. Ils peuvent remplacer le saumon ou la truite.

Le corégone est souvent contaminé par divers résidus. La contamination varie en fonction de l'âge du poisson et de son habitat. Plus un poisson est âgé, donc gros, plus la concentration de résidus est élevée. Il est préférable de limiter la consommation de corégone, à moins de savoir qu'il provient d'un habitat non pollué. Au Québec, le ministère de l'Environnement recommande de ne pas manger plus de 460 g de corégone par semaine.

CONSERVATION   Voir poissons, p. 429.

CORIANDRE
Coriandrum sativum, **Ombellifères**
Autres noms: *persil chinois, punaise arabe*
Nom anglais: *coriander*

Plante aromatique annuelle dont les graines sont parmi les plus anciennes épices connues, car elles ont été cultivées en Égypte plusieurs siècles avant le début de notre ère. Fraîche, la coriandre dégage une forte odeur pénétrante rappelant la punaise; son nom est d'ailleurs dérivé du grec *koris* signifiant «punaise».

La coriandre, qui a une mince tige rameuse fragile, ressemble quelque peu à du persil qui aurait des feuilles plates. Elle atteint de 15 à 60 cm de haut. Ses fleurs en ombelles, larges en périphérie et délicates au centre, ont des teintes de blanc, de rose et de mauve. Ses fruits, qui ressemblent à des graines de plomb, sont ornés de stries minuscules et de rayures longitudinales; ils sont formés d'une masse globuleuse brunâtre qui se sépare en deux petites sphères. Séchés, ces fruits dégagent une agréable odeur rappelant la sauge et le citron.

VALEUR NUTRITIVE   La coriandre est réputée pour ses vertus médicinales, on la dit notamment antispasmodique et calmante et on s'en sert pour soulager rhumatismes, douleurs articulaires, grippe, anorexie nerveuse, diarrhée et intoxications intestinales. Ses feuilles sont riches en vitamine C et en fer [15 ml (1 cuillerée à soupe) contiennent 10 mg de vitamine C et 0,7 mg de fer]. En tisane, mettre 5 ml (1 cuillerée à café) de graines par tasse d'eau (240 ml), laisser bouillir 2 à 3 minutes et infuser 10 minutes.

UTILISATION   Les graines de coriandre assaisonnent currys, chutneys, fromages, marinades, riz, charcuteries, omelettes, pommes de terre, biscuits, gâteaux et pains. Elles se combinent avantageusement avec d'autres condiments tels le persil, le citron et le gingembre.

On se sert de la coriandre pour la confection de l'eau de Mélisse, des liqueurs (telles la Chartreuse, l'Izarra) et pour la fabrication de cacao de qualité inférieure. Pour en réveiller l'arome, faire macérer les graines une dizaine de minutes dans de l'eau froide puis les égoutter. Les feuilles sont utilisées comme le persil et le cerfeuil, qu'elles peuvent remplacer. La racine écrasée peut servir de condiment en accompagnement ou en remplacement de l'ail.

CONSERVATION   Voir épices, p. 188.

CORPS GRAS

Nom anglais: *fats*

En alimentation, on désigne généralement par corps gras les substances liquides ou solides dont on se sert pour cuire les aliments, les assaisonner, les lier, les émulsionner ou les conserver. Ces corps gras sont d'origine animale [beurre, graisse de porc (lard et saindoux), graisse de bœuf, de mouton, de vache, etc. (suif), graisse d'oie, etc.] ou végétale (graisse végétale, la plupart des margarines, huile de maïs, de tournesol, de noix, etc.).

En nutrition, le terme corps gras est souvent utilisé comme synonyme de matières grasses ou même de lipides. Comme les hydrates de carbone, les lipides sont composés de molécules de carbone, d'hydrogène et d'oxygène. Ces molécules sont présentes cependant dans des proportions différentes, ce qui rend les matières grasses deux fois plus calorifiques (9 calories par gramme) que les hydrates de carbone et les protéines (4 calories par gramme). Une grande consommation de matières grasses peut entraîner des répercussions sur la santé, notamment élever le taux de cholestérol sanguin chez les individus vulnérables et contribuer à l'apparition de l'obésité.

Certains corps gras sont une source importante d'acides gras essentiels (sont dits essentiels les composés que l'organisme ne peut synthétiser lui-même) et ils sont entre autres indispensables à l'assimilation par l'intestin des vitamines liposolubles (A, D, E et K). Ils sont métabolisés lentement car ils ralentissent la production des sucs gastriques, retardant la digestion qui s'étale sur une plus grande période.

Les acides gras (des lipides réduits à leur forme la plus simple) sont des molécules formées de chaînes plus ou moins longues d'atomes de carbone, auxquelles est rattachée une quantité variable d'atomes d'hydrogène et d'oxygène. Chaque acide gras est caractérisé par la longueur de sa chaîne de carbone et par la quantité d'hydrogène qu'il porte, dont dépend la présence ou l'absence de doubles liaisons dans la molécule. On distingue 3 types de combinaisons:

- les acides gras saturés, qui portent autant d'hydrogène qu'ils peuvent et dont les atomes de carbone sont liés entre eux par une liaison simple;
- les acides gras monoinsaturés, qui possèdent une liaison double entre deux atomes de carbone, ces deux atomes ne pouvant alors porter qu'un atome d'hydrogène chacun (au lieu de deux);
- les acides gras polyinsaturés, qui sont porteurs de plusieurs liaisons doubles.

Hydrogénation. Dans les acides gras non saturés, on peut rompre les doubles liaisons pour ajouter d'autres atomes d'hydrogène; c'est ainsi, par exemple, qu'on effectue l'hydrogénation des huiles végétales. La plupart de ces huiles sont en effet constituées en grande partie d'acides gras polyinsaturés et sont liquides à la température de la pièce (plusieurs graisses animales, surtout composées d'acides gras saturés, sont solides à cette même température). L'hydrogénation des acides gras permet l'adjonction d'hydrogène en remplacement des liaisons doubles; cela solidifie les huiles, élève leur point de fusion, retarde le rancissement et améliore la consistance des aliments fabriqués avec des gras hydrogénés (puddings plus crémeux, biscuits plus croustillants, etc.). L'hydrogénation a d'autres effets: ainsi elle change la configuration des acides gras, qui passent de «cis», leur forme initiale, à «trans», une forme inhabituelle. Les acides gras «trans» sont métabolisés différemment et on ignore leurs effets sur la santé à long terme; on croit qu'ils ont une influence sur l'incidence des maladies cardio-vasculaires.

Cholestérol. Le cholestérol n'est pas un lipide, bien qu'il soit peu soluble à l'eau; c'est un stérol. Il joue un rôle dans la synthèse de la bile, des hormones surrénales et de la reproduction; c'est un élément important de la myéline qui enveloppe les nerfs pour les protéger et c'est un précurseur de la vitamine D. Le corps humain fabrique près de 80 % du cholestérol dont il a besoin, le reste provient des aliments d'origine animale. Une réduction de la consommation du gras saturé et du cholestérol est recommandée depuis leur association avec les maladies cardio-vasculaires, l'obésité et divers cancers, dont celui du côlon et du sein. Le cholestérol est particulièrement mis en cause dans le développement de l'artériosclérose, qui consiste en une accumulation de dépôts de gras dans les artères (plaques), provoquant la sclérose, c'est-à-dire l'épaississement et le durcissement du tissu artériel, pouvant diminuer sérieusement le flot sanguin.

Consommation. On a cru longtemps qu'on pouvait remplacer les aliments riches en graisses saturées (beurre, viande rouge, fromage, etc.) par des aliments contenant surtout des acides gras insaturés (huile et margarine polyinsaturées, viande blanche, etc.) sans se préoccuper de la consommation globale des matières grasses. Or il s'avère que la question est beaucoup plus complexe; d'une part, la quantité de matières grasses ingérées doit effectivement être prise en considération; d'autre part, de nouvelles recherches ont démontré que les connaissances sur le métabolisme des matières grasses étaient incomplètes. On s'est aperçu par exemple que les acides gras polyinsaturés n'étaient pas aussi bénéfiques pour la santé que l'on croyait. On a également découvert que les acides gras monoinsaturés seraient aussi bénéfiques sinon plus que les acides gras polyinsaturés, donc que l'huile d'olive par exemple serait intéressante à incorporer dans sa diète.

La consommation quotidienne de gras ne devrait pas représenter plus de 30 % du total des calories (au lieu du 40 % et plus trop fréquemment ingéré en Amérique du Nord); elle pourrait même être plus basse. Il n'est pas toujours facile de diminuer son ingestion de gras cependant, puisque dans environ 60 % des cas celui-ci provient de sources qu'on pourrait qualifier d'«invisibles». En effet, beaucoup d'aliments sont en partie constitués de gras (les noix, la viande, les olives et le fromage par exemple) et dans de nombreux aliments préparés par l'industrie alimentaire ou apprêtés dans les restaurants, une part importante des calories provient des matières grasses. Pour diminuer sa consommation de gras, réduire les portions de viande et de fromage; éviter aussi l'ingestion de matières grasses en cuisinant et couper le plus souvent possible les fritures; au lieu de sauter les aliments dans un corps gras, utiliser un récipient non adhérent, cuire à la vapeur ou se servir de bouillon, de sauce tamari, de jus de citron ou d'un peu de vinaigre dilué dans de l'eau.

COURGE
Cucurbita spp, **Cucurbitacées**
Noms anglais: *squash, vegetable marrow, pumpkin*

Fruit de plantes potagères annuelles apparentées au melon et au concombre et qui poussent de façon identique. Il existe une très grande variété de courges dont plusieurs sont originaires d'Amérique du Sud. Certaines variétés de ce fruit, surtout considéré comme légume, ont constitué la base de l'alimentation des Indiens sud-américains depuis des temps très lointains.

La plupart des courges sont regroupées en deux grandes catégories: les courges d'été et les courges d'hiver.

COURGES D'ÉTÉ. Ces courges se distinguent par le fait qu'elles sont cueillies très jeunes, entre 2 et 7 jours après la floraison, et qu'elles sont mangées aussi bien crues que cuites. Lorsqu'elles sont jeunes, leur peau est tendre et comestible tout comme leurs graines. Pour cette raison, les courges d'été sont fragiles et se conservent peu de temps. Les courges qui poussent plus longtemps que prévu demeurent comestibles mais la finesse de leur chair et la dureté de leur peau s'en ressentent.

La diversité des courges d'été est impressionnante (tout comme celle des courges d'hiver d'ailleurs); elle ne cesse de croître avec les nouvelles espèces créées par hybridation. Parmi les plus courantes mentionnons la courgette, la courge à moelle, la courge à cou tors, la courge à cou droit et le pâtisson.

Courgette (*C. Pepo*, v. *medullosa*). C'est sûrement la plus répandue. Il arrive qu'on la nomme «zucchini» en français, un emprunt à l'anglais et à l'italien. Cette courge, qui a vu le jour en Italie, ressemble à un gros concombre souvent gonflé à la base, avec une mince peau lisse dans les tons de vert, parfois rayée de jaune ou marbrée. La chair blanchâtre et aqueuse n'a pas beaucoup de saveur. La courgette est à son meilleur lorsqu'elle mesure entre 15 et 20 cm de long; elle peut devenir presque aussi grosse et longue qu'un bâton de baseball si on lui en laisse le temps, au détriment de la qualité toutefois. La courgette qui semble lourde pour sa taille est à rechercher car, gorgée d'eau, elle est bien fraîche.

Courge à moelle. Verte rayée de blanc, cette courge fait penser à une pastèque qui aurait la forme d'un très gros concombre. La chair est très proche de celle de la courgette.

Courge à cou tors et **courge à cou droit** (var. *melopepo f. torticolis*). Ces deux variétés sont jaunes tant à l'intérieur qu'à l'extérieur. Elles sont couvertes de bosses et leur base est renflée. Celle à cou tors (appelée «courge d'Italie» en Europe) a un mince cou crochu et ressemble à une oie. Ces courges sont à leur meilleur lorsqu'elles mesurent entre 20 et 25 cm de long.

Pâtisson (var. *melopepo f. clypeiformis*). Courge à forme inusitée, souvent comparée à une soucoupe, à une coquille de pétoncle ou à un chapeau de champignon. Cette particularité est sûrement à la source de ses nombreux noms: «bonnet de prêtre», «artichaut d'Espagne» ou «bonnet d'électeur». La langue anglaise la nomme «scallop» ou «patty pan». Sa peau d'un vert très pâle, presque blanchâtre, est un peu moins tendre que celle de la courgette. Elle jaunit et devient franchement dure comme celle des courges d'hiver quand la courge est très mûre; on doit alors l'enlever. La chair blanchâtre et ferme est moins aqueuse que celle de la courgette. Le pâtisson est à son meilleur lorsque son diamètre atteint 10 cm.

VALEUR NUTRITIVE   Contenant environ 94 % d'eau, les courges d'été renferment en général 1 g de protéines, 0,2 g de matières grasses, 3,5 g d'hydrates de carbone et 14 calories/100 g. Elles sont riches en vitamines A et C, en potassium et en calcium. On leur reconnaît plusieurs vertus médicinales dont celles d'être diurétiques, laxatives et sédatives; leurs graines rafraîchissantes seraient vermifuges.

ACHAT   Rechercher des courges d'été fermes, brillantes et non abîmées. Une surface terne est signe d'un manque de fraîcheur tandis que des taches indiquent qu'elles ont souffert du froid. Les courges trop grosses sont fibreuses et amères tandis que les très petites manquent de saveur et de valeur nutritive.

PRÉPARATION   Laver les courges puis couper les extrémités. Les laisser entières, les râper ou les couper en deux, en dés, à la julienne, etc. Riches en eau, les courges sont souvent mises à dégorger; tout en n'étant pas essentielle, cette pratique est importante si les courges risquent de déséquilibrer le mets par leur trop grand apport en eau. Deux méthodes sont possibles: les faire blanchir ou les saler. Le blanchiment s'effectue surtout avec les courges entières ou coupées en deux: les mettre dans de l'eau bouillante jusqu'à ce que la chair commence à amollir tout en demeurant ferme. Blanchir ne signifie pas cuire entièrement; compter de 2 à 4 minutes pour les petites courges, environ 7 minutes pour les moyennes et au moins 10 minutes pour les grosses. Refroidir immédiatement les courges à l'eau courante puis les égoutter; elles sont alors prêtes à être cuisinées. La méthode au sel consiste à couper ou râper les courges, les mettre dans un égouttoir, les saler et les laisser reposer de 15 à 30 minutes; les rincer pour enlever le surplus de sel et les égoutter. Les courges trop mûres sont souvent traitées différemment: les peler et enlever les graines. Étant moins aqueuses, elles n'ont pas besoin de dégorger; elles demandent plus de cuisson. Leur saveur étant moins subtile, les utiliser là où cela paraît le moins (soupes, ragoûts, purées).

UTILISATION   Les courges d'été sont utilisées comme le concombre, qu'elles peuvent remplacer dans la plupart des recettes; comme elles ont moins de goût, la saveur des mets sera plus douce. Crues, elles sont mangées telles quelles, sont mises dans les entrées, les salades ou les sandwichs; elles sont marinées ou font de délicieuses crêpes. Cuites, elles sont gratinées, farcies, braisées, mises en purée, ajoutées aux soupes, omelettes, etc.; elles sont indispensables dans la ratatouille. Comme elles cuisent rapidement, les ajouter généralement en fin de cuisson, dans le wok par exemple ou dans les soupes. Elles sont délicieuses cuites dans leur jus avec ail, oignons et tomates; pour en rehausser le goût, ajouter épices ou fines herbes; aneth et menthe conviennent particulièrement bien.

Les courges se distinguent par leur capacité d'absorber les corps gras; ce sont de véritables buvards. Il vaut mieux éviter de les frire si on se préoccupe de sa santé. La cuisson à l'eau n'est pas idéale non plus car la courge perd son peu de saveur; mettre très peu d'eau (2 à 3 cm) pour limiter les pertes. Calculer de 8 à 14 minutes pour cuire des courges tranchées à l'eau, environ 15 minutes pour les cuire à la vapeur et entre 1 minute et demie et 3 minutes dans la marmite à pression (103 kPa). Cuire le moins possible.

Les fleurs des courges, tant d'hiver que d'été, sont comestibles. De saveur délicate, elles parfument agréablement soupes ou beignets. Elles peuvent être frites légèrement à feu vif et confèrent une note inhabituelle au menu.

CONSERVATION   Les courges d'été étant très fragiles, les manipuler avec soin car une simple pression ou un coup d'ongle les abîme. Elles se déshydratent rapidement et comme tous les légumes à haute teneur en eau, elles sont très sensibles au froid. Crues, les placer dans un sac de plastique perforé et les réfrigérer; elles se conserveront quelques jours. Cuites, les mettre au réfrigérateur dans un contenant fermé. La congélation amollit la chair, ce qui n'est pas grave si on destine les courges à la cuisson; les couper en tranches d'un centimètre et les blanchir 2 minutes.

COURGES D'HIVER. Le qualificatif «d'hiver» est lié au fait que ces courges se conservent très bien l'hiver, dans des conditions d'entreposage favorables. De formes, de grosseurs et de couleurs diverses, ces courges, qui demandent pour leur croissance plus d'heures d'ensoleillement que les courges d'été, sont récoltées à pleine maturité. Leur peau alors épaisse, dure et non comestible, les protège efficacement durant une période variant entre 30 et 180 jours, selon les variétés. Cette peau se laisse difficilement percer, ce qui est bien utile pour vérifier si les courges sont vraiment mûres, donc à leur meilleur; l'ongle ne doit pas y laisser de traces. Des graines parfaitement développées, donc coriaces, sont nichées dans une cavité à l'intérieur, à la manière des melons. Les enlever, ainsi que les fibres visqueuses qui les accompagnent. Ces graines, une fois nettoyées, séchées et peut-être même rôties, sont délicieuses et nourrissantes (comme celles des citrouilles, les plus connues).

Les courges d'hiver diffèrent aussi des courges d'été par leur texture, la saveur de leur chair qui est plus sèche, plus fibreuse et beaucoup plus sucrée ainsi que par leur valeur nutritive. Elles sont plus nourrissantes et plus calorifiques car elles renferment plus d'hydrates de carbone; elles contiennent en général 92 % d'eau, 1 g de protéines, 0,1 g de matières grasses, 11 g d'hydrates de carbone, 1,4 g de fibres et 40 calories/100 g. Elles sont une bonne source de fibres, de calcium, de fer, de potassium, de vitamines du complexe B et de vitamine A. Plus la courge est orangée, plus la vitamine A est abondante.

La grande famille des courges d'hiver est en continuelle expansion. La courge musquée, la Hubbard, le courgeron, la courge Banana et la Mammouth, sans oublier la citrouille, le potiron et la courge spaghetti sont parmi les plus connues. Les courges sont regroupées selon leurs formes et leurs caractéristiques; à l'intérieur du même groupe, il n'y a parfois que des différences mineures de couleur, de saveur, de valeur nutritive, de texture, etc.

Courge musquée (*C. moschata*). Avec sa base renflée, cette courge, appelée «Butternut» en anglais, ressemble à une grosse poire. Sa grosseur idéale se situe entre 20 et 30 cm de long avec une base d'une douzaine de centimètres de diamètre. Sa peau lisse de couleur jaune crème tirant sur le chamois se pèle facilement. Sa chair assez moelleuse est plus ou moins sucrée et très orangée; son contenu en carotène est particulièrement élevé. Si la peau est verdâtre, c'est que la courge est immature.

Courge de Hubbard (*C. maxima*). Cette courge de forme arrondie, surtout à la base, pourrait se comparer à un petit «punching bag» ou à une grosse poire. Sa peau très dure est nervurée, moyennement ou fortement bosselée et de couleur vert foncé, gris-bleu ou rouge-orangé. Sa chair épaisse et sèche est moins sucrée et parfois moins orangée que la plupart des autres courges. La Hubbard verte pèse en général autour de 5 kg et la Hubbard bleu-gris près de 6,5 kg; la rouge-orangé est plus petite. La Hubbard se conserve 6 mois.

Courge turban. Courge en forme de globe aplati, plus petit à la base que sur le dessus, surmontée d'une excroissance arrondie, plus ou moins bosselée qui lui a valu le surnom de «turban». Elle atteint à maturité un diamètre de 15 à 20 cm et pèse environ 1,5 kg. La peau est mince et dure, striée ou parsemée de taches, de couleur vert bleuté ou orangé. La chair jaune-orangé ou dorée est épaisse mais douce, assez sèche, très sucrée, avec une légère saveur de noisette. La cavité qui abrite les graines est petite. D'autres variétés n'ont pas de bonnet sur le dessus, telles la «Sweet Mama», à peau vert foncé, à chair plus sucrée et qui se conserve plus longtemps, et la «Buttercup», qui signifie renoncule en anglais, car la courge ressemble à cette fleur des champs nommée également bouton d'or. Ces courges se conservent une trentaine de jours.

Courgeron. Globulaire, cette courge est comparée, dans la langue anglaise, au gland du chêne (Acorn). Ornée de profondes nervures qui compliquent l'épluchage, cette courge a une peau lisse et dure, d'un vert assez foncé, avec des teintes orangées si elle a été cueillie à maturité. La chair jaune-orangé assez pâle contient moins de carotène que celle de la courge turban; elle est cependant assez fine et peu fibreuse. Cette courge est à son meilleur lorsqu'elle mesure une douzaine de centimètres de haut et qu'elle atteint de 15 à 20 cm de diamètre.

D'autres variétés, dont la «Table King» de grosseur similaire, ont la peau plus foncée; la «Table Ace» est d'un vert presque noir. La «Golden Jersey», d'un jaune doré tant à l'extérieur qu'à l'intérieur, est aussi petite qu'une balle de golf et peut être mangée crue comme les courges d'été; sa saveur rappelle celle du maïs sucré. Ces courges se conservent de 30 à 50 jours.

Certaines variétés de courges sont moins courantes telle la **Banana** *(C. maxima)*, ainsi nommée à cause de sa grande ressemblance avec la banane, tant par sa forme que par sa couleur. Ses dimensions diffèrent cependant car cette courge mesure de 50 à 60 cm de long et environ 15 cm de diamètre. Sa chair orangée est ferme et peu fibreuse. Comme elle est souvent vendue coupée, il est plus facile de juger de sa qualité. C'est aussi le cas de la variété **Mammouth** où la courge ressemble à la citrouille sauf qu'elle est souvent blanche; elle peut aussi être vert foncé, vert grisâtre, bleu-vert ou orangée. Elle peut peser plus de 65 kg.

Citrouille et **potiron** *(C. pepo, C. moschata)*. Ces deux courges sont souvent confondues car elles se ressemblent beaucoup; même les dictionnaires ne s'entendent pas sur leur description. Le terme citrouille est plus courant en Amérique du Nord alors que celui de potiron est plus usuel en Europe. Ces courges sont volumineuses et pour les distinguer vraiment, l'examen de leur pédoncule est nécessaire. Celui de la citrouille est dur et fibreux, avec 5 côtés anguleux et sans renflement à son point d'attache. Celui du potiron est tendre, spongieux, cyclindrique et évasé au point d'attache. Ces variétés se distinguent par leur chair un peu plus épaisse et leur saveur un peu plus prononcée que celle des autres courges d'hiver. Elles sont rarement utilisées comme simple légume et servent plutôt à confectionner soupes, desserts ou confitures. Elles peuvent atteindre 50 kg et mesurer plus de 1,7 m de circonférence. Leur peau lisse et dure est habituellement dans les teintes orangées; elle peut cependant être jaune ou verte chez le potiron. Leur chair d'un jaune-orangé assez foncé est plus ou moins épaisse, sèche et sucrée. Leurs graines sont plus appréciées que celles des autres courges; celles de la variété «Tripletreat» ont même l'avantage d'être dépourvues d'écales. Trop souvent achetée uniquement pour servir de décoration pour la fête de l'Halloween, la citrouille peut être substituée ou combinée aux autres courges.

Courge spaghetti. Courge qui se distingue des autres par sa chair qui ressemble à du spaghetti lorsqu'on la sépare avec une fourchette, après la cuisson. Cette particularité lui a valu le surnom de «spaghetti végétal».

La courge spaghetti a une forme sphéroïdale; elle mesure habituellement de 20 à 35 cm de long et pèse environ 2 kg. Sa peau lisse et moyennement dure prend des teintes blanchâtres ou jaunâtres. Il arrive qu'on la confonde avec la courge musquée, qui a une forme et une couleur semblables. La chair d'un jaune très pâle, tirant parfois sur le vert, se compare à celle des courges d'été. La courge spaghetti se conserve comme les courges d'hiver.

La courge spaghetti contient 0,6 g de protéines, 0,5 g de matières grasses, 7 g d'hydrates de carbone, 1,4 g de fibres et 33 calories/100 g.

On cuit la courge spaghetti au four ou à l'eau bouillante, en la laissant entière ou en la coupant en deux sur la longueur (enlever les graines logées dans la cavité centrale). Entière, la piquer à divers endroits avec les dents d'une fourchette; en moitié, placer le côté coupé sur le dessus. Le temps de cuisson dépend de la température du four, de la grosseur de la courge, du fait qu'elle est entière ou en demies et du degré de maturité; plus la courge est mûre, plus le temps de cuisson raccourcit. Si elle est entière, calculer près d'une heure de cuisson à 180 °C; en moitiés, de 30 à 45 minutes. Pour la faire bouillir, la cuire de 30 à 45 minutes si elle est entière et environ 20 minutes si elle est sectionnée. Vérifier la cuisson en piquant la courge entière avec une fourchette (elle est prête lorsqu'elle est amollie) ou en vérifiant si la chair de la courge coupée se détache en filaments. Retirer les graines logées dans la cavité des courges entières; essorer la chair quelques instants si elle contient trop d'eau. Éviter une cuisson trop longue, qui rend la chair fade et molle; elle est meilleure lorsqu'elle est plus ferme.

La courge spaghetti peut remplacer le spaghetti dans la plupart des recettes, ce qui est particulièrement intéressant lorsqu'on surveille son poids. On l'utilise comme les autres courges aussi bien dans les soupes, les plats principaux, les desserts que les muffins. On la mange et on la cuisine souvent crue et râpée; on doit presque toujours l'essorer pour enlever le surplus d'eau; l'essoreuse à salade est très efficace.

ACHAT   Vérifier soigneusement l'état de la courge d'hiver, car si elle est immature elle sera peu savoureuse et sa chair pâle contiendra moins de valeur nutritive tandis que si elle est trop vieille, elle sera fibreuse et légèrement pâteuse. Rechercher une courge lourde pour sa grosseur, non meurtrie et non ramollie. La dureté n'est pas un signe de maturité sur lequel il est possible de se fier; la courge Hubbard, le courgeron et le potiron sont des variétés très dures qui doivent avoir des teintes jaune-orangé pour être à leur meilleur. Choisir une courge spaghetti dure, intacte, exempte de meurtrissures et non colorée de vert, indice d'un manque de maturation. En règle générale, les courges de grosseur moyenne sont les meilleures.

PRÉPARATION   Les courges d'hiver ont besoin de la cuisson, qui change la texture et la nature de leur chair, la rendant moelleuse et savoureuse. Laver d'abord les courges, les peler et enlever les graines ainsi que les fibres qui les entourent, de préférence avec une cuiller. Conserver les graines, qui sont excellentes séchées. Il peut être plus facile de sectionner les courges en deux ou en quatre avant de les peler. Quand la recette le permet, laisser la peau (c'est même essentiel quand la courge est farcie); si nécessaire, l'enlever après la cuisson (quoique la tâche ne soit pas aisée).

CUISSON ET UTILISATION   La cuisson des courges d'hiver est facile. C'est la cuisson à l'eau qui donne les moins bons résultats, car elle atténue la saveur et rend les courges très aqueuses; utiliser peu d'eau (2 cm) et éviter de trop cuire. Les courges peuvent aussi être cuites au four, à la vapeur, à la marmite à pression, etc. Au four, coupées en moitiés et non pelées, farcies ou non, les placer dans un récipient contenant de 2 à 5 cm d'eau. À la vapeur, coupées en cubes de 2 à 4 cm, cuire de 15 à 20 minutes. Entières et non pelées, seulement piquées à quelques endroits avec une fourchette, les recouvrir d'eau et les faire bouillir environ 1 heure. Ajouter les courges aux soupes, ragoûts, couscous et autres mets du genre. Cuites et réduites en purée, elles font d'excellents desserts (tartes, gâteaux, muffins, biscuits, soufflés, crèmes, confitures, etc.). Étant plutôt fades, les courges gagnent à être bien assaisonnées; elles peuvent être substituées aux patates douces dans la plupart des recettes.

CONSERVATION   Les courges d'hiver se conservent un bon moment si elles ne sont pas exposées au froid ni aux températures trop chaudes; le froid les endommage et la chaleur cause une transformation trop rapide de leur amidon. L'idéal est une température de 10 à 15 °C, un taux d'humidité de 60 % et une pièce bien aérée. Les courges doivent être propres et porter le morceau de tige qui les reliait à la plante, ce qui ralentit la déshydratation. Elles se congèlent bien, surtout cuites et réduites en purée; mesurer une quantité fixe avant de congeler est bien pratique. La courge spaghetti est plus fragile et se conserve environ 3 mois si la température se situe entre 5 et 10 °C. Elle se congèle crue et râpée ou cuite; prévoir 125 ml de plus que la quantité nécessaire si on la congèle déjà mesurée et crue, car elle diminue de volume à la décongélation car elle perd de l'eau.

Graines de courges séchées (*dried squash seeds*). Les graines de courges sont très nourrissantes et calorifiques; ainsi, les graines de citrouille contiennent 25 g de protéines, 46 g de matières grasses, 14 g d'hydrates de carbone, 2,2 g de fibres et 550 calories/100 g. Elles sont riches en fer, en phosphore, en vitamine A, en thiamine et en riboflavine.

Les protéines sont dites incomplètes car elles sont déficientes en certains acides aminés (voir théorie de la complémentarité, p. 536). Les matières grasses sont composées en grande partie d'acides non saturés, acides reconnus comme bénéfiques pour la santé (voir corps gras, p. 147). Les graines rôties à l'huile contiennent généralement des acides saturés et sont encore plus calorifiques que les graines nature. On attribue diverses propriétés médicinales aux graines de courges; elles seraient diurétiques et elles aideraient à soigner les infections urinaires et les troubles de la prostate. Elles ont aussi la réputation d'être aphrodisiaques.

Pour rôtir les graines:
– Retirer délicatement toutes les graines et les filaments de la courge. Jeter les filaments, bien assécher les graines à l'aide d'un papier absorbant. Ne pas les rincer.
– Les étendre sur une tôle à biscuits et les laisser sécher à l'air libre quelques heures ou si possible toute une nuit.
– Les mettre au four à 150 °C environ 30 minutes ou à 100 °C environ une heure et demie, jusqu'à ce qu'elles soient bien dorées. Les secouer à quelques reprises durant l'opération. Si désiré, les enduire d'un peu d'huile et de sel.
– Retirer du four et les enlever de la tôle pour arrêter la cuisson.
– Conserver au frais dans un contenant fermé et s'assurer avant de les ranger qu'elles sont refroidies et bien séchées car elles moisissent facilement.

On utilise les graines de courge et on les conserve de la même façon que les graines de tournesol et les noix.

COURGE CHINOISE
Cucurbitacées

Nom anglais: *chinese squash*

Variété de fruits proches parents des courges et faisant partie de la grande famille des Cucurbitacées. La plupart des courges chinoises poussent sous les climats tropicaux et subtropicaux et elles occupent une place de choix dans l'alimentation de plusieurs peuples, notamment en Inde et dans d'autres pays d'Asie. Parmi les variétés avec lesquelles les Européens et les Nord-Américains sont plus familiers se trouvent la poire balsam et le melon d'hiver chinois.

Poire balsam (*Momordica charantia*). Également appelée «melon amer», «poire alligator» ou «gourde», cette courge ressemble à un gros concombre d'un vert très pâle, presque blanc, qui serait orné de sillons et recouvert de protubérances verruqueuses. Mesurant de 5 à 30 cm de long et de 1,5 à 6 cm de large, la poire balsam est meilleure immature, moment où elle est moins amère. On peut distinguer son degré de maturation par sa coloration car à maturité elle devient jaune ou orangée. Pour réduire son amertume, la blanchir ou la mettre à dégorger.

La poire balsam contient 1 g de protéines, 0,2 g de matières grasses, 3,7 g d'hydrates de carbone, 1,4 g de fibres et 17 calories/100 g.

Melon d'hiver chinois *(Benincasa hispida)*. Courge d'hiver sphérique dont la peau épaissit à maturité et se recouvre d'un mince duvet ciré. Cette caractéristique lui a valu d'être aussi appelée courge cirée et courge blanche. Le melon d'hiver chinois atteint de 30 à 40 cm de diamètre et peut peser jusqu'à 45 kg. La cuisine asiatique lui fait une place importante, notamment dans les soupes.

Voir courge, p. 149.

ACHAT,
UTILISATION
ET
CONSERVATION

CRABE

Carcinus spp, **Cancridés**

Autres noms et espèces: *crabe commun, tourteau, araignée de mer, étrille,*
crabe géant, crabe des neiges, crabe bleu (Callinectes sapidus),
crabe de pleine mer (C. portunus)
Noms anglais: *crab, king crab, giant crab, rock crab, spider crab*

Crustacé à carapace très souvent festonnée, plutôt arrondie, presque en forme de cœur. Sa queue et son abdomen peu développés sont repliés sous sa carapace, qui peut être de molle à très dure. Le crabe possède cinq paires de pattes dont une plus développée qui se termine par des pinces puissantes. Sa bouche est broyeuse et ses yeux, proéminents. Ce crustacé habite la mer où il aime se cacher dans les algues ou les crevasses (quoique certaines espèces vivent sur la terre). Certains crabes fréquentent l'embouchure des rivières ou adorent se promener sur les plages. Il existe des crabes femelles et des crabes mâles; les femelles se distinguent des mâles par une palme beaucoup plus développée sous le ventre car elle sert à retenir les œufs. Le crabe contient peu de chair, seulement le quart de son poids est comestible.

La plupart des crabes sont belliqueux; habiles prédateurs, ils sont combatifs et foncent sur leurs proies, même humaines. S'ils ont une patte coincée ou retenue par un ennemi, ils la laissent aller et au bout de trois mues, elle aura complètement repoussé. On ne devrait jamais laisser un crabe sur le dos, car il est incapable de se remettre à marcher et va mourir bêtement. La famille des crabes comprend environ 4 000 espèces souvent fort diversifiées; parmi les plus courantes se trouvent le crabe vert, le tourteau, l'étrille, l'araignée de mer, le crabe des neiges et le crabe géant.

Crabe vert ou **crabe commun** *(C. maenas)*. Sa carapace verte est plus large en avant qu'en arrière. Assez petit (5 à 7 cm de long), le crabe commun contient peu de chair et n'est pas commercialisé; il est délicieux. C'est l'espèce la plus courante dans le monde et l'hôte habituel des plages. On le surnomme «crabe enragé» à cause de sa façon bien particulière de se déplacer.

Tourteau *(Cancer pagurus)*. Sa carapace brun jaunâtre est lisse et ovale. Le tourteau mesure habituellement entre 10 et 20 cm de large, mais peut atteindre 40 cm. Il aime les fonds côtiers rocheux et peut descendre à plus de 100 m de profondeur. Sa chair est excellente.

L'étrille *(Portunus puber)*. Brun-rouge taché de bleu, l'étrille mesure entre 8 et 15 cm de large et ses pattes sont velues; ses pattes de derrière sont aplaties et ressemblent à des nageoires. Ses pinces sont puissantes. Sa chair est très recherchée.

Maïa ou **araignée de mer** *(Maïa squinado)*. Sa couleur tend vers le jaune rosé, le rose ou le châtain-rouge. Sa carapace en forme de triangle arrondi fait penser à un cœur; elle est épineuse et se termine à l'avant par deux pointes. Ses pattes longues et fines sont disposées comme celles de l'araignée, d'où son nom. La maïa mesure entre 10 et 20 cm de large; elle vit dans les fonds marins sablonneux, jusqu'à 50 m de profondeur. Sa chair est fine; celle de la femelle est meilleure que celle du mâle.

Crabe des neiges *(Chionoecetes opilio)*. Souvent brun-orangé, le crabe des neiges peut être de teinte variable. Il fait partie de la famille des crabes araignées. Son corps circulaire est un peu plus large à l'arrière; ses longues pattes sont légèrement aplaties. Le mâle est beaucoup plus gros que la femelle et seul celui-ci est capturé; sa taille moyenne atteint 13 cm de diamètre et il pèse près de 1,25 kg. Il vit dans les eaux froides et profondes (entre 70 et 460 m), ce qui a une influence bénéfique sur sa chair, unique et très recherchée.

Il en existe plusieurs variétés, tant dans le Pacifique que dans l'Atlantique, mais il est absent de la côte ouest de l'Europe. En Amérique du Nord, le crabe des neiges a longtemps été considéré comme une nuisance par les pêcheurs, car il emmêlait leurs filets et se vendait très peu. Il fut d'abord commercialisé sous le nom de crabe royal sans beaucoup de succès; une opération de marketing lui donna le nom plus attirant de crabe des neiges, terme déjà utilisé par les Asiatiques. Ce crabe est maintenant fort bien coté, il constitue même un mets de luxe.

Crabe géant *(Cancer magister)*. De teinte brunâtre, il a entre 50 et 60 cm de diamètre et possède des pattes qui peuvent mesurer 2 m de long. Son apparence le rapproche de l'araignée de mer. Comme le crabe des neiges, le crabe géant vit dans les eaux froides canadiennes. Il est parfois commercialisé vivant, mais sa destination principale est la conserve, où il prend l'appellation de «crab meat». Il est également surgelé. Sa chair est très bonne.

VALEUR NUTRITIVE

La chair du crabe est blanche, maigre, plutôt filamenteuse, savoureuse mais assez lourde à digérer. Elle provient principalement des pinces mais le foie ainsi que la substance crémeuse du coffre sont comestibles. Cuite à la vapeur, elle contient 17 g de protéines, 1,9 g de matières grasses, 0,5 g d'hydrates de carbone et 93 calories/100 g. Elle est riche en vitamines du complexe B, en calcium, en phosphore, en magnésium, en cuivre et en zinc; elle contient du cholestérol.

ACHAT

N'acheter (et ne cuire) un crabe vivant que s'il bouge encore. Si les pattes bougent mollement, c'est qu'il est à la veille de mourir; ne choisir que des sujets dont les pattes se replient vigoureusement. Saisir le crabe par derrière pour éviter les pinces (surtout s'il est gros); il est meilleur s'il est lourd. Cuit, il doit sentir bon; surgelé, éviter de l'acheter s'il est desséché ou couvert de neige car il est détérioré. La chair de crabe est également disponible en conserve; il existe en outre de l'imitation de crabe (voir kamaboko, p. 271).

CUISSON ET UTILISATION

On cuit le crabe comme le homard (voir homard, p. 252). Le temps de cuisson dépend de la taille du crustacé (de 5 à 20 minutes, parfois 30 s'il est très gros). On coupe habituellement le crabe après la cuisson (c'est plus facile mais il faut souvent s'armer de patience!). Bien l'égoutter, pratiquer une incision entre le ventre et la carapace, en prenant soin de ne pas abîmer cette dernière si on désire l'utiliser pour servir le crabe. Détacher les pattes et les pinces, puis les casser avec un casse-noisettes ou le manche d'un couteau. Il ne reste plus qu'à retirer la chair, qui est délicieuse chaude ou froide. Le crabe s'apprête d'une multitude de façons et peut se substituer aux autres crustacés, tels la crevette, le homard et le pétoncle, dans la plupart des recettes. Il se congèle uniquement quand il est cuit et jamais entier.

CONSERVATION Voir crustacés, p. 174.

CRÈME

Nom anglais: *cream*

Matières grasses du lait, de couleur blanc jaunâtre et de consistance onctueuse. La crème remonte à la surface du lait non homogénéisé ou est obtenue par centrifugation. Il faut 9 litres de lait pour obtenir 1 litre de crème.

La crème est disponible liquide ou déshydratée, crue (rarement), pasteurisée (chauffée 20 secondes à 68 °C) ou ultrapasteurisée (UHT, chauffée 3,5 secondes à 141 °C) et en diverses concentrations de matières grasses (chaque pays édicte ses normes). La crème à fouetter (dite crème fraîche en Europe), qui doit contenir au moins 30 % de matières grasses pour fouetter, en contient autour de 35 % au Canada, en a souvent 40 % en France, tandis qu'aux États-Unis, on distingue entre la crème à fouetter légère (de 30 à 36 %) et la crème à fouetter épaisse (plus de 36 %). La crème plus légère, dite aussi crème de table (crème fleurette en Europe) est plus claire et contient entre 12 et 15 % de gras. La crème moitié-moitié, qui est mélangée avec du lait puis homogénéisée, renferme de 10 à 12 % de gras, la crème à café, dite aussi crème à céréale, 10 %, et la crème déshydratée, de 40 à 70 %.

Il existe des crèmes fabriquées artificiellement: crèmes à café (Coffee-Mate, Coffee Rich, Cremora, etc.) et crèmes fouettées (Dream Whip, Nutrifil, mousses à fouetter, etc.) commercialisées déshydratées, congelées, sous forme liquide ou en cannette pressurisée. Ces produits sont faits à partir de graisses végétales ou animales hydrogénées, d'édulcorants (sucre, glucose, etc.) et d'additifs [alginate de sodium, cellulose méthyl-éthylique, stéroyl-2-lactylate de sodium, polysorbate 60, phosphate disodique, caséinate de calcium, hydroxyanisol butylé (BHA), carragheen, gomme de guar, couleur et arôme artificiels, etc.]. Ces substances sont présentes en nombre et en quantité qui varient selon le procédé de fabrication. Les succédanés de la crème sont pratiques mais leur valeur nutritive est discutable. En plus de contenir des additifs, ils sont presque tous dépourvus de vitamines, sauf de vitamine A qui est ajoutée, ils sont plus riches en acides gras saturés que les produits qu'ils remplacent et leurs matières grasses sont hydrogénées, processus qui transforme la nature des graisses (voir corps gras, p. 147). Les conséquences sur la santé de l'ingestion de tels produits, surtout à moyen et à long terme, sont inconnues.

VALEUR NUTRITIVE   La crème est calorifique car elle est très riche en matières grasses. Plus elle est épaisse, plus elle contient de calories car plus elle est grasse; la crème légère renferme environ 120 calories/100 g, la crème 15 %, 170 calories, et la crème 35 %, 290 calories. Les matières grasses sont composées à 66 % d'acides gras saturés et elles renferment du cholestérol (voir lait, p. 275); selon sa teneur en gras, la crème contient de 37 à 137 mg de cholestérol/100 g. Elle est riche en vitamines A et D, surtout l'été.

UTILISATION   La crème est beaucoup utilisée en cuisine car elle confère aux aliments une saveur et une texture difficilement égalables; cependant, elle cède souvent sa place à des produits moins gras et moins calorifiques, tels le yogourt et le lait, depuis qu'on se préoccupe plus de sa santé. Elle est incorporée dans le café, la vinaigrette, les potages, les sauces, les omelettes, les terrines, les desserts, la confiserie, les digestifs, etc. Fouettée, elle a des fins décoratives ou sert à préparer notamment pâtisseries, soufflés, glaces, bavaroises et crème Chantilly. Surie, elle peut quand même être utilisée, surtout pour la cuisson, mais elle ne donne pas de résultats aussi intéressants que la crème sure commerciale car sa saveur est plus aigre, ses acides lactiques ayant été affectés par la pasteurisation (voir crème sure, p. 167).

CONSERVATION   La crème à fouetter fraîche du jour ne donne pas de bons résultats; si possible, la laisser vieillir une journée. Il vaut mieux battre la crème au dernier moment même si elle peut se conserver au réfrigérateur. Utiliser de préférence des ustensiles refroidis; les mettre au moins 30 minutes au réfrigérateur ou les placer au congélateur si le temps manque. N'incorporer des ingrédients (sucre, vanille, etc.) que lorsque la crème forme des pics et, de préférence, juste avant de servir.

La crème fraîche est un aliment très périssable sauf lorsqu'elle est dans un emballage stérile et qu'elle a été traitée à haute fréquence (UHT). Comme le lait, elle est un lieu privilégié pour le développement des bactéries et elle s'altère quand elle est exposée à la chaleur et à la lumière (voir conservation du lait, p. 281); la ranger au réfrigérateur. La crème UHT non entamée se conserve jusqu'à 45 jours; ouverte, elle est aussi périssable que les autres produits laitiers.

CRÈME DE TARTRE
Nom anglais: *cream of tartar*

Poudre blanche employée comme agent levant. Le tartre est un sous-produit de la fabrication du vin; il loge dans des cristaux qui se forment sur les parois des barils contenant le vin. Ces cristaux sont moulus, purifiés, déshydratés et moulus à nouveau en une fine poudre.

La crème de tartre fut longtemps un ingrédient de la poudre à pâte en compagnie du bicarbonate de soude. Elle a cédé sa place à d'autres substances car elle réagit très vite en présence du bicarbonate dès qu'elle est mise en contact avec un liquide, faisant lever la pâte rapidement; ceci entraîne une baisse de volume si la pâte n'est pas enfournée immédiatement.

Pour créer soi-même sa propre poudre à pâte, combiner:
– 2 parties de crème de tartre,
– 1 partie de bicarbonate de soude ou de bicarbonate de potassium (ce dernier est dépourvu de sodium, avantage pour les personnes qui surveillent leur ingestion de sel; il s'achète en pharmacie),
– 2 parties d'arrow-root ou de fécule de maïs.

UTILISATION   La crème de tartre est souvent utilisée pour stabiliser les blancs d'œufs battus (dans les gâteaux des anges et chiffon, meringues et soufflés par exemple) et pour empêcher la cristallisation du sucre en confiserie. On s'en sert aussi notamment dans les omelettes et les biscuits. Elle est très riche en potassium, 21 % du poids; une certaine quantité est perdue à la cuisson cependant.

CONSERVATION   La crème de tartre se conserve à la température de la pièce, à l'abri de la chaleur et des insectes.

CRÈME GLACÉE
Nom anglais: *ice cream*

Produit laitier solidifié sous l'effet du froid. On aurait tendance à croire que la crème glacée (souvent appelée glace en Europe) est une invention récente rendue possible grâce à la congélation; c'est loin d'être le cas car on fabriquait des glaces en Chine il y a près de 3 000 ans. D'abord refroidies par la neige ou la glace, ces aliments le furent ensuite à l'aide d'un mélange d'eau et de salpêtre car les Chinois avaient découvert que cette combinaison abaissait la température de l'eau et provoquait la congélation. Les Arabes furent les premiers à connaître le procédé chinois et on raconte qu'ils préparaient des charbâts, boissons faites de sirops glacés; ce mot serait à l'origine du terme sorbet. L'Europe connut les glaces au XIIIe siècle grâce à Marco Polo qui les introduisit en Italie après un périple en Chine. Les produits glacés furent d'abord réservés aux tables royales puis on commença à les vendre dans les cafés. Leur succès fut immédiat et cette popularité s'est perpétuée jusqu'à nos jours; en Amérique du Nord par exemple, on a consommé environ quatre milliards de litres de crème glacée en 1985.

Fabrication de la crème glacée
La crème glacée traditionnelle contient du lait, de la crème, du sucre, des arômes naturels et des œufs (pas toujours). La préparation est battue après un début de congélation pour arrêter la formation de cristaux de glace, ce qui permet d'obtenir un produit léger et onctueux. La crème glacée industrielle est généralement faite à partir de solides du lait et comprend du sucre, des émulsifiants, des stabilisateurs, des essences et des colorants parfois naturels mais plus souvent artificiels.

Les solides du lait peuvent provenir du lait entier, écrémé, concentré, reconstitué, de la caséine, du lactosérum, etc. Le sucre peut être présent sous forme de sucrose, d'édulcorants à base de maïs (du sirop de maïs par exemple), parfois de miel et moins souvent de lactose.

Une grande quantité de sucre doit entrer dans la fabrication de la crème glacée (15 à 16 %), d'abord parce que les papilles gustatives deviennent moins efficaces sous l'action du froid et perçoivent moins bien le sucré, ensuite parce que le sucre réduit la formation de cristaux de glace et empêche la crème glacée d'être trop dure. Le jaune d'œuf, un émulsifiant naturel grâce à son contenu en lécithine qui contribue à l'homogénéisation de la crème glacée, est presque toujours remplacé par des émulsifiants moins coûteux (mono et diglycérides, polysorbate 60 et 80, carragheen, lécithine). Des agents stabilisateurs (carragheen, gomme de guar, gomme de caroube, etc.) augmentent l'onctuosité, minimisent la formation de cristaux de glace et empêchent la crème glacée de fondre trop rapidement à la température de la pièce. Ces additifs prolongent aussi la durée de conservation.

En fabrication commerciale, le lait entrant dans la crème glacée est d'abord condensé puis on lui ajoute les matières solides, le sucre et divers additifs. Le mélange est ensuite chauffé, pasteurisé et homogénéisé. La pasteurisation s'effectue à une température plus élevée que pour le lait car le mélange est épais et visqueux et une plus grande chaleur est nécessaire pour détruire les bactéries. Le mélange est ensuite refroidi, puis on lui ajoute arômes et colorants, on le fouette et on lui insuffle de l'air. L'ajout de fruits, de noix, de raisins, de bonbons et autres produits s'effectue juste avant la congélation définitive, qui a lieu dans une chambre très froide (-32 °C) car elle doit s'effectuer rapidement.

L'augmentation de volume d'un produit glacé peut être considérable; plus elle est élevée, moins l'achat est économique. À un taux de foisonnement de 100, le volume a augmenté de 100 %; avec 1 litre on a obtenu 2 litres. Dans les pays où la crème glacée se vend au volume et non au poids, et où la quantité d'air permise n'est pas réglementée, comme au Canada, les fabricants peuvent mettre la quantité d'air qu'ils veulent. Quand la loi et les étiquettes sont muettes sur ce sujet, les consommateurs sont lésés car ils ignorent la proportion réelle de crème glacée qu'ils obtiennent. La crème glacée qui contient moins d'air est plus nourrissante. On peut avoir une idée de la teneur en air en pesant la crème glacée; un litre non insufflé pèse environ 500 g.

À la maison, on peut préparer la crème glacée au malaxeur; les résultats sont plus satisfaisants cependant avec une sorbetière.

Jusqu'à ces dernières années, le principe des sorbetières ne variait pas; on trouvait un récipient pour contenir la préparation, des palettes pour l'agiter, une cuve pour recevoir le gros sel, l'eau et la glace, et, dans le cas d'une sorbetière manuelle, une manivelle, et dans celui d'une sorbetière électrique, un moteur. Il existe maintenant des sorbetières qui fonctionnent sans eau et sans sel; on les met au congélateur au moins sept heures, puis on verse la préparation et on actionne la manivelle.

Divers facteurs contribuent à l'obtention de meilleurs résultats dans la fabrication maison de la crème glacée:
- ne pas remplir la jarre plus qu'aux deux tiers car la préparation prend de l'expansion à mesure qu'elle refroidit et qu'elle absorbe de l'air;
- battre le mélange seulement quand les bords du récipient sont pris (s'il est à la température de la pièce il peut se transformer en beurre); le malaxer 2 ou 3 fois donne de meilleurs résultats;
- si la crème glacée ne durcit pas, ajouter plus de sel dans l'eau qui sert à refroidir et vérifier s'il y a suffisamment de glace;
- mettre beaucoup de sel accélère le temps de congélation mais cause un problème, car on ne dispose pas d'assez de temps pour incorporer suffisamment d'air avant que la crème glacée durcisse et il se forme de larges cristaux;
- l'ajout de fruits présente un problème particulier. Les fruits congèlent plus rapidement que la crème glacée car ils renferment une grande quantité d'eau, ils deviennent donc très durs, ce qui n'est pas très agréable quand on les croque. Une solution consiste à les tremper préalablement dans un sirop sucré, ils congèleront à une température plus basse;
- plus la crème glacée contient de matières grasses, moins le risque de formation de cristaux est grand;
- plus le produit contient de sucre, plus il risque d'être granulé (sauf avec le miel et le sirop de maïs) et moins il congèle dur;
- une petite quantité de farine, de fécule de maïs ou de gélatine rend le mélange plus onctueux;
- si de la crème fouettée est ajoutée, elle doit être légèrement battue car lorsqu'elle est trop fouettée elle prend la consistance du fromage en congelant.

Ne pas s'étonner si cette crème glacée est plus dure dans le congélateur et plus molle dans l'assiette que la crème glacée industrielle: elle est dépourvue d'additifs.

VALEUR NUTRITIVE   La crème glacée contient habituellement de 3 à 5 g de protéines, de 10 à 16 g de matières grasses, de 18 à 25 g d'hydrates de carbone [une portion moyenne fournit environ l'équivalent de 15 ml de sucre (une cuillerée à soupe)] et de 200 à 260 calories/100 g.

Elle renferme divers sels minéraux et vitamines. La crème glacée molle contient de 2 à 3 % moins de sucre.

Il existe de nombreuses préparations congelées en dehors de la crème glacée, dont le lait glacé, le yogourt glacé (voir yogourt, p. 579), le sorbet, le granité et le tofutti.

Lait glacé. Le lait glacé contient moins de matières grasses que la crème glacée (entre 3 et 5 g/100 g); son contenu en sucre est souvent presque aussi élevé. Les matières grasses ayant une influence sur la texture, la saveur et la valeur nutritive, le lait glacé est donc légèrement moins onctueux, moins savoureux et moins calorifique (152 calories/100 g). Il est moins soufflé que la crème glacée, c'est donc un produit plus dense.

Sorbet. Traditionnellement préparé à partir de jus ou de purée de fruits, le sorbet peut aussi être à base de vin, de liqueur, d'alcool ou d'infusion. Il est très peu ou pas baratté. Il ne contient pas de jaune d'œuf mais peut renfermer du blanc d'œuf battu en meringue ou du lait, substances qui retardent la cristallisation et qui aident à l'obtention de cristaux plus fins. Le sorbet commercial n'est souvent qu'un mélange d'eau et de solides du lait (environ 5 %) aromatisé artificiellement, qui contient jusqu'à 2 fois plus de sucre que la crème glacée et qui a un contenu en calories intermédiaire entre le lait glacé et la crème glacée (175/100 g).

Granité. Sirop peu sucré parfumé de fruits, de liqueur ou de café. Congelé à moitié, il a une consistance granulée (ce qui a inspiré son appellation). Contrairement au sorbet italien, il ne contient pas de meringue.

Tofutti. Produit fabriqué à partir du tofu, un aliment préparé avec du lait de soya, donc dépourvu de lactose. Le tofutti fut créé aux États-Unis en 1981, après plusieurs années de recherche. Son inventeur, David Mintz, voulait rendre accessible aux Juifs suivant les préceptes kasher – qui interdisent la consommation de produits laitiers et de viande au même repas – un aliment semblable à la crème glacée mais exempt de produits laitiers. Le tofutti devait par la même occasion faire le bonheur des nombreuses personnes allergiques au lactose.

Comparé à la crème glacée, le tofutti est beaucoup moins gras, et ses matières grasses ne renferment pas de cholestérol et contiennent très peu d'acides saturés. Le tofutti a deux fois moins de protéines que la crème glacée et autant de calories, car le deuxième ingrédient en importance est le sucre (le tofutti à consistance ferme est plus sucré que le mou). Il contient des arômes naturels, des protéines de soya isolées, de la lécithine de soya et, à l'instar de la crème glacée, plusieurs stabilisateurs.

ACHAT   Rechercher des contenants fermement congelés et exempts de givre. Il est préférable d'acheter les produits glacés dans des magasins où le roulement est bon parce que la saveur et la valeur nutritive diminuent avec le temps (on conseille de ne pas conserver la crème glacée plus de six semaines). Lire les étiquettes si on désire éviter les additifs chimiques; certains produits en sont exempts, d'autres en contiennent moins que la moyenne.

UTILISATION La crème glacée et les autres produits congelés sont mangés en desserts et en collations. S'ils sont trop durs, les laisser quelques instants à l'air ambiant ou au réfrigérateur. La crème glacée accompagne gâteaux, tartes, crêpes, fruits, biscuits, etc; elle est souvent nappée de sauce ou battue (milk shake). Aussi surprenant que cela puisse paraître, elle peut aller au four sans fondre (omelette norvégienne, alaska), pourvu qu'elle soit totalement recouverte de meringue car les blancs d'œufs forment une barrière impénétrable.

CONSERVATION Éviter de laisser inutilement les produits congelés à la température de la pièce, ils perdent de la saveur et contiennent plus facilement des cristaux de glace s'ils sont recongelés (ne pas recongeler un produit qui a complètement dégelé). Bien refermer le contenant pour protéger la saveur.

CRÈME SURE

Nom anglais: *sour cream*

Crème à saveur aigrelette et de texture épaisse. La crème sure, appelée crème aigre en Europe, est fabriquée commercialement à partir de culture bactérienne. L'ensemencement est rendu nécessaire parce que la crème est pasteurisée, ce qui détruit une grande partie de ses ferments naturels (qui font surir la crème à mesure qu'elle vieillit). La crème est mise à fermenter de 12 à 14 heures, à la manière du yogourt; elle est parfois stabilisée à l'aide d'additifs (gélatine, alginate de sodium, carragheen, etc.).

VALEUR NUTRITIVE La crème sure contient 3 g de protéines, de 12 à 20 g de matières grasses, 3 g d'hydrates de carbone et de 135 à 215 calories/100 g, ce qui en fait un aliment gras et calorifique. Ses matières grasses sont composées à 65 % d'acides saturés et elles contiennent de 38 à 44 mg de cholestérol/100 g. Elle contient un peu moins de calcium que le lait à volume égal, mais plus de sodium, de potassium et de vitamine A (elle renferme cinq fois plus de gras que le lait entier).

La crème sure est aussi disponible sous forme de succédané frais ou déshydraté, qui, comme les succédanés de la crème, sont fabriqués à partir d'huile hydrogénée et qui contiennent des additifs divers (voir crème, p. 160).

UTILISATION La crème sure confère un goût acidulé aux aliments. Elle est très utilisée dans les cuisines allemande, anglo-saxonne et russo-polonaise; elle assaisonne soupes, trempettes, goulasch, chou farci, etc. Aux États-Unis, la pomme de terre cuite au four puis ornée de crème sure est un classique. La crème sure entre aussi dans la fabrication de pains et de gâteaux. On peut la remplacer par du yogourt nature dans la plupart des recettes, ce qui permet de diminuer l'ingestion de calories et de matières grasses; dans le cas où le yogourt serait trop liquide, l'épaissir avec de la poudre de lait.

Il est possible de fabriquer de la crème sure à la maison en ajoutant du babeurre à de la crème fraîche qu'on laisse surir au moins 24 heures à la température de la pièce, sans y toucher; on peut aussi incorporer du jus de citron à de la crème mais les résultats seront décevants si la crème est pasteurisée.

CONSERVATION   Comme tous les produits laitiers, la crème sure est périssable et se conserve au réfrigérateur.

CRESSON

Nasturtium officinale, **Crucifères**
Autres noms et espèces: *cresson de terre* (ou *de jardin*), *cresson alénois,*
cresson des prés (ou *sauvage*), *roquette*
Nom anglais: *watercress*

Plante herbacée vivace probablement originaire du Moyen-Orient. Le cresson est reconnu depuis l'Antiquité pour ses vertus médicinales, surtout antiscorbutiques et fortifiantes. Il en existe plusieurs espèces dont la plus populaire est le **cresson de fontaine**.

Le cresson est une plante aimant l'eau, formée d'une fine tige qui peut atteindre 30 cm de haut. Ses feuilles luisantes contiennent entre 3 et 11 petites feuilles (folioles) rondes ou allongées, d'un vert foncé. De minuscules fleurs blanches cruciformes apparaissent si la plante n'est pas cueillie. On lui a assigné un terme latin dérivé de *nasus tortus* signifiant «nez tordu», par allusion à sa forte saveur poivrée qui fait grimacer et tordre le nez.

Le cresson alénois (*Lepidium sativum*), le **cresson de terre** (*Barbarea verna* ou *praecox*) et le **cresson des prés** (*B. vulgaris*) font partie des variétés qui poussent hors de l'eau, dans le jardin. Le cresson alénois (nom dérivé de «orléanais», d'Orléans, région française où cette plante était abondante) est souvent appelé «cresson de jardin», ce qui crée de la confusion car en horticulture le véritable «cresson de jardin» est différent et il a une saveur plus moutardée. Ces cressons ressemblent au cresson de fontaine, mais leur saveur est parfois plus piquante; certains ont des feuilles moins tendres et sont utilisés surtout comme condiment. La **roquette** (*Eruca sativa*), parfois appelée «cresson de terre», est une espèce voisine relativement piquante.

VALEUR NUTRITIVE Les cressons contiennent habituellement 2,6 g de protéines, 0,7 g de matières grasses, 5,5 g d'hydrates de carbone, 1,1 g de fibres et 32 calories/100 g. Ils sont riches en vitamines A, B et C (ils ont presque autant de vitamine C que le citron), en fer, en iode, en phosphore, en calcium, en sodium et en potassium. En phytothérapie, on les considère comme stimulants, diurétiques, apéritifs, dépuratifs et antianémiques.

ACHAT Le cresson s'achète et se prépare comme les autres légumes-feuilles. Éviter de l'acheter s'il est jauni et flétri. Toujours le laver soigneusement.

UTILISATION Le cresson de fontaine est délicieux en salade, dans les sandwichs, sur des canapés et pour accompagner divers mets. Il a plus de valeur nutritive cru mais il peut être cuit de diverses façons; les recettes de l'épinard lui conviennent; il est excellent en purée. La saveur piquante des autres variétés fait qu'on les utilise surtout pour assaisonner salades (en petite quantité), soupes, mayonnaises, etc.

CONSERVATION Très fragile, le cresson se conserve mal, même réfrigéré; on peut en prolonger la durée en mettant ses tiges dans un récipient contenant de l'eau fraîche que l'on change chaque jour ou aux 2 jours.

CREVETTE

Pandalus spp, **Crustacés**

Autres noms et espèces: *crevette rose* (ou *nordique,* P. borealis, P. montagui),
crevette de la Baltique (Leander adspersus), *crevette grise* (Crangon vulgaris),
crevette scie (Palaemon serratus), *gamba, bouquet, palémon*
Noms anglais: *shrimp, prawn*

Petit crustacé de coloration variable (rose, gris, brunâtre, rougeâtre, rouge sombre) selon les espèces, fort nombreuses. À ce jour, environ 160 espèces ont été identifiées et classées dans neuf familles différentes; certaines vivent en eau douce mais la plupart habitent la mer. Toutes ne sont pas comestibles ou d'égale saveur. Certains pays, dont le Japon, font la culture des crevettes.

Les crevettes ont toutes sensiblement la même forme, semblable à celle de la langouste ou de l'écrevisse. Elles ont deux longues antennes et cinq paires de pattes. Chez certaines espèces, ces pattes sont d'égale grosseur et se terminent par des pinces, sauf la troisième paire qui en est dépourvue. Chez d'autres espèces, cette paire de pattes est plus volumineuse et bien pourvue en pinces. Les crevettes mesurent de 4 à 30 cm de long, parfois plus; elles sont plus petites et plus savoureuses en eau froide car leur croissance est plus lente. La crevette naît mâle puis devient femelle après avoir fécondé des œufs, habituellement entre 18 et 30 mois; cette transformation peut cependant prendre jusqu'à cinq ans dans les eaux particulièrement froides, au Groenland par exemple. Les crevettes sont rarement commercialisées vivantes car elles sont trop fragiles; on les traite immédiatement sur les bateaux, en les recouvrant de glace ou en les congelant.

VALEUR NUTRITIVE

La chair est maigre, ferme et de saveur variable selon les espèces; les plus courantes sur le marché ont très bon goût. Elle contient 18,8 g de protéines, 0,8 g de matières grasses, 1,5 g d'hydrates de carbone et 91 calories/100 g. Elle est riche en vitamines et en sels minéraux, notamment en potassium, en phosphore, en magnésium et en iode. Elle renferme du cholestérol (100 à 150 mg/100 g), soit environ la moitié de ce que fournit un œuf. La crevette a souvent un goût d'eau de Javel parce qu'elle est presque toujours traitée à l'aide d'additifs qui en prolongent la fraîcheur. Le bisulfite de sodium est fréquemment utilisé; ce produit est controversé car il peut causer des réactions allergiques (notamment nausées, urticaire, diarrhée et crises d'asthme); les personnes asthmatiques sont particulièrement exposées.

ACHAT

Les crevettes sont commercialisées par grosseur; les plus grosses sont plus chères. Elles sont disponibles crues ou cuites, décortiquées ou non, fraîches, congelées ou en conserve. Éviter les crevettes qui sentent l'ammoniaque, qui sont parsemées de taches noires, particulièrement là où la tête a été enlevée, et qui sont visqueuses. S'informer si les crevettes vendues fraîches ne sont pas en réalité des crevettes décongelées; c'est très important entre autres parce qu'il ne faut pas les recongeler. Les crevettes cuites doivent avoir la queue repliée, signe qu'elles étaient bien vivantes au moment de la cuisson. Elles doivent aussi être fermes car plus elles sont molles, moins elles sont fraîches. Quand on les achète congelées (séparées individuellement ou prises en bloc), rechercher des crevettes non recouvertes de neige, ni desséchées par la «brûlure» de la congélation; s'assurer que les crevettes en bloc n'ont pas subi une décongélation. Pour un maximum de saveur, il est préférable de ne pas acheter de crevettes décongelées car on ignore comment elles ont été dégelées et depuis combien de temps; or les crevettes sont meilleures si elles n'ont pas totalement décongelé ou si elles sont décongelées lentement au réfrigérateur.

Les crevettes sont souvent mises en conserve; c'est pratique, mais la saveur y perd beaucoup. Depuis 1983 sont apparues sur le marché nord-américain des crevettes restructurées: de la chair de crevettes est pilée, hachée, puis injectée à haute pression dans un appareil qui la chauffe 6 secondes, faisant se dilater et s'agglomérer les protéines. Il en ressort de grosses crevettes qui sont par la suite panées (ça cache tout!) et congelées. Cette machine produit 38 000 crevettes à l'heure. Ce n'est pas un hasard si des restaurants offrent maintenant des crevettes à volonté ou à très bas prix.

CUISSON   Les crevettes sont très souvent cuites à l'eau bouillante ou au court-bouillon. On se sert d'eau de mer ou d'eau douce fortement salée [30 ml (2 cuillerées à soupe) de sel par litre]. Le court-bouillon peut consister simplement en de l'eau salée agrémentée d'une rondelle de citron et d'un peu de thym, tout comme il peut varier selon le goût et l'inspiration du moment. Amener le liquide choisi à ébullition, ajouter les crevettes, couvrir la casserole, éteindre le feu et laisser cuire de 3 à 5 minutes s'il s'agit de petites crevettes fraîches (le temps de cuisson des crevettes plus grosses ou non dégelées est plus long). Pour vérifier si la cuisson est à point, prendre une crevette, la passer sous l'eau froide puis y goûter. Une fois la cuisson terminée, égoutter immédiatement et passer les crevettes sous l'eau froide, ce qui arrête la cuisson et protège la saveur. Cette cuisson s'applique aux crevettes autant décortiquées que non décortiquées.

PRÉPARATION   Décortiquer une crevette, c'est lui ôter sa carapace. Une façon de procéder quand la crevette est entière consiste à prendre la tête d'une main et le corps de l'autre, puis de tirer pour que la tête s'arrache en entraînant la carapace; on enlève ensuite les parties qui n'auraient pas suivi. Avec une crevette sans tête, on peut entailler la carapace avec des ciseaux avant de l'éplucher ou simplement l'éplucher telle quelle. Une crevette dégelée est moins facile à décortiquer; il vaut mieux procéder quand la crevette est encore légèrement congelée.

La carapace donne un excellent bouillon qui peut servir pour cuire les crevettes. Recouvrir les carapaces d'eau bouillante et laisser mijoter une dizaine de minutes, puis filtrer le liquide avant d'y plonger les crevettes. Les carapaces non cuites peuvent aussi être moulues puis incorporées à du beurre, qu'elles aromatisent agréablement.

La crevette peut être cuite telle quelle mais elle est souvent déveinée, c'est-à-dire débarrassée de son intestin, une veine foncée située sur son dos. Pour l'enlever, effectuer une incision parallèle à la veine avec la pointe d'un couteau puis retirer l'intestin. À la cuisson, la chair devient rosée et opaque. Un kilo de crevettes ne donne que 500 g de chair cuite car une crevette entière, crue et non décortiquée, subit 50 % de perte: 25 % causée par la cuisson, 25 % par les déchets.

UTILISATION   La crevette peut être cuisinée de multiples façons. Elle est délicieuse chaude ou froide. Il est important de ne pas trop la cuire sinon elle devient dure et caoutchouteuse. Elle peut remplacer d'autres crustacés dans la plupart des recettes. C'est un ingrédient de base dans la cuisine de plusieurs pays du Sud-Est asiatique, où elle devient même un condiment qui peut prendre diverses formes: séché, en poudre, en saumure et en purée.

CONSERVATION   Conserver la crevette au réfrigérateur ou au congélateur.

CROSNE

Stachys sieboldii, **Labiacées**

Noms anglais: *crosne, chinese artichoke, chorogi,*
japanese artichoke, stachys

Plante potagère vivace originaire de Mandchourie ou du Japon. Ce légume tubéreux fut cultivé intensivement en France au début du siècle, dans un village nommé Crosne, nom qui lui resta. Il n'est plus guère consommé en Europe et il est très mal connu en Amérique du Nord; il est beaucoup plus apprécié en Asie.

Le crosne pousse sur une plante formée de tiges qui atteignent de 30 à 45 cm de haut; elles sont ornées de rudes feuilles ovales et boursouflées d'un vert terne. Les tubercules de couleur jaune crème sont noueux, plus ou moins cylindriques et une mince peau comestible les recouvre; ils mesurent entre 5 et 8 cm de long et ont entre 1,5 et 2 cm de diamètre. Leur goût très fin et légèrement sucré rappelle le salsifis ou l'artichaut (en anglais, on nomme ce légume «artichaut chinois» ou «artichaut japonais»). Le crosne se dessèche et perd facilement sa saveur; il est meilleur fraîchement cueilli.

VALEUR NUTRITIVE   Les crosnes contiennent 2,7 g de protéines, 17,3 g d'hydrates de carbone et 80 calories/100 g.

ACHAT   Rechercher des crosnes fermes, non ridés et aux extrémités de couleur uniforme.

UTILISATION   Il est préférable de ne pas peler ce légume; d'ailleurs il n'est pas facile à éplucher vu sa forme noueuse. Pour le nettoyer, la façon la plus aisée consiste à le mettre dans un sac ou un linge rempli de gros sel, à le secouer vigoureusement puis à le rincer. Il est souvent préalablement blanchi (2 minutes) et est utilisé comme la pomme de terre, le topinambour ou le salsifis. On peut le faire bouillir, l'étuver, le frire, le confire dans le vinaigre et le mettre en purée; on l'emploie dans les salades ou on peut le combiner à d'autres légumes d'accompagnement.

CONSERVATION   Le crosne est assez fragile puisqu'il s'assèche rapidement. Éviter de le laisser séjourner longtemps à la température de la pièce.

CROSSES DE FOUGÈRES

Polypodiacées

Noms anglais: *fiddlehead fern, brake, bracken*

Jeunes pousses comestibles de certaines espèces de fougères. Les crosses de fougères ont la forme des têtes de violon, nom que retient l'anglais pour les désigner *(fiddle head)*; cette appellation imagée est parfois utilisée incorrectement en français. Il existe plusieurs milliers d'espèces de fougères mais seules quelques-unes sont comestibles. La **fougère-à-l'autruche** *(Matteuccia struthiopteris)* en est une; on cueille ses frondes (ou feuilles) lorsqu'elles sont toutes enroulées, distantes de 10 ou 15 cm du sol. Elles doivent être vertes et recouvertes de fines écailles brun rouille.

La grande fougère *(Pteridium aquilinum)*, également consommée, est très populaire au Japon et en Chine. Le gouvernement du Canada considère cependant cette plante comme non recommandable, depuis que des tests effectués sur des animaux révélèrent que cette fougère croissant en frondes solitaires peut contenir une substance cancérigène encore non identifiée. Son goût est d'ailleurs plus amer que celui de la fougère-à-l'autruche.

Si on cueille soi-même les crosses de fougères, s'assurer de bien identifier les fougères car les espèces non comestibles occasionnent des intoxications alimentaires; certaines sont même vénéneuses. Éviter les endroits pollués. La cueillette s'effectue au printemps, quand les jeunes crosses sont encore enroulées en forme de tête de violon et qu'elles ne dépassent pas 15 cm de hauteur. C'est d'ailleurs le moment où elles sont plus facilement identifiables. Cet état dure environ 15 jours. Il est très important de ne pas raser la plante complètement car elle ne peut plus se reproduire; ne récolter que 3 à 5 crosses par plante.

VALEUR NUTRITIVE

Les crosses de fougère contiennent 2,5 g de protéines, 0,3 g de matières grasses, 3,3 g d'hydrates de carbone et 20 calories/100 g. Elles sont riches en vitamine C, en fer et en potassium. Ce légume a une plus grande valeur nutritive que l'asperge à laquelle il est souvent comparé.

ACHAT

Les crosses de fougères s'achètent fraîches ou congelées. Les fraîches devraient être bien enroulées, d'un beau vert, posséder encore leurs écailles brunâtres et faire montre d'une certaine fermeté.

CUISSON

On ne consomme pas la tige, seulement les crosses et jamais quand elles sont devenues adultes. Avant de les cuire, bien les secouer pour les débarrasser de leurs écailles (les mettre dans un sac ou dans un linge) ou les ébouillanter, puis les laver soigneusement. Ne pas se surprendre si l'eau de cuisson a tendance à brunir. La cuisson à la vapeur ou à l'étuvée donne de très bons résultats; calculer entre 5 et 10 minutes, selon la tendreté désirée. Comme tous les légumes verts, éviter de les cuire à grande eau et d'ajouter du bicarbonate de soude (soda à pâte), qui rend la chlorophylle d'un vert douteux (voir cuisson des légumes, p. 295). Une cuisson prolongée les jaunira.

UTILISATION ET CONSERVATION

Les crosses de fougères peuvent remplacer l'asperge et donnent de délicieuses soupes, omelettes, salades, sauces, etc. Étant assez fragiles, elles se conservent environ une journée. Les réfrigérer le plus vite possible pour arrêter leur maturation et les mettre dans un contenant ouvert pour qu'elles ne fermentent pas. Blanchies, les crosses se conservent de 2 à 3 jours. Elles se congèlent bien après un blanchiment de 2 à 3 minutes. Les cuire sans les décongeler.

CRUSTACÉS

Noms anglais: *shellfish, seafood*

Les crustacés sont des animaux aquatiques; la plupart habitent la mer (crabe, crevette, homard, langouste, langoustine); l'écrevisse et certaines crevettes vivent en eau douce. Les crustacés se distinguent des autres fruits de mer par le fait qu'ils sont recouverts d'une carapace plus ou moins rigide selon les espèces, qui tombe à la mue quand l'animal grandit pour repousser aussitôt. Cela s'effectue plusieurs fois au cours de leur vie.

Tous les crustacés sont munis de cinq paires de pattes. Chez la plupart (homard, crabe, écrevisse, langoustine), une paire est beaucoup plus développée et se termine d'un côté par un étau puissant, de l'autre côté par des pinces en dents de scie, qui servent à broyer la nourriture et qui sont placées indifféremment à gauche ou à droite. Les pattes de la crevette, de l'écrevisse et de la langouste sont généralement d'égale grosseur et se terminent par des pinces (des crochets pour la langouste). La cage thoracique des crustacés est soudée à la tête et s'appelle «coffre»; les pattes y sont rattachées, les yeux, la bouche et les antennes y sont également logés. Chez l'écrevisse, le homard, la langouste et surtout la langoustine, une de ces paires d'antennes est très longue. Les crustacés se déplacent en marchant, la plupart au fond de la mer. Le crabe s'aventure sur les plages et peut se mouvoir très vite, même latéralement. L'écrevisse peut reculer, d'où l'expression marcher comme une écrevisse.

Les femelles se distinguent des mâles par une sorte de palme ou de nageoire placée sous le coffre, qui sert à retenir les œufs. Chez le mâle, cette partie qui n'a pas la forme de nageoire est plus fine et plus rigide. Les œufs («corail») de couleur rouge sont comestibles.

VALEUR NUTRITIVE Les crustacés sont une excellente source de protéines et de sels minéraux tout en étant pauvres en matières grasses; plusieurs contiennent du cholestérol. Comme les mollusques, ils ne sont comestibles que s'ils proviennent d'endroits non pollués, et ils peuvent causer de l'allergie à certaines personnes (voir mollusques, p. 344).

ACHAT Le crustacé vivant doit être lourd, vigoureux (le homard marche, le crabe replie ses pattes énergiquement), d'odeur agréable et avoir une carapace intacte. S'il est conservé dans de la glace concassée, il doit avoir une carapace exempte de taches verdâtres ou noirâtres, l'œil brillant et la chair ferme d'odeur agréable. S'il est cuit, l'odeur est aussi un bon critère de fraîcheur. En outre, la chair doit être ferme, car elle s'amollit en vieillissant. Si la queue est repliée, c'est signe que l'animal était encore vivant lorsqu'il a été cuit. Cru ou cuit, le crustacé peut avoir été décongelé; s'en assurer si ce n'est pas indiqué, car il ne doit pas être recongelé et il se conserve moins bien. S'il est surgelé (cru, cuit ou cuisiné), sa fraîcheur se vérifie par l'absence de neige, de cristaux de glace ou de dessèchement («brûlure» de congélation).

Les crustacés doivent être vivants jusqu'au moment de leur cuisson sinon ils peuvent devenir toxiques. Quand c'est possible, il peut être plus intéressant de les cuire soi-même, on s'assure ainsi que l'animal est réellement vivant avant la cuisson.

CUISSON   Presque tous les crustacés changent de couleur et rosissent quand ils sont plongés dans l'eau bouillante; l'effet de la chaleur fait ressortir le pigment rouge (carotène) qui n'était auparavant qu'un pigment parmi les autres. La cuisson à l'eau bouillante est très simple et demande peu de préparation, si ce n'est de remplir les éventuels trous sur la carapace avec de la mie de pain triturée. Il s'agit ensuite de plonger l'animal la tête la première; il meurt ainsi instantanément, souffre moins longtemps et la chair en est plus tendre. Le temps de cuisson varie selon le crustacé; veiller à ne pas dépasser le temps indiqué dans les recettes sinon la chair de l'animal durcit et perd de la saveur.

Une technologie mise au point par les Japonais permet de fabriquer de la chair artificielle de crustacés. Le marché est graduellement envahi par des imitations de crevette, de crabe, de homard, et par une foule de produits préparés à partir de cette chair (voir kamaboko, p. 271).

CONSERVATION   Les crustacés se conservent au réfrigérateur ou au congélateur. Certains, tel le homard, sont souvent mis dans des viviers.

CUMIN

Cuminum cyminum, **Ombellifères**
Nom anglais: *cumin*

Plante aromatique annuelle originaire d'Asie centrale. Le cumin est connu depuis des temps immémoriaux; il fut et demeure populaire auprès des peuples du Moyen-Orient. Sa tige fragile et ramifiée atteint de 30 à 50 cm de haut. Ses feuilles découpées en de fines lanières ressemblent à celles du fenouil. Ses fleurs blanches ou rosées sont groupées en ombelles comportant de 5 à 6 rayons; chacune donne deux petites graines oblongues et striées, recouvertes de petits poils durs de couleur brunâtre. Ces graines, qui sont fréquemment confondues avec celles du carvi, ont une forte odeur et une saveur chaude et pénétrante qui ne plaît pas toujours. Il faut souvent s'y habituer en ne les utilisant qu'avec parcimonie.

VALEUR NUTRITIVE

Le cumin est riche en fer, en calcium, en magnésium et en potassium. Il aurait les mêmes propriétés médicinales que l'anis. En tisane, mettre 15 ml (1 cuillerée à soupe) par tasse d'eau (240 ml), faire bouillir 2 à 3 minutes, puis laisser infuser 10 minutes.

UTILISATION

Le cumin est utilisé de la même façon que le carvi et les cuisines arabe, indienne et mexicaine en font un grand usage. Il aromatise fromages, marinades, œufs, légumineuses, saucisses, riz, tomates, tartes, pâtisseries et pains. C'est un des ingrédients de la poudre chili et du cari. Les Arabes attribuent une valeur aphrodisiaque à une pâte liquide formée de ses graines broyées, accompagnées de poivre et de miel. Il est préférable d'acheter les graines entières, elles ont plus de saveur que moulues.

CONSERVATION

Voir épices, p. 188.

CURCUMA
Curcuma longa, **Zingiberacées**
Nom anglais: *curcuma*

Plante herbacée vivace à rhizomes, qui viendrait de l'Inde et de la Malaisie. Cousin du gingembre, le curcuma pousse dans les pays tropicaux, notamment en Indochine et dans les Antilles; il en existerait 40 espèces. Son nom d'origine espagnole est dérivé de l'arabe *kourkoum* signifiant «safran». Il arrive d'ailleurs qu'on nomme cette épice «safran des Indes» car le curcuma a une propriété colorante identique à celle du safran, qui provient d'une substance nommée «curcumine», contenue dans le rhizome.

Le rhizome noueux de couleur jaune or est bouilli, séché puis épluché et réduit en poudre. C'est sous cette forme que l'on retrouve sur le marché cette épice fortement aromatique, au goût piquant, un peu amer, fort différente du safran.

VALEUR NUTRITIVE

Le curcuma est riche en nutriments divers, notamment en protéines, en hydrates de carbone, en vitamine C, en fer et en potassium. On le dit antispasmodique, digestif et diurétique. Il peut être employé en application externe contre les rhumes, les engorgements laiteux, les plaies et les maladies de peau.

UTILISATION

À cause de sa forte saveur, on emploie le curcuma à dose modérée pour éviter qu'il ne masque le goût des autres aliments. On l'utilise rarement tel quel; il est meilleur en sauce, qui l'adoucit. Cet aromate est populaire dans le sud-est asiatique, où il colore et assaisonne une grande quantité de plats (lentilles, riz, soupes, poissons, crustacés, etc.). Il est un des principaux éléments du garam massala et des currys indiens. Les Anglais, qui ont colonisé l'Inde, ont intégré le curcuma dans leur cuisine; ils le mettent dans des boissons, confiseries, moutardes, marinades, produits laitiers, etc.

CONSERVATION   Voir épices, p. 188.

CYNORRHODON

Rosa spp, **Rosacées**
Nom anglais: *rose hips*

Fruit de l'églantier, un rosier sauvage. L'églantier se différencie des autres rosiers par le fait que ses fleurs donnent naissance à un fruit charnu, légèrement allongé et d'un rouge-orangé. Le cynorrhodon est assez peu agréable à manger cru car il a un goût fade et cotonneux. C'est un faux fruit; ce n'est qu'un réceptacle poilu qui contient un tissu jaunâtre passablement sucré, rempli de graines (akènes) et recouvert de poils piquants (ces derniers sont à l'origine du surnom de «gratte-cul» utilisé en Europe). On le cueille après quelques bonnes gelées.

VALEUR NUTRITIVE   Riche en vitamines A, B et surtout C, le cynorrhodon renferme des tannins, ce qui le rend astringent. On le dit antidiarrhéique, antianémique, diurétique, tonique, calmant et vermifuge.

UTILISATION   Le cynorrhodon se transforme en confiture, gelée, sirop, jus, eau de vie ou tisanes qu'il colore de rouge. Avant de le cuire tel quel ou écrasé, le faire tremper préalablement au moins toute une nuit, puis le passer au presse-purée pour le débarrasser de ses graines et de ses poils. En tisane, les baies entières ou concassées sont bouillies 5 minutes à raison de 5 ml (1 cuillerée à café) par tasse d'eau (240 ml).

CONSERVATION   Le cynorrhodon se conserve au réfrigérateur.

DATTE

Phoenix dactylifera, **Palmacées**
Nom anglais: *date*

Fruit du dattier, arbre originaire du Moyen-Orient. Le dattier fait partie de la grande famille des palmiers et pousse dans les pays chauds et humides. Il est à la fois mâle et femelle et s'autoféconde. Il peut atteindre plus de 30 m de haut et produire chaque année 1 000 dattes ou même plus, regroupées dans des régimes pouvant peser jusqu'à 18 kg chacun. Son importance chez les peuples méditerranéens est considérable et ce, depuis les temps anciens; on le nomma même «arbre de vie» et on en trouve mention dans la Bible. Ses fruits, ses bourgeons et sa sève peuvent être consommés, ses fibres entrent dans la fabrication de tissus et ses noyaux servent de combustible ou de tourteau qui alimente moutons et chameaux. L'Algérie, l'Irak et les États-Unis sont les plus grands pays producteurs.

La datte est une baie de forme allongée et étroite; le mot datte est d'ailleurs dérivé du terme grec *daktulos* signifiant «doigt». Sa chair enrobe un petit noyau, qui est en fait un albumen corné. De couleur verte lorsqu'elle est immature, elle devient ambrée ou brunâtre à mesure qu'elle mûrit. Sa saveur, sa teneur en sucre et sa consistance sont variables; les dattes sont habituellement classées en dattes molles, semi-molles ou fermes. Il en existe plus de 100 variétés, dont seulement quelques-unes ont une importance commerciale; aux États-Unis ce sont la *Neglet Noor*, la Medjool, la Khadrawi, la Zahidi, la Halawi et la Bardhi. Neglet Noor signifie en arabe «doigt de lumière»; c'est une des variétés les plus appréciées mondialement, elle représente 85 % de la production américaine.

VALEUR NUTRITIVE

Les dattes sont nourrissantes, surtout à cause de leur haute teneur en hydrates de carbone. Fraîches, elles contiennent 1,5 g de protéines, 50 g d'hydrates de carbone et 225 calories/100 g. Séchées, elles renferment 3 g de protéines, 75 g d'hydrates de carbone et 275 calories/100 g. Les dattes sont riches en fibres, en calcium, en potassium et en fer. Elles sont souvent sulfurées et il arrive qu'on les enduise de sirop (de maïs ou autre) pour les garder humides, ce qui augmente leur teneur en sucre déjà très élevée.

ACHAT

Choisir des dattes dodues et bien colorées. Les dattes se vendent avec ou sans noyau.

UTILISATION

Les dattes peuvent être mangées telles quelles ou entrent dans la préparation de nombreux aliments. En Amérique du Nord, elles sont surtout associées aux mets sucrés (gâteaux, biscuits, carrés, muffins, céréales, etc.); ailleurs, dans les pays arabes par exemple, leur usage est plus diversifié puisqu'elles sont farcies, confites, distillées, mises dans les salades et les couscous, qu'elles accompagnent la volaille, etc. Les dattes étant très sucrées, on peut omettre ou fortement diminuer le sucre prévu dans les recettes. Il est possible de réhydrater les dattes en les faisant tremper quelques heures dans de l'eau.

On peut obtenir un sucre de dattes qu'on utilise de la même façon que les autres sucres; pour ce faire, dénoyauter et trancher les dattes, les mettre sans qu'elles se touchent sur une plaque à biscuits non graissée et les placer dans un four à 250 °C de 12 à 15 heures en ouvrant la porte de temps en temps pour que l'humidité s'échappe et pour vérifier l'état des dattes. Elles sont prêtes quand elles sont devenues dures comme le marbre. Après refroidissement, les moudre, par exemple dans un mélangeur (procéder lentement).

CONSERVATION   Pour éviter que les dattes continuent à se déshydrater, les conserver à l'abri de l'air et du soleil dans un endroit frais et sec; elles peuvent se garder de 6 à 12 mois, selon la variété. Mettre les dattes fraîches au réfrigérateur et bien les envelopper afin qu'elles n'absorbent pas les odeurs. Ne pas congeler les dattes car elles ont déjà été congelées habituellement lors du transport.

DINDE
Meleagris gallopavo, **Gallinacés**
Nom anglais: *turkey*

Oiseau de basse-cour, dont la tête et le cou, de couleur rouge violacé, sont dépourvus de plumes et présentent plusieurs protubérances. Vivant en Amérique depuis fort longtemps et domestiquée par les Aztèques, la dinde ne fut connue des Européens que lorsque les Espagnols débarquèrent dans le Nouveau-Monde; ils lui donnèrent le nom de «poule d'Inde» car ils se pensaient en Inde. D'abord servie sur les tables royales européennes, la dinde en vint à occuper une place importante dans la cuisine de plusieurs pays et finit même par remplacer l'oie de Noël, notamment en Angleterre. Aux États-Unis et au Canada, c'est le mets traditionnel non seulement de Noël mais aussi de l'Action de Grâces. On la sert farcie et accompagnée de gelée ou de confiture d'atocas, une variété d'airelles rouges. Les Jésuites furent les premiers à introduire la dinde en France où ils en firent l'élevage intensif; on prit l'habitude de nommer la dinde «jésuite», terme encore utilisé de nos jours.

La dinde sauvage a peu de chair, contrairement à la dinde d'élevage, devenue charnue par suite de nombreux croisements. La dinde domestiquée peut atteindre une taille dépassant 12 kg. On trouve sur le marché du dindonneau (mâle ou femelle), de la dinde et du dindon; on nomme dindonneau une volaille âgée de moins de 15 semaines et qui ne pèse pas plus de 4,5 kg. La dinde est tuée quand elle a autour de 17 ou 18 semaines et le dindon entre 20 et 26 semaines. En cuisine, on fait rarement la différence entre la dinde et le dindon.

La chair de la dinde est moins fine et plus sèche que celle du poulet. Plus l'animal est gros, moins il est savoureux. Si le dindon coûte souvent plus cher, c'est parce qu'il est plus coûteux à produire, non parce qu'il est meilleur. Sa chair est moins tendre, plus sèche et de saveur plus prononcée.

ACHAT
Ces volatiles sont généralement trop gros pour les besoins actuels, car les unités familiales sont plus restreintes qu'auparavant. Devant une baisse de son marché, l'industrie de la dinde a réagi en inventant toute une gamme de produits. On trouve maintenant, entre autres, de la dinde désossée, hachée, coupée en escalopes ou en cubes, façonnée en rôti (que l'on nomme également roulé) ou incorporée à toute une gamme de produits transformés (saucisse, saucisson, pastrami, salami, Kiel, Kolbassa, etc.). La dinde désossée peut être vendue sans peau, peut ne contenir que de la viande blanche ou un mélange de viande blanche et brune; elle peut aussi être cuite et fumée ou aromatisée à la saveur de jambon. Prêts à cuire ou à servir, ces produits sont surtout vendus congelés. Les personnes soucieuses de leur santé feraient mieux de lire attentivement les étiquettes posées sur ces produits, car un certain nombre contiennent des additifs (colorants, aromatisants, édulcolorants, glutamate monosodique, phosphate de sodium, etc.).

La dinde est aussi vendue farcie ou injectée de corps gras. L'injection de gras dans les chairs ajoute jusqu'à 3 % du poids; c'est payer chèrement un mélange qui a sur la santé des effets douteux, puisqu'il est le plus souvent à base de matières grasses fortement saturées (huile végétale hydrogénée, beurre). On peut obtenir de très bons résultats sans que la dinde soit injectée de corps gras, en la cuisant à des températures pas trop élevées et en arrosant la dinde durant la cuisson. Si on préfère une dinde imprégnée de gras, on peut le faire soi-même, ce qui permet de choisir un produit moins saturé.

L'élevage de la dinde s'apparente de plus en plus à celui du poulet; on vise à diminuer l'activité des dindes et à contrôler leur alimentation afin que le gain de poids s'effectue le plus vite possible, ce qui maximise les profits. Ces procédés influencent la valeur nutritive (voir volaille, p. 573).

VALEUR NUTRITIVE
La chair crue (blanc et brun) contient 22 g de protéines, 3 g de matières grasses et 119 calories/100 g (rôtie, elle renferme 29 g de protéines, 5 g de matières grasses et 170 calories/100 g). Si on inclut

la peau, on obtient 20 g de protéines, 8 g de matières grasses et 160 calories/100 g (rôtie, elle contient 28 g de protéines, 10 g de matières grasses et 208 calories/100 g). La dinde est riche en fer, en phosphore, en potassium, en sodium, en zinc et en vitamines du complexe B, notamment en niacine et en acide folique.

Environ 40 % du poids de la volaille entière est comestible; on obtient presque deux fois plus de chair blanche que de brune; la chair blanche est moins grasse, moins humide et généralement plus appréciée. On calcule que pour chaque kilogramme de chair non cuite, on obtient environ 400 g de viande cuite dont 250 g peuvent se servir tranchés.

CUISSON   Il est préférable de décongeler la dinde avant de la cuire; cela permet une cuisson plus uniforme. La décongélation idéale s'effectue au réfrigérateur; calculer environ 5 heures par kilogramme (voir volaille, p. 573). Il n'est pas prudent de cuire la dinde à basse température car les bactéries ne sont pas neutralisées assez rapidement. La température idéale se situe entre 150 et 160 °C.

Durée de cuisson (four à 160 °C)	Poids (kg)	Durée de cuisson pour rôtir (h)
Dinde entière	3	3 h 30 à 4 h 15
	4	4 à 4 h 45
	5	4 h 30 à 5 h 15
	7	5 h 15 à 6
	9	5 h 45 à 6 h 30
	11	6 h 15 à 7
Demi-dinde	2	2 h 30 à 3
	4	4 à 4 h 30
	6	4 h 30 à 5
Quart de dinde	2	3 à 3 h 30
	3	3 h 30 à 4
Pilons (6 morceaux)	1,3 à 1,5	1 h 30 à 1 h 45
Cuisses (6 morceaux)	1,7 à 1,9	1 h 30 à 1 h 45
Ailes (8 morceaux)	2 à 2,2	1 h 15 à 1 h 30
Demi-poitrine	0,8 à 1	1 h 45 à 2

UTILISATION   Le rôtissage est la préparation la plus classique, mais la dinde peut se préparer de multiples autres façons. En fait, presque toutes les préparations du poulet lui conviennent et généralement ces deux volatiles sont interchangeables.

CONSERVATION   Voir volaille, p. 573.

DOLIQUE

Vigna ou *dolichos spp*, **Légumineuses**
Nom anglais: *dolichos bean*

Nom commun des légumineuses du genre Vigna. Le terme «dolique» (ou «dolic») vient du grec *dolikhas*, signifiant «haricot». Il existe plusieurs variétés de doliques, dont le dolique à œil noir, le dolique asperge et le dolique d'Égypte.

Dolique à œil noir *(Vigna* ou *Dolichos sinensis)*. Appelé «cornille» en Europe et «blackeye pea» ou «cow pea» en anglais, le dolique à œil noir est probablement originaire de l'Inde où il est cultivé depuis fort longtemps. Son nom lui vient du fait que son hile (point d'attache à la gousse) forme une tache foncée, habituellement noire, parfois brune, rouge ou pourpre foncé selon les variétés, qui lui donne l'aspect d'un œil. Ce hile disparaît à la cuisson.

Il existe environ 7 000 variétés de doliques à œil noir, ce qui a une incidence notamment sur la couleur du haricot, qui peut être blanc, rouge, brun, noir, vert jaunâtre ou crème, uni, tacheté ou marbré. Le haricot pousse sur une plante annuelle qui peut mesurer plus de 80 cm de haut et qui croît dans les régions tropicales et subtropicales. Des gousses droites, spiralées ou courbées, qui mesurent de 4 à 7 cm de long, renferment de 2 à 12 graines lisses ou plissées, réniformes, globulaires ou légèrement rectangulaires.

VALEUR NUTRITIVE

Le dolique à œil noir séché contient environ 24 g de protéines, 2 g de matières grasses, de 55 à 66 g d'hydrates de carbone, 5 g de fibres et environ 300 calories/100 g. Les protéines sont dites incomplètes car elles sont déficientes en certains acides aminés (voir théorie de la complémentarité, p. 536).

UTILISATION

Immatures, les jeunes gousses du dolique sont comestibles et servent souvent de légume vert; les feuilles et les racines se mangent également. Le dolique à œil noir est très savoureux; il peut être consommé germé. Il cuit très rapidement et n'a pas besoin de trempage; vérifier le degré de cuisson après 45 minutes car le dolique se transforme facilement en purée.

CUISSON

Environ une heure. Dans la marmite à pression (à 103 kPa):
– avec trempage, environ 10 minutes,
– sans trempage, de 10 à 20 minutes.

Dolique asperge *(Vigna* ou *Dolichos sesquipedalis)*. Le dolique asperge pousse sur une plante grimpante qui atteint de 2 à 4 m de haut. Son lieu d'origine est incertain (Inde, Afrique ou Chine); il est surtout cultivé en Extrême-Orient et dans les Caraïbes car il préfère la chaleur. Les gousses droites ou crochues atteignent de 30 cm à 1 m de long. Elles contiennent de 15 à 20 graines réniformes et allongées, habituellement noires ou brunes, mesurant de 15 à 20 mm de long et de 8 à 12 mm de large; leur saveur est à mi-chemin entre celles du haricot et de l'asperge.

Dolique d'Égypte *(V.* ou *D. lablab).* Probablement originaire de l'Inde où il est consommé depuis très longtemps, le dolique d'Égypte est aussi apprécié en Afrique, en Amérique centrale, en Amérique du Sud et en Asie. Il pousse sur une plante tropicale et subtropicale qui mesure le plus souvent de 2 à 3 m de haut, mais qui peut atteindre jusqu'à 10 m. Les gousses souvent recourbées sont oblongues, plates ou enflées; elles mesurent de 5 à 20 cm de long et de 1 à 5 cm de large. Elles contiennent des graines plates et allongées, aux bouts arrondis, presque aussi larges que longues. Ces graines blanches, brunes, noires ou rouges, sont unies ou mouchetées, selon les variétés, estimées à près de 50; elles sont ornées d'un long hile blanc proéminent.

VALEUR NUTRITIVE Le dolique d'Égypte séché contient de 13 à 24 g de protéines, de 1 à 2 g de matières grasses, de 50 à 60 g d'hydrates de carbone, près de 7 g de fibres et environ 335 calories/l00 g. Il est riche en calcium, en phosphore et en niacine.

UTILISATION Séché puis moulu en farine, le dolique d'Égypte peut être incorporé au pain ou servir à la confection de boulettes mangées comme du gruau. On l'utilise en outre comme toutes les autres légumineuses et on peut le faire germer.

CONSERVATION Voir légumineuses, p. 304.

DORADE

Chrysophrys aurata ou *Stenotomus chrysops*, **Sparidés**
Autres noms et espèces: *daurade, pagre, pageot*
Noms anglais: *dorade, snapper, redbream, squire, cockney*

Poisson marin côtier fréquentant surtout les eaux tropicales de la Méditerranée, de l'Atlantique et de la mer Rouge, mais s'aventurant aussi près des côtes américaines. Son corps ovale et aplati sur les flancs donne l'impression d'être allongé, alors qu'il est plutôt trapu. Il est recouvert de nombreuses et grandes écailles. Sa tête est volumineuse, ses yeux, gros, son front, busqué, et sa bouche, petite; il a de fortes dents dont il se sert pour broyer les coquillages. Il peut atteindre de 30 à 60 cm de long et peser jusqu'à 7 kg, mais il est habituellement plus petit. Les épines de ses nageoires sont très dures. Sa couleur est variable. La dorade royale et la dorade grise sont parmi les meilleures espèces tandis que la dorade rose est beaucoup moins intéressante; il faut d'ailleurs s'en méfier car il arrive qu'on la vende pour du grondin ou du rouget tout en majorant son prix.

VALEUR NUTRITIVE

La dorade contient 17 g de protéines, 1 g de matières grasses et 77 calories/100 g. La chair blanche et maigre est très savoureuse.

PRÉPARATION

La peau de la dorade est plutôt épaisse; elle est recouverte de grandes écailles collantes, désagréables à enlever car elles volent dans toutes les directions (il faut souvent compléter le travail du poissonnier à la maison). Pour éviter d'écailler le poisson, le couper en filets puis tirer sur la peau qui vient facilement, les écailles disparaissant avec elle. Si on pêche soi-même la dorade, il est important de l'écailler le plus tôt possible. La dorade a beaucoup d'arêtes. Il est possible d'en enlever quand elle est dépouillée et mise en filets; il s'agit de les repérer avec les doigts et de les retirer en prenant soin de ne pas endommager la chair.

UTILISATION

Ce poisson peut s'apprêter de toutes les manières, les plus simples étant les meilleures. C'est un des préférés pour la préparation du sashimi ou du ceviche.

CONSERVATION

Voir poissons, p. 429.

DORÉ

Stizostedion spp, **Percidé**s

Autres noms et espèces: *doré jaune* ou *commun, doré noir, doré bleu, sandre*

Noms anglais: *walleye, pike perch, zander*

Poisson recherchant les eaux fraîches tempérées des lacs et des grandes rivières. Son long corps est à peine aplati. Sa bouche est large, sa mâchoire, robuste et sa dentition, fournie. Le doré se distingue du brochet, avec lequel il est souvent confondu, par le fait qu'il possède deux nageoires dorsales (le brochet n'en a qu'une). Le doré noir et le doré jaune sont les plus courants au Canada.

Le doré noir *(S. canadense)* possède un corps cylindrique plutôt robuste. Son museau, caractéristique des dorés, est long et pointu. Ce doré peut atteindre de 25 à 40 cm de long. Son dos est coloré de brun ou de gris et ses flancs sont jaunes, marbrés de brun foncé. Le **doré jaune** *(S. vitreum)* a la tête plus haute et le corps moins mince que le doré noir. Ses yeux sont plus grands et plus foncés. C'est le plus grand de la famille des perches. Il atteint de 33 à 50 cm de long et peut peser plus de 3 kg. Sa peau brun olivâtre ou brun foncé est marbrée de jaune ou d'or et de lignes obliques plus ou moins floues. Il se distingue du doré noir, dont les joues sont recouvertes d'écailles rugueuses, par ses joues lisses.

La chair blanche et maigre est ferme et savoureuse; elle contient 18 g de protéines, 1 g de matières grasses et 90 calories/100 g. La chair du doré jaune est plus ferme et plus délicate que celle du doré noir.

**ACHAT
ET
UTILISATION**

Le doré est vendu entier ou en filets frais ou congelés. Il s'apprête de la même façon que la perche ou tout autre poisson à chair ferme. Ce poisson est souvent contaminé par divers résidus, surtout le doré jaune. La contamination varie en fonction de l'âge du poisson et de son habitat. Plus un poisson est âgé, donc gros, plus la concentration de résidus est élevée. Il est préférable de limiter la consommation de doré, à moins de savoir qu'il provient d'un habitat non pollué. Au Québec, le ministère de l'Environnement recommande de ne pas manger plus de 230 g de doré par semaine.

CONSERVATION

Voir poissons, p. 429.

ÉCHALOTE

Allium ascalonicum, **Liliacées**
Nom anglais: *shallot*

Plante potagère dont le nom scientifique *(ascalonicum)* est dérivé d'une ville de l'ancienne Palestine, Ascalon; il semble cependant qu'elle serait originaire du Turkestan. Cette plante à bulbe,
voisine de l'ail et de l'oignon (possiblement un croisement des
deux), est parfois considérée comme une simple variété d'oignons.
Elle ressemble à l'ail parce qu'elle a entre 2 et 15 caïeux et s'apparente à l'oignon par la couleur et la texture de sa peau extérieure.
Vivaces mais traitées comme annuelles, les variétés les plus cultivées sont:

- **l'échalote grise**, petite, de forme ovale, à peau grise et à
  tête violacée, à chair ferme et piquante;
- **l'échalote de Jersey**, ronde, à pelure rosacée, à chair veinée
  et moins piquante;
- **l'échalote cuisse de poulet**, aux bulbes allongés qui rappellent la cuisse de cet animal.

Comme l'oignon, l'échalote est cueillie lorsque ses feuilles
flétrissent puis elle est mise à sécher. Sa saveur est plus parfumée
et plus subtile que celle de l'oignon et moins âcre que celle de l'ail.
Employée comme condiment, elle aurait des effets stimulants et
apéritifs. Elle imprègne peu l'haleine.

VALEUR NUTRITIVE   L'échalote contient 2,5 g de protéines, des matières grasses à
l'état de traces, 17 g d'hydrates de carbone et 72 calories/100 g.

UTILISATION   On utilise l'échalote surtout pour donner une touche raffinée
aux aliments (sauces, salades, vinaigrettes, beurres, poissons, etc.).
Elle s'avère plus digestible après la cuisson que l'oignon. Ses tiges
vertes sont savoureuses et peuvent être utilisées au printemps
comme la ciboulette. Les caïeux entiers peuvent aromatiser le vinaigre; les y laisser macérer une quinzaine de jours.

CONSERVATION   L'échalote se conserve comme l'ail ou l'oignon.

ÉCREVISSE

Astacus spp, **Crustacés**
Autres noms et espèces: *écrevisse à pattes blanches,
à pattes rouges, à pattes grêles, etc.*
Noms anglais: *crayfish, crawfish*

Crustacé qui ressemble beaucoup au homard, tout en étant plus
trapu et beaucoup plus petit. L'écrevisse possède 5 paires de
pattes, dont une paire plus volumineuse est munie de pinces; elle
est vorace et belliqueuse. Elle aime bien se cacher sous les pierres
et se déplace souvent de reculons. Il existe environ 330 espèces

d'écrevisses qui prennent des colorations diverses (brun, verdâtre, etc.). L'écrevisse atteint selon les espèces entre 6 et 14 cm de long; celles le plus couramment commercialisées mesurent environ 10 cm; peu d'espèces atteignent cette taille. On peut en faire l'élevage.

VALEUR NUTRITIVE

La chair d'un blanc rosé est maigre et délicate; elle est plus ou moins compacte selon les espèces. Elle contient 15 g de protéines, 0,5 g de matières grasses, 1 g d'hydrates de carbone et 72 calories/100 g; elle est riche en potassium, en calcium et en cuivre.

ACHAT

L'écrevisse est commercialisée vivante, cuite, congelée ou en conserve. À l'achat, s'assurer qu'elle est bien vivante, bien fraîche ou, si elle est cuite, qu'elle était vivante au moment de la cuisson (voir crustacés, p. 174).

CUISSON ET UTILISATION

Avant de cuire l'écrevisse, il est nécessaire de retirer l'intestin qui lui confère un goût amer; tirer doucement sur la petite nageoire sous la queue, l'intestin devrait suivre, sinon l'enlever en faisant une incision longitudinale avec la pointe d'un couteau. Cette opération s'effectue seulement au moment de la cuisson car si elle est faite trop tôt, l'écrevisse perd de la saveur. Ce crustacé est cuit (environ 10 minutes) et apprêté comme le homard et la crevette qu'il peut remplacer dans la plupart des recettes. On ne mange que la queue de l'écrevisse, les pinces contenant trop peu de chair. Broyées, les pinces peuvent cependant servir pour aromatiser un court-bouillon.

CONSERVATION   Voir crustacés, p. 174.

ÉPERLAN

Osmerus spp, **Osméridés**

Autres noms et espèces: *éperlan d'Amérique* ou *arc en ciel* (O. mordax), *éperlan à petite bouche* (Hypomesus olidus), *éperlan d'hiver* (O. thaleichthys), *capelan* (Mallotus villosus), *eulachon, capucette*
Noms anglais: *smelt, sparling*

Petit poisson mince au corps allongé qui vit dans les eaux tempérées ou froides des mers; il atteint de 15 à 25 cm de long. L'éperlan fait partie d'une famille qui compte plusieurs genres et espèces, dont le capelan, différent de celui qui vit dans la Méditerranée *(Trisopterus)* et qui appartient à la famille des Gadidés. Il a une grande bouche munie de fortes dents; sa mâchoire inférieure est passablement proéminente. Sa peau fine et transparente est ornée d'une bande argentée et peut prendre diverses colorations; elle est recouverte de minces écailles. Comme la truite ou le saumon, auxquels il ressemble d'ailleurs beaucoup, l'éperlan va frayer en eaux douces. Lors du frai, les éperlans se déplacent en bancs tellement serrés qu'on peut les ramasser au panier; leurs lieux de prédilection sont les plages, qu'ils envahissent surtout la nuit.

VALEUR NUTRITIVE ET UTILISATION

La chair est blanche, fine, savoureuse et plutôt grasse; elle contient 14 g de protéines, 1,7 g de matières grasses et 93 calories/100 g. Tout dans ce poisson peut être mangé: la tête, les arêtes, la queue, les œufs et les gonades. Très souvent, l'éperlan est simplement vidé, cuit à la poêle et consommé entier. Les gros spécimens sont plus faciles à cuisiner de façon élaborée.

CONSERVATION

L'éperlan est vendu frais ou congelé, légèrement fumé, salé ou séché. Le capelan est plus rare car on l'utilise beaucoup comme fourrage. Congelé, l'éperlan se conserve environ 6 mois.

ÉPICES et FINES HERBES

Noms anglais: *herbs, spices*

Substances et plantes aromatiques utilisées depuis des temps immémoriaux à des fins médicinales et culinaires. Dans le langage populaire, le mot «épice» englobe le plus souvent les termes «fine herbe», «aromate», «condiment» et «assaisonnement». Il n'est pas rare non plus de voir des sens différents assignés à ces mots. Plus spécifiquement, le terme «épice» désigne des substances aromatiques provenant de plantes tropicales. Il fut un temps où il englobait toute substance exotique rare venant d'Orient (girofle, sucre, café, etc.). Par «fine herbe», on entend généralement des plantes vertes et potagères croissant dans les régions tempérées.

Les épices peuvent provenir des fruits de la plante (piment de la Jamaïque, poivre), des graines (muscade, pavot), des racines (gingembre, curcuma) ou de l'écorce (cannelle). Anciennement, les épices furent utilisées pour masquer le goût déplaisant des aliments faisandés qui résistaient mal aux conditions précaires de conservation; on s'en servait également pour relever la saveur des mets et pour leurs propriétés médicinales.

Les fines herbes sont constituées habituellement des feuilles ou des graines de plantes cultivées couramment dans les potagers. Ces herbes généralement vertes sont pour la plupart divisées en 2 grandes familles comportant les Labiées (ou Labiacées) (basilic, marjolaine, mélisse, menthe, origan, romarin, sarriette, sauge, thym), qui doivent leur nom au fait que l'ensemble de leurs pétales forme 2 lobes qui ressemblent à des lèvres, et les Ombellifères (aneth, angélique, anis, carvi, cerfeuil, coriandre, cumin, fenouil, persil), qui ont des fleurs en ombelles.

Les fines herbes ont souvent un terme latin spécifique apposé à leur terme générique, terme qui met en évidence un aspect particulier de la plante; ainsi, *officinale* s'applique aux plantes manipulées par les apothicaires, *fragans* et *odorata* aux plantes aromatiques, *tinctoria* aux plantes colorantes et *sativus* aux plantes cultivées par opposition aux plantes sauvages.

VALEUR NUTRITIVE

Épices et fines herbes contiennent divers éléments nutritifs en quantité variable. Presque toutes sont riches en fibres. Les herbes sont particulièrement bien pourvues en sels minéraux; certaines, tels le cumin, le clou de girofle, les graines de céleri, l'aneth, la coriandre et le persil déshydraté, contiennent passablement de sodium. Les épices sont plus riches en matières grasses que les herbes.

De nombreuses propriétés médicinales sont attribuées aux épices et aux fines herbes. Certaines sont incontestées, d'autres sont moins évidentes; ces constatations compilées au fil des siècles font partie de l'héritage qui se transmet oralement de génération en génération. La science ne reconnaît guère cette sagesse populaire; il arrive assez souvent cependant qu'elle confirme des croyances, quand elle se penche sur le sujet. La phytothérapie a fait sienne cette connaissance séculaire et soigne par les plantes, surtout sous forme d'infusions et de décoctions. En cuisine, épices et fines herbes sont utilisées presque toujours en quantités insuffisantes pour que les actions médicinales et nutritives soient efficaces; leur rôle primordial est donc aromatique.

ACHAT

Les épices sont presque toujours vendues moulues, ce qui augmente le risque d'oxydation et cause une perte de saveur. Il vaut mieux les acheter entières car elles conservent leur pouvoir aromatique beaucoup plus longtemps; on ne les moud alors qu'au moment de l'utilisation.

Les fines herbes s'achètent fraîches ou séchées. Les herbes séchées sont disponibles entières, en flocons ou en poudre. Il est préférable de les acheter entières ou en flocons, car en poudre elles peuvent contenir des matières étrangères et elles s'éventent plus rapidement. Pour s'assurer d'un maximum de fraîcheur, se les procurer là où le roulement de la marchandise est rapide; il vaut mieux opter pour de petites quantités car la plupart des herbes perdent rapidement leur saveur.

PRÉPARATION

Pour mieux profiter des herbes fraîches, les couper finement car plus la surface exposée à l'air est grande, plus la saveur transmise est corsée. L'outil idéal à cette fin est le ciseau. Toujours écraser brièvement les fines herbes séchées entre les paumes des mains avant de les utiliser, la chaleur réveille la saveur. On peut aussi mettre à tremper (dans de l'eau, du lait, de l'huile, etc.) herbes séchées et épices environ 1/2 heure ou les faire revenir quelques instants dans un corps gras. L'utilisation d'un mortier est bien pratique pour réduire épices et fines herbes en poudre.

UTILISATION

Il n'y a presque aucune limite quant au champ d'utilisation des herbes et épices, sinon les goûts et préférences de chaque personne. Ne pas craindre d'innover, de sortir des sentiers battus. Même si certaines herbes sont traditionnellement associées à des aliments, par exemple le basilic à la tomate, l'estragon au vinaigre et au poulet, la menthe aux pois et à l'agneau, ces usages ne sont pas exclusifs. Au début, une certaine prudence est de mise jusqu'à ce que l'on connaisse bien les différents parfums et dosages.

Les herbes fraîches ont une saveur moins concentrée que les herbes séchées; elles aromatisent de 2 à 3 fois moins que les herbes entières ou en flocons et de 3 à 4 fois moins que les herbes moulues; 10 ml (2 cuillerées à soupe) d'herbes fraîches équivalent plus ou moins à 4 ou 5 ml (1 cuillerée à café) d'herbes émiettées et à 2 ml (1/2 cuillerée à café) d'herbes en poudre.

La température des plats auxquels on ajoute épices et fines herbes est un facteur à prendre en considération pour obtenir un maximum de saveur. La chaleur libère les huiles essentielles, donc la saveur et l'arôme, mais elle les fait ensuite disparaître rapidement. Pour la plupart des herbes, une cuisson prolongée est à déconseiller, surtout à forte ébullition et à découvert; les ajouter plutôt en fin de cuisson. Le contraire s'applique aux plats froids; il vaux mieux incorporer les assaisonnements longtemps à l'avance afin qu'ils aient le temps de transmettre leur parfum, car le froid inhibe quelque peu le développement des arômes.

CONSERVATION   Épices et fines herbes peuvent aider à diminuer la consommation de sel. Par exemple, remplacer la salière par un contenant rempli d'une herbe ou d'un mélange d'herbes, leur saveur masque l'absence de sel. Éviter le plus possible les mélanges commerciaux de sel aux fines herbes; d'une part, ils sont dispendieux, d'autre part, sauf exception, ils contiennent plus de sel que d'assaisonnement.

Les épices et herbes séchées se conservent dans des contenants hermétiques, placés dans un endroit sec et obscur, à l'abri du soleil et de la chaleur; le verre opaque est l'idéal. La pratique courante qui consiste à les placer près du four est décorative mais peu adaptée, car la chaleur et la perte d'humidité qu'elle entraîne diminuent leur pouvoir aromatisant.

Les fines herbes fraîches se gardent au réfrigérateur. Pour réduire les manipulations susceptibles d'abîmer les feuilles, ne les laver qu'au moment de les utiliser, sauf si elles sont très sales. Les envelopper pour retarder la perte de fraîcheur. Les herbes se congèlent facilement, entières ou hachées, non lavées si possible sinon bien essorées. Aucun blanchiment n'est nécessaire. On peut les utiliser non décongelées, c'est même souhaitable, la saveur étant plus prononcée.

La congélation est particulièrement bien adaptée pour les herbes qui supportent mal la déshydratation, tels le basilic, la ciboulette, le cerfeuil, la coriandre et le persil. Une astuce consiste à les mettre dans des cubes à glaçons et à les recouvrir d'eau ou de bouillon; ces cubes sont ajoutés par la suite aux soupes, sauces et ragoûts.

Une méthode de conservation ancienne consiste à recouvrir les herbes fraîches de sel; mises dans un contenant de verre ou de grès fermant hermétiquement, des rangées d'herbe hachée sont recouvertes de saumure puis placées dans un endroit frais. Éviter de saler les plats auxquels on ajoute cet assaisonnement.

Une pratique simple combine une méthode de conservation et une façon d'aromatiser; il s'agit de mettre à macérer des herbes fraîches dans du vinaigre, de l'huile ou de l'alcool. Le liquide absorbe l'arôme de l'herbe qu'il transmet aux aliments, ce qui permet de remplacer facilement de l'herbe quand elle n'est plus disponible ou qu'elle est dispendieuse.

ÉPINARD

Spinacia oleracea, **Chenopodiacés**
Nom anglais: *spinach*

Plante potagère annuelle, parfois bisannuelle, originaire d'Asie centrale, probablement de Perse. L'épinard croît dans la plupart des régions tempérées. La récolte s'effectue lorsque les feuilles sont jeunes, car vieilles elles deviennent coriaces et une tige florale apparaît. Selon les variétés, les feuilles sont froissées ou plates, ovales, rondes ou triangulaires et d'un vert plutôt foncé. Depuis que Catherine de Médicis quitta Florence en 1533 pour épouser le roi de France, les mets où figure ce légume prennent souvent le nom de «florentins» car la reine, qui adorait l'épinard, avait amené avec elle des cuisiniers italiens qui l'apprêtaient à toutes les sauces.

VALEUR NUTRITIVE   L'épinard cru contient 3 g de protéines, 0,3 g de matières grasses, 4 g d'hydrates de carbone, 0,6 g de fibres et 26 calories/100 g. Il est riche en fibres, en chlorophylle, en vitamines et en sels minéraux divers, notamment en carotène, acide folique, vitamine C, vitamine E, fer, potassium, magnésium, calcium, phosphore, soufre, chlore, cuivre et zinc. Il contient des nitrates; la teneur des nitrates varie selon les méthodes de culture et de conservation (voir légumes, p. 293).

ACHAT   Rechercher des épinards frais d'un beau vert foncé. Les délaisser s'il sont ternes, jaunis, amollis, humides ou détrempés.

PRÉPARATION   La préparation de l'épinard doit être soignée car ce légume-feuille semble avoir une prédilection pour emprisonner sable et terre; cependant, il est souvent vendu pré-lavé. Le laver juste avant de le consommer sinon les feuilles perdent leur belle apparence. Ne jamais le mettre à tremper; le laver rapidement à grande eau, dans un récipient assez grand pour permettre de le recouvrir d'eau et de le secouer; changer l'eau si nécessaire. Si les queues sont grosses, les enlever ou les sectionner, car entières elles cuiront plus lentement que les feuilles.

CUISSON   L'eau qui reste dans les feuilles lavées et secouées légèrement est généralement suffisante pour cuire les épinards (1 à 3 minutes). Les cuire rapidement et à feu vif dans une casserole couverte. Dans les plats mijotés, les ajouter en fin de cuisson. La marmite à pression est déconseillée car l'épinard y cuit trop. Pour éviter l'oxydation de l'épinard, utiliser des casseroles de verre ou d'acier inoxydable; éviter l'aluminium non traité et la fonte. Ce légume réduit considérablement de volume à la cuisson.

UTILISATION   L'épinard devrait être mangé cru le plus souvent possible. Il est excellent dans les salades et les sandwichs. Cuit, il est mangé tel quel accompagné d'un peu de beurre, arrosé de sauce ou encore gratiné, en purée, combiné avec des pommes de terre, etc. Se mariant bien avec les œufs, il leur est souvent associé (omelettes et quiches notamment, souvent nommées florentines). L'ajout de lait aide à atténuer son acidité.

CONSERVATION   Des épinards mouillés fermentent rapidement; les manger le plus tôt possible ou les essorer et les réfrigérer en les mettant dans un sac ou un contenant entrouvert (ils doivent respirer). L'épinard cuit se conserve mal; il constitue un lieu privilégié pour la prolifération des nitrites. Frais ou cuit, l'idéal est de le consommer le plus tôt possible. L'épinard se congèle facilement pourvu qu'il soit bien frais. La décongélation le laisse très amolli; éviter de le décongeler complètement et le cuire dans le moins d'eau possible.

ESCARGOT

Helix spp, **Mollusques**
Nom anglais: *snail*

Animal terrestre logé dans une coquille spiralée. L'escargot est consommé depuis les temps reculés; on croit même qu'il a été un des premiers animaux à faire partie de l'alimentation humaine. Du temps des Romains, on l'affectionnait tant qu'on en fit la culture (héliciculture, escargotière). De nos jours, la France est un très grand pays producteur et consommateur; on y consomme principalement l'escargot de Bourgogne *(Helix pomatia)*, long de 40 à 45 mm et enroulé dans une coquille dans les tons allant du jaune grisâtre au gris rougeâtre, et l'escargot petit gris *(Helix aspera)*, mesurant de 25 à 30 mm de long et habitant une coquille brunâtre.

VALEUR NUTRITIVE   La chair de l'escargot est plus ou moins ferme et délicate, selon les espèces. Crue, elle contient 16 g de protéines, 1,5 g de matières grasses, 2 g d'hydrates de carbone et 90 calories/100 g. On fait souvent jeûner les escargots sauvages une dizaine de jours avant de les apprêter pour améliorer leur saveur; en Provence on remplace le jeûne par une diète spéciale au thym pour en aromatiser la chair.

ACHAT   L'escargot est vendu surgelé, en conserve ou cuisiné; dans certains pays, dont la France, il est aussi disponible vivant.

Préparation des escargots vivants

– laver les escargots à l'eau froide;
– enlever si nécessaire la cloison calcaire qui bouche l'orifice de la coquille;
– faire dégorger quelques heures les escargots dans un mélange de gros sel (une poignée), de vinaigre [120 ml (10 cl)] et de farine [15 ml (1 cuillerée à soupe)], proportions pour 3 ou 4 douzaines d'escargots; (des personnes omettent cette opération en disant qu'elle change la qualité de la chair);
– couvrir le récipient et mettre un poids dessus pour empêcher que les escargots s'en échappent;
– retirer les escargots du sel et bien les laver à l'eau froide pour que disparaissent les mucosités;
– les placer dans une casserole et les recouvrir d'eau froide;
– amener l'eau à ébullition et faire bouillir lentement 5 minutes;
– décoquiller les escargots et supprimer le bout noir (cloaque);
– ne pas enlever les glandes et le foie, parties savoureuses et nourrissantes;
– cuire selon la recette choisie.

UTILISATION   L'escargot servi brûlant et baignant dans un beurre à l'ail est un classique; il est disposé dans une assiette nommée escargotière, munie de 6 ou 12 petites cavités. Ce mollusque peut s'apprêter de multiples autres façons, logé dans des champignons, grillé, en sauce, en brochette, etc.

CONSERVATION   L'escargot frais ou cuisiné se conserve au réfrigérateur; il peut aussi être congelé.

ESPADON

Xiphias gladius, **Xiphiidés**
Autres noms: *poisson-épée, poisson-sabre*
Nom anglais: *swordfish*

Poisson marin très particulier vivant dans les eaux tempérées de l'Atlantique, de la mer du Nord, de la Méditerranée et du Japon. Son nom lui vient du fait que sa mâchoire supérieure est prolongée et aplatie en forme d'épée. L'espadon a une grande bouche dépourvue de dents. Son corps sans écailles est musclé, ce qui le rend rapide; la vélocité et la force de ce poisson sont légendaires. Sa peau prend des teintes de bleu, de bleu-gris ou de brun sur le dos et de blanc ou d'argent sur le ventre. Sa nageoire dorsale est très longue et plutôt pointue. L'espadon atteint de 2 à 4 m de long et peut peser plus de 450 kg. Au Canada, les poissons pêchés pèsent entre 18 et 160 kg. L'espadon aime à s'ébattre au soleil, il se tient donc près de la surface de l'eau où il batifole en faisant des plongeons, ce qui permet de repérer sa présence car sa queue ou son dos sortent de l'eau. Sa queue et ses ailerons sont comestibles.

VALEUR NUTRITIVE

La chair blanche toujours striée contient 19 g de protéines, 4 g de matières grasses et 118 calories/100 g. Elle est riche en vitamine A, en niacine et en phosphore. Ferme et très recherchée pour sa texture et sa sapidité, elle est semblable à la chair du thon et de l'esturgeon.

ACHAT

L'espadon est rarement vendu frais sur le marché nord-américain car depuis 1971 il a été banni à cause de sa haute teneur en mercure. Il peut s'acheter en conserve, congelé ou fumé.

UTILISATION

L'espadon frais devient plus digestible s'il est poché de 10 à 15 minutes avant d'être accommodé. Il peut ensuite être grillé, braisé, cuit à la poêle, etc. On le cuisine à la façon des poissons à chair ferme, tels le flétan et la truite, et il peut leur être substitué. Il supporte très bien la congélation.

CONSERVATION

Voir poissons, p. 429.

ESTRAGON

Artemisia dracunculus, **Composées**
Nom anglais: *tarragon*

Plante aromatique vivace originaire d'Asie centrale. L'estragon est parfois nommé «petit dragon» ou «dragone», appellations qui semblent provenir de ce que sa racine ressemble à un amas de petits serpents recroquevillés ou de ce que cette plante était réputée pour soigner les morsures d'animaux. Pouvant atteindre de 60 à 85 cm de haut, l'estragon est muni d'étroites feuilles lancéolées qui dégagent une forte odeur. Il produit des petites fleurs blanchâtres ou jaunâtres; il faut le récolter avant la floraison pour un maximum de saveur. Ses graines sont rarement fertilisables de sorte que la multiplication s'effectue plutôt par la division des racines. Il existe une variété d'estragon, dite de Russie, qui est plus fade que l'estragon courant. Cette plante produit des graines de façon abondante et elle est plus robuste que la variété occidentale.

VALEUR NUTRITIVE

L'estragon est riche en vitamine A, en fer, en potassium et en calcium. Il aurait des propriétés stimulantes, diurétiques, emménagogues, vermifuges, apéritives et digestives. Son huile essentielle piquante a une saveur de térébenthine et un parfum anisé.

UTILISATION

L'estragon, avec sa chaude saveur contenant un petit quelque chose d'amer, est fort utile pour assaisonner les aliments fades. Séché, il risque de masquer le goût des autres aliments si on l'emploie trop abondamment. L'estragon aromatise agréablement œufs, poissons, soupes, salades, sauces, etc. On s'en sert pour parfumer la moutarde et le vinaigre (mettre des pousses fraîches dans un vinaigre doux); il est fréquemment associé au poulet et c'est un élément indispensable dans la sauce béarnaise. En tisane, mettre 5 ml (1 cuillerée à café) par tasse d'eau (240 ml) et laisser infuser de 5 à 10 minutes.

CONSERVATION   Voir fines herbes, p. 188.

ESTURGEON

Acipenser spp, **Acipenséridés**

Diverses espèces: *esturgeon commun* ou *à museau court* (A. sturio ou brevirostrum), *esturgeon étoilé* (A. stellatus), *esturgeon jaune* (A. fluvescens), *esturgeon noir* (A. oxyrhynchus), *béluga* (Huso huso)
Noms anglais: *sturgeon, beluga, great sturgeon, common sturgeon*

Gros poisson migrateur de forme très allongée. Le corps de l'esturgeon est recouvert de cinq rangées de plaques osseuses; sa coloration varie selon les espèces, l'âge et l'habitat. La bouche située sous la tête est démunie de dents. L'esturgeon a un long museau pointu d'où pendent quatre barbillons. Comme le requin, il est dépourvu d'écailles, sa peau recouverte d'un genre de cuirasse est rugueuse et sa queue est fourchue.

Ce poisson vieillit très lentement, il peut vivre plus de 150 ans. Il peut peser plus d'une tonne et mesurer 4 m de long. Son nombre a dangereusement diminué, notamment en Amérique du Nord où il est maintenant rare, car il a été l'objet d'une pêche intensive. L'esturgeon est recherché pour sa chair et surtout pour ses œufs, qui constituent le véritable caviar.

L'esturgeon est un poisson qui partage avec la raie l'honneur d'exister depuis plus longtemps que les autres espèces. Leur squelette est en partie cartilagineux, tandis que celui des poissons plus récents est osseux. La plupart des espèces habitent la mer et remontent les fleuves ou parfois les rivières pour frayer; certaines, dont l'esturgeon jaune, vivent au fond des fleuves. La famille des esturgeons comprend 23 espèces. Les esturgeons de la mer Caspienne et de la mer Noire sont réputés pour être les meilleurs et leur caviar est très recherché. On fait l'élevage de certaines espèces.

VALEUR NUTRITIVE   La chair de l'esturgeon contient 18 g de protéines, 2 g de matières grasses et 94 calories/100 g; elle est riche en phosphore et en fer. Elle contient très peu d'arêtes et, selon les espèces, elle est plus ou moins humide, ferme et savoureuse. Blanche veinée de bleu lorsqu'elle est fraîche, elle devient rose veinée de brun ou de jaune en perdant de la fraîcheur.

ACHAT ET PRÉPARATION   L'esturgeon est disponible frais (c'est rare), congelé ou en conserve; il peut être fumé, salé ou mariné. Comme il est plutôt ferme, il est préférable de le laisser vieillir 48 heures quand il vient d'être pêché. C'est également pour l'attendrir qu'on le fait mariner avant de le cuire. Pour le dépouiller ou pour le rendre plus digestible, le pocher quelques minutes. Souvent comparée à la chair des animaux terrestres, la chair de l'estrugeon est préparée de la même façon. La chair de l'esturgeon jaune est particulièrement bonne fumée. L'esturgeon est délicieux froid. Les recettes de thon frais lui conviennent bien.

UTILISATION   La moelle épinière est utilisée en Russie dans la confection de pâtés.

CONSERVATION   L'esturgeon se conserve au réfrigérateur et se congèle facilement.

FAÎNE

Fagus spp, **Fagacées**
Nom anglais: *beechnut*

Fruit du hêtre commun, un arbre énorme et robuste qui croît dans les forêts des régions tempérées de l'hémisphère nord. La faîne, qui ressemble à une petite châtaigne, est logée par 2 ou 3 dans une cupule (assemblage de bractées) charnue et épineuse, de couleur brunâtre et de forme pyramidale. À maturité, la cupule s'ouvre en 4 segments découvrant la faîne, de couleur blanchâtre et à saveur rappelant la noisette, une espèce voisine. Il existe une dizaine d'espèces de hêtres qui produisent une bonne quantité de noix une fois tous les 3 ans environ. La faîne sert principalement à nourrir le bétail; les humains l'ont surtout consommée en temps de guerre et de disette; ils l'ont alors transformée en farine à pain et s'en sont servi comme substitut de café.

VALEUR NUTRITIVE La faîne contient 6,2 g de protéines, 50 g de matières grasses, 33,5 g d'hydrates de carbone, 3,7 g de fibres et 575 calories/100 g. Les matières grasses sont composées à 84 % d'acides non saturés (voir corps gras, p. 147).

UTILISATION La faîne peut être mangée crue mais elle est meilleure rôtie car elle est moins astringente. Elle est très grasse et on en extrait une excellente huile comestible, huile qui se caractérise par sa longue durée de conservation et qui est presque aussi bonne que l'huile d'olive, surtout après quelques années.

CONSERVATION Voir noix, p. 359.

FAISAN

Phasianus colchicus, **Gallinacés**
Nom anglais: *pheasant*

Oiseau non aquatique originaire de Chine et qui fut introduit en Europe au Moyen Âge. Le faisan a un plumage magnifique tirant souvent sur le roux et parsemé de noir. Depuis toujours il fait la joie des chasseurs, le mâle surtout, particulièrement recherché pour la beauté de son plumage éclatant et de sa longue queue. On a tué le faisan sans se préoccuper de sa survie, ce qui a décimé considérablement la race. L'élevage du faisan est venu apporter un certain correctif à la dépopulation.

Au Canada, le faisan sauvage n'a jamais pu s'acclimater, l'hiver étant trop rigoureux, et l'oiseau étant particulièrement vulnérable au verglas, qui l'enduit de glace et le paralyse. On y chasse tout de même le faisan mais il s'agit de faisan d'élevage.

Élever le faisan n'est pas de tout repos, car l'oiseau est sensible au stress et il se laisse mourir s'il n'est pas heureux. Le cannibalisme est un problème fréquent que l'on contrôle en munissant les volatiles de lunettes aveuglantes, ce qui élimine les combats; les éleveurs ont aussi dû trouver le moyen de susciter à l'année la ponte, qui ne s'effectue naturellement qu'au printemps. Le faisan peut être élevé en captivité ou dans une volière; le faisan de volière a un plus beau plumage et un certain nombre est destiné à la chasse. Le faisan d'élevage est plus charnu et plus lourd que le faisan sauvage; sa saveur est moins musquée. Tué vers 22 semaines, il pèse alors entre 800 g et 1,1 kg. Un faisan de 1 kg peut servir 3 ou 4 personnes, surtout s'il est farci.

VALEUR NUTRITIVE   Le faisan est maigre et peu calorifique. La chair crue contient 24 g de protéines, 3,6 g de matières grasses et 135 calories/100 g. Si on inclut la peau on obtient 23 g de protéines, 9 g de matières grasses et 180 calories/100 g.

CUISSON   Jeune, le faisan est généralement rôti; parce que sa chair est plutôt sèche, on l'agrémente souvent d'une farce humide (ne l'introduire qu'à la dernière minute, voir volaille, p. 573). Le faisan âgé est plus sec et moins tendre; il gagne à être recouvert de bardes ou à être préparé en terrines ou en pâtés. Le vin et l'alcool conviennent particulièrement bien à ce volatile.

CONSERVATION   Voir volaille, p. 573.

FAISANDAGE

Opération qui consiste à suspendre l'animal, petit ou gros gibier, afin que s'effectue un commencement de décomposition des protéines, ce qui attendrit la chair et lui confère du fumet. Beaucoup utilisé autrefois, le faisandage est moins populaire maintenant; il rend la viande indigeste et peut occasionner des intoxications alimentaires. Du gibier blessé ou tué au plomb ne doit pas être faisandé car il se putréfie. Un animal d'élevage supporte mal le faisandage; en fait, il n'en a pas besoin; si on veut l'attendrir, il est préférable de le mariner.

Lors du faisandage, le vieillissement de la viande peut durer de 1 à 8 jours selon l'espèce. En général, le gibier à plumes n'est suspendu qu'un ou deux jours dans un endroit frais et sec, de préférence enveloppé d'un linge ou d'une mousseline et placé dans un courant d'air.

FARINE

Nom anglais: *flour*

Produit de la mouture des céréales. Toute céréale peut être considérée comme une farine potentielle. En général, le terme farine est néanmoins associé au blé et on précise la nature de la farine lorsqu'il s'agit d'une autre céréale (farine d'avoine, de seigle, de sarrasin, etc.).

Le procédé consistant à moudre des grains semble être connu depuis plus de 10 000 ans. C'est du moins ce que laisse croire la découverte de certains objets trouvés en Syrie. Initialement, le produit grossier de la mouture, obtenu par l'écrasement des grains au moyen de mortier, ne permettait pas d'obtenir une farine blanche; le son et le germe restaient incorporés à la farine. Vers 3 000 ans av. J.-C., les Égyptiens commencèrent à moudre les grains entre deux pierres, ce qui rendit possible la séparation du son et du germe au moyen de tamisages (blutages). Les Romains perfectionnèrent le procédé qui atteignit un degré de sophistication jamais égalé auparavant; ils produisirent plusieurs qualités de farine, dont une plus blanche qu'antérieurement; elle était tout de même loin d'être aussi blanche que celle disponible aujourd'hui. Son prix élevé en fit l'apanage des riches et le culte de la blancheur s'instaura.

L'utilisation de meules actionnées au vent, à l'eau ou par la force animale facilita la mouture jusqu'au XIXe siècle. Vint ensuite la révolution industrielle qui donna naissance aux gigantesques meuneries; on inventa des appareils de plus en plus sophistiqués qui permirent le broyage et la pulvérisation plus poussés des grains et la séparation plus efficace du germe et du son. Ceci donna une farine encore plus blanche mais aussi plus pauvre, ayant perdu plus d'éléments nutritifs.

VALEUR NUTRITIVE   La composition de la farine varie considérablement puisqu'elle relève de divers facteurs, tels la nature du grain, le degré de vieillissement de la farine et surtout le taux d'extraction. Le taux d'extraction indique la portion du germe et du son encore présente après la mouture du grain; un taux de 100 % désigne une farine complète. Les pertes de valeur nutritive sont directement reliées au taux d'extraction: plus le chiffre est bas, plus le grain a perdu de ses éléments nutritifs. Ainsi, avec un taux d'extraction entre 60 et 72 %, taux courant de la farine blanche dans les pays industrialisés, les pertes de vitamines et de sels minéraux atteignent en moyenne de 70 à 80 %.

C'est seulement vers la moitié du XXe siècle qu'on commença à «enrichir» la farine blanche, lui ajoutant niacine, riboflavine, thiamine, fer et parfois calcium et vitamine D. Cette pratique vise à compenser les pertes dues au raffinage poussé, mais les nutriments restitués ne constituent qu'une infime partie des éléments nutritifs enlevés et la farine reste appauvrie. L'enrichissement de la farine s'effectue couramment dans certains pays, dont le Canada, les États-Unis et la Grande-Bretagne; il n'est pas permis dans d'autres, dont la France.

La farine atteint sa valeur maximale pour la panification après un vieillissement de plusieurs semaines, car le vieillissement modifie les protéines qui se rigidifient et qui deviennent plus résistantes à la cuisson, donnant un meilleur produit. Le vieillissement entraîne également l'oxydation des pigments jaunes (xanthophylles) qui blanchissent au contact de l'air, rendant la farine plus blanche. Ces transformations entraînent des coûts d'entreposage pour les meuniers, aussi remplacent-ils ces procédés naturels par des moyens chimiques plus rapides. Divers produits chimiques sont utilisés dont le bromate de potassium et l'ionate de potassium qui vieillissent la farine, le dioxyde d'azote et le peroxyde de benzoyle qui la blanchissent, le chlore et le dioxyde de chlore qui vieillissent et blanchissent en même temps. Ces produits agissent sur les molécules de la farine de plusieurs façons; certains détruisent des vitamines, d'autres laissent des résidus. Il est possible d'acheter de la farine non blanchie dans les magasins d'aliments naturels. Certaines personnes choisissent de moudre elles-mêmes leur farine à l'aide d'appareils électriques ou manuels afin d'éviter les additifs et d'obtenir le maximum de valeur nutritive.

Il existe sur le marché toute une gamme de farines, dont la farine de blé entier, la farine tout usage, la farine à gâteaux, la farine préparée, la farine blanche non blanchie, la farine graham et la farine de gluten.

Farine de blé entier. Farine qui comprend le germe et le son du grain, ce qui lui confère une couleur brunâtre. Il arrive souvent que la farine de blé entier ne soit que de la farine blanche, donc appauvrie, à laquelle on a ajouté du son. Il faut habituellement aller dans les magasins d'alimentation naturelle pour trouver de la véritable farine de blé entier, et encore, on doit être sur ses gardes. On trouve encore sur le marché de la farine où les grains entiers sont moulus à l'ancienne entre des pierres, mais c'est assez rare.

La farine de blé entier peut remplacer la farine blanche dans la plupart des recettes [mettre environ 30 ml (2 cuillerées à soupe) de farine de moins cependant]; le produit obtenu sera plus nourrissant mais sa couleur, sa saveur et souvent son volume ne seront pas tout à fait les mêmes; la couleur sera plus foncée, la saveur, plus prononcée, et le volume, moindre. La concentration plus élevée en son est responsable de la perte de volume car le son renferme de la glutinase, un enzyme qui fait perdre de l'élasticité au gluten.

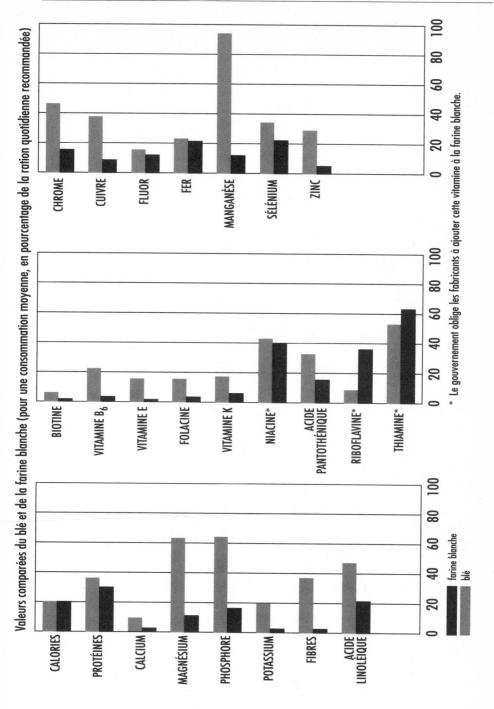

Valeurs comparées du blé et de la farine blanche (pour une consommation moyenne, en pourcentage de la ration quotidienne recommandée)

* Le gouvernement oblige les fabricants à ajouter cette vitamine à la farine blanche.

TIRÉ DE *NUTRITION TODAY*, JUILLET-AOÛT 1981

Pour obtenir des produits légers, tamiser la farine à quelques reprises avant de l'utiliser, en prenant soin de réintégrer dans la farine le son recueilli par le tamis. Lors de la préparation de sauces, il est important de cuire la farine de blé entier deux ou trois minutes dans le corps gras avant d'ajouter le liquide afin qu'elle perde sa saveur âcre.

La farine de blé entier contient 14 g de protéines, 1 g de matières grasses, 70 g d'hydrates de carbone et 333 calories/100 g.

Farine tout usage. Farine blanche provenant de la mouture de diverses variétés de blé dur (voir blé, p. 68), de diverses variétés de blé mou, ou d'un mélange de blé dur et de blé mou. Comme son nom l'indique, la farine tout usage sert à tout, tant pour fabriquer le pain que les pâtisseries. Pour des résultats optimaux cependant, délaisser la farine tout usage et utiliser plutôt de la farine de blé dur pour le pain et de la farine de blé mou pour les pâtisseries et les gâteaux.

La farine tout usage contient 11 g de protéines, 1 g de matières grasses, 70 g d'hydrates de carbone et 350 calories/100 g.

Farine à gâteau. Farine blanche faite exclusivement de blé mou moulu très finement. La farine à gâteau est très douce au toucher, presque satinée. Elle provient pratiquement toujours des derniers blutages: elle est par conséquent très raffinée. Moins riche en protéines, donc en gluten, elle donne des gâteaux très légers. Elle peut servir pour remplacer la farine tout usage; utiliser cependant 10 % de farine de plus.

Farine préparée (auto-levante). Farine tout usage qui comprend du sel et des agents levants, habituellement du bicarbonate de sodium accompagné d'acide pyrophosphate de sodium ou de monocalcium de phosphate. Ces substances chimiques augmentent le contenu en sel. La farine préparée vise à simplifier le travail; selon la recette choisie, elle élimine ou réduit l'ajout de poudre ou de soda à pâte et de sel; 240 ml (125 g) de farine préparée contient 7 ml (1 cuillerée à café et demie) de poudre à pâte et 2 ml (une demi-cuillerée à café) de sel. Elle n'est pas recommandée pour les pains à levure.

Farine blanche non blanchie. Farine non blanchie artificiellement. Cette farine est un peu moins nourrissante que la farine de blé entier; elle donne un produit plus léger et moins foncé.

Farine graham. Farine blanche moulue très finement à laquelle on a ajouté du son laissé en flocons plus ou moins grossiers ou d'autres parties du grain. Le germe est souvent omis afin que la farine se conserve plus longtemps. Cette farine est utilisée seule ou combinée avec d'autres farines.

Farine de gluten. Farine de blé entier débarrassée de son amidon et contenant un taux élevé de gluten. Pour l'obtenir, on lave de la farine de blé dur à haute teneur protéinique pour lui enlever son amidon; on l'assèche puis on la moud à nouveau. La farine de gluten peut être utilisée avec de la farine de blé entier ou avec de la farine à faible teneur en gluten (seigle, orge, avoine).

UTILISATION   La farine a un usage multiple; on s'en sert en boulangerie, en pâtisserie et en cuisine pour préparer une grande variété d'aliments (brioches, beignes, tartes, puddings, muffins, biscuits, gaufres, crêpes, tempura, etc.). Son action épaississante est mise à contribution pour donner de la consistance à des sauces, soupes, sirops, crèmes pâtissières, fondues au fromage, etc. La farine a aussi des usages non alimentaires, en artisanat par exemple, où on la mélange avec de l'eau pour en faire une pâte que l'on modèle.

CONSERVATION   La farine de blé entier moulue sur pierre se conserve au réfrigérateur afin que soient retardés la destruction de la vitamine E et le rancissement. Elle peut se congeler; à la décongélation, la mettre dans un sac de papier car un contenant hermétique ou un sac en plastique retiennent l'humidité, ce qui la fait pourrir. Les autres farines se conservent dans un endroit frais et sec, à l'abri des insectes, des rongeurs et de la lumière.

FEIJOA

Feijoa sellowiana, **Myrtacées**
Noms anglais: *feijoa, pineapple guava*

Fruit produit par un arbuste aux feuilles persistantes, originaire d'Amérique du Sud. Cet arbuste s'orne de magnifiques fleurs d'un rouge brillant, qui ont la forme d'une brosse à nettoyer les bouteilles; il est souvent cultivé à des fins décoratives. Appartenant à la même famille que la goyave, le clou de girofle et l'eucalyptus, ce fruit a reçu le nom d'un Espagnol qui fut directeur du Musée national d'histoire d'Espagne, un monsieur Feijo.

Le feijoa mesure de 5 à 8 cm de long; il ressemble à un gros œuf allongé. Sa fine peau couleur vert feuille est souvent amère, aussi est-il préférable de ne pas la consommer. Sa chair couleur blanc crème a une texture légèrement granuleuse comme celle de la poire; elle renferme au centre de minuscules graines. Ce fruit très parfumé a parfois une saveur aigrelette, selon son degré de maturation.

VALEUR NUTRITIVE   Le feijoa contient 0,8 g de protéines, 8 g d'hydrates de carbone et 34 calories/100 g; il est très riche en vitamine C.

ACHAT   Rechercher un feijoa tendre au toucher et qui dégage une bonne odeur. Délaisser un fruit très ferme car lorsqu'il est cueilli immature, il est acide, parfois même amer.

UTILISATION   Le feijoa peut être consommé nature ou cuit. On le mange tel quel ou incorporé aux salades de fruits, yogourts et autres desserts;

il n'est pas nécessaire d'en mettre une grande quantité car ce fruit a beaucoup de saveur. Cuit, on en fait des confitures, de la gelée ou de la purée qui parfume la crème glacée, les sorbets, les puddings, etc.

CONSERVATION   Laisser le feijoa à la température de la pièce jusqu'à ce qu'il soit mûr puis, si nécessaire, le mettre au réfrigérateur où il se conserve quelques jours. Il supporte la congélation, nature ou cuit.

FENOUIL

Foeniculum vulgare, **Ombellifères**
Autres noms et surnoms: *fenouil doux, fenouil commun, aneth doux*
Noms anglais: *fennel, ordinary fennel, sweet fennel, Italian fennel*

Plante potagère bisannuelle ou vivace (si le sol et le climat sont favorables) originaire de la région méditerranéenne. Le fenouil a une douce saveur d'anis et son usage comme légume ou comme aromate est ancien. Les Romains s'en servaient abondamment; cette plante est encore très appréciée en Italie. Il en existe 3 espèces. La plus courante a une racine blanchâtre en forme de bulbe charnu qui donne naissance à plusieurs tiges robustes, légèrement striées, de couleur vert pâle, ressemblant à celles du céleri mais plus imposantes car elles atteignent 1 à 2 m de haut. Elles portent une multitude de feuilles plumeuses, découpées en lanières plutôt allongées et très étroites, d'un vert assez foncé; elles sont supportées par de très petites tiges. De petites fleurs jaunes, regroupées en ombelles de 5 à 10 rayons, donnent naissance à une paire de graines allongées, brunâtres ou verdâtres, ornées de côtes saillantes.

VALEUR NUTRITIVE   Le fenouil contient 2,8 g de protéines, 0,4 g de matières grasses, 5 g d'hydrates de carbone et 28 calories/100 g. Il est riche en vitamines A et C, en fer et en calcium. On le dit apéritif, diurétique, expectorant, stimulant et purgatif. Il aiderait en outre à combattre la flatulence, à soulager la douleur causée par les pierres, à réduire l'appétit et à assimiler les aliments gras et indigestes. En tisane, mettre 15 ml (1 cuillerée à soupe) de racines par tasse d'eau (240 ml), faire bouillir 5 minutes, puis laisser infuser 10 minutes ou mesurer 5 ml (1 cuillerée à café) de graines, les faire bouillir de 2 à 3 minutes et laisser infuser 10 minutes.

ACHAT   Rechercher un bulbe ferme, odorant, bien coloré et sans taches. Les ramifications sont parfois vendues seules comme aromate.

UTILISATION   Le bulbe du fenouil est utilisé comme le céleri, cru ou cuit, après avoir été débarrassé de ses feuilles dures. Le cuire le moins possible pour éviter la perte de saveur. Il est délicieux avec de la crème ou du yogourt. On peut le mariner, le braiser, l'étuver, le gratiner, etc. Il accompagne légumes, légumineuses, poisson, lapin, porc, agneau, bœuf et fruits de mer; on le met dans les salades. Le fenouil aromatise fromage, pain, sauces, pâtisseries ou vin. Il est souvent employé en Provence, où le loup de mer au fenouil est une spécialité. Les feuilles et les tiges servent comme garniture ou assaisonnement. Des graines, on tire surtout une huile essentielle.

CONSERVATION Le fenouil se conserve au frais et au sec. Il peut se congeler mais sa saveur y perd beaucoup.

FENUGREC
Trigonella fœnumgræcum, **Légumineuses**
Nom anglais: *fenugreek*

Fruit d'une plante herbacée annuelle originaire de la région méditerranéenne. Le mot «fenugrec» vient du latin *fenumgræcum* signifiant «foin grec». Le fenugrec est connu depuis les temps anciens; il fut cultivé notamment par les Romains. On s'en est servi plus pour ses propriétés médicinales et condimentaires que comme légume; en Inde, c'est depuis toujours un assaisonnement du cari. La plante atteint de 40 à 60 cm de haut; elle produit de fines gousses mesurant de 8 à 15 cm de long et de 4 à 6 cm de large. Les gousses contiennent de 10 à 20 minuscules graines quadrangulaires et légèrement aplaties, de couleur jaunâtre, brunâtre ou rougeâtre. Plante et graines dégagent une forte odeur épicée.

VALEUR NUTRITIVE Le fenugrec contient 22,5 g de protéines, 5 g de matières grasses, 55 g d'hydrates de carbone, 10 g de fibres et 300 calories/100 g; il est riche en mucilage et en calcium. On l'utilise en cataplasme, pour soigner maux d'estomac, lèvres gercées et abcès ou pour gagner du poids. On le dit vermifuge, émollient, diurétique, tonique et antihypertensif. Les feuilles servent comme expectorant, émollient, astringent et diurétique.

UTILISATION Le fenugrec peut être utilisé tel quel, germé ou pulvérisé, cru ou cuit. Les graines donnent toute leur saveur lorsqu'elles sont séchées, moulues puis grillées. On les cuit à la manière du gruau ou on s'en sert comme condiment. Les graines, les feuilles et les jeunes pousses sont employées en tisane.

CONSERVATION Voir épices, p. 188.

FÈVE-GOURGANE

Vicia faba ou *Faba vulgaris*, **Légumineuses**
Autres noms: *fève des marais, grosse fève, faba, fava*
Noms anglais: *fava, broad bean, vetch*

Fruit d'une plante herbacée annuelle possiblement originaire du Proche-Orient. Au Québec, on nomme cette légumineuse «gourgane», nom qui avait cours en Normandie au XVIIIe siècle. La fève est une des plus anciennes légumineuses; on la cultivait très tôt dans la Préhistoire. Elle fut un aliment important dans l'ancienne Égypte et dans plusieurs pays méditerranéens. Ce fut longtemps la seule légumineuse connue en Europe, jusqu'à ce que les Espagnols introduisent le haricot rapporté d'Amérique du Sud *(Phaseolus vulgaris)*. Dans la Rome antique, la fève servait de jeton pour désigner le roi du banquet lors des Saturnales. Cette coutume semble être à l'origine de la fève dans le gâteau des rois.

La fève pousse sur une plante pouvant atteindre de 30 cm à 1,8 m de haut; elle préfère les températures fraîches et croît dans les régions tempérées, ou en altitude dans les régions tropicales. Les gousses robustes mesurent de 15 à 25 cm de long et ont une extrémité qui se termine en pointe. Leur intérieur est tapissé d'une couche duveteuse blanchâtre qui abrite de 5 à 10 graines aplaties et arrondies, habituellement imposantes, mesurant de 2 à 5 cm de long, mais pouvant être plus petites, selon les variétés, fort nombreuses. Les graines sont vertes, rougeâtres, brunâtres ou violacées.

VALEUR NUTRITIVE

La fève sèche contient 26 g de protéines, de 1 à 2 g de matières grasses, de 48 à 64 g d'hydrates de carbone, 7 g de fibres et environ 350 calories/100 g. Ses protéines sont dites incomplètes car elles sont déficientes en certains acides aminés (voir théorie de la complémentarité, p. 536). La fève est riche en calcium, en phosphore, en thiamine, en riboflavine et en vitamine C.

UTILISATION

La gourgane est farineuse et de saveur prononcée. Qu'elle soit fraîche ou séchée, on la cuisine en soupes et en ragoûts délicieux. Lorsqu'elle est jeune et fraîche, on la mange crue à la croque au sel, en jetant la peau épaisse qui contient des tannins laissant un goût amer. On peut faire sauter la fève et la manger en amuse-gueule, un peu à la manière du maïs soufflé. La fève cuite peut être consommée froide, en hors-d'œuvre par exemple, ou être mise en purée et servir de garniture à sandwichs ou d'accompagnement des plats principaux.

CUISSON

On cuit les gourganes avec ou sans leur peau; c'est une question de préférence, selon qu'on apprécie ou non la saveur amère que laisse la peau. Pour enlever la peau, plonger d'abord les fèves quelques minutes dans de l'eau bouillante, les égoutter puis les rafraîchir en les passant sous l'eau froide. La peau s'enlève aussi

après un trempage de 12 à 24 heures (changer l'eau quelques fois).
Cuisson: gourgane sèche, 1 heure et demie à 2 heures;
           gourgane fraîche, environ 20 minutes.
Dans la marmite à pression (pression à 103 kPa):
          – avec trempage, environ 20 minutes;
          – sans trempage, environ 25 minutes.

CONSERVATION   Voir légumineuses, p. 304.

FIGUE

Ficus spp, **Moracées**

Nom anglais: *fig*

«Fruit» du figuier, un arbre majestueux qui serait originaire d'Asie Mineure. La figue n'est pas un fruit au sens botanique; c'est un capitule formé par un réceptacle charnu qui emprisonne en son intérieur d'innombrables petites graines croquantes, des akènes.

Il existe environ 800 espèces de figuiers; la plupart sont des arbres. En Amérique du Nord et en Europe pousse l'espèce *Ficus carica*. Ce figuier, qui peut vivre plus de cent ans, a de grandes feuilles palmées d'un vert sombre. Il peut atteindre jusqu'à 30 m de hauteur lorsqu'il est sauvage, mais il ne mesure guère plus de 5 m lorsqu'il est cultivé car on le taille.

La figue a une longue histoire; dès l'Antiquité, elle est vantée pour ses vertus thérapeutiques et nutritives; on s'en sert aussi bien comme aliment, tant fraîche, grillée ou séchée, que comme agent sucrant (elle a servi d'édulcorant bien avant que le sucre soit connu) ou comme médicament. Abondante et nourrissante, son importance est grande dans les pays méditerranéens, en Afrique du Nord et en Asie orientale. La figue fut introduite en Europe par les Romains et fut implantée en Amérique par les Espagnols.

Les figues les plus importantes commercialement sont la figue noire, la figue verte et la figue violette:
- la figue noire est ronde, sucrée et plutôt sèche; elle supporte bien les longs voyages;
- la figue verte (appelée blanche en Europe) est en forme de poire; elle est juteuse et a une peau fine;
- la figue violette, aussi en forme de poire mais assez petite, est la plus sucrée, la plus juteuse, la plus fragile et la plus rare.

VALEUR NUTRITIVE   Les figues fraîches sont très périssables, c'est pourquoi elles sont surtout séchées ou mises en conserve. Le séchage s'effectue avec des séchoirs ou par exposition au soleil. Les figues sont parfois trempées dans du sucre ou encore dans de l'eau pour en augmenter le poids et les humidifier. Trois kilos de figues fraîches donnent un kilo de figues séchées.

VALEUR NUTRITIVE

La figue fraîche contient 0,8 g de protéines, 0,3 g de matières grasses, 19 g d'hydrates de carbone, 1,2 g de fibres et 74 calories/100 g. Elle est riche en vitamine A, en fer et en potassium. La figue séchée est un aliment plus concentré, elle renferme 1,3 g de protéines, 0,5 g de matières grasses, 28 g d'hydrates de carbone, 2 g de fibres et 108 calories/100 g. La figue est considérée comme laxative.

ACHAT

À l'achat des figues fraîches, rechercher des figues molles et dodues, dont la queue est encore ferme. Éviter les figues détrempées, meurtries ou qui sentent le sur: elles sont trop mûres. Les figues séchées doivent exhaler une bonne odeur sans être trop dures.

UTILISATION

La figue fraîche est mangée le plus souvent nature, telle quelle. Elle peut aussi être cuisinée de multiples façons; on la sert en hors-d'œuvre, avec les plats principaux, en desserts, en confiture et même en digestif; la boukha, qui en est tirée, est une eau de vie très appréciée en Afrique du Nord. Les recettes de la pêche ou de l'abricot lui conviennent bien.

La figue séchée a aussi plusieurs usages; elle est mangée telle quelle et peut être cuite sèche ou réhydratée, entière ou hachée, seule ou avec d'autres aliments. Elle fait d'excellents desserts (compote, purée, crème, biscuits, etc.); on l'utilise avec le lapin, la volaille ou le gibier (elle peut remplacer les pruneaux). Elle est même transformée en boisson, la figuette, lorsqu'on la fait macérer dans de l'eau aromatisée avec des baies de genévrier. Elle est délicieuse pochée ou marinée dans du whisky, du porto ou du sherry moyennement sec.

CONSERVATION

Les figues fraîches sont très fragiles; les conserver au réfrigérateur. Lorsqu'elles sont séchées, les mettre dans un endroit frais et sec.

FIGUE DE BARBARIE

Opuntia ficus-indica, **Cactacées**

Noms anglais: *prickly pear, Indian fig, Barbary fig, tuna, nopal*

Fruit du figuier de Barbarie, cactus originaire d'Amérique tropicale et qui fut introduit en Europe par Christophe Colomb. Ce cactus a de longues palettes recouvertes de piquants, d'où émergent en saison de grandes fleurs qui donnent des fruits savoureux. La figue de Barbarie est maintenant cultivée un peu partout dans le monde, notamment dans le bassin méditerranéen, en Californie et en Israël; dans ce pays c'est le fruit national et on le nomme «fruit de Sharon».

La figue de Barbarie, nommée parfois incorrectement «poire de cactus», une traduction littérale de l'appellation anglaise *prickly pear*, est une baie charnue de forme ovale, qui mesure de 6 à 8 cm de long. Sa peau verte ou rougeâtre est épaisse et irrégulière; elle est recouverte dans ses parties renflées de petites épines, souvent invisibles, qui se logent facilement dans les mains des personnes qui les touchent. Sa chair jaune-orangé, verte ou rouge assez foncé est juteuse, acidulée, passablement sucrée et parfumée. Elle renferme de nombreux pépins croquants comestibles.

VALEUR NUTRITIVE   La figue de Barbarie contient 0,5 g de protéines, 0,7 g de matières grasses, 10 g d'hydrates de carbone, 1,8 g de fibres et 41 calories/100 g. Elle est très riche en calcium et relativement riche en potassium, en magnésium et en vitamine C.

ACHAT   Choisir un fruit intact et non ratatiné. La plupart des fruits ont été débarrassés de leurs épines avant d'être mis en vente; si ce n'est pas le cas, les prendre avec précaution et enlever les piquants avant de couper les fruits en les frottant avec un linge ou du papier épais ou en les brossant sous un jet d'eau. On peut aussi se protéger les mains avec des gants.

PRÉPARATION   Ce fruit est prêt pour la consommation lorsqu'il cède à une légère pression des doigts. Pour le peler, couper une rondelle à une extrémité, puis pratiquer une incision peu profonde dans la peau sur toute sa longueur et tirer sur la peau.

UTILISATION   La figue de Barbarie est souvent mangée telle quelle ou arrosée d'un filet de jus de citron ou de lime. Si elle est cuite, il est préférable de la tamiser car ses graines durcissent sous l'action de la chaleur; on en fait de la purée et de la confiture; elle aromatise sorbets, yogourts et divers autres desserts.

CONSERVATION   Moyennement périssable, la figue de Barbarie se conserve au réfrigérateur dès qu'elle est mûre.

FLÉTAN

Hyppoglossus hyppoglossus (flétan de l'Atlantique), **Pleuronectidés**
Nom anglais: *halibut*

Le plus grand des poissons plats; en fait, c'est un des plus grands poissons de mer. Le flétan recherche les eaux froides des mers nordiques et il est abondant près de Terre-Neuve et du Groenland. Sa peau recouverte d'écailles rondes et unies est lisse. Sa bouche est grande et sa queue, fourchue. Ce poisson mesure de 70 cm à 4 m de long et il peut peser plus de 300 kg; sa surexploitation commerciale a eu pour effet de raréfier les gros spécimens. Son côté aveugle est blanc ou gris tandis que son côté exposé est dans les teintes de brun, devenant presque noir avec l'âge.

La chair fine, ferme et floconneuse, a l'avantage de contenir très peu d'arêtes. Elle s'assèche facilement à la cuisson, il est donc important de ne pas trop la cuire. Les joues sont fort appréciées.

ACHAT   Le flétan est disponible sur le marché à l'état frais, mais le plus souvent il est congelé (ou décongelé); on peut aussi l'acheter fumé ou séché. On le vend en morceaux ou en tranches.

UTILISATION   Le flétan est délicieux chaud ou froid. Toutes les recettes lui conviennent; il est interchangeable avec la plupart des poissons maigres à chair ferme et il peut aussi remplacer le saumon. On tire de son foie de l'huile aux propriétés identiques à l'huile de foie de morue.

CONSERVATION   Voir poissons, p. 429.

FOIE

Nom anglais: *liver*

Abat rouge comestible tant chez les animaux de boucherie que chez la volaille, le gibier et certains poissons (morue, lotte, raie). Le foie des animaux jeunes est plus tendre et plus savoureux; le plus recherché est le foie de veau. Le foie d'agneau, de génisse et de lapin sont à peu près équivalents au foie de veau, tandis que le foie de bœuf, de mouton, de porc et de volaille ont une saveur plus prononcée et sont plus pâteux après la cuisson; le foie de porc est utilisé surtout en charcuterie. Le foie de morue est souvent fumé; on en tire aussi une huile riche en vitamines, huile que de nombreuses générations d'enfants ont dû avaler souvent contre leur gré, n'appréciant guère son goût peu plaisant.

VALEUR NUTRITIVE   Le foie cru contient de 20 à 21 g de protéines, de 3 à 5 g de matières grasses et de 130 à 140 calories/100 g; il renferme du cholestérol. C'est un aliment que la médecine et la diététique traditionnelles recommandent de manger régulièrement, à cause de sa teneur élevée en vitamines et en sels minéraux divers, notamment en potassium, phosphore, soufre, sodium, fer et vitamines A, D et du complexe B, dont la B_{12} et l'acide folique. On le prescrit notamment pour combattre l'anémie. Le foie est cependant une glande qui sécrète de la bile et qui filtre les éléments indésirables présents dans les aliments ingérés par l'animal; une partie de ces substances reste dans le foie sous forme de résidus. Par conséquent, les avis sont partagés sur l'opportunité de consommer cet abat.

CUISSON   Le foie ne doit pas être mangé saignant; éviter cependant une cuisson prolongée, qui le durcit. Enlever la fine membrane qui le recouvre pour empêcher que la chair se déforme et retirer le tissu conjonctif. Le couper en tranches d'égales grosseurs pour qu'il cuise uniformément; cuire lentement le foie moins moelleux. Le foie tendre est surtout grillé ou sauté; utiliser le moins de matières grasses possible pour éviter d'augmenter la teneur en gras. Cuisiner le foie le plus rapidement possible car il est très périssable.

CONSERVATION   Le conserver au réfrigérateur 1 ou 2 jours ou le congeler.

FOIE GRAS

Nom anglais: *liver pâté*

Préparation à base de foies d'oies ou de foies de canards qui ont été hypertrophiés par gavage. L'expression «foie gras» est définie légalement dans plusieurs pays, notamment en France, le plus grand pays producteur et consommateur, afin d'éviter la confusion et de combattre les falsifications. Quand le produit contient des foies et de la chair d'autres animaux, l'expression «foie gras» est accompagnée d'un autre mot, tel «pâté», «terrine» ou «galantine».

Le gavage des oies est une pratique très ancienne; une scène gravée sur un tombeau égyptien datant de 2 500 avant J.-C. laisse penser qu'il existait déjà à cette époque. Les Grecs gavaient les oies avec du froment écrasé mélangé avec de l'eau; les Romains se servaient de figues. De nos jours, on utilise surtout une bouillie à base de maïs, de saindoux, de fèves et de sel. Le foie d'oie atteint en moyenne de 700 à 900 g et le foie de canard de 300 à 400 g. Le gavage a ses opposants qui dénoncent le sort que l'on fait subir aux animaux, nourris à l'aide d'un tube et que l'on tue quand ils manquent de souffle parce qu'ils ne peuvent plus digérer. Les procédés de fabrication du foie gras sont variés. Le foie gras de fabrication artisanale est presque disparu, remplacé par des produits industriels.

VALEUR NUTRITIVE ET UTILISATION
La valeur nutritive du foie gras et des produits semblables est des plus variée, car elle dépend des ingrédients utilisés – gras, foie d'animaux non gavés incluant le porc, le veau et le poulet, abats, assaisonnements, farine, gélatine, poudre de lait, truffes, sucre, blancs d'œuf et divers additifs. Ce sont presque toujours des aliments gras, salés et calorifiques qu'il vaut mieux consommer avec modération. Ils contiennent en général de 10 à 15 g de protéines, de 40 à 45 g de matières grasses et de 400 à 500 calories/100 g. Ces aliments prêts à manger sont pratiques; ils se servent souvent en hors-d'œuvre, accompagnés de pain ou ils garnissent des sandwichs.

CONSERVATION
Conserver le foie gras au réfrigérateur, bien enveloppé pour éviter qu'il sèche et qu'il confère un mauvais goût aux aliments environnants. Le mettre à la température ambiante environ 15 minutes avant de le consommer, il sera alors plus savoureux.

FRAISE

Fragaria spp, **Rosacées**
Nom anglais: *strawberry*

Fruit du fraisier, plante vivace des régions tempérées; certaines variétés seraient originaires d'Europe, d'autres, d'Amérique. Très appréciée des Romains, qui vantaient ses vertus thérapeutiques, la fraise a toujours fasciné par sa saveur exquise; le mot fraise vient d'ailleurs du latin *fragum* signifiant «parfum».

Le fraisier est une plante basse généralement à stolons, tiges qui courent sur le sol et qui s'y enracinent, produisant de nouveaux plants. Botaniquement, la fraise n'est qu'un réceptacle floral qui devient charnu, tendre et parfumé après la floraison et qui abrite les akènes (les véritables fruits), petites graines dures comestibles.

Il existe plus de 600 variétés de fraises, ce qui se répercute entre autres sur la taille, la texture, la couleur, la saveur, le moment de la récolte et l'utilisation des fraises. Les fraises sont plus ou moins grosses, rouges, juteuses, acides, sucrées et parfumées. Des variétés nommées quatre-saisons produisent plus d'une fois par année. Certaines variétés sont meilleures pour la congélation, d'autres sont plus savoureuses nature, etc.; ces caractéristiques sont difficiles à identifier cependant car elles sont rarement révélées au moment de l'achat. La fraise des bois est l'ancêtre des fraises cultivées; elle est petite, juteuse et très parfumée.

VALEUR NUTRITIVE   La fraise contient 0,6 g de protéines, 0,4 g de matières grasses, 7 g d'hydrates de carbone, 0,5 g de fibres et 30 calories/100 g. Elle constitue une bonne source de vitamine C et elle est relativement riche en vitamines du complexe B et en potassium. On la dit dépurative, diurétique et astringente. Certaines personnes plus sensibles ont une réaction allergique après avoir consommé des fraises, allergie qui se manifeste sous forme d'éruption cutanée bénigne et qui disparaît lorsque cesse la consommation de ce fruit.

ACHAT   Choisir des fraises fermes, brillantes et bien colorées. Éviter les fraises qui ont des parties vertes ou blanches, elles ne mûriront plus. La couleur est un indice de fraîcheur, même s'il est parfois difficile à utiliser, des variétés étant plus ternes que d'autres. La grande majorité des fraises sur le marché étant cependant d'un rouge brillant, cela signifie que plus elles sont ternes, plus elles sont vieilles. La fraise supporte très mal la chaleur, les manipulations et le transport. Le moindre choc la meurtrit; elle pourrit alors très rapidement et contamine les autres; se méfier des fraises au fond des casseaux, de celles vendues en vrac ou qui sont transvasées.

PRÉPARATION   Sauf quand elles sont souillées de terre, il ne serait pas nécessaire de laver les fraises; cependant, puisqu'elles sont souvent en contact avec des engrais et des pesticides, il est préférable de les passer sous l'eau. Ne les équeuter qu'après les avoir lavées et seulement au moment de les utiliser car l'équeutage cause une blessure, d'où s'écoule du jus. Utiliser de l'eau froide et ne pas laisser tremper les fraises car elles se gorgent d'eau et perdent de la saveur. On doit y aller délicatement avec le jet d'eau et les manipulations.

UTILISATION   La fraise est utilisée de multiples façons. En plus d'être mangée nature, elle sert à préparer divers desserts: salades de fruits, crème glacée, sorbets, tartes, gâteaux, biscuits, mousses, flans, etc. On la met à macérer dans de l'alcool (vin, champagne, kirsch, etc.). On en fait du jus, des confitures, de la gelée, de la compote, du coulis et du vin. Elle accompagne même les plats principaux, entrant dans les omelettes par exemple. Pour aviver sa couleur, on lui ajoute du jus d'agrumes (citron, orange, pamplemousse), surtout quand elle est écrasée ou en purée. Se méfier des jus d'agrumes en conserve, surtout si les boîtes ne sont pas émaillées, ils donnent parfois des effets colorés étranges, parce qu'un peu de métal s'est incorporé au jus.

CONSERVATION   Les fraises sont très périssables; éviter de les exposer au soleil et de les laisser longtemps à la température de la pièce. Réfrigérées, elles se garderont plus longtemps si elles ne sont ni entassées, ni lavées, ni équeutées, et si on a pris soin d'enlever les fraises abîmées. Les couvrir pour empêcher que l'odeur des fraises se communique aux aliments environnants. Pour conserver des fraises déjà lavées ou défraîchies, les sucrer légèrement.

Les fraises se congèlent facilement (éliminer cependant les fruits peu ou trop mûrs) et de plusieurs façons: entières, tranchées, en quartier ou en purée, avec ou sans sucre. Les fraises entières perdent moins de valeur nutritive que les fraises coupées ou écrasées, car moins de parties sont exposées à l'air. La perte de valeur peut cependant être restreinte si on recouvre les fraises de jus de citron ou de pomme. L'ajout du sucre n'est pas indispensable mais il semble qu'il diminuerait légèrement la perte de couleur. Quand les fraises sont sucrées, diminuer la quantité de sucre dans les recettes où ces fraises seront utilisées. Pour congeler les fraises individuellement, les étendre en une seule couche sur une plaque à biscuits et les congeler environ une heure avant de les empaqueter.

Les fraises seront meilleures si elles sont décongelées lentement au réfrigérateur et elles garderont leur forme si on évite de les décongeler complètement.

FRAMBOISE
Rubus idaeus, **Rosacées**
Nom anglais: *raspberry*

Fruit du framboisier, arbrisseau couvert de ronces originaire d'Eurasie, peut-être du mont Ido, en Grèce. Le framboisier produit de petites fleurs blanches, donnant naissance à la framboise qui ressemble à une bille ovoïde ou conique. La framboise existe à l'état sauvage depuis les temps immémoriaux, comme en témoignent des vestiges retrouvés dans des sites préhistoriques. Ce n'est qu'au XVIIe siècle qu'un Anglais, John Parkinson, développa la culture de ce plant qui pousse facilement en climat tempéré, culture qui s'est généralisée par la suite.

La framboise possède une cavité en son centre, à l'endroit par lequel elle était rattachée à la plante. Elle est constituée de graines (drupes) assez petites, recouvertes de chair qui les relie les unes aux autres. Elle peut atteindre 2 cm de long. La variété la plus courante est rouge, mais la framboise peut aussi être noire (sans être une mûre), jaune, orange, ambrée ou blanche (comme l'ancêtre). Sucrée et d'un parfum suave, elle est moyennement acidulée et encore plus fragile que la fraise. Des croisements entre la mûre et la framboise ont donné des fruits qui portent souvent le nom de leur créateur telles la baie de Logan, la baie de Boysen.

VALEUR NUTRITIVE
La framboise contient 0,9 g de protéines, 0,6 g de matières grasses, 12 g d'hydrates de carbone, 3 g de fibres et 49 calories/100 g. C'est un fruit riche en pectine et en vitamine C. Elle est relativement riche en vitamines du complexe B, en potassium et en divers acides, dont les acides citrique, malique et salicylique. On la dit diurétique, dépurative et antirhumatismale. Elle semble soulager entre autres les aigreurs d'estomac, les inflammations de la bouche, les infections urinaires, la constipation et la fièvre. Les feuilles et les fleurs aux propriétés identiques sont utilisées en infusion ou en décoction.

ACHAT
Rechercher des framboises fermes et brillantes. Des fruits mous, ternes et tassés sont passés et se conservent très mal. Pour les personnes qui en ont la possibilité, l'idéal est de cueillir soi-même ses framboises et le meilleur temps est le matin car elles sont plus sucrées et se conservent plus longtemps. Les framboises se vendent à un coût élevé car elles sont fragiles et résistent mal au transport.

PRÉPARATION
La framboise supporte très mal d'être lavée car elle se gorge d'eau et ramollit; la laver uniquement si c'est absolument nécessaire et procéder délicatement et rapidement. Lorsqu'elle est fraîchement cueillie, il peut être nécessaire de la secouer légèrement afin de déloger les insectes qui pourraient s'être logés dans les cavités, particulièrement la punaise des framboises.

UTILISATION
Délicieuse nature, la framboise est utilisée dans les mêmes recettes que la fraise (ces deux fruits sont d'ailleurs interchangeables dans la plupart des recettes); ses graines causent cependant plus de problèmes, qu'on peut régler en passant les framboises dans un tamis après les avoir mises en purée. Lui ajouter du jus de citron, surtout quand elle est en purée, pour aviver sa couleur. Les framboises se transforment en coulis qui colore ou nappe divers

aliments (gâteaux, crème glacée, bavaroises, etc.) auxquels il confère une saveur exquise; on en tire aussi un excellent jus (commercialisé congelé pour la première fois aux États-Unis en 1983), ou on s'en sert pour faire du vin, de l'eau-de-vie, de la bière et du vinaigre.

CONSERVATION   La framboise se conserve et se congèle comme la fraise.

FROMAGE

Nom anglais: *cheese*

Produit qui apparaît après la coagulation et l'égouttage du lait, de la crème ou d'un mélange des deux. La découverte du fromage fut probablement le fait du hasard; on n'en connaît pas l'origine précise mais on sait, grâce à des découvertes archéologiques, qu'il se fabrique du fromage depuis plus de 5 000 ans. Une légende raconte qu'un nomade arabe, transportant du lait dans une poche faite d'estomac d'animal, aurait découvert en cours de route que son lait avait caillé. Le caillage devint et est demeuré une façon de conserver les surplus de lait. La fabrication du fromage s'est souvent effectuée dans des monastères et plusieurs fromages ont hérité de noms évoquant une telle origine (saint-paulin, tête-des-moine, trappistes, munster).

Il existe plus de 500 variétés de fromages, que l'on peut regrouper dans une vingtaine de catégories. Les caractéristiques, la qualité et la valeur nutritive du fromage dépendent de multiples facteurs, dont la race, les habitudes de vie et l'alimentation des animaux, les saisons, les conditions climatiques, la sorte de lait utilisé (de vache, de chèvre, de brebis, de jument, de renne, de buflonne, etc.), du coagulant, de l'affinage et des conditions de stockage. L'apparition d'usines hautement mécanisées, qui peuvent traiter plus de 400 kg de lait à la fois, et l'uniformisation des méthodes de production, incluant la pasteurisation presque systématique du lait, ont souvent banalisé la saveur des fromages.

La fabrication du fromage comporte 3 étapes principales, soit la coagulation, l'égouttage et l'affinage.

Coagulation (caillage). Phase où la caséine (les protéines du lait ou de la crème) se sépare du lactosérum (liquide appelé aussi petit-lait) et forme le «caillé». L'ajout d'un coagulant accélère le processus; traditionnellement, on se servait de présure, un enzyme coagulant extrait de l'estomac des jeunes veaux. La présure est maintenant rare et coûteuse, aussi est-elle souvent remplacée par la pepsine, un agent coagulant prélevé dans l'estomac des porcs, ou par des cultures bactériennes.

Certains fromages, dont le cottage, sont caillés uniquement par l'action de cultures lactiques, un peu comme le yogourt. La coagulation s'effectue grâce aux ferments naturels du lait ou avec l'aide de ferments lactiques cultivés; des plantes contenant des substances coagulantes, tels l'artichaut sauvage, le chardon ou l'ortie, peuvent aussi être utilisées. La fraîcheur, l'acidité et la température du lait sont des facteurs qui influencent la coagulation; ainsi le manque de fraîcheur augmente l'acidité du lait, qui coagule plus facilement.

La fabrication industrielle du fromage impose l'utilisation de lait pasteurisé afin que soient détruits les germes pathogènes et pour neutraliser les ferments lactiques qui fermentent souvent de façon imprévue (mais qui confèrent au fromage un goût et une texture particulières). La pasteurisation a pour effet de rendre le calcium inopérant en le «fixant»; or le calcium est indispensable pour la formation du caillé, alors on le remplace par du chlorure de calcium.

Égouttage. Élimination du lactosérum en vue de rendre le caillé plus ferme. L'égouttage dure plus ou moins longtemps, selon le résultat désiré; il peut être accompagné de malaxage, de pressage et de cuisson. Certains caillés sont même lavés pour que disparaisse tout résidu susceptible de provoquer une fermentation lactique non désirée. Plus l'élimination du lactosérum est lente, plus elle entraîne une perte de vitamines et de sels minéraux; ainsi le cottage peut perdre jusqu'à 80 % du calcium et du phosphore.

Le caillé obtenu est prêt à être salé. Le salage favorise le développement de certaines bactéries par rapport à d'autres; il peut être fait en surface ou à l'intérieur de la pâte, par bain de saumure ou par saupoudrage. La pâte est ensuite mise dans des moules puis la plupart du temps affinée.

Affinage (ou **maturation**). Période pendant laquelle la pâte se transforme sous l'action bio-chimique des diverses bactéries contenues dans le fromage. C'est notamment l'étape cruciale où se développent la consistance, l'odeur, la saveur et, si désiré, la croûte (les fromages à pâte fraîche ou les fromages fondus ne sont pas affinés). Un certain nombre de conditions sont nécessaires pour que le fromage puisse mûrir convenablement. La pâte a besoin d'une certaine neutralisation car elle est plus ou moins acide; on peut l'ensemencer de moisissures à la surface (camembert), introduire une moisissure à l'intérieur (bleu), provoquer le développement d'une moisissure par les conditions atmosphériques (humidité) ou à l'aide d'une substance enrobante (cendre de bois, poudre de charbon de bois, herbes ou foin) ou par macération (eau salée, bière, sérum, cidre, huile, vin blanc, etc.). L'affinage s'effectue à une température et une humidité contrôlées; il peut être plus ou moins long (de 24 heures à plus de 3 ans); il est généralement d'autant plus long que la pâte est bien égouttée et le fromage, dur. L'âge du fromage influence la saveur; plus le fromage est vieux, plus il est fort. Les fromages forts sont habituellement plus dispendieux car ils nécessitent une période de maturation plus longue.

Il existe plusieurs variétés de fromage:

Fromages frais (à pâte fraîche, fromages blancs). Fromages qui n'ont connu que la fermentation lactique et l'égouttage; ils ne sont ni cuits ni affinés (cottage, ricotta, petit suisse, quark, etc.). Faits à partir de lait ou de crème pasteurisés (cottage) ou du lactosérum (ricotta), ils ne sont pas vieillis et doivent être consommés rapidement. Ils sont généralement maigres (moins de 20 % de matières grasses) et peu calorifiques (55 calories/100 g); mais s'ils sont fabriqués avec de la crème, ils sont alors très gras (jusqu'à 70 % de matières grasses) et calorifiques. Ils contiennent entre 60 et 82 % d'eau. Ces fromages sont lisses ou granuleux, de saveur douce ou légèrement acidulée. Ils sont assaisonnés de légumes, de fruits ou d'épices ou ils sont laissés nature. Plusieurs contiennent des additifs, notamment du colorant bleu ou vert pour faire ressortir la blancheur, des épaississants et des agents de conservation.

Fromages à pâte molle. Fromages affinés mais non malaxés et non cuits; leur égouttage est spontané. Les fromages à pâte molle sont recouverts de moisissures et acquièrent une croûte plus ou moins veloutée. Ils subissent une fermentation importante qui va de l'extérieur de la pâte vers l'intérieur. Ils se répartissent en 2 catégories définies par l'aspect de la croûte: **à croûte fleurie**, fromages recouverts d'une mince couche de duvet blanc, d'aspect velouté (camembert, brie, neufchâtel, saint-marcellin, etc.) et **à croûte lavée**, fromages soumis à des lavages; ils sont un peu plus secs que les précédents car les moisissures ne peuvent se développer à leur surface et il se forme une croûte lisse de couleur orangée qui combat la déshydratation de la pâte (munster, pont-l'évêque, livarot, etc.). Pour assurer un taux d'humidité interne convenable et une fermentation adéquate, ces fromages sont placés en atmosphère humide dans des toiles humectées d'une solution (saumure, vin et épices, bière ou eau-de-vie).

Fromages à pâte demi-ferme. Fromages à pâte pressée non cuite qui subissent une période d'affinage assez longue en atmosphère fraîche et très humide (on arrive maintenant à réduire le temps de maturation d'un tiers, pour le Cheddar par exemple, en introduisant dans la pâte une souche de bactéries spécialement choisies pour cet effet). Le caillé est d'abord réduit en petits grains, entoilé, moulé et soumis à une pression en vue d'accélérer et de compléter l'égouttage. Ces fromages ont une consistance dense (cheddar, cantal, reblochon, saint-paulin, gouda, tilsil, edam, etc.).

Fromages à pâte ferme ou **dure**. Fromages à pâte pressée, non cuits comme tels mais chauffés pendant plus d'une heure lors de l'affinage, souvent fort long. La chaleur déshydrate et assouplit le caillé, qui deviendra une pâte compacte après le pressage. Ces fromages [gruyère, emmenthal, comté, beaufort, parmesan (pâte dure), romano (pâte dure), etc.] sont ornés d'une croûte résistante, parfois enduite d'huile pour empêcher la déshydratation. Leur fermentation particulière et longue active l'action des bactéries. Dans certains cas, il se forme des gaz carboniques qui ne peuvent s'échapper de la pâte, entraînant la formation de trous (yeux), de grosseur et en nombre variables, propres à chaque variété de fromage. La texture de la pâte peut être parfois très granuleuse. Certaines meules de ces fromages pèsent entre 40 et 100 kg.

Fromages bleus (à pâte persillée). Fromages ni cuits ni pressés, dont le caillé est d'abord émietté, salé, puis ensemencé de moisissures déposées dans la pâte à l'aide de longues aiguilles. La fermentation s'effectue à l'inverse de celle des pâtes molles, soit de l'intérieur vers l'extérieur. Tout un réseau de veinures bleu-vert se constitue sous l'action des moisissures, réseau qui se densifie avec le temps. Ces fromages ont un goût fort et piquant [bleu, roquefort (fait avec du lait de chèvre), gorgonzola, etc.].

Fromages fondus. Fromages fabriqués à partir de fromages déjà existants (jeunes, à point ou passés) refondus, pasteurisés à haute température et hydrogénés, afin notamment de ralentir leur vieillissement. On ajoute à la pâte, selon le produit désiré, des agents stabilisateurs, des émulsifiants, du sel, des produits laitiers (lait, beurre, crème, caséine ou sérum), des colorants, des édulcorants (sucre, sirop de maïs, etc.) et des assaisonnements (fines herbes, épices, fruits, noix, kirsch, etc.). On obtient une texture plus ou moins molle et élastique. En Amérique du Nord, ces fromages sont surtout faits à base de cheddar tandis qu'en Europe, l'emmenthal et le gruyère prédominent.

Les fromages fondus portent des noms différents selon la quantité de fromage qu'ils contiennent (fromage fondu, préparation de fromage fondu, fromage à tartiner, etc.), mais leurs emballages sont habituellement fort semblables et il n'est guère facile de s'y retrouver. Chaque pays édicte ses normes sur le contenu de ces fromages; au Canada, le «fromage fondu» contient plus de fromage que d'eau (44 % d'humidité) et il doit renfermer jusqu'à 28 % de matières grasses, le «fromage fondu écrémé» peut contenir jusqu'à 55 % d'humidité et 27 % de gras, la «préparation de fromage fondu» contient jusqu'à 46 % d'humidité et 22 ou 23 % de gras tandis que le «fromage fondu à tartiner» contient jusqu'à 60 % d'humidité et 20 % de gras.

Succédanés de fromage (simili-fromages). Il existe toute une gamme de fromages autres que les fromages fondus nés de l'intervention des chimistes. Leur texture et leur saveur sont identiques (ou presque) à celles du fromage naturel. Aux États-Unis (pays d'où ces fromages tirent leur origine), la consommation de ces fromages connaît une hausse croissante qui s'explique par leur bas prix; le phénomène devrait se répandre ailleurs dans le monde.

Une formule type de la composition de ce fromage artificiel ne comprend qu'un seul constituant du lait, soit la caséine, auquel on ajoute divers produits chimiques, dont le Mattrin M 100, le Pro-Fam 90/HS, des émulsifiants, des arômes et des colorants artificiels. On se sert aussi d'autres ingrédients naturels (soya, maïs) auxquels on fait subir des transformations de leur structure moléculaire.

Les fabricants affirment que ces fromages sont de valeur nutritive égale ou supérieure aux vrais fromages; on peut en douter quand on examine les produits qu'ils contiennent.

Fromages de chèvre. Ces fromages peuvent être fabriqués à 100 % de lait de chèvre (pur chèvre) ou être mélangés à du lait de vache (mi-chèvre s'il contient au moins 25 % de lait de chèvre). Le fromage de chèvre existe sous forme de pâte fraîche et de pâte molle à croûte fleurie, à l'occasion sous forme de pâte dure. Il est plus blanc que le fromage de vache, plus facile à digérer et de saveur plus prononcée, car le lait de chèvre renferme presque deux fois plus de vitamine A que le lait entier de vache; l'intensité de la saveur dépend de la race et de l'alimentation de l'animal, de la saison et des procédés de fabrication.

Les fromages de chèvre sont souvent très salés, et ce, pour que se prolonge leur durée de conservation. L'hiver, ces fromages sont presque toujours fabriqués à partir de lait congelé, ce qui donne un fromage à saveur plus douce. Les fromages de chèvre portent souvent des noms évocateurs (chabichou, crottin et chevrotin, cabécou, etc.).

Voici un tableau adapté du *Guide to Natural Cheese* publié par le Food Learning Center, qui résume les principales caractéristiques des fromages les plus courants.

nom et origine	couleur	texture	saveur	usages	variétés similaires	type de lait	temps de maturation	commentaires
Bleu (France)	blanc crémeux marbrures ou points bleus	s'émiette semi-molle	piquante, un peu poivrée	salades, vinaigrettes, biscuits, boules de fromage	Gorgonzola, Stilton, Roquefort	vache	2 à 6 mois	Le fromage est injecté avec une moisissure spéciale, *Penicillium roqueforti*, ce qui cause la couleur bleue et la saveur distincte.
Brick (États-Unis)	jaune pâle	semi-molle petits trous	douce à piquante	sandwichs, hors-d'oeuvre, gratins	Muenster	vache	2 à 4 mois	John Jossi, de Richwood, au Wisconsin, a développé ce fromage en 1876.
Brie (France)	jaune à l'intérieur, blanc ou brun en surface	molle onctueuse	douce à piquante	biscuits, desserts	Camembert	vache	4 à 8 semaines	Le nom provient de la province de LaBrie. Ses moisissures sont similaires à celles du Camembert.
Camembert (France)	jaunâtre à l'intérieur, surface brune ou blanche mince	onctueuse très molle	douce à piquante	avec fruits, sandwichs, collations, desserts	Brie	vache	4 à 8 semaines	Le nom provient d'un village en France. Mme Jeanne Harel a développé ce fromage en 1791.
Cheddar (Angleterre)	blanchâtre à orange foncé	semi-molle à ferme, trous occasionnels	douce à forte	tout usage	Colby	vache ou chèvre	1 à 12 mois	Le premier fromage fait en usine, il comporte maintenant beaucoup de variétés.
Colby (États-Unis)	jaune pâle à orange	molle à semi-molle, petits trous	plus douce que celle du Cheddar	biscuits, sandwichs, pâtes alimentaires, collations	Cheddar, Moterey Jack	vache	1 à 3 mois	Ce fromage, une variété de cheddar, a été développé en 1882 par Ambrose Steinwand, près de Colby, au Wisconsin.
Cottage (Inconnue)	blanc	petits granules ou crémeuse	douce, laiteuse	salades, gâteaux au fromage, sandwichs, etc.	Ricotta	vache, écrémé ou avec crème	non mûri	Ce fromage contient peu de gras et est le plus facile à fabriquer. Le fromage cottage en crème contient de la crème, il a donc au moins 4 % de matières grasses.

nom et origine	couleur	texture	saveur	usages	variétés similaires	type de lait	temps de maturation	commentaires
Crème (États-Unis)	blanc	crémeuse, molle	douce	sandwichs, trempettes, gâteaux au fromage, glaçages, etc.	Neufchatel	vache, crème	non mûri	La crème est utilisée au lieu de lait. Le procédé ressemble à celui du fromage cottage.
Edam (Pays-Bas)	jaune à orange	semi-molle, petits trous irréguliers	veloutée	sandwichs, hors-d'œuvre, salades, sauces, desserts	Gouda	vache, partiellement écrémé	2 à 3 mois	Populaire aux Pays-Bas, il ressemble au cheddar et au gouda. Il contient moins de gras que le gouda puisque du lait partiellement écrémé est utilisé.
Emmenthal	voir Suisse							Le nom vient de la vallée Emmenthal en Suisse.
Feta (Grèce)	blanc	s'émiette	piquante, acide, salée	salades, sandwichs, hors-d'œuvre, omelettes, pâtisseries		chèvre et/ou vache	non mûri	Un fromage mariné, salé mais plaisant. On croit qu'il serait le premier fromage créé.
Gorgonzola (Italie)	blanc crémeux, marbrures ou points bleus	semi-molle, s'émiette	piquante	salades, vinaigrettes, trempettes, hors-d'œuvre	bleu, Roquefort, Stilton	vache	3 à 12 mois	La version italienne du fromage bleu (voir bleu).
Gouda (Pays-Bas)	jaune	semi-molle à ferme, petits trous	crémeuse	sandwichs, sauces, gratins	Edam	vache	2 à 6 mois	Originaire de Gouda, aux Pays-Bas. Il contient plus de gras que l'Edam.
Gruyère	voir Suisse							

nom et origine	couleur	texture	saveur	usages	variétés similaires	type de lait	temps de maturation	commentaires
Havarti (Danemark)	jaunâtre	semi-molle, petits trous	douce à piquante	sandwichs, hors-d'œuvre	Brick, Muenster	vache	2 à 4 mois	Le nom provient d'une ferme du Danemark.
Jarlsberg (Norvège)	jaunâtre	ferme, gros trous	sucrée, à saveur de noisette	sandwichs, sauces, hors-d'œuvre	Suisse	vache	3 à 9 mois	Un fromage qui ressemble aux fromages suisses, en plus sucré et de saveur moins prononcée.
Limburger (Belgique)	jaune blanchâtre	molle, onctueuse, petits trous	forte, odorante	sandwichs, hors-d'œuvre	Brick mûri	vache	4 à 8 semaines	La levure *Mycoderma* et l'agent de mûrissement *Bacterium linens* expliquent son goût et sa saveur distincts.
Monterey Jack (États-Unis)	blanc	molle, petits trous	douce	sandwichs, sauces, gratins	Colby	vache	non mûri	Originaire du comté de Monterey, en Californie. Semblable au cheddar.
Mozzarella (Italie)	blanc	semi-molle à ferme, filante	douce	pizza, goûters, sandwichs, gratins	Scamorza, Provolone	vache	non mûri	Après la coagulation, les granules sont étirés sous l'eau chaude jusqu'à ce qu'ils deviennent filants, puis ils sont mis dans des moules ou moulus à la main.
Muenster (Allemagne)	blanchâtre, avec surface jaunâtre	molle, petits trous	douce à légèrement piquante	hors-d'œuvre, biscuits, sandwichs	Brick	vache	1 à 8 semaines	Fait pour la première fois près d'un village en Alsace allemande. Il est nommé «Munster», en français.

nom et origine	couleur	texture	saveur	usages	variétés similaires	type de lait	temps de maturation	commentaires
Parmesan (Italie)	blanchâtre à jaune	dure ou granuleuse	forte	spaghetti, pizza, soupes, salades, pâtes alimentaires	Romano	vache, écrémé	1 à 2 ans	Vendu en meule ou râpé, il est appelé Parmigiano-Reggiano en Italie, noms des provinces italiennes où il fut inventé vers l'an 1 300 av. J.-C.
Provologne (Italie)	jaunâtre, parfois à surface dorée	ferme, onctueuse	douce, salée	sandwichs, hors-d'œuvre, goûters, soufflés	Mozzarella	vache	2 à 12 mois, parfois plus	Fait de la même façon que le mozzarella quoique vieilli; peut être fumé.
Ricotta (Italie)	blanc	molle, en granules humides ou ferme	légèrement sucrée	lasagnes, desserts, salades, collations	Cottage	vache, petit-lait ou écrémé	non mûri	Le ricotta contient moins de gras et de calories que le fromage cottage. Séché, il peut être râpé.
Romano (Italie)	blanchâtre surface vert-noir	dure, granuleuse	piquante	râpé pour assaisonner, pain, soupes, sauces	Parmesan	vache ou chèvre	5 à 12 mois	Également nommé Pecorino Romano en Italie, ce qui indique qu'il est fait de lait de chèvre.
Roquefort (France)	blanc crémeux marbrures ou points bleus	pâteuse ou en miettes	forte, légèrement poivrée	salades, goûters, hors-d'œuvre, tartines	Bleu, Gorgonzola Stilton	chèvre	2 à 5 mois, ou plus	Provient de Roquefort, une région de France (voir Bleu).
Suisse (Suisse)	blanchâtre à jaune foncé	ferme, gros trous	mi-sucrée, douce à robuste	sandwichs, hors-d'œuvre, fondue	Emmenthal, Gruyère, Jarlsberg	vache	3 à 9 mois	Les «yeux» proviennent de l'action des bactéries *Propionibacterium shermanii*, qui produisent des bulles de gaz et qui donnent un goût sucré.

VALEUR NUTRITIVE

Le fromage a une valeur nutritive variable, influencée notamment par la nature du produit laitier et le procédé de fabrication. En règle générale, c'est un aliment nourrissant; plus il est ferme, plus il est concentré et plus il possède une proportion importante d'éléments nutritifs. Sa teneur en protéines est élevée; la qualité ainsi que le taux d'assimilation de ces protéines sont excellents. Sa teneur en hydrates de carbone est généralement peu élevée tandis que son contenu en matières grasses connaît de grandes fluctuations. Contrairement à ce que l'on croit souvent, les fromages mous ne sont pas nécessairement les plus gras, au contraire. Les matières grasses sont surtout composées d'acides saturés et elles contiennent du cholestérol (en moyenne entre 66 et 100 mg/100 g; le fromage frais n'en renferme que de 7 à 20 mg/100 g; les fromages à la crème peuvent en avoir jusqu'à 110 ou 120 mg et les fromages bleus de 85 à 150 mg).

Il existe une corrélation entre la teneur en matières grasses et la valeur calorifique du fromage: plus un fromage est gras, plus sa teneur en calories est élevée, tandis que plus un fromage contient d'humidité, moins il est calorifique (le pourcentage d'humidité diminue à mesure que le fromage vieillit). Le fromage frais contient entre 65 et 80 % d'humidité, le fromage à pâte molle 50 %, le fromage à pâte mi-dure 35 % et le fromage à pâte dure 30 %.

La teneur en sels minéraux dépend en partie des procédés de fabrication. Les fromages à coagulation lactique, tels le cottage et le ricotta, ont moins de calcium et de phosphore que les fromages durs, car ils en perdent à l'égouttage. À quantité égale, le fromage contient donc moins de sels minéraux que le lait, mais il en demeure une bonne source. Le sodium est habituellement présent en quantité considérable; c'est surtout du sel ajouté en cours de préparation.

La vitamine C et une bonne partie des vitamines du complexe B ne résistent pas à la fabrication; la vitamine A est plus stable et reste en quantité appréciable, sauf dans les fromages frais et écrémés.

Une consommation importante de fromage entraîne un apport considérable de matières grasses, de calories et de sel, sauf si on choisit des fromages écrémés et peu salés. Elle peut aussi occasionner l'ingestion d'additifs (caséinate de sodium, alginate de sodium, chlorure de calcium, gomme de guar, gomme de caroube, carragheen, arôme de fumée, etc.), car agents modificateurs de texture, agents de conservation, arômes et colorants articifiels sont parfois ajoutés. Certains de ces produits, dont les colorants, ne jouent qu'un rôle esthétique, donc non indispensable; la seule différence entre un cheddar blanc et un cheddar jaune réside dans le colorant ajouté.

Le fromage peut causer de la constipation car il est riche en lipides et en protéines tout en étant dépourvu de fibres (voir viande, p. 556). La quantité de fromage ingérée, la nature du fromage, la façon dont la personne métabolise les aliments, l'ensemble de sa diète et son mode de vie vont influencer l'effet du fromage sur le transit intestinal.

ACHAT   Vérifier la date inscrite sur l'emballage sous l'indication «meilleur avant» et délaisser les fromages laissés à la température de la pièce. Rechercher les caractéristiques particulières à la catégorie dont le fromage fait partie. Les fromages à pâte molle doivent être mous à l'intérieur comme à l'extérieur. Ils sont à point (faits) lorsque la pâte est crémeuse, homogène et de couleur uniforme, remplissant pleinement la croûte ornée de pigmentation rougeâtre ou brunâtre, due aux ferments caséiques. Éviter ceux dont le centre est massif, ferme et d'un blanc crayeux, indiquant un défaut de fabrication ou un manque de maturation. Une croûte dure et une pâte sèche trahissent un fromage mal conservé.

Les fromages à pâte demi-dure ne doivent être ni trop desséchés ni trop friables. Vérifier si leur saveur n'est pas rance ou piquante. Les fromages à pâte dure doivent être de couleur et de consistance uniformes. Éviter ceux qui sont desséchés, trop granuleux ou pâteux, dont la croûte est fissurée ou qui sont bombés, signes qu'ils continuent à fermenter. Leur saveur ne devrait être ni trop salée, ni trop amère. Les fromages bleus doivent avoir des veines plus ou moins abondantes, selon les variétés, veines réparties uniformément à travers la pâte. Cette pâte, habituellement blanchâtre, doit être ni trop sèche, ni friable, ni trop salée.

Certains défauts facilement identifiables permettent de repérer les fromages à éviter: une odeur d'ammoniaque, due à la dégradation des protéines, est signe de vieillissement; de la condensation dans l'emballage, indication que le fromage a été exposé à une température trop élevée (la saveur risque de s'en ressentir); une pâte blanche quand elle devrait être jaunâtre (elle possède généralement une saveur acidulée); un fromage bosselé, indication qu'il a passé trop de temps sous presse.

UTILISATION   Le fromage est mangé tel quel, lors de repas ou de collation et il est utilisé abondamment en cuisine, comme ingrédient de base ou comme condiment. Il s'apprête aussi bien avec les mets salés (salades, pizzas, crêpes, soufflés, omelettes, sauces, soupes, etc.) que sucrés (gâteaux, tartes, etc.); c'est surtout le fromage frais qui est employé en pâtisserie. Le fromage est l'ingrédient principal de nombreux plats (fondue, raclette, welsh rarebit, croûtes, etc.). Ne pas craindre de remplacer un fromage par un autre du même type, comme par exemple du gruyère et de l'emmenthal par de l'edam, du brick, du jarlsberg, etc. Pour diminuer l'ingestion de matières grasses, remplacer les fromages gras par des fromages maigres ou les combiner (cela permet en outre de varier les saveurs).

Le fromage fond plus facilement à la cuisson s'il est émietté, râpé ou coupé finement. Le cuire à feu doux et éviter l'ébullition car il durcit, se sépare ou s'effiloche à haute température à cause de sa haute teneur en protéines. Le retirer du feu dès qu'il est fondu; pour le gratiner, l'ajouter idéalement au dernier moment.

CONSERVATION   Les fromages plus humides se conservent moins longtemps que les fromages fermes. Les fromages frais ne se conservent qu'une semaine ou deux et doivent être réfrigérés; les placer dans un emballage ou un contenant hermétique. Les fromages à pâte molle se conservent peu de temps une fois qu'ils sont à point; ils coulent et leur croûte fonce et devient poisseuse en surface, ils dégagent alors une odeur ammoniacale et leur goût est fort et piquant (une fois coupés, ils ne fermentent presque plus). Les fromages durs se conservent plusieurs semaines.

Tous les fromages peuvent se garder au réfrigérateur; bien les envelopper dans une feuille de plastique ou d'aluminium et les placer à l'endroit le moins froid, (certains, dont les fromages à pâte molle, subissent une perte de saveur); on peut aussi les conserver à une température oscillant entre 10 et 12 °C. Les fromages sont plus savoureux si on les retire du réfrigérateur environ 30 minutes avant de les consommer; éviter de les laisser trop longtemps à l'air ambiant cependant, car ils se dessèchent et peuvent se contaminer.

Si de la moisissure s'est développée à la surface d'un fromage ferme, retirer 2,5 mm autour et sous la partie gâtée et se servir d'un autre papier d'emballage. Avec les fromages frais et à pâte molle, il est préférable de les jeter sinon enlever une grande quantité de fromage autour de la partie moisie. Si les fromages sont desséchés, on peut les râper et les utiliser pour cuisiner (même les fromages bleus). Pour éviter le dessèchement des bleus, les envelopper dans un linge humide.

La plupart des fromages se congèlent mais leur saveur est souvent diminuée et presque tous deviennent plus friables, ce qui complique la tâche pour les couper. Bien les emballer et les congeler de préférence en segments ne dépassant pas 2 cm d'épaisseur. Les fromages secs supportent mieux la congélation que les fromages humides; les consommer en dedans de 6 mois. Décongeler les fromages au réfrigérateur.

FRUIT DE LA PASSION

Passiflora spp, **Passifloracées**
Autres noms: *grenadille*, parfois *maracuya* (un terme espagnol)
Noms anglais: *passion fruit, granadilla*

Baie se développant sur une liane originaire d'Amérique du Sud, et qui croît maintenant dans la plupart des pays tropicaux. Cette liane peut produire annuellement entre 8 et 10 kg de fruits. Ce fruit fut baptisé «fruit de la passion» *(passiflore)* par les Espagnols quand ils débarquèrent en Amérique du Sud; ils trouvaient que la forme de ses magnifiques fleurs bleues striées de blanc et de pourpre rappelaient des aspects de la passion du Christ (couronne d'épine, clous, marteaux).

Il existe environ 400 variétés de ce fruit allongé qui a une taille variable allant de la grosseur d'un œuf à celle d'un melon. La peau des variétés les plus populaires est jaune ou brun violacé, brillante, lisse et non comestible car elle est épaisse et dure; elle s'amincit et plisse quand le fruit est à maturité. Elle renferme du jus et une pulpe jaunâtre très aromatique, remplie de multiples petites graines noirâtres, croquantes et comestibles. Cette pulpe sucrée et légèrement acidulée est rafraîchissante; elle est très acide quand le fruit n'est pas assez mûr.

VALEUR NUTRITIVE
Le fruit de la passion contient 2 g de protéines, des matières grasses à l'état de traces, 21 g d'hydrates de carbone et 90 calories/100 g. Il est riche en potassium et en vitamine A.

ACHAT
Choisir des fruits odorants, plissés et exempts de meurtrissures.

UTILISATION
Le fruit de la passion doit être consommé lorsqu'il est bien mûr; il est alors tout plissé. Nature, il est mangé tel quel à la cuiller ou il aromatise salades de fruits, flans, yogourts, crème glacée, sorbets, etc. On peut passer la pulpe au tamis pour recueillir le jus qui sert à préparer boissons et desserts variés. On en fait de la gelée et de la confiture. Ce fruit est tellement parfumé qu'une toute petite quantité confère beaucoup de saveur aux aliments.

CONSERVATION
Le fruit de la passion se conserve au réfrigérateur; il se congèle tel quel ou débarrassé de sa peau.

FRUITS

Nom anglais: *fruits*

Organe des végétaux qui apparaît après que la fleur a été fécondée et qui sert à la reproduction. L'usage habituel du mot fruit désigne des aliments sucrés que l'on mange principalement en dessert, mais tomate, courge, olive, avocat, amande, etc., sont aussi des fruits.

Selon leurs caractéristiques botaniques, on classifie les fruits en baies, quand ils renferment des graines, des pépins ou des akènes (banane, bleuet, fraise, groseille, pomme, poire, raisin, etc.) et en drupes, quand ils ont un noyau central (abricot, amande, cerise, datte, pêche, prune, etc.). La grande majorité des fruits sont sucrés et aqueux; quelques-uns ont une haute teneur en amidon (amylacés: banane et marron), d'autres sont riches en matières grasses (oléagineux: amande, acajou, avocat, noix de coco, etc.), tandis que les agrumes sont les fruits acides produits par les citrus (citron, orange, lime, etc.).

VALEUR NUTRITIVE

Chaque fruit est composé de divers éléments nutritifs dans une concentration qui lui est propre; comme groupe d'aliments cependant, les fruits partagent certaines caractéristiques. La plupart sont riches en eau (80 à 90 %) et pauvres en matières grasses (de l'état de traces jusqu'à environ 2 g/100 g, sauf les oléagineux qui contiennent de 35 à 67 g de matières grasses/100 g) et en protéines; ils renferment habituellement entre 13 et 23 g d'hydrates de carbone et entre 30 à 65 calories/100 g. En général, ils sont riches en vitamines A, B et C, en potassium, en calcium, en magnésium et en acides (citrique, tartrique, malique, acétique, oxalique, tannique, etc.); l'acide tannique est plus élevé quand le fruit n'est pas assez mûr, ce qui lui confère un goût amer. Les fruits sont riches en fibres, ce qui facilite notamment le transit intestinal. Ils sont excellents pour la santé, car ils fournissent divers nutriments facilement assimilables.

ACHAT

Plusieurs facteurs influencent la saveur et le contenu nutritif des fruits avant, pendant et après la récolte. Certains sont impondérables comme les conditions climatiques; la plupart cependant relèvent de l'intervention humaine; ils ont vu leur importance croître durant le XXᵉ siècle à mesure que se développaient les méthodes de culture industrielle et que se généralisait le commerce international. Ainsi, la plupart des fruits viennent en contact avec des produits chimiques durant leur croissance et après la cueillette (engrais, herbicides, insecticides, cire, teinture, etc.). Une partie de ces substances demeure dans les fruits sous forme de résidus. Ces résidus peuvent se loger à l'intérieur du fruit (on parle de contamination systémique) ou rester en surface (contamination topique). Pour ingérer le moins de résidus possible, laver soigneusement le fruit ou le peler (on perd alors la partie des éléments nutritifs logée dans la peau). Cependant, la consommation de fruits cultivés biologiquement est une autre solution, qui demeure actuellement une mesure à la portée d'une minorité seulement.

Rechercher des fruits intacts, bien colorés, ni trop fermes ni trop mous, exempts de moisissures et dégageant une bonne odeur. Les délais de la mise en marché font que les fruits sont souvent cueillis matures mais non mûrs; il arrive même qu'on les récolte immatures. Même si plusieurs fruits matures mais non mûrs peuvent développer leur saveur et leur valeur nutritive après la cueillette, ils ne peuvent pas être aussi savoureux ni aussi nourrissants que les fruits cueillis à point; ceci complique l'achat de fruits savoureux.

PRÉPARATION ET UTILISATION   La préparation, l'utilisation et la conservation des fruits influencent leur valeur nutritive, leur saveur, leur texture et leur apparence. Les fruits sont fragiles car ils continuent à vivre même après la cueillette; ǒn dit qu'ils respirent. La température ambiante a une grande influence sur le rythme de respiration; plus elle est élevée, plus les fruits respirent, ce qui entraîne une perte d'eau et accélère le mûrissement. Tout comme les légumes, il est préférable de ne pas mettre les fruits à tremper en les lavant, de les préparer au dernier moment et, pour la plupart, d'éviter de les laisser à la température ambiante (voir légumes, p. 293).

L'utilisation des fruits est des plus variée; on les consomme frais, cuits, confits, déshydratés, en jus, en conserve, macérés dans de l'alcool, transformés en vin, etc. Plusieurs fruits brunissent quand ils sont pelés ou coupés (banane, pomme, poire, pêche); ce processus, appelé oxydation, survient quand une enzyme et une substance semblable au phénol présentes dans les fruits entrent en contact avec l'oxygène de l'air. Pour empêcher cette réaction, enrober les fruits coupés avec une substance acide (jus d'agrume, de pomme, vinaigre, etc.); plus le degré d'acidité est élevé, plus les fruits résistent longtemps au brunissement. La réfrigération aide également mais elle est moins efficace; la cuisson règle définitivement la question. La cuisson devrait être courte le plus souvent possible afin de préserver la valeur nutritive.

CONSERVATION   Tous les fruits ne sont pas aussi fragiles; l'orange par exemple se conserve plus facilement que la fraise. Ils ont besoin d'humidité pour rester frais plus longtemps; plus l'air ambiant est humide, plus leur déshydratation est retardée. À part quelques exceptions, les fruits laissés à la température de la pièce se gâtent très vite. Il est préférable de les réfrigérer ou de les placer dans un endroit frais et humide. Manipuler les fruits avec soin car toute meurtrissure accélère le processus de maturation. Les tenir éloignés des aliments à odeur forte, car la plupart l'absorbent. Les fruits dégagent du gaz éthylène, substance qui accélère le mûrissement; mettre les fruits dans un sac emprisonne ce gaz et active leur maturation. Retirer les fruits du sac dès qu'ils sont mûrs sinon ils vont passer. La plupart des fruits supportent la congélation, qui leur fait perdre cependant jusqu'à 20 % de leur contenu en vitamines du complexe B et en vitamine C.

FRUITS CONFITS

Nom anglais: *candied fruits*

Fruits imprégnés de sucre. C'est au XIIIe siècle, en Europe, que l'on confectionna les premiers fruits confits, quand l'apparition du sucre blanc permit l'émergence de cette technique de conservation. Le procédé traditionnel de fabrication consiste à blanchir les fruits pour les attendrir, puis à les passer dans un sirop de plus en plus concentré qui imprègne la chair sans l'endommager. La durée de l'opération varie selon les fruits et les procédés; elle peut prendre aussi peu que 6 jours ou se prolonger jusqu'à 1 mois ou 2. Après l'égouttage, les fruits sont vendus tels quels ou glacés au sucre, ce qui les rend moins collants et plus faciles à conserver.

La plupart des fruits peuvent être confits; on les confit entiers ou en morceaux, on confit aussi l'écorce des agrumes ainsi que les tiges et les pétales de certaines plantes (angélique, violette).

Les fruits confits sont calorifiques car riches en sucres. Ils sont utilisés principalement à des fins décoratives ou en pâtisserie; ils sont indispensables dans les puddings anglais et dans les gâteaux aux fruits; en Italie, ils sont souvent intégrés à la crème glacée.

FRUITS DÉSHYDRATÉS

Nom anglais: *dried fruits*

Fruits privés d'une partie de leur eau. La déshydratation est un des plus anciens procédés de conservation; elle consistait traditionnellement à sécher les fruits au soleil; de nos jours la dessiccation commerciale est hautement mécanisée et s'effectue sous chaleur contrôlée.

L'évaporation atteint en général entre 80 et 90 %; la concentration des éléments nutritifs est donc élevée. Les fruits déshydratés contiennent habituellement entre 4 et 5 fois et demie plus de nutriments que quand ils sont frais, ce qui les rend hautement calorifiques. L'énergie qu'ils produisent est vite disponible car leurs hydrates de carbone se métabolisent rapidement. Ces fruits collent facilement aux dents, ce qui peut provoquer des caries vu leur haute teneur en sucre.

Les fruits déshydratés contiennent souvent des additifs, incorporés pour prolonger la durée de conservation et empêcher la décoloration, le durcissement et le développement de moisissures et de bactéries. De l'acide sorbique et du sorbate de potassium (surtout ajoutés aux pruneaux) sont des substances considérées comme peu toxiques, ce qui n'est pas le cas pour l'anhydride sulfureux, un additif à base de sulfites longtemps utilisé de façon courante et qui est maintenant interdit dans plusieurs pays, dont le Canada et les États-Unis.

ACHAT   Les fruits secs s'achètent en vrac ou préemballés. Le vrac n'assure pas automatiquement un meilleur achat car le prix n'est pas forcément plus avantageux, et souvent aucune information ne permet de vérifier si les fruits contiennent ou non un additif. Les fruits sans additifs sont souvent plus secs et de couleur plus prononcée que les fruits avec additifs; délaisser des fruits traités durcis car ils manquent de fraîcheur.

UTILISATION   Les fruits déshydratés sont consommés tels quels ou après avoir été réhydratés, cuits ou non. Pour les réhydrater, les mettre à tremper au minimum une trentaine de minutes, dans de l'eau, du jus ou de l'alcool, jusqu'à ce qu'ils gonflent et s'attendrissent. Parce qu'ils sont très sucrés, il est souvent préférable de diminuer la quantité de sucre des plats dans lesquels on ajoute ces fruits.

CONSERVATION   Les fruits secs se conservent à l'abri de l'air et des insectes, dans un endroit frais; leur durée de conservation est généralement de 6 à 8 mois.

GENIÈVRE

Juniperus communis, **Conifères-Cupressinées**

Nom anglais: *juniper berry*

Fruit du genévrier, arbre ou arbrisseau qui ressemble un peu à un sapin. Le genévrier a des aiguilles persistantes piquantes, de couleur gris-vert ou bleu-vert. Originaire des régions boréales, il pousse à l'état sauvage sur les sols secs, sableux ou rocailleux. Il atteint des dimensions variables selon les lieux où il croît; il peut être très élevé et dense (jusqu'à 12 m de hauteur), de taille moyenne ou encore n'être qu'un arbrisseau très compact et massif. Ses fleurs produisent de petites baies noir violacé qui ressemblent à des bleuets et qui arrivent à maturité au bout de 2 à 3 ans. Toutes les parties de l'arbre ont une forte odeur; les baies dégagent un parfum résineux que l'on retrouve dans la saveur douce-amère.

VALEUR NUTRITIVE   Les baies auraient de nombreuses propriétés médicinales; on les dit diurétiques, toniques, dépuratives, digestives et antirhumatismales; elles aideraient à combattre l'arthrite, les affections biliaires et les pierres aux reins. Une forte infusion serait un bon antidote contre les morsures d'insectes, d'abeilles et de chiens. Les baies, l'écorce et les aiguilles peuvent être infusées. Mesurer 5 ml (1 cuillerée à café) par tasse d'eau (240 ml), faire bouillir 2 ou 3 minutes, puis laisser infuser 10 minutes.

UTILISATION   Les baies sont beaucoup utilisées dans le nord de l'Europe; elles aromatisent volaille, gibier, porc, lapin, choucroute, marinades, quiches, courts-bouillons et charcuterie. Elles entrent dans la fabrication de certaines bières scandinaves et de quelques schnaps allemands et c'est un élément indispensable du gin. On les utilise entières ou concassées.

CONSERVATION   Voir épices, p. 188.

GINGEMBRE

Zingiber officinale, **Zingibéracées**

Nom anglais: *ginger*

Rhizome tubéreux d'une plante vivace originaire d'Asie, probablement de l'Inde. Le gingembre est reconnu pour ses vertus aromatiques et médicinales depuis les temps anciens. Il est cultivé dans plusieurs contrées tropicales, notamment en Indochine et en Afrique; il peut aussi pousser dans les régions chaudes des climats tempérés.

La partie aérienne de la plante atteint entre 30 cm et 1 m de haut; elle est ornée de longues feuilles lancéolées et produit des fleurs jaunes regroupées en épi. Il existe plusieurs variétés de gingembre; les rhizomes charnus sont de grosseur et de couleur variées (sable doré, jaune, blanc ou rouge). Leur pulpe fortement aromatique est piquante et poivrée; elle est recouverte d'une mince peau comestible lorsque le rhizome est jeune et frais.

VALEUR NUTRITIVE

Le gingembre frais contient 1,4 g de protéines, 1 g de matières grasses, 9,5 g d'hydrates de carbone et 50 calories/100 g. Il est relativement riche en calcium, en fer et en potassium. On lui attribue diverses propriétés médicinales, notamment d'être tonique, antiseptique, stomachique, fébrifuge et aphrodisiaque. Il stimulerait la digestion, combattrait la flatulence et serait efficace contre les rhumes, la toux et les douleurs rhumatismales. Il peut irriter le système digestif, aussi est-il préférable de l'utiliser avec modération. En tisane, mesurer environ 5 ml (1 cuillerée à café) de racine par tasse d'eau (240 ml) et faire bouillir environ 3 minutes.

ACHAT

Le gingembre se vend frais, séché ou en conserve; il est moulu, confit, cristallisé ou mis dans le vinaigre. À l'achat du gingembre frais, rechercher un rhizome dur et compact, sans traces d'insectes ni de moisissures.

CUISSON

Le gingembre frais peut être tranché, râpé, haché ou coupé en fins bâtonnets. Comme l'ail, l'intensité de sa saveur change selon le moment où on l'incorpore durant la cuisson; elle sera à son maximum si on ajoute le gingembre en fin de cuisson et sera plus discrète s'il est mis en début de cuisson.

UTILISATION

Le gingembre occupe une place importante dans la cuisine asiatique; il est intégré dans plusieurs mets salés ou sucrés tels les viandes, les poissons, les sauces, les légumes, le riz, les marinades, les gâteaux et les biscuits. On en fait des confitures, des friandises confites et des boissons.

En Occident, le gingembre est moins employé; certains usages sont cependant classiques, tels l'assaisonnement du pain d'épices et celui d'une boisson gazeuse (Ginger Ale). Le gingembre frais n'aromatise pas de la même façon que le gingembre moulu; on peut interchanger les deux si désiré: 15 ml de gingembre frais équivalent à environ 0,5 ml (une pincée) de gingembre moulu.

CONSERVATION

Le gingembre frais se conserve au réfrigérateur deux ou trois semaines. Il se congèle facilement tel quel et peut être pelé et coupé non décongelé. Il peut être déshydraté et il est souvent moulu.

GIROFLE (clou de)

Eugenia caryophylla, **Myrtacées**
Nom anglais: *clove*

Bouton floral du giroflier, arbre originaire des îles Moluques dans l'archipel indonésien. Cette épice à saveur tenace, âcre et piquante ressemble à un petit clou d'environ 12 mm de long, orné d'une tête de 4 mm de diamètre.

L'utilisation du clou de girofle en Asie date de plus de 2 000 ans; elle est plus récente en Europe où elle connut vraiment son envol au Moyen Âge. Pendant un bon moment, cette épice fut aussi estimée que le poivre. On lui attribuait diverses propriétés médicinales dont celle d'être aphrodisiaque; elle servait aussi comme agent de conservation des aliments.

Le giroflier, qui atteint de 9 à 15 m de hauteur, préfère les climats tropicaux maritimes, car il est fragile. Ses feuilles persistantes, longues et lancéolées, ressemblent à celles du laurier; elles sont munies d'une multitude de petites glandes contenant une huile fortement aromatique. Le bouton floral rose abrite une grande quantité d'étamines; les fleurs ont des pétales jaunes. Le giroflier atteint rarement sa floraison car les boutons floraux sont cueillis avant l'apparition des pétales, lorsqu'ils commencent à peine à être rosés. Ils sont alors séchés jusqu'à ce qu'ils brunissent.

VALEUR NUTRITIVE Le clou de girofle est riche en vitamine C; moulu, il contient 6 g de protéines, 20 g de matières grasses, 61 g d'hydrates de carbone et 323 calories/100 g. Le clou de girofle semble avoir des effets toniques, stimulants, excitants, digestifs, analgésiques, stomachiques, antiseptiques et carminatifs. Il contient des agents stimulants qui, à forte dose, peuvent irriter le système digestif. Son huile essentielle entre dans diverses préparations de parfums et de savons; elle est aussi utilisée par l'industrie pharmaceutique et elle entre dans la fabrication de la vanilline. En tisane, mettre 2 ml (2 cuillerées à café) de clous par tasse d'eau (240 ml) et laisser infuser 10 minutes.

ACHAT Le clou de girofle est particulièrement robuste et difficile à pulvériser; il peut être souhaitable de s'en procurer une certaine quantité déjà moulue. Pour vérifier la qualité d'un clou, s'assurer que la tige du bouton contient encore un peu d'huile en la pinçant entre les ongles.

UTILISATION Le clou de girofle est associé traditionnellement à la cuisson du jambon; il orne aussi les oignons braisés ou bouillis et les oranges. C'est un des condiments du pain d'épice; il aromatise bœuf, pot-au-feu, farces, charcuterie, cornichons, marinades, pommes de terre, gâteaux, biscuits, fruits déshydratés, vins, etc.

CONSERVATION Voir épices, p. 188.

GOMBO

Hibiscus esculentus, **Malvacées**
Noms anglais: *okra, lady's finger*

Fruit produit par une plante potagère probablement originaire d'Afrique. Le gombo pousse dans les régions tropicales et les régions tempérées assez chaudes. Son nom angolais *ngombo* est à la source de son appellation française. Peu connu au Canada, le gombo est populaire notamment en Afrique, aux Antilles, en Inde et dans le sud des États-Unis, où il aurait été introduit par les esclaves.

Le gombo est considéré comme un légume; il croît sur une plante qui a généralement 90 cm de haut, mais qui peut atteindre 3 m. Il apparaît après la floraison de fleurs jaunes; c'est une gousse allongée, pointue et légèrement duveteuse, habituellement verte, qui évoque grossièrement le cornichon. Son intérieur est divisé en cinq sections (parfois plus) qui renferment de nombreuses graines comestibles vertes ou brunâtres. Le gombo contient une substance mucilagineuse qui le rend particulièrement intéressant pour épaissir soupes et ragoûts. Sa saveur subtile s'apparente à celle de l'aubergine, aliment qu'il peut avantageusement remplacer. On le cueille avant qu'il ne soit complètement mature, 4 à 6 jours après son apparition; il est alors tendre et ses graines sont petites. Selon les variétés, il mesure entre 3 et 12 cm de long.

VALEUR NUTRITIVE

Le gombo contient 2,5 g de protéines, 0,1 g de matières grasses, 7,5 g d'hydrates de carbone et 30 calories/100 g. Il est riche est vitamines A et C, en acide folique, en calcium, en magnésium, en phosphore et en fibres. Il est facilement digestible et légèrement laxatif.

ACHAT

Choisir des gombos fermes, bien colorés, exempts de taches et de meurtrissures.

CUISSON

Laver le gombo; couper son extrémité supérieure en prenant soin de ne pas trop enlever de chair, sauf s'il est cuit entier et qu'il n'est pas opportun que s'écoule son liquide. Couper le gombo finement pour qu'il épaississe efficacement les recettes liquides. Le cuisiner avec célérité pour empêcher que se perde le mucilage qui s'en écoule.

UTILISATION

Le gombo peut être cuit seul et être mangé nature, en vinaigrette ou comme légume d'accompagnement. Il s'incorpore au riz, aux salades, aux légumineuses, etc. Cuit, il fait de rafraîchissantes tisanes. Il peut remplacer l'asperge dans la plupart des recettes et être cuit de la même façon; éviter de le décolorer (voir cuisson des légumes verts, p. 295) et d'utiliser des casseroles en aluminium ou en fer. Le gombo est parfois séché et transformé en farine. On tire de ses graines une huile comestible; séchées et torréfiées, ces graines servent aussi comme substitut de café.

CONSERVATION   Réfrigérer le gombo sans le laver; il se conserve environ 1 semaine. La congélation lui convient; le blanchir 4 minutes.

GOUJON

Gobio gobio, **Cyprinidés**

Autres noms et espèces: *gougeon, goujon à fines écailles, goujon à long nez, goujon à ventre rouge, goujon à nez noir*

Nom anglais: *gudgeon*

Petit poisson d'eau douce au corps allongé, presque cylindrique, recouvert d'écailles; il excède rarement 20 cm de long. L'œil du goujon est grand, son museau, arrondi, sa tête, parfois ornée de deux barbillons en moustache et sa queue, aplatie. Sa couleur varie selon les espèces, au nombre d'une quinzaine.

UTILISATION   La chair blanche est maigre et délicate. À cause de sa petite taille, le goujon est surtout frit, mais il peut être cuit à la poêle, poché ou accommodé en soupe et en matelote. Selon sa grosseur, il se prépare et s'apprête comme la perche ou l'éperlan.

CONSERVATION   Voir poissons, p. 429.

GOYAVE

Psidium spp, **Myrtacées**

Nom anglais: *guava*

Fruit du goyavier, buisson ou arbre originaire d'Amérique tropicale. Le goyavier croît maintenant dans plusieurs pays tropicaux et subtropicaux, notamment en Inde, en Afrique et dans le sud des États-Unis. Il peut atteindre jusqu'à 9 m de haut; ses fleurs dégagent un parfum suave. Il fut cultivé intensivement par les Incas.

La forme de la goyave varie selon les variétés, au nombre d'une centaine; elle rappelle la pomme, la poire, l'ananas ou la fraise. Ce fruit a habituellement de 5 à 8 cm de diamètre; sa peau mince et comestible est blanche, jaune ou verte et présente parfois des taches noirâtres ou rosées. Sa chair blanche, jaune, verte, rose-orangé ou rouge est très parfumée et légèrement acidulée, ce qui la rend rafraîchissante; elle renferme de nombreuses petites graines dures. Sa saveur très particulière cause parfois une certaine répugnance qui disparaît souvent à mesure qu'on s'y habitue.

VALEUR NUTRITIVE   La goyave contient 0,8 g de protéines, 0,6 g de matières grasses, 12 g d'hydrates de carbone, 5,5 g de fibres et 50 calories/100 g. Elle est riche en vitamine C et est bien pourvue en vitamine A, en niacine, en calcium, en phosphore et en pectine.

ACHAT   Rechercher un fruit lisse et non meurtri, ni trop mou ni trop dur car lorsqu'il est blet, il dégage une odeur dénaturée peu attirante, alors que s'il n'est pas assez mûr il est immangeable, car il est astringent.

UTILISATION　La goyave est prête à manger quand elle cède sous une délicate pression des doigts. Laisser ou enlever la peau; couper le fruit en 2 puis, si désiré, l'épépiner. La goyave peut être mangée nature ou être cuisinée; elle entre dans la préparation de mets aussi bien sucrés que salés (confitures, gelées, chutneys, crème glacée, yogourt, salade de fruits, boissons, ragoûts, etc.). Au Mexique, goyave et patate douce sont une combinaison très appréciée.

CONSERVATION　La goyave se conserve au réfrigérateur quelques jours. On peut la laisser à la température de la pièce jusqu'à ce qu'elle soit mûre; pour accélérer sa maturation, la placer dans un sac de papier. Ne pas la réfrigérer avant qu'elle soit mûre.

GRAINE DE TOURNESOL
Helianthus annuus, **Composées**
Nom anglais: *sunflower seeds*

Fruit d'une plante annuelle probablement originaire du Mexique. Les peuples autochtones d'Amérique utilisent les diverses parties du tournesol depuis plus de 5 000 ans, aussi bien les graines oléagineuses, les tiges, les fleurs que les racines. Le tournesol fut introduit en Europe au XVᵉ siècle par les conquistadores et gagna par la suite de nombreux pays. Il a acquis une grande importance commerciale car on tire de ses graines une huile comestible riche en acides polyinsaturés (voir huile, p. 255), ses feuilles fournissent une substance qui permet de soigner la malaria et les pétales de ses fleurs servent en teinturerie. L'Union soviétique est aujourd'hui le premier producteur mondial de tournesol.

Le tournesol, plus connu sous le nom de «soleil», est aussi appelé «hélianthe», du grec *hêlios* signifiant «soleil» et de *anthos* «fleur», car il se tourne vers le soleil et suit ses déplacements. Cette plante magnifique est ornée d'une imposante fleur jaune qui coiffe une longue tige épaisse. Les capitules peuvent atteindre plus de 50 cm de diamètre et les plants, plus de 5 m de haut. Les fleurs (jusqu'à 20 000) sont insérées côte à côte dans un capitule; elles donnent naissance à des graines vert grisâtre ou noires selon les variétés, emprisonnées dans une mince écale striée parfois de noir et de blanc. Un nectar très apprécié par les abeilles les recouvre.

VALEUR NUTRITIVE　La graine de tournesol a une grande valeur nutritive; séchée, elle contient 23 g de protéines, 50 g de matières grasses, 19 g d'hydrates de carbone, 4 g de fibres et 570 g calories/100 g. Elle est riche en fer, en calcium, en phosphore, en cuivre, en vitamines A, du complexe B et E; elle contient autant de potassium que les raisins, les noix et le germe de blé et renferme de la pectine et de la lécithine. Ses protéines sont d'excellente qualité, leur seule déficience importante dans les acides aminés est la lysine (déficience qui peut être comblée avec une alimentation saine et variée, voir théorie de la complémentarité, p. 536). Ses matières grasses sont composées à 89 % d'acides non saturés (20 % d'acides monoinsaturés et 69 % d'acides polyinsaturés, voir corps gras, p. 147).

La graine de tournesol aurait plusieurs propriétés médicinales; on la dit utile notamment pour soulager rhume et toux, améliorer la vision et diminuer la rétention d'eau. On croit qu'elle aiderait à soigner l'asthme, l'anémie et les ulcères gastro-duodénaux; sa haute teneur en potassium alliée à une faible teneur en sodium la rendent diurétique et contribueraient à diminuer la pression sanguine.

ACHAT Les graines de tournesol sont commercialisées avec ou sans écales, rôties ou naturelles, salées ou non. Rôties à l'huile (habituellement saturée), elles sont presque toujours abondamment salées et très grasses; de plus, elles sont souvent trop cuites, ce qui détruit des éléments nutritifs, et elles contiennent presque toujours des additifs (gomme arabique, glutamate monosodique, etc.). On peut facilement rôtir les graines à la maison, soit dans un poêlon à feu moyen en brassant constamment (l'ajout d'huile n'est pas nécessaire), soit dans le four (100 °C) en les remuant de temps en temps. À l'achat des graines naturelles, délaisser les graines jaunies, elles manquent de fraîcheur, ce qui les rend souvent rances.

PRÉPARATION Pour écaler les graines de tournesol, on peut se servir d'un moulin à grains ou d'un mélangeur électrique. Dans le moulin à grains, passer les graines par la plus grande ouverture, la plupart des écales devraient s'ouvrir sans trop endommager les graines. Pour se débarrasser des écales, plonger le tout dans de l'eau fraîche, les écales, plus légères, vont flotter et s'enlever facilement; égoutter rapidement les graines puis les assécher. Dans le mélangeur, mettre peu de graines à la fois et actionner l'appareil quelques secondes, séparer ensuite les graines des écales par flottaison. Cette dernière méthode entraîne plus de pertes car les graines sont plus facilement pulvérisées, d'où l'importance de faire fonctionner l'appareil le moins longtemps possible.

UTILISATION Les graines de tournesol ont une saveur douce qui ressemble légèrement à celle du topinambour, une espèce cousine. Nature ou rôties, entières, hachées, moulues ou germées, elles peuvent s'incorporer à pratiquement tout. Elles augmentent considérablement la valeur nutritive des mets; cependant elles les rendent plus gras et plus calorifiques. Entières, elles confèrent une note croustillante aux salades, farces, pâtes alimentaires, sauces, légumes, gâteaux, yogourts, etc. Moulues, on les combine à de la farine pour confectionner notamment crêpes, biscuits et gâteaux. Lors de la cuisson, des gâteaux par exemple, les graines verdissent souvent; cette réaction non dangereuse est due à une interaction entre l'acide chlorogénique et des acides aminés. Les boutons floraux peuvent être mangés comme les artichauts.

CONSERVATION   Conserver les graines de tournesol dans un endroit frais et sec à l'abri des insectes et des rongeurs ou les congeler. Si elles sont moulues, hachées ou en beurre, les ranger au réfrigérateur pour retarder le rancissement.

GRENADE

Punica granatum, **Punicacées**

Autres noms: *pomme-grenade, pomme de Carthage*

(au temps des Romains)

Nom anglais: *pomegranate*

Fruit du grenadier, buisson ou arbuste probablement originaire de Perse et qui croît dans la plupart des pays tropicaux et subtropicaux. Le grenadier peut atteindre de 4 à 6 m de haut; ses feuilles caduques sont oblongues et ses fleurs de couleur rouge-orangé sont en forme de trompettes.

La grenade fut très estimée en Mésopotamie et en Égypte; elle fut même un symbole de fertilité à Babylone. On en trouve mention dans la Bible. En Occident, elle fut assez populaire jusqu'au XIXe siècle, après quoi elle perdit de son importance, tout au moins comme fruit frais.

La grenade a la forme et la taille d'une grosse pomme ronde; elle mesure environ 7 cm de diamètre. Sa peau rouge brunâtre est coriace, plutôt épaisse (2 à 3 mm) et non comestible car elle est très amère. Cette peau abrite une multitude de petites baies agglutinées et cloisonnées dans des membranes épaisses, de couleur rosée ou brun jaunâtre. Leur pulpe rose ou rougeâtre n'est rien d'autre que le tégument charnu des graines. Cette pulpe juteuse et surette est à la fois sucrée et acide; la petite graine comestible qu'elle entoure est dure.

VALEUR NUTRITIVE   La grenade contient 1 g de protéines, 0,3 g de matières grasses, 17 g d'hydrates de carbone et 70 calories/100 g. Elle est riche en phosphore, en potassium et en pectine. Sa saveur acidulée lui vient de ses nombreux acides, notamment les acides malique, citrique, tartrique et tannique; elle est rafraîchissante et moins surette que le citron. On la dit efficace pour soigner les infections urinaires, les fortes fièvres, pour nettoyer l'organisme et pour combattre la constipation.

PRÉPARATION   Pour consommer la grenade, on peut la couper en deux puis manger les baies directement ou les entasser dans un bol afin de les manger à la cuiller; prendre soin d'enlever les membranes où se logent les baies car elles ont un goût amer. On peut aussi rouler la grenade en l'écrasant légèrement avant de la couper, on obtient alors du jus, que l'on recueille à la paille après avoir pratiqué un trou dans la peau ou en pressant le fruit. Veiller à ne pas écraser les graines logées dans la pulpe car elles confèrent au jus une saveur amère.

UTILISATION   Les baies de grenade peuvent être mangées telles quelles, être ajoutées dans les salades de fruits ou décorer des sauces accompagnant la volaille ou le poisson. Dans la cuisine de plusieurs pays tropicaux, elles servent tant comme ingrédient que comme condiment. En Europe, c'est surtout son jus qui est le plus connu, habituellement vendu sous forme de sirop (grenadine) et employé pour préparer boissons, sorbets, crème glacée, desserts gélatinisés, apéritifs, etc.

CONSERVATION   La grenade se conserve une semaine ou deux au réfrigérateur. Elle peut se congeler.

GRENOUILLE

Rana spp, **Batracien**
Nom anglais: *frog*

Animal amphibien sauteur et nageur, vivant dans les eaux douces et les lieux humides. On ne mange que les cuisses de la grenouille, qui ont une saveur délicate souvent comparée à celle du poulet. En Europe, plus de vingt espèces sont consommées, quoique la grenouille verte et la grenouille rousse occupent la plus grande part du marché. En Amérique du Nord, on consomme principalement trois espèces aux cuisses volumineuses.

VALEUR NUTRITIVE   Crue, la chair des cuisses de grenouilles contient 16,5 g de protéines, 0,3 g de matières grasses et 73 calories/100 g.

UTILISATION   Les cuisses de grenouilles sont fréquemment sautées ou apprêtées à la provençale; on les cuisine aussi en potage, en omelette et en tourte.

CONSERVATION   Les cuisses de grenouille se conservent au réfrigérateur ou se congèlent.

GRONDIN

Trigla spp, **Trigidés**

Autres noms et espèces: *grondin rouge* (T. cuculus),
grondin gris (T. gurnardus), *grondin rayé* (Prionotus evolans), *grondin lyre*
(T. lyra), *prionote du nord* (Prionotus carolinus)
Noms anglais: *sea robin, gurnard*

Poisson marin à la forme très spéciale, que l'on retrouve le long des côtes. Le grondin a une grosse tête couverte de plaques osseuses et des yeux hauts et obliques qui lui donnent un regard particulier. Son corps allongé, souvent rouge ou rose, est couvert de grandes écailles. Il est muni de nombreuses nageoires épineuses qui ressemblent à des ailes d'oiseaux. Le grondin marche sur le fond de la mer avec la nageoire située sous son ventre; il s'en sert aussi pour remuer le sable afin de chercher de la nourriture et pour se cacher. Son nom lui vient de ce qu'il gronde quand il est hors de l'eau, bruit produit par les vibrations de son diaphragme perforé logé dans la vessie.

Deux variétés vivent près des côtes est-américaines, le grondin de la mer du nord (appelé aussi prionote du nord) qui peut atteindre 30 cm de long, et le grondin rayé qui peut mesurer jusqu'à 45 cm. Ces poissons colorés de framboise brunâtre ou de gris brunâtre se ressemblent beaucoup. En Amérique du Nord, le grondin est souvent confondu avec le malachigan, qui fait partie de la famille des Sciaenidés et qui est le seul poisson lacustre et fluvial de son groupe. Le grondin est souvent rejeté à la mer, probablement à cause de sa forme ou parce qu'il y a peu de chair par rapport à son poids. Il est peu commercialisé, du moins sous son nom, mais il arrive qu'on le retrouve en filets vendus pour d'autres espèces.

VALEUR NUTRITIVE ET PRÉPARATION   La chair maigre et ferme est très bonne. Elle renferme 17 g de protéines, 3 g de matières grasses et 100 calories/100 g; elle est riche en potassium et en calcium. Les filets sont dépourvus d'arêtes; la peau s'enlève aisément. Retirer le plus tôt possible les nageoires épineuses pour éviter de se blesser. Laisser le poisson entier ou le couper en filets ou en tronçons.

UTILISATION   Le grondin est excellent cuit au four, poché, grillé, sauté, frit, fumé, etc. Éviter la chaleur trop vive. S'il est grillé avec la peau, bien la badigeonner car elle est fragile.

CONSERVATION   Voir poissons, p. 429.

GROSEILLE
(à grappes, à maquereau)
Ribes spp, **Saxifragacées**

Noms anglais: *gooseberry, currant*

Fruits du groseillier, arbuste touffu pouvant atteindre plus d'un mètre de haut et dont les feuilles sont légèrement palmées. Au moins 150 variétés de ces fruits ont été recensées; on les classe en 2 grandes catégories comprenant, d'une part, l'immense groupe des «groseilles à grappes» (appelées «gadelles» au Québec) et, d'autre part, celui de la «groseille à maquereau».

Groseille à grappes, gadelle *(R. rubrum, R. hirtellum, etc.).* Fruit qui serait originaire d'Europe du Nord ou d'Asie. Cette baie ronde, blanche ou rouge, ne dépasse pas 5 mm de diamètre. Une variété noire qui ressemble à un bleuet se nomme cassis *(R. nigrum).* Tous ces fruits sont recouverts d'une mince peau rappelant celle des raisins. Leur chair renferme de minuscules graines (akènes); elle est juteuse et plutôt acidulée, sauf celle du cassis.

Groseille à maquereau *(R. grossularia).* La groseille à maquereau se distingue par le fait qu'elle pousse sur un arbuste épineux, qu'elle s'y développe en solitaire et non en grappes et qu'elle est plus grosse. Elle serait originaire d'Europe. Elle ressemble à un gros raisin qui, selon les variétés, est verdâtre, jaunâtre, blanchâtre ou rougeâtre, et elle est striée verticalement comme le poisson dont elle porte le nom. Sa peau est duveteuse ou lisse. Sa chair remplie de minuscule graines comestibles est douce; elle laisse souvent un arrière-goût âcre. Ce fruit est plus connu au Québec sous le seul nom de groseille, ce qui crée de la confusion avec le fruit précédent.

VALEUR NUTRITIVE   Ces fruits contiennent habituellement 1,4 g de protéines, 0,4 g de matières grasses, 15 g d'hydrates de carbone et 2,4 g de fibres/100 g. Ils sont riches en acide citrique (responsable de leur saveur aigrelette), en pectine, en potassium et en vitamine C, surtout le cassis qui en contient plus que l'orange. Ils sont peu calorifiques (30 calories/100 g) sauf le cassis (60 calories/100 g). Ils sont laxatifs, particulièrement le cassis qui doit d'ailleurs son nom à la «casse», fruit purgatif longtemps populaire en Europe.

ACHAT   Rechercher des fruits fermes et bien colorés.

UTILISATION   Les groseilles à grappes (gadelles) peuvent être utilisées fraîches ou cuites, être mangées nature ou mises dans les salades de fruits, les puddings, les gâteaux, etc.; elles se transforment en jus ou servent souvent à faire compotes, gelées, confitures et tartes. La groseille à maquereau et le cassis ont une utilisation encore plus variée; la groseille à maquereau sert entre autres à préparer une sauce aigre-douce qui accompagne maquereau, porc, agneau et volaille tandis que le cassis est transformé en purée, en sirop et en liqueurs. Le cassis est même séché; il ressemble alors au raisin de Corinthe, qu'il peut remplacer.

CONSERVATION   Ces fruits se conservent au réfrigérateur et se congèlent facilement entiers, avec ou sans sucre. Ne les laver qu'au moment de les utiliser.

HARENG

Clupea harengus, **Clupéidés**
Nom anglais: *herring*

Poisson marin au corps fuselé, beaucoup plus haut qu'épais. Le hareng est le poisson de mer le plus abondant et le plus pêché après la morue. Des gravures préhistoriques illustrant sa capture révèlent qu'il fut consommé très tôt dans l'histoire humaine. Il fut autrefois tellement abondant que des bancs couvraient une grande partie des océans Atlantique et Pacifique. La pêche intensive a malheureusement eu des conséquences néfastes sur sa population; il demeure malgré tout l'une des prises les plus importantes pour beaucoup de pays.

La forme du hareng varie légèrement selon les espèces et les mers. La tête est petite et les yeux, gros; la bouche est grande et la mâchoire inférieure fait légèrement saillie. Le corps, recouvert de grandes écailles molles qui s'enlèvent facilement, se termine par une queue très fourchue. Le dos bleuté ou bleu-noirâtre devient argenté vers les flancs. La taille atteint de 30 à 45 cm et le poids, de 250 à 750 g. Les œufs ont cette particularité intéressante d'être plus lourds que l'eau; ils tombent donc au fond de la mer et se fixent aux algues.

VALEUR NUTRITIVE

La chair blanche est grasse et savoureuse; elle contient beaucoup d'arêtes qui s'enlèvent facilement. Elle contient 20 g de protéines, 10 à 14 g de matières grasses et de 175 à plus de 200 calories/100 g, selon le mode de préparation. Elle est riche en vitamines du complexe B et en potassium.

ACHAT ET PRÉPARATION

Le hareng se vend entier ou en filets, aussi bien frais, congelé qu'en conserve. Pour ôter les écailles, un simple essuyage est presque suffisant. On peut préparer le hareng en le vidant par les ouïes ou en sectionnant la colonne vertébrale derrière la tête.

UTILISATION

Ce poisson peut remplacer le maquereau dans la plupart des recettes. On le cuit de toutes les façons (éviter une cuisson trop longue) ou on le réduit en farine et en huile; on s'en sert également comme appât pour la pêche. On transforme aussi le hareng en hareng mariné, en hareng fumé, en hareng saur, en bloater (ou craquelots), en buckling (ou bornholmère), en kippers ou en gendarmes (red herring).

Hareng mariné: hareng entier, débarrassé de ses arêtes, frit et qui baigne dans une marinade (huile, vin, tomate ou vinaigre). Au Canada, ce que l'on appelle sardine est en réalité du hareng.

Hareng fumé: le hareng peut être fumé à chaud (il est alors exposé directement à la chaleur et cuit légèrement) ou à froid (il est mis loin du feu). Son appellation change selon sa durée d'exposition à la fumée et la façon dont il a été coupé.

Hareng saur: «saur» est un vieux mot français désignant la couleur brun roux que prend le hareng quand il est fumé à froid sur une longue période. Le hareng saur est en outre salé (2 à 3 semaines) et il peut être vidé ou non vidé. Entier, il est vendu à la pièce et est conservé dans des barils ou des caisses de bois. En filet, il se vend en conserve ou en paquets; il peut également être vendu mariné. Ce hareng se garde de 12 à 15 jours. Ses œufs fumés sont aussi vendus en conserve.

Bloater ou **craquelot**: hareng habituellement entier, non vidé et blond car il est à peine salé et à demi fumé (à chaud ou à froid). Il faut le consommer dans les 5 jours.

Buckling ou **bornholmère**: hareng passé dans une saumure légère, fumé à chaud, donc partiellement cuit, et qui peut être mangé sans plus de cuisson. Ce procédé est surtout utilisé en Allemagne et en Hollande. Le buckling se conserve environ 4 jours.

Kippers: grands harengs décapités, débarrassés de leurs arêtes, fendus en deux le long du dos, aplatis, à peine fumés (à froid) et plus ou moins salés. Les kippers peuvent se manger tels quels ou être cuits quelques instants. Il sont vendus en conserve. Leur durée de conservation est de 4 jours une fois la boîte de conserve ouverte.

Gendarme ou **red herring**: cette appellation désigne un gros hareng de Norvège entier, salé puis longuement fumé, qui se conserve environ 1 mois. Il n'est plus guère disponible sur le marché.

CONSERVATION   Voir poissons, p. 429.

HARICOTS

Phaseolus vulgaris, **Légumineuses**

Nom anglais: *beans*

Fruits de plantes originaires d'Amérique centrale et d'Amérique du Sud. Le mot haricot désigne à la fois le fruit, la graine à l'intérieur des gousses et la plante qui les produit. Il viendrait du terme aztèque *ayacotl* et ne fut créé qu'au XVIIe siècle. Des vestiges retrouvés au Pérou démontrent que les Indiens cultivaient le haricot il y a 7 000 ans. Les Européens le découvrirent lorsque les conquistadores en ramenèrent avec eux lors de la Conquête.

Il existe environ 200 espèces de haricots, ce qui a une incidence notamment sur leur forme, leur couleur et leur saveur. Immatures, les gousses de la plupart des variétés de haricots peuvent être mangées fraîches; c'est le haricot vert ou jaune que l'on connaît bien. Plus avancées, les gousses doivent être écossées; les graines peuvent être utilisées fraîches ou déshydratées et toujours cuites.

Haricot frais. Le haricot frais provient généralement d'espèces naines. Il est cultivé dans toutes les régions du monde. Les gousses jaunes, vertes (parfois striées de pourpre ou de rouge) ou pourpres (mais devenant vertes après la cuisson) sont longues et étroites, droites ou légèrement recourbées; elles mesurent en général de 8 à 20 cm de long et de 1 à 1,5 cm de large; dans certaines variétés, elles sont exemptes de fils. Elles renferment de 4 à 12 graines dans les teintes de blanc, vert, jaune, pourpre, rose, rouge, brun ou noir; ces graines unies, tachetées ou rayées sont réniformes ou globulaires et mesurent de 7 mm à 1 cm de long.

VALEUR NUTRITIVE

Le haricot frais contient environ 2 g de protéines (protéines dites incomplètes, voir théorie de la complémentarité, p. 536), 0,2 g de matières grasses, 7 g d'hydrates de carbone, 1 g de fibres et 30 calories/100 g. Il est riche en calcium, en potassium, en phosphore, en thiamine, en riboflavine et en niacine; il contient de la vitamine A, surtout le vert, qui possède en outre de la chlorophylle. On le dit reconstituant, tonifiant et facile à digérer.

ACHAT

Pour les haricots frais, rechercher des gousses fermes et cassantes, d'une belle couleur, exemptes de meurtrissures et de taches. Si une goutte apparaît lorsqu'on les casse, c'est qu'ils sont frais.

CUISSON

Laver les haricots seulement au moment de les cuire; prendre soin tout d'abord de casser les 2 extrémités et de faire suivre les fils (si nécessaire). La cuisson des haricots verts et pourpres demande un certain soin car ils perdent leur couleur (voir cuisson des légumes verts, p. 295). La durée de cuisson est variable et dépend notamment du mode de cuisson, de la grosseur des haricots et s'ils sont entiers, coupés en tronçons ou effilés (coupés sur la longueur). Les cuire le moins longtemps possible car ils sont plus savoureux, plus nutritifs et plus colorés encore croquants. Calculer environ 5 à 15 minutes pour la cuisson à l'eau et un peu plus de temps pour la cuisson à la vapeur.

UTILISATION

Le haricot frais sert beaucoup comme légume d'accompagnement mais son utilisation peut être plus variée; on le met dans les salades, les soupes, les ragoûts et les marinades. Il est délicieux en sauces ou arrosé de vinaigrette; thym, origan, romarin, menthe, marjolaine, moutarde, anis, muscade et cardamome lui conviennent particulièrement bien.

CONSERVATION

La température idéale pour conserver les haricots frais oscille entre 6 et 10 °C; (ils peuvent se garder plus de 2 semaines). Ne pas les laver avant de les réfrigérer et les placer dans un sac de plastique troué afin qu'ils puissent respirer. Les haricots se congèlent mais leur saveur résiste assez mal à une congélation prolongée. Les blanchir 3 minutes s'ils sont coupés et 4 minutes s'ils sont entiers.

Haricot à écosser. Haricot dont on retire les graines matures fraîches ou séchées. Les graines fraîches sont cuites telles quelles,

les graines déshydratées, après trempage (voir cuisson des légumineuses, p. 306). Les haricots secs ont une plus grande valeur nutritive que les haricots frais; ils renferment en général 15 g de protéines, 1 g de matières grasses, 40 g d'hydrates de carbone, 4 g de fibres et 220 calories/100 g; ils sont riches en fer et en magnésium.

Parmi les nombreuses variétés de haricots *phaseolus vulgaris* consommés à maturité, quelques-unes des plus connues en Amérique du Nord ou en Europe sont le haricot blanc, le haricot canneberge, le haricot pinto, le haricot romain, le haricot rouge et le flageolet.

Haricot blanc. De nombreuses variétés de haricots blancs entrent dans cette catégorie, ce qui complique la tâche lorsqu'il s'agit de les identifier clairement. Parmi les plus connus se trouvent le haricot blanc («white kidney bean» en anglais), en forme de rognon, assez gros et carré aux deux bouts, le haricot blanc fin («small white bean») souvent nommé «cannellini» en Europe, qui ressemble au haricot blanc mais en plus gros, le petit haricot blanc («navy bean» ou «white pea bean») qui a la grosseur d'un pois et la forme d'un rognon, le haricot Great Northern, de dimension moyenne, moins réniforme que le haricot blanc, plus rond et aux bouts arrondis, et le haricot canneberge, gros, rond et peu farineux, très populaire en Europe (beaucoup utilisé dans les ragoûts et le cassoulet) où on le nomme haricot blanc coco.

Tous ces haricots sont interchangeables dans la plupart des recettes; de saveur moins prononcée que les haricots rouges, ils prennent plus facilement la saveur des aliments avec lesquels ils cuisent.

Haricot pinto. Haricot de grosseur moyenne, plutôt plat et réniforme, de couleur brunâtre, tacheté de brun foncé. Le terme *pinto* signifie «peint» en espagnol et se réfère au fait que le haricot est bariolé. Ses taches disparaissent à la cuisson. Le haricot pinto est savoureux et sa texture est veloutée. Il remplace avantageusement le haricot rouge, et comme ce dernier, il ajoute une note colorée dans les plats. Il est très bon en purée.

Haricot romain. Haricot de couleur brunâtre (certaines variétés sont beiges), plus ou moins moucheté, qui ressemble au haricot pinto tout en étant souvent plus gros et plus foncé. Cette variété de haricot est très populaire en Italie où on la nomme *fagiolo romano*, nom qui a inspiré l'appellation française. Cet excellent haricot est parfois appelé «Borlotti», «haricot romano» ou «haricot rose». Il a une texture douce et sa couleur devient unie à la cuisson. Il absorbe facilement les saveurs des aliments avec lesquels il cuit. On l'utilise de la même façon que les autres haricots rouges, qu'il peut remplacer dans la plupart des recettes.

Haricot rouge. En forme de rognon (appelé «red kidney bean» en anglais), ce haricot d'un rouge uni, dont la grosseur et la densité de la couleur varient selon les variétés, est un des plus connus. De texture et de saveur douces, il est très utilisé dans les plats mijotés dont il absorbe les saveurs. Il entre dans la composition du «chili con carne», un mets très nourrissant d'origine mexicaine. Conservant bien sa forme, il est souvent mis en conserve.

Flageolet. Vert pâle, petit, mince et aplati, le flageolet est moins farineux que la plupart des autres légumineuses. Souvent appelé «fayot» en Europe dans le langage populaire, il est particulièrement estimé en France où il accompagne traditionnellement le gigot d'agneau. Le flageolet se récolte différemment des autres haricots; on arrache les plants avant qu'ils soient complètement secs puis on les laisse sécher aux champs; on recueille les graines quand il ne reste plus que les gousses attachées à la tige des plants. Le flageolet est surtout disponible séché ou en conserve.

Le temps de cuisson de ces nombreuses variétés de haricots est semblable: environ 1 heure et demie à 2 heures.

Dans la marmite à pression (103 kPa):
– avec trempage, environ 15 minutes,
– sans trempage, de 20 à 25 minutes.

CONSERVATION   Voir légumineuses, p. 304.

HARICOT ADUKI
Phaseolus angularis, **Légumineuses**
Autres noms: *azuki* ou *adzuki*
Nom anglais: *adzuki bean, azuki*

Fruit d'une plante herbacée annuelle originaire d'Asie, probablement du Japon ou de l'Inde, où elle est cultivée depuis des siècles. Il existe plus de 60 variétés d'aduki; cette légumineuse minuscule et savoureuse est très populaire en Asie.

Le haricot aduki pousse sur une plante souvent buissonnante, atteignant de 25 à 90 cm de haut. Les gousses cylindriques mesurent de 6 à 12,5 cm de long et 5 mm de diamètre et renferment de 4 à 12 graines, le plus souvent rectangulaires, aux deux bouts arrondis. Minuscules, ayant de 5 à 7 mm de long et de 4 à 5,5 mm de large, ces graines unies ou tachetées et ornées d'un hile blanchâtre sont habituellement rouge brunâtre mais peuvent être noires, jaune clair, vertes ou grises.

VALEUR NUTRITIVE   Le haricot aduki séché contient de 20 à 25 g de protéines (protéines dites incomplètes, voir théorie de la complémentarité, p. 536), de 0,3 à 0,6 g de matières grasses, environ 65 g d'hydrates de carbone, 8 g de fibres et 335 calories/100 g. Il est riche en calcium et en fer.

UTILISATION   Immature, le haricot aduki est mangé comme légume vert. Séché, il est utilisé comme les autres légumineuses; sa saveur est délicate. Les Asiatiques le transforment souvent en pâte qui entre dans la confection de divers mets, aussi bien salés que sucrés; elle peut remplacer la pâte de tomate. Le haricot aduki sert de substitut au café; il peut aussi être soufflé comme le maïs ou mis à germer. Il est souvent apprêté avec le riz.

Cuisson: 1 heure et demie à 2 heures.

Dans la marmite à pression (103 kPa):
– avec trempage, environ 15 minutes,
– sans trempage, de 20 à 25 minutes.

CONSERVATION   Voir légumineuses, p. 304.

HARICOT D'ESPAGNE

Phaseolus coccineus, **Légumineuses**
Nom anglais: *scarlet runner*

Fruit d'une plante herbacée probablement originaire du Mexique ou d'Amérique centrale, peut-être même des deux endroits. Des découvertes archéologiques ont démontré que ce haricot était cultivé au Mexique il y a plus de 7 000 ans.

Il existe plusieurs variétés de haricots d'Espagne, dont une particulièrement populaire en Amérique du Nord, avec des fleurs décoratives de couleur écarlate qui ne passent pas inaperçues. Une autre variété très appréciée en Europe produit des haricots qui ressemblent aux haricots de Lima; on les nomme souvent «soissons» ou «haricots éléphants».

Le haricot d'Espagne pousse sur une plante annuelle dans les régions tempérées et vivace sous les tropiques; elle peut atteindre plus de 4 m de haut. Les gousses teintées de rose mesurent entre 10 et 40 cm de long et contiennent de 6 à 10 graines convexes, aplaties ou oblongues, de couleur blanche, brune, crème, noire, pourpre ou rosée et tachetée de rouge, qui mesurent de 18 à 25 mm de long et de 12 à 16 mm de large.

VALEUR NUTRITIVE   Le haricot d'Espagne contient 23 g de protéines (protéines dites incomplètes, voir théorie de la complémentarité, p. 536), 2 g de matières grasses, 70 g d'hydrates de carbone, 5 g de fibres et 385 calories/100g. Il est riche en calcium, en fer, en phosphore et en vitamines du complexe B.

Le haricot d'Espagne est cueilli immature et on le mange alors comme légume vert ou il est récolté séché et on l'utilise comme les autres légumineuses. On le cuit et le prépare comme le haricot blanc.

CONSERVATION   Voir légumineuses, p. 304.

HARICOT DE LIMA

Phaseolus lunatus, **Légumineuses**
Nom anglais: *Lima bean, butter bean*

Fruit d'une plante herbacée annuelle ou vivace qui serait originaire du Pérou où sa culture est très ancienne; on en a retrouvé des vestiges datant de 5 000 à 6 000 ans av. J.-C. Le haricot de Lima se répandit à travers le monde par l'entremise des Espagnols; il gagna d'abord l'Europe puis l'Asie. Il en existe plusieurs variétés souvent nommées d'après leur lieu de culture, surtout en Europe (haricot du Cap, de Madagascar, du Tchad, etc.).

Le haricot de Lima pousse sur une plante buissonnante ou grimpante, qui peut atteindre de 0,6 à 4 m de haut. Les gousses plates et oblongues ont entre 5 et 12 cm de long et jusqu'à 2,5 cm de large. Elles contiennent de 2 à 4 graines lisses, de grosseur variable, plus ou moins réniformes et plates, aux bouts arrondis; certaines sont minuscules, d'autres, grosses; ces dernières atteignent jusqu'à 6 mm d'épaisseur. Les haricots peuvent être blancs, rouges, pourpres, brunâtres ou noirâtres, unis ou tachetés; les plus courants sont crème ou verts. Ils sont savoureux et leur texture est farineuse. Des variétés sauvages poussent encore en Amérique du Sud; ce sont les seules qui contiennent des glycosides cyanogénétiques, substances toxiques que la cuisson neutralise.

VALEUR NUTRITIVE   Le haricot de Lima séché contient 20 g de protéines (protéines dites incomplètes, voir théorie de la complémentarité, p. 536), 1,2 g de matières grasses, 62 g d'hydrates de carbone, 5 g de fibres et 336 calories/100 g. Il est riche en phosphore, en calcium, en fer et en postassium.

UTILISATION   Immature, le haricot de Lima peut être mangé frais, avec ou sans sa gousse; il sert souvent de légume. Il est aussi fragile que le petit pois et perd rapidement de sa saveur s'il est laissé à la température de la pièce. Toutes les préparations conviennent au haricot de Lima; sa saveur douce permet de l'utiliser dans les recettes où les autres légumineuses à saveur plus prononcée viendraient masquer la finesse du plat. Le haricot de Lima peut être mis en purée, il remplace alors agréablement les pommes de terre; on peut aussi le faire germer. Il a tendance à se transformer rapidement en bouillie dès qu'il est amolli, d'où l'importance d'éviter une cuisson trop longue. Il forme aussi beaucoup d'écume, ce qui est dangereux dans la marmite à pression car la soupape et la valve de sécurité peuvent bloquer (voir cuisson des légumineuses, p. 306).

Cuisson: 15 à 25 minutes, s'il est frais, environ 1 heure et demie s'il est séché.

Dans la marmite à pression (103 kPa) (cuisson peu recommandable à cause de l'écume):

– avec trempage, 10 minutes (petits),
15 minutes (gros),
– sans trempage, de 15 à 20 minutes.

CONSERVATION   Voir légumineuses, p. 304.

HARICOT MUNGO

Phaseolus aureus ou *Vigna aureus*, **Légumineuses**
Noms anglais: *green gram, mung bean*

Fruit d'une plante herbacée annuelle originaire de l'Inde où elle est cultivée depuis les temps anciens. Le haricot mungo occupe une place importante en Inde et dans plusieurs autres pays asiatiques. Il est aussi cultivé dans le sud des États-Unis; en Amérique du Nord, on le connaît surtout parce qu'il sert à préparer le chop suey.

Le haricot mungo pousse sur une plante atteignant de 30 cm à 1,2 m de haut. Les gousses longues, minces et légèrement chevelues mesurent de 2,5 à 10 cm de long et de 4 à 6 mm de large. Elles contiennent de 10 à 20 graines naines ayant de 3,2 à 5 mm de long et autour de 3 mm de large; la variété la plus courante est vert mousse mais il existe plus de 200 variétés qui peuvent être jaune doré (golden gram), brunes, vert olive et brun violacé, unies ou tachetées.

VALEUR NUTRITIVE   Le haricot mungo séché contient 23 g de protéines (protéines dites incomplètes, voir théorie de la complémentarité, p. 536), 1,2 g de matières grasses, 62 g d'hydrates de carbone, 4,4 g de fibres et 340 calories/100 g. Il est riche en calcium, en fer, en potassium, en thiamine et en riboflavine.

UTILISATION   On fait germer le haricot mungo ou on l'utilise comme n'importe quelle légumineuse qu'il peut remplacer ou avec laquelle il peut se combiner. En Asie, on le transforme fréquemment en farine. Ses gousses immatures sont comestibles.

CUISSON   Le haricot est cuit entier ou concassé. Il n'a pas besoin de trempage, quoique ce dernier diminue le temps de cuisson.
Cuisson: 45 à 60 minutes.
Dans la marmite à pression (103 kPa):
– avec trempage, 5 à 7 minutes,
– sans trempage, une dizaine de minutes.

CONSERVATION   Voir légumineuses, p. 304.

HARICOT NOIR

Phaseolus mungo ou *Vigna mungo*, Légumineuses
Noms anglais: *Black gram, urd*

Fruit d'une plante annuelle atteignant de 20 à 90 cm de haut. Les gousses très chevelues mesurent de 4 à 7 cm de long et 6 mm de large. Elles renferment de 4 à 10 graines assez petites, légèrement ré-niformes, aux bouts un peu carrés, mesurant de 4 à 5 mm de long et de 3,5 à 4 mm de large. Habituellement noires mais pouvant être gri-sâtres, brunâtres ou verdâtres, ces graines ont un hile de 1 à 2 mm de long. Elles sont de couleur blanc crème à l'intérieur.

Le haricot noir est souvent confondu avec le haricot mungo *(P. aureus)* parce que le terme «mungo» apparaît dans son nom latin; il est plus gros et on le nomme d'ailleurs parfois «pois mungo». Cette légumineuse est particulièrement populaire en Inde et au Brésil.

VALEUR NUTRITIVE

Le haricot noir contient de 20 à 24 g de protéines, de 1 à 2 g de matières grasses, de 55 à 60 g d'hydrates de carbone, 1 g de fibres et 345 calories/100 g. Il est riche en calcium, en fer, en potassium et en vitamines du complexe B.

UTILISATION

Immatures, les gousses sont comestibles et on les utilise beau-coup comme légume; matures, leurs longs poils les rendent imman-geables. De texture douce et de saveur prononcée, le haricot noir s'apprête comme les autres légumineuses qu'il peut remplacer dans la plupart des recettes. En Asie, il est l'élément de base d'une sauce noire très appréciée. Ne pas s'étonner, l'eau de cuisson noircit.

CUISSON

Environ 1 heure et demie.
Dans la marmite à pression (103 kPa):
– avec trempage, 15 minutes,
– sans trempage, 20 à 25 minutes.

CONSERVATION

Voir légumineuses, p. 304.

HOMARD

Homarus americanus (Amérique), *Homarus vulgaris* (Europe), **Crustacés**
Nom anglais: *lobster*

Crustacé au corps allongé recouvert d'une carapace dure. Le homard est muni de cinq paires de pattes, dont une beaucoup plus développée se terminant d'un côté par une pince redoutable, de l'autre côté par des tenailles en dents de scie dont il se sert pour broyer sa nourriture. Selon les individus, cette patte plus grosse que l'autre est placée à gauche ou à droite. Le homard possède une queue passablement développée formée de sept anneaux; son extrémité en forme d'éventail est une nageoire puissante. Sa tête pointue ornée d'yeux proéminents se termine en un rostre épineux et possède six antennes, dont quatre petites et deux très longues. Le homard vit dans les eaux profondes de la mer et se meut habi-tuellement en marchant sur les fonds rocheux, ce qui rend sa cap-ture à l'aide de cages facile; il se déplace la nuit. Il est plus abon-dant en Amérique qu'en Europe. L'espèce américaine, une proche parente de l'espèce européenne, diffère de couleur et légèrement de forme; elle est verdâtre ou brun rougeâtre avec des teintes sombres tandis que l'espèce européenne est noir bleuté, avec des reflets violacés. Le homard mesure en moyenne 30 cm de long. À cinq ans, il a mué environ 12 fois, changeant de carapace à chaque occasion, et il pèse environ 500 grammes.

La femelle se différencie du mâle par ses petites nageoires sur les côtés à l'endroit où la queue et le corps se joignent; elles sont minces et palmées car elles servent à retenir les œufs; chez un mâle, elles sont plus longues, plus rigides et piquantes. Plusieurs personnes affirment que la chair de la femelle est meilleure, surtout lors de la ponte, aussi est-elle plus recherchée. Heureusement, la manger à cette époque ne constitue plus la même menace pour l'espèce qu'auparavant car les homards proviennent habituellement d'élevages.

La chair blanche et rosée est maigre, ferme, délicate et très parfumée. Elle ne représente que 40 % du poids total environ. Les parties comestibles comprennent la queue, les pattes (même les minuscules d'où on extrait la chair en les mordillant), les œufs et le foie verdâtre.

VALEUR NUTRITIVE   La composition de la chair varie selon les saisons et la partie du corps d'où elle provient; ainsi la queue contient plus d'éléments nutritifs que les pinces. Le homard bouilli contient 17 g de protéines, 2 g de matières grasses et 88 calories/100 g. Il est riche en sels minéraux, particulièrement en potassium et en phosphore; il contient du cholestérol.

ACHAT   Un homard acheté vivant peut être plus savoureux qu'un homard cuit. S'assurer qu'il est bien en vie en le soulevant (le tenir sur le dessus par les côtés); il devrait replier brutalement sa queue sous son corps. Ses pinces sont presque toujours neutralisées par un élastique ou une cheville de bois, sinon s'en méfier car elles saisissent fermement. Si le homard est cuit, il devrait avoir l'œil noir et brillant, une chair ferme et une bonne odeur; s'assurer qu'il était bien vivant avant la cuisson en tirant sur sa queue, elle devrait se replier d'elle-même. Le homard s'achète aussi surgelé ou en conserve; dans ce dernier cas, il est en pâté prêt à être tartiné ou en morceaux.

PRÉPARATION   Dans certaines recettes, on doit couper le homard vivant. Commencer par neutraliser les pinces en les enlevant, puis sectionner la colonne vertébrale en appuyant le homard sur son ventre et en introduisant le couteau sur le dessus de la carapace, à l'intersection du corps et de la queue. Finir en le fendant sur la longueur ou en le coupant en morceaux. Enlever les intestins situés sous la queue et les poches à graviser à la naissance de la tête. Le homard cuit se coupe de la même façon sauf qu'il n'est plus nécessaire de sectionner la colonne vertébrale, ni de se méfier des pinces.

CUISSON   Le homard peut être mangé chaud ou froid mais toujours après avoir été cuit. Comme plusieurs autres crustacés, il devient rosé en cuisant (voir crustacés, p. 174). On le cuit à l'eau, au court-bouillon, à la vapeur et au gril et il peut être apprêté de plusieurs façons. Le homard bouilli non intact (membre manquant ou orifices sur la carapace) sera plus savoureux si les orifices sont bouchés avec de la mie de pain frais préalablement comprimée entre les doigts.

Pour cuire le homard par immersion, utiliser de l'eau de mer, de l'eau douce [ajouter 15 à 30 ml (1 à 2 cuillerées à soupe) de sel par litre] ou un court-bouillon. Il semble que le homard soit plus savoureux s'il ne se débat pas, aussi faut-il le plonger dans l'eau bouillante la tête la première pour le tuer instantanément. Se méfier des éclaboussures, causées surtout par la queue qui se replie. Calculer 8 à 10 minutes par 500 grammes et ajouter 3 minutes par 125 grammes additionnels. Avant de servir, faire un trou à la tête pour que s'écoule le liquide. Pour griller le homard, le couper en deux dans le sens de la longueur, badigeonner sa chair d'huile, de jus de citron et, si on veut, de poivre moulu et griller doucement environ 10 minutes. Ne pas décongeler un homard cuit, il sera plus savoureux s'il est seulement réchauffé 2 minutes dans de l'eau bouillante.

UTILISATION   Le homard est très apprécié avec du beurre au citron ou à l'ail, de la mayonnaise ou même nature (le beurre et la mayonnaise le rendent plus difficile à digérer). Chaud, on le gratine, le braise, le cuit en bisque, en soufflés, etc. Froid, on le met notamment dans les salades, les sandwichs, les aspics et les pâtés. Pour libérer la chair des pinces, un outil est de rigueur. L'idéal (et le plus élégant!) est un casse-noisettes mais une pince ou même un marteau peuvent faire l'affaire pourvu qu'ils soient propres. La carapace peut servir pour aromatiser bisques, ragoûts et sauces. Elle peut aussi être pulvérisée ou hachée finement et s'ajouter à du beurre fondu; dans ce dernier cas il faut filtrer le beurre. Cette méthode est utile pour préparer des sauces, beurrer des sandwichs ou arroser du poisson.

CONSERVATION   Le homard peut vivre de 3 à 5 jours hors de son habitat naturel s'il est placé dans un vivier d'eau salée. Après l'achat, le cuire le plus rapidement possible; éviter de le laisser séjourner longtemps à la température de la pièce ou dans l'automobile. S'il doit attendre, le garder à une température fraîche et constante ou dans de l'eau très salée. Pour congeler le homard, tout d'abord le cuire, l'égoutter, le laisser tel quel ou retirer la chair de la carapace, le refroidir au réfrigérateur puis l'envelopper hermétiquement et le placer au congélateur.

HUILE

Nom anglais: *oil*

Matière grasse onctueuse, insoluble à l'eau et, la plupart du temps, liquide à la température de la pièce. L'huile est utilisée depuis les temps anciens; on croit que les premières à être pressées furent l'huile de sésame et l'huile d'olive. Les huiles n'avaient pas que des fins alimentaires, on s'en servait aussi notamment pour s'éclairer.

En alimentation, on se sert surtout d'huile végétale obtenue des légumineuses (soya, arachides), des graines (tournesol, citrouille), des céréales (maïs), des noix, des amandes, des pépins de raisins, des olives, du coton, etc. Il existe aussi des huiles animales (de baleine, de flétan, de morue, de phoque, etc.) surtout considérées comme des suppléments alimentaires et des huiles minérales (des hydrocarbures) dont seule l'huile de paraffine est comestible (elle ne doit jamais être chauffée).

L'extraction de l'huile végétale fut longtemps effectuée de façon artisanale; elle est maintenant réalisée par une industrie puissante, complexe et diversifiée. Cette industrie a imposé de nouvelles méthodes d'extraction, a popularisé des huiles presque inconnues au siècle dernier en Occident, dont l'huile de soya, et a eu une incidence jusque sur l'élevage des animaux, fréquemment nourris maintenant avec les résidus de pressage (tourteaux de pression).

Extraction: une première étape précède l'extraction proprement dite quand certaines des matières oléagineuses doivent être nettoyées et décortiquées (arachides, graines de tournesol, amandes, etc.). Vient ensuite le broyage qui transforme la substance en pâte. Cette pâte peut alors subir l'extraction par pressage ou au solvant. Le pressage est dit à froid ou à chaud.

Le pressage à froid fut longtemps le seul procédé utilisé, méthode impliquant l'utilisation de presses hydrauliques en l'absence de chaleur. Il est aujourd'hui très rare; en fait l'expression «pressage à froid» porte à confusion, car maintenant presque aucune huile n'est extraite sans qu'une quantité minimale de chaleur ne soit utilisée (entre 50 à 130 °C, parfois plus). Si le pressage à froid est moins courant, c'est qu'il laissait environ un tiers d'huile dans les résidus, alors que l'utilisation de la chaleur diminue les pertes à environ 5 % et que le solvant l'abaisse jusqu'à 1 %; le solvant le plus courant est une solution d'hexane, (hexane, acétone et eau), mais d'autres solvants pétroliers dont le naphte sont aussi utilisés.

Le pressage à chaud s'effectue mécaniquement par le passage de la pâte dans des presses à vis chauffées. L'huile ainsi obtenue est de l'huile brute (aussi appelée huile crue, huile non raffinée et parfois huile naturelle) et le résidu est nommé tourteau de pression; il sera mis en contact avec un solvant. L'huile brute peut être tout simplement filtrée puis mise sur le marché; plus fréquemment, elle subit une longue série de traitements. On lui incorpore souvent l'huile extraite à l'aide de solvants et elle doit être traitée pour que le solvant s'évapore.

Commence ensuite le **raffinage**, qui vise notamment à enlever les substances qui font brunir l'huile lorsqu'elle est chauffée à haute température et qui contribuent à son oxydation, ce qui confère à l'huile un goût et une odeur prononcés en plus de la rendre nocive pour la santé. L'oxydation est une réaction chimique qui s'effectue quand un corps gras non saturé entre en contact avec l'oxygène. Elle commence dès que les graines oléagineuses sont décortiquées et s'accentue quand l'huile est pressée. Un anti-oxydant naturel, la vitamine E, est présent dans l'huile. Il y en a beaucoup plus dans l'huile pressée à froid que dans l'huile pressée à chaud, mais comme elle doit neutraliser une plus grande quantité d'éléments oxydants, elle n'est pas efficace longtemps. Le raffinage comporte les étapes suivantes: la démucilagination, la neutralisation, la décoloration, la désodorisation, le traitement contre l'oxydation, souvent l'hydrogénation et parfois la recoloration de l'huile.

Démucilagination: l'huile est mélangée à de l'eau chaude (32 à 49 °C) ou de l'acide sulfurique puis elle est passée à la centrifugeuse; cires, mucilages et phosphatides (dont la lécithine) disparaissent.

Neutralisation: on incorpore une substance alcaline (souvent de la soude caustique) qui change les acides gras libres de l'huile en savon qui sera extirpé par centrifugation; l'huile est ensuite lavée pour que le savon disparaisse.

Décoloration: l'huile est mélangée à des terres décolorantes, du charbon actif ou du bioxyde de chlore, puis elle est chauffée, agitée et filtrée.

Désodorisant: l'huile est chauffée sous vide (entre 180 et 250 °C) puis refroidie; ceci enlève les dernières substances susceptibles de faire rancir, dont des peroxydes et des pigments.

Traitement contre l'oxydation: il consiste le plus souvent dans l'ajout d'anti-oxydants synthétiques [BHA (hydroxyanisol butylé), BHT (hydroxytoluène butylé), gallate de propyle, citrate d'isopropyle, acide citrique, etc.]. On se sert aussi parfois de l'azote, qui remplace l'oxygène atmosphérique lors de l'embouteillage, ce qui empêche l'oxydation aussi longtemps que le contenant demeure scellé (l'azote ne représente pas pour la santé les mêmes risques que les anti-oxydants synthétiques).

Hydrogénation: insufflation d'hydrogène. Ce traitement stabilise l'huile, peut la solidifier, augmente sa résistance au rancissement et élève son point de fusion; il modifie cependant les acides gras qui deviennent saturés et qui acquièrent une forme nouvelle, dont on ignore les effets à long terme sur la santé (voir corps gras, p. 147).

Les huiles non raffinées sont plus foncées que les huiles raffinées et leur saveur est plus prononcée; même que les personnes non averties croient souvent qu'elles sont rances, car elles sont déroutées par ce goût inhabituel, pourtant parfaitement naturel. Les huiles vierges sont souvent appelées huiles vivantes et les huiles raffinées huiles mortes, car le raffinage poussé que subissent ces huiles détruit une grande partie de leur valeur nutritive. Le raffinage agit sur la nature et sur la quantité des acides gras, sur la teneur en vitamines et en sels minéraux ainsi que sur la couleur, la saveur et les qualités de cuisson de l'huile. Une huile hydrogénée par exemple peut perdre la moitié de ses acides gras polyinsaturés, ce qui diminue son acide gras linoléique, acide essentiel que le corps ne peut fabriquer.

Chaque huile renferme une combinaison de plusieurs acides gras dans des proportions qui lui sont propres. Les acides gras peuvent être saturés ou insaturés (monoinsaturés ou polyinsaturés); les acides gras insaturés sont reconnus pour être meilleurs pour la santé que les acides saturés (voir corps gras, p. 147). Les graisses animales, la margarine hydrogénée, l'huile de palme et l'huile de coco sont fortement saturées; les huiles de tournesol, de carthame, d'olive, de maïs, d'arachide, de lin et de soya sont surtout insaturées. L'huile contient généralement 890 calories/100 g [125 calories/15 ml (1 cuillerée à soupe)]; elle est dépourvue de protéines et d'hydrates de carbone.

ACHAT   Vérifier la liste des ingrédients qui apparaissent sur l'étiquette lorsqu'on veut éviter le plus possible les additifs car le nombre d'additifs varie d'une marque à l'autre.

CUISSON   Éviter de cuire l'huile à une température trop élevée sinon elle fume et se décompose. La nature des acides gras de l'huile influence les possibilités d'utilisation et détermine le point de fumée. Les acides gras polyinsaturés, par exemple, ne supportent pas très bien les hautes températures ni les fritures répétées, ils s'oxydent et se détériorent, produisant des substances toxiques telle l'acroléine. La consommation pendant une longue période d'une huile décomposée peut provoquer une décalcification et des lésions du myocarde. Certaines huiles ne supportent pas la chaleur dont l'huile de noix; il est préférable de ne pas chauffer les huiles riches en acides gras insaturés et les huiles de première pression. L'huile d'arachide et les huiles végétales fortement hydrogénées sont les meilleures pour la grande friture.

sorte d'huile	acides saturés g/100 g	acides monoinsaturés g/100 g	acides polyinsaturés g/100 g	point de fumée	oxydation	usages	remarques
arachides	16,9	46,2	32	élevé 230 ºC	lente	tout	supporte forte chaleur
carthame	9,1	12,1	74,5	élevé plus de 220 ºC	très rapide	tout surtout à froid	non raffinée: couleur jaune ambré foncé, douce saveur de noisette; raffinée: jaune très pâle, saveur neutre
colza (nommée canola anciennement)	7,2	55,5	33,3	moyen	lente	tout	à haute chaleur, dégage odeur désagréable car riche en acide linolénique
coprah (noix de coco)	86,5	5,8	1,8	élevé	très lente	tout	très employée par l'industrie alimentaire
maïs	12,7	24	58,7	170 ºC si non raffiné 230º C si raffinée	moyenne lente	tout	non raffinée: couleur ambre à or foncé, souvent saveur de maïs soufflé; raffinée: ambre pâle
noix	9,1	22,8	63,3		rapide	à froid seulement	goût marqué
palme	49,3	37	9,3	200-210 ºC	lente	à froid cuisson	non raffinée: couleur jaune ou verte, saveur prononcée supporte forte chaleur mais odeur tenace
olive	13,5	73,7	8,4	élevée	lente	tout	très employée par l'industrie alimentaire
pépins de raisins	9,6	16,1	69,9		rapide	à froid seulement	goût marqué

sorte d'huile	acides saturés g/100 g	acides monoinsa-turés g/100 g	acides poly-insaturés g/100 g	point de fumée	oxydation	usages	remarques
sésame	14,2	39,7	41,7	plus de 230 °C	moyenne	table	à haute chaleur, dégage odeur désagréable
soya	14,4	23,3	57,9	plus de 230 °C	moyenne	table cuisson	non raffinée: saveur et couleur prononcées, riche en vitamine B raffinée: blanchâtre, saveur plus douce
tournesol	10,1	45,2	40,1	210-220 °C	très rapide	tout surtout à froid	non raffinée: couleur ambre, saveur prononcée, raffinée: blanchâtre, saveur neutre

Le point de fumée est la température à laquelle une mince fumée apparaît au-dessus de l'huile chauffée, indice que l'huile peut prendre feu incessamment. Quand cela se produit, les flammes peuvent atteindre plus de 30 cm de hauteur. Plus le point de fumée est élevé, plus l'huile résiste à la chaleur; parce que le point de fumée est variable, il devrait toujours être indiqué sur le contenant. Chaque utilisation abaisse le point de fumée et détériore l'huile, qui devient impropre à la consommation après un nombre plus ou moins élevé de fritures, nombre qui varie selon la nature de l'huile. Certaines conditions doivent être remplies pour que l'huile puisse être réutilisée sans danger:

- ne pas dépasser le point de fumée;
- filtrer l'huile après usage;
- conserver l'huile dans un contenant opaque et hermétique et le placer au frais;
- ne pas la conserver plus de 3 mois;
- éviter les ustensiles en cuivre, en fer et en aluminium qui peuvent favoriser la détérioration de l'huile; utiliser de préférence l'acier inoxydable;
- ne pas égoutter les aliments qui ont frit au-dessus du bain de friture;
- jeter toute huile qui a fumé, qui est trop foncée, qui ne bouillonne pas lorsqu'on ajoute les aliments ou qui mousse.

Il vaut mieux se débarrasser ou très peu réutiliser l'huile qui a servi à frire des aliments panés, des beignets et de la viande car elle se détériore rapidement. Ne pas ajouter d'huile fraîche dans une huile qui a servi, elle ne peut pas régénérer adéquatement l'huile détériorée. Égoutter ou bien essorer les aliments avant de les frire.

Le thermomètre à cuisson est un outil précieux; il permet d'éviter d'atteindre le point de fumée, de connaître précisément le meilleur moment pour plonger les aliments et de contrôler la chaleur durant la cuisson. Ne pas cuire une trop grande quantité d'aliments à la fois car la température de l'huile baisse lorsque les aliments sont ajoutés; ces aliments absorbent alors plus de gras parce que l'huile n'est pas assez chaude et ils ne sont pas aussi savoureux. Il est préférable de hausser le feu pour compenser la baisse de température mais il faut surveiller le bain de friture afin de ne pas atteindre le point de fumée; baisser le feu quand l'huile est assez chaude (un thermomètre permet de connaître le moment exact).

UTILISATION   On emploie l'huile végétale telle quelle ou transformée (on s'en sert entre autres pour fabriquer de la margarine, des succédanés de lait, de la crème à café et de la crème fouettée). Elle peut souvent remplacer le beurre, aussi bien pour faire revenir les aliments que pour confectionner gâteaux, sauces, muffins, etc.; la saveur et parfois la texture changent cependant. Pour cuisiner en diminuant l'apport des matières grasses, cuire à la vapeur au lieu de sauter, de rissoler ou de frire; on peut aussi remplacer le corps gras par du bouillon, de la sauce tamari, du jus de tomates, etc.

L'huile s'émulsifie lorsqu'elle est battue; c'est de cette façon qu'on obtient de la mayonnaise. Pour une émulsion efficace, les ingrédients entrant dans la mayonnaise doivent être à la température de la pièce; choisir une huile au goût peu prononcé afin de ne pas masquer la saveur de l'œuf et du vinaigre (ou du jus de citron). L'huile qui entre dans la vinaigrette gagne par contre à avoir du goût; ne pas craindre de la varier pour obtenir des saveurs nouvelles. On utilise l'huile aussi pour faire mariner viande, poisson et gibier ou comme agent de conservation (pour les fines herbes, le fromage et le poisson).

CONSERVATION   Conserver l'huile à l'abri de l'air, de la lumière et de la chaleur. Un contenant en verre coloré est l'idéal; on peut recouvrir d'un sac brun le verre blanc; éviter le métal. Réfrigérer l'huile entamée, surtout l'huile vierge, car elle rancit rapidement à la température ambiante; réfrigérée, elle se conserve de 3 à 4 semaines.

HUÎTRE

Ostrea spp, **Ostréidés**

Divers noms et espèces: *huître de l'est, de l'Atlantique* ou *américaine* (Crassotrea virginica), *huître d'Europe*, *huître plate* ou *bélon* (O. edulis), *huître portugaise* (O. angulota), *huître du Pacifique* (O. gigas)

Nom anglais: *oyster*

Mollusque bivalve dont les écailles grisâtres ou brunâtres sont épaisses, rugueuses et irrégulières; la face de l'écaille supérieure est plus grande et plus aplatie que la face inférieure, qui est concave. L'huître est hermaphrodite, c'est-à-dire à la fois mâle et femelle. Elle se fixe sur les rochers ou sur tout objet pouvant la recueillir, non pas en sécrétant un liquide filamenteux comme la moule mais en se cimentant aux autres. Les huîtres forment ainsi des colonies qui vivent en profondeur (8 à 40 m) et qui se nourrissent de plancton. Comme tous les mollusques, elles sont sensibles à la pollution (voir mollusques, p. 344). L'huître peut facilement être cultivée; l'ostréiculture existe en Europe depuis plus de 2 000 ans; on y produit annuellement plus de 100 000 tonnes métriques d'huîtres. Au Canada, l'ostréiculture est pratiquée sur une échelle plus réduite. Il existe des huîtres plates et des huîtres creuses. Les plates sont plus fréquentes en Europe.

L'huître est appréciée depuis les temps préhistoriques. Dans la Grèce antique elle était plus qu'un aliment, on se servait des écailles pour inscrire le vote, les gens y gravant leur choix. Il semblerait que le mot ostracisme, qui vient du grec *ostrakismos*, de *ostrakon* signifiant «coquille», ait cette coutume pour origine. Les Gaulois furent de grands consommateurs et de grands producteurs d'huîtres.

L'huître est reconnue pour sa capacité de produire de magnifiques perles nacrées qui, contrairement à celles des autres mollusques, sont assez grosses pour être utilisées en joaillerie. Ces perles se forment quand un grain de sable ou un ver s'introduit dans l'huître, qui sécrète alors un liquide nacré dans le but d'isoler ce corps étranger. Pour les perles de culture, on introduit délibérément une petite perle que l'huître se charge de compléter. Les perles les plus belles sont produites par une variété vivant dans les mers chaudes (Pinctadine).

En Amérique du Nord, on nomme souvent les huîtres d'après leur aire d'habitation; au Québec, les plus connues sont la Caraquet (d'une baie du même nom située au Nouveau-Brunswick) et la Malpèque (cultivée à l'Île-du-Prince-Édouard). Les huîtres Malpèques sont réputées pour être les meilleures et elles sont effectivement excellentes. Elles ont un habitat idéal (eau froide et limpide, fortement salée) déterminant pour leur grosseur, leur fermeté, leur goût iodé et leur saveur. Elles ont longtemps été les seules de cette qualité sur le marché. Les huîtres Caraquet, maintenant cultivées intensivement, sont d'un calibre identique, avec une touche de sel en plus. Ces deux variétés ont plus de saveur que les huîtres qui vivent en eau chaude; elles croissent plus lentement et prennent entre quatre et sept ans pour atteindre 8 cm, tandis qu'en eau chaude il n'en faut que trois ou quatre.

L'huître est charnue; sa chair luisante prend des teintes de blanc grisâtre en passant par le gris perle et le beige; elle peut aussi avoir une touche verdâtre lorsque l'huître se nourrit d'algues. Sa consistance change durant la période de reproduction (de mai à août), devenant laiteuse et molle. C'est ce qui explique pourquoi on dit que l'huître n'est comestible que durant les mois en «r»; en fait, elle est toujours comestible mais devient moins savoureuse, moins appétissante et plus périssable durant cette période. Cette restriction risque de ne plus toujours s'appliquer car des chercheurs américains ont inventé un nouveau procédé génétique qui rend les huîtres stériles, les empêchant de se reproduire, donc éliminant la période où elles ont moins de goût.

VALEUR NUTRITIVE   L'huître crue contient 8 g de protéines, 2 g de matières grasses, 3 g d'hydrates de carbone et 65 calories/100 g. Elle est très riche en vitamine A et en sels minéraux, particulièrement en fer, en calcium, en phosphore, en zinc et en iode. Elle est reconnue pour être un aliment régénérateur, revivifiant et nourrissant; plusieurs disent aussi qu'elle est aphrodisiaque.

ACHAT

L'huître fraîche en écailles s'achète uniquement si elle est encore vivante, si ses écailles sont intactes et si elle n'a pas perdu son eau. Une huître inerte n'est plus comestible (voir mollusques, p. 344). Pour déterminer si une huître entrouverte est encore vivante, la frapper fortement, elle se refermera immédiatement si elle vit encore. Les huîtres dans leurs écailles se vendent à la douzaine ou à la caisse.

VALEUR NUTRITIVE

L'huître est également vendue fraîche et écaillée, au poids; elle doit être ferme et baigner dans un liquide limpide et non laiteux. Son prix est plus élevé mais la perte est inexistante. Elle peut être mangée crue, surtout si elle est très fraîche, quoiqu'elle soit souvent moins savoureuse que l'huître en écailles; elle est parfaite pour la cuisson.

Les huîtres canadiennes sont classées en quatre catégories: de fantaisie (très grosses et d'égale grosseur), de choix (un peu moins grosses et de grosseur presque uniforme; elles représentent 70 % des ventes au Québec), régulière (grosseur moins constante) et commerciale (grosseur variée). Il n'y a qu'une catégorie pour les huîtres venant des États-Unis. Ces catégories ne concernent que la taille et la forme des huîtres et non leur saveur.

PRÉPARATION

Ouvrir une huître n'est pas chose facile. Il est préférable de ne pas utiliser un couteau de cuisine car les risques de se couper sont trop grands et par surcroît, le couteau peut se briser. Utiliser des instruments en acier inoxydable car les autres donnent à l'huître un goût de métal. Il existe un couteau spécialement conçu pour cette tâche qui a une poignée solide et une lame épaisse. Tenir l'huître fermement d'une main, côté bombé en dessous, on perd ainsi moins de liquide. Insérer la lame du couteau entre les écailles, près de la charnière, en la faisant pivoter pour sectionner le ligament; l'huître se relâche et il devient facile de couper le muscle adducteur et de séparer les écailles. On peut choisir de protéger sa main d'un gant ou d'un papier épais au cas où le couteau glisserait. Il ne reste plus qu'à retirer les éclats d'écailles (si nécessaire). L'huître s'ouvre aussi après avoir été mise au four moyennement chaud de 30 à 60 secondes ou après avoir été passée à la vapeur quelques secondes, ce qui aide à ramollir le muscle adducteur.

S'il faut laver l'huître (ce n'est pas recommandé), le faire uniquement avant de la consommer sinon elle meurt. Ne jamais la laisser tremper dans l'eau car elle s'ouvre, perd son jus et meurt. C'est une fois ouverte qu'il devient possible d'évaluer la fraîcheur; garder uniquement les huîtres au corps ferme et dodu, qui baignent dans un liquide limpide et dont l'odeur est agréable.

UTILISATION

On déguste l'huître telle quelle, assaisonnée d'un peu de jus de citron ou d'un soupçon de poivre. Elle peut aussi être cuite, mais une cuisson trop longue la rend caoutchouteuse. Dans un liquide bouillant, l'ajouter au dernier moment, retirer la casserole du feu puis laisser reposer quelques minutes. Pour avoir des huîtres un peu plus cuites, les faire mijoter quelques minutes à feu très doux, sans les faire bouillir toutefois car elles vont durcir, se recroqueviller, perdre leurs vitamines et même devenir indigestes. Le temps de cuisson ne devrait jamais dépasser cinq minutes. Dès que les bords de l'huître commencent à frisotter, la cuisson doit cesser. L'huître est excellente chaude ou froide, en soupe, en bisque, en pâté, en sauce, gratinée, etc. Lorsqu'elle est en conserve et fumée, elle est prête à être mangée, mais on peut la rincer et la faire mariner.

CONSERVATION   L'huître ne supporte pas les températures plus basses que 1 °C ou plus hautes que 14 °C. L'huître en écailles se gardera plusieurs semaines avec des soins particuliers; l'envelopper dans un linge humide pour éviter le dessèchement, son côté plat sur le dessus afin qu'elle garde son eau, et à une température à 1 °C. Ne jamais la mettre dans un sac ou dans un contenant fermé hermétiquement car elle ne peut plus respirer. Au réfrigérateur, l'huître se conserve une dizaine de jours. Ce n'est pas toujours le cas avec les huîtres écaillées cependant, tout dépend de leur fraîcheur au moment de l'achat; il vaut mieux les consommer sans délai ou les congeler. Les égoutter avant de les congeler ou de les cuire (ne pas congeler les huîtres non écaillées).

IGNAME

Dioscorea spp, **Dioscoreacées**
Nom anglais: *yam*

Racine tubéreuse d'une plante grimpante géante. L'igname est botaniquement différente de certaines variétés de patates douces avec lesquelles elle est souvent confondue. Elle fait d'ailleurs partie d'une tout autre famille qui comprend environ 600 espèces. L'igname semble originaire d'Afrique de l'Ouest et de l'Asie du Sud-Est, où elle constitue un aliment de base. Elle pousse principalement dans les régions tropicales et subtropicales; une seule variété *(D. batata)* croît en région tempérée.

L'igname est arrondie ou allongée; sa chair blanche, jaune, rosée ou brunâtre devient crémeuse à la cuisson ou reste ferme, selon les variétés. Sa peau, de coloration identique à la chair, peut être velue ou rugueuse. L'igname peut peser plus de 15 kg et mesurer 50 cm de diamètre. Son goût est voisin de celui de certaines patates douces, quoique plus terreux.

VALEUR NUTRITIVE L'igname crue contient 74 % d'eau, 1,5 g de protéines, 0,2 g de matières grasses, 28 g d'hydrates de carbone et 120 calories/100 g. Elle contient plus d'amidon que la pomme de terre, ce qui la rend plus farineuse. On y trouve un stéroïde utilisé par l'industrie pharmaceutique.

UTILISATION On utilise l'igname comme la patate douce et la pomme de terre, qu'elle peut remplacer dans la plupart des recettes. Elle s'oxyde dès qu'elle est coupée sauf si on la met dans de l'eau légèrement salée. Seules les plus petites ignames peuvent être cuisinées avec leur peau.

CONSERVATION Comme tous les tubercules, l'igname est sensible au froid; des températures inférieures à 10 °C l'endommagent. Elle se conserve plusieurs mois entre 12 et 16 °C dans un endroit sombre.

JAMBON
Nom anglais: *ham*

Viande de porc (parfois de sanglier) traitée par salage et souvent par fumage. Le jambon fut pendant longtemps un mets royal ou réservé aux occasions spéciales; chez les Romains par exemple, il ne figurait que sur les tables impériales. Au Moyen Âge, il était souvent associé aux célébrations de la Semaine Sainte, coutume qui s'est transmise jusqu'à nos jours.

Le véritable jambon provient de la cuisse; on tire de l'épaule et de l'échine des produits semblables (soc roulé, jambon picnic, etc.) qui n'atteignent cependant ni la même saveur ni la même tendreté. Le jambonneau est pris dans le jarret avant ou arrière, juste au-dessous du jambon.

Les jambons sont vendus sous forme de jambons à cuire (ils ont déjà subi une cuisson minimale à 58 °C) et de jambons prêts à servir (cuits ou «crus», certains viennent dans des boîtes de conserve). Les jambons prêts à servir ont été cuits à une température interne de 67 °C; plusieurs personnes préfèrent les recuire afin de les assaisonner à leur goût et de les rendre plus tendres et plus savoureux. Les jambons crus sont en fait des jambons séchés, saumurés par salage ou par frottage et parfois fumés; parmi les plus connus se trouvent les jambons de Bayonne, de Parme, de Prague, de Westphalie, des Ardennes, polonais et le prosciutto (certaines des appellations sont contrôlées, ce qui garantit une constance dans la qualité). Le jambon à cuire doit être mis à tremper s'il est très salé; la durée du trempage dépend de la grosseur du morceau et du degré de salinité; elle peut se prolonger toute une nuit.

Les méthodes modernes de salage et de fumage du jambon diffèrent des méthodes ancestrales. Les procédés actuels permettent d'obtenir du jambon en aussi peu que 1 ou 2 jours au lieu de 6 à 10 mois comme auparavant. On injecte dans la viande une solution comprenant entre autres aromates, sel, sucre, polyphosphates, nitrates, nitrites et arôme de fumée au lieu d'immerger la viande plusieurs semaines dans une saumure, puis de la fumer naturellement. Les polyphosphates ont pour caractéristique de retenir l'eau, ce qui affecte la saveur et entraîne une dépense inutile pour les consommateurs, le poids de l'eau étant inclus dans le prix du jambon. Quant aux nitrates et nitrites, qui donnent de la couleur et servent comme agent de conservation, leur utilisation est controversée car elle peut avoir des répercussions sur la santé (voir légumes, p. 293).

VALEUR NUTRITIVE

Le jambon est une bonne source de protéines car il en contient autant que les autres viandes. Sa teneur en matières grasses est variable, ce qui se répercute sur le nombre de calories. Le jambon à cuire est plus gras et plus calorifique que le jambon cuit (nommé jambon blanc en Europe) (environ 22 g de matières grasses et 280 calories/100 g pour le jambon à cuire, 17 g de matières grasses et 235 calories/100 g pour le jambon cuit). Environ 70 % des calories proviennent des lipides. Ne consommer que le maigre du jambon abaisse l'ingestion de matières grasses et de calories. Le contenu en sel est très élevé (entre 800 et 1 200 mg/100 g), trop pour que la consommation du jambon sur une base régulière soit recommandable.

ACHAT   Surveiller la teneur en eau; quand elle n'est pas indiquée sur l'étiquette, s'informer auprès du boucher. S'il est impossible de la connaître, observer la perte de volume à la cuisson et tirer ses propres conclusions lors d'un achat subséquent.

CUISSON   La cuisson du jambon peut être simple ou assez élaborée; le jambon apprêté à l'ananas ou en croûte sont des classiques. Si le jambon est recouvert de couenne, y pratiquer quelques incisions. Cuire à découvert dans un four à 160 °C et atteindre une température interne de 75 °C pour du jambon frais et de 55 °C pour du jambon déjà cuit. Laisser reposer une dizaine de minutes avant de servir pour que le jus se répartisse également.

Durée de cuisson des rôtis de jambons à cuire

Découpe	Poids (kg)	Durée de cuisson
Jambon - entier	6,0 - 7,0	5 h 15 - 5 h 45
- désossé	4,0 - 5,5	4 h 30 - 5 h
Demi-jambon		
jambonneau ou croupe	2,5 - 3,5	3 h 30 - 4 h 30
- désossé	2,5 - 3,0	2 h 15 - 3 h 15
Épaule picnic - avec os	2,0 - 3,0	3 h 15 - 4 h
- désossé	1,5 - 2,5	2 h 15 - 3 h 15
Soc roulé ordinaire	1,0 - 2,0	2 h 30 - 3 h
Soc roulé saumure douce	2,0 - 3,0	3 h - 3 h 45

Durée de cuisson des jambons prêts à manger

Découpe	Poids (kg)	Durée de cuisson
Jambon - entier	6,0 - 7,0	2 h 15 - 5 h 30
- désossé	4,0 - 5,5	2 h 15 - 3 h

Demi-jambon -		
jambonneau ou croupe	2,5 - 3,5	1 h 45 - 2 h
- croupe	2,5 - 3,5	2 h - 3 h
- désossé	2,5 - 3,0	1 h 15 - 2 h 15
Quartier de jambon		
- jambonneau	1,5 - 2,0	1 h 15 - 1 h 45
Épaule picnic - avec os	2,5 - 3,5	2 h - 2 h 45
- désossé	1,0 - 2,0	1 h 15 - 1 h 45
Soc roulé ou		
en saumure douce	1,5 - 2,5	1 h 30 - 2 h

Les durées ont été calculées en fonction d'une viande à la température du réfrigérateur (4 °C) au début de la cuisson à 160 °C.

Source: Agriculture Canada

UTILISATION   Le jambon peut être mangé aussi bien chaud que froid. Il se sert comme pièce principale d'un repas ou intégré à d'autres aliments (quiches, omelettes, gratins, croque-monsieur, crêpes, salades composées, sandwichs, canapés, aspics, etc.). L'os permet de préparer de délicieuses soupes aux pois.

CONSERVATION   Voir viande, p. 556.

JUJUBE
Zizyphus spp, **Rhamnacées**
Autres noms: *datte chinoise, datte rouge*
Noms anglais: *jujube, chinese date*

Fruit du jujubier, arbre à rameaux épineux originaire de Chine. Le jujubier *(Z. jujuba)* croît sous les climats tropicaux ou subtropicaux; il peut atteindre de 8 à 10 m de haut. Il en existe de nombreuses variétés, dont le «lotus» *(Z. lotus)*, bien connu des Asiatiques. Un des principaux fruits en Chine, le jujube est relativement rare en Europe et peu connu en Amérique du Nord, où il ne fit son apparition qu'au XIXe siècle; la Californie en produit une petite quantité. Les Nord-Américains sont plus familiers avec les bonbons du même nom, qui ne sont plus que de faibles imitations du produit à base de pâte de jujube. Depuis l'Antiquité, le jujube fut utilisé pour ses vertus médicinales.

Le jujupe est une drupe; selon les variétés, il a la taille d'une olive ou d'une datte. Il contient un long noyau très dur comprenant 2 parties, dont une seule renferme une graine. Sa peau rouge brunâtre est lisse, brillante et coriace. La chair blanchâtre ou verdâtre est sucrée et aigrelette; sa texture est légèrement sèche et croquante. Déshydratée, elle devient un peu spongieuse, mucilagineuse et encore plus sucrée.

VALEUR NUTRITIVE

Le jujube est riche en vitamine C, en calcium, en fer et en phosphore. Frais, il contient 1,2 g de protéines, 0,2 g de matières grasses, 20 g d'hydrates de carbone et 80 calories/100 g. Séché, il devient calorifique car il renferme 73 g d'hydrates de carbone et 280 calories/100 g.

ACHAT

Rechercher des jujubes fermes et intacts; s'ils sont déshydratés, ils devraient être ridés mais lourds. Les épiceries fines offrent ces fruits en conserve.

UTILISATION

On consomme le jujube frais ou séché, nature ou cuit. On l'utilise comme la datte qu'il peut remplacer, non seulement tel quel mais dans les desserts, les soupes, les farces et les plats mijotés. Il peut être mariné ou transformé en jus.

CONSERVATION

Voir fruits, p. 227.

KAKI

Diospyros spp, **Ebénacées**
Autres noms: *plaquemine, fruit de Sharon,*
abricot du Japon, coing de Chine
Noms anglais: *persimmon, kaki*

Fruit du plaqueminier, arbre originaire d'Extrême-Orient où il est connu depuis les temps anciens. Le plaqueminier fait partie de la grande famille des bois durs comprenant l'ébène; il est cependant le seul à produire un fruit comestible. On connaît plus de 200 variétés de ce fruit parfois désigné sous divers noms; le terme «kaki» est d'origine japonaise; dans ce pays le kaki est le fruit national.

Le kaki est une baie qui ressemble à une grosse tomate, habituellement ronde mais pouvant être légèrement aplatie ou conique. Vert ou jaune lorsqu'il est immature, il passe au rouge vermillon en mûrissant. Comme la tomate, sa peau est lisse et comestible, surtout si le fruit est bien mûr. Sa chair jaune-orangé peut contenir de 1 à 8 graines dures ou en être exempte. Pour certaines variétés, le kaki n'est bon à manger que lorsqu'il est bien mûr, presque blet, même qu'on aurait tendance à le jeter s'il s'agissait d'une tomate; à ce moment il n'est plus âpre et ne laisse plus la bouche pâteuse car le taux d'acide tannique est moins élevé. À point, la chair de ces variétés devient sucrée, presque liquide, légèrement visqueuse, non acide, passablement fragile et très parfumée. D'autres variétés, dont celles qui viennent d'Israël, doivent être mangées lorsqu'elles sont encore fermes.

VALEUR NUTRITIVE

Le kaki contient 0,6 g de protéines, 0,2 g de matières grasses, 19 g d'hydrates de carbone, 1,5 g de fibres et 70 calories/100 g. Il est riche en vitamine A, en potassium et en calcium.

ACHAT

S'informer de la variété et ne pas se fier à la couleur, qui ne constitue pas un signe de maturation, le kaki étant toujours très coloré. Choisir des fruits intacts.

UTILISATION

Pour consommer le kaki nature, le couper en 2 ou enlever le dessus comme un capuchon et le manger à la cuiller. On croque la variété ferme comme une pomme. Le kaki peut être mis en purée, en coulis, en confiture et en conserve, dans les tartes, les gâteaux, les sorbets, les yogourts, les puddings, etc. On le déshydrate ou le confit. Arroser un reste de purée avec du jus d'agrume afin qu'il ne se décolore pas.

CONSERVATION

Laisser le kaki à l'air ambiant s'il a besoin de mûrir. Le processus sera accéléré si on le place dans un sac de papier; la compagnie d'une pomme mûre l'active encore plus. Lorsqu'il est mature, conserver le kaki au réfrigérateur. Ce fruit supporte la congélation; le laisser entier ou le mettre en purée, ajouter alors 30 ml (2 cuillerées à soupe) de jus de citron pour prévenir la décoloration.

KAMABOKO

Nom anglais: *kamaboko*

Mot japonais désignant des succédanés de fruits de mer faits à partir de surimi, une pâte de protéines de poisson purifiées. Le procédé de fabrication du surimi est connu au Japon depuis près de 900 ans; il tire son origine de la recherche d'une méthode pour conserver le poisson. Au Japon, on connaît plus de 2 000 produits à base de surimi tels des imitations de fruits de mer (crabe, crevette, homard, pétoncle, etc.), de la saucisse de poisson, des boulettes, des pains et des nouilles de poisson. Les kamabokos sont connus depuis peu en Occident et déjà leur popularité ne cesse de croître. Le public et surtout l'industrie alimentaire et l'industrie de la restauration leur ont fait un accueil enthousiaste.

On obtient le surimi en faisant subir aux poissons plusieurs transformations qui détruisent des enzymes et certains acides aminés responsables de leur détérioration. Les poissons (les Japonais utilisent de la goberge alors que les Canadiens préfèrent la morue, disant que le produit final a une meilleure texture et une apparence plus naturelle) passent à travers divers réservoirs en acier inoxydable pour être dépouillés, émincés et lavés. Ils sont ensuite tamisés, puis la chair purifiée aboutit dans un réservoir où l'attendent de l'eau salée puis un début de déshydratation. Après quoi, d'autres tamis séparent la chair blanche de la chair rosée (qui représente environ 5 % d'un poisson). La chair blanche est déshydratée en profondeur. Elle se rend ensuite à un dernier réservoir rempli de sucre, de sorbitol et de phosphates; puis, selon l'usage projeté, on lui ajoute sel, sorbate de potassium, glutamate de sodium ou amidon, substances qui aideront à prolonger la période pendant laquelle la pâte peut être congelée. À la fin de ce processus, le surimi n'a aucune saveur, ce n'est que de la fibre de poisson concentrée, uniquement des protéines pures.

Le kamaboko est préparé à partir du surimi; sa forme finale dépendra de la recette choisie. Ainsi, pour obtenir de la chair de crabe, le surimi est d'abord haché puis divers ingrédients lui sont ajoutés, dont de l'amidon de pomme de terre, des blancs d'œufs et de la saveur naturelle ou artificielle; le tout est bien mélangé. Cette pâte est ensuite partiellement cuite et passée dans divers appareils qui lui donnent sa forme définitive (rouleau, chair émiettée, etc.); elle subit une dernière cuisson, puis elle est pasteurisée et stérilisée. Il arrive qu'on ajoute au surimi une petite quantité de véritables fruits de mer.

La saveur du produit final est parfois assez proche de la saveur du produit imité pour qu'on s'y trompe facilement. Comme le kamaboko est beaucoup moins coûteux que le produit naturel, il est très populaire. Il s'avère souvent difficile de différencier les similis fruits de mer des véritables. Quelques indices peuvent aider à les distinguer: ainsi, la forme des similis fruits de mer est en général trop parfaite, tous les spécimens ayant le même diamètre et la même longueur, la texture des fibres est régulière, et parfois on peut noter une couleur rosée ou rouge, due à l'ajout de colorant. Il sera de plus en plus difficile de manger de véritables fruits de mer dans les restaurants, les hôpitaux et tous les endroits où l'on indique rarement la nature des aliments servis.

VALEUR NUTRITIVE   Le kamaboko est riche en protéines et pauvre en matières grasses et en calories. Il contient moins de vitamines et de sels minéraux que les véritables fruits de mer, mis à part le sodium qui est jusqu'à 3 ou 4 fois plus abondant, ayant été ajouté lors de la fabrication. Il est dépourvu de cholestérol si aucun véritable fruit de mer n'a été incorporé à la pâte de surimi. Il peut provoquer des réactions allergiques chez certaines personnes à cause de la présence du glutamate monosodique.

UTILISATION   Le kamaboko est mangé chaud ou froid. Parce qu'il est pré-cuit, on peut l'utiliser tel quel, par exemple dans les salades, les sandwichs et les canapés. Il peut remplacer les véritables fruits de mer dans la plupart des recettes.

CONSERVATION   Le kamaboko se conserve au réfrigérateur. Il peut se congeler.

KIWI

Actinidia chinensis, **Actinidiacées**
Autres noms: *groseille de Chine, souris végétale*
Noms anglais: *kiwi, actinidia, chinese gooseberry*

Fruit originaire de Chine. Le kiwi a longtemps été appelé «groseille de Chine» par les Occidentaux. Son succès commercial laissant à désirer en Occident, des experts en marketing nord-américains suggérèrent en 1974 de nommer ce fruit kiwi, nom plus exotique emprunté à la Nouvelle-Zélande où il désigne à la fois le fruit et l'oiseau nationaux. Le succès espéré se matérialisa et ce fruit a gagné en popularité.

Le kiwi pousse sur une liane arbustière qui rappelle la vigne à cause de ses sarments. Il est maintenant cultivé dans de nombreux pays, notamment en France, en Israël et aux États-Unis. Il en existe plusieurs variétés mais une seule est présentement cultivée en Nouvelle-Zélande et en Californie, la Hayward. C'est une baie ovale qui pèse de 50 à 90 g et qui ressemble à un œuf, un citron ou même avec un peu d'imagination à une souris, ce qui explique pourquoi ce fruit est parfois appelé «souris végétale».

Sa peau brunâtre et non comestible est fine et légèrement

duveteuse. Elle recouvre une chair juteuse et parfumée, d'un beau vert émeraude, qui renferme au centre de petites graines noires comestibles. Sucré et légèrement acidulé, le kiwi donne l'impression de goûter comme un fruit déjà connu, difficile à identifier; est-ce la groseille à maquereau, la prune, la fraise, le melon ou bien un mélange des quatre? Ce fruit est moyennement fragile.

VALEUR NUTRITIVE

Le kiwi contient 1 g de protéines, 0,4 g de matières grasses, 15 g d'hydrates de carbone, 1 g de fibres et 60 calories/100 g. Il est riche en calcium, en magnésium, en phosphore, en potassium, en vitamine A et en vitamine C. C'est même un des fruits les plus riches en vitamine C, il en contient plus que l'orange et le citron. Il renferme divers acides, notamment de l'acide citrique. Il est diurétique et antiscorbutique.

Le kiwi contient de l'actinidine et de la broméline, des enzymes qui, lorsqu'elles sont mises au contact de l'air, confèrent au kiwi diverses propriétés; il attendrit la viande, il peut même s'attendrir lui-même quand il n'est pas assez mûr et qu'il est pelé et laissé un petit moment à l'air libre (cette action devient indésirable dans une salade de fruits par exemple car tous les fruits ramollissent). Il empêche la gélatine de prendre et il fait «tourner» le lait (pas le yogourt cependant ni la crème glacée).

ACHAT

Les impératifs du marché font que le kiwi est très souvent cueilli avant d'atteindre sa pleine maturité, de sorte qu'il est presque toujours vendu très ferme, peu sucré, donc moyennement savoureux. Le laisser mûrir à la température de la pièce jusqu'à ce qu'il amollisse. Le mettre dans un sac accélère le processus, qui ira encore plus vite si le kiwi est en compagnie d'une banane ou d'une pomme. Éviter l'achat de kiwis très mous ou endommagés, ils n'ont plus autant de saveur ni de valeur nutritive.

UTILISATION

Le kiwi est délicieux nature; le peler et le manger tel quel ou le couper en deux et le manger à la cuiller. Il entre aussi bien dans les mets sucrés que salés (yogourt, crème glacée, soupe, sauce, tarte, salade, etc.). Il accompagne viande, volaille et poisson. Éviter de le cuire cependant, car la cuisson lui enlève une grande partie de sa valeur nutritive.

CONSERVATION

Le kiwi peut être laissé plusieurs jours à la température de la pièce; le placer au réfrigérateur pour le conserver plus longtemps ou s'il est très mûr.

KUMQUAT

Fortunella spp, **Aurantiacées**

Nom anglais: *kumquat*

Fruit qui pousse sur un arbuste appelé «citronnier du Japon» ou kumquat. Le kumquat est originaire de Chine. Son nom vient du chinois cantonais *kin kü* signifiant «orange d'or». Le kumquat a été classé parmi les agrumes jusqu'en 1915 *(Citrus japonica)*, après quoi on lui assigna une place à part *(Fortunella)*. Il fut introduit aux États-Unis vers 1850; il est cultivé notamment en Californie, en Floride, au Japon, en Indonésie et dans le bassin méditerranéen.

Le kumquat ressemble a une très petite orange légèrement allongée (rappelant une datte) ou ronde, de la taille d'une cerise. Son écorce jaune ou orange foncé est comestible car elle est tendre, mince et sucrée. Sa chair est acidulée.

VALEUR NUTRITIVE

Ce fruit contient 1 g de protéines, 0,1 g de matières grasses, 16 g d'hydrates de carbone, 3,7 g de fibres et 63 calories/100 g. Il est riche en potassium et constitue une source intéressante de vitamine C et de calcium.

ACHAT

Éviter les kumquats mous car ils se détériorent rapidement.

UTILISATION

Le kumquat est meilleur s'il est légèrement pétri, ce qui libère les essences de l'écorce. Il peut être mangé tel quel, écorce incluse, mais il est plus souvent confit, mariné ou cuit (laver l'écorce pour faire disparaître les traces de produits chimiques). On le met aussi en confiture, en marmelade, dans les gâteaux, les muffins, les sorbets et les farces ou il accompagne viande et volaille.

CONSERVATION

Le kumquat est plus fragile que l'orange car sa peau est plus mince. Le laisser à la température de la pièce si on a l'intention de le consommer rapidement, sinon le réfrigérer.

LAIT

Nom anglais: *milk*

Liquide sécrété par les glandes mammaires des mammifères femelles (femme, vache, brebis, chèvre, ânesse, jument, renne, etc.) en vue de nourrir les nouveau-nés. Les êtres humains ne se limitent pas à cet usage; ils considèrent le lait des animaux comme un aliment consommable tout au long de la vie. À certaines époques, le lait de certains animaux (brebis, zébu, ânesse, bufflonne) fut considéré comme sacré. En Occident, la consommation massive du lait de vache et des produits laitiers est courante, surtout en Amérique du Nord et dans certains pays d'Europe.

VALEUR NUTRITIVE   La composition du lait n'est pas uniforme, elle varie selon la race, l'alimentation et la santé des vaches, les saisons et les traitements que subit le lait; ceci entraîne une certaine variation de la saveur et de la valeur nutritive.

LAIT DE VACHE

Sortes de lait	protéines	matières grasses	hydrates de carbone	calories /250 ml
3,25 % m.g.	8,48 g	8,61 g	12,01 g	157
2,0 % m.g.	8,57 g	4,94 g	12,38 g	129
1,0 % m.g.	8,82 g	0,46 g	12,55 g	90

Le goût riche du lait provient des matières grasses; elles sont parmi les graisses alimentaires les plus facilement digestibles à cause de la finesse de leur émulsion. Elles comptent pour environ 50 % des calories du lait entier. Elles sont composées de 60 % d'acides gras saturés, de 36 % d'acides monoinsaturés et de 4 % d'acides polyinsaturés; elles renferment de 9 à 22 mg de cholestérol/100 g; le lait entier en contient plus (35 mg par verre, 250 ml) que le lait écrémé (5 mg/250 ml).

Les protéines du lait sont de très bonne qualité; elles contiennent principalement de la caséine (2,7 à 2,9 % du volume total), des lactalbumines (0,5 %) et des lactoglobulines (0,05 %), présentes dans le lactosérum. Ces deux dernières substances coagulent à la chaleur et forment la peau du lait bouilli; quant à la caséine, elle caille lorsqu'elle est mise en contact avec un ingrédient acide. Presque tous les acides aminés essentiels sont présents dans le lait dans des proportions idéales; la lysine est particulièrement abondante, ce qui fait du lait un bon complément des aliments qui en sont peu pourvus, telles les céréales, les noix et les graines (voir théorie de la complémentarité, p. 536).

Le lactose est presque le seul hydrate de carbone présent dans le lait (97 % des hydrates de carbone); c'est un disaccharide qu'on trouve uniquement dans ce liquide. C'est le moins sucré des sucres. Il constitue le principal solide du lait auquel il confère sa subtile saveur sucrée; il compte pour 30 à 50 % des calories. Pour être assimilé par l'organisme humain, le lactose doit être converti par le lactase, une enzyme présente dans notre système digestif. Environ 5 à 10 % des Occidentaux et presque 70 % des gens ne consommant pas de lait sur une base régulière, notamment les Orientaux, les Noirs et les Amérindiens, ne peuvent digérer le lactose. Ils souffrent de divers maux après l'ingestion du lait (douleurs abdominales, diarrhée, rétention de gaz, crampes, etc.); certains peuvent cependant consommer du lait sans problème si la quantité est minime (moins de 175 ml, un peu moins qu'un verre). Les malaises apparaissent rarement lors de l'ingestion de yogourt et de fromage car le lactose est prédigéré dans le yogourt et il n'y en a plus dans le fromage. On trouve maintenant sur le marché un lait spécial plus facilement digestible, dont 90 % du lactose a subi un traitement.

Le lait est riche en calcium, en phosphore, en potassium et en sodium; c'est un des rares aliments à fournir autant de calcium. Le rapport calcium/phosphore est proche de 1,39 (125/90), ce qui est favorable à l'absorption intestinale du calcium. Le lait renferme une bonne quantité de vitamines A et B; la concentration de vitamines est fort variable cependant (surtout la vitamine A); elle est à son plus bas l'hiver. Très peu de vitamine D est présente; en Amérique du Nord et dans plusieurs pays d'Europe, on ajoute au lait de la vitamine D ainsi que de la vitamine A, afin notamment de combattre le rachitisme. Le lait est pauvre en fer et en vitamine C, qui est presque totalement absente du lait traité. La carotène est le pigment responsable de la coloration jaunâtre du lait, plus notoire dans le beurre.

Le lait de vache a ses partisans et ses opposants. Les premiers affirment qu'il est un aliment indispensable parce que facilement accessible, peu dispendieux et très nourrissant, étant une excellente source de protéines, de vitamines et de sels minéraux. Son apport en calcium est particulièrement vanté; on souligne notamment le fait qu'il assure une bonne formation des dents, favorise la croissance des os et diminue les risques d'ostéoporose.

Les opposants soutiennent que ce lait est fait pour nourrir les veaux, animaux qui croissent rapidement et qui atteignent des tailles imposantes (environ 35 kg à la naissance et 225 kg à six mois), des caractéristiques qui ne s'appliquent pas aux humains. Ils font remarquer que le lait est prévu pour nourrir les nouveau-nés et que les animaux adultes dans la nature ne se nourrissent pas de lait. Ils sont aussi préoccupés par la présence fréquente de résidus, particulièrement de résidus médicamenteux, des substances qui peuvent avoir des répercussions sur la santé (voir viande, p. 556).

Le lait de vache est commercialisé sous forme de lait cru, de lait pasteurisé, de lait homogénéisé, de lait entier, de lait partiellement écrémé, de lait stérilisé, de lait UHT, de lait concentré, de lait concentré sucré, de lait aromatisé et de lait en poudre.

Lait cru. Lait non traité. La vente du lait cru est illégale au Canada, dans plusieurs États américains et dans de nombreux pays d'Europe, car on considère que sa consommation présente un risque important pour la santé. Le lait est très facilement contaminé, contamination qui provient de l'animal, de l'humain et des récipients; par exemple, juste le fait de laisser le lait à la température de la pièce entraîne une contamination rapide car la chaleur favorise la multiplication de bactéries. Le lait cru serait à la source de neuf maladies bactériennes, la plupart très graves, dont la tuberculose, la diphtérie, la fièvre typhoïde et la brucellose. Il cause aussi souvent de la diarrhée, des crampes d'estomac et des infections streptococciques de la gorge. La pasteurisation permet de détruire la presque totalité des agents pathogènes.

Des personnes valorisent le lait cru en disant qu'il est plus naturel, qu'il contient plus d'éléments nutritifs parce qu'il n'a pas été traité et que sa consommation sur une base régulière immunise l'organisme contre les maladies. Des études récentes ont montré que des personnes buvant du lait cru régulièrement furent immunisées contre les bactéries causant les empoisonnements alimentaires. Le débat sur la question demeure ouvert.

Lait pasteurisé. La pasteurisation est un procédé qui consiste à chauffer le lait sous le point d'ébullition, ce qui détruit bactéries et microbes. La température et la durée de la pasteurisation peuvent varier (la température excède rarement 74,4 °C). Une méthode dite rapide chauffe le lait à 72 °C durant au moins 16 secondes; le lait est ensuite rapidement refroidi à 44,4 °C. Une façon plus lente, habituellement en vigueur dans les laiteries de moindre envergure, consiste à chauffer le lait à 62 °C pendant au moins 30 minutes avant de le refroidir. La pasteurisation permet de prolonger la conservation du lait.

Lait homogénéisé. Lait entier ou semi-écrémé ayant subi le procédé qui consiste à passer le lait sous pression au travers de minuscules orifices; les globules gras sont ainsi brisés en de très petites particules, entourées d'un mince film de protéines empêchant leur réunification; elles se trouvent dispersées en suspension dans le lait. Le lait de chèvre n'a pas besoin d'être homogénéisé car ses globules gras sont déjà de très petit diamètre.

Lait entier. C'est aussi un lait pasteurisé. Il est habituellement clarifié, c'est-à-dire que son contenu en matières grasses est régularisé, généralement à 3,5 % (pour au moins 8 % de matières sèches non grasses). Au bout de quelques heures, les matières grasses montent à la surface et forment une couche de crème, sauf s'il est homogénéisé.

Lait partiellement écrémé. Lait contenant 1 ou 2 % de matières grasses. Le lait partiellement écrémé a presque la même valeur nutritive que le lait entier, à l'exception naturellement des matières grasses, ce qui entraîne une diminution des vitamines liposolubles et des calories. Son goût est légèrement moins riche que celui du lait entier.

Lait écrémé. Lait virtuellement débarrassé de toutes matières grasses (jusqu'à 0,5 %); il en contient généralement 0,1 %. Des vitamines A et D lui sont habituellement ajoutées pour compenser les pertes survenues avec l'élimination des matières grasses (vitamine A) et les déficiences (vitamine D). D'une coloration tirant légèrement sur le bleu, ce lait a un goût différent du lait entier.

Lait stérilisé et **lait UHT**. Laits ayant subi un traitement thermique à haute température ou à ultra-haute température (UHT). Les températures et les procédés peuvent varier; pour le lait stérilisé, on l'expose fréquemment à une température de 100 °C pendant quelques secondes, avant de le stériliser en autoclave de 30 secondes à 30 minutes, selon la pression utilisée; pour le lait UHT, on le chauffe de 2 à 4 secondes à une température de 135 à 148 °C. La saveur de ces laits ne fait pas l'unanimité chez les consommateurs.

La stérilisation détruit les organismes présents dans le lait mais laisse presque intouchée une bonne partie des nutriments, sauf les vitamines A, B et C, qui subissent des baisses marquées. En Amérique du Nord, le lait UHT est empaqueté dans des contenants aseptiques et scellés après avoir été rapidement refroidi à 20 °C. Il peut se conserver dans ces emballages à la température de la pièce au moins 6 mois. Une fois l'emballage ouvert, on doit traiter ce lait comme du lait ordinaire, avec plus de précautions même car il est plus périssable, étant plus vulnérable au développement de colibacilles et ne révélant pas la contamination, car il ne caille pas et ni son odeur ni son goût ne se détériorent. Comme il est plus difficile de déceler si ce lait est impropre à la consommation, il est préférable de le consommer plus rapidement que les autres laits (24 à 36 heures).

Lait concentré (évaporé). Lait homogénéisé, évaporé, normalisé, mis en boîte et stérilisé, qui a perdu environ 60 % de son eau. Le lait concentré ne contient pas moins de 7,9 % de matières grasses et pas moins de 25,4 % de matières solides; il peut être entier, partiellement écrémé ou écrémé. Le lait évaporé a une coloration un peu plus foncée que le lait régulier et une saveur caramélisée, attribuables à une réaction entre les protéines et le lactose due à la chaleur élevée. Ce lait perd jusqu'à 40 % de sa viscosité après quelques jours de storage, c'est pourquoi on lui ajoute des stabilisants (carragheen, phosphate disodique, citrate de sodium, bicarbonate de sodium ou chlorure de calcium). Il est nourrissant et calorifique (357 calories/250 ml pour le lait entier, 293 calories pour le lait demi-écrémé et 209 calories pour le lait écrémé) car tous ses éléments nutritifs sont plus concentrés.

Le lait concentré est vendu en boîtes de conserve. Quand la boîte contient du plomb, il finit par contaminer le lait, surtout lorsque la conserve est ouverte; aussi est-il important de transvaser le lait le plus tôt possible. Ne pas acheter de boîtes bombées.

Le lait concentré donne des sauces et des puddings épais; il caille moins facilement à la cuisson. On peut le fouetter s'il est entier et très froid, mais seulement avant de servir, car il s'affaisse rapidement. Parce qu'il est plus sucré, diminuer la quantité de sucre suggérée dans les recettes.

Lait concentré sucré (condensé). C'est à peu de choses près du lait évaporé auquel on a ajouté du sucre; il est moins chauffé cependant. Le lait est réduit à environ le tiers de son volume initial. Il contient de 40 à 50 % de sucre (et doit renfermer pas moins de 8,5 % de matières grasses et pas moins de 28 % de matières solides). Il peut également avoir reçu des agents stabilisateurs. La pasteurisation de ce lait s'effectue avec l'évaporation; aucune stérilisation n'est ensuite nécessaire car le sucre agit comme préservatif. À l'exception du fer et de la vitamine C, presque disparus, tous les éléments nutritifs sont concentrés; ce lait est particulièrement calorifique (1037 calories/250 ml) et riche en matières grasses. Le lait concentré sucré sert à la préparation de multiples desserts, de friandises et de garnitures à gâteaux; comme pour le lait concentré, diminuer la quantité de sucre suggérée dans les recettes si on désire rendre la préparation moins riche en calories.

Laits aromatisés. Le plus connu des laits aromatisés, car c'est le plus ancien, est sans doute le lait au chocolat. Il existe plusieurs autres laits aromatisés dont les laits maltés, les laits à saveur de fruits ou de vanille, les boissons au lait avec jus de fruits, etc. La valeur nutritive des laits aromatisés dépend en grande partie du lait utilisé, de la quantité de sucre ajoutée et de l'absence ou de la présence d'additifs. Le lait malté, qui contient de l'orge et du blé moulu, peut être nature, aromatisé ou déshydraté. La plupart sont fabriqués avec le procédé UHT (ultra-haute température).

Lait en poudre. Lait déshydraté qui contient habituellement seulement de 2,5 à 4 % d'eau. On peut trouver du lait entier en poudre et du lait écrémé en poudre, instantané ou non instantané. C'est surtout la poudre de lait écrémé qui est fabriquée car la poudre de lait entier est plus difficile à conserver, les matières grasses s'oxydant si la poudre n'est pas scellée sous vide. La poudre de lait entier contient 26 g de matières grasses/100 g, la poudre semi-écrémée, 9,5 g et la poudre écrémée, moins de 1 g.

Généralement, le lait est chauffé entre 75 et 115 °C jusqu'à ce qu'il atteigne une concentration de 35 % de solides. Plus il atteint une température élevée, plus il acquiert un goût de brûlé et plus il perd d'éléments nutritifs. Le lait est ensuite déshydraté; deux méthodes de séchage peuvent être utilisées; la plus usuelle consiste à pulvériser le lait à l'air chaud (160 à 180 °C), il sèche instantanément et devient une poudre très fine, de valeur nutritive équivalente au lait écrémé (ce lait est parfois appelé lait atomisé). L'autre méthode sèche le lait sur des cylindres chauffés à 140 °C; moins courant, ce procédé produit de la poudre grossière et difficilement soluble qui recouvre les cylindres en séchant et qu'on enlève au couteau. Il occasionne la perte d'environ 30 % de lysine et de vitamine B_6.

On obtient la poudre de lait instantané en faisant absorber de l'air aux particules de lait pendant leur évaporation; ces particules sont donc plus grosses et offrent une surface de contact spongieuse plus grande qui favorise la dissolution. La poudre de lait non instantané est moins aisément soluble; la délayer dans un mélangeur électrique ou dans de l'eau tiède est plus facile. Elle est plus nourrissante que la poudre intantanée, notamment parce qu'elle contient plus de calcium, de potassium et de phosphore.

On prépare le lait en suivant les instructions indiquées sur l'étiquette; il faut compter habituellement de 90 à 120 ml de poudre par 240 ml d'eau pour la poudre instantanée et de 45 à 60 ml de poudre pour la poudre non instantanée.

La poudre de lait n'est pas une matière inerte; elle peut être contaminée par des bactéries (staphylocoque et salmonelle), ce qui se traduit fréquemment par un dérangement intestinal qui peut avoir des conséquences plus graves chez les enfants, les personnes âgées et les malades. La plupart des gouvernements réglementent sa mise en marché; au Canada par exemple, la vente de poudre en vrac est illégale.

On peut utiliser la poudre de lait non instantané telle quelle dans les recettes pour en augmenter la valeur nutritive ou pour accroître la viscosité (sauces, puddings, etc.). Ne pas se servir de poudre instantanée pour cet usage car elle ne se dissout plus lorsqu'elle est ajoutée à des ingrédients secs, qui deviennent grumeleux. La poudre de lait est parfaite pour s'incorporer au lait, aux céréales et aux boissons; elle peut remplacer la crème fouettée car elle s'émulsifie lorsqu'elle est battue: 125 ml de poudre battue avec 125 ml d'eau glacée donnent 720 ml de lait fouetté. Ne la battre qu'au moment de servir car elle s'affaisse rapidement. Reconstitué, le lait en poudre peut être utilisé comme tout autre lait. Le mélanger avec du lait frais permet souvent de s'habituer à son goût.

L'entreposage joue un rôle important sur la valeur nutritive de la poudre de lait. Laissée à découvert à l'air libre, elle absorbe facilement l'humidité, devient grumeleuse et moins savoureuse; une augmentation de 3 % de la teneur en eau occasionne une baisse de 20 % des protéines. Conserver la poudre de lait dans un contenant en verre au frais et à l'abri de la lumière; réfrigérée, elle se conserve jusqu'à 2 ans; dans un empaquetage scellé, elle se conserve 6 mois à la température de la pièce.

CUISSON   On doit cuire le lait selon certaines règles pour protéger sa valeur nutritive, sa saveur et sa consistance:

– il est préférable de chauffer le lait à feu lent, si possible au bain-marie, car il renverse rapidement dès que l'ébullition est atteinte et il colle facilement au fond de la casserole, formant un précipité qui tend à roussir;

– une peau apparaît à la surface du lait quand il est chauffé sans couvercle ou sans être brassé (ou après cuisson quand il refroidit), pellicule semblable au yuba du soya et qui peut être utilisée de la même façon (voir yuba, p. 585);

– les protéines du lait coagulent non seulement sous l'effet de la chaleur mais aussi lorsqu'elles viennent en contact avec un ingrédient acide ou des enzymes. Pour empêcher le caillage quand une substance acidulée est ajoutée, combiner de la fécule de maïs à une des deux parties, puis cuire doucement;

– l'homogénéisation change les propriétés de cuisson du lait; le lait caille plus rapidement, le temps de cuisson est augmenté car la chaleur prend plus de temps pour pénétrer les particules de gras et le produit obtenu est plus crémeux qu'avec du lait cru ou pasteurisé.

UTILISATION   Le lait a une multitude d'usages. On s'en sert tel quel ou on le cuisine; on le transforme aussi fréquemment, c'est le cas notamment lorsqu'on obtient du yogourt et du fromage. Une nouvelle technologie, la biotechnologie, invente aussi de nouveaux produits à partir du lait. Ainsi, ces produits peuvent être à base de protéines et de lactose hydrolysés, de protéines texturisées, de matières grasses fractionnées, d'alcool tiré du lactosérum, etc. On s'en sert abondamment dans diverses industries pour fabriquer entre autres des aliments pour bébés, des colorants à café, des biscuits, du chocolat, des vinaigrettes, des médicaments et des aliments pour animaux. Cette industrie n'en est qu'à ses premiers balbutiements.

On peut remplacer des produits laitiers riches en matières grasses par des produits écrémés dans la plupart des recettes.

CONSERVATION   La chaleur et la lumière affectent la saveur et la teneur en vitamines du lait; ainsi les vitamines hydrosolubles du complexe B notamment disparaissent rapidement quand le lait est exposé à la lumière. Laisser le lait le moins longtemps possible à la température de la pièce, rechercher des contenants opaques et les refermer après usage, avant de ranger le lait. Ne jamais remettre du lait versé en trop dans le contenant car il contaminerait le tout; le conserver à part dans un récipient fermé. Réfrigéré, le lait frais se conserve environ une semaine mais sa valeur nutritive diminue progressivement. Le lait en poudre reconstitué devient aussi périssable que le lait frais et se conserve également au réfrigérateur.

LAIT DE CHÈVRE

Nom anglais: *goat's milk*

Lait plus blanc que le lait de vache et de saveur plus prononcée. Le lait de chèvre est consommé par les êtres humains depuis la nuit des temps.

VALEUR NUTRITIVE Ce lait contient 3,6 g de protéines, 4,1 g de matières grasses, 4,5 g d'hydrates de carbone et 69 calories/100 g. Ses matières grasses comportent moins de cholestérol et ont légèrement plus d'acides gras saturés que celles du lait de vache. Elles sont émulsifiées très finement, ce qui rend le lait facile à digérer et donne un caillé à texture très fine. Le lait de chèvre est riche en calcium, en potassium, en phosphore, en magnésium, en sodium, en niacine, en thiamine et en vitamine A. Il contient de la vitamine B_6 et de la vitamine B_{12} mais il est pauvre en acide folique.

UTILISATION On utilise le lait de chèvre de la même façon que le lait de vache; on le transforme notamment en fromage, en yogourt, en beurre et en crème glacée; on s'en sert aussi pour cuisiner. Il peut souvent être substitué au lait de vache.

CONSERVATION Voir lait, p. 275.

LAIT DE SOYA

Nom anglais: *soy milk*

Liquide ressemblant à du lait, tiré du haricot de soya, la seule légumineuse dont on peut extraire un tel liquide. Ce lait, qu'on utilise comme le lait de vache, est consommé en Asie depuis plusieurs siècles. En Occident, on s'est longtemps contenté de l'employer comme lait de substitut pour les nourrissons; on commence seulement à découvrir que ses possibilités d'utilisation sont beaucoup plus vastes.

Le lait de soya a un goût prononcé qui lui vient d'une enzyme libérée lors du broyage. L'intensité de cette saveur est directement influencée par la méthode de fabrication; broyer les haricots avec de l'eau bouillante l'atténue grandement.

Pour donner du lait de soya, les haricots sont d'abord lavés, trempés puis broyés; le liquide est ensuite filtré et chauffé, dans un ordre qui dépend du procédé de fabrication; le lait est finalement presque toujours pasteurisé ou stérilisé. Ce liquide peut aussi se préparer à partir de la farine de soya (mélanger 240 ml de farine avec 720 ml d'eau puis procéder comme avec les haricots en chauffant et en égouttant).

Fabrication maison

- Laver 240 ml (180 g) de haricots, les recouvrir d'eau en quantité suffisante pour permettre leur expansion;
- laisser tremper toute la nuit ou au moins 10 heures;
- chauffer 120 ml d'eau dans une grande casserole;
- entre temps, réduire les haricots en purée en ajoutant de 600 à 720 ml d'eau;
- verser le mélange dans la casserole, amener à ébullition (ne pas laisser le liquide sans surveillance car il mousse et renverse aussi rapidement que le lait de vache), baisser le feu, laisser mijoter de 12 à 25 minutes (30 minutes pour du lait à saveur plus douce);
- verser cette préparation dans un sac de toile grossière déposé dans un égouttoir placé au-dessus d'un récipient;
- presser le sac contre l'égouttoir pour extraire le plus de liquide possible, le tordre ou le frapper avec une cuiller de bois ou un récipient;
- ouvrir le sac et verser 120 ml d'eau (chaude ou froide);
- refermer le sac et bien le tordre à nouveau.

VALEUR NUTRITIVE Le lait de soya contient 7,6 g de protéines, 5 g d'hydrates de carbone, 3,3 g de matières grasses et 74 calories/250 ml. Contrairement au lait de vache, il ne contient pas de lactose, substance souvent cause d'allergie (voir lait, p. 275). Ses protéines sont d'excellente qualité mais elles sont pauvres en méthionine, un acide aminé (voir théorie de la complémentarité, p. 536). Ses matières grasses sont composées en grande partie d'acides non saturés, elles sont dépourvues de cholestérol et contiennent de la lécithine.

Le lait de soya possède de nombreuses propriétés. On le dit alcalinisant et bénéfique pour le système digestif. Il serait efficace pour combattre l'anémie et pour stimuler la production d'hémoglobine car il est riche en fer. Sa haute teneur en lécithine en fait un allié efficace pour combattre les maladies cardiovasculaires et l'hypertension. Si on en fait un usage exclusif ou très poussé, il peut cependant causer des carences en calcium et en vitamine B_{12}; ces carences sont évitables si le lait est fortifié, si on mange d'autres aliments riches en calcium et en vitamine B_{12} ou si on ingère un supplément de ces éléments nutritifs.

Le lait doit toujours avoir bouilli pour que soient détruites les substances toxiques présentes dans les haricots. Le lait de soya commercial est très souvent aromatisé artificiellement et sucré abondamment, ce qui diminue d'autant sa valeur. Il est disponible en liquide ou en poudre. La fabrication du lait de soya donne naissance à un résidu comestible nommé okara (voir p. 380).

UTILISATION   L'utilisation du lait de soya est des plus variée. Comme du lait de vache, on s'en sert pour confectionner soupes, sauces, yogourts, sorbets, crèmes glacées, puddings, boissons, pâtisseries, etc. Coagulé, il se transforme en tofu, aliment nourrissant souvent comparé au fromage (voir tofu, p. 541).

CONSERVATION   Le lait liquide se conserve au réfrigérateur de 4 à 5 jours. On peut le congeler mais il se sépare une fois décongelé. La poudre, étant très pauvre en matières grasses, se conserve à la température de la pièce.

LAITUE

Lactuca sativa, **Composées**
Nom anglais: *lettuce*

Plante potagère annuelle originaire de l'est de la Méditerranée, dont certaines variétés préfèrent le froid et d'autres, la chaleur. Fortement implantée dans le bassin méditerranéen, la laitue fut très appréciée des Grecs et des Romains. Elle se répandit par la suite dans l'Europe tout entière et fut introduite en Amérique du Nord à la fin du XVe siècle.

Habituellement vertes, les feuilles de cette plante annuelle sont tendres et croquantes; leur forme ainsi que leur saveur diffèrent car il existe plus de 100 variétés. Le mot laitue vient du latin *lactuca*, lui-même dérivé de *lac*, *lactus* signifiant «lait», par référence à une substance laiteuse qui s'écoule des tiges entaillées.

Regroupées selon leurs caractéristiques morphologiques, les espèces les plus connues forment 5 groupes qui comprennent la laitue pommée (ou Iceberg), la Boston, la frisée, la romaine et la laitue asperge.

Laitue pommée (v. *capitata*). Cette laitue est plus connue en Amérique du Nord sous le nom de «Iceberg». Cette appellation s'est imposée au début de la commercialisation à haute échelle de la laitue car on la recouvrait de glace avant qu'elle entreprenne le long voyage qui l'amenait sur des marchés lointains (c'était la seule variété de laitue sur le marché).

Les feuilles croquantes, lisses ou cloquées, forment une boule ronde plus ou moins compacte. Vertes à l'extérieur, elles deviennent graduellement jaunâtres ou blanchâtres à mesure qu'elles se rapprochent du centre, vu que le soleil ne les atteint pas.

Cette laitue moins colorée que les autres contient moins d'éléments nutritifs. Elle renferme 1 g de protéines, 0,2 g de matières grasses, 2 g d'hydrates de carbone et 13 calories/100 g.

Laitue Boston (v. *capitata*). La Boston et la Bibb, une hybride créée par un major nommé John Bibb, sont des laitues très tendres. Il existe au sein de ces deux groupes une certaine variation, tant dans les teintes et la taille que dans l'apparence. Ces laitues se distinguent par la tendreté de leurs larges feuilles dentelées, légèrement pommées mais non compactes, qui se séparent très facilement. La laitue du type Boston a les feuilles plus larges et d'un vert plus pâle que la laitue Bibb, dont certaines variétés sont teintées de rouge. Les feuilles du centre sont jaunâtres. Très populaire en Europe, cette laitue est partout appréciée pour sa finesse, tant de texture que de goût.

La laitue Boston contient 1,3 g de protéines, 0,2 g de matières grasses, 2,3 g d'hydrates de carbone et 13 calories/100 g.

Laitue frisée (v. *crispa*). Laitue aux feuilles frisées et ondulées non pommées. Il existe plusieurs variétés de laitue frisée qui ont toutes en commun de larges et longues feuilles tendres et savoureuses, dans les teintes de vert, parfois de rouge ou simplement ornées de rouge dans leur partie supérieure; elles sont rattachées à de courtes tiges blanchâtres. Quelques variétés ont une légère saveur de noisette.

La laitue frisée contient 1,3 g de protéines, 0,3 g de matières grasses, 3,5 g d'hydrates de carbone et 18 calories/100 g.

Laitue romaine (v. *longifolia*). Cette laitue non pommée a de longues feuilles fermes et cassantes d'un vert foncé; sa grosse nervure blanchâtre est particulièrement cassante. Les feuilles de l'intérieur, d'un vert plus pâle et avec une nervure jaunâtre, sont plus tendres que celles de l'extérieur.

La laitue romaine contient 1,6 g de protéines, 0,2 g de matières grasses, 2,4 g d'hydrates de carbone et 16 calories/100 g.

Laitue asperge (v. *angustana*). Laitue appelée *celtuce* en anglais et surtout populaire en Orient. C'est un croisement de céleri et de laitue et sa saveur rappelle ces deux légumes. Les tiges peuvent être mangées crues ou cuites comme le céleri tandis que les feuilles sont surtout utilisées cuites.

La laitue asperge contient 0,9 g de protéines, 0,3 g de matières grasses, 3,7 g d'hydrates de carbone et 22 calories/100 g. Elle renferme quatre fois plus de vitamine C que les autres laitues.

VALEUR NUTRITIVE   La laitue est riche en eau (94 à 96 %) et pauvre en calories (13 à 22/100 g). Elle contient plusieurs vitamines et sels minéraux; leur proportion change selon les variétés. Plus la laitue est verte, plus elle en renferme; ainsi la frisée et la romaine en possèdent plus que la Boston et cette dernière en a plus que la pommée. La laitue est riche en fibres fines qui se digèrent bien, ce qui facilite le transit intestinal et permet d'agir comme modérateur d'appétit en remplissant l'estomac. On lui prête diverses propriétés médicinales; on la dit notamment diurétique et calmante; elle est recommandée contre l'insomnie, la toux et l'excitation nerveuse ou sexuelle. Les moines du Moyen Âge étaient tenus d'en manger afin de conserver leur chasteté.

ACHAT   Rechercher de la laitue aux feuilles lustrées, fermes et croustillantes; cette dernière qualité est surtout nécessaire pour la romaine et la pommée. Délaisser la laitue molle, terne, détrempée, et dont les extrémités sont desséchées ou brunies. Une laitue rouillée, jaunie ou semblant plus dure et plus fibreuse que la normale sera également à écarter.

PRÉPARATION   Laver soigneusement la laitue pour enlever sable, terre, insectes et produits chimiques logés dans les feuilles; certaines variétés, dont la frisée, nécessitent un lavage minutieux. Une méthode efficace consiste à plonger les feuilles, en les secouant doucement, dans une bonne quantité d'eau que l'on renouvelle au besoin. Ne pas les laisser tremper ni utiliser d'ingrédient acide et égoutter soigneusement; un égouttoir rotatif facilite la tâche. Plus la laitue est égouttée, plus l'assaisonnement adhère aux feuilles.

UTILISATION   On mange la laitue le plus souvent crue, en salade, arrosée de vinaigrette ou de mayonnaise, et dans les sandwichs. Comme le persil, c'est un aliment que l'on peut mettre presque partout. Ne pas craindre de combiner plusieurs variétés pour confectionner une salade; le coup d'œil, la saveur et l'apport nutritionnel en seront améliorés. Ne sortir la laitue du régrigérateur et ne l'assaisonner qu'au moment de servir, pour minimiser les pertes de vitamines et l'empêcher de se détremper.

Déchiqueter la laitue à la main plutôt qu'au couteau qui la fait rouiller. Quand elle est trop amère, il est possible de la blanchir quelques minutes en l'ébouillantant. On peut cuire la laitue, ce qui est particulièrement intéressant pour utiliser les feuilles extérieures, plus fibreuses et souvent défraîchies (délaisser les toutes premières feuilles si elles ont reçu des pesticides ou autres produits chimiques). Un restant de laitue ou des feuilles défraîchies mises en purée font un excellent potage. La laitue est aussi souvent braisée ou mise dans des soupes (la couper finement et l'ajouter en fin de cuisson, elle cuira avec la chaleur du bouillon qu'elle parfumera délicatement).

CONSERVATION   Pour bien conserver la laitue, il faut l'empêcher de pourrir et de se déshydrater. Sauf pour la Boston et la Bibb, la laver avant de la réfrigérer afin de la débarrasser de la terre, des insectes et très souvent d'un surplus d'humidité qui la détériorent. La mettre dans un linge humide ou un sac de plastique; éviter de l'emballer herméti-quement car si elle ne peut plus respirer, elle pourrira. Glisser 1 ou 2 feuilles de papier absorbant si la laitue n'est pas bien asséchée, feuilles que l'on changera dès qu'elles seront détrempées. Ainsi traitée, la laitue pourra même redevenir croustillante. L'éloigner des fruits ou des légumes produisant de l'éthylène en quantité (pommes, poires, bananes, cantaloups et tomates), gaz qui fait rouiller les feuilles. La laitue pommée réfrigérée se conserve près de 2 semaines; les autres variétés, environ 1 semaine. La laitue est trop fragile pour être congelée.

LAMPROIE

Petromyzon spp, **Petromyzontidés**
Diverses espèces: *lamproie de mer* (ou *grande lamproie,* P. marinus),
lamproie de fleuve (ou *petite lamproie,* P. fluviatilis),
lamproie de rivière (Lampetra planeri *ou* ayresi)
Noms anglais: *lamprey, sea lamprey, freshwater silver lamprey, Pacific lamprey*

Poisson ressemblant à un serpent, comme l'anguille ou le congre. La lamproie est un des seuls survivants des vertébrés Cy-clostomes, animaux dépourvus de mâchoire inférieure, avec une bouche ronde qui sert de ventouse et une langue couverte de dents cornées. La plupart des lamproies ont une vie parasitaire, se fixant sur d'autres poissons et se nourrissant de leur chair et de leur sang. Elles vivent dans la mer, dans les rivières ou dans les lacs, car elles quittent la mer pour aller se reproduire en eaux douces. Leur peau est nue, lisse et glissante. Derrière la tête se trouvent 6 à 7 paires de branchies, en forme de trous. Les lamproies atteignent des tailles allant de 50 cm à 1 m. La couleur du corps change selon le degré de développement sexuel, le dos étant habituellement gris. Il en existe 30 espèces réparties en 8 genres. On en trouve 4 espèces en Amé-rique du Nord. Les Européens et les Amérindiens de la côte du Pa-cifique apprécient beaucoup ces poissons et en font des mets délicats.

VALEUR NUTRITIVE ET UTILISATION   La lamproie contient 15 g de protéines, 13 g de matières grasses et 177 calories/100 g. Sa chair sans arêtes est plus délicate que celle de l'anguille; elle s'apprête de la même façon. La lamproie de mer est plus fine que la lamproie de rivière et les mâles sont meil-leurs. Ce poisson peut s'acheter en conserve.

CONSERVATION   Voir poissons, p. 429.

LANÇON

Ammodytes spp, **Ammodytidés**
Autres noms et espèces: *lançon d'Amérique, lançon du Nord, équille,*
anguille de sable, grand lançon
Noms anglais: *sand eel, sand lance*

Poisson effilé qui ressemble à une toute petite anguille; il mesure de 12 à 25 cm de long. Le lançon habite les fonds sableux marins, en particulier ceux de l'Atlantique, du Pacifique et de la mer du Nord. Il se déplace en bancs et envahit les plages sableuses pour frayer; il y creuse des trous à l'aide de son museau pointu qui est formé par sa mâchoire inférieure proéminente. La nageoire dorsale est très longue et la queue, fourchue. La couleur varie selon les espèces, le dos étant plus foncé que les flancs et le ventre.

VALEUR NUTRITIVE ET UTILISATION La chair délicate contient 18,5 g de protéines, 0,3 g de matières grasses, 0,6 g d'hydrates de carbone et 79 calories/100 g. Il est préférable de la consommer le plus vite possible car elle s'avarie facilement. Les gros poissons se préparent comme l'éperlan et les petits, comme les poissons des cheneaux.

CONSERVATION Voir poissons, p. 429.

LANGOUSTE

Palinarus spp, **Crustacés**
Noms anglais: *spiny lobster, cave lobster, langouste, rock lobster, sea crayfish*

Crustacé qui ressemble beaucoup au homard. La langouste est d'ailleurs désignée en anglais sous le nom de «spiny lobster» («homard épineux») car sa carapace est piquante. Elle se distingue aussi du homard par une queue plus longue que le coffre, des pattes d'égale longueur et d'égale grosseur, dépourvues de pinces mais munies de crochets, une paire d'antennes plus longues et un rostre plus pointu. Elle habite les fonds rocheux des mers, est moins agressive que le homard, aime se cacher dans les algues et préfère les eaux chaudes ou tempérées. Il en existe plusieurs variétés qui prennent des couleurs différentes selon l'endroit où elles vivent; ainsi, on trouve la langouste rose (dite du Portugal), la rouge, la brun violacé et la verte. La langouste peut atteindre 50 cm de long et peser jusqu'à 4 kg, surtout quand elle est assez âgée; la taille minimale permise pour la pêche est de 23 cm.

VALEUR NUTRITIVE La chair contient 16,9 g de protéines, 1,9 g de matières grasses, 0,5 g d'hydrates de carbone et 91 calories/100 g. Elle est riche en phosphore, en calcium, en iode et en fer.

ACHAT La langouste est rarement commercialisée vivante; elle est surtout vendue congelée (entière ou queue seulement, crue ou cuite).

Comme pour le homard, s'assurer qu'elle était bien vivante au moment de la cuisson (voir homard, p. 252).

UTILISATION   Il est préférable d'accommoder plutôt simplement la langouste afin de ne pas en masquer la saveur. Sa chair, semblable à celle du homard, peut lui être substituée dans la plupart des recettes.

CONSERVATION   Voir crustacés, p. 174.

LANGOUSTINE

Nephrops norvegicus, **Crustacés**
Autre nom: *homard norvégien*
Noms anglais: *Norway lobster, scampi, saltwater crayfish, Dublin Bay prawn*

Crustacé semblable au homard et à la langouste, mais en plus petit, et qui habite les profondeurs de la mer. La langoustine pourrait en fait passer pour une grosse crevette au corps mince et long; elle mesure de 8 à 25 cm de long. Ce crustacé ressemble plus au homard qu'à la langouste même si son nom donne à penser le contraire; en réalité le mot «langoustine» est l'appellation commerciale du homard de Norvège. Comme le homard, la langoustine a une paire de pattes plus volumineuses, dont une sert de scie et l'autre d'étau; ses autres pattes sont cependant plus longues et plus effilées; ses pinces contiennent peu de chair. Sa couleur varie du blanc rosé au rouge saumon et au rose-gris, avec des taches rougeâtres; les bouts de ses pattes sont blancs. Contrairement aux autres crustacés, la langoustine change très peu de coloration à la cuisson.

VALEUR NUTRITIVE   La chair contient 17 g de protéines, 2 g de matières grasses, 0,5 g d'hydrates de carbone et 91 calories/100 g; elle est riche en calcium, en phosphore et en fer.

ACHAT   La langoustine est rarement vendue vivante car elle se conserve très peu longtemps hors de l'eau; elle est disponible crue (étêtée et congelée ou conservée dans de la glace concassée) ou cuite. La choisir ferme et sans odeur d'ammoniaque.

UTILISATION   La chair de la langoustine, plus délicate que la chair du homard, est excellente. La langoustine se prépare comme la crevette ou la langouste; veiller à ne pas trop la cuire cependant (6 à 8 minutes) car la chair amollit et perd beaucoup d'attrait; éviter d'en masquer la saveur délicate. La plupart des recettes de crustacés lui conviennent; elle remplace souvent la crevette géante (si elle est crue, la décortiquer comme la crevette, voir crevette, p. 169).

CONSERVATION   Voir crustacés, p. 174.

LANGUE

Nom anglais: *tongue*

Organe charnu et musculeux classé parmi les abats. La langue, de couleur rosée ou grisâtre, est striée et recouverte d'une muqueuse rêche et épaisse, qui s'enlève facilement après la cuisson. La langue de bœuf est la plus épaisse et la plus grosse (elle peut peser plus de 2 kg); ses papilles sont nombreuses et volumineuses, surtout sur la face supérieure. La langue de veau est la plus tendre, la plus savoureuse et celle qui cuit le plus vite; la langue de porc est douce au toucher. Les langues d'oiseaux sont également comestibles tout comme les langues de certains poissons, de la morue notamment.

VALEUR NUTRITIVE
La langue contient en général de 16 à 20 g de protéines, de 15 à 22 g de matières grasses et environ 200 calories/100 g. Elle est riche en potassium et en fer; elle renferme du cholestérol et de l'acide urique.

CUISSON ET UTILISATION
Faire dégorger la langue des animaux de boucherie avant de la cuire. La mettre à tremper au moins 4 heures dans de l'eau froide, ou préférablement 12 heures (toute une nuit par exemple). La langue peut être braisée, cuite à l'étouffée, bouillie, frite, saumurée, fumée, marinée, etc. La langue de bœuf demande 2 heures de pochage et 8 heures de braisage, les langues de veau, d'agneau ou de porc, 45 minutes de pochage et 2 heures de braisage. La langue peut être mangée froide, à la vinaigrette par exemple, saumurée ou assaisonnée de moutarde.

CONSERVATION
La langue s'altère très rapidement, en particulier si elle séjourne longtemps à la température de la pièce dans son liquide de cuisson. La cuisiner sans délai et la conserver au réfrigérateur. Elle supporte la congélation.

LAPIN

Oryctolagus, **Léporidés**
Nom anglais: *rabbit*

Mammifère qui serait originaire d'Afrique. Le lapin est plus apprécié pour sa chair, qui ressemble à celle du poulet, que comme animal car il est souvent considéré comme une nuisance, surtout quand il se régale dans le potager. Très prolifique, il est un symbole de fécondité; la lapine est fécondable à partir de 5 mois et elle a des portées d'une douzaine de petits; on calcule que durant sa vie elle donne naissance à environ 200 lapins. Le lapin de garenne, probablement l'ancêtre du lapin domestique, a une chair maigre et foncée qui a un goût de gibier. Le lapin est un parent du lièvre, une espèce sauvage considérée comme du gibier et dont la chair est plus foncée et de saveur plus prononcée.

L'élevage du lapin (cuniculture) est une pratique ancienne car cet animal est facile à domestiquer. Le mot cuniculture est dérivé de «connil» et de «couvin», mots avec lesquels on désignait le lapin avant le XVe siècle. Le lapin ne coûte pas cher à nourrir car il se contente de très peu de céréales et de beaucoup de verdures; on le considère comme un semi-ruminant. L'élevage artisanal a longtemps été le seul existant. Depuis le début du XXe siècle, l'élevage industriel s'est imposé; le lapin y est engraissé plus vite, on le tue vers 3 mois et non plus entre 4 à 6 mois comme auparavant; sa chair est un peu plus grasse et un peu plus fade. Le lapin est intéressant non seulement pour sa chair mais pour sa fourrure aux teintes diverses et parce qu'il est une bonne source d'engrais. Le lapin est généralement tué lorsqu'il pèse de 1,2 à 1,6 kg. Il peut nourrir de 4 à 5 personnes car la perte à la cuisson est minime.

VALEUR NUTRITIVE

Le lapin est plus riche en protéines que la plupart des autres viandes (21 g/100 g). Il ne contient que 10 g/100 g de matières grasses et 177 calories/100 g; il est riche en vitamines du complexe B, en calcium, en potassium et en phosphore. La faible teneur en matières grasses rend le lapin facile à digérer; elle est aussi responsable du fait qu'il est légèrement insipide puisque le gras confère de la saveur et qu'il est plus difficile à cuire que la volaille, sa chair s'asséchant facilement.

ACHAT

Rechercher un lapin à la chair luisante et légèrement rosée, au foie bien rouge et exempt de taches, aux rognons bien visibles et au gras situé autour des reins d'un blanc franc. Se méfier d'un lapin gélatineux ou à la chair foncée: il manque de fraîcheur et n'a pas été saigné convenablement.

Le lapin est disponible frais ou congelé, entier ou coupé en 4 ou 6 morceaux, selon sa grosseur. Il est presque toujours dépouillé et vidé. S'il est frais et entier, la flexibilité de ses pattes est un signe de fraîcheur.

PRÉPARATION

Pour découper le lapin, détacher les 4 pattes, puis sectionner le râble (la partie inférieure du dos, charnue et plus blanche, souvent considérée comme la meilleure). Si désiré, quand le lapin est assez gros, couper les cuisses de derrière en 2 (ce sont les plus charnues). Laver immédiatement un lapin frais tué; le mettre à tremper dans de l'eau fraîche légèrement salée si on veut blanchir la chair et atténuer la saveur.

On ne faisande pas le lapin et le lièvre car ils s'altèrent rapidement. On peut cependant les mariner, cela humidifie et blanchit la chair tout en améliorant la saveur. La marinade doit contenir un ingrédient acide (vin rouge ou blanc, jus de citron, etc.) et de l'huile; on y ajoute légumes et aromates au choix.

CUISSON   Le lapin se compare avantageusement au poulet; comme ce dernier, il supporte un grand nombre de modes de cuisson et le choix des ingrédients et des assaisonnements qui l'accompagnent est considérable. Il demande un peu plus de soins cependant, vu que sa chair s'assèche facilement; c'est pourquoi on le cuit souvent dans un liquide. Il nécessite environ 1 heure de cuisson. Éviter les températures élevées; si on le fait rôtir ou griller, l'arroser durant la cuisson ou le cuire à basse température (voir viande, p. 556).

Le lapin âgé est moins tendre et gagne à être cuit à la chaleur humide ou à être transformé; il est souvent mis en pâté ou en terrine. Le lièvre s'apprête comme le lapin; il est souvent accompagné de fruits acides ou de sauce aigre-douce ou corsée, ce qui en atténue le goût.

CONSERVATION   Lièvres et lapins frais tués se conservent 1 semaine au réfrigérateur. Frais ou cuits, ils supportent la congélation qui leur fait perdre cependant de la saveur. Pour y remédier, ajouter plus d'aromates.

LAURIER

Laurus nobilis, **Lauracées**
Autres noms: *laurier noble, laurier d'Apollon, laurier-sauce*
Noms anglais: *bay leaf, laurel*

Arbre dont les feuilles persistantes et lancéolées d'un vert foncé sont utilisées comme condiment. Originaire du bassin méditerranéen, le laurier occupa une place importante dans la Grèce antique. Il fut dédié au Dieu de la lumière, Apollon; des couronnes de laurier étaient données aux héros, aux vainqueurs et aux artistes reconnus. C'est de cette pratique que nous viennent les termes baccalauréat, dérivé du grec *bacca-laureus* qui signifie «baies de laurier», et lauréat du latin *laureatus* signifiant «couronné de laurier».

Plusieurs arbres et arbustes reçoivent l'appellation de laurier, dont le laurier-cerise et le laurier-rose, mais ils n'appartiennent pas à la famille des Lauracées. Le véritable laurier est un arbre ou un arbuste, aux feuilles ovales, lisses, fermes et luisantes qui atteignent de 2,5 à 7,5 cm de long. Il produit de petites fleurs ombellées vert jaunâtre qui donnent des baies luisantes bleu noirâtre. Le laurier a souvent entre 3 et 6 m de hauteur mais il peut être beaucoup plus imposant.

VALEUR NUTRITIVE   Les baies et les feuilles de laurier sont reconnues pour posséder plusieurs propriétés médicinales; on les dit diurétiques, antiseptiques, expectorantes, antirhumatismales et antispasmodiques. L'huile essentielle est efficace en pommade pour soulager les entorses et les ecchymoses. Elle contient divers éléments amers et des tannins qui peuvent s'avérer toxiques à haute dose. En tisane, mettre quelques feuilles dans une tasse d'eau (240 ml), faire bouillir de 2 à 3 minutes, puis laisser infuser 10 minutes.

UTILISATION   Les feuilles de laurier aromatisent sauces, soupes, ragoûts, viandes, volailles, poissons, légumes, légumineuses, terrines, pâtés, bref presque tout. Elles sont un élément essentiel du bouquet garni. Elles sont utilisées entières ou émiettées, fraîches ou séchées. Elles sont très parfumées; les utiliser avec parcimonie, surtout au début quand on ne connaît pas leur saveur. Plus elles cuisent longtemps quand elles touchent à un liquide, plus elles confèrent de la saveur au mets.

CONSERVATION   Les feuilles fraîchement cueillies doivent être séchées à l'obscurité pour éviter qu'elles ne perdent leur essence. Séchées, elles se conservent à l'abri de l'air et de la lumière.

LÉGUMES

Nom anglais: *vegetables*

Nom donné aux plantes potagères utilisées dans l'alimentation. Les légumes sont très variés, ce qui influence entre autres leur classification. On distingue souvent les légumes selon la partie de la plante qui est consommée; on a donc les légumes:

racines: betterave, carotte, navet, panais, salsifis

tubercules: crosne, igname, patate (douce), pomme de terre, topinambour

feuilles: chicorée, chou, cresson, épinard, laitue, mâche, pissenlit

fleurs: artichaut, brocoli, chou-fleur

fruits: aubergine, avocat, concombre, courge, gombo, poivron, tomate

tiges: asperge, bette à carde, céleri, fenouil

bulbes: ail, oignon, poireau

gousses: haricot, pois, soya

Chaque légume est composé de divers éléments nutritifs dans une concentration qui lui est propre; comme groupe d'aliments cependant, les légumes partagent certaines caractéristiques:

- ce sont de très bonnes sources de vitamines et de sels minéraux;
- leur teneur en eau est élevée (entre 80 et 95 %);
- ils sont riches en fibres;
- ils ont un taux de glucides très variable;
- ils sont pauvres en lipides (au naturel, quand le mode de cuisson ne vient pas les saturer de gras);
- la plupart sont peu calorifiques;
- leur apport en protéines est en général plutôt faible; il y a quelques exceptions cependant, notamment les légumi-

neuses (les protéines fournies par les légumes sont dites incomplètes, au sens où elles ne contiennent pas tous les acides aminés essentiels. Dans une alimentation saine et variée, elles se combinent avec celles fournies par les autres aliments, ce qui les complète, voir théorie de la complémentarité, p. 536).

VALEUR NUTRITIVE

Divers facteurs influencent la saveur et le contenu nutritif des légumes, avant, pendant et après la récolte. Certains sont impondérables comme les conditions climatiques; la plupart cependant relèvent de l'intervention humaine. Ils ont vu leur importance croître durant le XXe siècle à mesure que se développaient les méthodes de culture industrielle. Ainsi, la plupart des légumes viennent en contact avec des produits chimiques et une partie de ces substances demeurent sous forme de résidus. Ces résidus peuvent se loger à l'intérieur du légume (contamination systémique) ou rester en surface (contamination topique). On ignore les effets sur la santé de beaucoup de ces produits, surtout à moyen et à long terme. Pour ingérer le moins de résidus possible, laver soigneusement le légume ou le peler (on perd cependant la partie des éléments nutritifs logée dans la peau). La consommation de légumes cultivés biologiquement est une autre solution, qui demeure actuellement une mesure à la portée d'une minorité seulement.

La préparation, l'utilisation et la conservation des légumes influencent leur saveur, leur valeur nutritive, leur texture et leur apparence. Tout comme les fruits, les légumes sont vulnérables à l'air et à la chaleur car ils continuent de vivre même après la cueillette; on dit qu'ils respirent. Une seule heure passée à la température ambiante les détériore deux fois plus vite que s'ils sont réfrigérés car le rythme de respiration et de mûrissement est plus accéléré (l'épinard, par exemple, va se dégrader 13 fois plus vite à 27 °C qu'à 2 °C).

PRÉPARATION

En préparant les légumes, éviter une exposition prolongée à l'air, à la chaleur et à l'eau:

- ne pas mettre les légumes à tremper, ni avant de les couper, ni après, car ils perdent certains éléments nutritifs. Bien les laver mais le faire le plus rapidement possible. Pour les légumes cultivés sans pesticides et qui peuvent contenir des vers (chou, brocoli, chou-fleur, etc.), on peut les mettre à tremper dans de l'eau fraîche salée environ 1/2 heure;
- éviter de laisser les légumes à la température de la pièce, tant avant de les préparer qu'après (et même une fois cuits). Les préparer à la dernière minute et s'il faut le faire plus tôt, les remettre au réfrigérateur;
- couper d'égale grosseur les légumes destinés à la cuisson, ils

cuiront uniformément et garderont plus de nutriments. La taille des légumes a une influence sur la valeur nutritive; plus les légumes sont coupés finement, plus ils sont exposés à l'air et plus la perte est grande; en outre, certains légumes verront leur couleur changer. Par contre, le temps de cuisson est raccourci vu la taille réduite des légumes, ce qui limite d'une certaine façon les pertes d'éléments nutritifs.

CUISSON   Les légumes ne peuvent pas tous être mangés crus; certains, dont la pomme de terre, riche en amidon, ont besoin de la cuisson pour être mieux assimilés. La cuisson change l'amidon en glucides, attendrit la cellulose, libère les substances entreposées entre les fibres et dissout les pectines. Elle peut cependant rendre les légumes insipides et détrempés et elle fait perdre une certaine quantité de vitamines et de sels minéraux. Il est important qu'elle soit la plus courte possible car plus elle est prolongée, plus les légumes perdent d'éléments nutritifs; ainsi, après 25 minutes de cuisson à l'eau, le chou a perdu 50 % de vitamine C et après 90 minutes, 90 %.

Le meilleur mode de cuisson vise à minimiser les pertes d'éléments nutritifs tout en donnant des légumes savoureux, croustillants, colorés et peu gras. La couleur du légume constitue un facteur dont il est important de tenir compte pour décider du mode de cuisson; selon que le légume est vert, jaune, rouge ou blanc, il réagit différemment à la cuisson.

Légumes verts (artichaut, asperge, brocoli, chou, céleri, cresson, poivron, etc.). La chlorophylle leur donne leur belle couleur verte, mais elle les rend difficiles à cuire car elle réagit à l'acidité; comme les légumes verts contiennent des acides que la chaleur libère, ils deviennent vert brunâtre ou vert olive (voir cuisson à l'eau, p. 296).

Légumes jaunes [carotte, citrouille, courge, maïs, navet, patate (douce), rutabaga, etc.]. Ce sont les plus faciles à cuire. Ils sont riches en carotène (que le corps transforme en vitamine A), substance peu soluble à l'eau, stable à la chaleur et non affectée par l'acidité des légumes.

Légumes rouges (betterave, chou rouge, oignon rouge, radis). Ils contiennent de l'anthacyanine, un pigment à l'origine de leur couleur rouge, tirant parfois sur le bleu et que l'acidité avive.

Légumes blancs (chou-fleur, oignon, navet, salsifis, topinambour, etc.). L'anthoxanthine est le pigment qui les colore; l'acidité ne l'affecte pas. Ces légumes ont la fâcheuse tendance à réagir au fer et à l'aluminium du couteau ou de la casserole, devenant brunâtres, verdâtres ou jaunâtres; pour éviter cet inconvénient, utiliser de préférence l'acier inoxydable ou le verre. Éviter une cuisson trop longue qui jaunit les légumes blancs ou qui les brunit. Certains, dont le céleri-rave, le panais et le salsifis, s'oxydent dès qu'ils sont épluchés, sauf si on les trempe immédiatement dans une solution acide (jus de citron, eau vinaigrée, etc.).

Divers autres facteurs sont à prendre en considération pour conserver le plus d'éléments nutritifs possible; on verra l'importance de ces facteurs dans l'analyse des principaux modes de cuisson.

Cuisson à l'eau

C'est la plus couramment employée, la plus mal utilisée et la plus fréquemment condamnée. Elle est simple – les légumes bouillent dans de l'eau – mais elle occasionne une baisse importante de la valeur nutritive, surtout lorsque l'on jette l'eau de cuisson. Plusieurs facteurs concourent à augmenter ou à diminuer la perte de nutriments:
- la quantité d'eau utilisée,
- la température de départ de l'eau,
- l'ajout de bicarbonate de soude, d'un ingrédient acide ou de sel,
- l'utilisation ou la non-utilisation d'un couvercle.

Beaucoup ou peu d'eau

Il est préférable d'utiliser le moins d'eau possible (font exception les légumes verts, voir plus loin). Conserver l'eau de cuisson, elle est riche en vitamines et en sels minéraux que les légumes ont perdu en cuisant (l'employer pour cuisiner soupes et sauces). Se servir d'une casserole permettant une cuisson uniforme et surveiller le niveau d'eau pour empêcher que les légumes collent.

Avec les légumes verts qui perdent facilement couleur, fermeté et saveur, une plus grande quantité d'eau se justifie. Plus il y a d'eau dans la casserole, plus l'ébullition reprend tôt lorsque les légumes sont mis à cuire et plus la chaleur les pénètre rapidement; le temps de cuisson est alors diminué, les légumes ont meilleur goût et le changement de couleur est moindre car les acides qui réagissent avec la chlorophylle sont davantage dilués.

Avec ou sans couvercle

Les légumes contiennent des substances volatiles qui s'échappent si la casserole est découverte, ce qui provoque une perte de vitamines et de saveur. Il est donc préférable de cuire les légumes couverts, sauf les légumes verts qui demandent des soins particuliers. L'idéal consiste à les cuire d'abord découverts 3 ou 4 minutes, puis de terminer la cuisson en mettant le couvercle; enlever le couvercle permet l'évaporation d'acides qui deviennent moins efficaces pour s'attaquer à la chlorophylle et les légumes peuvent ainsi rester plus verts.

Eau chaude ou eau froide

L'importance de plonger les légumes dans de l'eau bouillante ne s'applique pas seulement aux légumes verts, ce procédé est bénéfique à tous les légumes, quel que soit le niveau d'eau choisi. Il permet de neutraliser rapidement les enzymes qui détruisent les vitamines; la perte est par la suite beaucoup ralentie. Après l'ajout des légumes, laisser le feu au maximum afin que l'ébullition reprenne le plus vite possible, puis baisser le feu; les légumes ne cuisent pas plus vite à feu vif car l'eau qui bout reste toujours à 100 °C et les bulles qui éclatent créent de la vapeur qui transforme le mode de cuisson; de plus, la turbulence peut endommager les légumes.

Avec ou sans bicarbonate de soude

Le bicarbonate de soude (soda à pâte) est parfois ajouté à l'eau de cuisson dans le but de préserver la couleur. C'est inutile pour les légumes jaunes, cela décolore les légumes rouges qui peuvent devenir pourpres, bleutés ou verdâtres et cela jaunit les légumes blancs s'ils cuisent trop longtemps. C'est efficace pour les légumes verts, mais cette pratique n'est pas souhaitable car le bicarbonate de soude s'attaque aux cellules des légumes qui deviennent détrempés, il altère aussi la saveur et détruit la vitamine B_1; pour contrôler la décoloration, raccourcir plutôt le temps de cuisson ou choisir un autre mode de cuisson.

Ajouter ou non un ingrédient acide

Un ingrédient acide (vinaigre, jus d'agrume, crème sure, vin sec, cidre) peut être utile, nuisible ou inutile, selon la couleur du légume. Il permet aux légumes rouges et blancs de rester fermes et il en préserve la couleur, allant même jusqu'à l'aviver et la restaurer, pour les betteraves par exemple. Il est nocif pour les légumes verts car il s'attaque aux molécules de la chlorophylle, qui change de couleur et qui devient d'un vert peu appétissant. Les légumes jaunes s'en passent très bien car ils sont stables.

Avec ou sans sel

Une des propriétés du sel est de capter l'humidité; c'est pourquoi il attendrit les légumes. Quand il est ajouté en début de cuisson, il fait s'écouler les sucs des légumes, entraînant une perte de valeur nutritive; ainsi, lors d'une recherche, des épinards salés perdirent jusqu'à 47 % de leur contenu en fer tandis que la perte ne fut que de 19 % en les cuisant sans sel. Un autre désavantage du sel est qu'il se concentre à mesure que la cuisson se prolonge. Il est contre-indiqué avec les légumes ayant une forte teneur en eau (champignons, concombres, tomates, etc.) et peu souhaitable avec plusieurs autres (choux rouges, poivrons, etc.) auxquels il fait perdre saveur et fermeté. Si on tient absolument à saler, ajouter le sel en fin de cuisson.

Lorsque la cuisson à l'eau est terminée, égoutter les légumes dans une passoire et récupérer le liquide pour cuisiner. Certains, dont le chou, gagnent à être légèrement comprimés s'ils contiennent trop d'eau; chauffer les légumes quelques instants à feu doux s'il faut les assécher davantage. Écourter la cuisson si les légumes doivent recuire ou s'ils sont servis froids car la cuisson continue tant qu'ils restent chauds. Il est possible d'arrêter la cuisson en passant les légumes sous l'eau froide, mais cette pratique entraîne la perte de nutriments.

Cuisson à la vapeur

Les légumes cuisent par la chaleur créée lors du bouillonnement d'une petite quantité d'eau. Ce mode de cuisson entraîne moins de perte d'éléments nutritifs que la cuisson à l'eau; il est primordial cependant que les légumes ne touchent pas à l'eau pour éviter les désavantages de la cuisson à l'eau, surtout si la cuisson se prolonge et si on jette l'eau de cuisson. On peut se servir d'une étuveuse; il en existe en métal avec les bords mobiles (marguerite) ou en bambou et étagée, ce qui est très pratique pour cuire des légumes qui n'ont pas le même temps de cuisson. Tout autre ustensile qui peut remplir la même fonction fait l'affaire (passoire, support). Un bon couvercle est essentiel.

Cette méthode convient particulièrement bien aux légumes fragiles, tels le chou-fleur, le brocoli et l'asperge. Il est préférable de ne pas couper les légumes trop finement et de ne pas les peler. Mettre environ 2 cm d'eau dans une casserole, y placer le support choisi et amener l'eau à ébullition; déposer ensuite les légumes puis placer le couvercle; dès qu'il commence à vibrer ou qu'il laisse échapper de la vapeur, baisser le feu pour que l'eau bouillonne doucement. Éviter de soulever le couvercle car cela ralentit la cuisson et occasionne une perte de vitamines. Si le couvercle n'est pas bien ajusté ou si le feu est trop fort, il faudra parfois ajouter de l'eau (l'arrêt du bouillonnement est un bon signal). Le temps de cuisson est un peu plus long qu'avec la cuisson à l'eau.

Cuisson à l'étuvée

Ce mode de cuisson (braisage, à l'étouffée) ressemble beaucoup au précédent, à ceci près que les légumes cuisent par l'évaporation de l'eau qu'ils contiennent. Ajouter seulement 15 ou 30 ml (1 ou 2 cuillerées à soupe) de liquide (eau, vin, sauce tomate, fond de veau, etc.) en début de cuisson pour amorcer le processus. La cuisson s'effectue à feu très lent, ce qui permet de bien marier les arômes et d'éviter que les légumes ne collent au fond de la casserole. Les problèmes de la réutilisation de l'eau de cuisson disparaissent puisqu'il se forme en général très peu de liquide, sauf avec les légumes à haute teneur en eau (courges, champignons, tomates), et que sa riche saveur en fait une sauce très appréciée. Pour épaissir la sauce, on peut agir en début de cuisson en ajoutant de la farine (pourvu que la cuisson dure au moins 40 minutes, ainsi le goût pâteux disparaît), ou en fin de cuisson en ajoutant des jaunes d'œufs, de la crème ou un peu des deux; la sauce ne doit plus bouillir ensuite sinon l'œuf va coaguler et la crème se séparer. Ce mode de cuisson n'est pas recommandé pour la pomme de terre, qui a besoin d'eau.

Cuisson dans la marmite à pression

Il s'agit encore une fois d'une méthode de cuisson à la vapeur. La nouveauté réside dans le fait que la vapeur reste enfermée à cause de l'étanchéité du couvercle; il se crée alors une pression et les légumes cuisent plus vite. Ce procédé économise temps et énergie mais il a le grand défaut de souvent trop cuire les légumes, car quelques secondes représentent plusieurs minutes de cuisson ordinaire. Un strict minutage du temps de cuisson est nécessaire pour un résultat optimal; se servir si possible d'un chronomètre ou calculer le temps avec soin. Il est souvent nécessaire de diminuer le temps de cuisson proposé par le manufacturier; soustraire quelques secondes la première fois et raccourcir encore les autres fois, jusqu'au maximum acceptable. Il est essentiel de passer la marmite sous l'eau froide dès que la cuisson est terminée afin de l'arrêter immédiatement; ne pas ouvrir la marmite tant qu'il y a de la pression. Même effectué dans des conditions idéales, ce mode de cuisson ne préserve pas la valeur nutritive autant qu'on le dit habituellement.

Cuisson à la chaleur sèche

Comme son nom l'indique, il n'est plus question de vapeur ou d'eau, la cuisson s'effectuant par la chaleur du four ou d'un barbecue. Ce procédé élimine la nécessité d'ajouter un ingrédient acide ou alcalin; il rend les légumes tendres, juteux et savoureux. Les pertes de valeur nutritive sont limitées quand les légumes ne sont pas épluchés car moins de parties sont exposées à l'air. Certains légumes, dont la pomme de terre et l'aubergine, risquent d'éclater sous l'augmentation de la pression interne; il vaut mieux les piquer ou les fendre légèrement. Toujours enfourner les légumes dans un four préchauffé; s'il sont coupés, les badigeonner d'un peu d'huile pour diminuer la perte de vitamine C.

Cuisson au wok

Cuisson effectuée à la vapeur, par friture légère et rapide («stir-fry») ou par une combinaison des deux procédés. La friture légère consiste à saisir les légumes, à les enrober d'huile chaude le plus rapidement possible et à cuire très peu, ceci permet d'emprisonner les éléments nutritifs et de conserver couleur, texture, saveur et valeur nutritive. Couper les légumes le plus finement possible, idéalement en diagonale, et de la même grosseur pour que la cuisson soit uniforme. Les regrouper d'après leur durée de cuisson (ceux qui demandent plus de cuisson, tels brocolis et choux-fleurs, sont souvent préalablement blanchis). Préparer tous les légumes avant d'entreprendre la cuisson, car elle ne doit pas être interrompue. Chauffer le wok à feu vif, verser de l'huile [15 à 30 ml (1 ou 2 cuillerées à soupe)]; veiller à ce que l'huile ne fume pas (pas plus de 175 °C) sinon elle devient nocive (voir huile, p. 255). Ajouter les légumes en commençant par les plus longs à cuire (oignon, gingembre, céleri, etc.); les remuer continuellement avec une spatule en bois ou en métal et laisser s'écouler environ 30 secondes entre chaque ajout. Quand tous les légumes sont enrobés d'huile, baisser légèrement le feu et verser si nécessaire un peu de liquide (eau, sauce tamari, bouillon, etc.) dans lequel on aura, si désiré, délayé de la fécule de maïs, ou l'ajouter vers la fin. Si nécessaire, continuer la cuisson en brassant ou mettre le couvercle et cuire quelques minutes.

Friture

Cuisson à haute température par immersion dans un bain de matières grasses, très souvent de l'huile. L'huile doit pouvoir supporter les hautes températures (voir huile, point de fumée, p. 260). L'utilisation d'un thermomètre à cuisson présente plusieurs avantages (voir huile, p. 255).

Bien essuyer les légumes ou les recouvrir d'une pâte à cuire, sinon l'eau s'évapore immédiatement au contact de l'huile et provoque des éclaboussures d'huile bouillante. La pâte à cuire permet aussi de réduire l'assèchement des légumes (la pomme de terre n'en a pas besoin). Les légumes seront meilleurs s'ils ont été marinés. Les plus longs à cuire (brocoli, chou-fleur) auront avantage à être préalablement blanchis.

Le temps de cuisson de chaque légume est très variable. Il dépend du légume, de sa qualité, de sa fraîcheur, de sa grosseur, de la casserole, de la source de chaleur (gaz, électricité) et de son intensité. Cuire le moins longtemps possible; quand plusieurs légumes sont cuits ensemble, commencer par ceux qui demandent plus de cuisson.

La friture rend les légumes très gras; ainsi les pommes de terre frites contiennent 13 fois plus de matières grasses que les pommes de terre nature. De très nombreuses recherches démontrent le rôle nocif du gras dans l'alimentation quand il est consommé en grandes quantités; il est donc préférable de limiter l'ingestion d'aliments frits.

ACHAT   L'état du légume est un indice de sa fraîcheur. Rechercher des légumes fermes, intacts et bien colorés, exempts de moisissures. Ne pas se laisser mystifier cependant car plusieurs sont enduits de cire (aubergine, concombre, courge, navet, patate douce, panais, piment, poivron, rutabaga, tomate). Éviter les légumes fragiles laissés à l'air ambiant, les légumes épluchés et les légumes déjà cuits. Les formes régulières ne sont pas un signe de qualité, au contraire, les légumes moins parfaits sont presque toujours des produits locaux, souvent plus frais et plus savoureux.

CONSERVATION   Il existe plusieurs façons de conserver les légumes (réfrigération, entreposage en chambre froide, congélation, mise en conserve, déshydratation, etc.). Seuls les légumes sains et fermes se conservent. Sauf certains légumes qui se gardent à l'air ambiant, tels la courge d'hiver, l'ail, l'oignon et la pomme de terre, les autres doivent être soustraits le plus rapidement possible à l'air et à la chaleur.

Pour plusieurs légumes une distinction s'impose entre la conservation d'été et la conservation d'hiver; ainsi carotte, navet, chou, panais et betterave sont des légumes qui peuvent se conserver un certain temps au frais, dans une chambre froide par exemple, non lavés et enfouis dans du sable, de la mousse ou de la sciure de bois. L'été cependant, époque où ils sont à leur meilleur, il vaut mieux les utiliser immédiatement et garder le surplus au réfrigérateur; il est préférable de n'en acheter que la quantité consommable dans un court laps de temps.

Selon leurs caractéristiques, les légumes nécessitent des soins différents. Pour plus de facilité, les principaux légumes ont été divisés en 3 groupes:

groupe 1: bette à carde, chou frisé, cresson, endive, escarole, épinard, laitue, mâche, oseille, pissenlit, romaine.

Laver d'abord s'ils sont souillés car la terre, les insectes et le surplus d'humidité peuvent les faire pourrir. Réfrigérer.

groupe 2: artichaut, asperge, aubergine, betterave, brocoli, chou, chou-fleur, choux de Bruxelles, carotte, céleri, concombre, courge d'été, haricots verts, navet, panais, pois verts, poivron, radis, salsifis, tomate.

Réfrigérer sans les laver, l'eau risque plus de les endommager que la saleté.

groupe 3: ail, citrouille, courge d'hiver, oignon, patate douce, pomme de terre.

Conserver entre 11 et 15 °C; laisser l'air circuler entre les courges.

Une pratique discutable, car elle occasionne une perte d'éléments nutritifs, consiste à conserver les légumes préparés dans de l'eau froide ou à les mettre à tremper afin qu'ils redeviennent croustillants s'ils sont défraîchis. Il est préférable de ne pas laisser tremper les légumes; pour les rafraîchir, les mettre plutôt dans un récipient et ajouter un peu d'humidité (un papier mouillé, par exemple, ou en aspergeant légèrement les légumes); ne pas fermer hermétiquement car les légumes peuvent fermenter.

Plusieurs légumes voient leur teneur en nitrites augmenter lorsqu'ils sont laissés à la température de la pièce ou quand ils sont entreposés en milieu humide et hermétique, dans les sacs de plastique par exemple. Réfrigérer ces légumes le plus tôt possible: légumes-feuilles (épinard, laitue, choux, bette), légumes-racines (betterave, carotte, radis), légumes-fruits (aubergine, concombre) et légumes-gousses (haricot vert) et éviter de les placer dans des sacs de plastique ou perforer les sacs si on les emploie.

Les légumes cuits se conservent au réfrigérateur quelques jours mais leur valeur nutritive diminue; ainsi s'ils sont réchauffés après avoir passé 2 ou 3 jours au frais, ils ont entre 33 et 50 % moins de vitamine C.

Congélation

La congélation est une méthode de conservation fort utilisée pour les légumes et la plupart la supportent bien. Ce procédé est attrayant car il donne accès aux légumes à longueur d'année. Faite dans de bonnes conditions, la congélation conserve une grande partie de la couleur, de la texture et de la saveur des légumes.

La congélation n'améliore pas les aliments; aussi les légumes doivent-ils être bien frais, bien mûrs et bien tendres, sinon les résultats sont décevants. Pour de meilleurs résultats, préparer les légumes le plus vite possible après la récolte ou l'achat, sinon les mettre en attente au régrigérateur. La congélation n'arrête pas non plus la détérioration de l'aliment, elle ne fait que la ralentir; blanchir les légumes permet de la retarder encore plus. Seuls quelques légumes protégés par leur haut taux d'acidité, tels le poivron et l'oignon, n'ont pas à être blanchis.

Le blanchiment consiste à passer les légumes à l'eau bouillante quelques minutes, la durée dépendant de la nature et de la grosseur des légumes. Pour être efficace, il doit s'effectuer dans de bonnes conditions car si les légumes sont insuffisamment blanchis, ils se détérioreront rapidement; s'ils le sont trop, ils seront presque cuits en plus d'avoir subi tous les désavantages de la cuisson à l'eau. Il faut donc calculer le temps de blanchiment très attentivement et refroidir les légumes rapidement.

Pour blanchir, mettre à bouillir une bonne quantité d'eau; déposer les légumes dans un panier, une passoire ou un coton à fromage afin de pouvoir les retirer le plus rapidement possible; les immerger quand l'eau bout à gros bouillons. Couvrir, puis commencer à minuter (le feu reste toujours au maximum). Une fois le temps écoulé, retirer les légumes et les plonger immédiatement dans de l'eau très froide (10 °C) et les laisser juste le temps nécessaire à leur refroidissement (ils ne doivent pas tremper inutilement). L'eau du robinet est rarement assez froide; congeler quelques jours à l'avance plusieurs contenants remplis d'eau et se servir de la glace pour la refroidir. Égoutter les légumes (l'essoreuse à salade est tout indiquée); bien les emballer en enlevant l'air pour les soustraire à l'humidité, aux odeurs et pour éviter la décoloration, le dessèchement ainsi que la perte de saveur et de valeur nutritive. Seuls les sacs de plastique prévus pour la congélation et certains contenants possèdent l'étanchéité voulue; ne pas mettre les légumes acides dans des contenants de métal. Indiquer le nom du légume, la date et, si désiré, la quantité sur le contenant.

La rapidité avec laquelle les légumes congèlent est un élément primordial pour bien réussir; elle évite la formation de gros cristaux qui endommagent les cellules, qui diminuent le temps de conservation et qui laissent les légumes flasques et beaucoup moins valables sur le plan nutritif lors de la décongélation. Déposer les légumes refroidis dans l'endroit le plus froid du congélateur; éviter de les empiler. S'abstenir de surcharger le congélateur, ne mettre que la quantité qu'il peut congeler en 24 heures, soit entre 1 et 1,5 kg par 27 litres d'espace; des petits paquets congèleront plus rapidement.

La décongélation totale ou partielle n'est pas toujours nécessaire avant de cuire les légumes; il est même préférable de l'éviter quand c'est possible; cela limite les pertes de saveur et de valeur nutritive. Lorsque c'est nécessaire, décongeler au réfrigérateur, l'aliment est meilleur; prévoir plusieurs heures, car c'est plus long qu'à la température de la pièce. Éviter la décongélation complète.

Pour cuire, toujours ajouter les légumes quand le liquide de cuisson est bouillant, couvrir, attendre que l'ébullition reprenne puis baisser le feu. La cuisson est plus courte qu'avec des légumes frais, les légumes ayant déjà cuit légèrement lors du blanchiment.

Mise en conserve

La mise en conserve est un procédé beaucoup plus ancien que la congélation. L'industrie de la conserve a longtemps été florissante; elle a décliné avec l'apparition du surgelé. La valeur nutritive des légumes en conserve est souvent moindre que celle des légumes frais ou congelés. La perte en vitamines et en sels minéraux est augmentée lorsqu'on jette le liquide dans lequel baignent les légumes (une pratique fréquente).

Les conserves peuvent contenir des additifs (EDTA, glutamate de calcium, divers sels de calcium) utilisés pour saler, conserver la couleur, raffermir, donner de la saveur, etc. Vérifier la liste des ingrédients sur l'étiquette lorsqu'on désire éviter l'ingestion d'additifs. Ne jamais acheter une conserve bombée ou bosselée car son contenu risque d'être contaminé.

Toujours jeter, sans même y goûter, le contenu d'une conserve dont le liquide jaillit lors de l'ouverture, qui contient de l'écume, de la moisissure ou qui dégage une odeur bizarre.

À la maison, les légumes mis en conserve doivent être portés à 116 °C car comme tous les aliments peu acides (viande, fruits de mer, etc.), ils peuvent devenir très toxiques s'ils ne sont stérilisés que dans un bain d'eau bouillante. Seule la tomate est assez acide pour supporter le bain d'eau bouillante; les autres légumes ont besoin de la stérilisation sous pression.

LÉGUMINEUSES ou LÉGUMES SECS
Nom anglais: *legumes*

Le terme «légumineuse» désigne à la fois le fruit en forme de gousses et la famille des plantes les produisant. Les légumineuses appartiennent à une très vaste famille comprenant plus de 600 genres et plus de 13 000 espèces. Parmi les plus connues se trouvent les lentilles (Lens), les haricots (Phaseolus), les fèves (Vicia), les soyas (Glycine) et les arachides (Arachis). Les légumineuses sont classées soit comme un sous-ordre des Papilionacées, soit comme un ordre distinct.

Dans l'Égypte ancienne, on croyait que les légumineuses avaient une âme; elles étaient l'objet d'un culte et leur consommation était interdite. En Grèce, on les considérait au contraire avec mépris, pensant qu'elles favorisaient la démence. Pythagore était un fervent ennemi des légumineuses. Relativement méconnues en Occident où on les associe trop souvent à une nourriture pour les pauvres, les légumineuses occupent une place importante dans l'alimentation de plusieurs peuples, notamment en Afrique du Nord, en Amérique du Sud et en Asie.

La plupart des légumineuses sont annuelles; elles poussent sur des plantes qui peuvent être buissonnantes, naines ou géantes (pouvant atteindre selon les variétés plus de 2 m de haut) et qui portent souvent des vrilles qui s'agrippent à tout ce qui les entoure. Certaines, comme les pois et les gourganes, préfèrent des températures fraîches et peuvent même être semées avant la fin du gel; la grande majorité cependant a besoin de plus de chaleur. Après l'apparition d'attrayantes fleurs, de couleur variable selon les espèces (lavande, blanche, rose, rouge, etc.), se développent des gousses qui atteignent habituellement entre 8 et 20 cm de long. Elles renferment de 4 à 12 graines, souvent réniformes, de taille et de couleur variables (notamment verte, noire, brune, blanche, rouge ou jaune); la plupart sont unies. Plusieurs variétés sont utilisées aussi bien fraîches que séchées; chez certaines, la gousse est même comestible (entre autres pois, haricot vert, haricot de Lima, soya). Les haricots frais se récoltent avant qu'ils n'atteignent leur pleine maturité et ne deviennent trop fibreux et amidonneux. Les haricots secs restent sur les plants jusqu'à ce que les gousses soient décolorées et desséchées; la récolte s'effectue avant que les gousses n'éclatent et ne laissent échapper les graines durcies.

Se retrouver dans la nomenclature des légumineuses est parfois une tâche passablement compliquée. Les légumineuses nommées «black eye peas» en anglais (genre Vigna) deviennent des «doliques» (ou «dolics») en français, du grec *dolikho* signifiant «haricot». D'autres, désignées dans plusieurs pays sous le terme de «fava» ou de «faba» (genre Vicia), se nomment «fèves» en Europe et «gourganes» au Québec. De plus, au Québec, le terme «fève» s'applique depuis toujours à la variété *Phaseolus*, nommée «haricot» en Europe et même si l'usage du mot haricot s'impose graduellement, le changement n'est pas sans entraîner une certaine confusion, en particulier parce qu'il est difficile de changer l'appellation d'un plat traditionnel nommé «fèves au lard» depuis plus de 200 ans par «haricots au lard»; on a alors l'impression de parler d'une réalité différente.

VALEUR NUTRITIVE

Les légumineuses sont très nourrissantes; crues elles renferment en général de 20 à 30 g de protéines, de 1 à 2 g de matières grasses (sauf le soya, autour de 18 g, et les arachides, environ 50 g), de 55 à 65 g d'hydrates de carbone, jusqu'à 11 g de fibres et plus de 300 calories/100 g.

Les légumineuses peuvent remplacer la viande, mais leurs protéines diffèrent de celles de la viande; on les dit incomplètes car certains de leurs acides aminés sont déficients (voir théorie de la complémentarité, p. 536). Une partie importante de leurs hydrates de carbone est composée d'amidon; cet amidon renferme des substances (raffinose et stachyose) qui peuvent causer de la flatulence. Les particules d'amidon sont enfermées dans la cellulose; contrairement aux autres sucres, la cellulose n'est pas métabolisée dans le petit intestin car elle résiste aux sucs digestifs; elle est digérée par les bactéries du gros intestin. À cet endroit, l'amidon devient accessible aux bactéries qui prolifèrent, ce qui entraîne la formation d'une importante quantité de gaz carbonique, source de ballonnement et de flatulence. Cette réaction peut être atténuée et nous verrons plus loin comment il faut s'y prendre. Toutes les légumineuses n'occasionnent pas nécessairement la même quantité de gaz; lentilles, pois cassés, haricots de Lima et haricots aduki, notamment, se digèrent plus facilement.

Les légumineuses sont riches en phosphore et en magnésium, et elles constituent une source intéressante de calcium, de fer, de manganèse, de cuivre, de thiamine, de riboflavine, de niacine et d'acide folique. Fraîches ou germées, elles possèdent en outre de la vitamine C. Pour obtenir une assimilation maximale du fer, il est préférable de servir au même repas un aliment riche en vitamine C, tels un agrume, du poivron ou un légume de la famille des choux. Éviter de boire du thé car son tannin interfère sur l'absorption du fer.

ACHAT

Rechercher des légumineuses intactes, lisses (sauf les variétés bosselées comme les pois chiches), de couleur brillante et de grosseur uniforme. Délaisser celles qui sont ternes, ridées et trouées par des insectes; elles sont vieilles, ont subi des conditions d'entreposage déficientes et se réhydrateront plus difficilement.

CUISSON

La cuisson des légumineuses est souvent perçue comme une longue corvée; effectivement la plupart des légumineuses doivent être réhydratées avant d'être mises à cuire et la durée de cuisson est passablement longue (sauf si la marmite à pression est utilisée). Par contre, la préparation des légumineuses est simple et consiste, en dehors du trempage, en l'ajout des ingrédients qui assaisonneront les légumineuses; une fois la cuisson en marche, il n'y a plus rien à retourner, à brasser ou à surveiller.

Trempage

Le trempage vise à redonner aux légumineuses l'eau qu'elles ont perdue. Certaines peuvent s'en passer dont les lentilles, les pois cassés, les haricots mung et les haricots aduki. Le trempage doit durer au moins de 6 à 8 heures, c'est pourquoi on l'effectue souvent la nuit. Il peut cependant être abrégé, on parle alors de trempage rapide, ou il peut être omis lorsqu'on utilise la marmite à pression. On peut tremper une grande quantité de légumineuses et en congeler une partie, ce qui abrégera la prochaine préparation. Les congeler égouttées ou dans leur eau de trempage (ce qui raccourcira leur cuisson).

Trempage la veille. Trier et laver les légumineuses. Enlever les légumineuses tachées et craquelées, les pierres et les débris divers; c'est plus facile en étendant les légumineuses sur une plaque à biscuits. Les laver plusieurs fois à l'eau froide sans les laisser tremper; ôter les impuretés et les légumineuses qui flottent à la surface, ces dernières sont souvent attaquées par les vers (l'opération est facilitée par l'utilisation d'un tamis). Recouvrir les légumineuses de 3 à 4 fois leur volume d'eau. Laisser tremper toute la nuit à la température de la pièce ou mettre au frais ou au réfrigérateur si la pièce est chaude, car les légumineuses vont fermenter.

Trempage rapide. Trier et laver les légumineuses. Les mettre dans une casserole, verser de 720 à 960 ml d'eau pour 240 ml de légumineuses (180 g), couvrir, puis amener au point d'ébullition. Laisser mijoter 2 minutes, retirer du feu et laisser reposer une heure sans découvrir.

Lorsqu'on veut combattre la flatulence:
- ne pas utiliser l'eau de trempage. Les personnes très sensibles peuvent choisir de cuire les légumineuses une trentaine de minutes puis de changer l'eau de cuisson; ceci affecte la valeur nutritive cependant puisqu'une certaine quantité des éléments nutritifs reste dans l'eau de cuisson; en ajoutant au

moment de servir 30 ml (2 cuillerées à soupe) de levure alimentaire (Torula, levure de bière, etc.), les pertes sont compensées;
- enlever la peau des légumineuses avant la cuisson (ce qui n'est pas toujours possible cependant);
- cuire lentement et complètement (une cuisson complète est aussi importante pour maximiser l'absorption des éléments nutritifs);
- ne pas terminer le repas par un dessert sucré.

La cuisson s'effectue sur le dessus de la cuisinière, au four ou dans la marmite à pression. Traditionnellement, elle s'accomplissait dans les fourneaux des poêles à bois; les légumineuses placées dans des pots de terre cuite mijotaient jusqu'à 48 heures, ce qui donnait une saveur inégalable. La cuisson s'effectue maintenant beaucoup plus rapidement, généralement sur le dessus de la cuisinière (la plupart des légumineuses cuisent en 2 heures). Dans la marmite à pression, c'est encore plus rapide; d'une part, le temps de cuisson est beaucoup raccourci, d'autre part, la tâche est facilitée car le trempage n'est plus nécessaire. La saveur est cependant fort différente; la marmite à pression est surtout utile pour cuire les légumineuses au naturel, puisqu'elles n'ont guère le temps d'absorber la saveur des aliments qui les accompagnent.

La cuisson dans la marmite à pression comporte certains risques, surtout avec les légumineuses qui forment passablement d'écume tels les soyas, les haricots de Lima et les pois. Afin d'obtenir de bons résultats:
- ajouter un peu d'huile à l'eau de cuisson pour éviter que la soupape à pression et la valve de sécurité ne se bloquent;
- ne pas cuire une trop grande quantité de légumineuses;
- ne pas cuire à feu trop vif;
- passer la marmite sous l'eau froide dès que la cuisson est terminée;
- toujours bien laver la soupape et la valve après utilisation, pour prévenir leur éventuel blocage;
- si la valve de sécurité ou la soupape à pression bloquent, passer immédiatement la marmite sous l'eau froide, bien nettoyer la valve et la soupape et ôter les peaux qui flottent sur l'eau de cuisson.

Les légumineuses prennent de l'expansion en cuisant; 240 ml (180 g) de la plupart des légumineuses sèches donnent le double après cuisson; les pois cassés, les lentilles et les haricots de Lima donnent un peu moins, les pois entiers un peu plus. L'ajout de bicarbonate de soude à l'eau de cuisson ou de trempage est souvent conseillé pour abréger la cuisson; cette pratique détruit cependant une partie de la thiamine. Le sel et des ingrédients acides (tomates, vinaigre, jus de citron) s'ajoutent en fin de cuisson car ils la prolongent et font durcir les légumineuses. L'addition d'un peu d'algues raccourcit légèrement la cuisson et attendrit les légumineuses. Brasser les légumineuses durant la cuisson les ferait coller au fond du chaudron.

Le lard ou l'huile figurent souvent dans les recettes de légumineuses, et ce, depuis les époques reculées. Il fut un temps où cet apport de gras était essentiel car les gens mangeaient très peu de matières grasses, mais ce n'est plus le cas aujourd'hui puisque la plupart des personnes en consomment trop. Il est préférable d'éliminer le gras à la cuisson ou de le diminuer et de n'ajouter un peu d'huile, de préférence pressée à froid, qu'au moment de servir.

On peut facilement remplacer une légumineuse par une autre dans la plupart des recettes. On peut aussi combiner plus d'une variété. Il est cependant difficile de cuire en même temps deux variétés (ou une même variété achetée à un moment ou un endroit différent), même si elles ont en théorie le même temps de cuisson. Trop de facteurs influencent leur contenu en eau, ce qui rend leur cuisson rarement uniforme; il est préférable de les cuire séparément. Il est important de bien cuire les légumineuses car la plupart contiennent certaines substances qui en diminuent l'apport nutritionnel, substances qui disparaissent à la cuisson.

Plusieurs ingrédients conviennent particulièrement bien aux légumineuses, dont la moutarde, la sauce tamari, le vinaigre, le laurier, le thym, la sarriette, la sauge, la tomate, l'ail, l'oignon, le céleri, la mélasse et le miel. La sarriette leur est souvent associée car elle en facilite la digestion.

UTILISATION   Les légumineuses peuvent être mangées chaudes ou froides; elles peuvent également être rôties, germées, mises en purée, en gelée ou en farine. Cette liste peut même s'allonger substantiellement lorsque l'on parle du soya; on s'en sert pour fabriquer le miso, le tamari, la lécithine, le tempeh, le natto et de nombreux autres produits, dont le tofu (parce que c'est la seule légumineuse dont on peut extraire un liquide semblable au lait).

On utilise les légumineuses en entrées, comme collation (à la manière des arachides), dans les salades, les soupes, les plats principaux et les desserts. Plusieurs variétés sont réduites en farine avec laquelle on peut préparer crêpes, quiches, pains plats, gâteaux et friandises. Les Asiatiques se servent des haricots rouges et des haricots mungo pour confectionner divers desserts sous forme de gelée sucrée très appréciée. La purée de légumineuses peut servir de mets d'accompagnement ou elle peut être la base d'un mets principal, par exemple dans les tacos mexicains. Elle sert aussi à préparer les falafels, boulettes frites d'origine libanaise.

CONSERVATION   Les légumineuses déshydratées se conservent presque indéfiniment sans perte importante de valeur nutritive; la quantité d'eau nécessaire pour les réhydrater et le temps de cuisson changent cependant avec le temps. Leur conservation est facile, il suffit de mettre les légumineuses dans un endroit frais et sec, à l'abri des insectes et des rongeurs. Ne pas mettre dans un même contenant des légumineuses achetées à des moments ou à des endroits différents. Les légumineuses cuites se conservent quelques jours au réfrigérateur et plusieurs mois au congélateur. Il est souvent plus pratique de les égoutter avant de les congeler.

LENTILLE

Lens esculenta ou *lens culinaris*, **Légumineuses**
Nom anglais: *lentil*

Fruit d'une plante herbacée annuelle originaire de la région méditerranéenne. La lentille fut l'un des premiers aliments domestiqués par l'espèce humaine; elle était cultivée dans l'ancienne Égypte, il y a 8 000 ou 10 000 ans. On en trouve mention dans la Bible. En Inde, où on cultive de nombreuses variétés, on la nomme *dhal* et c'est depuis toujours un aliment qui occupe une place prépondérante.

La lentille pousse sur une petite plante touffue, à tiges très fines et anguleuses qui atteignent de 25 à 75 cm de haut. Les gousses courtes, plates et oblongues, mesurant rarement plus de 3 cm de long, contiennent 1 ou 2 graines. Les lentilles sont divisées en 2 groupes selon leur grosseur: la variété *macrospermae* (grosse lentille) et la variété *microspermae* (petite lentille). Il existe des dizaines de variétés à l'intérieur de ces groupes. Une des plus connues en Occident est la lentille ronde, en forme de disque biconvexe, de couleur verte ou brunâtre. La lentille peut cependant être plus ou moins arrondie, plus ou moins ovale, plate, en forme de cœur, de couleur noire, jaune, rouge ou orange. Certaines se vendent entières, d'autres décortiquées, séparées alors en 2 demies comme le pois cassé. La texture et la saveur varient selon les espèces; ainsi la lentille orange (nommée lentille d'Égypte en Europe) est assez fade.

VALEUR NUTRITIVE

La lentille séchée contient de 20 à 25 g de protéines (protéines dites incomplètes, voir théorie de la complémentarité, p. 536), de 0,6 à 2 g de matières grasses, entre 53 et 67 g d'hydrates de carbone, 0,4 g de fibres et environ 340 calories/100 g. Elle est très riche en sels minéraux (3 %), notamment en calcium, fer, manganèse, potassium, phosphore, zinc et soufre. Elle est riche en vitamine A, en thiamine et en riboflavine; la vitamine C apparaît dans la lentille germée.

UTILISATION   On peut manger les jeunes gousses des lentilles immatures comme légume vert. Séchées, les lentilles ne servent pas uniquement à préparer des soupes nourrissantes, elles se mettent aussi dans les salades et les mets principaux; on en fait de la purée avec laquelle on prépare notamment des croquettes. En Inde, lentilles et riz sont souvent associés, ce qui les rend plus nourrissants car leurs acides aminés se complètent; on cuisine ainsi des currys variés, sorte de ragoûts consistants très aromatisés. On peut faire germer les lentilles ou les transformer en farine que l'on mélange habituellement à une autre farine car elle est dépourvue de gluten (ce qui l'empêche de lever).

CUISSON   La lentille sèche peut cuire sans trempage, mais il semble que ce dernier la rende plus facile à digérer, surtout si l'eau de trempage est jetée avant la cuisson. La plonger dans l'eau bouillante aiderait également à faciliter la digestion. Éviter une cuisson trop longue, qui transforme la lentille en purée.

Cuisson:

30 à 60 minutes pour la lentille brune,

15 à 20 minutes pour la lentille orange.

Dans la marmite à pression (103 kPa):

– avec trempage: une dizaine de minutes pour la lentille brune,

3 à 5 minutes pour la lentille orange,

– sans trempage: 15 à 20 minutes pour la lentille brune,

environ 5 minutes pour la lentille orange.

CONSERVATION   Voir légumineuses, p. 304.

LEVURE
Nom anglais: *yeast*

Champignon microscopique, généralement unicellulaire. La levure est utilisée à plusieurs fins, principalement pour produire de l'alcool (fermentation alcoolique) et comme supplément alimentaire. Environ 350 espèces différentes de levures ont été identifiées. En alimentation, c'est le genre *Saccharomyces (Ascomycètes)* qui est le plus fréquemment employé; on l'utilise dans la fermentation de la bière, du vin, du cidre, du pain, etc. Ce champignon se développe rapidement lorsqu'il vient en contact avec une solution sucrée, changeant le sucre en alcool et en gaz carbonique (voir pain, p. 391). La fermentation alcoolique est connue depuis les temps anciens mais on ne découvrit l'existence des levures qu'au XVIIe siècle; Louis Pasteur trouva 200 ans plus tard que c'était la levure qui était responsable de la fermentation.

Il existe plusieurs variétés de levures de bière (ou levure de boulanger, *S. cerevisiae*). La levure de bière ne doit pas être confondue avec la poudre à pâte, une substance constituée de plusieurs ingrédients (voir poudre à pâte, p. 454) et utilisée pour faire lever gâteaux, biscuits, crêpes, gaufres, muffins, etc. Les levures employées comme suppléments alimentaires sont la levure de bière et ce que l'on nomme de la fausse levure. La levure Torula *(Torulopsis* ou *Candida utilis)* fait partie de ce groupe; cette substance a meilleur goût que la levure de bière.

VALEUR NUTRITIVE   La levure a une grande valeur nutritive; elle est riche en protéines, en vitamines (notamment du complexe B), en sels minéraux, en oligo-éléments et en enzymes. Une quantité de 15 ml (1 cuillerée à soupe, 8 g) de levure de bière en poudre ou de levure Torula contient 3 g de protéines, 3 g d'hydrates de carbone et 23 calories. La levure est riche en phosphore, aussi est-il préférable d'augmenter l'ingestion de calcium lorsqu'on consomme régulièrement de la levure, car une trop grande absorption de phosphore peut entraîner une déficience en calcium. Éviter de consommer de la levure active; cette levure vivante appauvrit l'organisme car elle se nourrit de vitamines du complexe B.

UTILISATION   La levure agit à son maximum entre 21 et 32 °C. La levure utilisée comme supplément alimentaire ne s'emploie pas comme agent levant; elle est disponible en poudre ou sous forme de comprimés. On délaye la poudre dans du jus, de l'eau, du bouillon ou on l'incorpore aux soupes, ragoûts, pains, salades, etc. Ne commencer qu'avec une petite quantité, surtout avec la levure de bière, afin de s'habituer à son goût.

CONSERVATION   La levure utilisée comme supplément ainsi que certaines préparations de levure de bière se conservent à la température de la pièce.

LIME

Citrus limetta, **Aurantiacées**
Nom anglais: *lime*

Fruit du limettier, arbuste épineux aux petites feuilles elliptiques; ses petites fleurs blanches teintées de rouge fleurissent à l'année longue. Cet agrume qui ressemble à un petit citron est probablement originaire d'Asie tropicale; il est cultivé notamment au Mexique, dans les Caraïbes, en Israël, aux États-Unis et au Brésil. Plutôt ovale, parfois elliptique ou oblongue, la lime a habituellement de 4 à 7 cm de diamètre. Son écorce fine et adhérente recouvre une chair juteuse, très acide et très parfumée; la chair et l'écorce sont de couleur verte, tirant sur le jaune lorsque le fruit est mûr. La lime est également connue sous le nom de «limette» et de «citron-limette»; pour certaines personnes, tous ces noms sont synonymes alors que pour d'autres ils désignent des variétés différentes. La confusion vient de ce qu'il existe effectivement plusieurs variétés qui se ressemblent beaucoup, tant de forme que de saveur; leur degré d'acidité, leur contenu en pépins, leur teinte de vert et leur grosseur varient cependant.

VALEUR NUTRITIVE   La lime contient 0,7 g de protéines, 0,2 g de matières grasses, 10,5 g d'hydrates de carbone et 30 calories/100 g. Elle contient moins de vitamine C et de potassium que le citron mais son jus est plus abondant (45 à 55 %), plus acide et plus parfumé car il contient plus de citral. Ses vertus médicinales sont similaires à celles du citron (voir citron, p. 139).

ACHAT   Rechercher des limes fermes et lourdes pour leur taille, avec une écorce lisse et lustrée, d'un vert assez foncé. Un fruit terne, desséché ou ramolli est à délaisser.

UTILISATION   La lime est un ingrédient de base des cuisines latino-américaines, arabes, africaines et indiennes. Elle s'intègre autant dans les plats principaux que dans les boissons, les potages, les vinaigrettes, les gâteaux, etc. On l'utilise en fait comme le citron (voir p. 139); ces deux fruits sont d'ailleurs interchangeables dans la plupart des recettes; diminuer la quantité de lime cependant, car sa saveur est plus prononcée.

CONSERVATION   La lime se conserve de 6 à 8 semaines au réfrigérateur et plusieurs jours à la température de la pièce. Exposée à une forte lumière, elle aura tendance à jaunir, ce qui affecte sa qualité car la saveur perd de son acidité caractéristique. La manipuler avec soin car elle est plus fragile que le citron.

LITCHI

Litchi chinensis, **Sapindacées**
Autres noms: *cerise de Chine, letchi*
Noms anglais: *lychee, lichee, litchi*

Fruit d'un arbre originaire du sud de la Chine. Cet arbre majestueux aux feuilles persistantes atteint de 6 à 12 m de hauteur. Il peut produire entre 100 et 150 kg de fruits par année, fruits qui poussent en grappes et qui ont de 2 à 5 cm de diamètre. Le litchi est cultivé en Asie depuis plus de 2 000 ans; on le considère souvent comme le fruit le plus exquis qui soit. Il est très vulnérable au froid; on le cultive dans de nombreux pays, notamment en Chine, en Inde, en Thaïlande, en Afrique du Sud, en Australie et dans le sud des États-Unis.

Le litchi ressemble à une petite prune ou à une grosse cerise; c'est une noix recouverte d'une coque assez mince, rugueuse à l'extérieur et lisse à l'intérieur, qui s'enlève très facilement. À maturité, cette écorce est rouge ou rosée; elle devient vite terne et brunâtre à mesure que le fruit vieillit. La chair blanche et translucide est sucrée et assez ferme quoique juteuse; elle enrobe une grosse graine dure, lisse et brunâtre, non adhérente et non comestible.

Le litchi est extrêmement parfumé; sa saveur évoque à la fois la fraise, la rose et le muscat; elle varie cependant selon le degré de maturité; non mûr, le litchi est gélatineux et peu savoureux tandis que trop mûr il a perdu de la saveur. Ce fruit supporte plutôt mal le transport sur de longues distances, ce qui explique pourquoi il est si souvent brunâtre et peu savoureux sur les marchés occidentaux.

VALEUR NUTRITIVE Le litchi contient 0,8 g de protéines, 0,4 g de matières grasses, 16,5 g d'hydrates de carbone et 66 calories/100 g. Il est riche en vitamine C et en potassium.

ACHAT Le litchi s'achète frais, en conserve, séché ou confit. Lorsqu'on l'achète frais, rechercher le fruit le plus coloré possible.

UTILISATION Après avoir été simplement débarrassé de son écorce et de son noyau, le litchi est un dessert délicieux. Il met aussi une note exotique à une salade de fruits. Il accompagne ou parfume riz, légumes, farces et sauces.

CONSERVATION Le litchi se conserve au réfrigérateur; il peut se congeler tel quel dans son écorce mais il perdra de la saveur.

LUPIN

Lupinus spp, **Légumineuses**
Nom anglais: *lupine*

Fruit d'une plante herbacée des pays chauds qui serait originaire du bassin méditerranéen. Le lupin est consommé surtout en Italie, au Moyen-Orient et en Amérique du Sud; il est peu connu en Amérique du Nord. Il en existe plus de 400 espèces, dont certaines existent depuis plus de 3 000 ans. La plupart contiennent des alcaloïdes toxiques qui leur confèrent une saveur amère; ils ne sont comestibles qu'après une longue préparation.

Le lupin blanc *(L. albus* ou *L. termis)* est probablement le plus consommé maintenant, car depuis 1930 il existe des variétés exemptes de substances toxiques. Le lupin blanc pousse sur une plante annuelle qui peut atteindre 1 m 20 de haut. Les gousses droites mesurent de 6 à 10 cm de long et de 3 à 5 cm de large. Elles renferment de 3 à 6 graines d'un jaune pâle terne, mesurant de 8 à 14 mm de diamètre et qui sont lisses, généralement comprimées et plutôt rectangulaires.

VALEUR NUTRITIVE Le lupin blanc séché contient environ 35 g de protéines (protéines dites incomplètes, voir théorie de la complémentarité, p. 536), de 9 à 11 g de matières grasses, de 28 à 40 g d'hydrates de carbone, autour de 7 g de fibres et environ 400 calories/100 g. Il est riche en fer et en riboflavine.

PRÉPARATION   Soins à apporter aux lupins pour neutraliser les alcaloïdes qui les rendent amers:

- Les tremper 12 heures.
- Les égoutter, les rincer puis les recouvrir d'eau fraîche.
- Les cuire doucement 2 heures ou jusqu'à ce qu'ils soient tendres. Comme leur chair reste ferme, il faut vérifier leur degré de cuisson en y introduisant la pointe d'un couteau.
- Égoutter, recouvrir d'eau froide et laisser reposer jusqu'à refroidissement complet.
- Égoutter à nouveau, recouvrir encore une fois les haricots d'eau froide, ajouter 30 ml (2 cuillerées à soupe) de sel et brasser.
- Placer dans un endroit frais (pas au réfrigérateur).
- Laisser reposer de 6 à 7 jours en changeant l'eau salée 2 fois par jour.
- Quand il ne reste plus aucune trace d'amertume, les conserver au réfrigérateur dans de l'eau salée et dans un contenant hermétique.
- Pour les servir, égoutter la quantité nécessaire.

UTILISATION   On mange souvent le lupin tel quel ou arrosé de jus de citron, avec ou sans sa peau; on le sert surtout en amuse-gueule. Au Pérou, on en fait de la farine qui entre dans la préparation de soupes, sauces, biscuits, nouilles, pains, etc.

CONSERVATION   Voir légumineuses, p. 304.

LUZERNE

Medicago spp, **Légumineuses**

Noms anglais: *alfalfa, lucerne*

Fruit d'une plante herbacée vivace qui serait originaire du sud-ouest asiatique. La luzerne est beaucoup plus connue comme plante servant à nourrir le bétail que comme aliment pour les humains. Son utilisation comme fourrage est très ancienne et remonte aux temps préhistoriques. Les humains consomment surtout les graines germées; les jeunes feuilles servent parfois comme légume ou pour préparer des infusions.

La luzerne pousse sur une plante passablement ramifiée qui peut atteindre de 30 cm à 1 m de haut. Elle croît dans les régions chaudes des pays tempérés et aux endroit frais des régions subtropicales. Les gousses spiralées mesurent de 3 à 9 mm de diamètre et abritent de 6 à 8 minuscules graines réniformes ou ovoïdes, de couleur brunâtre ou jaunâtre.

VALEUR NUTRITIVE

La germination augmente la valeur nutritive en rendant la luzerne plus facilement digestible et en haussant la teneur de divers nutriments. Les graines de luzerne germées contiennent 5 g de protéines, 0,7 g de matières grasses, 5,5 g d'hydrates de carbone, 1,7 g de fibres et 41 calories/100 g. Elles sont riches en calcium, en acide folique, en riboflavine, en vitamine A, en vitamine C et en tannin (2,7 %). On les dit antiscorbutiques, diurétiques, stimulantes et efficaces contre les ulcères peptiques et les problèmes urinaires ou intestinaux.

ACHAT

Rechercher les graines sèches vendues spécialement pour la germination car les graines utilisées pour les semences sont souvent traitées chimiquement. Il n'est pas nécessaire d'acheter une grande quantité à la fois, à moins de produire des graines germées industriellement, car les graines sont petites et légères et leur rendement est élevé. À l'achat des graines germées, choisir des germes fermes, avec leurs petites feuilles bien colorées de vert. Éviter les germes détrempés, décolorés et qui sentent le moisi.

GERMINATION DANS UN BOCAL DE VERRE

- Mesurer 10 à 15 ml (environ 1 cuillerée à soupe) de graines de luzerne sèches;
- mettre les graines à tremper dans de l'eau toute une nuit;
- égoutter et bien rincer;
- placer les graines dans un bocal de verre d'environ 1 litre au large goulot;
- couvrir l'ouverture du bocal (coton à fromage, chiffon J, etc.) et serrer à l'aide d'un anneau de métal ou d'une bande élastique;
- renverser le bocal puis le placer dans un endroit sombre et chaud (une armoire de cuisine par exemple);
- rincer à l'eau tiède et égoutter 2 fois par jour pendant 3 ou 4 jours (l'important est que les graines ne s'assèchent pas);
- exposer les germes à la lumière du jour une journée pour les faire verdir lorsqu'ils atteignent 4 à 5 cm de long;
- servir ou réfrigérer.

UTILISATION

Contrairement aux germes de haricot mungo, les germes de luzerne peuvent être mangés crus car ils sont très fins et leur goût est délicat. On les met dans les salades, les sandwichs et les hors-d'œuvres. On les ajoute au moment de servir dans les plats cuisinés tels les soupes, les ragoûts, les omelettes, les légumes et les tacos.

CONSERVATION

Les germes de luzerne se conservent près d'une semaine au réfrigérateur. Les graines séchées se gardent environ un an, dans un endroit frais et sec, à l'abri des insectes et des rongeurs.

MÂCHE

Valerianella locusta, **Valérianacées**
Autres noms: *valérianelle, doucette, clairette*
Noms anglais: *lamb's lettuce, corn salad*

Plante probablement originaire de la région méditerranéenne. La mâche est une proche parente de la valériane, qui est surnommée «herbe-aux-chats» car elle attire ces animaux. C'est une plante annuelle qui se cultive et qui est consommée comme la laitue, aussi bien crue que cuite. Il en existe plusieurs variétés qui forment au ras du sol des touffes de feuilles vert foncé plus ou moins grandes et allongées, au bout rond ou pointu, qui s'ornent de fleurs bleues si elles ne sont pas cueillies. Le plant atteint entre 10 et 30 cm de haut. Très tendre (d'où le nom de doucette), la mâche a une saveur fine, sauf si elle est vieille; elle devient alors amère. Cette laitue à découvrir coûte cependant assez cher.

VALEUR NUTRITIVE   La mâche contient 2 g de protéines, 3,6 g d'hydrates de carbone et 21 calories/100 g.

UTILISATION   La mâche est délicieuse telle quelle, arrosée de vinaigrette ou de crème légère ou combinée à d'autres verdures. Elle assaisonne agréablement omelettes, salades de pommes de terre et de riz. Elle peut remplacer l'épinard dans la plupart des recettes; la cuire moins longtemps cependant car elle est plus tendre.

CONSERVATION   La mâche est très périssable; il vaut mieux la consommer sans délai. La conserver au réfrigérateur et la traiter comme les autres verdures (voir légumes, p. 293).

MAÏS

Zea mays, **Graminées**
Noms anglais: *corn, Indian corn, maize*

La seule céréale originaire d'Amérique, probablement d'Amérique tropicale. Le maïs a constitué la base de l'alimentation des civilisations pré-colombiennes depuis les temps reculés et ce, sur presque tout le continent. On a retrouvé au Mexique des vestiges démontrant qu'il s'y cultivait du maïs il y a plus de 7 000 ans. Lors de la Conquête, les Espagnols constatèrent l'importance du maïs dans la culture des Mayas, des Aztèques et des Incas. Outre qu'il servait de nourriture, il figurait dans les cérémonies religieuses, plusieurs mythes y faisaient référence et il servait de monnaie d'échange, de bijoux, de combustible, de matériau de construction et de tabac (ses soies). Les Espagnols introduisirent cette céréale en Europe; les Portugais la firent connaître en Afrique occidentale et aux Indes orientales, d'où elle gagna l'Asie. En Europe on désigna longtemps le maïs sous le nom de «blé turc», la Turquie étant le pays qui l'approvisionnait. Le maïs est toujours populaire en Amérique où les francophones le nomment souvent «blé d'Inde», réminiscence du temps où l'on crut découvrir les Indes en abordant ce continent.

Le maïs croît sur une plante annuelle atteignant entre 1 et 5 m de hauteur. Cette plante aux longues feuilles retombantes porte des fleurs mâles et des fleurs femelles. Les grains de maïs se développent sur des épis atteignant souvent de 15 à 30 cm de long. La pollinisation s'effectue à l'aide de longs fils nommés «styles» ou «soies de maïs». Ces fils sortent hors de l'enveloppe à l'extrémité de l'épi et ils sont reliés aux fleurs qui se transformeront en grains. On compte plusieurs centaines de grains par épi, grains disposés en rangées plus ou moins régulières; ils peuvent être blancs, orange, jaunes, rouges, pourpres, bleus, noirs ou bruns selon les variétés. Cette céréale n'a pas toujours possédé des épis aussi gros ni aussi bien enveloppés; ils mesuraient à l'origine de 3 à 5 cm de long.

Il existe plusieurs espèces de maïs; seulement au Pérou on en a recensé 30. La première importante commercialement sert surtout à alimenter les animaux; les grains d'un jaune soutenu sont fermes, farineux et peu sucrés. Les États-Unis en sont le plus grand pays producteur. La deuxième espèce en importance est le maïs pour la consommation humaine; les grains d'un jaune plus pâle sont tendres, laiteux et sucrés. Parmi les autres variétés se trouvent le maïs à souffler, peut-être le plus connu (voir maïs soufflé, p. 321) et le maïs décoratif non comestible. À l'intérieur de ces espèces, les différences sont nombreuses; ainsi les grains sont plus ou moins sucrés, fermes, huileux, etc.

VALEUR NUTRITIVE   Le grain de maïs comporte trois parties principales: le péricarpe (l'enveloppe), l'endosperme (la partie amidonneuse qui contient environ 90 % d'amidon) et l'embryon (le germe qui peut renfermer jusqu'à 85 % d'huile). Il contient de 9 à 10 g de protéines, 4 g de matières grasses, 70 g d'hydrates de carbone et environ 350 calories/100 g. Ses matières grasses sont composées d'acide linoléique (56 %), d'acide oléique (30 %) et d'acide linolénique (0,7 %) (voir corps gras, p. 147). Certaines variétés peuvent contenir jusqu'à 85 % de gras; on les cultive pour les transformer en huile (voir huile, p. 255).

La composition des hydrates de carbone diffère selon les variétés; l'amidon est abondant dans les variétés farineuses, ce qui donne des grains peu sucrés. Les variétés sucrées contiennent plus de sucre et un gène retarde la transformation du sucre en amidon, transformation qui commence dès que le maïs est cueilli, entraînant en quelques heures une perte de saveur. On dit souvent à la blague que pour manger un maïs savoureux, il faut mettre à bouillir, avant de le récolter, l'eau qui servira à sa cuisson. Cette précaution est moins nécessaire maintenant avec les nouvelles variétés améliorées car l'apparition de l'amidon est retardée.

Le maïs est un peu moins équilibré au point de vue nutritif que les autres céréales (il existe cependant des variétés améliorées maintenant). Il contient moins de protéines (seul le riz est moins bien pourvu que lui) et la composition de ses protéines est moins balancée (une alimentation variée permet de combler les déficiences, voir théorie de la complémentarité, p. 536). Il est un peu plus pauvre en vitamines et en sels minéraux; par contre, c'est la seule céréale à posséder de la vitamine A. Les personnes qui se nourrissent presque exclusivement de maïs souffrent souvent de pellagre, maladie qui affecte le système nerveux, le système digestif, les muqueuses de la bouche, la peau et l'équilibre psychique. La pratique ancestrale qui consiste à incorporer au maïs de la chaux, de la soude caustique ou des cendres (substances qui apportent certains des nutriments manquants), fut un geste instinctif pour pallier les déficiences de cette céréale.

Le maïs est souvent appauvri par l'industrie. Comme le blé et la plupart des autres céréales, on lui enlève son germe afin de retarder le rancissement; il perd ainsi jusqu'à plus de la moitié de ses nutriments. Plus un produit a gardé sa couleur jaune, moins il est appauvri (cette teinte jaune lui vient de la vitamine A), à moins évidemment qu'il n'ait été coloré artificiellement.

ACHAT   L'achat du maïs frais requiert certaines précautions si on veut obtenir le maximum de saveur. Examiner les grains; s'ils sont bien frais un coulis de jus blanc s'en écoule sous une simple pression des doigts; s'ils sont décolorés ou ratatinés, c'est qu'ils manquent de fraîcheur. La perte de fraîcheur se note également par l'état des soies devenues foncées et sèches ainsi que par le manque d'éclat des feuilles. Éviter le maïs exposé aux rayons du soleil ou aux températures élevées car la chaleur accélère le processus qui le rend farineux. Une seule journée passée à 30 °C lui fait perdre jusqu'à 50 % de son sucre; à 20 °C la perte est de 26 %.

UTILISATION   Le maïs connaît des utilisations variées. On le mange tel quel sur l'épi ou égrené, on le cuisine de multiples façons (soupes, plats principaux, légume d'accompagnement, etc.), on le moud en farine, en semoule et en fécule, on le congèle, on le met en conserve, on le déshydrate, on le fait souffler, on le transforme en huile ou en édulcorants. On en fait des flocons, des chips, des tortillas, des tamales, du bourbon (whisky), du gin, de la chicha (boisson forte des Indiens d'Amérique du Sud), de la bière, etc.

Maïs en épis. Maïs qu'on mange directement sur l'épi après la cuisson. L'épi est cuit avec ou sans ses feuilles; lorsqu'il est épluché, il est parfois recouvert de papier d'aluminium. La cuisson s'effectue à l'eau, à la vapeur ou à la chaleur sèche (four, barbecue). Éviter de saler et de trop cuire car le maïs durcit et perd de la saveur. Laisser quelques feuilles sur l'épi et ajouter un peu de lait ou de bière à l'eau de cuisson relève la saveur. Plonger les épis dans l'eau bouillante et cuire une dizaine de minutes (moins s'il est très jeune) ou les mettre dans une marmite à pression (103 kPa) avec 240 ml de liquide et cuire de 3 à 5 minutes. Au four, calculer environ 35 minutes à 200 °C. Si le maïs doit être réchauffé, il est préférable de l'égrener; on peut aussi l'ajouter aux soupes, ragoûts, etc.

Maïs en grains. Après avoir égrené le maïs, l'ajouter tel quel dans la préparation choisie (soupe, ragoût, etc.) et lui donner le temps de cuire ou bien le cuire seul; à la vapeur, calculer une vingtaine de minutes.

Farine de maïs. Grain de maïs moulu. La farine de maïs n'est pas panifiable car elle est déficiente en gluten. Pour obtenir des aliments qui lèvent (gâteaux, muffins, etc.), il faut la mélanger à de la farine de blé. Comme pour toutes les farines, son degré de raffinage est variable, ce qui se répercute sur sa valeur nutritive. Plus elle est jaune, plus elle renferme de vitamine A. La farine très raffinée est souvent enrichie, on lui ajoute quelques nutriments mais elle reste privée de la plupart des autres.

Semoule de maïs (*cornmeal* en anglais). Maïs transformé en granules plus ou moins fins. La semoule provient presque toujours de maïs dégermé car elle peut ainsi se conserver plus longtemps et rancit moins vite que la semoule entière; sa valeur nutritive est moindre cependant. La semoule donne une consistance légèrement croquante aux aliments (biscuits, muffins, gâteaux, etc.). On la cuit en bouillie (polenta), on l'ajoute aux soupes et sauces qu'elle épaissit, on la transforme en tamales, tortillas, chips, etc. Elle se travaille assez mal, car elle a comme caractéristique de donner un produit friable. Cuire 1 partie de semoule dans 4 parties de liquide environ 25 minutes. Conserver la semoule non raffinée au réfrigérateur.

Fécule de maïs (*cornstarch* en anglais). Amidon du maïs moulu en une très fine poudre. La fécule de maïs a des propriétés gélifiantes et elle peut être transformée en édulcorants (sirop, dextrose). La délayer dans un liquide froid avant de l'ajouter à un mélange chaud et la cuire au moins une minute, afin que disparaisse sa saveur désagréable.

L'industrie alimentaire fait un grand usage de la fécule de maïs; elle s'en sert notamment pour épaissir une multitude de produits (sauces, desserts, vinaigrettes, crème sure, beurre d'arachide, aliments pour bébés, etc.). La plupart du temps, elle traite d'abord la fécule, notamment par hydrolyse, pour en contrôler l'action (amidon modifié); ce faisant elle transforme non seulement les propriétés mais également la structure de la fécule, qui acquiert une forme non naturelle.

La transformation de la fécule en édulcorants a donné naissance à une industrie florissante qui produit un sirop inventé à la fin des années 60. Ce sirop possède un pouvoir sucrant plus élevé que le sucre blanc et le sirop de maïs (l'ancêtre des édulcorants à base de maïs). Il est économique et l'industrie alimentaire s'en sert dans une multitude de produits dont la liste ne cesse de s'allonger (conserves, marinades, desserts congelés, boissons gazeuses, vins, confitures, pâtisseries, etc.). En 1984, les États-Unis ont produit plus de 4 milliards de kilos de sirop et la consommation par personne a atteint plus de 14 kilos (elle était de 2,27 kilos en 1974). Ce sirop est considéré comme un additif car la fécule a subi divers traitements chimiques qui modifient sa structure; les gouvernements canadien et américain l'ont classé dans la catégorie «GRAS» (généralement reconnu comme sécuritaire).

La fécule a aussi des usages non alimentaires; elle est mise notamment dans les cosmétiques et les médicaments. Son importance commerciale est telle que les États-Unis en ont produit 1,8 million de kilos en 1984.

Maïs lessivé (*hominy* en anglais). Maïs traité selon un vieux procédé indien utilisé pour le conserver. Le maïs (surtout la variété blanche) est mis à tremper 25 minutes dans une solution de soude caustique, ce qui ramollit et fait gonfler son enveloppe. On le rince par la suite en le trempant 40 minutes dans de l'eau bouillante, puis on le met dans une solution de bisulfite de sodium pour que disparaisse le plus possible de soude caustique et il trempe à nouveau dans de l'eau chaude. Souvent mis en conserve, le maïs subit encore pendant environ une heure et demie un traitement à la chaleur; tous ces procédés affectent sa valeur nutritive. Ce maïs est très utilisé dans les soupes et les ragoûts. Séché et rôti, on le mange en friandise; moulu, c'est une farine qui peut servir à fabriquer des tortillas.

Huile de maïs. Voir huile, p. 255.

Germe de maïs (*corngerm* en anglais). Embryon de la plante presque toujours enlevé lors du raffinage. Le germe de maïs renferme plusieurs nutriments, notamment du fer, du zinc, du magnésium, du potassium, de la vitamine E et des fibres. Plus gros que le germe de blé, il a une texture croustillante et sa saveur rappelle la noisette. On l'utilise tel quel avec du lait comme une céréale froide, ou on le met dans les aliments (les salades, les légumineuses, les plats mijotés, etc.), qu'il enrichit. Très périssable, il est souvent vendu dans un emballage scellé hermétiquement, qu'on range au réfrigérateur une fois qu'il est ouvert.

Flocons de maïs *(Corn Flakes)*. Céréale sèche prête à manger. Son procédé de fabrication fut découvert par hasard en 1894 par deux frères, les Kellogg, qui travaillaient dans la cuisine d'un sanatorium de l'Église adventiste américaine où l'on préparait de la nourriture végétarienne. Un jour, des grains de maïs séjournèrent plus longtemps que prévu dans leur eau de cuisson; lorsqu'on passa cette préparation entre des rouleaux, comme on le faisait chaque jour, on obtint des flocons au lieu des habituelles fines feuilles et leur bon goût surprit. Les Corn Flakes furent à l'origine un aliment de santé fait de grains entiers; de nos jours on ne se sert que de la partie amidonneuse du grain, ce qui donne un produit appauvri.

CONSERVATION   Le maïs sucré en épi se conserve mal, il est préférable de le consommer le plus tôt possible. S'il doit attendre, le mettre au réfrigérateur et ne l'éplucher qu'au dernier moment. Le maïs frais se congèle sur l'épi après avoir été blanchi (de 7 à 11 minutes selon la grosseur) ou égrené (le blanchir d'abord sur l'épi 4 minutes puis l'égrener). Séché, le maïs se conservera beaucoup plus longtemps s'il n'est pas moulu car son enveloppe le protège du rancissement. S'il est en semoule ou en farine non raffinée, sa conservation est de courte durée car le germe est présent; les aliments fabriqués avec de tels produits (tortillas, chips, etc.) rancissent rapidement. Les conserver dans un récipient hermétique placé dans un endroit frais et sec ou les réfrigérer s'ils ne sont utilisés qu'à l'occasion.

MAÏS SOUFFLÉ
Zea mays var everta, **Graminées**
Nom anglais: *popcorn*

Maïs éclaté sous l'effet de la chaleur. Le maïs à souffler est produit par une variété de maïs dont l'épi et les grains sont petits et durs. Ce maïs est très ancien car on en a trouvé datant de plus de 5 600 ans, lors de fouilles archéologiques au Mexique. Sa peau luisante et ferme emprisonne une plus grande quantité d'endosperme que les autres variétés de maïs; l'endosperme est une substance amidonnée blanchâtre qui se trouve à l'intérieur du grain. Lorsque le maïs est exposé à une grande température, l'eau contenue dans son endosperme se transforme en vapeur; la pression ainsi créée fait éclater le grain, expulsant vers l'extérieur l'amidon transformé, devenu croustillant.

Il existe trois grandes variétés de maïs à souffler; le blanc, petit et sucré, le jaune, plus gros, et une variété hybride donnant du maïs soufflé très gros et souvent plus tendre. Cette variété atteint jusqu'à quarante fois son volume initial contre trente à trente-cinq fois pour les autres variétés.

VALEUR NUTRITIVE   Le maïs soufflé contient les mêmes nutriments que le maïs sucré mais en plus petites quantités. On le croit engraissant, mais c'est parce qu'il est généralement servi sucré ou enrobé de beurre.

Tableau de la valeur nutritive (240 ml, 200 g)

	protéines	matières grasses	hydrates de carbone	calories
Nature:	1 g	traces	5 g	25
À l'huile:	1 g	2 g	5 g	40
Au sucre:	2 g	1 g	30 g	135

PRÉPARATION   Le maïs soufflé se prépare dans un récipient hermétique (pour que la vapeur ne s'échappe pas). L'ajout d'huile n'est pas vraiment nécessaire, surtout si le maïs n'est pas trop vieux. On peut en ajouter une fois la cuisson terminée, en n'en versant qu'une petite quantité; ainsi le maïs est moins gras (et le sel adhère au maïs). Cuire le maïs à feu moyen, en secouant souvent le récipient pour que tous les grains soient chauffés également. La cuisson est terminée quand plus rien n'éclate; il faut alors retirer le maïs du feu et le transvider rapidement pour qu'il ne brûle pas. On peut l'assaisonner avec du sel, des épices, du sirop, etc.

CONSERVATION   Il est important de conserver le maïs non soufflé dans un contenant hermétique pour que les grains gardent toute leur humidité, car trop déshydratés ils n'éclatent pas. On peut les réhydrater en ajoutant une petite quantité d'eau dans le contenant (15 ml par kilo) ou en y plaçant un linge humide; il faut compter quelques jours pour que les grains regagnent suffisamment d'humidité.

MANDARINE
Citrus reticula ou *nobilis,* **Aurantiacées**
Noms anglais: *tangerine, mandarin*

Fruit du mandarinier, arbrisseau originaire de Chine. Longtemps connue exclusivement en Asie, la mandarine a été introduite en Europe par Alexandre le Grand; sa culture resta cependant confinée au bassin méditerranéen un bon moment. Au début du XXe siècle, un missionnaire français, le père Clément, inventa une nouvelle variété à partir d'un croisement de la mandarine avec la bigarade; cette variété est appelée clémentine. De nombreux autres hybrides ont été produits tels la tangerine, la kinnow, la minneola, le tangelo, l'orange Temple, l'ugli.

Mandarine: elle ressemble à une petite orange légèrement aplatie. Sa peau se pèle très facilement. Sa chair sucrée, parfumée et délicate est moins acide que celle de la plupart des agrumes. Elle peut contenir plusieurs pépins ou en être exempte, selon les variétés, fort nombreuses. Ses quartiers assez petits sont facilement détachables.

Clémentine: sphérique, elle a une fine peau orange rougeâtre assez rugueuse et adhérente. Sa chair juteuse et acidulée est légèrement moins parfumée que celle de la mandarine. Elle est très cultivée en Europe (Corse, Espagne, Italie) et en Afrique du Nord (Algérie, Maroc), et il en existe plusieurs variétés (ordinaire, de Montréal, Oroval, etc.); certaines ont peu ou pas de pépins, tandis que d'autres en ont en abondance.

Tangerine: appellation anglaise, souvent utilisée en français, d'un fruit qui doit son nom à la ville de Tanger, au Maroc. Il en existe plusieurs variétés, comprenant la Dancy, la Fairchild et la Kinnow. Les attributs de ces agrumes sont sensiblement les mêmes que ceux de la mandarine, à la différence près que l'écorce peut être plus foncée, tirant sur le rouge.

Orange Temple: fruit d'un croisement tangerine-orange douce. Elle est aussi appelée tangor, de l'anglais *tangy* qui signifie «goût piquant». De forme semblable à celle de l'orange, sa chair est à la fois mi-acide et mi-sucrée. Elle se pèle facilement.

Tangelo: issu d'un croisement entre la mandarine et le pomélo. Ce nom est d'origine américaine et s'inspire encore une fois du mot tangy, par référence à son goût piquant. Ces fruits sont souvent identifiés par le nom de la variété (Minneola, Seminole, Orlando, etc.). Cet agrume assez gros ressemble plus à une mandarine qu'à un pomélo; certaines variétés ont un début d'excroissance ressemblant à un mamelon. La pulpe juteuse et parfumée est moins acidulée et plus sucrée que celle d'un pomélo. Elle contient beaucoup de pépins. L'écorce se pèle facilement.

Ugli: c'est une variété étonnante découverte en Jamaïque au début du XXe siècle. L'origine de l'ugli est incertaine; certains disent que le fruit est issu d'un croisement entre une mandarine, un pamplemousse (ou un pomélo) et une orange amère; d'autres ne mentionnent que la mandarine et le pamplemousse. Ce fruit délicieux est laid car il est difforme; le nom ugli vient d'ailleurs de l'anglais *ugly*, signifiant «laid». Sa peau ridée, épaisse et non adhérente, prend des teintes de rouge jaunâtre ou de jaune-orangé. Elle recouvre une pulpe juteuse couleur jaune-orangé, plus sucrée que celle d'un pomélo, légèrement acide et presque dépourvue de pépins.

VALEUR NUTRITIVE

La mandarine contient 0,6 g de protéines, 0,2 g de matières grasses, 11 g d'hydrates de carbone et 44 calories/100 g. Elle est riche en vitamine A, en vitamine C et en potassium.

UTILISATION

La mandarine est utilisée de la même façon que l'orange. Comme son écorce est plus mince, on veillera à exercer moins de pression en la râpant ou en extrayant son jus. Son écorce a une saveur fine et exotique.

ACHAT ET CONSERVATION

Voir agrumes, p. 15.

MANGOUSTAN

Garcinia mangostana, **Guttiféracées** (ou **Guttifères**)
Autre nom: *mangouste*
Noms anglais: *mangosteen, mangostan*

Fruit du mangoustanier, arbre des régions tropicales, originaire de Malaisie (le mot mangoustan est d'ailleurs dérivé du malais). Cet arbre, appelé aussi mangoustier ou mangoustan, met 15 ans avant de commencer à produire des fruits.

Le mangoustan n'est pas apparenté à la mangue. Arrondi et de la grosseur d'une mandarine, il est formé d'une peau non comestible, épaisse et ferme, de couleur brun rougeâtre à l'extérieur et rosée à l'intérieur; elle tourne au violacé et durcit à mesure que le fruit vieillit. Elle recouvre une pulpe d'un blanc perlé, composée de 5 ou 6 sections qui contiennent un noyau rosé comestible. Cette chair a une saveur exquise qui rappelle à la fois l'abricot, l'ananas et l'orange.

VALEUR NUTRITIVE

Le mangoustan contient 80 % d'eau, 0,6 g de protéines, 0,8 g de matières grasses, 18 g d'hydrates de carbone et 63 calories/100 g; il est relativement riche en calcium, en phosphore et en fer.

ACHAT

Rechercher un fruit qui cède sous une légère pression des doigts et dont la peau est devenue pourprée, moment où il est plus savoureux.

UTILISATION

Le mangoustan est meilleur nature car la cuisson atténue sa délicate saveur. On le mange tel quel à la manière d'une orange, après l'avoir pelé et divisé en sections. Ce fruit est délicieux accompagné d'un coulis de fraises ou de framboises. On en fait du jus et parfois du vinaigre; on le met en purée qui aromatise yogourt, crème glacée et sorbet.

CONSERVATION

Le mangoustan est un fruit fragile qui se conserve au réfrigérateur peu longtemps. Il supporte mal la congélation.

MANGUE

Mangifera indica, **Anacardiacées**
Surnom: *pêche des tropiques*
Nom anglais: *mango*

Fruit du manguier, arbre qui serait originaire de l'Inde. Le manguier est apparenté à l'anacardier (acajou) et pousse sous les climats tropicaux; sa culture s'est répandue un peu partout dans le monde. Il peut atteindre 45 m de haut mais mesure en moyenne 15 m. Son feuillage persistant a la caractéristique d'être souvent rouge lorsqu'il est jeune puis de verdir en vieillissant. Il est tellement dense que la lumière ne le traverse pas, ce qui élimine la végétation environnante. Chaque manguier peut produire près d'une centaine de fruits par année.

La mangue est une drupe aux formes diverses, selon les variétés, au nombre d'environ 500 (dont une centaine sont exploitées commercialement). Elle peut être ronde, allongée, ovée ou réniforme, de la taille d'une prune, d'une poire ou d'un petit melon, et peser entre 100 g et 1 kg. Sa peau lisse et mince peut être verte teintée de jaune-orangé ou de rouge sur son côté exposé au soleil, jaunâtre teintée de rouge ou de violet, ou écarlate. Sa chair d'un jaune-orangé est souvent douce comme celle de la pêche, ce qui a valu à la mangue le surnom de «pêche des tropiques». Plus ou moins onctueuse, juteuse, sucrée et parfumée selon les variétés, la chair recouvre un noyau imposant et adhérant, de forme aplatie. Son goût légèrement acide ou semi-épicé peut surprendre la première fois. Dans certaines espèces, surtout les sauvages, la mangue peut laisser un arrière-goût de térébenthine.

VALEUR NUTRITIVE La mangue contient 83,5 % d'eau, 0,5 g de protéines, 0,3 g de matières grasses, 17 g d'hydrates de carbone et 65 calories/100 g. C'est un des fruits qui contiennent le plus de vitamine A; elle constitue également une bonne source de vitamines B et C, de calcium et de potassium. Elle est laxative si elle n'est pas assez mûre. Sa peau peut irriter la peau ou la bouche.

ACHAT La mangue est mûre lorsqu'elle cède sous une légère pression des doigts et qu'une bonne odeur s'en dégage; sa peau est souvent ornée de taches noires. Cueillie trop tôt, elle est ridée, fibreuse, très acide, d'une saveur peu agréable et privée de sa pleine valeur nutritive. Choisir un fruit ni trop dur ni trop ridé, qui dégage une bonne senteur. Délaisser une mangue qui sent le sur, elle a commencé à fermenter.

PRÉPARATION La peau étant irritante pour la bouche, il est préférable de l'enlever avant de manger la mangue. Pour ce faire, couper le fruit en deux, détacher la chair autour du noyau à l'aide d'un couteau tranchant, pratiquer 2 incisions sur toute la longueur de la peau, en sectionnant jusqu'aux extrémités mais en laissant une petite section pour aider à manipuler la mangue. Couper la peau sans atteindre la chair, l'arracher puis l'enlever aux bouts. La chair de plusieurs variétés se coupe difficilement en morceau car elle n'est pas assez ferme.

UTILISATION La mangue peut être mangée nature ou être cuisinée de multiples façons (tartes, soufflés, sauces, puddings, crème glacée, jus, coulis, confitures, compote, etc.). Elle est un ingrédient de base des chutneys indiens; elle accompagne viande, volaille, poisson et légumineuses.

CONSERVATION Moyennement périssable, la mangue se conserve au froid ou au réfrigérateur. Éviter les températures en dessous de 13 °C susceptibles de l'endommager car le froid diminue la qualité de la chair, qui finit par abriter des cristaux de glace. Permettre à la mangue de mûrir à la température de la pièce avant de la réfrigérer; la placer dans un sac de papier si on désire accélérer le mûrissement. Entreposée dans de bonnes conditions, la mangue peut se conserver de 2 à 3 semaines.

MANIOC

Manihot esculenta et *M. utilissima*, **Euphorbiacées**
Autres noms: *cassave, yuca* (ne pas confondre avec *yucca*,
une plante de la famille des Biliacées)
Noms anglais: *cassava, manioc*

Tubercule d'une plante des régions tropicales et subtropicales, originaire du centre du Brésil. Le manioc occupe une place importante dans l'alimentation de plusieurs peuples d'Afrique, d'Asie, d'Amérique du Sud et d'Amérique centrale. C'est du manioc qu'on tire le tapioca.

Le manioc pousse sur un arbuste buissonnant qui atteint de 1 à 3 m de haut. Les tubercules de couleur blanchâtre, jaunâtre ou rougeâtre sont coniques ou cylindriques; ils ressemblent aux patates douces. Mesurant de 10 cm à 1 m de long et pouvant peser jusqu'à 25 kg, ils sont récoltés lorsqu'ils ont au moins 10 mois et pas plus de 3 ans. Il arrive cependant qu'on les laisse en réserve dans les champs (jusqu'à 6 ans) en prévision d'une éventuelle disette.

Il existe plusieurs variétés de manioc; toutes contiennent de l'acide cyanhydrique, une substance toxique qui disparaît durant la fermentation ou la cuisson. On les classifie en manioc amer et en manioc doux d'après leur contenu en acide cyanhydrique.

Manioc amer *(M. utilissima)*. Manioc au goût amer causé par la présence d'acide cyanhydrique en grande quantité; il est comestible seulement après traitement. C'est de cette variété très riche en amidon que l'on obtient le tapioca. Il faut environ 4,55 tonnes métriques de tubercules pour obtenir 1 tonne métrique de tapioca avec des méthodes d'extraction efficaces. Les tubercules sont moulus, râpés, mis à macérer plusieurs jours, égouttés, séchés puis légèrement chauffés. L'amidon extrait des fibres a la forme d'une grosse bille et doit tremper de 45 à 75 minutes avant d'être cuit. On le transforme en granules très petits, que l'on cuit presque complètement; c'est le «tapioca minute», qui demande environ 10 minutes de cuisson. Le tapioca est aussi transformé en farine. Il contient presque uniquement des glucides, il est donc calorifique. Il se digère aisément.

Le tapioca est insipide mais il est très utile pour épaissir soupes, tartes, fruits, puddings, etc., car il prend la saveur du mets. Cuit dans du lait, il donne de délicieux desserts. Sa cuisson est facile, quoiqu'il soit nécessaire de brasser le tapioca minute pour empêcher la formation de grumeaux. Le tapioca est utilisé par l'industrie des pâtes et papiers où il entre dans la confection du papier gaufré; il sert également à fabriquer la colle des timbres.

Manioc doux *(M. esculenta* ou *palmata)*. Manioc consommé tel quel, à la manière de la pomme de terre ou de la patate douce qu'il peut remplacer dans la plupart des recettes. Toujours le peler avant de le cuisiner; ne pas se servir d'un couteau éplucheur, qui donne de pauvres résultats. Couper plutôt le tubercule en 2 ou 3 tronçons, les sectionner dans le sens de la longueur, puis détacher l'écorce à l'aide d'un couteau. On extrait du manioc une farine utilisée pour la confection de sauces, pains, ragoûts, galettes et gâteaux ainsi que du jus qui sert à la préparation de boissons alcoolisées. Le manioc doux renferme plus de calories que la pomme de terre.

VALEUR NUTRITIVE   Les tubercules de manioc sont constitués de 25 à 40 % d'amidon; le doux en a le plus. Le manioc doux contient aussi 2,6 % de cellulose (sa farine 10 %), 3 g de protéines, 0,4 g de matières grasses, 27 g d'hydrates de carbone et 120 calories/100 g; il renferme très peu de vitamines et de sels minéraux.

ACHAT   Rechercher un tubercule exempt de moisissures et de parties gluantes. L'écorce est rarement intacte mais choisir le légume le moins endommagé possible. Délaisser un tubercule qui sent l'ammoniaque ou le suri ou qui présente des parties gris-bleu.

CONSERVATION   Les tubercules se détériorent rapidement. Un haut taux d'humidité et des températures dépassant 20 °C les endommagent. Les réfrigérer ou les congeler (ils se congèlent tels quels simplement pelés et coupés en gros morceaux).

MAQUEREAU

Scomber spp, **Scombridés**

Divers noms et espèces: *maquereau bleu* (S. scombrus), *maquereau espagnol* (S. japonicus), *thazard* (Scomberomorus cavalla)

Noms anglais: *mackerel, Atlantic mackerel, king mackerel*

Très beau poisson marin au corps élancé que l'on retrouve un peu partout dans les mers, en particulier dans l'Atlantique et le Pacifique. Parfois appelé scombre, le maquereau fait partie de la famille des Scombridés, du mot grec *skombros* signifiant «maquereau». La plupart du temps le maquereau est classé avec le thon mais certains auteurs le classifient différemment; c'est pourquoi le thazard (kingfish en anglais), souvent nommé maquereau espagnol mais constituant une espèce voisine, est associé tantôt au thon, tantôt au maquereau.

Le maquereau bleu est le plus courant en Amérique du Nord;

d'autres espèces y vivent aussi dont le maquereau espagnol, dit maquereau blanc au Canada, et le thazard. L'été, le maquereau s'approche des côtes canadiennes pour ensuite repartir à l'automne vers des eaux plus chaudes. Ce poisson très rapide se déplace en bancs, souvent immenses, qui s'étendent sur plusieurs kilomètres; il accompagne fréquemment des bancs de harengs et l'on croit qu'il leur sert d'«entremetteur»; c'est pourquoi on l'aurait appelé maquereau.

Le maquereau bleu est orné de 23 à 33 stries foncées ondulées, semblables à celles du tigre. Son corps, bleu acier sur la partie supérieure, est recouvert de très minces écailles (plus longues sur le tronc qu'aux extrémités) qui lui confèrent une certaine douceur. Sa première nageoire dorsale est épineuse; sa queue est mince et fourchue. Il peut atteindre entre 30 et 50 cm de long et peser près de 2 kg. Le maquereau n'a pas de vessie natatoire et il doit nager sans cesse pour éviter de sombrer.

VALEUR NUTRITIVE ET ACHAT

La chair blanche est relativement grasse et assez savoureuse. Crue, elle contient 19 g de protéines, 12 g de matières grasses et 191 calories/100 g. Comme celle du thon, elle est formée d'une bande grasse plus foncée vers le milieu, ce qui en accentue la saveur et la rend plus difficile à digérer. Enlever cette bande diminue ces inconvénients tout comme de mariner la chair ou de la cuire en la badigeonnant avec une marinade. Cette chair a la particularité de se corrompre rapidement, aussi doit-elle être consommée très vite; peu de temps d'exposition à la chaleur suffit pour la rendre amère et avariée. Bien s'assurer de sa fraîcheur car les signes de putréfaction ne se déclarent souvent qu'à la cuisson. Lorsqu'on pêche le maquereau soi-même, le mettre au frais le plus tôt possible. Si on l'achète frais, le choisir ferme et rigide, car sa rigidité est de courte durée (24 heures) et constitue un signe de fraîcheur. Rechercher également un poisson au ventre bombé et bien blanc, en s'assurant qu'il a été conservé dans une bonne couche de glace; il n'est plus comestible si son ventre est éclaté.

PRÉPARATION ET UTILISATION

Pour lever les filets, tenir compte des arêtes qui jaillissent au milieu des côtes; quand on atteint cet endroit, passer le couteau entre la chair et les arêtes afin de bien les séparer.

On peut apprêter le maquereau de toutes les façons, en évitant si possible d'en augmenter la teneur en gras. Il peut être mangé aussi bien froid que chaud. Il est très apprécié en ceviche; s'assurer toutefois qu'il est exempt de parasites. Les cuissons au four, au court-bouillon, au gril ou en papillote l'avantagent. Le maquereau peut remplacer l'alose, le cisco, le gaspareau, le hareng, le thon et d'autres poissons gras dans la plupart des recettes.

Le maquereau est vendu entier ou en filet, aussi bien frais que congelé. Il est aussi mis en conserve au naturel, au vin blanc ou à l'huile. Il sert également d'appât pour diverses pêches (homard, crabe des neiges, thon), et il est transformé en farine ou en huile. Comme le hareng, il est salé ou fumé et vendu sous le nom de «buckling».

CONSERVATION   Le maquereau peut se congeler mais il perd beaucoup de saveur. Le conserver au réfrigérateur.

MARGARINE
Nom anglais: *margarine*

Substance inventée en France en 1869, pour remplacer le beurre qui était rare et dispendieux. Le terme margarine vient du grec *margaron* signifiant «perle»; c'est l'inventeur du produit, le chimiste Mège-Mouriès, qui aurait choisi ce mot en s'inspirant de la couleur de la substance.

La margarine fut d'abord faite avec du suif raffiné, puis on se servit de plus en plus souvent d'huiles végétales après qu'on eut découvert un procédé qui retardait l'oxydation de ces huiles. Elle ne connut pas de succès instantané, mais au fil des ans elle remplaça graduellement de plus en plus souvent le beurre, tant dans les maisons, les institutions, les restaurants que dans l'industrie alimentaire, faisant chuter de façon importante les ventes de ce dernier. Son bas prix et le fait que la publicité la présente comme meilleure pour la santé que le beurre expliquent cette popularité.

Composée en grande partie de gras végétal utilisé seul ou combiné (les plus employés sont l'huile de soya, de maïs, de coton, d'arachide, de tournesol, de carthame, de palme, de coprah et de colza), la margarine peut aussi renfermer du gras animal (suif, saindoux, huile de poisson). Des margarines destinées spécialement aux industries ont une composition et une consistance en fonction des besoins spécifiques de ces industries.

VALEUR NUTRITIVE   La margarine régulière contient 82 % de matières grasses et 16 % l'eau. Il existe des margarines diététiques où la quantité de matières grasses est moins importante (environ 40 %) et l'eau plus abondante (56 à 58 %). Toute une gamme d'autres ingrédients servent à fabriquer de la margarine dont des solides du lait, des colorants, des agents de préservation, des émulsifiants, des anti-oxydants, des agents aromatisants, des édulcorants, des vitamines (A et D), de l'amidon modifié et du sel; ces ingrédients ne sont pas tous utilisés en même temps. Le sel, qui est souvent présent en grande quantité, sert à améliorer la saveur et à prolonger la fraîcheur; il peut être remplacé par plusieurs autres substances (chlorure de potassium, benzoate de sodium, carbonate de potassium, EDTA de calcium disodique, etc.) ou leur être combiné. Les anti-oxydants, citrate d'isopropyl, citrate de stéaryle, BHT (hydroxytoluène butylé) et BHA (hydroxyanisol butylé), retardent le rancissement et protègent la saveur. Les émulsifiants, mono et diglycérides et lécithine, empêchent la séparation de l'eau et des corps gras et diminuent les éclaboussures lorsque la margarine est chauffée. L'édulcorant, le sucre, sert à ce que les aliments puissent brunir lorsqu'on les fait revenir au poêlon.

La bonne réputation de la margarine lui vient principalement de l'accent mis sur sa teneur en acides gras polyinsaturés, acides considérés comme bénéfiques pour la santé (voir corps gras, p. 147). Ainsi, selon la matière grasse utilisée, la margarine peut contenir jusqu'à 55 % d'acides polyinsaturés alors que le beurre n'en possède au plus que 4 à 5 %. La question n'est pas si simple cependant; ainsi, la margarine est très souvent hydrogénée, ce qui transforme la nature et la configuration des acides gras, qui deviennent saturés et qui prennent la forme «trans», deux changements qui peuvent avoir des répercussions sur la santé (voir corps gras, p. 147). En outre, les acides gras polyinsaturés ne sont pas aussi bénéfiques qu'on le croyait car on a découvert qu'ils produisent des «radicaux libres» lorsqu'ils sont chauffés, substances qui semblent nocives pour la santé. Il ne faut pas oublier non plus que toutes les margarines ne se valent pas; ainsi des margarines sont traitées par fractionnement au lieu d'être hydrogénées, ce qui n'entraîne pas la formation des acides «trans», et plusieurs sont fabriquées avec des huiles fortement saturées (huile de coprah, huile de palme, huile de palmiste, gras animal). Il est souvent difficile de connaître la valeur nutritive d'une margarine, en particulier lorsque l'étiquette ne mentionne que «huile végétale» sans en préciser la nature.

La question de savoir s'il vaut mieux consommer du beurre ou de la margarine est débattue depuis plusieurs années et donne lieu à des prises de position souvent radicales. La polémique risque de durer un bon moment car des intérêts financiers considérables sont en jeu et les industries qui produisent ces aliments sont puissantes et bien organisées. Si on aborde le problème uniquement sous l'aspect de l'apport en matières grasses et en calories, la margarine est un aliment dont il faut user avec modération, tout comme le beurre d'ailleurs, car la margarine régulière renferme la même quantité de gras et de calories que le beurre, soit 11 g de matières grasses et 100 calories/15 ml (1 cuillerée à soupe). Si on traite des répercussions sur la santé, la question est plus complexe; ainsi, la composition et la fabrication des diverses margarines ne sont pas uniformes; de plus, les margarines ne sont plus les seules à être un produit de synthèse depuis que les fabricants de beurre ont mis sur le marché du beurre mou, qui contient diverses substances absentes du beurre naturel.

ACHAT   La margarine est disponible sous plusieurs formes: salée, non salée, dure, molle, liquide ou fouettée. Elle est destinée à la cuisson ou à être tartinée. Lire la liste des ingrédients sur l'étiquette lorsqu'on recherche une margarine contenant le moins d'additifs possible et qui est le moins hydrogénée, donc ayant un pourcentage d'huile liquide élevé.

UTILISATION   Les margarines diététiques et la margarine à tartiner ne sont pas adaptées à la cuisson, on ne les emploie qu'à froid. Les utiliser sans tenir compte de cette spécificité entraîne bien des déceptions, les mets étant souvent gâchés. La margarine régulière a une utilisation plus vaste et peut se substituer au beurre dans presque toutes les recettes; les résultats ne sont pas toujours identiques cependant, surtout au point de vue de la saveur. Comme le beurre, la margarine n'est pas adaptée pour la grande friture; on l'emploie par contre pour la cuisson sauf si elle est riche en acides polyinsaturés; utiliser de préférence une margarine démunie de poudre de lait ou de lactosérum, pour éviter qu'elle ne brunisse et ne brûle trop rapidement à la cuisson.

CONSERVATION   La margarine se conserve au réfrigérateur. Elle peut être laissée environ 2 semaines à la température ambiante, ensuite elle risque de rancir; ne pas l'exposer à la chaleur cependant. Elle supporte la congélation.

MARJOLAINE – ORIGAN

Origanum marjorana ou *Marjorama hortensis*, **Labiées**
Autres noms: *marjolaine douce, marjolaine des jardins, grand origan*
Noms anglais: *marjoram, oregano, sweet marjoram, pot marjoram*

Plante aromatique vivace dans un climat propice (comme celui de la région méditerranéenne); originaire d'Asie. En Amérique du Nord, la marjolaine est plutôt annuelle car elle ne résiste même pas aux hivers doux. Il existe une trentaine de variétés de marjolaine dont une sauvage nommé origan *(Origanum vulgare)*. Les plants sont ramifiés; leurs tiges carrées atteignent de 30 à 50 cm de haut. Les feuilles petites et ovalées sont légèrement duveteuses sur les bords. De petites fleurs blanches ou roses (celles de l'origan sont rouges), recouvertes d'un amas de petites feuilles en forme de boule, apparaissent vers la moitié de l'été. Elles donnent de minuscules graines brun pâle ressemblant à de toutes petites noix.

VALEUR NUTRITIVE   La marjolaine est riche en vitamine A, en vitamine C, en calcium et en fer. Elle aurait plusieurs propriétés médicinales; on la dit diurétique, sudorifique, antispasmodique, bactéricide, émolliente, expectorante, calmante et apéritive. Elle favoriserait la digestion, aiderait le système respiratoire et soulagerait les migraines et les bronchites. En tisane, mettre 5 ml (1 cuillerée à café) de feuilles par tasse d'eau (240 ml) et infuser 10 minutes.

UTILISATION   Les feuilles de marjolaine et d'origan sont indispensables dans la cuisine méditerranéenne. Elles aromatisent non seulement les mets à la tomate mais également les vinaigrettes, les poissons, les légumineuses, la viande, les sauces, la charcuterie, bref à peu près tout. On les utilise fraîches ou séchées.

CONSERVATION   Voir fines herbes, p. 188.

MÉLISSE
Melissa officinalis, **Labiées**
Autre nom: *citronnelle*
Noms anglais: *balm, lemon balm, garden balm, balm mint*

Plante aromatique vivace originaire d'Europe méridionale. La mélisse est aussi cultivée en Inde et en Chine et ce, depuis plusieurs siècles. Le terme mélisse est dérivé du grec *melissa* signifiant «abeille», du fait que cette plante attire ces insectes. La mélisse est également connue sous le nom de «citronnelle» car ses feuilles écrasées dégagent un fort parfum de citron.

La mélisse est formée de tiges denses atteignant de 30 à 90 cm de hauteur. Ses feuilles vertes, ovales et nervurées, sont recouvertes de minuscules poils sur la partie supérieure. De petites fleurs blanchâtres, jaunâtres ou bleutées poussent aux aisselles des feuilles et donnent naissance à de longues graines ovales. On cueille la mélisse avant la floraison pour obtenir un maximum de saveur.

VALEUR   Une croyance populaire attribue à la mélisse des pouvoirs de
NUTRITIVE   longévité. Elle aurait aussi des propriétés carminatives, fébrifuges, antispasmodiques, sédatives et digestives. On la dit efficace en infusion contre le mal de tête et les insomnies [faire bouillir 1 à 2 minutes 15 ml (1 cuillerée à soupe) par tasse d'eau (240 ml), puis laisser infuser 10 minutes]. Une poudre obtenue à partir de feuilles et de racines broyées est utilisée contre le diabète par la médecine traditionnelle ouest-africaine. Son huile essentielle qui contient du citrol comme principal composant est exploitée industriellement, notamment pour parfumer des crèmes désodorantes, des pommades et des insecticides.

UTILISATION   La mélisse fraîche ou séchée est particulièrement adaptée à l'accompagnement d'aliments âcres. On l'intègre aussi dans les salades composées, potages, farces, pâtisseries, fruits en compote ou en salade, etc. Elle aromatise certaines marinades de harengs et d'anguilles dans les Pays-Bas. Elle est beaucoup utilisée comme condiment en Asie où elle entre notamment dans les currys indiens, les soupes et les sauces. La gastronomie occidentale en fait très peu de cas. Pour s'habituer à son goût, essayer de l'utiliser en remplacement du zeste de citron.

Voir fines herbes, p. 188.

**ACHAT
ET
CONSERVATION**

MELON

Cucumis melo, **Cucurbitacées**
Noms anglais: *melon, muskmelon*

Fruit apparenté aux courges et au concombre, poussant de façon identique mais nécessitant plus de chaleur et de soleil. Le lieu d'origine du melon demeure incertain; la Chine et l'Afrique sont souvent mentionnées. La culture du melon est ancienne; en Europe, on ne s'y adonna cependant qu'à partir du début de l'ère chrétienne.

Il existe de nombreuses variétés de melons dont certaines poussent sous les climats tempérés. Parmi les plus connues se trouvent le melon cantaloup, le melon brodé, le melon de miel, le melon casaba, le melon persan et le melon canari.

Melon cantaloup *(var. cantaloupesis)* et **melon brodé** *(var. reticulatus).* Le véritable cantaloup est une variété qui doit son nom au fait qu'elle était cultivée au domaine des papes à Cantalupo, en Italie, vers 1700. Ce melon a des côtes saillantes et une peau lisse. Plusieurs hybrides portent maintenant ce nom. Le melon brodé doit son appellation au fait que son écorce est recouverte de lignes sinueuses rappelant une broderie en relief; il est rond et démuni de côtes. Certains hybrides combinent les caractéristiques de ces 2 variétés de melons (allongés, «bridés» et avec côtes par exemple), source de confusion pour leur classification. Tous ces melons fort savoureux ont une chair couleur rose saumon ou jaune-orangé. En Europe, ces melons portent fréquemment le nom de leur lieu de culture (Cavaillon, Charente, Montauban).

Melon de miel *(var. inodorus),* **melon casaba, melon persan, melon canari**, etc. Ces melons sont appelés melons d'hiver car ils se conservent plus longtemps; leur chair est juteuse, sucrée et savoureuse:

le melon de miel a une écorce lisse et ferme qui passe du vert pâle au jaune crème en mûrissant. Sa chair est de couleur vert lime. Sa forme est plus allongée que ronde et son poids se situe en général entre 1 et 6 kg;

le melon casaba, d'un vert plus foncé, est de forme globulaire et ses extrémités sont légèrement pointues; son poids moyen atteint 2 ou 3 kg. Sa chair est d'un blanc crémeux;

le melon persan est de forme globulaire et son écorce vert foncé s'orne à maturité de fines lignes brunâtres. Sa chair orange pâle est plus ferme;

le melon canari (ou **brésilien**) est de forme oblongue; son écorce est jaune canari et sa chair, blanchâtre avec un soupçon de rose près de la cavité.

VALEUR NUTRITIVE

Les melons contiennent 90 à 92 % d'eau, de 0,5 à 0,9 g de protéines, des matières grasses à l'état de traces, de 6 à 9 g d'hydrates de carbone et de 26 à 35 calories/100 g. Ils sont riches en potassium; ceux à chair orangée ou rouge sont riches en vitamine A. Certaines personnes ont de la difficulté à digérer les melons; les hygiénistes proposent une solution à ce problème, ils suggèrent de les manger seuls, en collation par exemple.

ACHAT

Rechercher un melon lourd et exempt de meurtrissures, de taches et de parties amollies. Découvrir un melon vraiment savoureux n'est guère facile car les melons sont presque toujours cueillis matures mais non mûrs afin qu'ils puissent supporter le transport et les délais de la mise en marché; leur saveur en souffre car ces fruits ne peuvent s'améliorer une fois récoltés. Vérifier le dessus du melon (pédoncule), surtout pour le melon brodé et le cantaloup; cette partie s'assouplit quand ils sont mûrs; cependant, si plusieurs personnes ont testé le melon, l'indice est faussé. Si cette partie est très dure et colorée inégalement ou qu'une portion de queue verdâtre est encore présente, c'est aussi un signe que le melon est immature. Sentir la partie opposée à la tige, elle devrait dégager un arôme délicat si le melon est mûr. Un melon arrivé à maturité émet un son creux quand on le frappe avec la paume de la main. Quant un melon est très mou, qu'il dégage une forte odeur et qu'il n'a plus sa couleur habituelle, il est devenu trop mûr et il est en train de fermenter, ce qui altère sa saveur qui devient aigrelette.

UTILISATION

Pour consommer le melon, il suffit de le couper de la grosseur désirée dans le sens de la longueur, puis d'enlever les graines logées au centre. On peut alors le manger tel quel. Le melon est souvent ajouté aux salades de fruits ou servi en entrée avec du Porto remplissant la cavité; cette coutume vient des papes, qui utilisaient cependant un vin plus sucré. Le melon est également transformé en jus, purée, confiture, marmelade, chutney, etc.; il arrive qu'on le serve comme légume accompagnant viande, volaille et fruits de mer. On peut le déshydrater, le mariner ou le confire.

CONSERVATION

Malgré leur apparence, les melons sont très fragiles car leur écorce les protège peu et ils se gâtent vite. Un melon à point se conserve quelques jours au frais ou au réfrigérateur; dans ce dernier cas, il est préférable de le couvrir pour éviter que sa forte odeur imprègne les aliments environnants; ne pas oublier de le sortir du réfrigérateur quelque temps avant de le consommer pour qu'il ait plus de saveur. Laisser mûrir le melon à la température de la pièce; le tenir éloigné des fruits et des légumes dont il accélère le mûrissement tout en leur conférant souvent un mauvais goût, car il produit du gaz éthylène en abondance. Le melon peut se congeler mais sa chair amollit; enlever l'écorce et les graines, le couper en tranches, en boules ou en cubes, le sucrer [120 ml (125 g) par litre de fruits], si désiré l'arroser de jus de citron.

MENTHE

Mentha spp, **Labiées**

Autres noms: *menthe verte, menthe poivrée, menthe citronnée (ou bergamote), menthe aquatique, baume, etc.*
Nom anglais: *mint, peppermint, bergamint, etc.*

Plante aromatique vivace probablement originaire du Proche-Orient. La menthe est reconnue pour ses nombreux usages et ce, depuis les temps anciens. Elle servait non seulement à des fins médicinales et culinaires mais également pour parfumer temples et maisons. La menthe est abondante dans les régions tempérées; elle pousse facilement et peut même devenir très envahissante. Il en existe plusieurs centaines de variétés; leur saveur est plus ou moins prononcée; certaines sont citronnées, d'autres goûtent la pomme, etc. La menthe poivrée et la menthe verte sont parmi les plus courantes car elles sont très aromatiques.

Menthe poivrée *(M. piperata).* Ses feuilles ovales et lancéolées sont rattachées à une tige mauve-vert, coloration qui se retrouve jusque dans les veines des feuilles. Ses feuilles sont d'un beau vert sur le dessus et d'un vert plus pâle en dessous. De petites fleurs violettes poussent aux extrémités des branches. La menthe poivrée a une odeur forte et pénétrante; une petite quantité suffit amplement à parfumer les aliments.

Menthe verte *(M. spicata, viridis* ou *crispa).* Ses tiges mesurent de 30 à 60 cm de haut. Ses feuilles très odorantes, d'un vert gris brillant, sont presque rondes et presque démunies de duvet. Ses fleurs sont blanches ou violacées.

VALEUR NUTRITIVE

La menthe doit sa saveur caractéristique au menthol, essence qui laisse une sensation de fraîcheur dans la bouche. Elle a de nombreuses propriétés médicinales; on la dit notamment carminative, antispasmodique, antiseptique, tonique, expectorante, stomachique et digestive. À forte dose, elle peut empêcher de dormir, alors qu'à faible dose elle favorise le sommeil. En tisane, mettre une pincée de feuilles par tasse d'eau (240 ml) et laisser infuser 10 minutes.

UTILISATION

La menthe fraîche ou séchée a de nombreuses utilisations. Elle assaisonne viande, gibier, poisson, sauces, gelées et certains légumes (aubergine, concombres, pois, pomme de terre, tomate, etc.). Les cuisines arabes et indiennes en font un grand usage, la mettant dans les salades composées (taboulé), les shish kebab, la

crème sure, le thé, etc. La menthe est délicieuse mélangée au citron; elle aromatise agréablement vinaigrettes et mayonnaises. Son
huile essentielle parfume gommes à mâcher, liqueurs, dentifrices,
médicaments, cigarettes, cosmétiques, etc.

CONSERVATION La menthe fraîche se garde quelques jours au réfrigérateur; séchée et placée à l'abri de l'air et du soleil, la menthe conserve sa
saveur plus d'un an.

MIEL
Nom anglais: *honey*

Fabriqué par les abeilles, le miel est utilisé par les humains depuis des millénaires. Rare au début, il fut d'abord réservé au culte
religieux, aux dirigeants et pour soigner. On s'en servait pour vé-
nérer les dieux, baptiser, nourrir les animaux sacrés, embaumer les
morts, comme tribut, pour embellir la peau, soigner, etc. Le miel
fut ensuite utilisé comme édulcorant, entrant dans les aliments tant
salés que sucrés. Tout au long de l'histoire, une mythologie s'est
développée autour du miel, vantant ses nombreuses vertus médicinales (purificateur, fertilisant, antiseptique, tonifiant, sédatif, fébrifuge, apéritif, digestif, etc.) et l'érigeant en symbole de vie et de
richesse.

La production du miel par les abeilles est fascinante. Elle comporte un certain nombre d'étapes; d'abord et avant tout, les abeilles
doivent collecter le nectar, un suc sécrété et filtré par les nectaires
des fleurs. Pour ce faire, elles peuvent parfois patrouiller jusqu'à
12 km de distance. En temps de collecte, les abeilles, qui commencent à travailler dès la troisième semaine de leur existence,
peuvent effectuer de 7 à 24 voyages par jour, chaque voyage durant
de 25 minutes à 2 heures et demie et permettant la visite de 1 à
1 400 fleurs.

Les abeilles transforment le nectar en miel en le digérant, c'est-
à-dire en lui ajoutant des sécrétions acides provenant d'une glande
située à la base de leur langue, jusqu'à ce que le sucrose (saccharose) soit converti en glucose et en fructose et que le nectar soit
suffisamment concentré en sucre. Le nectar ainsi transformé en
miel est finalement régurgité dans des alvéoles de cire où il est
recouvert d'une mince couche de cire (opercule) et ventilé s'il y a
un excès d'eau. Le miel sert à nourrir les abeilles; les abeilles produisent également un miel spécial sécrété par les glandes du
pharynx des jeunes abeilles et destiné à la reine, on le nomme
gelée royale et sa valeur nutritive est élevée.

Les abeilles tendent à collecter une seule sorte de nectar lorsqu'elles patrouillent, ce qui contribue à produire des miels dis-

tincts, à saveur propre. La qualité et la quantité de miel sont déterminées par des facteurs comme la topographie des lieux, la nature et la richesse du sol, l'exposition des plantes au soleil et la pluie.

L'extraction du miel des alvéoles peut s'effectuer de deux façons. La première, plus répandue, consiste à sectionner l'opercule ou à écraser les alvéoles puis à égoutter le tout dans une centrifugeuse. Dans l'autre, moins courante, il s'agit tout simplement de laisser égoutter les alvéoles écrasées. Le miel doit ensuite être filtré pour que soient éliminés les résidus de cire.

Il existe une très grande variété de miels; on les divise en miels spécifiques faits à partir du nectar d'une seule variété de plantes et en miels mélangés; soit que les abeilles ont butiné plusieurs espèces de plantes, soit que le commerçant a combiné plus d'une variété de miels. L'origine du nectar influence la couleur du miel, sa saveur et sa consistance. Le miel prend toute une gamme de colorations allant du blanc au presque noir, en passant par les teintes de brun, de roux et de blond. Plus il est foncé, plus sa saveur est prononcée. Parmi les miels les plus courants, le miel de trèfle, d'acacia et de luzerne sont pâles et de saveur modérée, le miel de sarrasin est foncé et de saveur forte.

VALEUR NUTRITIVE   Le miel contient entre 75 et 80 % de sucres, comprenant en moyenne 5 % de saccharose, 25 à 35 % de glucose, 35 à 45 % de fructose et 5 à 7 % de maltose. S'y trouvent également entre 17 et 20 % d'eau, un peu de protéines (0,3 à 0,5 %), une quinzaine d'acides en petite quantité (0,6 % environ), très peu de sels minéraux (surtout phosphore, potassium et calcium) et une infime partie de vitamines.

Au volume, le miel renferme plus de calories que le sucre; la différence est d'environ 35 % tandis que par poids, il en a environ 21 % de moins; cette différence provient de son contenu en eau; 15 ml (1 cuillerée à soupe) de miel donnent 64 calories. Le pouvoir sucrant du miel est deux fois plus élevé que celui du sucre (saccharose).

Le miel n'est guère meilleur pour la santé que le sucre car il est métabolisé de façon identique. Même s'il semble qu'il serait assimilé un peu plus lentement à cause de sa haute teneur en fructose, il aurait les mêmes effets que le sucre, sur les caries dentaires par exemple (voir sucre, p. 516). Il présente cependant l'avantage d'être exempt des divers produits employés lors du raffinage du sucre (voir sucre, p. 516). Il n'est pas recommandé pour les enfants âgés de moins d'un an à cause du risque de botulisme.

ACHAT   Le miel se vend liquide ou crémeux, c'est-à-dire ayant subi un barattage. Ne pas s'étonner s'il est recouvert d'une mince couche blanchâtre ou s'il renferme des traînées blanchâtres, elles proviennent de bulles d'air restées prisonnières. On observe ces phénomènes dans le miel non pasteurisé, miel qui conserve intacte toute sa valeur nutritive car il n'a pas subi le traitement thermique qu'impose la pasteurisation. Ce miel a tendance à se solidifier quand il n'est pas utilisé rapidement; il se liquéfiera s'il est mis en contact avec de la chaleur. Mettre le récipient contenant le miel dans de l'eau chaude (50 à 60 °C). Ne pas faire bouillir l'eau quand le récipient est présent car cela diminue la valeur nutritive du miel; reprendre l'opération si le miel se solidifie à nouveau. À l'achat, s'assurer que le miel est pur à 100 %; il arrive qu'il ait été falsifié avec du sucre.

UTILISATION   Le miel entre dans la fabrication d'une multitude de produits même non alimentaires. On en met dans des médicaments et des produits de beauté. Il est l'élément de base de l'hydromel, une boisson très estimée dans les temps anciens, dont on a dit qu'elle provenait des dieux. On peut en faire du vin et du vinaigre. En cuisine, le miel entre non seulement dans une variété presque infinie de mets sucrés (pâtisseries, pain d'épices, gâteaux, flans, crèmes, yogourts, biscuits, bonbons, nougats, sirops, sauces, etc.), il assaisonne aussi des plats salés (poulet, charcuterie, agneau, canard, couscous, etc.) et sucre tartines, thé, café et tisanes.

On peut l'utiliser pour remplacer le sucre: y aller graduellement au début pour s'habituer à la saveur plus prononcée;

- dans les recettes, remplacer 240 ml (200 g) de sucre par 180 ml (250 g) de miel et réduire la quantité de liquide de 45 ml;
- surveiller le temps de cuisson et diminuer la température de cuisson de 10 °C pour les pâtisseries car le miel tend à faire brunir plus rapidement les aliments;
- le miel peut remplacer jusqu'à 25 % du sucre dans les confitures et les gelées; la consistance et la couleur sont très peu affectées; quant à la saveur, la question est plus complexe; les confitures et gelées de fruits à saveur douce goûtent plus le miel en vieillissant tandis que les confitures et gelées de fruits à saveur prononcée goûtent moins.

Le miel se mesure plus facilement quand il est tiède et si on le verse dans un récipient huilé (l'huile l'empêche de coller); dans les recettes qui demandent de l'huile et du miel, mesurer l'huile en premier.

CONSERVATION   Le miel se conserve presque indéfiniment bien scellé et placé dans un endroit frais et sec car le sucre agit comme agent de conservation; il peut se congeler. Une température élevée change sa texture et peut le rendre plus foncé; le froid l'épaissit et le cristallise. Ne pas l'entreposer dans des contenants en métal car les acides qu'il contient attaquent celui-ci.

MILLET

Setaria italica, Panicum miliaceum, etc., **Graminées**
Nom anglais: *millet*

Nom donné à plusieurs espèces de céréales. En Afrique tropicale où ces céréales occupent une place de choix dans l'alimentation, on les appelle souvent «mils» ou «petits mils». Originaire d'Asie et d'Afrique, le millet fut cultivé dans les temps anciens notamment en Inde, en Égypte et en Chine. En Europe, le millet fut couramment consommé jusqu'au XVIIᵉ siècle; il le demeure aujourd'hui surtout en Europe de l'Est. En Amérique du Nord, on le cultive presque exclusivement pour nourrir les oiseaux et le bétail.

Le millet est sensible au froid; il peut croître dans des sols appauvris. La plupart des espèces sont à panicules et non pas à épis comme la majorité des autres céréales; plusieurs atteignent de 50 cm à 1 m 20 de hauteur. Les grains de millet sont petits et ronds; ils peuvent être dans les teintes de gris, de jaune paille, de rouge, de blanc ou de brun rougeâtre. Ils sont décortiqués puis laissés tels quels, mis en flocons ou moulus.

VALEUR NUTRITIVE Le millet contient en général de 9 à 11 g de protéines, de 3 à 4 g de matières grasses, de 68 à 73 g d'amidon et de 325 à 350 calories/100 g. C'est la céréale la plus équilibrée au point de vue de ses acides aminés essentiels; elle a des déficiences comme toutes les céréales mais en moindre quantité (voir céréales, p. 113).

Le millet est riche en phosphore, fer, potassium, magnésium, manganèse et niacine; il est pauvre en calcium et en chlore et il est démuni de sodium. C'est une des rares céréales alcalinisantes, elle est peu allergène et très facile à digérer. Sa haute teneur en silice serait à l'origine de sa saveur particulière et aurait un effet positif sur le niveau de cholestérol sanguin et sur les os. On croit que le millet est légèrement laxatif et qu'il prévient la formation de calculs biliaires, d'ulcères d'estomacs et de colites. Il possède une substance mucilagineuse qui serait bénéfique pour la vessie, les reins et tout le système gastro-intestinal.

CUISSON Cuire le millet une vingtaine de minutes dans deux ou trois parties de liquide par partie de grains. Le mettre à tremper préalablement ou le griller environ 5 minutes à sec ou avec un peu d'huile changent légèrement sa saveur; rôti, il acquiert un goût de noisette. Régler le feu à moyen et brasser constamment le millet pour l'empêcher de brûler, puis verser un liquide bouillant en surveillant les éclaboussures.

UTILISATION Le millet peut être substitué à la plupart des autres céréales; sa saveur prononcée n'est pas toujours appréciée cependant. On l'incorpore entre autres dans les potages, les omelettes, les croquettes, les tourtières, les puddings, le müesli et les granolas. On le cuit aussi comme le gruau ou on le transforme en boisson alcoolique. On peut également le mettre à germer comme la luzerne. Moulu, on peut s'en servir pour enrichir des aliments; on l'intègre notamment aux pains, tartes, muffins et biscuits.

CONSERVATION   Voir céréales, p. 113.

MISO

Nom anglais: *miso*

Pâte fermentée, habituellement très salée, faite à partir des haricots de soya. Principalement utilisé comme condiment, le miso est originaire d'Asie. Il est connu en Chine depuis environ 2 500 ans; au Japon, on le fabriqua à partir du VIIe siècle. Sa fabrication relève d'un art complexe dont l'importance est souvent comparée à celle du fromage et du vin pour les Occidentaux.

«Miso» est un terme japonais; les Chinois appellent cette pâte *chiang* et les Vietnamiens *chao do*. Les procédés de fabrication du miso sont nombreux et diffèrent légèrement d'un pays à l'autre, ce qui entraîne des variations de saveur, de couleur et de texture. Seulement au Japon, des boutiques spécialisées, qui ne vendent que du miso et des produits marinés au miso, offrent de 40 à 50 variétés de miso. Le miso de riz y est le plus populaire, à tel point que l'appellation «miso» désigne généralement le miso de riz, à moins de spécification contraire. La popularité actuelle de ce miso s'explique en partie par le fait que le riz fut longtemps réservé à l'aristocratie.

Traditionnellement, le miso est préparé dans des barils de cèdre mesurant environ 2 m de hauteur. On incorpore aux haricots de soya du sel, des moisissures pour la fermentation (*Aspergillus oryzae*) et, selon le résultat désiré, du riz ou de l'orge. La fermentation s'effectue en deux étapes; dans un premier temps, la céréale est mise à tremper toute une nuit puis elle est cuite. Une fois refroidie, on lui ajoute les spores et on laisse le tout fermenter environ 45 heures dans une pièce chaude et humide. À cette étape, la céréale est recouverte de moisissures et on la nomme koji. Dans un deuxième temps, le koji est émietté puis incorporé aux haricots de soya cuits; on ajoute un peu de leur eau de cuisson, du sel et une petite quantité de miso provenant d'une fermentation antérieure. Ce mélange final est broyé plus ou moins grossièrement, puis il est entassé dans les barils de cèdre pour la fermentation finale.

Le miso est disponible sous sa forme naturelle traditionnelle et sous une forme «rapide» d'invention plus récente. Trois principes gouvernent la fabrication du miso naturel: une lente fermentation qui dure de 6 mois à 3 ans, l'utilisation d'ingrédients exclusivement naturels, donc sans substituts chimiques (sauf dans quelques cas où l'alcool éthylique sert d'agent de conservation), et pas de pasteurisation. Les misos naturels sont très savoureux et ont une texture consistante; ils contiennent souvent des morceaux de haricots de soya et de koji.

Le miso «rapide» est très peu fermenté, au maximum 3 semaines, parfois 3 jours, souvent moins, ce qui ne lui permet pas de développer une saveur, un arôme et une coloration de façon aussi complète; cela diminue aussi sa durée de conservation. On lui incorpore diverses substances chimiques, dont des agents de blanchiment, des colorants, du glutamate monosodique, de l'alcool éthylique et de l'acide ascorbique. La fermentation s'effectue dans une atmosphère contrôlée puis le miso est pasteurisé afin que soient neutralisés les micro-organismes qui émettent des gaz, qui font parfois gonfler et rompre l'empaquetage de polyéthylène dans lequel le miso est souvent vendu. La disparition de ces micro-organismes diminue les vertus médicinales du miso. La texture du miso rapide est plus fine car la pâte est broyée à deux occasions, dans les barils pour réduire le temps de fermentation et lors de la pasteurisation, pour renforcer son effet. Il est plus sucré car il contient une plus grande proportion de koji et peu de sel (toujours dans le but d'accélérer la fermentation).

Chaque miso possède une couleur, une texture, une saveur, un arôme et une valeur nutritive caractéristiques. La couleur peut varier du brun très foncé au jaune pâle en passant par des tons de rouge ou de beige. Un miso foncé sera généralement plus fermenté, donc plus salé. À l'inverse, un miso pâle a moins fermenté et est plus sucré. L'orge donne généralement un miso plus foncé que le riz et plus pâle que le soya. La texture du miso est plus ou moins humide et plus ou moins lisse.

Le Japon a fait connaître le miso au monde occidental, qui a adopté l'appellation japonaise le désignant. Dans ce pays, le miso est souvent classé en 3 catégories comprenant le miso régulier, le miso spécial et le miso moderne.

Miso régulier. C'est le plus ancien et le plus courant. Il y en a trois types, le miso de riz, le miso d'orge et le miso de soya. Chacun comprend des variétés regroupées selon leur couleur (rouge, jaunâtre ou blanchâtre) et selon le fait qu'elles sont salées ou sucrées.

Les meilleurs misos de riz salés sont obtenus par une longue fermentation naturelle. Le riz, par sa richesse en glucose et autres sucres naturels, sert aussi de base au koji dans la plupart des misos sucrés et doux. On trouve donc une grande variété de misos de riz.

Le miso d'orge régulier est généralement plus foncé et plus salé que le miso de riz. Le miso d'orge possède le plus souvent une texture où des morceaux de koji ou de soya sont bien identifiables. Il prend plus de temps à fermenter que le miso de riz car l'orge est moins sucrée.

Le miso de soya renferme moins d'hydrates de carbone et nécessite une période de fermentation plus longue, qui varie entre 8 mois et 3 ans, selon les variétés. Le «hatcho miso» possède une couleur foncée, un goût modérément salé et un arôme inégalable qui sont obtenus grâce à un ensemencement spécial et une longue fermentation qui dure au moins 16 mois.

Miso spécial. Sont désignées sous ce terme deux variétés de misos, le «namemiso» (littéralement «miso à lécher» en français et «finger licking» en anglais) et le «nerimiso» («miso sucré et mijoté», «sweet simmered» miso en anglais). Ces misos se distinguent par le fait qu'ils sont passablement sucrés, qu'on les cuit rarement, les utilisant plutôt comme garniture ou comme assaisonnement (des céréales, des légumes, du tofu, etc.), et qu'ils se conservent plus difficilement (très peu de temps à la température de la pièce et jusqu'à un mois au réfrigérateur).

Le namemiso contient 15 % de haricots de soya, environ 10 % de légumes marinés finement hachés et 75 % d'un koji particulier fait habituellement d'orge ou de blé. Ce miso de couleur brun pâle est sucré à cause de la grande quantité de koji à base de céréales; sa texture ressemble à celle d'une compote de pomme granuleuse. Il en existe diverses variétés.

Le nerimiso consiste en un miso régulier mélangé à un édulcolorant (miel ou sucre), auxquels on ajoute un peu d'eau ou de saké, des noix, des graines, des légumes, des fruits de mer et des épices. Cette pâte est mise à cuire doucement jusqu'à ce qu'elle redevienne aussi épaisse qu'un miso régulier. Ce miso n'est jamais utilisé dans les soupes.

Miso moderne. Cette catégorie regroupe les misos créés depuis 1945. On trouve le miso déshydraté («kanso miso» ou «kona miso»), le miso sans sel ou partiellement salé («gen-en miso» et «mu-en miso»), des mélanges de misos («chogo» ou «awasé miso») et des misos inventés aux États-Unis («promiso» et «savarex»).

Ces misos peuvent contenir divers ingrédients, entre autres des légumes, des algues, des assaisonnements et des produits chimiques. Aux États-Unis, on a innové quant aux ingrédients utilisés: lentilles, pois chiches, haricots aduki, haricots noirs, pois et de nombreuses variétés de haricots du genre *Phaseolus vulgaris* remplacent les haricots de soya; on incorpore également de l'okara, du natto et du koji de millet, de blé, de maïs ou de sarrasin.

VALEUR NUTRITIVE   La valeur nutritive des misos est très variable; elle dépend des ingrédients et des procédés de fabrication. En général, les misos contiennent de 11 à 20 g de protéines, de 2 à 10 g de matières grasses, de 12 à 30 g d'hydrates de carbone et de 140 à 205 calories/100 g. Le miso traditionnel est riche en sel (10 à 14 %). Les misos contiennent divers sels minéraux dont du calcium, du fer et du phosphore.

Le miso non pasteurisé a une grande valeur nutritive; à l'instar du yogourt et des autres produits fermentés, c'est un aliment vivant. Il renferme des bactéries d'acide lactique (0,5 à 1 %), des enzymes, des levures et divers autres micro-organismes dont les effets bénéfiques sur la santé sont nombreux. Ses protéines sont d'un haut niveau, d'une part à cause de la richesse des protéines de soya, d'autre part parce que les protéines des haricots et des céréales se complètent et que la fermentation les améliore. Ses matières grasses sont pour la plupart non saturées. Le processus de fermentation traditionnel agit sur les divers éléments nutritifs qu'il transforme en formes plus simples, le corps humain n'a donc pas besoin de fournir autant de travail pour les digérer et il les assimile mieux.

Les Japonais attribuent au miso des vertus innombrables; à l'instar des Occidentaux qui disent qu'«une pomme par jour éloigne le médecin», ils affirment qu'un bol de soupe de miso par jour a le même effet. Parmi ses nombreuses propriétés médicinales, on dit que le miso est bénéfique pour le système digestif (un breuvage ou une soupe au miso aideraient à restaurer la flore intestinale détruite par les antibiotiques), qu'il a la propriété d'aider l'organisme à se débarrasser des éléments toxiques, dont les métaux lourds, et qu'il protège contre la pollution et les maladies, et ce, grâce à un alcaloïde.

ACHAT

Le miso est habituellement vendu dans un sac hermétique en polyéthylène. Il peut aussi être disponible en vrac, dans des tubes de plastique ou dans des contenants en verre. À l'achat, lire attentivement l'étiquette pour vérifier la composition, la présence d'additifs et si le miso a été pasteurisé.

UTILISATION

Le miso rehausse la saveur et la valeur nutritive des aliments. Son utilisation est des plus variée; il se met dans presque tout (potages, sauces, bouillons, pâtes alimentaires, céréales, pizzas, tofus, salades composées, légumes, vinaigrettes, fruits de mer, viandes, marinades, œufs, crêpes, tartes, etc.). Il peut remplacer le sel et le tamari dans la plupart des recettes; son emploi rend superflu et même non souhaitable l'ajout de sel.

Les misos sucrés sont utilisés plus volontiers avec les légumes, les sauces, les pâtes à tartiner et les desserts. Le miso peut remplacer le café du matin; la soupe au miso fait partie du déjeuner d'environ 75 % des Japonais. Cet aliment nourrissant est aussi un excellent stimulant dépourvu des effets nocifs du café.

Autant que possible ne pas cuire le miso puisque la cuisson détruit les micro-organismes qu'il contient. L'ajouter en fin de cuisson; de préférence, le délayer à part dans un peu de bouillon ou d'eau chaude.

CONSERVATION   Tenir le miso à l'abri de l'air. Le miso sucré se conserve au réfrigérateur. Le miso salé peut se garder à la température de la pièce, sauf quand il fait très chaud; la réfrigération empêche la formation de moisissures qui apparaissent sur le miso non pasteurisé et exempt d'additifs. Ces moisissures ne sont pas dommageables cependant, il suffit de les enlever.

MOLLUSQUES

Autres noms: *coquillages, fruits de mer*
Nom anglais: *mollusc*

Animaux invertébrés au corps mou, faisant partie d'une grande famille divisée en trois branches: les gastéropodes, les lamellibranches et les céphalopodes.

Les gastéropodes *(escargot, bigorneau, buccin)* n'ont qu'une coquille en colimaçon. Ils se déplacent à l'aide d'un «pied» aplati et sont les seuls à être terrestres ou aquatiques.

Les lamellibranches *(huître, palourde, clam, coquille Saint-Jacques, pétoncle, moule, praire, vanneau, clovisse, mye)* sont appelés bivalves car ils ont deux coquilles (ou coquillages). Leurs branchies ressemblent à des lamelles, d'où leur appellation. La plupart sont sédentaires: ils restent posés sur le fond de la mer, se nichent sur des rochers ou autres aspérités ou s'enfouissent dans le sable. Le pétoncle, la coquille Saint-Jacques et le vanneau peuvent nager en se propulsant par la fermeture brusque de leurs coquilles qui, en expulsant de l'eau, les déplacent.

Les céphalopodes *(calmar, encornet, poulpe, pieuvre, seiche et sépiole)* n'ont pas de carapace extérieure. Elle est remplacée par un cartilage interne ou même un os dans le cas de la seiche. Les céphalopodes sont munis de nombreux «bras» ou tentacules (8 à 10) qui se terminent par des ventouses, dont ils se servent pour saisir leurs proies ou pour se déplacer.

Les coquillages ne sont pas toujours propres à la consommation. Ils deviennent toxiques lorsque l'eau dans laquelle ils vivent est polluée ou lorsque apparaissent dans leur entourage des algues plantoniques toxiques dont ils se nourrissent, en particulier la *Gonyaulax tamarensis*. Cette toxine, surtout présente dans les coques, les myes et les moules, cause une intoxication paralysante dont les premiers symptômes consistent en un engourdissement et un picotement des lèvres, de la figure et des doigts. Ces symptômes s'étendent aux bras et aux jambes, puis sont suivis d'une faiblesse généralisée, d'une respiration ardue, d'une paralysie et finalement d'un étouffement. Cette toxine se loge surtout dans le système digestif et les branchies des mollusques. Sauf pour les mollusques vendus en magasin ou par des personnes fiables, ne jamais consommer de ces animaux si on ignore leur provenance, la salubrité de leur habitat ou s'ils ont été exposés à des périodes prolongées de marées basses (surtout l'été).

VALEUR NUTRITIVE Les mollusques sont surtout riches en protéines et en sels minéraux; ils contiennent très peu de matières grasses. Ils sont parfois cause de réactions allergiques (urticaire, douleurs abdominales, etc.) chez des personnes plus sensibles.

ACHAT Les coquillages doivent rester vivants jusqu'au moment d'être consommés ou cuits, sinon ils deviennent toxiques. À l'achat, choisir ceux qui sentent bon et dont les coquilles sont intactes. Si les bivalves sont entrouvertes, les frapper pour qu'elles se referment et laisser de côté celles qui demeurent béantes, ou encore tenter de faire glisser les coquilles; si elles résistent, c'est qu'il y a de la vie. Elles devraient encore contenir de l'eau. Les mollusques enroulés dans leurs coquilles devraient émettre un son sourd lorsqu'on les frappe. Les poulpes, calmars et seiches frais devraient être fermes, d'un blanc laiteux, de préférence recouverts de leur enduit visqueux et conservés sur de la glace.

Tous les mollusques, sauf l'huître, doivent être lavés à l'eau courante avant d'être cuits ou mangés crus; quand ils sont remplis de sable, les tremper une heure ou deux dans de l'eau très salée. Seul le pétoncle doit être lavé après que ses coquilles se sont ouvertes.

PRÉPARATION Toujours préparer les mollusques dans de bonnes conditions hygiéniques, en particulier s'ils sont mangés crus. Pour les ouvrir lorsqu'ils sont vivants, couper les muscles adducteurs qui retiennent les coquilles ensemble, soit en introduisant un couteau entre les coquilles, soit en profitant du moment où les bivalves sont entrouvertes (c'est plus facile mais aussi plus long).

UTILISATION Plusieurs mollusques peuvent être mangés crus ou cuits (huître, pétoncle, palourde, clovisse, praire), alors que d'autres ne se consomment qu'après cuisson (bigorneau, buccin). Ne pas trop les cuire car ils deviennent recroquevillés et coriaces ou, s'ils sont cuits dans un bouillon, mous et pâteux. La croyance populaire qui dit de ne manger les mollusques que durant les mois en r n'est pas erronée. En plus d'être les mois où la chair est meilleure, c'est aussi le moment où l'eau est la plus froide, donc où les bactéries se développent le moins.

CONSERVATION Les mollusques se conservent quelques jours au réfrigérateur.

MORILLE

Morchella spp, **Discomycètes**

Noms anglais: *morel, sponge mushroom*

Champignon comestible dont le chapeau globuleux ou conique est orné de multiples alvéoles qui lui donnent une apparence poreuse. Il existe une dizaine d'espèces de morilles comprenant les morillons; leur chapeau couleur ocre ou brunâtre atteint de 6 à 12 cm de hauteur. Ce chapeau surmonte un pied assez large, généralement de même grandeur, de coloration blanchâtre, grisâtre ou jaunâtre.

La morille est un champignon de printemps relativement rare et très recherché car il est particulièrement savoureux; elle est assez dispendieuse. On a réussi à la cultiver mais cette culture demeure marginale.

VALEUR NUTRITIVE   La morille contient 3 g de protéines, 4 g d'hydrates de carbone et 28 calories/100 g. Elle est riche en fibres et en vitamine D.

PRÉPARATION   Ce champignon est difficile à nettoyer car ses alvéoles retiennent les saletés; de plus, il n'aime pas l'eau, qui lui fait perdre de la saveur. Le laver délicatement et rapidement dans plusieurs eaux; si nécessaire, nettoyer les cavités avec un petit pinceau.

UTILISATION   La morille doit être cuite longtemps à feu doux. Elle est souvent associée à la crème, qui la met en valeur.

ACHAT ET CONSERVATION   Voir champignons, p. 120.

MORUE

Gadus spp (*G. morhua* dans l'Atlantique,

G. macrocephalus dans le Pacifique), **Gadidés**

Autres noms et espèces: *cabillaud, morue verte, goberge* (Pollachius virens),

lieu jaune (ou *colin jaune*, Pollachium pollachius)*; lingue* (Molva molva),

merlu argenté (Merluccium bilinearis), *merluche blanche* (*merlan, merlu*

ou *merluche,*Urophycis tenuis*); merlan* (Gadus merlangus), *lotte* (Lota lota),

capelan de France (Trisopterus minutus)

Nom anglais: *cod*

Un des poissons les plus pêchés à travers le monde et ce, depuis les temps anciens. L'importance commerciale de la morue fut considérable en Europe, en particulier au Moyen Âge. Étant facile à sécher, à fumer et à saler, elle était accessible à un grand nombre de personnes car elle supportait le transport et se conservait bien.

La morue affectionne les eaux froides et profondes des mers. Son corps lourd, charnu et allongé est recouvert de petites écailles. Elle a une grosse tête, une bouche largement fendue et un mince barbillon proéminent sous le menton. Elle atteint en général de

80 cm à 1,5 m de long et pèse entre 10 à 45 kilos. Elle a trois grandes nageoires dorsales, deux anales et une queue presque carrée. La couleur de sa peau est très variable car elle s'adapte à son environnement. Une ligne latérale plus pâle va de la tête à la queue. La morue se déplace en bancs importants, surtout lors de la période de reproduction. Très prolifique, elle pond environ 5 millions d'œufs flottants.

La morue est vendue sous un grand nombre de formes et de noms. À l'état frais, on la nomme souvent «cabillaud», surtout en Europe. Quand elle est décapitée, vidée, débarrassée de son arête principale et salée sur le bateau, on l'appelle «morue verte». Le terme «morue» s'applique aux filets, salés ou non. Ce poisson est également congelé, mis en conserve, fumé («stockfish»), salé («kippers») ou séché. Ses œufs sont vendus frais, congelés, fumés ou salés. Sa langue, ses joues et son foie sont également comestibles. On tire du foie une huile, source importante de vitamine D.

VALEUR NUTRITIVE

La chair d'un blanc laiteux est maigre, délicate et ferme, quoique sa fermeté dépende de la fraîcheur et de la grosseur de la morue (plus elle est petite, plus elle est tendre). Crue, elle contient 17,6 g de protéines, 0,3 g de matières grasses et 78 calories/100 g. Elle se défait facilement en flocons.

UTILISATION

La morue supporte très bien tous les modes de préparation et peut être substituée à plusieurs espèces de poissons. Lorsqu'elle est pochée, veiller particulièrement à ce qu'elle ne bouille pas: la laisser frémir 8 minutes dans le court-bouillon ou l'ajouter après que le liquide a bouilli; il faut alors enlever la casserole du feu, mettre le couvercle et laisser reposer 15 minutes. Les langues de morues sont souvent pochées avant de recevoir l'apprêt choisi (sauce, farine, etc.). Les mettre dans un liquide froid et les retirer au début de l'ébullition.

Pour dessaler la morue, la couper en morceaux puis la mettre dans une passoire, la peau sur le dessus (si elle est présente) afin que le sel ne puisse s'accumuler entre la chair et la peau. L'idéal est de mettre la passoire dans un grand récipient que l'on place sous un filet d'eau courante, cela permet au sel de disparaître au fur et à mesure que l'eau déborde, autrement il faut changer l'eau souvent. La morue salée et desséchée doit tremper au moins une nuit.

Les nombreux autres membres de la famille des Gadidés s'apprêtent comme la morue car leur chair est généralement similaire. Il est préférable cependant de s'adapter aux spécificités de chacun; ainsi, il n'est guère facile de lever les filets ou de farcir un très petit poisson, il est préférable de le cuire entier. Certains, comme le merlan, ont une chair plus délicate qu'on s'abstiendra de faire sauter ou de faire bouillir afin d'éviter qu'elle ne s'émiette;

la friture lui convient mieux. Il est possible d'interchanger ces poissons dans la plupart des recettes.

CONSERVATION   Voir poissons, p. 429.

MOULE

Mytilus edulis, **Mytilidés**
Nom anglais: *mussel*

Mollusque bivalve qui vit dans la mer près des côtes ou en eau douce. La moule s'accroche en grappes et se fixe sur les bancs de sable, les rochers ou tout autre objet grâce à sa capacité de sécréter un liquide filamenteux appelé «byssus».

La plupart des moules sur le marché sont cultivées. Cette possibilité semble avoir été découverte par hasard il y a plus de 700 ans par un Irlandais naufragé sur les côtes françaises. Une légende dit qu'il planta des pieux pour installer des filets afin d'être en mesure de se nourrir; en revenant sur les lieux de son naufrage quelques années plus tard, il constata que les moules avaient recouvert les pieux.

La moule a deux minces valves oblongues d'égale grosseur, un peu en forme de poires, habituellement lisses mais parfois striées concentriquement, de couleur noir bleuâtre, avec souvent des parties érodées pourprées. Les deux valves de la moule cultivée sont convexes tandis que chez la moule sauvage une des valves est concave. Leur intérieur est poli, luisant et irisé de blanc ou de gris pâle tandis que leurs bords sont plus foncés ou tout simplement pourpres. La moule atteint habituellement de 6 à 10 cm de long. Les ligaments qui la maintiennent fermée ressortent à l'extérieur. Il existe environ 40 espèces de moules en Amérique du Nord.

VALEUR NUTRITIVE   La chair contient 14 g de protéines, 2 g de matières grasses et 94 calories/100 g; elle est riche en phosphore, en calcium, en potassium, en sodium et en fer. La chair de la moule adulte est de couleur orange, celle de la moule plus jeune est blanchâtre. Plus ou moins ferme selon les espèces, elle est charnue, tendre et délicate chez la moule d'élevage.

La moule est très vulnérable à la pollution (voir mollusques, p. 344). La culture de la moule permet d'obtenir des moules exemptes de pollution, de sable et de parasites (source des petites perles grises si souvent présentes). Les moules sont laiteuses de mars à mai, puis deviennent coriaces en juin après avoir pondu; elles sont donc à leur meilleur en dehors de la période de laitance, ce qui correspond aux mois qui contiennent des r, comme le dit la sagesse populaire.

PRÉPARATION   Laver et brosser les moules. Il n'est pas nécessaire d'enlever tous les filaments car, si on en apprécie le goût, cela ajoute de la saveur au bouillon de cuisson. Éliminer les moules ouvertes et sans vie ou avec des valves endommagées, elles ne sont plus comestibles. Des moules particulièrement lourdes peuvent être remplies de boue ou de sable. Les jeter ou les mettre à tremper 1 heure ou plus dans de l'eau salée. Si on désire que les moules soient plus gonflées et plus blanches, ajouter 15 ml (1 cuillerée à soupe) de farine par litre d'eau. Il arrive qu'après avoir trempé ou avoir été grattée, la moule laisse échapper à l'extérieur son muscle adducteur et semble morte; pour s'assurer qu'elle est encore vivante, essayer de faire glisser les deux valves l'une sur l'autre; si elles ne bougent pas, c'est que la moule est en vie, sinon la jeter. Ne pas trop cuire les moules, en général le temps qu'elles s'ouvrent suffit.

UTILISATION   Les moules sont rarement mangées crues, sauf parfois lorsqu'elles sont pêchées en pleine mer et très fraîches. Cela demeure toujours risqué cependant car elles causent souvent des allergies. Les moules s'apprêtent de multiples façons: les moules marinières (cuites dans leurs coquilles avec vin, beurre, échalotes, persil et poivre) est peut être la plus connue (compter environ 1 kg par personne pour un repas principal). Les moules peuvent cependant être mises dans les potages, les ragoûts, les omelettes et les sauces; être grillées, gratinées, frites, cuites en brochette, etc. Selon la recette choisie, chauffer les moules le temps qu'elles s'ouvrent afin de pouvoir les détacher facilement puis les cuire tel qu'indiqué. Jeter les moules qui demeurent fermées après la cuisson. Les moules en conserve peuvent être mangées telles quelles, froides ou chaudes, ou elles peuvent être cuisinées.

CONSERVATION   Les moules vivantes se conservent 24 heures au réfrigérateur. Écaillées, baignant dans leur liquide et placées dans un contenant fermé hermétiquement, les moules se conservent entre 24 et 48 heures. Il est toujours préférable de les manger le plus tôt possible. Au congélateur, elles se gardent 4 mois.

MOUTARDE
Brassica spp ou *Sinapsis spp*, **Crucifères**
Nom anglais: *mustard*

Plante herbacée originaire du bassin méditerranéen et utilisée depuis les temps immémoriaux. Le terme moutarde est dérivé de l'expression «moût ardent». La moutarde est surtout connue comme condiment mais c'est aussi une plante aux feuilles comestibles appartenant à la même famille que le chou. Les espèces les plus courantes sont la moutarde noire, la jaune, la brune (ou ornementale, *B. juncea*) et la sauvage (ou sénevé, *B. sirvensis*). Des espèces cousines *(B. campestris)* sont aussi appelées moutarde, parfois moutarde chinoise ou chou chinois. Les variétés de moutardes les plus courantes en Occident sont la noire et la jaune.

Moutarde noire *(B. nigra)*. Cette plante annuelle atteint de 1 à 2 m de haut; ses feuilles lobées sont rudes et poilues. Elle produit de petites fleurs jaunes et des graines arrondies et lisses, devenant brun foncé lorsqu'elles sont mûres. Ces graines ont une saveur extrêmement riche et piquante, plus forte que celle de la moutarde jaune.

Moutarde jaune *(B. alba)*. Cette moutarde est appelée blanche en Europe car les conditions climatiques font que ses fleurs sont pâles. Haute d'environ 1 m, cette plante a des fleurs plus grosses que celles de la moutarde noire. Des capsules de graines velues et arrondies sont implantées sur la tige; elles contiennent habituellement 5 graines jaunes. Moins piquante, cette moutarde a un goût amer.

VALEUR NUTRITIVE

La moutarde contient 3 g de protéines, 0,5 g de matières grasses, 5 g d'hydrates de carbone et 30 calories/100 g. C'est un des légumes-feuilles les plus riches en vitamine A; son contenu en vitamine C, calcium, fer, phosphore et potassium est également important. On reconnaît à la moutarde diverses propriétés médicinales notamment celles d'être apéritive, digestive, désinfectante, antiseptique et vomitive. On dit qu'elle favorise la sécrétion des sucs gastriques et des glandes salivaires, stimulant l'appétit et facilitant la digestion si elle est utilisée modérément, autrement elle est irritante. On s'en sert en cataplasme. Sa saveur piquante lui vient de la myrosine et du myronate; ce dernier est absent de la moutarde jaune, ce qui explique pourquoi elle est moins forte.

UTILISATION

Les feuilles de moutarde peuvent être mangées crues ou cuites; elles s'apprêtent comme l'épinard ou le chou. On utilise les graines entières, moulues ou en pâte; on en tire aussi une huile fortement aromatique. Entières, les graines peuvent être employées telles quelles ou rôties; en Inde, on a coutume de les faire revenir dans de l'huile très chaude, elles éclatent un peu à la manière du maïs soufflé (ne les cuire qu'un petit moment car elles brûlent facilement et deviennent amères). On se sert des graines pour aromatiser une grande variété d'aliments: marinades, légumineuses, sauces, currys, etc. En poudre, la moutarde peut être ajoutée notamment à la vinaigrette et à la mayonnaise; on la délaie pour en faire une pâte qui a un usage semblable à celui de la moutarde préparée. En pâte, c'est la moutarde préparée familière qui aromatise à peu près tout.

Il existe plusieurs recettes pour fabriquer la moutarde en pâte. Le procédé de base consiste à mettre d'abord les graines à tremper plusieurs heures, car leur saveur ne se développe que lorsqu'elles sont mouillées. Ensuite, on les broie et on les assaisonne. La diversité vient avec la variété des graines utilisées, leur état, le liquide et les assaisonnements qu'on leur ajoute. La moutarde peut être plus ou moins forte, aromatisée à l'ail, à l'estragon, au paprika, aux fines herbes, au citron, au poivre noir, etc.

En France, plusieurs régions se distinguent par le liquide qu'elles emploient; ainsi à Dijon, on se sert du verjus (sucs de raisins) et du vin blanc, à Bordeaux, du moût (jus) de raisins, à Orléans et à Meaux, du vinaigre. Quant à la moutarde anglaise, elle se différencie de la moutarde française par son goût plus doux et par le fait qu'elle se prépare à partir de poudre et non de graines. On relève cette poudre avec du gingembre et du curcuma (parfois de la coriandre et de la cardamome).

CONSERVATION   La moutarde préparée se conserve au réfrigérateur dans un récipient bien fermé car elle s'affadit à la température de la pièce. La poudre de moutarde et les graines entières doivent être rangées au sec et à l'abri de la chaleur. L'huile se garde au réfrigérateur ou dans un endroit frais. Les feuilles se conservent quelques jours au réfrigérateur et se congèlent comme l'épinard.

MUGE ou MULET
Mugil spp, **Mugilidés**
Noms et surnoms: *muge cabot* ou *mulet gris* (M. cephalus), *mulet doré*
(M. auratus), *mulet de Méditerranée* ou *capitan*
Nom anglais: *mullet*

Poisson très répandu le long des côtes de l'Atlantique et du Pacifique où l'eau est chaude, et qui aime également s'aventurer dans les eaux saumâtres ou douces. Le muge fait partie d'une famille comprenant environ 10 genres et plus de 100 espèces, souvent difficiles à différencier. Son corps cylindrique et fuselé est recouvert d'écailles. Sa grosse tête courte et aplatie est ornée de nageoires évoquant des oreilles de mulet (d'où son nom). Il a une petite bouche renfermant peu de dents. Son museau et sa couleur varient selon les espèces. Il peut atteindre de 30 à 75 cm de long et peser 3 ou 4 kg. Il a la curieuse habitude d'introduire dans sa bouche en même temps que sa nourriture de la boue qu'il filtre et qu'il rejette après en avoir extrait les particules assimilables. C'est pourquoi il lui arrive d'avoir un goût de vase quand il est pêché en eau douce; le mettre à tremper dans de l'eau salée et vinaigrée jusqu'à ce que la senteur disparaisse.

VALEUR NUTRITIVE   La chair demi-grasse est ferme, floconneuse et fine. Elle contient 19,6 g de protéines, 7 g de matières grasses et 146 calories/100 g. Blanche aux deux tiers, elle est formée pour un tiers d'une bande plus foncée et plus grasse qui s'émiette facilement et qu'il est préférable d'enlever pour la congélation ou si on veut diminuer l'ingestion de matières grasses. Les œufs sont excellents.

UTILISATION   Vider et écailler le muge en prenant soin de laisser la peau intacte; on peut ensuite l'apprêter de diverses façons (entier, en filets ou en tranches; poché, grillé, cuit à la poêle, fumé, salé, etc.). Ce poisson peut être mangé chaud ou froid.

CONSERVATION   Voir poissons, p. 429.

MÛRE

Rubus spp, **Rosacées**
Noms anglais: *blackberry, bramble*

Fruit du mûrier, ronce buissonnante ou grimpante appartenant à la même famille que le framboisier. Le mûrier devrait son nom au fait qu'il grimpe sur les murs; on ne doit pas le confondre avec l'arbre qui porte le même nom et qui appartient à la famille des Urticacées. Environ 150 espèces de mûres ont été recensées; plusieurs croissent à l'état sauvage. La mûre cultivée a souvent été croisée avec la framboise (baie de Logan, de Boysen, etc.).

La mûre est une petite baie semblable à la framboise; noire ou rouge plus ou moins foncé, elle peut occasionnellement être blanc jaunâtre. La noire présente une difficulté particulière lorsqu'il s'agit de la récolter, car elle devient noire avant d'arriver à maturité. Il faut la cueillir seulement lorsqu'elle est molle et qu'elle se détache facilement, moment où elle est le moins acide et le plus sucrée. Comme pour la framboise, le meilleur moment pour effectuer la cueillette est le matin.

VALEUR NUTRITIVE   La mûre contient 0,7 g de protéines, 0,4 g de matières grasses, 13 g d'hydrates de carbone et 52 calories/100 g. Elle est riche en acide folique, en vitamine C et en potassium.

UTILISATION ET CONSERVATION   On utilise la mûre comme la framboise et elle se conserve de la même façon.

MURÈNE

Muraena helena, **Murénidés**
Nom anglais: *moray*

Poisson marin dépourvu de nageoires, qui ressemble à une grosse anguille ou au congre. La murène habite les eaux tropicales ou subtropicales; on la retrouve dans le Pacifique et la Méditerranée. Elle fait partie d'une famille comprenant 8 genres. Son corps a la forme d'un serpent aplati et peut atteindre 1 m 50 de long. Sa tête comprimée est petite et sa bouche est munie de fortes dents crochues très tranchantes. Sa morsure est d'ailleurs dangereuse car la murène possède une poche de venin dissimulée à la base des dents. Sa peau nue et très visqueuse est de couleur variée, souvent brun sombre, marbré de jaune et de noir, toujours très bariolée.

VALEUR NUTRITIVE   La murène contient 16 g de protéines, 12 g de matières grasses et 176 calories/100 g.

UTILISATION   La murène s'apprête comme le congre ou l'anguille. Sa chair grasse et fine n'a pas d'arêtes, sauf dans la queue. Sa saveur ne fait pas l'unanimité: certaines personnes l'apprécient énormément alors que d'autres la trouvent fade.

CONSERVATION   Voir poissons, p. 429.

MUSCADE

Myristica fragans, **Myristicacées**
Noms anglais: *nutmeg, mace*

Fruit du muscadier, arbre des climats tropicaux qui serait originaire des îles Moluques. Le muscadier atteint jusqu'à 10 ou 12 m de hauteur; il est muni de longues feuilles persistantes et odorantes d'un vert foncé et il produit de petites fleurs jaunes. Son fruit de couleur jaune or ressemble à un abricot. Lorsqu'il est mûr, il se sépare en deux et dévoile une noix brune et dure qui ressemble à une olive; elle est protégée par une mince membrane ligneuse rouge vif nommée «macis». La noix de muscade mesure habituellement de 2 à 3 cm de long et de 15 à 18 mm de diamètre. Elle est souvent blanchie à la chaux afin d'être protégée contre les insectes. Le macis sera plaqué en lames ou réduit en poudre d'une belle couleur orangée; sa saveur est moins piquante et moins prononcée que celle de la muscade, qui est chaude et épicée.

VALEUR NUTRITIVE   La muscade est riche en nutriments divers; elle contient des protéines à l'état de traces, 0,8 g de matières grasses, 1,1 g d'hydrates de carbone et 12 calories/5 ml (1 cuillerée à café). Cette épice a certaines vertus digestives. Prise à dose modérée, elle s'avère un excellent sédatif doux; à forte dose, elle aurait des effets narcotiques et toniques.

ACHAT   La noix de muscade conserve plus de saveur si elle est entière que lorsqu'elle est moulue. Il est préférable d'en râper au fur et à mesure des besoins. À l'achat, la choisir dure et lourde; on pourra s'assurer de sa fraîcheur en la coupant légèrement pour vérifier si une mince pellicule huileuse se forme. Le macis, quant à lui, s'achète en poudre ou en fines lames.

UTILISATION   La muscade a une utilisation variée, tant avec les mets sucrés que salés. Elle aromatise gâteaux, puddings, tartes, compotes, crèmes, fruits, pommes de terre, choux, épinards, œufs, fromages, sauces, soupes à l'oignon, escargots, viandes, marinades, etc. On s'en sert pour parfumer liqueurs, punchs, vin chaud et plusieurs autres breuvages. Sa haute teneur en lipides permet de fabriquer un beurre de muscade très odorant. Le macis est très utilisé dans les pâtisseries, la charcuterie et dans les mélanges d'épices. Il peut cependant avoir la même utilisation que la muscade qu'il remplace facilement, créant une diversité dans la saveur obtenue.

CONSERVATION　　Voir épices, p. 188.

NATTO

Nom anglais: *natto*

Nom japonais d'un condiment fait à partir de haricots de soya fermentés. La fabrication du natto remonterait à au moins 1 000 ans. Elle consiste à cuire à la vapeur des haricots préalablement trempés jusqu'à ce qu'ils soient tendres; les haricots sont ensuite égouttés, puis on les ensemence avec une bactérie *(Bacillus natto)* ou avec 10 à 20 % d'une préparation antérieure lorsqu'ils ont tiédi. Le tout est traditionnellement enveloppé de paille de riz et mis à fermenter de 15 à 24 heures dans une atmosphère chaude et humide (40 °C).

La texture du natto est quelque peu gluante et visqueuse; les haricots d'un brun foncé sont enchevêtrés de filaments tenaces (on dit que plus ces filaments s'allongent lorsqu'on tente d'isoler les grains de soya, meilleur est le natto). Sa saveur est forte tout comme son odeur, qui rappelle le fromage; le natto ne plaît pas à tout le monde.

VALEUR NUTRITIVE Le natto contient 17 g de protéines, 7 g de matières grasses, 11,5 g d'hydrates de carbone, 3,2 g de fibres et 167 calories/100 g. Il est riche en thiamine et en riboflavine.

UTILISATION ET CONSERVATION Le natto ne nécessite pas de cuisson supplémentaire. Il est généralement utilisé pour assaisonner riz, nouilles, soupes, légumes et salades. Au Japon, on s'en sert souvent à l'occasion de fêtes. Il se conserve mal.

NAVET

Brassica rapa, **Crucifères**
Nom anglais: *turnip*

Plante potagère à racine, originaire d'Europe. Le navet appartient à la même famille que le chou, la moutarde et le radis; cette racine pivotante de forme ronde ou allongée est ornée de feuilles comestibles poilues. Le navet est souvent confondu avec une espèce voisine à chair jaune, le rutabaga. La chair du navet est blanche et recouverte d'une mince peau, dont la partie supérieure forme un collet de couleur souvent très vive (rouge ou pourpre).

VALEUR NUTRITIVE Le navet contient 92 % d'eau, 1 g de protéines, des matières grasses à l'état de traces, 7 g d'hydrates de carbone et 30 calories/100 g. Il a la propriété d'absorber les graisses, aussi devient-il très calorifique lorsquil est frit. Le navet est riche en potassium, en soufre, en calcium et en vitamine C. Ses substances soufrées peuvent causer de la flatulence, surtout si le navet est gros, s'il est creux à l'intérieur et s'il est trop cuit.

ACHAT Rechercher un navet ferme, lourd, non ridé et exempt de meurtrissures et de taches. Plus le navet est gros, plus le risque qu'il soit amer et fibreux est grand. S'il a encore ses feuilles, elles devraient être presque croquantes et d'un beau vert. Ce légume s'achète en vrac ou en bottes.

UTILISATION Il n'est pas nécessaire d'éplucher le navet s'il est très frais, peu volumineux et non ciré. On utilise ce légume de la même façon que la carotte, aussi bien cru que cuit; il entre donc dans le même type de mets (soupes, ragoûts, pot-au-feu, purée). Il est particulièrement important de peu le cuire car il se digère mieux et répand moins son odeur. Le navet demande un peu plus de cuisson que la carotte; pour le faire bouillir ou le cuire à la vapeur, calculer de 10 à 30 minutes, selon la grosseur. Ne pas jeter ses feuilles qui sont riches en vitamines A, B et C, en potassium et en magnésium. Elles s'apprêtent comme l'épinard.

CONSERVATION Le navet se conserve près d'un mois au réfrigérateur et environ une semaine à la température de la pièce. On peut l'entreposer sans son feuillage et non lavé dans un endroit frais (1 ou 2 °C) et très humide (il se déshydrate relativement rapidement); on peut aussi l'enfouir dans du sable. Ses fanes se conservent 4 à 5 jours au réfrigérateur, placées dans un sac non hermétique. Le navet se congèle facilement après un blanchiment de 2 minutes ou cuit en purée.

NECTARINE – BRUGNON

Prunus persica var. *nectarina*, **Rosacées**
Nom anglais: *nectarine*

Fruits ressemblant à la pêche et appartenant à la même famille. On reconnaît la nectarine (forme *scleronucipersica*) par son noyau libre et le brugnon (forme *aganonucipersica*) par son noyau adhérent. Les Américains ne font pas de distinction entre les deux variétés et le terme nectarine désigne les deux espèces. Ce sont eux d'ailleurs qui ont inventé ce mot, s'inspirant de «nectar» à cause de la saveur exquise du fruit. Au Québec, l'influence américaine a longtemps prévalu et le terme «brugnon», courant en Europe, n'est apparu que récemment.

On croit habituellement que le brugnon et la nectarine viennent d'un croisement de la pêche et de la prune et qu'ils seraient une création relativement nouvelle. Des découvertes récentes tendent à prouver qu'ils existaient en Chine, dont ils sont originaires, il y a plus de 2 000 ans, et qu'ils auraient même précédé la pêche. Il en existe plusieurs variétés; aux États-Unis seulement, 85 variétés ont été créées depuis la Seconde Guerre mondiale. Leur moment de maturation s'étend du printemps à l'automne. Ces fruits se distinguent de la pêche par leur peau lisse et leur chair très aromatisée, à la saveur rappelant la rose. Comme la pêche, ils sont de couleur jaunâtre et certaines variétés ont des teintes cramoisies, ce qui n'est pas un signe de maturité mais une composante génétique. Leur chair blanche ou jaune peut être rouge près du noyau; elle est ferme, juteuse, sucrée, légèrement aigrelette et très parfumée.

VALEUR NUTRITIVE

La nectarine contient 0,9 g de protéines, 0,5 g de matières grasses, 12 g d'hydrates de carbone et 49 calories/100 g; elle est riche en vitamine A et en potassium.

ACHAT, UTILISATION ET CONSERVATION

Voir pêche, p 409.

NÈFLE DU JAPON
Eriobotrya japonica, **Rosacées**
Autre nom: *bibasse*
Noms anglais: *loquat, biwa, chinese medlar, japanese medlar*

Fruit du néflier du Japon, arbre aux feuilles persistantes appartenant à la grande famille des Rosacées, donc apparenté notamment au poirier et au pommier. Originaire de Chine mais développé au Japon, le néflier du Japon pousse dans les pays chauds; il arrive qu'on le plante avant tout à des fins décoratives. De nombreux pays en font la culture, notamment Israël, l'Inde, les États-Unis et le Japon (où la consommation atteint environ 9 millions de kilos annuellement). Dans les pays tempérés, en particulier en Europe, croît une espèce voisine *(Mespilus)* nommée simplement néflier.

La nèfle du Japon pousse en grappes et apparaît très tôt au printemps. Elle ressemble à une petite poire qui aurait la peau et la couleur de l'abricot. Comme ce dernier, sa peau comestible est recouverte d'un léger duvet et sa teinte jaunâtre tire parfois sur le brun. Sa chair, qui prend des teintes blanchâtres ou orangées, est peu abondante, passablement sucrée, aigrelette, juteuse et rafraîchissante. Elle abrite généralement de 2 à 4 graines noirâtres, dures et lisses. Très périssable, la nèfle du Japon voyage mal, ce qui se répercute sur sa commercialisation.

VALEUR NUTRITIVE

La nèfle du Japon contient des protéines et des matières grasses à l'état de traces, 12 g d'hydrates de carbone et 47 calories/100 g. Elle renferme des acides citrique, malique et tartrique. Elle constitue une bonne source de calcium, de phosphore et de vitamine A.

ACHAT

Rechercher une nèfle tendre, lisse et bien colorée; en perdant de la fraîcheur elle se plisse et se couvre de taches.

UTILISATION

La nèfle du Japon est délicieuse nature ou cuite; le pochage lui convient particulièrement bien. On la transforme en gelée, en confiture et même en boisson alcoolisée. On peut aussi la confire ou la mettre en conserve. Ses graines, qui ont une saveur particulière, sont moulues et utilisées comme aromate.

CONSERVATION Voir fruits, p. 227.

NOISETTE
Corylus spp, **Bétulacées**
Nom anglais: *hazelnut, cobnut, filbert*

Fruit du noisetier, petit arbre très décoratif, probablement originaire d'Asie mineure et d'Europe, dont les fleurs éclosent avant les feuilles. Le nom générique *corylus* vient du grec *korys* et fait référence à la forme de l'enveloppe extérieure du fruit, qui ressemble à un casque ou à un capuchon. Le noisetier est cultivé en Chine depuis plus de 5 000 ans. Il fut particulièrement apprécié des Grecs et des Romains.

Il existe une quinzaine d'espèces de noisetiers dont la plupart poussent en Amérique du Nord et en Amérique du Sud. Ils sont identifiés sous deux ou trois noms différents, tant en français qu'en anglais, ce qui crée une certaine confusion. Le noisetier le plus courant *(C. avellana)* est aussi appelé coudrier (ancien français) ou avelinier; ce nom lui vient de la ville italienne Avellano, qui en fut pendant plusieurs siècles le plus grand centre de production. L'aveline n'est donc qu'une variété de noisettes et sa taille est légèrement plus grosse.

Les noisettes, qui sont des akènes de forme plus ou moins ovoïde, se développent par paires ou en groupes de trois. Toutes sont recouvertes, ne serait-ce que partiellement, d'une enveloppe verte (involucre) qu'il faut enlever avant de pouvoir casser la noix. La graine proprement dite, de couleur jaunâtre et de saveur agréable et raffinée, est recouverte d'une mince membrane brune; elle loge dans une coquille plus ou moins dure selon les variétés mais qu'il faut briser avec un casse-noisettes.

VALEUR NUTRITIVE La noisette contient 13 g de protéines, 63 g de matières grasses, 15 g d'hydrates de carbone, 3,8 g de fibres et 632 calories/100 g. Les protéines sont dites incomplètes (voir théorie de la complémentarité, p. 536) et les matières grasses sont composées à 88 % d'acides non saturés (voir corps gras, p. 147). La noisette contient plusieurs sels minéraux et vitamines, notamment du calcium, du fer, du phosphore, du potassium, du magnésium, du chlore, du soufre, de la thiamine et de la vitamine E.

Les noisettes sont cueillies à pleine maturité, généralement lorsqu'elles sont tombées sur le sol. Elles sont ensuite lavées, écalées et séchées. Il est de plus en plus courant de les blanchir afin d'enlever la mince pellicule brune qui entoure la graine.

ACHAT

Comme toutes les noix, les noisettes se vendent sous plusieurs formes: écalées ou non, mondées ou non, crues ou rôties, entières ou moulues, salées, etc. La valeur nutritive est mieux protégée lorsqu'elles ne sont pas écalées. Rechercher des noisettes aux écales non fissurées et non percées par des vers.

UTILISATION

Les noisettes peuvent servir d'accompagnement à plusieurs mets ou s'intégrer dans des desserts, gâteaux, biscuits, crèmes glacées, etc. Une façon de mettre leur saveur en évidence est de les rôtir, de les couper ou de les moudre. Pour les rôtir, les étaler sur une tôle et les mettre au four (100 à 140 °C), en les brassant de temps en temps. Pour enlever la peau, procéder comme pour les rôtir, en laissant cependant les noisettes juste le temps qu'il faut pour que la peau s'enlève lorsqu'on la frotte avec un linge épais.

On tire de la noisette une huile très fine qui ne doit pas chauffer et qui est excellente dans les salades; on en obtient aussi une pâte similaire à la pâte d'amande.

CONSERVATION

Voir noix, p. 359.

NOIX

Juglans spp, **Juglandacées**
Nom anglais: *walnut*

Fruit du noyer, arbre souvent imposant qui peut atteindre entre 10 et 25 m de haut et qui peut vivre de 300 à 400 ans. Les Grecs cultivaient intensivement le noyer; les Romains, qui le considéraient comme un arbre sacré, l'introduisirent en Europe. Il existe de nombreuses variétés de noyers; une des plus courantes, tant en Europe qu'en Amérique du Nord, est le noyer royal (*J. regia*); elle serait originaire de Perse (Iran). Ses feuilles, longues parfois de 60 cm, forment un feuillage arrondi très déployé.

Le noyer noir (*J. nigra*) et le noyer blanc (*J. cinerea*) sont 2 espèces abondantes en Amérique du Nord, leur lieu d'origine semble-t-il. Au Québec, on appelle «noix de Grenoble» toutes les variétés de noix produites par les noyers, à l'exception des noix blanches, nommées «noix longues». Cette habitude s'est imposée parce qu'à un moment donné, les seules noix sur le marché venaient de Grenoble, endroit réputé mondialement pour la qualité de ses noix.

La noix est composée d'une amande (appelée cerneau lorsqu'elle est verte) fortement bosselée, formée de 2 parties dont environ le tiers est soudé ensemble, le reste étant séparé par une membrane. L'amande, qui a une saveur prononcée, est enfermée dans 2 coques bombées plus ou moins lignifiées (les variétés noires et blanches sont très dures), de forme arrondie ou oblongue. Cette coque est recouverte d'une peau verte, lisse et collante, le méso-carpe, que l'on nomme également «brou».

La récolte des noix s'effectue soit manuellement – on ramasse les noix qui sont tombées, soit mécaniquement – on secoue les arbres et on ramasse les noix qui tombent. Les noix récoltées sont ensuite traitées; on leur enlève le brou et on les sèche. Elles sont souvent blanchies au chlore ou à l'anhydride sulfureux. Elles sont ensuite écalées ou mises en marché dans leurs écales. Les noix écalées peuvent être moulues, concassées, rôties, etc.

VALEUR NUTRITIVE   La noix (var. *regia*) contient 14 g de protéines, 62 g de matières grasses, 18 g d'hydrates de carbone, 6 g de fibres et 642 calo-ries/100 g. Les protéines sont dites incomplètes (voir théorie de la complémentarité, p. 536) et les matières grasses sont composées à 86 % d'acides non saturés (voir corps gras, p. 147). La noix est riche en cuivre, en zinc et en calcium et elle constitue une bonne source de potassium, de magnésium, de phosphore, de soufre, de fer, de vitamine E et de vitamines du complexe B. Lorsqu'elle est verte, elle contient en outre de la vitamine C.

Depuis toujours on attribue à la noix diverses propriétés médi-cinales. Le jus de la noix verte a parfois servi pour soigner le scorbut et la peste car en plus de la vitamine C, il contient un désinfectant. Séchée, la noix serait légèrement laxative. On a longtemps cru qu'elle guérissait les maux de tête, à cause de sa forme que l'on comparait au cerveau humain. Elle est considérée comme une noix acide et parfois difficile à digérer.

ACHAT   Les noix sont sujettes à une détérioration rapide lorsqu'elles sont exposées à l'humidité, à la chaleur, à l'air et à la lumière. À l'achat des noix non écalées, rechercher des noix qui semblent relativement lourdes et pleines, avec des écales intactes, ni fen-dues, ni percées par les vers. Les noix écalées doivent être cas-santes; éviter les noix molles, moisies, ratatinées ou rances.

UTILISATION   L'utilisation de la noix n'a comme limite que sa saveur assez forte. Quand cette saveur ne dérange pas, la noix se met aussi bien dans les desserts (crème glacée, gâteaux, brioches, etc.) que dans les sauces, les sandwichs et les plats principaux (omelettes, légu-mineuses, ragoûts, etc.). On en tire une huile d'une saveur plus prononcée que celle de l'huile d'olive et qu'on utilise surtout dans les salades. Vertes, les noix peuvent être confites dans du vinaigre ou être ajoutées aux confitures et aux marinades. On utilise le brou dans la préparation de liqueurs (ratafia, brou de noix), car il renferme du fuglon, une substance aromatique.

CONSERVATION   Placer la noix dans un contenant hermétique, à l'abri des insectes, de la chaleur et de l'humidité. Conserver la noix écalée au réfrigé-rateur pour retarder le rancissement. La noix peut être congelée.

NOIX DE CAJOU
Anacardium occidentale, **Anacardiacées**
Nom anglais: *cashew*

Fruit de l'anacardier, arbre originaire du Brésil. Le terme cajou vient de *acaïou*, mot de la langue tupi parlée par une tribu brésilienne; le mot anacardier vient de *kardia*, terme grec signifiant «cœur», qui décrit la forme de la noix. L'anacardier est aussi connu sous le nom de «pommier d'acajou» car sa noix est fixée sous un pédoncule charnu que l'on nomme pomme mais qui ressemble à une poire; chaque pomme ne produit qu'une seule noix. Il existe environ 10 espèces d'anarcadiers, un parent du pistachier et du manguier. Cet arbre, qui atteint de 6 à 20 m de haut, a un feuillage persistant et un bois rougeâtre très dur; il produit des fleurs roses d'une odeur suave. Il croît principalement en Afrique et en Inde, y ayant été amené par les missionnaires portugais au XVe siècle. L'Inde est le plus grand pays exportateur, contrôlant 90 % de la production mondiale.

La pomme d'acajou est molle et très juteuse (jus laiteux qui tache le linge); de couleur jaune ou rouge vif, elle mesure de 10 à 20 cm de long et de 4 à 8 cm de large. Elle peut être consommée crue, cuite, confite, distillée, etc. Dans les contrées où l'on cultive la noix de cajou, on la préfère souvent à la noix. Elle se conserve difficilement car elle fermente rapidement.

La noix de cajou mesure environ 3 cm et a la forme d'une grosse virgule. Elle est recouverte de 2 coquilles: une coquille extérieure, lisse et fine, qui change de couleur à mesure que le fruit se développe, passant du vert olive au rouge brunâtre, et une coquille intérieure très dure, qui se casse difficilement. Entre les deux coquilles se loge une substance résineuse très caustique, appelée «baume de cajou» (ou «cardol»), qui cause des brûlures ou des ampoules sur les doigts et sur les lèvres si on essaie d'extraire la noix manuellement ou en la mordillant. Ce fluide corrosif sert notamment à la fabrication de médicaments contre les cors, les verrues et les teignes, d'insecticides, de produits imperméabilisants et de vernis.

Les noix de cajou ne sont jamais vendues en écales et elles sont toujours traitées avant la mise en marché, traitement assez élaboré d'ailleurs. On les plonge dans un bain d'eau afin d'enlever toutes les saletés, faire éclater les coquilles et libérer le baume. On place alors les noix dans des cylindres rotatifs servant à les retirer des coquilles, à les rôtir et à extraire le baume. On les rôtit en deux fois, et entre les deux opérations on les enduit de paraffine. Une fois qu'elles sont rôties, on les arrose d'une solution composée de sel, de gomme d'acacia et d'eau puis on les chauffe pour éliminer l'excès d'humidité. Les noix sont alors prêtes à être consommées.

Elles sont vendues «crues», terme trompeur puisqu'elles ont subi le traitement décrit précédemment, ou rôties plus en profondeur, ce qui implique très souvent qu'elles sont plus riches en gras et en sel ou, si elles ont été rôties à sec, qu'elles contiennent habituellement du sucre, de la fécule modifiée et des additifs dont du glutamate monosodique et de la gomme arabique.

VALEUR NUTRITIVE   La noix de cajou est considérée comme une des noix les plus intéressantes nutritivement. Elle est presque aussi nourrissante que le haricot de soya; elle renferme 15 g de protéines, 46 g de matières grasses (moins que la plupart des autres noix), 33 g d'hydrates de carbone, 4 g de fibres et 574 calories/100 g. Les protéines sont dites incomplètes (voir théorie de la complémentarité, p. 536), les matières grasses sont composées à 76 % d'acides non saturés (60 % d'acides monoinsaturés et 16 % d'acides polyinsaturés, voir corps gras, p. 147) et les hydrates de carbone sont composés à 6 % d'amidon. La noix de cajou est très riche en phosphore, en magnésium, en potassium et en niacine et elle est relativement riche en fer, en calcium, en zinc, en vitamine E, en thiamine et en riboflavine.

ACHAT   Si possible, vérifier la saveur des noix de cajou car elles rancissent rapidement et il arrive souvent que leur saveur laisse à désirer ou qu'elle soit tout simplement désagréable. Délaisser les noix très ratatinées.

UTILISATION   On utilise la noix de cajou comme les autres noix, qu'elle peut d'ailleurs remplacer dans la plupart des recettes. Moulue, elle donne un beurre crémeux qu'on emploie comme le beurre d'arachide.

CONSERVATION   Conserver la noix de cajou au réfrigérateur car elle rancit rapidement; la placer dans un contenant fermé afin qu'elle n'absorbe pas la saveur des aliments environnants.

NOIX DE COCO
Cocos nucifera, **Palmacées**
Nom anglais: *coconut*

Fruit du cocotier, arbre appartenant à la grande famille des palmiers. Le cocotier est probablement originaire de Malaisie; on le trouve aujourd'hui dans à peu près tous les pays tropicaux où il croît aussi bien à l'état sauvage que cultivé. Les principaux pays producteurs sont Ceylan, les Philippines, l'Indonésie, le Surinam et certains pays d'Amérique centrale et d'Afrique. Le cocotier est un grand arbre élancé qui peut atteindre plus de 30 m de haut; il est coiffé d'un bouquet d'énormes palmes. Ses fruits, des drupes, se développent en grappes, habituellement au nombre de 5 ou 6 contenant une douzaine de noix chacune.

Sur l'arbre, la noix de coco est entourée d'une enveloppe fibreuse épaisse de 5 à 15 cm, le péricarpe, qui pousse à l'aisselle des branches; ces fibres sont utilisées commercialement et servent à faire cordages, brosses, tapis, étoffes grossières, paniers, etc. Sous la couche fibreuse se trouve une mince coque brune très dure qu'il faut casser pour parvenir à la pulpe qui adhère à la coque. Au centre du fruit se trouve une cavité qui abrite un liquide clair, sucré et rafraîchissant que l'on nomme «eau de coco» (ne pas confondre avec le lait de coco qu'on obtient en broyant la pulpe); cette eau est de l'albumen qui se transformera petit à petit, tout au long de la maturation, en une chair blanc ivoire. Les parties comestibles sont donc cette chair appelée «coprah» ou «noix de coco» et l'eau qui reste dans la cavité; cette eau est d'ailleurs consommée par les indigènes comme boisson rafraîchissante quand le fruit est immature et qu'il contient une grande quantité de liquide.

Pour ouvrir une noix de coco, percer d'abord les parties molles sur le dessus (les «yeux») à l'aide d'une broche, d'un ouvre-bouteille ou de tout autre instrument et recueillir dans un récipient l'eau qui s'en écoule. Frapper ensuite la noix avec un marteau ou un autre outil pour fendre la coque extérieure ou mettre la noix dans un four chaud (180 °C) 30 minutes, ce qui la fera éclater. Retirer la chair, qui adhère plus ou moins à la coque selon le degré de maturité de la noix. Il arrive que la pulpe soit rance, ce qui n'est décelable qu'une fois la noix ouverte.

VALEUR NUTRITIVE La valeur nutritive (par 100 g) de la noix de coco varie selon qu'il s'agit de la pulpe fraîche ou déshydratée, du lait ou de l'eau, tel qu'indiqué dans le tableau suivant:

	protéines	matières grasses	hydrates de carbone	fibres	calories
Pulpe fraîche ou râpée	3 g	35 g	9 g	4,3 g	345
Pulpe séchée, sucrée et râpée	3 g	38 g	53 g	2,2 g	548
Lait de coco	2,3 g	23,8 g	5,5 g		230
Eau de coco	0,7 g	0,2 g	3,7 g		80

La noix de coco est riche en potassium, en fer, en magnésium, en phosphore, en cuivre et en zinc. Séchée et sucrée, comme elle est très souvent vendue sur le marché, la noix de coco est beaucoup plus calorifique. On peut se procurer de la noix de coco non sucrée, surtout dans les magasins d'alimentation naturelle.

ACHAT Rechercher une noix de coco non fêlée, contenant encore de l'eau (ce qu'on peut vérifier facilement en secouant la noix) et dont les «yeux» sont intacts, fermes et exempts de moisissures.

UTILISATION La noix de coco est un ingrédient de base des cuisines asiatique, africaine, indienne, indonésienne et sud-américaine. On se sert de la pulpe fraîche ou séchée ainsi que du lait et de la crème. On utilise la pulpe comme ingrédient ou à des fins décoratives; elle entre dans la préparation d'une multitude de mets, tant sucrés que salés (entrées, soupes, mets principaux, desserts, collation). Le lait a un usage tout aussi varié qui se compare à celui du lait de vache; on s'en sert pour préparer soupes, sauces et marinades, pour cuire riz, viande, volaille, fruits de mer, ragoûts, caris (indiens), flans et puddings, pour fabriquer des boissons, etc.

Pour obtenir du lait, mettre 240 ml (125 g) de pulpe râpée (ou plus si on désire un lait plus concentré) dans la jarre d'un mélangeur électrique et verser 240 ml d'eau chaude; actionner l'appareil quelques instants puis laisser le mélange refroidir une trentaine de minutes. Égoutter le mélange dans un coton à fromage. On peut si désiré recommencer l'opération puis mélanger les deux laits obtenus; le premier lait est plus concentré que le deuxième. Si le lait repose un moment, il se formera sur le dessus un dépôt nommé «crème»; le retirer à la cuiller ou le mélanger à nouveau au lait selon les besoins.

On tire de la noix de coco une huile végétale nommée aussi coprah (voir huile, p. 255); on s'en sert telle quelle ou on la transforme en beurre. Les industries alimentaire et cosmétique en font grand usage. L'huile contient une grande proportion d'acide laurique, qui a la propriété de rester liquide à la température ambiante; c'est pourquoi on l'utilise fréquemment dans la préparation de lait artificiel.

CONSERVATION   La noix de coco non ouverte se conserve à la température de la pièce un ou deux mois. La pulpe fraîche et le lait se rangent au réfrigérateur; couvrir la pulpe d'eau pour éviter son dessèchement. La pulpe se congèle facilement et dégèle rapidement. Lorsqu'elle est séchée, conserver la noix de coco dans un endroit frais, à l'abri de l'air et des insectes.

NOIX DE MACADAMIA

Macadamia spp, **Protéacées**
Autre nom: *noix du Queensland*
Noms anglais: *macadamia nut, Queensland nut*

Fruit du macadamia, arbre originaire d'Australie, dont il existe une demi-douzaine d'espèces. Cet arbre, aux feuilles coriaces et persistantes de couleur vert sombre, atteint environ 10 m de haut; il produit des grappes de fleurs blanches qui donnent naissance à de petites noix (une vingtaine par grappe), ayant à peu près 2 cm de diamètre. Sensible au froid et aux variations d'humidité, le macadamia croît dans un nombre restreint de régions. Il fut introduit à Hawaï à la fin du XIXe siècle et ce pays en est aujourd'hui le principal producteur; Cuba, la Floride et le sud de la Californie sont aussi des centres de production importants.

La noix de macadamia est formée d'une amande enfermée dans une coque plus ou moins épaisse et dense selon les variétés. Cette coque est recouverte d'une enveloppe verte et charnue, qui se fissure à maturité et que l'on doit enlever avant de pouvoir casser la coque. Les noix tombent sur le sol à maturité, ce qui est bien pratique car c'est la seule façon valable de savoir si elles sont mûres, moment où elles sont croustillantes, plus savoureuses et supportent mieux la cuisson. Leur consistance rappelle la noix du Brésil.

Selon les variétés, les noix sont plus ou moins sucrées, grasses, moelleuses et savoureuses. La saveur dépend en bonne partie de leur teneur en huile; les noix plus grasses sont généralement dodues, lisses et de couleur claire. À mesure que la teneur en huile diminue, les noix deviennent plus lourdes, plus foncées et moins savoureuses; on les trie par flottaison.

Les noix sont séchées naturellement à l'air puis une partie est écalée et cuite. Deux méthodes de cuisson sont employées selon la teneur en gras; les noix les plus huileuses sont rôties à sec tandis que les autres sont plongées dans de l'huile chaude, ce qui en améliore l'apparence mais non la valeur nutritive, ces noix étant déjà très grasses.

VALEUR NUTRITIVE La noix de macadamia contient 8,3 g de protéines, 73,7 g de matières grasses, 13,7 g d'hydrates de carbone, 5,3 g de fibres et 702 calories/100 g. Ses protéines sont dites incomplètes (voir théorie de la complémentarité, p. 536), et ses matières grasses sont composées à 81 % d'acides gras non saturés (voir corps gras, p. 147). La noix de macadamia est bien pourvue en calcium, en fer et en phosphore; elle est calorifique car elle est très riche en matières grasses.

ACHAT Les noix de macadamia sont généralement vendues rôties et salées, placées dans des contenants en vitre scellés à vide ou enrobées de chocolat; elles coûtent cher. La texture et la couleur indiquent l'état de fraîcheur des noix; à l'achat, rechercher des noix croustillantes, dodues et de couleur claire.

UTILISATION On utilise les noix de macadamia comme les autres noix, qu'elles peuvent d'ailleurs remplacer dans la plupart des recettes. Elles sont plus connues en Asie où on les incorpore dans des sauces, caris, légumes, etc.

CONSERVATION La noix de macadamia se conserve aussi bien sinon mieux que les autres noix grasses, ce qui ne l'empêche pas d'absorber les odeurs étrangères, de rancir et de perdre graduellement sa saveur si aucune précaution n'est prise. La ranger dans un récipient hermétique.

NOIX DU BRÉSIL

Bertholletia excelsa, **Lécythidacées**

Noms anglais: *Brazil nut, paranut, cream nut*

Fruit qui pousse sur un arbre immense originaire du Brésil. Cet arbre, qui atteint parfois jusqu'à 50 m de hauteur et près de 1 m de diamètre, a des feuilles qui peuvent mesurer 60 cm de long. Il croît à l'état sauvage dans les forêts tropicales d'Amazonie, de Guyane, du Vénézuela, de Bolivie, du Pérou et de l'Équateur. Il n'est jamais cultivé et toutes les tentatives pour l'implanter ailleurs ont échoué. Il ne commence à produire substantiellement des noix que vers 12 à 15 ans.

La noix du Brésil est formée d'une amande croquante et savoureuse de couleur jaunâtre; elle est recouverte d'une mince peau brunâtre. Elle adhère à une coque rude, fibreuse et dure, de couleur brun rougeâtre, qui mesure de 8 à 20 cm de diamètre et qui possède 3 faces irrégulières, formant un motif de triangle (elle ressemble un peu à un quartier d'orange). La noix est entassée, en compagnie d'une vingtaine d'autres, dans une sorte de capsule qui ressemble quelque peu à une noix de coco. Un arbre produit entre 200 et 400 fruits par année; de fait, il y a une telle abondance de fruits que seule une faible portion est récoltée.

La récolte ne s'effectue que par temps clément; les travailleurs sillonnent alors la forêt, ramassant les noix tombées. Ils ne peuvent ni secouer l'arbre ni grimper dedans, les premières branches étant situées entre 13 et 16 m du sol. Les jours de vent ou de pluie, ils évitent de sortir car la chute des fruits peut s'avérer fatale; les fruits tombent avec tant de force qu'ils s'enfoncent dans la terre. Ces jours sont donc passés à ouvrir les fruits à la machette ou à la hache.

VALEUR NUTRITIVE

La noix du Brésil est une des noix les plus riches en matières grasses (66 g/100 g); ce gras est composé à 71 % d'acides non saturés (voir corps gras, p. 147). Elle renferme 14 g de protéines, 13 g d'hydrates de carbone et 656 calories/100 g. Ses protéines sont dites incomplètes (voir théorie de la complémentarité, p. 536). La noix du Brésil est très riche en sels minéraux qui totalisent 3,5 % du total des éléments nutritifs; le plus abondant est le potassium; on trouve aussi, entre autres, du phosphore, du calcium, du magnésium, du chlore, du soufre, du fer, du sodium et du cuivre. Elle est riche en vitamine E et en vitamines du complexe B, notamment en niacine.

UTILISATION

La noix du Brésil est assez difficile à écaler; on peut la soumettre à un bain de vapeur quelques minutes ou la congeler et la casser après une légère décongélation; l'idéal consiste cependant à lui faire subir le moins de traitements possible. On l'utilise de la même façon que les autres noix; elle peut en outre remplacer la noix de coco dont elle se rapproche par la texture et la saveur.

CONSERVATION   Conserver la noix du Brésil écalée au réfrigérateur car elle rancit rapidement; la placer dans un contenant hermétique afin qu'elle n'absorbe pas la saveur des aliments environnants. Ranger la noix non écalée dans un endroit frais et sec, à l'abri des insectes.

ŒUF

Nom anglais: *egg*

Corps organique dont le but ultime est d'assurer la reproduction de l'espèce. L'œuf entouré d'une coquille est pondu par plusieurs espèces animales, notamment par les oiseaux et les reptiles (caille, cane, dinde, autruche, crocodile, etc.). L'usage habituel du mot œuf désigne l'œuf de poule; quand il s'agit d'autres espèces, leur nom est toujours mentionné. L'œuf n'a pas toujours été consommé aussi couramment; ce n'est qu'avec la modernisation des méthodes d'aviculture qu'on est arrivé à ce que les poules pondent suffisamment d'œufs pour répondre aux besoins de consommation et de reproduction.

Depuis les temps anciens, l'œuf est considéré comme un symbole de fertilité; il fut aussi longtemps l'objet de culte, tant païen que religieux, dont l'influence se fait sentir encore aujourd'hui. Ainsi, dès l'Antiquité on colorait les œufs; cette coutume existait en particulier chez les Égyptiens, les Chinois, les Perses et les Grecs; on l'observe encore aujourd'hui notamment chez les Ukrainiens. L'œuf était rare à la fin de l'hiver, moment où les poules pondaient très peu (la production industrielle est venue chambarder ce rythme naturel); la reprise de la ponte coïncidait avec le retour du printemps, deux événements qui donnaient lieu à une fête. Les chrétiens, qui fêtent Pâques à cette époque, associèrent aussi l'œuf à cette célébration.

L'œuf est constitué de divers éléments dont les principaux sont la coquille, les membranes, le blanc et le jaune. La coquille représente environ 10 % du poids de l'œuf, le blanc 58 % et le jaune 32 %.

Coquille. Enveloppe poreuse assez fragile, possédant de multiples orifices minuscules qui laissent passer l'air, l'humidité et les odeurs. Une coquille d'œuf moyen peut compter de 6 000 à 8 000 pores. Elle est composée de calcium (93,7 %), de magnésium (1,4 %), de phosphore (0,8 %) et de matières organiques (4,1 %). Sa couleur dépend de la race des poules; son épaisseur relève de facteurs héréditaires et de l'alimentation des poules. Plus une poule est bonne pondeuse, plus sa coquille est mince; comme les poules pondant des œufs blancs sont plus prolifiques que les poules à œufs bruns, les coquilles des œufs blancs sont souvent plus fragiles. On enduit fréquemment la coquille d'une couche d'huile minérale inodore à base de paraffine, pour bloquer partiellement les pores, ce qui minimise les pertes d'humidité, prolonge la fraîcheur et empêche la pénétration d'odeurs indésirables. La coquille constitue une excellente source de calcium; elle peut être transformée en fine poudre que l'on ajoute aux aliments (très souvent aux potages). Elle sert également d'engrais pour les plantes d'appartement et pour le jardin.

Membranes. Deux membranes faites de fils entrelacés logent à l'intérieur de la coquille et servent à protéger contre les éléments indésirables venus du dehors (moisissures, bactéries, gaz). Elles ne constituent cependant pas une barrière infranchissable. La membrane extérieure est plus épaisse que la membrane intérieure; les deux semblent de couleur blanchâtre mais elles possèdent en réalité une teinte rosée, due aux pigments de porphyre présents en grand nombre. Elles sont constituées de 2 ou 3 fines couches de fibres protéiques qui adhèrent presque à la coquille, ne laissant qu'un endroit libre au gros bout de l'œuf où se loge la chambre à air.

Lors de la ponte, cette chambre à air est encore inexistante, l'œuf étant totalement habité par son contenu. À mesure que le temps passe, l'œuf se contracte et il se forme une poche à son extrémité arrondie, endroit où la coquille est plus poreuse. Quelques rares fois, la chambre à air se loge ailleurs, quand les membranes s'écartent et accueillent l'air. La taille de la chambre à air est fonction du degré d'évaporation, elle est donc liée aux conditions d'humidité et de chaleur environnante. Elle fournit des indications sur la fraîcheur de l'œuf, car plus elle est grande, plus il est pondu depuis longtemps.

Blanc. Appelé aussi albumen, il est composé à 87 % d'eau et à 12,5 % d'albumine, substance faisant partie du groupe des protéines. L'albumine se présente en 4 couches de différentes épaisseurs; la première couche, très mince mais de consistance dense, entoure le jaune d'œuf et donne naissance à 2 chalazes disposés de part et d'autre du jaune. Ces chalazes, des filaments d'albumine opaques, ont pour fonction de maintenir le jaune dans le centre. On trouve ensuite successivement une couche mince, une couche épaisse et une dernière couche mince d'albumine. Dans un œuf fraîchement pondu, la couche épaisse a une apparence laiteuse, blanchâtre, presque opaque, notable surtout une fois que l'œuf est refroidi. Le blanc est alors constitué d'un plus grand pourcentage de matières denses. Avec le vieillissement, le blanc s'éclaircit; cette transformation est accélérée s'il est laissé à la chaleur. Dans certains blancs d'œufs, on peut remarquer une coloration verdâtre, dont la présence semble être seulement fonction de la quantité de riboflavine (vitamine B_2) présente dans l'albumine. La présence de sang, causée par une rupture d'un vaisseau sanguin (souvent sous l'effet d'un stress), et la présence de chair, une parcelle de tissu qui se glisse dans l'œuf, n'affectent pas la valeur de l'œuf.

Jaune. Il est constitué de plusieurs couches superposées d'une matière appelée «vitellus», alternativement de couleur jaune clair et jaune foncé. Le jaune est protégé par une membrane transparente (membrane vitelline). À la surface du jaune des œufs non fertilisés se trouve un disque germinal qui se présente comme une petite tache pâle de forme irrégulière. La couleur globale d'un jaune d'œuf peut être plus ou moins foncée, selon la race et l'alimentation de la poule; une diète riche en blé produit des jaunes très pâles tandis qu'une alimentation où le maïs domine donne un jaune plus foncé. Le double jaune est le résultat d'une double ovulation; ce phénomène arrive surtout chez les poulettes qui commencent à pondre. Avec le vieillissement de l'œuf, le jaune augmente de volume car il absorbe par osmose l'eau produite à la suite de l'éclaircissement du blanc. La membrane du jaune d'œuf s'étire et devient moins efficace, ce qui explique pourquoi certains jaunes d'œufs se brisent plus facilement. Le jaune contient environ 50 % de solides, autour de 16 % de protéines et de 32 à 36 % de lipides.

L'élevage industriel des poules diffère passablement de l'élevage traditionnel. On sélectionne des races de poules plus prolifiques (une poule produira en moyenne 240 œufs par année alors qu'en 1930, par exemple, elle n'en pondait que 95). Les poulaillers peuvent contenir de 10 000 à plus de 100 000 poules parfois. Les poules n'ont plus qu'un espace réduit et elles sont confinées à leur cage où elles ne peuvent ni bouger ni se coucher. À certains moments, elles doivent subir l'éclairage artificiel 24 heures par jour. Elles reçoivent presque toujours des hormones (pour stimuler la ponte) et des antibiotiques (pour enrayer les maladies plus fréquentes à cause de l'immobilité). Une partie de ces substances se retrouve dans les œufs et ne disparaît pas à la cuisson, ce qui peut avoir des répercussions sur la santé (voir viande, résidus, p. 558).

Après la ponte, les œufs sont acheminés dans une chambre d'emballage où leur qualité tant externe qu'interne est contrôlée. Les œufs fêlés sont mis de côté et les autres sont «mirés», c'est-à-dire placés au-dessus d'une lumière intense afin que soient vérifiées la position du jaune, la taille de la chambre à air et la présence ou non de taches de sang et de morceaux de viande. Ils sont ensuite lavés puis emballés.

VALEUR NUTRITIVE

L'œuf a une grande valeur nutritive, ce qui n'est pas étonnant puisqu'il sert à reproduire la vie. Ses nombreux nutriments sont présents dans des proportions optimales. En diététique, l'œuf sert de modèle pour mesurer la valeur biologique des autres aliments.

Il existe peu de différences nutritives entre l'œuf blanc et l'œuf brun. La quantité totale d'éléments nutritifs dépend de la taille du jaune et de la grosseur de l'œuf; ainsi un jaune un peu plus gros contient légèrement plus de vitamine A et de cholestérol. Un œuf de 57 g aura par exemple 82 calories et 103 mg de phosphore alors qu'un œuf de 40 g renfermera 65 calories et 82 mg de phosphore. Un gros œuf contient 6 g de protéines et 6 g de matières grasses. Ses protéines contiennent tous les acides aminés, même les acides aminés essentiels, présents dans une concentration adaptée aux besoins humains; il est particulièrement bien pourvu en méthionine (assez rare dans les végétaux), en lysine et en tryptophane. Les matières grasses sont composées d'environ 35 % d'acides gras saturés et elles renferment environ 5 % de cholestérol, soit 274 mg dans un gros œuf. L'œuf est riche en vitamines et en sels minéraux de toutes sortes, notamment en vitamine A, en vitamines du complexe B (particulièrement en B_{12}), en vitamine D, en fer (mal absorbé par l'organisme), en phosphore, en sélénium, en sodium et en zinc.

Les éléments nutritifs de l'œuf se répartissent inégalement entre le blanc et le jaune. Le blanc fournit plus de la moitié des protéines et la plus grande partie du sodium; il partage avec le jaune les vitamines hydrosolubles (complexe B). Le jaune contient les vitamines liposolubles (A, D, E), la plupart des sels minéraux, les trois quarts des calories et la totalité des matières grasses.

Le blanc d'œuf cause parfois des allergies alimentaires; c'est assez fréquent chez les jeunes enfants (c'est pourquoi on ne recommande d'introduire le blanc d'œuf dans la diète qu'après un an). Cru, il peut occasionner des carences car il contient de l'avidine, une protéine qui se lie à la biotine, une vitamine dont elle bloque l'absorption. Il renferme aussi des protéines qui inhibent la trypsine, une enzyme gastrique sécrétée par le pancréas (cette action ne prend pas place avec l'œuf cuit car la trypsine est inactivée par la chaleur). L'œuf fécondé est comestible; sa valeur alimentaire n'est guère changée, si ce n'est de la présence d'une petite quantité d'hormones (cet œuf par contre se conserve moins longtemps).

ACHAT

Se méfier des œufs non réfrigérés et vérifier la date inscrite sur l'emballage; elle indique la période où les œufs sont à leur meilleur. Passé le délai indiqué, ils demeurent comestibles quelque temps mais leur qualité diminue.

CUISSON

À cause de sa haute teneur en eau (88 %) et en protéines (16 %), il est préférable de cuire l'œuf peu de temps et à basse température; une cuisson prolongée effectuée à une température trop élevée diminue la valeur nutritive (jusqu'à près de la moitié de l'acide folique est perdu par exemple) et rend l'œuf caoutchouteux.

L'œuf seul peut être cuit de multiples façons et chacune d'elles a ses particularités:

Œuf à la coque, œuf mollet, œuf cuit dur.

Œufs cuits à l'eau dans leur coquille; le procédé est identique dans les trois cas, seul change le temps de cuisson qui détermine la fermeté de l'œuf. L'œuf à la coque cuit de 3 à 5 minutes, le jaune reste liquide mais le blanc coagule. L'œuf mollet cuit de 5 à 8 minutes, ce qui permet au jaune d'épaissir tout en restant encore coulant. L'œuf cuit dur nécessite de 15 à 30 minutes de cuisson; le blanc et le jaune deviennent fermes.

La cuisson peut se commencer à l'eau froide ou à l'eau chaude. Avec les deux procédés, il vaut mieux utiliser des œufs à la température de la pièce puisqu'ils auront moins tendance à craquer. On peut aussi faire un trou dans la partie arrondie de l'œuf avec une épingle ou un appareil conçu à cet effet; cette ouverture permet à l'air de s'échapper et prévient l'éclatement de la coquille. L'ajout d'une bonne quantité de sel, de vinaigre ou de jus de citron est important car il permet de limiter les dégâts si l'œuf craque; le blanc coagule immédiatement au bord de la coquille qu'il scelle, ce qui l'empêche de se répandre. Calculer 30 ml (2 cuillerées à soupe) de sel par litre d'eau ou 60 ml d'ingrédient acide. Pour abaisser la quantité de sel, il est possible d'utiliser à la fois du sel et un ingrédient acide. Employer des œufs âgés d'environ une semaine car leur coquille s'enlève plus facilement. Des œufs trop vieux seront moins savoureux et auront tendance à flotter. Comme il est important de cuire l'œuf doucement, il faut éviter à tout prix l'ébullition. L'eau de cuisson peut servir pour arroser les plantes car elle est riche en nutriments.

Début de cuisson à l'eau froide. C'est la meilleure méthode car la température de l'œuf augmente graduellement, ce qui donne à l'air plus de temps pour s'échapper et rend moins fréquente la rupture de la coquille. Déposer l'œuf dans une casserole, verser suffisamment d'eau froide pour qu'au moins 3 cm d'eau dépassent le dessus de l'œuf. Saler, vinaigrer ou citronner. Porter au point d'ébullition sans l'atteindre, couvrir, éteindre le feu ou le mettre très bas. Minuter à partir de ce moment: 3 minutes pour l'œuf à la coque, de 5 à 6 minutes pour l'œuf mollet et de 15 à 20 minutes pour l'œuf dur. Quand l'œuf cuit dur est prêt, le passer immédiatement sous l'eau froide; cela arrête la cuisson et prévient la formation d'un cerne noirâtre ou verdâtre. Toujours retirer immédiatement les œufs de l'eau chaude.

Début de cuisson à l'eau chaude. Remplir une casserole avec suffisamment d'eau pour recouvrir le dessus de l'œuf d'au moins 3 cm. Quand ce dernier y sera déposé, saler ou ajouter un ingrédient acide. Amener l'eau à ébullition. Déposer délicatement l'œuf dans l'eau bouillante, puis retirer la casserole du feu et mettre le couvercle. Laisser reposer jusqu'à l'obtention de la consistance désirée: de 4 à 5 minutes pour l'œuf à la coque, de 6 à 8 minutes pour l'œuf mollet et de 20 à 30 minutes pour l'œuf dur. Passer l'œuf dur sous l'eau froide. S'il faut utiliser un œuf réfrigéré, le réchauffer quelques instants en le passant sous un filet d'eau tiède; ne pas oublier de percer un trou dans le gros bout de l'œuf.

Œuf poché.

Œuf sans coquille cuit dans un liquide chaud mais non bouillonnant (très souvent de l'eau), passablement salé, vinaigré ou citronné. Il s'agit toujours de permettre la coagulation rapide du blanc pour éviter qu'il se répande. Cette méthode est avantageuse à plusieurs points de vue; elle sauve du temps car elle élimine l'écallage et elle évite les pertes occasionnées par la rupture de la coquille ou par la chair qui y adhère. Casser l'œuf dans un récipient (une tasse fait très bien l'affaire). Quand l'eau arrive à ébullition, approcher la tasse près de sa surface et faire glisser l'œuf, couvrir la casserole, baisser ou fermer le feu et laisser cuire de 3 à 5 minutes, le temps que le jaune acquière la consistance désirée. Retirer l'œuf avec un écumoir, l'égoutter quelques instants ou le déposer sur un papier absorbant, puis servir rapidement.

Il est préférable de cuire les œufs un par un pour empêcher qu'ils s'agglutinent et pour ne pas mettre trop d'eau (2 à 3 cm suffisent), sinon le jaune tombe au fond de la casserole et se sépare du blanc. L'œuf poché peut être consommé froid; il est possible de le conserver au chaud dans un liquide à 70 °C.

Œuf brouillé.

Œuf brièvement liquéfié avant la cuisson à l'aide d'une fourchette. On lui ajoute du lait, de l'eau ou de la crème, parfois d'autres ingrédients et on bat légèrement. On cuit le mélange à feu doux dans un poêlon contenant un corps gras, en remuant constamment.

Œuf au miroir – œuf sur le plat.

L'œuf au miroir, appelé aussi œuf sur le plat, est cuit individuellement à feu doux ou au four, avec très peu de gras, dans un plat minuscule ou dans une poêle de petite taille. Le jaune se couvre d'une mince pellicule translucide qui le fait miroiter, d'où son appellation. L'instrument doit être petit pour éviter que le blanc ne s'étale trop, ce qui empêche le jaune de cuire adéquatement. On peut même cuire d'abord le blanc seul jusqu'à ce qu'il prenne puis déposer le jaune au centre. Saler le jaune avant la cuisson fait apparaître des points blancs.

Œuf filé.

Œuf battu en omelette, que l'on plonge dans un liquide bouillant en le faisant tout d'abord passer au travers d'une fine passoire. Les minces filaments qui s'en échappent figent instantanément au contact du liquide chaud. Cette préparation est beaucoup utilisée pour garnir des potages.

Omelette.

Œufs battus cuits à la poêle. Les omelettes se préparent avec des ingrédients salés ou sucrés. Certaines sont très élaborées, telle l'omelette norvégienne qui est fourrée de crème glacée, décorée de meringue, dorée au four (les blancs d'œufs forment un écran qui empêche la chaleur d'atteindre la crème glacée) et flambée. Divers procédés régissent sa préparation, donnant des omelettes consistantes (telles les tortillas espagnoles), des omelettes où l'œuf sert surtout pour lier la garniture (foo yung à la chinoise) et des omelettes baveuses et farcies (à la française). On incorpore aux œufs de l'eau (l'omelette est plus légère) ou du lait. On cuit l'omelette à feu doux dans une poêle chaude, qui sert de préférence uniquement pour les omelettes.

UTILISATION   L'œuf peut être mangé tel quel ou être incorporé à d'autres aliments (crêpes, quiches, pâtisseries, crèmes glacées, boissons, etc.). Il sert aussi d'agent de liaison (pour épaissir flans, puddings, sauces, soupes et pour lier les pâtes alimentaires); on l'emploie pour dorer les aliments (pains de viande, farces, chapelure, tartes, etc.), on l'émulsionne (mayonnaise, sauces) et on le met en neige (mousses, meringues, soufflés, etc.).

Lorsqu'il sert d'agent liant dans les puddings, crèmes anglaises, crèmes pâtissières, etc., la façon dont on incorporera l'œuf au liquide chaud, ainsi que le mode, le temps et la durée de la cuisson sont des facteurs qui vont influencer les résultats. Pour éviter la formation de grumeaux, incorporer lentement une partie du mélange chaud aux œufs en battant bien, remettre cette préparation dans le restant du mélange en battant puis terminer la cuisson. Trop de chaleur et de cuisson font cailler la crème anglaise, aussi est-il préférable de la cuire dans un bain-marie car celui-ci assure un plus grand intervalle entre le moment où la crème est cuite et celle où elle caille. Refroidir immédiatement la crème dès qu'elle est cuite, en la transvidant ou en mettant la casserole dans de l'eau froide. On peut utiliser l'œuf entier ou le jaune seul, mais les crèmes seront plus onctueuses et plus fines si elles sont préparées seulement avec des jaunes.

En cassant des œufs, on a parfois la désagréable surprise de découvrir un œuf pourri. Pour éviter qu'il ne vienne gâcher les œufs déjà cassés ou la préparation à laquelle on le destinait, casser chaque œuf à part dans une tasse et le joindre à mesure aux autres, ou rompre la coquille doucement, en se donnant le temps de vérifier la fraîcheur et en prenant soin qu'aucune partie ne s'écoule.

Des œufs fêlés ou tachés ne devraient jamais être consommés crus car ils risquent de contenir des micro-organismes que seule la cuisson permettra de détruire. Utiliser les œufs les plus frais possible quand la saveur est importante, pour des œufs pochés par exemple. Sortir de préférence l'œuf du réfrigérateur de 30 à 45 minutes avant de l'utiliser. C'est particulièrement important s'il est mis à cuire dans de l'eau chaude (sinon il risque de craquer), pour monter le blanc en neige (froid il monte moins) et pour faire de la mayonnaise (on la rate ainsi moins souvent).

Blancs d'œufs en neige.

Des œufs montés en neige sont des blancs d'œufs fouettés jusqu'à ce qu'ils deviennent épais et mousseux. Monter des blancs en neige exige certaines précautions pour qu'ils ne deviennent pas compacts et aqueux:

– utiliser des œufs à la température de la pièce;
– se servir d'ustensiles bien propres et éviter le plastique qui retient les graisses car tout corps gras réduit le pouvoir moussant;
– veiller à ce qu'aucune trace de jaune ne soit mêlée au blanc puisqu'il est constitué d'environ 35 % de matières grasses; une seule goutte fait passer le volume de 135 ml à 40 ml. Pour plus de sécurité, séparer les œufs dans un bol à part et ne transvider le blanc que s'il est intact;
– prendre soin de ne pas battre trop longtemps car même 2 ou 3 coups de trop peuvent faire toute la différence et détruire l'élasticité;
– éviter l'usage d'un bol en aluminium qui peut rendre les blancs grisâtres; utiliser de préférence un bol en cuivre. Une protéine abondante dans le blanc (conalbumine) absorbe une petite quantité de cuivre et les murs des bulles, qui se forment lorsque les œufs sont battus, sont renforcés, ce qui permet de retenir plus d'eau, alors les blancs sont plus humides et plus fermes;
– procéder délicatement pour ajouter des ingrédients aux blancs en neige afin que l'air accumulé reste dans les blancs: utiliser une spatule, une cuiller de bois ou une fourchette; partir du fond du plat, soulever et rabattre doucement les blancs sur le dessus;
– ajouter quelques grains de sel augmente légèrement le temps de battage mais protège les œufs contre un excès d'humidité et l'affaissement. On peut ajouter du sucre avant de battre, mais l'expansion des blancs sera moindre et surtout, il faudra deux fois plus de temps pour obtenir un résultat satisfaisant.

CONSERVATION   Les œufs laissés à la température de la pièce perdent en une journée autant de fraîcheur qu'en une semaine au froid. Mis au réfrigérateur, ils peuvent se conserver plus d'un mois; les tenir éloignés des fortes odeurs. L'idéal est de conserver les œufs dans leur emballage ou de les placer dans un contenant fermé. La porte du réfrigérateur n'est pas un bon endroit malgré son usage généralisé, car le fait d'ouvrir la porte entraîne des variations de température. Placer les œufs la pointe en bas pour éviter que la chambre à air ne soit comprimée et afin que le jaune demeure bien centré. Éviter de les laver car cela enlève la pellicule protectrice et favorise la pénétration des germes; essuyer les œufs souillés avec un linge sec. Les œufs à coquille épaisse se conservent plus longtemps que ceux à coquille mince car l'évaporation est réduite.

Il est possible de conserver les blancs ou les jaunes séparément. Les blancs peuvent être entreposés au réfrigérateur dans un contenant fermé (ils s'y conserveront une semaine), ou ils peuvent être congelés tels quels (non battus). Les jaunes se gardent quelques jours s'ils sont entiers et recouverts d'eau froide (qui les empêche de sécher). Les égoutter avant de les utiliser. Ils peuvent se congeler seuls ou battus avec le blanc mais jamais dans l'œuf entier, car la coquille éclate sous l'effet du froid. Congeler les œufs les plus frais possible et ne pas trop les battre, afin de ne pas incorporer trop d'air. Pour éviter que les jaunes deviennent gélatineux, leur ajouter un peu de sel, de sucre ou de miel; l'ingrédient choisi dépendra de l'usage prévu. Calculer 1 ml (un quart de cuillerée à café) de sel ou 5 ml (1 cuillerée à café) de sucre pour quatre jaunes ou pour quatre œufs entiers. Pour corriger leur viscosité à la décongélation, il est possible d'ajouter un peu d'eau. Les congeler en petites quantités, si désiré les mettre dans des cubes à glace. Les utiliser rapidement après la décongélation car ils se détériorent rapidement.

OIE

Anser anser, **Anatidés**
Nom anglais: *goose*

Oiseau palmipède au long cou. Les oies sauvages forment des volées migratoires qui font la joie des chasseurs, et ce, depuis les temps anciens. Domestiquée il y a fort longtemps, l'oie était déjà gavée dans l'Antiquité, le gavage servant à obtenir un foie énorme permettant de fabriquer du foie gras (voir foie gras, p. 211).

Tuer l'oie lors du solstice d'hiver est une vieille tradition qui existait notamment en Europe et en Asie centrale. L'oie est beaucoup moins consommée maintenant; elle est souvent détrônée par la dinde pour les célébrations de fin d'année et lors de fêtes. Elle demeure cependant encore une tradition en Allemagne, en Angleterre, en Europe centrale et en Scandinavie.

Il existe de nombreuses espèces d'oies aux tailles variables. Certaines races petites sont élevées pour leur chair tendre et savoureuse; on les tue en général lorsqu'elles pèsent entre 3 et 5 kg. Les races plus grosses servent pour le gavage; elles atteignent alors de 10 à 12 kg (et leur foie en moyenne de 400 g à 1 kg).

VALEUR NUTRITIVE

L'oie a une valeur nutritive qui se rapproche de celle du canard; comme ce dernier, c'est un volatile gras et calorifique. La chair crue de l'oie domestiquée contient 22,7 g de protéines, 7 g de matières grasses et 160 calories/100 g; si on inclut la peau on obtient 15,8 g de protéines, 33,6 g de matières grasses et 370 calories/100 g. Rôtie, la chair contient 29 g de protéines, 13 g de matières grasses et 238 calories/100 g et si on inclut la peau, 25 g de protéines, 22 g de matières grasses et 305 calories/100 g. Plus la volaille est grasse, plus elle est difficile à digérer.

ACHAT

Rechercher une oie de taille moyenne (autour de 3 kg), à la chair rose ou rouge clair et aux pattes claires et lisses. Plus l'oie est âgée, plus ses pattes sont velues et rouges, plus son bec est rigide et plus sa chair contient des tendons.

UTILISATION

On cuisine l'oie comme les autres volailles, sauf l'oie sauvage dont la chair est tendineuse et qu'il est préférable de braiser ou d'apprêter en pâtés au lieu de rôtir. Les apprêts de la dinde et du canard lui conviennent particulièrement bien. En Europe, l'oie farcie aux marrons et accompagnée de pommes ou servie avec de la choucroute sont des classiques. Pour rendre l'oie moins grasse, la piquer à plusieurs endroits avant la cuisson, la placer sur une grille au-dessus d'une lèchefrite et dégraisser la sauce. Pour rôtir une oie de 3 kg, calculer environ 90 minutes de cuisson à 160-175 °C. Prévoir de 500 à 750 g de volaille crue par personne.

La chair de l'oie âgée ou très grosse est transformée en confits, en pâtés et en rillettes ou est cuisinée en ragoûts. On tire de l'oie de la graisse, substance blanchâtre et pâteuse à l'air ambiant, qu'on utilise comme le beurre; les connaisseurs aiment bien s'en servir pour dorer des pommes de terre.

CONSERVATION

Voir volaille, p. 573.

OIGNON

Allium cepa, **Liliacées**
Nom anglais: *onion*

Plante potagère originaire d'Asie. L'oignon est à la fois un légume et un condiment fort précieux, en plus de posséder des propriétés médicinales quasiment illimitées. Il fut particulièrement apprécié des Égyptiens, des Grecs, des Gaulois et des Romains. On le retrouve sculpté sous forme d'offrande d'adieu sur le tombeau de Toutânkhamon. Nous tenons des Gaulois la croyance qu'il peut prédire le temps et qu'une pelure épaisse annonce un hiver rigoureux.

Ce légume-bulbe bisannuel, mais cultivé en annuel, est composé de feuilles disposées en couches concentriques. Charnues et juteuses, ces feuilles blanchâtres sont emprisonnées par une dernière couche de feuilles qui prennent des colorations diverses lorsque l'oignon est séché, allant du blanc au pourpre, en passant par le jaune, le brun et le rouge, selon les variétés. L'oignon peut être rond, sphérique, aplati ou même allongé car il n'est pas toujours bulbé. Sa grosseur aussi est variable tout comme sa saveur, qui va de douce à très forte. L'oignon espagnol est un des plus doux, sa saveur n'est pas uniforme cependant et il arrive qu'il soit presque aussi piquant que l'oignon jaune, selon le sol et les conditions climatiques. Le rouge est plus sucré. Certaines variétés nommées «oignons verts» ou «oignons nouveaux» sont vendues fraîches et en bottes.

VALEUR NUTRITIVE   L'oignon cru contient 1 g de protéines, des matières grasses à l'état de traces, 7 g d'hydrates de carbone (ce qui lui vaut son goût sucré) et 36 calories/100 g. Cuit, il renferme un peu moins d'hydrates de carbone (6 g) et de calories (28/100 g). L'oignon est riche en vitamines et en sels minéraux divers, notamment en acide folique, soufre, potassium, sélénium et calcium. Il est presque une panacée tellement on lui attribue de vertus médicinales. Certaines personnes ont de la difficulté à le digérer; parfois, à la longue, leur organisme finit par mieux le tolérer. L'oignon signale son passage en imprégnant l'haleine; on peut la rafraîchir en mâchant quelques brins de persil, un peu de menthe ou des grains de café.

ACHAT   À l'achat des oignons séchés, rechercher des oignons fermes, exempts de germes et de moisissures, avec une peau extérieure bien sèche et lisse et le collet le plus petit possible. Les oignons sont souvent traités contre la germination, soit chimiquement, ce qui est rarement indiqué sur l'emballage, soit par irradiation, ce que la loi de la plupart des pays oblige à mentionner. Les oignons achetés au début de l'automne peuvent avoir été moins traités car ils n'auront pas à demeurer dans les entrepôts. L'oignon est aussi disponible déshydraté, sous forme de flocons ou de poudre vendue telle quelle ou assaisonnée (sel à l'oignon). Ces préparations sont pratiques mais ne constituent pas toujours un bon achat, surtout les poudres assaisonnées (voir épices, p. 188).

PRÉPARATION   La préparation de l'oignon est souvent une corvée car elle s'accompagne de larmes. Elles apparaissent quand on coupe l'oignon; ceci libère des substances sulfurées qui viennent en contact avec l'air ambiant, créant une nouvelle molécule, du sulfate d'allyle, qui irrite l'œil. Divers trucs sont supposés empêcher de pleurer, ils n'ont pas tous la même efficacité. Celui de tenir entre les dents une allumette éteinte à moitié brûlée part du principe que le charbon de bois absorbe les gaz. Il faudrait plus d'une ou deux allumettes cependant pour que la technique soit réellement efficace, et avoir sous le nez l'odeur du soufre d'une allumette fraîchement éteinte n'est pas très agréable. L'utilisation de cure-dents doit être prise comme une variante déformée et inefficace de l'allumette. Utiliser un couteau bien coupant et se tenir le plus loin possible de l'oignon, donc rester debout pour le couper, diminuent les larmes. Les molécules irritantes étant solubles à l'eau, on peut couper l'oignon sous un filet d'eau froide; le refroidir une heure au réfrigérateur ou une quinzaine de minutes au congélateur constitue un autre truc, tout comme se protéger les yeux avec des lunettes de ski ou de plongée. Plus l'oignon est fort, plus il pique les yeux. Quand la pelure est difficile à enlever, l'ébouillanter quelques instants, puis la refroidir à l'eau courante.

L'oignon peut être laissé entier, tranché, haché, coupé en dés, en anneaux, etc. Pour que ses feuilles se séparent, enlever complètement la partie fibreuse de la base; pour empêcher qu'elles se déforment, les retenir avec un cure-dents. Plus l'oignon est haché finement, plus il cuit rapidement mais plus il perd de saveur et de valeur nutritive. Lorsque cela est nécessaire, le faire revenir brièvement dans un peu de corps gras, en le laissant croustillant et sans le faire brunir; il aura plus de goût et de valeur nutritive. Un oignon coupé perd du jus; éviter de le préparer longtemps à l'avance et de le laisser en attente sur le comptoir et surtout sur la planche à dépecer en bois qu'il imbibera. Pour enlever l'odeur de l'oignon sur les mains, les frotter avec du jus de citron.

UTILISATION   L'utilisation de l'oignon est quasiment illimitée; ce légume est presque indispensable partout, sauf dans les desserts! On l'emploie aussi bien cru que cuit, surtout quand il est doux. On peut atténuer la saveur de l'oignon cru coupé en l'ébouillantant quelques minutes (le passer à l'eau froide pour arrêter l'action de la chaleur) ou en le mettant à tremper dans de l'eau froide ou dans du vinaigre; cela entraîne cependant une perte de valeur nutritive. La cuisson rend l'oignon plus sucré et lui fait perdre ses enzymes sulfurés, ce qui l'adoucit.

CONSERVATION   L'oignon frais et entier se conserve environ 1 semaine au réfrigérateur. Éviter de le garder entamé, il perd ses vitamines et peut devenir nocif. La plupart des oignons matures entrent dans une période dormante après la cueillette; c'est pourquoi ils se conservent quelque temps sans germer. Leur durée de conservation dépend des variétés; un oignon à forte saveur et pas trop riche en eau, tel l'oignon jaune, se conserve mieux.

Ne pas conserver l'oignon séché au réfrigérateur car son odeur se communique aux autres aliments. Ne pas l'entreposer non plus près des pommes de terre car il absorbe leur humidité, ce qui le fait pourrir et germer. L'entreposer dans un endroit aéré, sec et frais (entre 0 et 7 °C), si possible suspendu dans un filet (conservées à 3 °C avec seulement 40 % d'humidité, des variétés résistantes se conservent près d'un an). L'oignon supporte aussi une température entre 25 et 35 °C et se conserve de 3 à 6 mois, selon les variétés. Une température entre 15 et 21 °C (habituellement celle de la pièce) est plus nocive.

La congélation amollit l'oignon et lui fait perdre de la saveur; une plus grande quantité est alors nécessaire pour parfumer les plats. L'éplucher et le hacher; le blanchiment est superflu. L'oignon se déshydrate facilement; le couper en tranches minces, le placer sur une tôle, l'exposer au soleil 2 ou 3 jours, puis le passer au four à 90 °C environ 10 minutes, ou le mettre dans un déshydrateur quelques heures (65 à 70 °C) ou dans un four.

OKARA

Nom anglais: *okara*

Pulpe égouttée des haricots de soya, de couleur beige, résidu de la fabrication du lait de soya. L'okara a une fine texture émiettée qui rappelle la noix de coco fraîchement râpée.

VALEUR NUTRITIVE

L'okara contient 3,5 g de protéines, 2 g de matières grasses, 9 g d'hydrates de carbone, 2,3 g de fibres et 66 calories/100 g. Sa richesse en cellulose le rend précieux pour combattre la constipation.

UTILISATION

On se sert de l'okara pour enrichir les aliments, leur donner de la consistance et les épaissir; l'okara améliore en outre la texture des pains et des pâtisseries qui deviennent plus légers et qui se conservent plus longtemps car ils sèchent plus lentement. L'okara absorbe facilement les saveurs et peut être ajouté dans une grande variété d'aliments (céréales, pâtes à frire, crêpes, muffins, biscuits, hamburgers, croquettes, ragoûts, etc.). On l'utilise aussi comme substitut de la viande, comme chapelure et pour épaissir les soupes (sauf les consommés qui deviennent brouillés) et les sauces.

On utilise l'okara humide ou séché; son degré d'humidité dépend du degré d'extraction du lait et influence son mode d'utilisation. On peut le sécher au soleil, dans un déshydrateur, au four (120 à 235 °C) ou sur le dessus d'un radiateur ou de la cuisinière; le brasser de temps à autre. Pour obtenir un mélange plus fin, le passer ensuite au mélangeur.

CONSERVATION

L'okara séché se conserve presque indéfiniment dans un endroit frais et sec à l'abri des insectes et des rongeurs. L'okara humide se conserve environ 1 semaine au réfrigérateur.

OLIVE

Olea europaea, **Oléacées**
Nom anglais: *olive*

Fruit de l'olivier, arbre qui peut être plusieurs fois centenaire. Présent un peu partout dans le bassin méditerranéen, l'olivier est probablement originaire du Moyen-Orient. Symbole de paix et de sagesse, il occupe une place importante dans la mythologie; Égyptiens, Grecs et Romains le vénérèrent. L'olivier permit à des populations entières de se nourrir de ses fruits et de son huile. Encore aujourd'hui, l'économie de plusieurs pays méditerranéens repose en bonne partie sur sa culture. Pouvant atteindre 15 m de haut, l'olivier a un feuillage persistant lancéolé de couleur vert grisâtre. Il produit en abondance des fruits (drupes) dont la grosseur et la composition diffèrent selon les variétés, le climat et les méthodes de culture.

Atteignant leur poids maximal de 6 à 8 mois après la floraison, les olives sont immangeables telles quelles. Elles contiennent un glucoside très amer qui irrite le système digestif; elles doivent macérer et subir divers traitement qui durent plusieurs mois. Certaines ne sont que saumurées, d'autres sont préalablement baignées dans une solution de soude caustique, de chaux ou de potasse; il s'ensuit une lacto-fermentation grâce à une réaction entre l'acide lactique des olives et la saumure.

Il existe trois principales méthodes de traitement des olives: une qui utilise les olives immatures, lorsqu'elles sont d'un jaune verdâtre (l'espagnole); une autre qui traite les olives rougeâtres car elles sont alors à moitié mûres (l'américaine) et la dernière qui attend que les olives soient matures, donc noires (la grecque). Chaque méthode a ses spécificités, par exemple pour la composition de la saumure (eau, vinaigre et huile, huile, sel sec) et la durée de la macération. Une fois prêtes pour la consommation, les olives sont laissées dans des barils ou mises dans des contenants; certaines sont dénoyautées et farcies de piment, d'oignon, d'amande, d'anchois, etc.

VALEUR NUTRITIVE

L'olive est très riche en matières grasses (on en tire d'ailleurs une huile d'une saveur remarquable, voir huile, p. 255), son apport en calories est donc élevé. L'olive mûre (noire) contient plus de matières grasses (20 g/100 g) et de calories (200/100 g) que l'olive verte (12 g et 120 calories). L'olive contient également quelques vitamines, surtout à l'état de traces, et divers sels minéraux, dont du potassium et du calcium. Elle est laxative à cause de son contenu en cellulose et elle posséderait des vertus apéritives, stimulant la sécrétion salivaire et gastrique.

UTILISATION

L'olive est bien connue comme hors-d'œuvre mais son

utilisation est beaucoup plus variée. Elle se met dans les salades, elle accompagne viande et volaille et elle entre dans la composition d'une foule de plats cuisinés (tapenade, pizza, paupiettes, apprêts à la niçoise, etc.). Pour diminuer l'âcreté ou la teneur en sel des olives, les ébouillanter une quinzaine de minutes; elles perdront cependant un peu de leur parfum.

CONSERVATION   Les olives peuvent se conserver environ 1 an; les olives vertes et les olives noires séchées au sel sec, qui restent souvent un peu amères et qui conservent leur goût fruité, se gardent moins longtemps.

ORANGE
Citrus spp, **Aurantiacées**
Nom anglais: *orange*

Fruit de l'oranger, arbre originaire de Chine. L'orange est passée par les Indes bien avant d'être introduite en Europe puis en Amérique. C'est un des plus vieux fruits sur terre et un des plus populaires. Le mot sanscrit la désignant, *nagarunga*, signifie «fruit aimé des éléphants»; il serait à l'origine du terme arabe *narandj*, qui aurait donné le mot français «orange», le «n» du début disparaissant au fil des siècles et le «ar» devenant «or», par référence à la couleur du fruit. La grande diversité des oranges a une incidence principalement sur leur taille, leur saveur, leur degré d'acidité et leur temps de maturation. Ces fruits sont classés en deux grands groupes comprenant les oranges amères et les oranges douces.

Orange amère *(C. amara* ou *chimotto)*. Appelée aussi «bigarade» ou «orange de Séville», c'est l'ancêtre des oranges douces. Les Maures en firent la culture intensive près de Séville et le nom lui resta. L'oranger qui la produit est un arbrisseau épineux aux feuilles persistantes, ovales et luisantes; ses fleurs blanches sont très odorantes. L'orange a une écorce verte et rugueuse; sa chair acide et amère est surtout mise en conserve ou cuite (marmelade, confiture, gelée). Les feuilles sont utilisées en médecine, en particulier en infusions calmantes; des fleurs, on extrait l'essence de Néroli et l'eau de fleurs d'orangers; du zeste, on tire aussi de l'essence, dite parfois de bigaradier. Le Cointreau, le Curaçao et le Grand Marnier doivent leur saveur d'orange à son écorce.

Orange douce *(C. sinensis)*. C'est l'orange juteuse, sucrée et acidulée que tout le monde connaît. Ce sont les Arabes qui la développèrent à partir de l'orange amère. L'orange douce pousse sur un arbuste qui peut atteindre 5 m de haut. Il existe au sein de cette catégorie plusieurs variétés dont les principales exploitées commercialement sont l'orange de Valence, l'orange Navel et l'orange sanguine.

Orange de Valence. Elle fut introduite aux États-Unis vers 1870, venant d'Europe. C'est une des variétés les plus usuelles. Tardive (février à octobre), elle représente environ 50 % de la production américaine. De taille moyenne et de forme arrondie ou légèrement ovale, elle a une peau orange doré assez mince et lisse. Sa chair très sucrée est juteuse; c'est l'orange à jus par excellence.

Orange Navel. Venant du Brésil, elle fut implantée aux États-Unis autour de 1600. Elle possède du côté opposé à la tige un renflement qui ressemble à un nombril, d'où le terme «navel» qui signifie *ombilic* en anglais. Cette orange est plutôt grosse et ronde; son écorce orangée est épaisse, rugueuse et facile à enlever. Sa chair croquante et sucrée est particulièrement savoureuse et presque toujours démunie de pépins.

Orange sanguine. Sa chair est rouge; quand elle n'est que parsemée de filets fortement pigmentés de rouge, on parle alors d'orange demi-sanguine. On présume que ces oranges sont originaires des Indes. Certaines ont une forme légèrement allongée. L'écorce est plus ou moins rougeâtre et plus ou moins lisse; la pulpe habituellement acide des variétés les plus rouges est sucrée et très juteuse dans les demi-sanguines.

Une pratique commerciale est à l'origine du fait que des oranges sont identifiées par un nom générique, tel «Sunkist», «Jaffa» ou «Outspan». «Sunkist» est le nom commercial d'une coopérative d'agrumiculteurs américains qui regroupe environ 8 000 membres en Californie et en Arizona, «Jaffa» est une appellation choisie par le gouvernement d'Israël, et «Outspan», par le gouvervement d'Afrique du Sud. Plusieurs variétés d'oranges sont regroupées sous cette enseigne pourvu qu'elles répondent à certaines normes (qualité, classification pour l'emballage, etc.) fixées par ces organismes.

VALEUR NUTRITIVE L'orange contient 0,9 g de protéines, des matières grasses à l'état de traces, 12 g d'hydrates de carbone et 47 calories/100 g. Elle est reconnue pour sa haute teneur en vitamine C; elle est également riche en potassium, en calcium et en fibres alimentaires (fibres qui lui confèrent une douce action laxative). Elle est peu calorifique à cause de sa faible teneur en sucre. Ses fleurs sont antispasmodiques et l'eau de ses fleurs faciliterait le sommeil.

ACHAT, UTILISATION ET CONSERVATION Voir agrumes, p. 15.

ORGE

Hordeum vulgare, **Graminées**
Nom anglais: *barley*

Une des plus anciennes céréales cultivées; sa culture serait antérieure au néolithique (plus de 6 000 ans). On trouve mention de l'orge tout au long de l'histoire; on la cultiva intensivement en Asie, en Europe, au Moyen-Orient et en Ancienne Égypte, notamment. Elle est probablement originaire d'Asie. Une grande partie de la récolte a toujours servi à nourrir le bétail. Durant de nombreux siècles, on fabriqua du pain d'orge, pain nourrissant mais lourd, sec et difficile à digérer, qui fut méprisé à certaines époques. Jusqu'au XVIe siècle, l'Europe s'alimenta de pains à base d'orge.

L'orge est une plante annuelle au cycle végétatif court. C'est la céréale qui s'adapte le mieux aux différents climats; elle est très résistante au froid, au manque d'eau et à la pauvreté des sols. La plante atteint habituellement de 1 à 2 m de hauteur et développe des rangées de 2, 4 ou 6 grains, disposés le long d'un axe principal. Il en existe environ 20 variétés divisées en orge d'été et en orge d'hiver. Les plus grands pays producteurs sont l'URSS, les États-Unis, la France, la Grande-Bretagne et le Canada; au Canada, cette céréale est la troisième en importance. Seulement un peu plus du tiers de la production mondiale est destiné à la consommation humaine et sert principalement à fabriquer bière et whisky; le reste est donné aux animaux.

Le grain d'orge, d'un blanc laiteux et de forme elliptique, doit être séparé de son enveloppe extérieure non comestible. La façon dont il est décortiqué détermine sa valeur nutritive car les nutriments sont plus nombreux en périphérie. L'orge simplement débarrassée de son enveloppe extérieure se nomme **orge mondé** («hulled barley» en anglais); ce grain est le plus nourrissant car il a perdu très peu d'éléments nutritifs. **L'orge écossaise** («scotch barley» ou «pot barley» en anglais) a subi trois opérations de polissage effectuées par abrasion; le grain a donc perdu divers nutriments, surtout des vitamines et des sels minéraux. L'**orge perlé** («pearl barley» en anglais) a supporté six abrasions, c'est l'équivalent du riz blanc; il a perdu son germe ainsi qu'une certaine quantité de vitamines, de sels minéraux, de fibres, de gras et de protéines. Il existe également de **l'orge concassée** («barley grits» en anglais), consistant en des grains d'orge entiers décortiqués, rôtis puis cassés en six ou huit morceaux; des **flocons d'orge** («barley flakes» en anglais), qu'on obtient et utilise comme les flocons d'avoine; et de la **farine d'orge** («barley meal» en anglais), plus ou moins raffinée.

Certaines variétés d'orge constituent l'ingrédient principal du **malt**, une substance qui entre dans la fabrication de la bière et du whisky et qui sert de succédané de café lorsqu'elle est torréfiée. Les grains d'orge sont germés, séchés, grillés puis pulvérisés; quand cette farine est mise à fermenter, l'amidon qu'elle contient se transforme en sucres divers puis en alcool. Plus le malt est grillé longtemps, plus la bière obtenue est foncée.

VALEUR NUTRITIVE   L'orge contient 8 à 11 g de protéines/100 g (un peu moins que le blé, l'avoine et le seigle); elle est riche en amidon (78 g/100 g), pauvre en matières grasses (1 g/100 g) et elle renferme 350 calories/100 g. Comme celles des autres céréales, ses protéines sont dites incomplètes (voir céréales, p. 113). Elle contient une bonne quantité de vitamines du complexe B, notamment de la niacine, de la B_6 et de l'acide pantothénique, ainsi que plusieurs sels minéraux dont du phosphore, du potassium, du magnésium, du soufre et du sodium. L'orge est facile à digérer. On la dit fortifiante, régénératrice, bénéfique pour le système respiratoire et légèrement-diurétique. En tisane, on l'utilise depuis fort longtemps pour soulager la toux.

UTILISATION   L'orge est bien connue pour entrer dans la préparation de soupes et de ragoûts. Elle a cependant un usage plus étendu et peut être utilisée comme les autres céréales; la cuire telle quelle ou en même temps que le riz (s'il s'agit d'orge perlé) ou l'incorporer aux pâtés, croquettes, puddings, desserts, etc. Sa texture légèrement caoutchouteuse apporte une touche inhabituelle aux salades composées. L'orge entre souvent dans la fabrication du miso (voir miso, p. 340). On utilise la farine pour épaissir soupes et sauces et pour confectionner biscuits, pain, crêpes, gâteaux, etc.; elle confère un léger goût sucré aux aliments. Elle manque de gluten, aussi doit-on la combiner avec de la farine de blé si on veut qu'elle lève. On emploie le malt non seulement pour fabriquer bière, whisky et succédané de café, mais aussi pour enrichir certains aliments ou comme sirop.

CUISSON   L'orge mondé cuit en 1 heure environ à feu doux; compter 720 ml de liquide par 240 ml de grains (200 g). De préférence, mettre l'orge à tremper plusieurs heures avant la cuisson (utiliser le liquide pour cuire); si désiré, l'égoutter puis la griller.

CONSERVATION   Voir céréales, p. 113.

ORMEAU

Strombus gigas ou *Haliotis tuberculata*, **Strombidés** ou **Haliotidés**

Autres noms: *haliotide, oreille de mer, lambi*

Nom anglais: *abalone*

Mollusque gastéropode connu depuis les temps préhistoriques. L'ormeau loge dans une coquille brunâtre ou grisâtre dont la forme évoque une oreille, d'où son surnom d'«oreille de mer». Le bord de sa coquille comporte une série de trous qui lui donnent une allure bizarre. L'intérieur de sa coquille est nacré; on y trouve parfois une perle rose. Il existe une cinquantaine d'espèces d'ormeaux, de grosseurs et d'appellations diverses, réparties dans les mers à travers le monde.

La chair blanche et savoureuse est compacte et ferme; c'est un muscle d'une taille imposante ayant environ 6 cm de diamètre. Il faut la battre sinon elle reste caoutchouteuse; la finesse de son goût dépendra pour une bonne part de l'énergie qu'on mettra pour l'attendrir ainsi que du mode de cuisson. Les œufs de l'ormeau sont délicieux et se vendent sous forme de caviar mis en conserve ou congelé.

VALEUR NUTRITIVE   L'ormeau contient 19 g de protéines, 0,5 g de matières grasses, 3,4 g d'hydrates de carbone et 98 calories/100 g.

PRÉPARATION   Extraire l'ormeau de sa coquille n'est guère facile, c'est pourquoi il est rarement vendu dans celle-ci; il est aussi presque toujours déjà battu. S'il faut le battre soi-même, le placer entre deux linges et utiliser un rouleau à pâtisserie ou le mettre dans un sac résistant et le frapper sur le sol quelques minutes.

ACHAT   L'ormeau s'achète frais, congelé ou en conserve (dans les boutiques spécialisées). Le décongeler, au moins partiellement, pour être en mesure de déloger le sable qui s'infiltre dans les replis de sa chair. Bien le laver, utiliser une petite brosse si nécessaire.

UTILISATION   L'ormeau entier peut être cuit à l'eau bouillante mais c'est très long (environ 1 heure) et sa tendreté n'est pas toujours assurée. La cuisson dans la marmite à pression est plus rapide et les résultats sont plus uniformes; compter environ 30 minutes (103 kPa). Si désiré, ajouter divers condiments à l'eau de cuisson; saler uniquement en fin de cuisson pour éviter de durcir le mollusque. L'ormeau peut aussi être grillé, braisé, frit ou mis dans la soupe. On le mange chaud ou froid; il est excellent dans les salades ou les entrées, servi avec de la mayonnaise, en ragoût, en sauce, etc.

CONSERVATION   Voir mollusques, p. 344.

ORTIE

Urtica dioïca, **Urticacées**
Noms anglais: *bigstring, stinging nettle, dog nettle, small nettle*

Plante herbacée urticante originaire d'Eurasie. L'ortie croît dans la plupart des régions tempérées et on la retrouve le long des routes, au bord de l'eau et dans les terrains vagues. Il en existe une centaine d'espèces, dont les plus courantes sont la grande ortie et la petite ortie.

Grande ortie *(U. dioïca)*. Plante annuelle appelée parfois «ortie dioïque» ou «ortie commune». Elle atteint entre 50 cm et 1 m de haut et sa longue tige cannelée et hérissée de poils se rigidifie en vieillissant. Ses sombres feuilles larges, longues et ovales sont recouvertes de poils. Ses fleurs verdâtres se forment en grappes à l'aisselle des feuilles supérieures. Elles contiennent un liquide retenu dans un petit réservoir logé à leur extrémité, liquide qui cause des démangeaisons heureusement de courte durée.

Petite ortie (**ortie romaine** ou **ortie brûlante**) *(U. urens)*. Plante annuelle qui mesure 50 cm de haut. Ses feuilles, plus arrondies, lisses et très dentelées, provoquent une irritation plus forte que celles de la grande ortie.

VALEUR NUTRITIVE   L'ortie contient 5,5 g de protéines, 0,7 g de matières grasses, 7 g d'hydrates de carbone et 57 calories/100 g. Elle est riche en calcium, en potassium et en vitamines A et C; elle contiendrait plus de fer que l'épinard. Elle n'a pas bonne réputation mais c'est une plante comestible à saveur plus ou moins piquante, selon les variétés. Elle possède de nombreuses propriétés médicinales; on la dit entre autres astringente, tonique, digestive, lactogène, antiasthmatique, antirhumatismale et diurétique.

UTILISATION   L'ortie se récolte avant que ses tiges ne durcissent. On peut se munir de gants mais ce n'est pas nécessaire si on évite de toucher au sommet des feuilles. Les feuilles perdent leur caractère irritant en cuisant ou en séchant. On les utilise comme l'épinard et elles sont particulièrement délicieuses en soupe, avec des pommes de terre, du poireau, du cresson, du chou ou des légumineuses. Les plus tendres et les variétés moins piquantes peuvent être utilisées crues, hachées finement. Contenant beaucoup de chlorophylle, elles resteront d'un beau vert si elles cuisent peu longtemps (voir cuisson des légumes, p. 295). L'ortie peut aussi servir à préparer des tisanes; faire bouillir 2 minutes 15 ml (1 cuillerée à soupe) de feuilles par tasse d'eau (240 ml) ou faire bouillir 5 minutes 15 ml (1 cuillerée à soupe) de racines, puis laisser infuser 10 minutes.

CONSERVATION   Voir légumes, p. 293.

OSEILLE – PATIENCE

Rumex spp, **Polygonacées**

Noms anglais: *sorrel, dock, patience*

Plantes potagères vivaces, originaires d'Europe et d'Asie. L'oseille et la patience sont 2 variétés d'une même espèce qui croît à l'état sauvage ou qui est cultivée un peu partout sous les climats tempérés. Il en existe une centaine de variétés, ce qui influence la hauteur de la plante, la taille des feuilles, la densité de leur coloration verte, la saveur et la valeur nutritive. L'oseille acétosa *(R. acetosa)* mesure 1 m de haut; ses feuilles larges et tendres ont légèrement une forme de flèches. Ses tiges florales hébergent des grappes de fleurs rougeâtres en forme de clochettes. L'oseille ronde *(R. scutatus)* a des feuilles plus grandes et plus charnues. La patience *(R. patientia)* est plus grande que l'oseille et ses feuilles arrondies sont rugueuses; ses grappes de fleurs sont vertes. Elle est souvent considérée comme une mauvaise herbe. Ses feuilles, moins savoureuses car plus amères, sont cependant moins acides.

VALEUR NUTRITIVE
Ces plantes contiennent environ 2,6 g de protéines, 0,5 g de matières grasses, 2,6 g d'hydrates de carbone et 26 calories/100 g. Elles sont riches en magnésium, en potassium et en vitamine C. On les dit diurétiques, revitalisantes et légèrement laxatives.

UTILISATION
L'oseille peut être mangée crue ou cuite. Sa saveur aigrelette ajoute un cachet rafraîchissant aux salades. Lorsqu'elle est cuite, la consommer le plus tôt possible pour restreindre le développement des sels oxaliques. Elle s'apprête de la même façon que l'épinard; elle est particulièrement délicieuse dans les soupes, avec le poisson, le veau, les omelettes et les quiches. Pour en atténuer l'acidité, on peut l'apprêter accompagnée de feuilles de laitue.

ACHAT ET CONSERVATION
On achète ces légumes lorsqu'ils sont fermes et brillants. Les réfrigérer le plus rapidement possible afin d'éviter les pertes de valeur nutritive.

OURSIN

Oursin vert (Stongylocentrotus drobachiensis), *hérisson* ou *châtaigne de mer* (Echinus esculentus), *oursin pourpre* (Arbacia punctulata), **Échinodermes**
Noms anglais: *sea urchin, sea hedgehog, sea hog*

Animal marin à carapace sphérique, plus ou moins aplatie selon les espèces, pouvant atteindre de 7 à 8 cm de diamètre. L'oursin est recouvert de piquants longs d'environ 2 cm chez les espèces les plus courantes, mais pouvant atteindre de 10 à 15 cm (d'où ses surnoms de «hérisson» et de «châtaigne de mer»). Quelques piquants sont fixes, d'autres munis de ventouses sont mobiles, permettant à l'oursin de se mouvoir, tandis qu'un certain nombre se terminent en pinces afin qu'il puisse se nourrir. Le dessus de la carapace est totalement recouvert de piquants et abrite seulement l'anus, placé au milieu. La bouche, munie de 5 dents et entourée d'une zone exempte de piquants, est placée en dessous. C'est sous cette partie que baigne la partie comestible, c'est-à-dire les 5 glandes sexuelles (ovaires ou gonades car l'oursin est unisexué) appelées «corail» qui sont comme chez la moule de couleur orange. Il existe près de 500 variétés d'oursins parmi lesquelles plusieurs ne sont pas comestibles. Les oursins les plus appréciés sont les verts et les noir-pourpre.

VALEUR NUTRITIVE
L'oursin contient 15 g de protéines, 2 g de matières grasses et 95 calories/100 g.

ACHAT ET PRÉPARATION
L'oursin est très périssable. À l'achat, vérifier si ses piquants sont dressés, signe de fraîcheur. Il doit contenir 12 % de son poids en «corail». Pour l'ouvrir, se munir d'un chiffon épais ou d'un bon gant. Le prendre de façon à pouvoir pratiquer une ouverture près de la

bouche et tout autour de la partie dépourvue de piquants en se servant de ciseaux. Enlever ensuite les débris qui ont pu tomber ainsi que l'appareil digestif.

UTILISATION   La chair de l'oursin a une consistance et une saveur très particulières, difficilement définissables. C'est le plus digestible de tous les fruits de mer. Les manières de le préparer sont assez limitées. On mange surtout l'oursin cru, avec ou sans le liquide dans lequel il baigne, agrémenté d'un peu de jus de citron, d'échalote et de sel, accompagné de pain ou déposé sur des canapés. Il peut aussi aromatiser sauces ou mayonnaises, tout comme il est possible de l'incorporer à des omelettes, des œufs brouillés ou des crêpes; il sert également à cuisiner un délicieux potage. On le cuit parfois quelques minutes dans de l'eau bouillante salée comme un œuf à la coque.

CONSERVATION   L'oursin se conserve au réfrigérateur.

PACANE

Carya spp, **Juglandacées**

Nom anglais: *pecan*

Fruit du pacanier, arbre imposant originaire du sud de l'Amérique du Nord et cultivé intensivement aux États-Unis, dans les États du Texas et de l'Oklahoma. Il existe de nombreuses espèces de pacaniers, dont une qui s'est adaptée au climat plus froid et qui pousse même au Canada. La pacane est consommée depuis toujours aux États-Unis où les Amérindiens l'utilisaient abondamment. Certaines variétés portent en anglais le nom de «hickory», d'autres celui de «pecan», terme parfois traduit incorrectement par «pécane» au Québec.

Le pacanier vit longtemps; il n'est pas rare de trouver des arbres centenaires. En général, il atteint plus de 2 m de circonférence et jusqu'à 40 m de hauteur; il produit environ 95 kg de noix par année. Très décoratif, il porte des fleurs en chatons comme les noisetiers.

La pacane est composée d'une graine formée de deux lobes qui ressemblent à la noix, une espèce de la même famille. Ces graines (ou amandes) de couleur blanchâtre sont recouvertes d'une mince pellicule brun foncé. Elles se dissimulent dans une coque lisse, brillante et friable, de couleur brunâtre, qui mesure de 3 à 4 cm de long sur 2 cm de large, coque entourée d'une enveloppe charnue de couleur verte qui éclate en 4 parties à maturité. Cette coque est plutôt terne; on en change souvent l'aspect extérieur pour mousser les ventes; on la lave, la sable, la teint en brun ou en rouge, la cire et la polit. La pacane a une saveur légèrement moins prononcée que la noix.

Une bonne partie de la récolte est écalée, ce qui réduit de 75 % la durée de conservation des pacanes, qui rancissent plus vite. Elles sont en outre plus exposées aux insectes et aux moisissures. Pour les écaler, on les soumet souvent à un traitement visant à ramollir les coquilles et à assouplir la chair.

VALEUR NUTRITIVE   La pacane contient 8 g de protéines, 68 g de matières grasses, 18 g d'hydrates de carbone, 2,6 g de fibres et 687 calories/100 g. Les protéines sont dites incomplètes (voir théorie de la complémentarité, p. 536) et les matières grasses sont composées à 87 % d'acides non saturés [64 % d'acides monoinsaturés et 23 % d'acides polyinsaturés (voir corps gras, p. 147)]. La pacane contient des sels minéraux et des vitamines en quantité variable, notamment du phosphore, du calcium, du potassium, du fer, du chlore, du magnésium, du cuivre et des vitamines A, B (surtout B_6) et E.

ACHAT   La pacane peut absorber jusqu'à 75 % de son poids en huile lorsqu'on la fait rôtir, ce qui s'ajoute à son contenu en gras déjà très élevé; le meilleur achat au point de vue de la santé est donc la pacane naturelle. Choisir des pacanes relativement lourdes et qui semblent pleines si on les secoue. Les noix écalées ont souvent une saveur qui laisse à désirer ou sont franchement rances. Les acheter à des endroits où le roulement est bon.

UTILISATION   La pacane entre dans la préparation de nombreux mets, aussi bien salés que sucrés. En Amérique du Nord, un apprêt traditionnel est la tarte aux pacanes.

CONSERVATION   La pacane écalée absorbe facilement les odeurs, aussi est-il préférable de l'entreposer dans un récipient hermétique. La mettre au réfrigérateur retarde son rancissement. La pacane en écales se congèle; on peut la conserver 3 ans.

PAIN

Nom anglais: *bread*

Aliment fait essentiellement de farine, d'eau et de sel et cuit au four. Le pain peut contenir un ferment – levain ou levure – qui le fait gonfler ou il peut en être dépourvu; c'est alors un pain non levé (nommé pain «pita» au Moyen-Orient, «chapati» en Inde, etc.).

La découverte du pain fut sûrement le fruit du hasard; on aura laissé à l'air ambiant une bouillie de céréales, forme sous laquelle on ingérait les céréales avant de connaître le pain, mélange qui aura fermenté et levé sous l'action de la flore présente dans la farine et dans l'air.

Au Moyen-Orient et en Europe, l'importance du pain fut considérable, tant comme aliment que comme symbole. On en trouve mention dans l'Ancien et le Nouveau Testament. Il représente le corps du Christ dans la religion catholique; il commémore la fuite en Egypte dans la religion juive (lors de cet événement, les Hébreux durent cuire du pain non levé – «pain azyme»). Toute une série d'expressions découlent de l'importance accordée au pain, notamment «avoir du pain sur la planche», «manger son pain blanc le premier», «ôter le pain de la bouche», «se vendre comme des petits pains chauds».

Les Égyptiens auraient inventé le four à pain. Ils furent les premiers à cuire une grande variété de pains, près d'une cinquantaine, ce qui leur valut d'être parfois surnommés «mangeurs de pain». Les Grecs furent probablement les meilleurs boulangers de l'Antiquité; ils produisirent une farine plus fine et ils intégrèrent divers ingrédients au pain, dont des fines herbes, des épices, de l'huile et des fruits.

Au XXe siècle, la consommation du pain a diminué en Occident, parce que le pain fut accusé de causer de l'embonpoint. Depuis quelques années, on tente de réhabiliter cet aliment nourrissant dont le contenu en calories est modéré, en suggérant de mieux choisir les aliments qui l'accompagnent et d'éviter notamment le beurre, les charcuteries et le chocolat.

La fermentation spontanée de la pâte (lorsque de la farine et de l'eau séjournent à la température de la pièce) est un processus long et imprévisible. Aussi apprit-on très tôt à se servir de levain, une portion de pâte fermentée non cuite prélevée d'une préparation précédente. Le levain est constitué de levures et de bactéries; il est acide, ce qui empêche le développement de bactéries pathogènes; dans le langage populaire on le nomme «pâte aigrie». Le levain s'altère s'il n'est pas utilisé en dedans de 8 jours et il est nécessaire de lui ajouter farine et eau tiède si on veut le conserver plus longtemps. Le levain est beaucoup moins utilisé depuis une centaine d'années car il doit être réactivé avant d'être panifié et cette opération est longue et fastidieuse. Il a été remplacé par la levure de boulanger (appelée aussi levure de bière), beaucoup plus facile à utiliser, qui agit plus rapidement et plus uniformément, tout en permettant d'accélérer et d'augmenter la production. La levure est constituée de champignons microscopiques (*saccharomyces cerevisiae*); comme le levain, c'est une culture vivante. On la produit industriellement en ensemençant des moûts de céréales ou une solution de mélasse, d'acide phosphorique et d'ammoniaque; lorsque les champignons ont cessé de croître, ils sont centrifugés, lavés, puis compressés ou déshydratés.

La levure se nourrit de sucre, soit du sucre ajouté à la pâte ou celui qui provient de l'amidon de la farine transformé en sucres simples sous l'action d'une enzyme libérée par les champignons. Elle convertit ce sucre en gaz carbonique et en alcool, substances qui restent emprisonnées dans le gluten. Le gluten est une matière de nature protidique qui devient visqueuse et élastique lorsqu'elle est mise en contact avec un liquide et qui a la propriété de retenir le gaz, ce qui fait lever la pâte. À la cuisson, l'alcool s'évapore et les bulles de gaz restent emprisonnées dans la pâte, formant des alvéoles; le gaz des bulles sera délogé des alvéoles par l'air ambiant lorsque le pain refroidira.

Le levain transforme aussi l'amidon, mais parce qu'il contient des bactéries lactiques en plus grand nombre, la formation d'alcool est réduite. Il se distingue également de la levure en ce qu'il libère la phytase, une enzyme qui neutralise totalement l'acide phytique (voir céréales, p. 113). Le pain au levain diffère du pain à la levure sur plusieurs autres points; il lève moins, sa mie a des alvéoles irrégulières et plus petites, il est légèrement acide, plus savoureux, plus digestible et il se conserve mieux.

Fabrication du pain

La panification comporte quatre opérations principales: le délayage, le pétrissage, la fermentation et la cuisson.

Le délayage consiste à incorporer le liquide à la farine, au sel, au ferment et aux autres ingrédients qui pourront constituer le pain (sucre, raisins, noix, etc.).

Le pétrissage vise à répartir également les ingrédients, à activer les ferments et à permettre qu'une certaine quantité de gaz carbonique s'évapore pour restreindre le levage de la pâte. Ce travail long et fatigant s'est longtemps effectué à la main ou à l'aide des pieds; au Moyen Âge on appelait «geindre» (ou «gindre») l'ouvrier affecté à cette tâche. Le pétrissage est maintenant mécanisé et il est presque toujours raccourci par l'action d'additifs chimiques.

La fermentation est l'étape cruciale où les ferments font lever la pâte. Elle doit s'effectuer à l'abri des courants d'air et à une température se situant entre 23 et 32 °C car trop de chaleur tue le ferment et trop de froid retarde son action (26 à 29 °C est la température idéale recommandée pour la panification maison). De la fermentation dépendront notamment le volume, la légèreté et la saveur du pain. Si elle est écourtée ou prolongée, le pain sera compact et massif; souvent aussi, si elle a trop duré, il aura un goût de sur. La pâte lèvera d'abord dans le bol plusieurs heures, puis une ou parfois deux autres fois dans le moule à pain, 2 ou 3 heures après avoir été retravaillée et façonnée (une pâte levée trois fois donne un pain léger, de texture fine). Pour vérifier si la fermentation est suffisante, insérer 2 doigts dans la pâte; si leurs empreintes restent imprimées, il est temps de cuire, si la pâte les efface, la fermentation est incomplète.

La cuisson entraîne plusieurs transformations; elle arrête notamment l'action des ferments, rend l'amidon gélatineux, développe la saveur et permet au gaz de prendre de l'expansion. Elle s'effectua très longtemps dans des fours à bois; elle se fait maintenant surtout dans des fours chauffés à l'électricité, au gaz ou au mazout. Dès qu'elle est terminée, le pain est placé dans un endroit aéré, à l'abri des courants d'air; il doit «ressuer», c'est-à-dire refroidir doucement pour que s'abaisse son taux d'humidité; c'est à ce moment qu'une partie du gaz carbonique s'échappe par la croûte et est remplacé par de l'air.

Durant le XXᵉ siècle, la fabrication du pain s'est industrialisée, donnant naissance à une industrie puissante et hautement mécanisée qui fait grand usage de farine appauvrie (voir farine, p. 199) et d'additifs chimiques divers. Les additifs simplifient et accélèrent la panification, tout en permettant d'augmenter la marge de profits. Ils agissent de multiples façons, ainsi:

- le stéaryl-2 lactylate de sodium et le stéaryl-2-lactylate de calcium donnent de la consistance à la pâte, qui peut résister aux manipulations mécaniques et ne pas souffrir d'un léger surplus de pétrissage; ils retardent aussi le rancissement et permettent d'économiser sur les ingrédients; ainsi il est possible d'utiliser 5 % plus d'eau, jusqu'à 50 % moins de matières grasses et jusqu'à 20 % moins de levure;
- le sulfate de calcium et le chlorure d'ammonium servent de nourriture à la levure et agissent sur la texture du pain;
- le bromate de potassium est un oxydant qui accélère le vieillissement de la farine et écourte la fermentation, qui peut s'effectuer en seulement 2 minutes;
- les mono et diglycérides influencent le volume et la texture du pain et prolongent sa conservation;
- le propionate de calcium retarde le développement des moisissures et des bactéries.

L'usage des additifs est une pratique discutable car il risque d'entraîner des répercussions sur la santé. Tous les pains ne contiennent pas d'additifs cependant; vérifier en lisant la liste des ingrédients sur l'étiquette.

Le blé est la céréale panifiable par excellence à cause de la nature de son gluten; il se travaille plus facilement et donne un pain plus léger et plus savoureux que celui des autres céréales. Le seigle et le triticale ont un gluten suffisamment élastique pour être panifiés seuls, mais les résultats ne sont pas aussi satisfaisants qu'avec le blé. Les autres céréales doivent être combinées au blé pour lever suffisamment.

Le pain peut contenir des céréales en grain et divers autres ingrédients dont de la bière, du gluten, des noix, des légumes, des fruits et des épices. Il peut être modelé à volonté (tresse, baguette, miche, couronne, etc.). Sur le marché, le pain peut être divisé en deux grands groupes; celui fabriqué par la grande industrie et celui boulangé traditionnellement (il est surtout distribué dans le réseau des magasins d'aliments de santé). Parmi toute la gamme de pains offerts, certains occupent une place prépondérante, dont le pain blanc, le pain brun et le pain de seigle.

Pain blanc. Le pain de blé fait de farine blanche raffinée et contenant des additifs accapare la plus grande part du marché. Depuis quelques années, un nouveau concept dans sa commercialisation tend à se généraliser; la pâte congelée est cuite sur place dans les magasins et l'odeur quasi irrésistible du pain chaud génère de nombreux achats, majoritairement impulsifs.

La grande industrie offre également du pain blanc dans lequel elle ajoute des fibres [son, écorces de pois, alpha-cellulose (cellulose extraite de la pulpe d'arbres à l'aide de produits chimiques)].

Elle cherche à satisfaire la demande depuis qu'une partie de la population est sensibilisée aux conséquences d'une alimentation pauvre en fibres (mauvais transit intestinal, maladies du système digestif, etc.). Cette solution est imparfaite car elle ne tient pas compte des autres éléments nutritifs contenus dans le grain et disparus lors du raffinage (voir farine, p. 199).

Du pain blanc artisanal à la mie jaunâtre, fait avec de la farine non blanchie et sans l'ajout d'additifs, est disponible surtout dans les magasins d'alimentation naturelle.

Pain brun («pain complet» en Europe). La grande industrie fabrique toute une gamme de pains bruns au taux d'extraction variable; certains contiennent des additifs, d'autres en sont exempts. Il arrive que le pain brun soit fait de farine blanche raffinée à laquelle on a ajouté son, germe, mélasse et colorant.

Le pain brun artisanal est habituellement fait de farine entière et est dépourvu d'additifs; il est plus dense, plus massif et de saveur plus prononcée.

Pain de seigle. Pain dense et compact car le gluten du seigle est moins élastique que celui du blé et lève moins; ce pain foncé a une forte saveur (voir seigle, p. 500).

VALEUR NUTRITIVE ET ACHAT

Quel pain choisir? Il n'est pas facile de répondre à cette interrogation car plusieurs facteurs peuvent être pris en considération. Ainsi on peut aborder le sujet du point de vue de la saveur, de l'utilisation ou de la valeur nutritive. La question de la valeur nutritive ne se tranche pas facilement car elle comporte plusieurs volets; ainsi:

- la teneur en protéines, en hydrates de carbone, en matières grasses et en calories est relativement semblable dans le pain blanc et dans le pain complet, comme le montre le tableau suivant:

	protéines	**hydrates de carbone**	**matières grasses**	**calories**
pain blanc	2 g	14 g	1 g	75 par tranche (25 g)
pain brun	3 g	14 g	1 g	65 par tranche (28 g)
pain de seigle	2 g	13 g	traces	60 par tranche (25 g)

- le contenu en vitamines, en sels minéraux, en enzymes et souvent en fibres est par contre beaucoup plus affecté et le pain blanc ne peut plus soutenir la comparaison avec le pain complet, car il est trop appauvri (voir farine, p. 199);
- plusieurs pains contiennent des additifs.

Le pain complet constitue l'aliment le plus valable nutritive-ment. Il peut être intéressant d'introduire de la diversité dans sa consommation de pain en choisissant notamment entre les nombreux pains de céréales complètes; ainsi, chaque céréale apporte une combinaison différente d'éléments nutritifs.

UTILISATION Le pain peut être mangé avec presque tout et il a une utilisation variée. Il est présent sur la table de l'entrée au dessert (les Européens par exemple aiment bien recouvrir une tranche de pain de morceaux de chocolat). Il est indispensable pour préparer des sandwichs et dans plusieurs mets (fondue au fromage, croûtes, etc.). Il est très populaire le matin, rôti ou non. On le cuisine en pudding (nommé pain perdu en Europe) quand il est rassis, on le déshydrate (biscottes), on le transforme en croûtons et en chapelure, on le met dans les farces, on le prépare en canapés, etc.

Il est préférable de ne pas consommer le pain immédiatement lorsqu'il sort du four car il se digère difficilement; attendre même au lendemain s'il s'agit d'un gros pain de campagne au levain. On a intérêt à tailler le pain au dernier moment pour en retarder le dessèchement; si le pain est rassis, le mettre au four (60 °C) une dizaine de minutes, il redeviendra comme frais.

Le grillage du pain fait diminuer la valeur nutritive, réduisant par exemple de 15 à 20 % la teneur en thiamine et de 5 à 10 % la teneur en lysine (un acide aminé). Plus le pain est grillé, plus la perte est élevée.

CONSERVATION Le pain se conserve à l'abri de l'air. Le pain traditionnel peut séjourner plusieurs jours dans une boîte à pain s'il est conservé au frais. Ne pas le mettre dans un sac de plastique; s'il est entamé, poser la face coupée à plat. Le pain se congèle facilement, peut-être trop même car il arrive que dégelé, il soit vendu pour du pain frais.

PALOURDE

Tapes decussatus, *Venerupis decussatus* ou *Venus mercenaria*, **Vénéridés**
Autres noms et espèces: *clam, clovisse, couteau* (Ensis directus, E. solen, E. siliqua, etc.), *mactre* (Spisula solidissima), *mye* (Mya arenaria), *quahog* (Venus mercenaria), *praire*
Noms anglais: *clam, quahog, steamer, razor clam*

Mollusque bivalve faisant partie d'une imposante famille composée d'espèces qui parfois se ressemblent beaucoup. Une même espèce est souvent identifiée par plusieurs noms ou le même nom désigne plus d'une espèce. Ceci crée une certaine confusion, pas très grave cependant puisque la chair est très souvent comparable. Certains de ces mollusques ont des coquilles très dures; le nom *quahog* est d'ailleurs dérivé d'un terme algonquin signifiant «coquille dure», caractéristique que l'anglais retient également en désignant les clams du nom de «hardshell» (ou «softshell» selon les cas). Le nom latin de la mactre, *Spisula solidissima*, y fait aussi référence.

La mactre, le couteau et plusieurs espèces de clams ont des coquilles lisses tandis que d'autres espèces ont des valves striées. Les coquilles sont souvent dans les teintes de brun, de gris pâle ou de blanc crayeux. Les mollusques à coquilles molles se reconnaissent parce qu'ils ne se referment jamais complètement, leur long siphon ne pouvant se contracter totalement et restant à l'extérieur. Ces mollusques ne peuvent vivre longtemps hors de l'eau, ils sont donc rarement commercialisés vivants. Leurs coquilles sont très fragiles, elles sont même parfois presque transparentes (couteau, mye).

Tant de diversité se répercute également sur la forme des coquilles et sur leur grosseur. Les couteaux (ou rasoirs) sont minces et allongés. Leurs coquilles six fois plus longues que larges sont assez effilées pour couper les mains, surtout à la cueillette. La plupart des autres espèces sont cependant de forme elliptique; la plus volumineuse, la mactre, peut mesurer jusqu'à 18 cm de long (sa taille moyenne tourne autour de 10 cm). La quahog atteint jusqu'à 13 cm; lorsqu'elle mesure entre 5 et 7 cm, on l'appelle souvent praire. Les autres espèces sont assez petites (2 à 6 cm). La chair de ces mollusques varie de couleur selon les espèces, allant du blanc crème au gris et à l'orange foncé. Ces mollusques marins préfèrent les eaux peu profondes, ils s'enfouissent dans les fonds sablonneux ou vaseux. La plupart sont présents dans l'Atlantique, disséminés dans un territoire allant du Labrador jusqu'au Mexique.

VALEUR NUTRITIVE   Les palourdes contiennent 14 g de protéines, 1,9 g de matières grasses, 1,3 g d'hydrates de carbone et 82 calories/100 g. Elles sont riches en iode, en potassium et en fer. Elles renferment passablement de cholestérol.

ACHAT   N'acheter que des palourdes bien vivantes, soit celles dont les coquilles sont fermées, qui se referment immédiatement lorsqu'on les heurte ou qui laissent jaillir un peu d'eau quand on les presse légèrement entre le pouce et l'index. Délaisser les mollusques qui dégagent une odeur d'ammoniaque.

PRÉPARATION   Ces mollusques doivent être consommés assez rapidement après l'achat. S'ils sont remplis de sable, les mettre à tremper 1 heure ou 2 dans de l'eau salée [60 à 75 ml (4 à 5 cuillerées à soupe) de sel par litre d'eau]. Comme ils sont difficiles à ouvrir, on peut s'aider en les laissant reposer un certain temps au réfrigérateur, le muscle adducteur se détend alors et la lame d'un couteau entre plus facilement entre les valves; essayer de ne pas abîmer les coquilles et de conserver l'eau qu'elles contiennent. On peut aussi les ouvrir en les exposant à la chaleur sèche (barbecue, four) ou en les chauffant à la vapeur.

UTILISATION   Avant d'ouvrir ou de cuire les mollusques, bien les frotter et les rincer pour faire disparaître toute trace de sable ou de lichen. La chair des petits spécimens peut être mangée crue ou cuite et est excellente dans les soufflés, les trempettes ou les quiches. La chair des gros spécimens, parce que plus coriace, est utilisée surtout cuite; elle est souvent hachée et mise dans les sauces et les chaudrées. On peut enlever les viscères pour diminuer la saveur ou éclaicir la couleur du mets.

Si on mange les palourdes crues, il peut être intéressant de ne pas en masquer la délicate saveur par du citron. Ces mollusques sont interchangeables et peuvent remplacer les autres mollusques (huître, moule, etc.) dans la plupart des recettes. Les cuire très peu (habituellement 2 ou 3 minutes); au four, les laisser juste le temps de gratiner.

CONSERVATION   Placer les palourdes, ainsi que les autres mollusques, au réfrigérateur.

PAMPLEMOUSSE – POMELO

Citrus paradisi et *C. grandis*, **Aurantiacées**
Noms anglais: *grapefruit, pomelo*

Fruits désignés aussi sous le nom d'agrumes. Le pamplemousse *(C. paradisi)* et le pomélo *(C. grandis)* sont des espèces différentes. Une certaine confusion entoure ces deux fruits. En général, dans les pays francophones, on appelle pamplemousse ce que les Américains nomment pomélo. Le terme pamplemousse vient du néerlandais *pomelmoes* signifiant «gros citron». Le véritable pamplemousse est aussi connu sous le nom de «shaddock», nom d'un capitaine anglais qui aurait introduit la culture de ce fruit dans les Caraïbes à la fin du XVIIe siècle. On nomme aussi parfois le pomélo «grapefruit», terme anglais qui fait référence au fait que ce fruit pousse en grappe.

Le pamplemousse provient d'un arbre imposant, le pamplemoussier, qui peut atteindre plus de 10 m de haut; il serait originaire d'Asie. De dimension imposante (ce qui lui a valu l'appellation *grandis*), le pamplemousse atteint de 11 à 17 cm de diamètre et peut peser plus de 6 kg. Rond ou légèrement piriforme, il peut être verdâtre, jaunâtre ou rosé; son écorce est épaisse. Il est moins juteux que le pomélo; selon les variétés, sa pulpe peut être insipide ou savoureuse, très acide ou très sucrée; elle contient des pépins ou en est exempte. Le pamplemousse est souvent confit ou cuit; il est peu commercialisé.

Le pomélo est produit par un arbre qui peut atteindre de 8 à 9 m de haut; il semble qu'il soit originaire des Indes. On ignore si le pomélo est une mutation du pamplemousse ou s'il est le résultat d'un croisement de ce dernier avec une orange douce. Plus ou moins rond, il atteint de 8 à 14 cm de diamètre. Son écorce plutôt mince peut être jaune ou teintée de rose. Sa pulpe jaune, rosée ou rougeâtre est plus ou moins douce, acidulée, sucrée et parfumée (la jaune l'est moins que les autres). Elle abrite des pépins ou en est exempte. Ce fruit est cueilli avant maturité complète parce qu'il a tendance à tomber de l'arbre et qu'une fois mûr, il perd sa saveur acidulée; quand son écorce est encore verdâtre, l'agrume est souvent déverdi au gaz éthylène. Les États-Unis produisent environ 75 % de la production mondiale.

VALEUR NUTRITIVE

Le pomélo contient 0,6 g de protéines, 0,1 g de matières grasses, 8 g d'hydrates de carbone et 32 calories/100 g. Il a légèrement moins de valeur nutritive que l'orange, sauf lorsqu'il est rose, car il est alors très riche en vitamine A. Ce fruit est particulièrement bien pourvu en fibres, en potassium, en vitamine C, en acide folique, en niacine et en bioflavonoïdes. Il est reconnu pour ses propriétés apéritives, dépuratives, digestives et diurétiques.

ACHAT

Choisir des fruits lourds pour leur taille et relativement fermes. Certaines marques sur la peau, telles des cicatrices ou des plaques dures, n'affectent pas la qualité du fruit. Surveiller cependant les traces de décoloration à l'extrémité où se trouvait la tige, signe que le fruit est passé, et délaisser ceux qui sont trop mous, dont l'écorce est terne ou qui cèdent trop facilement sous la pression des doigts.

UTILISATION

Le pomélo est souvent coupé en deux et mangé à la cuiller (sa consommation est facilitée quand les quartiers sont préalablement détachés à l'aide d'un couteau-scie ou quand on se sert d'une cuiller dentelée). Son utilisation peut être plus variée encore; ce fruit, qui peut être grillé, accompagne des plats principaux (salades composées, canard, poulet, porc, crevettes) et entre dans la composition de desserts (gâteaux, flans, salades de fruits, crèmes, etc.). Il peut se substituer à l'orange et à l'ananas dans plusieurs recettes. Le jus de pamplemousse est très rafraîchissant.

CONSERVATION

Voir agrumes, p. 15.

PANAIS

Pastinaca sativa, **Ombellifères**
Nom anglais: *parsnip*

Plante potagère à racine, originaire de l'est de la région méditerranéenne. Le panais fut largement utilisé par les Grecs et les Romains. En Europe, à une certaine époque, il était aussi populaire que la pomme de terre en Amérique du Nord de nos jours. C'est présentement un légume fort méconnu.

Le panais ressemble à une grosse carotte blanche, mesurant de 18 à 30 cm de long et de 5 à 8 cm de diamètre. Sa texture rappelle celle du navet et ses feuilles sont semblables à celles du céleri (tous des légumes de la même famille). Sa chair fruitée a presque un goût de noisette. Elle devient plus sucrée si elle subit un peu de gel lorsqu'elle est encore en terre, car le froid transforme son amidon en sucre.

VALEUR NUTRITIVE   Le panais contient 1,2 g de protéines, 0,3 g de matières grasses, 17 g d'hydrates de carbone et 74 calories/100 g. Il se distingue par sa haute teneur en hydrates de carbone qui dépasse celle de la carotte et qui le rend passablement calorifique. Il est également riche en potassium, en calcium, en phosphore et en fibres. Il posséderait des propriétés médicinales, celle notamment de faciliter la digestion.

ACHAT   Choisir des panais fermes, lisses, sans meurtrissures et assez petits, car ils sont plus tendres.

PRÉPARATION   On ne pèle pas le panais, comme la carotte on le brosse ou le ratisse, sauf s'il est ciré, ce qui est très souvent le cas. Sa peau très mince s'enlève comme un charme après la cuisson, surtout s'il est cuit entier. Ne pas enlever la peau permet d'éviter l'oxydation. Pour empêcher le panais de noircir lorsqu'il est pelé, le tremper dans une eau acidulée [15 ml (1 cuillerée à soupe) de vinaigre par litre d'eau ou le jus de 2 citrons]. Il peut être nécessaire de retirer le cœur d'un panais vieux ou volumineux, il est souvent dur, fibreux et sans saveur.

UTILISATION   Le panais s'apprête comme la carotte ou le salsifis. Ne pas craindre de le consommer cru, de le mettre dans les soupes et les ragoûts ou de le substituer à la carotte ou au navet. Il préserve mieux sa saveur s'il est cuit entier et peu longtemps.

CONSERVATION   Ce légume se conserve et se congèle facilement. Procéder comme avec la carotte.

PAPAYE

Carica papaya, **Caricacées**
Surnom: *melon tropical*
Nom anglais: *papaya*

Fruit du papayer, arbre majestueux qui serait originaire d'Amérique tropicale. Le papayer atteint habituellement de 3 à 8 m de haut; ses feuilles qui tombent en bouquets ressemblent à celles du châtaignier. Il est cultivé maintenant dans plusieurs régions tropicales et subtropicales; on a dénombré environ 50 variétés.

On qualifie souvent la papaye de «melon tropical», non pour sa forme allongée ou globulaire qui se rapproche plutôt de celle de la poire (elle mesure habituellement 15 cm de long, et certaines variétés jusqu'à 45 cm), mais à cause de sa chair. Cette baie a une peau non comestible assez épaisse, lisse ou parfois légèrement côtelée, qui prend selon les variétés des teintes de vert jaunâtre, de jaune rougeâtre ou de jaune orangé. Son poids va de quelques centaines de grammes à plusieurs kilos. Sa chair, de texture semblable à celle du melon du genre cantaloup, est plus moelleuse; elle peut avoir des teintes similaires ou être jaune orangé ou rougeâtre. Elle renferme en son centre une certaine quantité de graines noirâtres non comestibles enrobées de mucilage. Sa saveur est douce et, selon les espèces, plus ou moins sucrée et parfumée; on dit qu'elle ressemble à une combinaison de pêche, de melon et de fraise.

Le papayer produit un liquide blanchâtre et inodore qui contient de la papaïne, une enzyme qui a des propriétés comparables à celles de la trypsine et de la pepsine. Elle facilite la digestion et, comme l'actinidine du kiwi, attendrit la viande. Ce suc dissolvant est présent dans les tiges, les feuilles et les fruits, surtout immatures. Il a un usage varié en médecine et dans l'industrie (alimentation, cuir, soie, brasserie et laine).

VALEUR NUTRITIVE La papaye contient 0,6 g de protéines, 0,1 g de matières grasses, 10 g d'hydrates de carbone et 40 calories/100 g. Elle a un contenu particulièrement élevé en vitamines A, B et C, en calcium et en potassium.

ACHAT Comme tous les fruits venus de loin, la papaye est très souvent cueillie trop tôt, ce qui affecte sa saveur et sa valeur nutritive. Rechercher une papaye dont la peau cède sous une légère pression des doigts, qui est exempte de taches noires et dont les extrémités ne sont pas amollies. Ce fruit est moyennement fragile.

UTILISATION La papaye est délicieuse mangée à la cuiller comme le melon, avec ou sans sucre, arrosée si désiré d'un peu de jus de citron ou de lime, de porto ou de rhum. On la met dans les salades de fruits, le yogourt, les puddings et les crèmes; on en tire du jus ou on la transforme en confiture, chutney, catsup, coulis, etc. Elle peut remplacer la courge d'hiver quand elle n'est pas très mûre; on peut alors l'arroser de vinaigrette, la farcir, la cuire en fricassée, en ratatouille, etc. Ses graines peuvent être broyées et utilisées comme du poivre.

CONSERVATION Laisser la papaye à la température de la pièce si elle a besoin de mûrir. La placer dans un sac de papier si on désire accélérer le processus; la papaye arrivée à maturité est jaune orangé sur presque toute sa surface. Éviter les températures au-dessous de 7 °C qui arrêtent définitivement le processus de maturation. Conserver la papaye à point au réfrigérateur, elle se gardera environ une semaine.

PASTÈQUE

Citrullus lanatus, **Cucurbitacées**
Autre nom: *melon d'eau*
Nom anglais: *watermelon*

Variété de melon qui se caractérise par sa haute teneur en eau (93 à 95 %), et que l'on nomme aussi d'ailleurs «melon d'eau». La pastèque serait originaire d'Afrique. Très rafraîchissante, elle est abondamment consommée et particulièrement appréciée dans les pays chauds où elle joue souvent un rôle de premier plan lorsque l'eau se fait rare ou qu'elle est polluée et ce, depuis les temps immémoriaux. En Égypte, il y a plus de 5 000 ans, les paysans étaient tenus d'en offrir aux voyageurs assoiffés. Comme tous les melons, la pastèque pousse principalement sous les climats chauds; elle nécessite encore plus de chaleur que les autres melons, mais certains hybrides croissent dans les régions tempérées. Il en existe plus de 50 variétés.

La pastèque peut être ronde, elliptique ou sphérique; son poids varie selon les variétés de quelques kilos à plus de 20. Son écorce épaisse mais fragile est vert plus ou moins foncé, souvent tachetée ou rayée. Sa chair généralement rouge peut aussi être blanche, rose ou jaune; sa consistance diffère de celle des autres espèces de melons par le fait qu'elle est plus friable car plus aqueuse, plus croustillante et plus désaltérante. Elle abrite de nombreuses graines lisses, qui peuvent être noires, brunes, blanches, vertes, jaunes ou rouges; seules certaines variétés en sont exemptes, n'ayant parfois que des ovules vides.

VALEUR NUTRITIVE

La pastèque contient 0,6 g de protéines, 0,4 g de matières grasses, 7 g d'hydrates de carbone et 32 calories/100 g. Elle renferme une quantité appréciable de vitamine A. Elle est relativement riche en vitamines du complexe B, en calcium et en potassium. Ses graines sont riches en hydrates de carbone, en matières grasses et en protéines.

ACHAT

Plusieurs critères peuvent guider la recherche d'une pastèque savoureuse. La pastèque doit être ferme et avoir une apparence légèrement cireuse, sans être terne. L'emplacement qui abritait la tige devrait être brunâtre et parfois séché (quoiqu'il arrive qu'il soit encore vert et que le fruit soit mûr). Rechercher sur l'écorce une partie plus pâle tirant sur le jaune; cette partie qui touchait le sol a jauni à mesure que le fruit mûrissait; si la pastèque en est démunie, c'est qu'elle a été cueillie trop tôt. Frapper légèrement la pastèque avec la paume de la main (un coup fort peut la fendre), un son sourd indique qu'elle est gorgée d'eau.

UTILISATION

On mange la pastèque principalement telle quelle, tranchée ou en quartiers, parfois coupée en morceaux. On peut en faire des confitures; on en tire aussi du jus qui, lorsqu'il est mis à fermenter, donne un vin agréable. Immature, elle est utilisée comme la courge d'été. Les graines de pastèque sont comestibles; dans certaines régions d'Asie et de Chine elles sont mangées telles quelles, grillées ou salées, parfois même moulues (en pseudo-céréales) pour entrer dans la fabrication de pain.

CONSERVATION　　La pastèque est sensible au froid et des températures au-dessous de 10 °C l'endommagent. Elle peut se conserver environ 2 semaines à une température entre 13 et 16 °C avec 80 à 85 % d'humidité. Une température plus élevée accélère le mûrissement et la chair devient rapidement farineuse et fibreuse. La ranger au réfrigérateur lorsqu'elle est entamée.

PATATE (DOUCE)

Ipomoea batatas, **Convolvulacées**
Nom anglais: *sweet potato*

Tubercule d'une plante probablement originaire d'Amérique tropicale. La patate pousse comme la pomme de terre mais fait partie d'une tout autre famille; produisant des fleurs en forme de clochettes, elle est classée avec les plantes qui ont cette caractéristique, les gloires du matin notamment. Connue depuis les temps préhistoriques, la patate est particulièrement appréciée au Japon et dans le sud des États-Unis où sa culture fut implantée vers le XVIe siècle; elle n'a été adoptée dans le nord de l'Amérique qu'à la fin du XXe siècle et elle y demeure relativement peu connue. Dans plusieurs pays, elle sert surtout à nourrir le bétail.

On appelle habituellement ce légume «patate douce» pour le distinguer de la pomme de terre, souvent identifiée sous le terme de patate. On le nomme aussi parfois «patate sucrée», traduction littérale de son appellation anglaise *sweet potato*, ou «batate», traduction de l'espagnol *batata*.

Ce légume est vivace dans les régions tropicales et subtropicales et annuel dans les régions tempérées où il pousse plus difficilement. Sa partie aérienne est composée de longues tiges rampantes atteignant jusqu'à 5 m de long et ornées de feuilles cordiformes. Il en existe plus de 400 espèces variant de forme (allongée, arrondie ou fusiforme), de grosseur, de texture, de surface (tantôt lisse, tantôt rugueuse), de couleur de peau (blanche, jaune, orange, rouge, pourpre), de chair (sèche ou humide) et de goût.

Les patates sont habituellement classées en 2 catégories comprenant les patates sèches à chair pâle et à texture farineuse et les patates humides, de couleur plus foncée, plus riches en sucre et plus molles après la cuisson. Ces dernières sont souvent confondues avec les ignames.

VALEUR NUTRITIVE

La patate est plus riche en amidon que la pomme de terre (jusqu'à 18 % selon les variétés) et contient plus d'hydrates de carbone, ce qui la rend plus sucrée et plus calorifique. Pelée et bouillie, elle renferme 2 g de protéines, 0,3 g de matières grasses, 27 g d'hydrates de carbone et 117 calories/100 g. Elle est riche en calcium, en potassium, en vitamine A, en vitamines du complexe B et en vitamine C. Plus elle est colorée, plus elle contient de vitamine A, vitamine qui demeure à peu près stable durant l'entreposage.

ACHAT

Rechercher des patates fermes et lisses, exemptes de taches, de fissures et de meurtrissures. Se méfier d'une belle apparence qui peut être trompeuse car ce légume est souvent ciré et teint. Éviter les patates réfrigérées car le froid les endommage.

CUISSON

La patate coupée et laissée à l'air libre s'oxyde, aussi faut-il la cuire le plus rapidement possible; lorsqu'elle est cuite, le problème disparaît. Éviter l'utilisation de casseroles et de couteaux en fer qui entraînent une décoloration causée par la réaction du fer avec le tannin présent en quantité appréciable dans la patate.

UTILISATION

On prépare et on cuit la patate comme la pomme de terre (avec un temps de cuisson à peu près identique); à l'instar de cette dernière, elle a un emploi très varié. La patate est particulièrement adaptée à la cuisson au four ou à la vapeur. Elle peut être mise en purée ou frite comme la pomme de terre. Comme la courge d'hiver, qu'elle peut remplacer dans la plupart des recettes, elle entre dans la confection de gâteaux, de tartes, de biscuits et de muffins. On en tire de l'alcool, de la fécule et de la farine; elle est parfois séchée et transformée en flocons.

CONSERVATION

La patate est plus fragile que la pomme de terre, aussi faut-il la manipuler avec soin et surtout l'entreposer à la bonne température. Au-dessus de 16 °C, elle germe, fermente et cela empire une maladie souvent présente dans certaines variétés et qui rend une partie de la chair ligneuse, même après la cuisson. Au-dessous de 10 °C, elle se détériore, pourrit facilement, son contenu en vitamine C diminue, son amidon se transforme et un acide qui empêche l'organisme humain de synthétiser la carotène apparaît. Plus la température est basse, plus les dommages apparaissent vite. S'il faut choisir, une température plus chaude est préférable à une plus froide; de 85 à 90 % d'humidité est souhaitable. À la température de la pièce, la patate se conserve 1 ou 2 semaines. Elle se congèle, cuite et en purée.

PÂTES ALIMENTAIRES

Nom anglais: *pasta*

Produits faits essentiellement de céréales moulues et d'eau. Certaines sources affirment que les pâtes alimentaires sont originaires de Chine (parce qu'on en trouve mention dans des écrits datant d'environ trois mille ans av. J.-C.) et qu'elles furent introduites en Italie à la fin du XIIIe siècle par Marco Polo après son périple en Chine. Or la découverte en Italie d'un bas-relief étrusque, datant du IIIe siècle av. J.-C. et où sont représentés un rouleau, une planche et une roulette, trois outils associés à la préparation des pâtes, a remis en question le rôle de Marco Polo.

En Occident, les pâtes alimentaires de bonne qualité sont préparées avec du blé durum car le gluten de ce blé est plus dur que le gluten du blé mou; il reste granuleux même moulu, ce qui donne une farine qui résiste mieux à la cuisson, restant plus ferme et peu collante (voir blé, p. 68). Les pâtes sont aussi faites avec de la farine de blé mou, un mélange de blé dur et de blé mou, de la farine de sarrasin, de riz ou de maïs (rare); elles peuvent contenir divers autres ingrédients dont une petite quantité de farine de soya ou de sésame, des légumes (épinards, tomates, betteraves, carottes), du gluten, du lactosérum, des arômes, des fines herbes, des épices et des colorants. En Asie, le riz, le blé mou et le sarrasin sont plus fréquemment utilisés. Dans certains pays, dont le Canada, quand le blé mou est utilisé, on enrichit les pâtes de quelques vitamines du complexe B (thiamine, riboflavine et niacine) et parfois de fer.

La fabrication industrielle des pâtes alimentaires a lieu dans de grandes usines automatisées. Les ingrédients sont d'abord mélangés, pétris puis mis en forme; la pâte est alors laminée, passant entre des rouleaux qui donnent de minces feuilles, ou tréfilée, passant dans des filières qui la façonnent (coudes, coquilles, alphabet, macaroni, etc.; ces appareils peuvent produire plus de 200 formes de pâtes); certaines pâtes sont farcies (tortellini, ravioli, cannelloni, etc.). Les pâtes sont ensuite prêtes pour la mise en vente (pâtes fraîches) ou pour le séchage; cette opération s'effectue à l'aide d'un courant d'air chaud et humide qui abaisse graduellement la teneur en eau jusqu'à environ 12 %. La déshydratation est une opération délicate car si elle est effectuée trop lentement, les pâtes peuvent moisir, et si elle est trop rapide, les pâtes peuvent se fissurer ou devenir trop cassantes.

Le choix d'une forme de pâtes est bien sûr une question de goût mais dépend aussi de l'usage projeté; ainsi les pâtes fines ne retiennent pas les sauces, on les utilise surtout pour les soupes et les potages; les pâtes courbées, tordues ou en tubes sont parfaites pour les sauces qu'elles emprisonnent.

VALEUR NUTRITIVE

Les pâtes alimentaires ont la mauvaise réputation d'être engraissantes; ce ne sont pas les pâtes elles-mêmes qui font grossir cependant (sauf si on en mange des portions démesurées) mais plutôt ce qu'on leur ajoute – beurre, crème et fromage notamment. Cuites et nature, les pâtes de blé dur contiennent environ 3,5 g de protéines, 0,6 g de matières grasses, 23 g d'hydrates de carbone et 146 calories/100 g; leur teneur en sodium est minime, sauf si du sel est ajouté à l'eau de cuisson. La valeur nutritive varie en fonction des ingrédients qui composent les pâtes (céréales entières, œufs, poudre de lait, légumes, etc.) et du degré de cuisson; des pâtes très cuites contiennent légèrement moins de nutriments que des pâtes fermes, une plus grande quantité d'éléments nutritifs ayant passé dans l'eau de cuisson.

Les pâtes sont nourrissantes, moyennement calorifiques et peu grasses. Les hydrates de carbone, présents en quantité importante, sont surtout composés de sucres complexes faciles à digérer, rapidement absorbés par l'organisme, dont l'action s'étend sur une période relativement longue et qui produisent un sentiment de satiété. Ces particularités expliquent pourquoi les pâtes alimentaires sont recommandées aux personnes qui ont besoin d'énergie rapidement disponible (les sportifs par exemple).

ACHAT

Rechercher des pâtes intactes, de couleur uniforme, exemptes de taches noires ou blanches et placées dans des emballages non endommagés. Les pâtes fraîches devraient avoir une bonne odeur car celles qui sentent le suri manquent de fraîcheur.

CUISSON

Comment cuire les pâtes? Que de controverses autour de cette courte question. Tantôt on préconise la cuisson à pleine ébullition, tantôt on vante les mérites de la cuisson par frémissement, tantôt on prône l'ajout d'eau froide durant la cuisson, etc. On s'accorde cependant sur certains principes; que les pâtes soient saisies (elles pourront rester fermes), qu'elles circulent librement (elles ne colleront pas et cuiront uniformément) et qu'elles puissent gonfler (les pâtes déshydratées de bonne qualité quadruplent de volume). Les pâtes doivent donc cuire dans une grande quantité d'eau (environ 2 litres par kilo) et doivent être plongées rapidement en pluie dans une eau en pleine ébullition, en étant remuées délicatement à mesure qu'elles amollissent. C'est ensuite que les avis diffèrent; la cuisson se poursuit à feu vif et à découvert ou à feu lent et en mettant le couvercle sur la casserole; à chaque personne de faire son choix. Le degré de cuisson est aussi une question de goût mais la cuisson «al dente» à l'italienne (pâtes encore fermes et élastiques) est généralement recommandée (vérifier le degré de cuisson un peu avant la fin pour éviter de trop cuire; ne pas arrêter la cuisson trop tôt car des pâtes peu cuites gonflent dans l'estomac). Le temps de cuisson varie selon la composition des pâtes, leur forme et leur teneur en humidité; ainsi, la farine de blé dur prend plus de temps à cuire que la farine de blé mou et les pâtes fraîches cuisent plus rapidement (2 à 3 minutes) que les pâtes déshydratées (4 à 15 minutes); les pâtes coupées cuisent plus vite que les longues, les farcies plus lentement que les creuses. Les pâtes fraîches remontent à la surface de l'eau quand elles sont cuites.

Quelques trucs peuvent faciliter la cuisson et l'obtention de pâtes savoureuses:

- ajouter un peu d'huile à l'eau de cuisson prévient le débordement de l'eau, qui renverse facilement à mesure que l'amidon se dégage des pâtes si on cuit à pleine ébullition (s'il se forme une grande quantité d'écume, c'est que les pâtes sont de piètre qualité);
- couvrir la casserole seulement si la cuisson s'effectue à feu doux car à feu élevé, l'eau va déborder;
- réduire le temps de cuisson des pâtes qui subiront une deuxième cuisson ou qui seront congelées;
- égoutter les pâtes dès que la cuisson est terminée car si elles traînent dans l'eau de cuisson elles continueront à cuire et deviendront très molles;
- le rinçage est nécessaire:
  - si on a mis trop de sel dans l'eau de cuisson (le sel n'est pas essentiel à la cuisson cependant);
  - si les pâtes sont riches en amidon (blé mou par exemple) car elles vont coller;
  - si on veut refroidir immédiatement les pâtes ou en arrêter la cuisson (pour une salade ou dans le cas où les pâtes serviront à la confection de plats cuisinés nécessitant une nouvelle cuisson);
- rincer à l'eau chaude (sauf pour refroidir et arrêter la cuisson) car les pâtes perdent leur chaleur et deviennent glissantes, empêchant la sauce d'y adhérer;
- il est possible de ne pas cuire préalablement les pâtes qui vont au four (lasagne, manicotti, etc.) si on augmente en conséquence la quantité de liquide;
- pour réchauffer des pâtes nature déjà cuites, les mettre dans de l'eau bouillante environ 3 minutes (ne pas les porter à ébullition car elles deviendront très molles). Réchauffer les autres pâtes lentement et veiller à ce qu'elles ne cuisent pas (le bain-marie est tout indiqué); l'ajout d'un peu de liquide est souvent nécessaire pour empêcher de coller.

UTILISATION Les pâtes sont économiques, faciles à préparer et on peut les apprêter de multiples façons, aussi bien simplement que de manière élaborée. Elles sont aussi bonnes chaudes que froides. On les emploie dans les entrées, les potages, les salades composées, les plats principaux et même les desserts; on s'en sert aussi pour accompagner viande, volaille et fruits de mer. En Asie, on aime bien les rôtir.

Le choix des ingrédients qui peuvent leur être incorporés est immense (outre les très connues sauces à la tomate ou à la crème, il y a le jambon, la volaille, la viande hachée, les champignons, les anchois, etc.). Pour diminuer l'ingestion de calories, remplacer les sauces riches et grasses par des légumes, des fines herbes ou des sauces plus légères; délaisser la crème qui sera remplacée par du yogourt ou du lait écrémé; diminuer la quantité de viande incorporée et choisir de préférence de la volaille; se servir le plus souvent possible de fromages maigres (cottage, ricotta) et diminuer l'utilisation des fromages gras (pour gratiner par exemple). Remplacer le beurre par de l'huile d'olive diminue la consommation d'acides gras saturés (voir huile, p. 255).

CONSERVATION Les pâtes fraîches et les pâtes cuites se conservent au réfrigérateur (fraîches, 1 ou 2 jours, cuites, 3 à 5 jours) ou se congèlent; bien les couvrir pour qu'elles n'absorbent pas les odeurs environnantes. Les pâtes sèches se conservent à la température de la pièce (6 mois les pâtes aux œufs, 1 an les autres), dans un endroit sec, à l'abri de l'air, des insectes et des rongeurs.

PAVOT

Papaver somniferum, **Papavéracées**
Nom anglais: *poppy seed*

Plante annuelle qui serait originaire de Grèce. Le pavot est surtout connu parce qu'il produit l'opium. Sa culture était déjà répandue durant l'Antiquité tant chez les Chinois, les Grecs, les Égyptiens que chez les Romains.

Le pavot fait partie d'une grande famille qui comprend plusieurs espèces ornementales, dont le coquelicot. Il atteint de 30 cm à 1 m 20 de hauteur. Ses grandes fleurs blanchâtres teintées de mauve donnent naissance à de minuscules graines bleutées; cueillies avant maturité, ces graines possèdent de puissantes propriétés narcotiques; on en extrait l'opium sous forme d'un suc laiteux. Ce suc connaît également une utilisation médicale puisqu'il sert notamment à produire la morphine et la codéine.

VALEUR NUTRITIVE Les graines contiennent 0,5 g de protéines, 1,3 g de matières grasses, 0,7 g d'hydrates de carbone et 15 calories/cuillerée à café (2,8 g). Elles perdent leur pouvoir narcotique lorsqu'elles sont mûres.

UTILISATION Les graines de pavot ont une douce saveur de noisette. On s'en sert pour aromatiser pains, gâteaux, chaussons, currys, nouilles, légumes, fromages, etc. On en tire une huile comestible dite d'«œillette», qui peut remplacer l'huile d'olive. Il fut une époque où l'on consommait les feuilles, qui s'apprêtent comme l'épinard.

CONSERVATION   Voir épices, p. 188.

PÊCHE

Prunus persica, **Rosacées**
Nom anglais: *peach*

Fruit du pêcher, arbre à feuilles caduques de la même famille que le poirier, le prunier et le pommier. Il semble que le pêcher soit originaire de Chine, mais les Occidentaux, qui le découvrirent en Perse lors de la conquête d'Alexandre le Grand, crurent longtemps qu'il venait de Perse où il était très abondant. Le pêcher préfère les climats chauds mais des hybrides supportent des conditions plus fraîches; en Amérique du Nord, on peut en cultiver jusqu'au Québec, seulement dans la région métropolitaine cependant, et encore avec difficulté. Les Chinois furent longtemps fascinés par la douceur et la saveur exquise de la pêche; ils lui attribuaient le pouvoir de rendre immortel.

La pêche est une drupe ronde ou légèrement ovale. Sa peau comestible est plus ou moins mince, duveteuse et jaunâtre. Chez certaines variétés, elle est teintée de cramoisi et ce, même si la pêche n'est pas mûre; c'est une caractéristique génétique. Sa chair juteuse, sucrée et parfumée est plus ou moins ferme et entoure un noyau ovale et ligneux d'environ 3 cm de long. Il peut être adhérent, semi-adhérent ou libre. La chair est jaune ou blanc verdâtre. Cette dernière variété, plus fragile mais très savoureuse, occupe environ 30 % du marché en France; elle est peu commercialisée en Amérique du Nord. Certaines variétés de pêches sont hâtives alors que d'autres sont tardives.

VALEUR NUTRITIVE   La pêche contient 0,7 g de protéines, des matières grasses à l'état de traces, 11 g d'hydrates de carbone et 43 calories/100 g; elle est riche en vitamine A, en niacine et en potassium. C'est un des rares fruits à posséder du sélénium (0,4 mg/100 g). Elle est très souvent enduite d'une très mince pellicule de cire par les producteurs, ce qui prolonge sa durée de conservation. Elle se digère facilement sauf si elle est immature. La pêche se déshydrate et devient comme tous les fruits séchés un aliment calorifique.

ACHAT   La pêche pourrit facilement, même quand elle n'est pas mûre; éviter d'en acheter une grande quantité. Rechercher une pêche parfumée et pas trop dure, exempte de taches, de gerçures et de meurtrissures. Délaisser la pêche verdâtre; elle a été récoltée trop tôt et mûrira mal; un fruit cueilli immature ne peut pas atteindre sa pleine saveur car la cueillette arrête la formation des hydrates de carbone.

PRÉPARATION   Pour peler la pêche, la plonger de 30 à 45 secondes dans de l'eau bouillante, puis la refroidir immédiatement à l'eau froide afin d'arrêter l'effet de la chaleur; ne pas la laisser tremper. Il est important de minuter attentivement l'opération pour minimiser les pertes de valeur nutritive. La chair exposée à l'air noircit mais l'ajout de jus de citron, d'acide citrique ou de tout autre ingrédient acide empêche l'oxydation.

UTILISATION   Excellente nature, la pêche peut aussi s'apprêter de diverses façons, aussi bien crue que cuite, déshydratée ou confite. Elle entre dans la préparation de tartes, crêpes, gâteaux, salades de fruits, compote, yogourt, crème glacée, gelées, confitures, jus, etc. Elle peut accompagner des mets salés (fruits de mer, volaille, etc.); on la transforme en liqueur et en eau-de-vie. La pêche déshydratée peut être utilisée telle quelle ou après avoir trempé dans de l'eau, du jus ou de l'alcool.

CONSERVATION   Manipuler les pêches avec soin car elles s'endommagent rapidement dès qu'elles sont meurtries. Les laver uniquement avant de les utiliser et les conserver non entassées, car elles pourrissent et contaminent les autres dès qu'elles sont meurtries. Les laisser à la température de la pièce les fait mûrir; les mettre dans un sac de papier accélère le processus; les surveiller cependant pour qu'elles ne pourrissent pas. Les pêches se conservent quelques jours à la température de la pièce et un peu plus longtemps réfrigérées; les sortir du réfrigérateur quelque temps avant de les consommer pour qu'elles soient plus savoureuses. Entreposées à près de 0 °C avec 85 à 90 % d'humidité, les pêches peuvent se garder près de deux semaines.

Les pêches résistent bien à la mise en conserve et à la congélation. Il faut cependant enlever le noyau, qui donne un goût amer. On ajoute souvent du jus de citron ou de l'acide citrique pour empêcher qu'elles noircissent.

PERCHE

Perca spp, **Percidés**
Autre espèce: *perchaude*
Nom anglais: *perch*

Poisson d'eau douce au corps allongé, quelque peu comprimé latéralement. La perche fait partie d'une famille comportant 6 genres et environ 16 espèces, dont le doré et la perchaude. Sa tête effilée occupe un bon tiers du corps. Sa grande bouche est garnie de nombreuses dents minces. Sa première nageoire dorsale est épineuse, de même que les deux premiers rayons de sa nageoire anale. Elle possède deux nageoires dorsales contiguës d'un brun-vert, alors que toutes ses autres nageoires sont rouges. La perche atteint de 30 à 50 cm de long et peut peser jusqu'à 4 kg; son poids moyen se situe habituellement autour de 450 g cependant. Sa peau, couverte de petites écailles rugueuses, est habituellement olivâtre au dos, jaunâtre doré aux flancs et blanche au ventre. Ses flancs sont ornés de 6 à 8 bandes verticales foncées. La perche renferme beaucoup d'arêtes, qui ont tendance à entrer facilement dans la muqueuse de la bouche. Sa chair blanche, maigre et ferme a un goût délicat.

VALEUR NUTRITIVE   La perche contient 19,5 g de protéines, 0,9 g de matières grasses et 91 calories/100 g. Elle est riche en vitamines du complexe B, en calcium, en fer, en phosphore et en potassium.

PRÉPARATION   Il faut écailler la perche dès sa sortie de l'eau sinon la tâche se complique et il faut souvent enlever la peau. On peut cependant la pocher ou la plonger quelques instants dans l'eau bouillante avant de gratter les écailles. Prendre garde aux épines des nageoires.

UTILISATION   On cuit la perche entière ou en filets; elle peut être pochée, cuite à la poêle, frite, farcie, etc. Elle est très bonne dans la soupe; les recettes de carpe ou de truite lui conviennent bien.

La perchaude est souvent contaminée par divers résidus. La contamination varie en fonction de l'âge du poisson et de son habitat. Plus un poisson est âgé, donc gros, plus la concentration de résidus est élevée. Il est préférable de limiter la consommation de perchaude, à moins de savoir qu'elle provient d'un habitat non pollué. Au Québec, le ministère de l'Environnement recommande de ne pas manger plus de 230 g de perchaude par semaine.

CONSERVATION   Voir poissons, p. 429.

PERSIL

Petroselinum hortense ou *P. crispum*, **Ombellifères**
Nom anglais: *parsley*

Plante aromatique bisannuelle ou annuelle, originaire d'Europe orientale. Au fil des siècles, on a attribué au persil des pouvoirs maléfiques ou de grandes propriétés médicinales; il était fort apprécié du temps des Grecs et des Romains.

Il existe une espèce de persil aux feuilles frisées, une autre aux feuilles lisses et une troisième, du type Hambourg, surtout cultivée pour ses racines. La plante développe de longues tiges garnies de feuilles finement découpées d'un vert soutenu; elles peuvent atteindre 30 cm de haut. La deuxième année, une tige florale haute de 1 m supporte de petites fleurs en ombelles de couleur blanchâtre. Les graines sont brun grisâtre et les racines allongées comme des salsifis sont blanchâtres. Ne cueillir que les feuilles extérieures, ce qui permet aux feuilles intérieures de continuer à pousser.

VALEUR NUTRITIVE

Le persil contient 2,2 g de protéines, 0,3 g de matières grasses, 7 g d'hydrates de carbone et 33 calories/100 g; il est riche en chlorophylle, en fer, en calcium, en manganèse, en potassium, en vitamine A, en vitamines du complexe B et surtout en vitamine C. On lui reconnaît plusieurs vertus médicinales; il serait notamment antiscorbutique, antiseptique, diurétique, tonique et vermifuge. Il est tout indiqué pour rafraîchir l'haleine.

ACHAT

Choisir du persil ferme, croustillant et d'un beau vert. Des feuilles jaunies, brunies ou amollies indiquent un manque de fraîcheur.

PRÉPARATION

Laver le persil avec une attention particulière car, tout comme l'épinard, il a tendance à retenir la saleté. Le plonger dans de l'eau fraîche en le secouant jusqu'à ce qu'il soit propre; éviter de le laisser tremper.

UTILISATION

On utilise le persil abondamment tant frais, cuit, que séché, congelé, ou mariné. Son emploi est presque illimité. Il a plus de valeur nutritive à l'état frais. Ajouté à la dernière minute aux aliments cuits, il conserve plus de fermeté, de couleur, de saveur et de valeur nutritive. Les tiges comme les feuilles sont comestibles, elles sont une des composantes du bouquet garni. Parmi les usages du persil auxquels on pense moins souvent figurent son incorporation aux sandwichs et sa transformation en salade; au Liban, il est à la base du taboulé, plat froid dans lequel il côtoie blé concassé, huile d'olive, oignon, ail, jus de citron et menthe. Les racines se préparent comme le navet ou la carotte; on les utilise surtout dans les soupes et les ragoûts.

CONSERVATION

Le persil se conserve au réfrigérateur dans un sac de plastique perforé. Le laver d'abord s'il est très sale ou très humide. S'il est défraîchi, l'asperger légèrement d'eau avant de le placer au réfrigérateur ou, si on vient de le laver, ne pas l'égoutter complètement. Le persil se congèle facilement et n'a pas besoin d'être blanchi; il perd cependant sa fermeté. L'utiliser sans le décongeler. Il peut être déshydraté; le conserver à l'abri du soleil et des insectes.

PÉTONCLE

Pecten spp, **Pectinidés**
Autres noms: *coquille Saint-Jacques, vanneau, peigne*
Noms anglais: *scallop, scollop*

Mollusque bivalve bisexué à grandes coquilles. Le pétoncle peut être très mobile, se déplaçant par l'impulsion qu'il crée en expulsant l'eau quand il referme brusquement ses coquilles. Sédentaire quand il n'est pas menacé, il repose sur les fonds marins dans le varech; il est alors presque invisible. Le pétoncle a une croissance relativement lente, influencée par la température de l'eau où il vit. Plus l'eau est froide, plus il a besoin de temps pour devenir adulte (entre 4 et 7 ans). On calcule son âge en comptant les anneaux de sa coquille supérieure. Les Japonais ont été les premiers à réussir la culture de ce mollusque.

Dans la grande famille des Pectinidés qui comprend au moins 12 espèces commercialement exploitées à travers le monde, la coquille Saint-Jacques (plus connue sous forme de mets) et le vanneau constituent les spécimens les plus connus en Europe; en Amérique du Nord, le pétoncle est le plus courant. Ces espèces sont assez semblables par leur chair, elles se différencient principalement par leur grosseur et leur aspect extérieur.

Coquille Saint-Jacques *(P. maximum* ou *P. jacobus)*. La véritable coquille Saint-Jacques vit uniquement en Europe, dans l'Atlantique et la Méditerranée. C'est une variété de pectinidés abondante le long des côtes française et espagnole. Elle fut baptisée «coquille Saint-Jacques» parce que les pèlerins qui allaient à Saint-Jacques-de-Compostelle, populaire lieu de pèlerinage en Espagne, se servaient des coquilles vides pour manger et pour mendier. Ils les portaient aussi suspendues à une corde autour de leurs épaules. Ces coquilles devinrent le symbole de ce lieu et toute personne s'y étant rendue avait le droit de l'utiliser. Les plus pauvres installaient une coquille bien en vue au-dessus du pas de leur porte tandis que les riches l'incluaient dans leurs armoiries.

Ce mollusque est formé de deux grandes coquilles non identiques, l'une bombée et l'autre plutôt plate avec des plis rayonnants. Une oreillette ressort de chaque côté de la charnière, retenue par un ligament. Sa couleur varie selon le milieu où il se tient (rosée, rougeâtre, brunâtre). Il mesure entre 9 et 15 cm de diamètre et son poids moyen atteint 115 g, dont seulement 30 proviennent des coquilles.

Pétoncle *(Chlama varia)*. Il possède deux coquilles bombées ornées de plusieurs plis rayonnants. Certaines espèces se caractérisent par des oreillettes de tailles différentes. Sa chair ressemble à celle de la coquille Saint-Jacques. Trois espèces sont particulièrement communes le long des côtes nord-américaines de l'Atlantique:

Pétoncle géant ou **de haute mer** *(Placopecten magellanicus)*. C'est le plus gros, il peut atteindre de 15 à 30 cm de diamètre. Sa valve supérieure légèrement bombée est recouverte de nombreuses petites côtes saillantes de couleur brun rougeâtre. Sa valve inférieure est plutôt plate et lisse, de couleur blanche ou crème. Ses oreillettes sont d'égale grandeur. Son importance commerciale est très grande au Canada.

Pétoncle de baie *(P. irradians)*. Il est assez petit (5 à 8 cm). Ses coquilles sont striées d'environ 18 côtes arrondies. Ses oreillettes sont identiques. Il peut être de couleur brun-gris, gris-pourpre ou noirâtre.

Pétoncle d'Islande *(Chlamys islandicus)*. Ses valves convexes contiennent une cinquantaine de côtes petites et irrégulières. Le pétoncle d'Islande a une oreillette beaucoup plus grande que l'autre. Il est habituellement de couleur beige, mais peut aussi être dans les teintes de jaune, de rouge ou de pourpre.

Vanneau *(Chlamys opercularis)*. Il est souvent confondu avec le pétoncle car il lui ressemble beaucoup. Assez petit (4 et 7 cm), il a des coquilles blanchâtres tachetées de brun à plusieurs plis rayonnants assez larges et 2 oreillettes inégales.

Les parties comestibles de ces mollusques sont le grand muscle blanc qui sert pour ouvrir et fermer les coquilles, la «noix», chair délicate et savoureuse, et une partie coraillée plus friable qui correspond aux glandes sexuelles. Plus la période de ponte est proche, plus la teinte orangée est foncée. Comme ces mollusques n'arrivent pas tous en même temps à leur maturité sexuelle, on en trouve continuellement avec des coraux de couleur différente. Le «corail» n'est presque jamais consommé en Amérique du Nord.

VALEUR NUTRITIVE   Bouillie, la chair de pétoncle contient 23 g de protéines, 1 g de matières grasses et 112 calories/100 g. Elle est riche en calcium, en fer, en potassium et en phosphore.

ACHAT   Les pétoncles sont écaillés dès leur capture, lavés puis recouverts de glace ou immédiatement congelés; ils sont très périssables. Si on les achète frais, s'assurer que la chair est blanche, ferme et sans odeur; s'informer si le produit n'a pas déjà été congelé car ce n'est pas toujours indiqué.

UTILISATION   La chair peut être mangée crue ou cuite; elle est délicieuse arrosée d'un peu de citron, en sashimi ou en ceviche. Elle s'apprête d'une multitude de façons: grillée, pochée, gratinée, marinée, étuvée, frite, farcie, etc. La laisser entière ou la couper. Ne pas trop la cuire car elle ratatine, durcit, s'assèche et perd de la saveur (quelques minutes suffisent). La petite poche noire et les barbes peuvent être utilisées dans un fumet de poisson.

CONSERVATION   Les pétoncles ne se conservent qu'un jour ou deux au réfrigérateur; les placer dans un récipient fermé. Congelés, ils se conservent 8 mois. Pour les décongeler, les plonger dans du lait bouillant hors du feu ou les mettre au réfrigérateur. Il est cependant préférable de les cuire sans les dégeler, ils sont alors plus savoureux. Les coquilles de ces mollusques peuvent servir d'assiettes (elles supportent la chaleur du four), de cendrier, de bordure de jardin, etc.

PIGEON

Columba spp, **Gallinacés**
Nom anglais: *pigeon*

Oiseau à ailes courtes et au plumage varié. Certaines espèces sont domestiquées. La chair du pigeon sauvage est appréciée depuis les temps anciens; elle est plus foncée et de saveur plus prononcée que celle du pigeon domestique. Le pigeon d'élevage est habituellement tué très jeune, vers 4 semaines, avant qu'il ne commence à voler; il pèse alors autour de 350 g et sa chair est très tendre. Le pigeon est très souvent tué par étouffement; sa peau et sa chair sont alors teintées par le sang qui n'a pas pu s'écouler.

VALEUR NUTRITIVE La chair crue contient 17,5 g de protéines, 7,5 g de matières grasses et 142 calories/100 g. Si on inclut la peau on obtient 18,4 g de protéines, 23,8 g de matières grasses et 294 calories/100 g. Le foie ne contient pas de fiel, on peut le laisser durant la cuisson.

CUISSON Le pigeon peut être cuit comme les autres volailles. Jeune et tendre, il est fréquemment rôti ou grillé; s'il est adulte, la cuisson à la chaleur humide donne de meilleurs résultats. Saisir le pigeon de 10 à 20 minutes à 220 à 250 °C puis terminer la cuisson à 170 °C.

UTILISATION Le pigeon se sert traditionnellement accompagné de petits pois. Calculer environ 350 g de volaille crue non désossée par personne.

CONSERVATION Voir volaille, p. 573.

PIGNON

Pinus spp, **Conifères**
Noms anglais: *pine nut, pignoli, pignolia, pine seed, pinon*

Graine produite par certaines espèces de pins, dont le pin pignon (ou parasol, *P. pinea*). Le pignon loge entre les écales de la pomme de pin (pigne, cône). Petit, oblong, de couleur crème et mesurant environ 1 cm de long, il est protégé par une coque dure. De texture molle, il a une saveur délicate plus ou moins résineuse selon les variétés. Un gros cône peut contenir près d'une centaine de graines. Les pins qui le produisent poussent principalement dans la région méditerranéenne, du Portugal jusqu'en Turquie. On en trouve également au Japon, en Chine *(P. koraiensis)* et surtout dans le sud des États-Unis. Le pignon coûte souvent très cher, surtout en dehors des pays producteurs.

VALEUR NUTRITIVE Le pignon contient 24 g de protéines, 51 g de matières grasses, 14 g d'hydrates de carbone et 515 calories/100 g. Les protéines sont dites incomplètes (voir théorie de la complémentarité, p. 536) et les matières grasses sont composées à 80 % d'acides non saturés: 38 % d'acides monoinsaturés et 42 % d'acides polyinsaturés, (voir corps gras, p. 147). Le pignon est riche en phosphore, en fer, en thiamine et en niacine. Il rancit rapidement.

UTILISATION   Le pignon peut être mangé cru, aussi bien entier que moulu, haché ou rôti (10 minutes à 180 °C), ce qui diminue grandement sa saveur résineuse. On l'emploie comme les autres graines et noix et il sert aussi bien d'ingrédient que de décoration. Les cuisines de plusieurs pays, notamment celles du Moyen-Orient, de l'Inde, du sud de la France et du sud des États-Unis, lui font une place importante; il accompagne autant les desserts que les mets principaux.

CONSERVATION   Placer le pignon dans un récipient hermétique; le ranger au réfrigérateur pour retarder son rancissement.

PIMENT – POIVRON
Capsicum spp, **Solanacées**
Noms anglais: *green pepper, red pepper, pimento, bell pepper*

Fruit d'une plante originaire d'Amérique centrale et d'Amérique du Sud, et qui appartient à la même famille que l'aubergine et la tomate. Le piment est utilisé en Amérique depuis très longtemps, tant comme légume que comme condiment; il ne fut introduit en Europe qu'après un des voyages de Christophe Colomb. Vivace dans les régions tropicales et annuel en régions tempérées, le piment est une gousse plus ou moins charnue qui pousse sur un plant aux tiges ramifiées, pouvant atteindre 1 m de haut. Il renferme de multiples graines blanchâtres. Il en existe près d'une trentaine de variétés, de tailles, de formes, de couleurs et de saveurs différentes. Cette saveur va du très doux au très piquant, brûlant même. Les piments sont classifiés en piments doux ou en piments forts.

Piments doux *(C. annuum)*. Habituellement nommés poivrons, ces piments se particularisent par une taille assez importante (7 à 16 cm de long et un diamètre de 5 à 12 cm) ainsi qu'une chair épaisse, douce et délicatement sucrée. La variété la plus populaire en Amérique du Nord a 4 lobes, ce qui lui donne une forme légèrement carrée; en anglais on nomme ce poivron «bell pepper» tandis qu'en France on parle de «poivron d'Amérique». Les poivrons peuvent n'avoir que 3 lobes ou être effilés. Leur teinte est fort variable (verte, jaune, dorée, rouge-orangé, rouge, vert jaunâtre, pourpre foncé). Certains sont verts même à maturité mais la plupart se colorent à mesure qu'ils mûrissent; ils deviennent aussi plus sucrés et plus parfumés.

Certaines variétés de piments rouges doux donnent le **paprika**, une poudre de piments désignée par un mot hongrois, d'ailleurs surtout associée à la cuisine de ce pays. Sa saveur plus ou moins prononcée dépend des variétés et des parties du piment utilisées (chair seulement ou avec les graines). Ce piment est riche en vitamines A et C. La vitamine C s'altérant rapidement, il est préférable de n'acheter qu'une petite quantité de paprika à la fois.

Piments forts *(C. frutescens, C. pubescens, C. baccatum, etc.)*. Beaucoup plus petits et pointus, ces piments mesurent généralement entre 2 et 8 cm de long et ont de 1 à 5 cm de diamètre. Ils sont plus abondants dans les pays chauds, où ils deviennent très piquants. Au Mexique seulement, on en dénombre au moins 15 variétés. Certains piments sont verts (Jalapeno, Serrano, Poblano, etc.), d'autres sont cuivrés, de couleur brique ou rouge (Cascabel ou piment cerise, piment de Cayenne, etc.), d'autres encore sont jaunes et tellement forts qu'ils font pleurer seulement à les couper (Carribi, Guero, etc.).

Le **piment de Cayenne** provient d'une variété brûlante et cuivrée appelée «piment oiseau». On nomme souvent cette épice «poivre de Cayenne», ce qui est incorrect puisqu'elle n'appartient pas à la famille des Pipéracées.

La **poudre Chili** est un mélange de piments séchés, broyés et assaisonnés. Le piquant des piments employés détermine sa force. La préparation peut contenir du poivre, du cumin, de l'origan, du paprika, du clou de girofle, du chocolat, etc. Le terme Chili ou Chile ne signifie pas que ces piments sont originaires de ce pays, ils proviennent en fait du Mexique et l'erreur vient de ce qu'une tribu en faisant grand usage portait le nom de Chilli. On devrait nommer ce mélange «assaisonnement au Chili» car la poudre contient divers ingrédients.

VALEUR NUTRITIVE   Les piments doux contiennent 93 % d'eau, 0,9 g de protéines, 0,5 g de matières grasses, 5,3 g d'hydrates de carbone, 1,2 g de fibres et 25 calories/100 g. Les piments forts renferment 89 % d'eau, 2 g de protéines, 0,2 g de matières grasses, 9,4 g d'hydrates de carbone, 1,8 g de fibres et 40 calories/100 g. Les piments constituent une excellente source de vitamines A et C; ils contiennent plus de vitamine C que les oranges; ainsi 1 poivron vert cru en renferme 95 mg et une orange 70 mg. La proportion des divers éléments nutritifs est fortement influencée par les variétés; ainsi les piments rouges contiennent plus d'hydrates de carbone et de calories que les piments verts; ils ont aussi énormément plus de vitamine A. La saveur piquante des piments forts provient de la capsaïcine, un phénol volatil tellement puissant qu'il serait encore détectable dilué mille fois. Cette substance agit sur le système digestif en activant la digestion et elle fait saliver. Pour atténuer son effet piquant dans la bouche, on a tendance à boire, ce qui a un résultat contraire; manger du pain est plus efficace.

Les piments et les poivrons posséderaient des vertus stomachiques, diurétiques, stimulantes, antiseptiques et dysentériques. Plusieurs personnes ont de la difficulté à digérer les piments; les peler diminue ou fait disparaître ce problème. La meilleure méthode pour les peler consiste à les mettre au four jusqu'à ce que la peau s'enlève facilement.

ACHAT

À l'achat des poivrons frais, en choisir des fermes, luisants et charnus, exempts de taches et de parties amollies; leur chair devrait céder sous une légère pression des doigts. Les mêmes critères s'appliquent aux piments sauf qu'ils peuvent être ridés.

PRÉPARATION ET UTILISATION

Le poivron peut être mangé cru ou cuit. La cuisson le rend plus sucré; l'écourter pour éviter la décoloration ainsi que la perte de saveur et de valeur nutritive. Retirer préalablement le cœur, les graines et si l'on veut la peau. Le poivron est couramment intégré aux salades, œufs, ragoûts, pizzas, etc. Il est indispensable au gaspacho et à la ratatouille. Il est souvent farci; pour accélérer sa cuisson, on peut le blanchir avant de l'évider et de le remplir (faire bouillir 1 minute puis refroidir). Le poivron entre aussi dans la confection de marinades; bref, son usage est des plus variés.

On utilise le piment fort différemment, surtout au point de vue de la quantité. C'est beaucoup plus un condiment qu'un légume; il est souvent mariné. En le coupant, éviter de se passer les mains sur le visage, les lèvres et les yeux, sinon ils se mettront à brûler. Se savonner les mains à l'eau chaude dès qu'on a fini de le couper pour faire disparaître la substance irritante; si l'on est très sensible, porter des gants de caoutchouc pour le manipuler.

Le piment fort est très souvent mis en purée, forme sous laquelle il s'incorpore plus uniformément aux aliments. C'est le cas notamment du «harissa», condiment du Moyen-Orient et de l'Afrique du Nord. Au piment qui constitue la base principale s'ajoutent de l'huile, de l'ail et diverses épices dont de la coriandre, du cumin, de la menthe ou de la verveine. Le couscous est inconcevable sans cette purée délayée dans du bouillon. Elle relève également potages, viandes, poissons, ragoûts, riz, sauces, mayonnaises, œufs, etc. Il serait sage de l'utiliser en très petite quantité au début pour s'habituer.

Le **tabasco** est une variété de piments qui a donné son nom à une sauce très piquante; d'origine américaine, il porte le nom d'un État mexicain. Il en existe plusieurs variantes, appelées parfois «sauce piquante aux piments» (hot pepper sauce). Les piments rouges sont macérés dans de la saumure plusieurs mois, jusqu'à trois ans même pour le véritable tabasco. Ils séjournent ensuite dans du vinaigre épicé jusqu'à 4 semaines, puis ils sont filtrés et embouteillés dans de minuscules bouteilles.

CONSERVATION

Frais, les piments se conservent au réfrigérateur environ 1 semaine. Ils se congèlent facilement sans blanchiment, simplement lavés; pour conserver un maximum de saveur et de valeur nutritive, il est préférable de les laisser entiers car moins de parties sont exposées à l'air. La déshydratation leur convient bien et ils se conservent alors au moins un an.

PIMENT DE LA JAMAÏQUE

Pimenta officinalis ou *Pimenta dioica*, **Myrtacées**
Autres noms: *piment des Anglais, cinq épices, toute épice*
Noms anglais: *allspice, bayberry, Jamaica pepper, pimento*

Fruit très aromatique utilisé comme épice. Le piment de la Jamaïque est produit par le myrte piment, un arbre des régions tropicales, probablement originaire d'Amérique centrale ou d'Amérique du Sud. Le myrte piment atteint environ 9 m de haut; il possède d'épaisses feuilles persistantes et des grappes de petites fleurs blanches qui donnent naissance aux fruits. Séché, ce fruit (une baie) ressemble à un gros grain de poivre noir. Sa saveur rappelle à la fois la cannelle, le girofle, le poivre et la muscade. La Jamaïque en est le plus gros pays producteur.

VALEUR NUTRITIVE Le piment de la Jamaïque est riche en vitamine C et en hydrates de carbone. Son huile essentielle est semblable à celle du clou de girofle et possède des propriétés médicinales similaires.

ACHAT Le piment de la Jamaïque se vend en grains ou moulu. Il est préférable de l'acheter en grains et de le moudre au besoin, il conserve ainsi sa saveur plus longtemps; il est facile à pulvériser.

UTILISATION On utilise cette épice fortement aromatisante aussi bien avec des mets salés que sucrés, comme le clou de girofle, qu'elle peut d'ailleurs remplacer dans la plupart des recettes. L'utiliser avec précaution afin de ne pas masquer le goût des aliments.

CONSERVATION Voir épices, p. 227.

PINTADE

Numida meleagris, **Gallinacés**
Noms anglais: *guinea fowl, guinea hen*

Volatile au cri perçant, originaire d'Afrique et qui fut introduit en Europe il y a plus de 7 000 ans. Les Romains nommaient la pintade «poule de Numidie» ou «poule de Carthage», d'après les régions d'où elle venait; les Européens la désignent encore parfois sous le nom de «faisan de Bohême», car les Tziganes la remirent à l'honneur vers le XIVᵉ siècle.

Il existe plusieurs races de pintades domestiques; elles ont la taille d'un petit poulet, un plumage varié et une chair légèrement musquée. La pintade est souvent tuée par étouffement, ce qui accentue la saveur mais favorise le développement de bactéries et de toxines si l'animal n'est pas cuit rapidement; ce procédé assèche la pintade d'élevage. Ce volatile maintenant produit industriellement est à son meilleur jeune (pintadeau), lorsqu'il pèse entre 1 et 1,5 kg.

VALEUR NUTRITIVE

La pintade est maigre et peu calorifique. La chair de la pintade crue contient 20,6 g de protéines, 2,5 g de matières grasses et 110 calories/100 g. Si on inclut la peau on obtient 23,4 g de protéines, 6,4 g de matières grasses et 158 calories/100 g.

UTILISATION

On cuisine la pintade comme les autres volailles, notamment comme le faisan, la perdrix et le poulet. Calculer de 350 à 450 g de volaille crue par personne.

CUISSON

La faible teneur en matières grasses de la pintade fait qu'elle s'assèche facilement en cuisant; on y remédie en l'arrosant souvent; on peut aussi la badigeonner de gras ou la barder, mais cela la rend moins intéressante au plan de la santé.

CONSERVATION

Voir volaille, p. 573.

PISSENLIT

Taraxacum officinale, **Composées**
Noms anglais: *dandelion, cow parsnip*

Plante vivace familière aux fleurs jaune or en capitules. Originaire d'Europe, le pissenlit qui pousse un peu partout était autrefois populaire et recherché pour ses vertus médicinales et culinaires; il est maintenant surtout considéré comme une mauvaise herbe, même si diverses variétés sont cultivées comme aliment. Atteignant 30 cm de haut, il a de longues feuilles dentées (d'où le surnom de «dent-de-lion»), des tiges contenant un suc laiteux et de longues racines épaisses.

VALEUR NUTRITIVE

Le pissenlit contient 86 % d'eau, 2,7 g de protéines, 0,7 g de matières grasses, 9,2 g d'hydrates de carbone, 1,6 g de fibres et 45 calories/100 g. Il est riche en vitamines A et C, en calcium, en fer et en potassium. La phytothérapie lui attribue des propriétés dépuratives, diurétiques, fortifiantes, apéritives et digestives. Diverses substances amères dont la taraxacine et l'insuline sont responsables de ses vertus dépuratives. Son action hautement diurétique lui a valu le nom de pisse-en-lit.

ACHAT

Choisir les jeunes feuilles toujours rattachées aux racines car une fois séparées, elles dépérissent rapidement. Éviter les pissenlits séchés, ternes ou amollis.

La cueillette s'effectue idéalement quand les plants sont très jeunes, avant la formation des tiges florales, sinon ils deviennent trop amers. Éviter les plantes exposées à la pollution, au bord des routes par exemple.

UTILISATION   Les pissenlits peuvent être mangés crus ou cuits, comme les épinards, après avoir été soigneusement lavés. On peut les blanchir, ce qui améliore la saveur et diminue l'amertume; une petite partie de la valeur nutritive se perd cependant. Les boutons floraux sont souvent marinés et les fleurs, transformées en vin. Les racines sont utilisées comme les carottes; quand elles sont séchées, moulues et torréfiées, elles peuvent se substituer au café comme la chicorée.

CONSERVATION   Le pissenlit requiert les mêmes soins que la laitue (voir p. 284).

PISTACHE

Pistacia vera, **Anacardiacées**
Nom anglais: *pistachio nut*

Fruit du pistachier, petit arbre apparenté à l'anacardier (acajou) et originaire d'Asie mineure. Le pistachier atteint environ 8 m de haut et pousse sous les climats secs, surtout en altitude. On le trouve à l'état sauvage dans les régions montagneuses de la Russie et du Turkestan et on le cultive dans la plupart des pays du Proche-Orient et d'Asie centrale; la Turquie et la Syrie en sont de très gros producteurs.

La pistache est très populaire dans les contrées arabes où on la cultive depuis plus de 3 000 ans. La graine (amande), petite, arrondie et de couleur verdâtre, a une saveur douce; elle est recouverte d'une mince peau brunâtre. Elle pousse en grappe et est enfouie dans une mince coque moyennement dure qui s'ouvre à une extrémité à maturité. D'une couleur tirant sur le crème, cette coque devient rosée en séchant, phénomène repris par l'industrie alimentaire qui teint souvent la coque en rose rouge.

VALEUR NUTRITIVE   La pistache contient 21 g de protéines, 49 g de matières grasses, 25 g d'hydrates de carbone et 577 calories/100 g. Les protéines sont dites incomplètes (voir théorie de la complémentarité, p. 536) et les matières grasses sont composées à 83 % d'acides non saturés (68 % d'acides monoinsaturés et 15 % d'acides polyinsaturés, voir corps gras, p. 147). La pistache est riche en fer, en potassium, en magnésium, en phosphore, en calcium, en vitamine A et et en vitamines du complexe B. L'industrie alimentaire ne se contente pas de teindre sa coquille, elle colore souvent l'amande artificiellement en vert et elle a inventé des pistaches synthétiques.

UTILISATION   La pistache peut être consommée telle quelle, moulue, hachée, rôtie, etc. Elle sert tant à des fins décoratives que comme ingrédient dans les mets principaux, les sauces, farces, céréales, gâteaux, crèmes glacées et puddings. Elle entre souvent dans la fabrication du nougat. Les cuisines méditerranéenne et orientale lui font une place importante.

CONSERVATION   Conserver la pistache dans un récipient hermétique à l'abri de l'humidité, de préférence au réfrigérateur.

PLEUROTE

Pleurotus spp, **Agaricacées**
Nom anglais: *elm tree pleurotus*

Champignon formé d'un chapeau souvent très grand qui ressemble à une grande oreille ou à un cornet acoustique. Le pleurote s'installe sur les arbres ou sur le bois mort; il est parfois muni d'un pied inséré sur le côté. On peut le cultiver, la plupart du temps sur des bûches de bois; contrairement au champignon de couche (psalliote), il est toujours propre car l'utilisation de fumier est inutile. Il en existe plus d'une centaine d'espèces, dont environ 40 sont excellentes et une dizaine, toxiques. Le pleurote est très estimé, particulièrement l'espèce en forme d'huître *(P. ostreatus)*, aussi connue sous le nom de «pleurote en coquille».

VALEUR NUTRITIVE   Le pleurote est une bonne source de niacine, de riboflavine et de fer.

ACHAT   Voir champignons, p. 120.

CUISSON   Le pleurote requiert habituellement de 5 à 8 minutes de cuisson; son pied plus coriace doit cuire plus longtemps. La chair habituellement ferme est plus savoureuse chez les sujets jeunes; elle ne ratatine pas à la cuisson.

UTILISATION ET CONSERVATION   Voir champignons, p. 120.

PLIE

Pleuronectes spp, **Pleuronectidés**
Autres noms et espèces: *plie canadienne* (Hippoglossoides platessoides), *flet* (Platichthys flesus), *plie rouge* (Pseudopleuronectes americanus), *plie grise, plie lisse, plie fraîche* (ou *carrelet*), *limande, sole citron* (ou *limande à queue jaune*), *limande sole, cardeau d'été*
Noms anglais: *flounder, plaice, dab*

Poisson marin très abondant dans l'Atlantique et le Pacifique. La plie est souvent confondue avec la sole. La véritable sole vit uniquement près des côtes européennes. On a tenté il y a quelques années de l'acclimater à la froideur qui prévaut dans l'Atlantique Ouest, mais ce fut peine perdue; c'est regrettable, car sa chair très fine est inégalable. Au Québec, les plies les plus courantes sont la plie rouge et la plie canadienne; on les retrouve dans les assiettes au restaurant sous le nom de «filet de sole». Les plies ont des teintes et des tailles variables; elles dépassent rarement 60 cm et leur poids se situe habituellement entre 0,5 et 2 kg. Les plies renferment beaucoup d'arêtes; c'est d'ailleurs à cause des arêtes que ces poissons sont surtout vendus en filets (frais ou congelés). Il n'est pas nécessaire de les dépouiller pour les cuire, il faut cependant les écailler. Les œufs de ces poissons sont excellents.

ACHAT   Crue, la plie contient en général 15 g de protéines, 0,5 g de matières grasses et 68 calories/100 g.

UTILISATION   La chair des plies est délicate et savoureuse (la chair des limandes est moins savoureuse, celle de la limande sole entre autres est fade et filandreuse); l'apprêter simplement pour ne pas en masquer la finesse.

CONSERVATION   Voir poissons, p. 429.

POIRE

Pyrus communis, **Rosacées**
Nom anglais: *pear*

Fruit du poirier, un arbre qui serait originaire d'Asie de l'Ouest et d'Europe. Le poirier ressemble au pommier, une espèce cousine; il pousse aussi dans la plupart des pays tempérés mais est plus fragile au chaud et au froid. La poire est depuis toujours un fruit fort apprécié; Égyptiens, Grecs, Romains et Chinois en firent l'éloge. Il en existe plus d'une centaine de variétés.

La poire est un fruit à pépins caractérisé par un renflement de grosseur variable à sa base, surmonté d'un cou plus ou moins prononcé et effilé. Sa peau comestible, habituellement mince mais parfois assez épaisse, prend diverses teintes selon les variétés; jaune doré (Bartlett, Rocha, William), vert (Anjou), brun roux tirant sur le jaune (Bosc), vert jaunâtre (Conice), jaune brunâtre (Passe-Crassane, une variété issue d'un croisement avec le coing); certaines variétés sont colorées de rouge ou de rose. Sa chair fine, légèrement granuleuse (surtout vers le centre) et de couleur blanchâtre recouvre le cœur du fruit qui ressemble à celui de la pomme; elle est plus ou moins juteuse, fondante, vineuse et aromatique. Certaines variétés sont récoltées l'été, d'autres l'automne ou même l'hiver dans les régions plus chaudes. Les poires se divisent aussi en poires à couteau et en poires à cuire; ces dernières sont maintenant plus rares.

La poire se distingue par le fait qu'elle ne mûrit pas bien dans l'arbre, sa chair devenant très granulée, parfois même graveleuse ou ligneuse. On la cueille donc mature mais pas assez mûre, puis on la laisse mûrir à des températures oscillant entre 14 et 19 °C avec environ 85 % d'humidité (cela permet à l'amidon de se transformer en sucre et au fruit de rester ferme). Trop de chaleur, trop d'humidité et trop de froid peuvent endommager apparence, valeur nutritive et saveur.

**VALEUR
NUTRITIVE**

La valeur nutritive de la poire n'est pas uniforme en raison du grand nombre de variétés. En général, la poire contient 83 % d'eau, 0,4 g de protéines, 0,4 g de matières grasses, 15 g d'hydrates de carbone (constitués en partie de levulose) et 60 calories/100 g. Elle est passablement riche en potassium, en sélénium et en vitamines du complexe B. Déshydratée, la poire ne contient plus que 27 % d'eau et ses éléments nutritifs sont beaucoup plus concentrés (1,9 g de protéines, 70 g d'hydrates de carbone, 0,6 g de matières grasses et 262 calories/100 g); elle devient alors plus nourrissante. Immature, la poire peut être indigeste et laxative; lorsqu'elle est à point, on la dit diurétique et sédative.

ACHAT

Rechercher une poire lisse, ni trop molle ni trop dure, exempte de meurtrissures et de moisissures.

UTILISATION

La poire peut s'apprêter presque aussi diversement que la pomme; on la consomme aussi bien crue, séchée que cuite. On la sert en hors-d'œuvre (elle est délicieuse accompagnée de fromage), avec les plats principaux (elle accompagne volaille et gibier), elle entre dans une multitude de desserts (compote, tartes, soufflés, glaces, mousses, sorbets, muffins, etc.) et on la cuit au vinaigre. On la transforme en jus, en confiture, en gelée, en confiserie ou en liqueurs (Poire William, eau-de-vie faite avec la variété William; Poiré, etc.). Crue et coupée, la poire s'oxyde rapidement, ce qu'on évite en l'arrosant de jus d'agrume.

CONSERVATION

La conservation de la poire est une tâche délicate car ce fruit amollit facilement; il devient alors aigrelet et goûte le fermenté. Réfrigérer la poire dès qu'elle est à point, avant elle a tendance à pourrir et ne peut développer sa pleine saveur. Ne pas l'entasser et éviter de la mettre dans un sac ou un récipient fermé car le gaz éthylène qui se dégage lors du mûrissement la fait vite dépérir. La tenir éloignée des pommes de terre, oignons, choux, pommes et autres aliments à forte odeur, qu'elle absorbe facilement. La poire supporte mal la congélation, sauf si elle est cuite.

POIREAU

Allium ampeloprasum var. *porrum*, **Liliacées**
Nom anglais: *leek*

Plante potagère bisannuelle originaire du centre de l'Asie. La saveur subtile et délicate du poireau est plus douce et plus sucrée que celle de l'oignon, un proche parent. Il existe plusieurs variétés de cette plante dont la partie aérienne est vert foncé et la base blanchâtre. La base en forme de cylindre constitue la partie tendre (blanc de poireau), souvent la seule consommée; les parties vertes servent surtout pour parfumer potages et bouillons. Atteignant de

50 cm à 1 m de haut, le poireau se récolte lorsqu'il mesure environ 3 ou 4 cm de diamètre.

VALEUR NUTRITIVE

Le poireau contient 85 % d'eau, 2,2 g de protéines, 0,3 g de matières grasses, 12 g d'hydrates de carbone et 43 calories/100 g. Il renferme plusieurs vitamines et sels minéraux, notamment du soufre, du fer, du magnésium, du potassium et des vitamines du complexe B. Riche en cellulose, il est reconnu pour nettoyer le système digestif. On le dit en outre calmant, antiarthritique, antiseptique, diurétique et tonique.

ACHAT

Choisir un poireau ferme et intact, exempt de taches brunâtres et dont les feuilles sont d'un beau vert. Laisser de côté celui dont la base est craquée ou renflée, qui est amolli, dont les feuilles sont séchées et décolorées ou qui a commencé à monter en graine.

PRÉPARATION

Le poireau nécessite un soigneux lavage afin d'être débarrassé de la terre et du sable emprisonnés entre ses feuilles, tant vertes que blanches. Couper la partie filamenteuse de la racine ainsi que la partie supérieure des feuilles en laissant un peu de vert si désiré, puis enlever les couches extérieures défraîchies. Le sectionner dans le sens de la longueur sur 2 ou 4 côtés, afin de pouvoir écarter les feuilles; couper en laissant 2 ou 3 cm à la base (le poireau se travaille mieux et se défait moins); bien le rincer à l'eau fraîche.

CUISSON

Ce légume est mangé cru ou cuit. Il remplace souvent l'oignon quand il ne lui est pas associé. Comme ce dernier, il possède des substances qui font pleurer quand il est coupé, mais beaucoup moins fortes. Il ne nécessite pas beaucoup de cuisson car il devient rapidement pâteux, ramolli et moins nutritif. Pour une cuisson uniforme, choisir des poireaux de même grosseur. Pour le faire bouillir dans 3 ou 4 cm d'eau, calculer de 10 à 15 minutes; braisé, il en requiert 20 ou 25. Des poireaux cuits entiers continuent de cuire même hors du feu; s'il faut arrêter rapidement la cuisson, les égoutter brièvement, les plonger dans de l'eau froide puis les égoutter à nouveau immédiatement.

UTILISATION

Surnommé «l'asperge du pauvre» en Europe, le poireau est cuit et apprêté comme l'asperge. Il est excellent avec de la vinaigrette, de la crème ou sauté au beurre. Il peut aussi remplacer l'endive dans les recettes au gratin. Ses feuilles aromatisent bouillons, ragoûts et autres mets du genre et elles peuvent remplacer la ciboulette ou l'échalote. Le blanc donnera aux plats une touche subtile qui les rehaussera sans en camoufler la saveur. Cru et finement haché, le poireau peut être ajouté aux salades composées. C'est l'ingrédient de base de la vichyssoise et de la flamiche.

CONSERVATION

Le poireau ne se conserve pas aussi longtemps que l'oignon. Rangé au réfrigérateur, il se garde environ deux semaines. Il est possible de l'entreposer de 1 à 3 mois au frais, non lavé, avec 90 à 95 % d'humidité. Cuit et réfrigéré, il risque de devenir nocif et indigeste après 2 jours. Les personnes qui ont la chance de posséder un potager peuvent l'y laisser jusqu'au printemps, bien recouvert de paillis, le cueillant au besoin. Le poireau ne supporte pas très bien la congélation, car il perd sa texture et une partie de sa saveur; il se congèle coupé en tranches et non blanchi ou entier et blanchi 2 minutes. Le cuire sans le décongeler, pour qu'il soit plus savoureux.

POIS
Pisum sativum, **Légumineuses**
Noms anglais: *pea, sugar pea*

Fruit d'une plante herbacée annuelle probablement originaire du bassin méditerranéen. Le pois est consommé depuis la nuit des temps; on le prépara d'abord surtout sous forme de purée obtenue à partir des pois séchés, aliment qui constitua la base alimentaire de nombreux peuples. En Europe, ce n'est qu'à la Renaissance qu'il s'imposa comme légume frais.

Le pois pousse sur une plante buissonnante ou grimpante, qui peut atteindre de 30 cm à 1,5 m de haut. Il préfère les climats frais; on peut donc le semer tôt au printemps. Les gousses vertes sont lisses et droites ou légèrement incurvées, bombées ou aplaties; elles mesurent de 4 à 15 cm de long. Elles abritent de deux à dix graines de grosseur variable, de forme arrondie mais pouvant être légèrement carrée, habituellement vertes et pouvant être grisâtres, blanchâtres ou brunâtres. Si elles sont fraîches, on les nomme petits pois alors que lorsqu'elles sont sèches, décortiquées et fendues, on les appelle pois cassés (ou pois fendus).

Il existe plus de 1 000 variétés de pois, comprenant les pois lisses, les pois ridés et les pois mange-tout (appelés «pois gourmands» ou «pois princesses» en Europe). Les pois lisses poussent mieux sous les climats froids; ils sont plus farineux que les pois ridés; ce sont les préférés de l'industrie de la congélation. Les pois ridés sont plus sucrés; on les utilise beaucoup pour la mise en conserve. Les pois mange-tout (var. *saccharatum* et *macrocarpon*) se particularisent par le fait que leurs gousses sont comestibles. Dans les pois mange-tout traditionnels, seules les gousses aplaties sont comestibles; elles deviennent fibreuses et immangeables lorsqu'elles sont bombées, contrairement aux pois «sugar-snap» (une création récente) dont les gousses restent savoureuses même quand les petits pois sont bien formés.

Les pois qui mûrissent sur le plant jusqu'à ce qu'ils se dessèchent et durcissent deviennent les pois secs. Il y en a des verts et des jaunes. On les cueille avant que les gousses ne s'ouvrent et ne laissent tomber les graines.

VALEUR NUTRITIVE

Les petits pois frais contiennent 6 g de protéines (protéines dites incomplètes, voir théorie de la complémentarité, p. 536), 0,4 g de matières grasses, 14 g d'hydrates de carbone, 2 g de fibres et 72 calories/100 g. Les pois secs ont une plus grande valeur nutritive car la plupart des éléments nutritifs sont plus concentrés; ils ont la valeur nutritive d'une légumineuse, famille dont ils font partie. Ils renferment 24 g de protéines, 1,3 g de matières grasses, 60 g d'hydrates de carbone, 5 g de fibres et 340 calories/100 g. Ils sont plus riches en sels minéraux et en vitamines sauf en vitamines A et C.

Les petits pois frais perdent rapidement de la saveur et deviennent farineux car leurs hydrates de carbone se transforment en amidon. Ils sont plutôt rares sur le marché et assez coûteux; la plus grande partie de la récolte est congelée ou mise en conserve. Les pois mange-tout que la cuisine asiatique a popularisés sont plus fréquents sur le marché.

ACHAT

Choisir des pois aux gousses fermes et intactes, d'un beau vert brillant. Éviter les gousses molles, jaunies, tachées ou volumineuses.

PRÉPARATION

Écosser les pois frais au dernier moment, ils ont ainsi plus de saveur car la transformation de l'amidon est retardée. Avant de les écosser, les passer brièvement à l'eau fraîche, puis casser la partie supérieure des cosses et tirer sur le fil qui se loge à la jonction des deux cosses (certaines variétés n'en ont pas), répéter l'opération avec l'autre bout, séparer les cosses et extraire les pois. Ces derniers n'ont pas besoin d'être lavés.

CUISSON

Les pois sugar-snap et les petits pois très jeunes et très frais peuvent être mangés crus; la cuisson les rend cependant plus sucrés. La cuisson devrait être la plus brève possible pour diminuer la perte de couleur et de saveur (voir cuisson des légumes verts, p. 295). Les pois plus petits cuisent plus vite que les gros, donc éviter de les mélanger. Si les petits pois ne sont plus très frais, les saupoudrer d'un peu de sucre aidera à restaurer la saveur; le sucre, en petite quantité, sert aussi à conserver la couleur.

Les pois mange-tout peuvent être cuits et apprêtés comme les haricots verts; leur temps de cuisson est plus court cependant. Pour cuire les petits pois frais à l'eau, calculer de 7 à 15 minutes, selon la grosseur. Les petits pois peuvent aussi être cuits à la vapeur, par braisage, etc.; une façon intéressante de les braiser consiste à les déposer entre deux couches de laitue non essorée.

UTILISATION

Les petits pois ne sont pas utilisés seulement comme légume d'accompagnement, on les met aussi dans les soupes, les potages, la macédoine, etc. Secs, les pois sont transformés en purée ou cuisinés en soupes et en mets principaux. On nomme souvent «saint-germain» des apprêts à base de pois verts.

Cuisson: environ 1 heure et demie pour les pois entiers

50 à 60 minutes pour les pois cassés
(trempage non nécessaire)

Dans la marmite à pression (103 kPa) (pois entiers):

– avec trempage, environ 3 minutes,

– sans trempage, de 4 à 6 minutes.

La cuisson des pois cassés dans la marmite à pression n'est pas recommandable car il se forme trop d'écume.

CONSERVATION   Réfrigérer les petits pois frais le plus vite possible pour retarder la transformation des hydrates de carbone en amidon. Les placer dans un récipient non hermétique ou dans un sac perforé, ils se conserveront quelques jours. Les petits pois et les pois mange-tout supportent très bien la congélation, après un blanchiment d'une ou deux minutes, selon la grosseur. Les pois secs se conservent environ un an s'ils sont à l'abri des insectes, des rongeurs et de l'humidité.

POIS CHICHE

Cicer arietinum, **Légumineuses**

Noms anglais: *chick-pea, garbanzo*

Fruit d'une plante herbacée annuelle qui serait originaire du Sud-Ouest Asiatique ou du Moyen-Orient. Le pois chiche est consommé abondamment dans plusieurs pays, notamment en Afrique du Nord, en Inde et au Mexique, et ce, depuis fort longtemps. Le terme latin le désignant *arietinum* (petit bélier) fait référence au fait que sa forme irrégulière est comparée à une tête de bélier. Aux États-Unis, le terme espagnol *garbanzo* est souvent utilisé.

Le pois chiche pousse sur une plante d'aspect buissonnant qui peut atteindre de 20 cm à 1 m de haut et qui croît sous les climats chauds et secs. Les gousses courtes et enflées mesurent de 1,4 à 3,5 cm de long et de 0,8 à 2 cm de large; elles contiennent 1, 2 ou parfois 4 graines plus ou moins arrondies et bosselées, qui ont environ 1 cm de diamètre. Il en existe plusieurs variétés, ce qui a une incidence sur la couleur (crème, verdâtre, jaunâtre, rougeâtre, brunâtre ou noirâtre), la consistance, qui est plus ou moins pâteuse, et la saveur; certains goûtent la noisette.

VALEUR NUTRITIVE   Le pois chiche séché contient de 23 à 25 g de protéines (protéines dites incomplètes, voir théorie de la complémentarité, p. 536), de 1 à 5 g de matières grasses, de 53 à 62 g d'hydrates de carbone, de 2 à 11,7 g de fibres et environ 360 calories/100 g. Il est riche en potassium, en calcium, en fer, en phosphore, en zinc, en thiamine, en riboflavine et en niacine.

UTILISATION   Les gousses immatures peuvent être mangées comme légume à la manière des haricots verts. Déshydratés, entiers ou cassés, les pois chiches sont apprêtés comme les autres légumineuses, qu'ils peuvent remplacer dans la plupart des recettes. On peut aussi les rôtir, les mettre en purée, les changer en farine et les faire germer. Ils sont délicieux froids dans les salades composées ou en purée; deux spécialités libanaises, «l'hommos» qui se mange froid et les «falafels», boulettes frites, sont à base de pois chiches. Rôtis et souvent salés, les pois chiches peuvent être mangés en collation à la manière des arachides. La farine sert à préparer pâtes à frire, quiches, crêpes, soupes et desserts.

CUISSON   Les pois chiches sont très longs à cuire; leur cuisson peut nécessiter plus de 3 heures. Les mettre à tremper au moins 3 heures puis les congeler dans leur eau de trempage permet d'écourter la cuisson.

Dans la marmite à pression (103 kPa):
– avec trempage, de 20 à 25 minutes,
– sans trempage, de 35 à 40 minutes.

CONSERVATION   Voir légumineuses, p. 304.

POISSONS
Nom anglais: *fish*

Animaux vertébrés qui vivent dans l'eau. Les poissons possèdent des nageoires dorsales qui sont parfois épineuses et qui leur servent de défenses, des nageoires anales qui leur servent de gouvernail, des nageoires latérales qui ont une fonction stabilisatrice et une queue qu'ils utilisent pour se propulser. Ces caractéristiques varient beaucoup d'une espèce à l'autre, tout comme la forme, la grosseur, la couleur, la chair, etc.

Il existe plus de 30 000 espèces de poissons; l'immense majorité vit dans la mer et les autres, dans les eaux douces (rivières, fleuves, lacs). Certaines espèces quittent la mer pour aller frayer en eau douce (tel le saumon), tandis que d'autres (dont l'anguille) vont se reproduire en mer.

La chair du poisson diffère de la chair des animaux terrestres de plusieurs façons:
– elle contient de 70 à 80 % d'eau (la chair des poissons maigres en ayant plus que celle des poissons gras);
– la proportion de muscles est plus élevée car il n'y a que 3 % de tissu conjonctif (tissu qui unit les muscles); dans la viande, la proportion est de 13 %;
– les fibres des muscles sont plus courtes, alors la chair est plus tendre;
– la chair demande peu de cuisson et se digère facilement, d'où la réputation du poisson de laisser une sensation de faim après le repas, surtout si le poisson est maigre;

– la chair contient aussi beaucoup moins de vaisseaux sanguins, elle est donc presque toujours blanche;

– les matières grasses du poisson sont composées en grande partie d'acides gras polyinsaturés omega-3 (alors que la viande contient surtout des acides gras saturés), acides considérés comme bénéfiques pour la santé, notamment parce qu'ils ralentissent le processus de coagulation du sang, qu'ils semblent efficaces pour réduire le risque de maladies coronariennes et qu'ils auraient un effet anti-cancérigène;

– parce que le gras polyinsaturé s'oxyde vite à l'air, le poisson se conserve moins longtemps que la viande; plus le poisson est gras, plus il se détériore rapidement;

– les sucs aromatiques et les essences du poisson sont moins denses que ceux de la viande, ce qui a un effet sur le «jus» qui s'écoule à la cuisson, donnant des sauces plus claires et de saveur moins prononcée.

VALEUR NUTRITIVE   Les poissons sont divisés en poissons maigres (moins de 5 % de matières grasses, de 75 à 100 calories/100 g), en poissons semi-gras (entre 5 et 10 %, de 100 à 150 calories) et en poissons gras (plus de 10 %, plus de 150 calories). Ils contiennent entre 15 et 25 % de protéines, protéines dites complètes. Ils sont riches en sels minéraux et en vitamines, notamment en phosphore, en iode, en fluor, en cuivre, en vitamine A et en vitamine D (absente chez les animaux terrestres); le calcium manque à l'appel, sauf si on mange les arêtes des poissons en conserve. La chair du poisson est moins bonne durant la période de frai car sa texture n'est plus tout à fait la même. Cette période varie selon les espèces, mais s'étend en général du mois de janvier au moins de juin.

Les poissons n'échappent pas à la pollution. Les cours d'eau étant de plus en plus contaminés, la chair des poissons contient divers produits toxiques dont plusieurs, tels le DDT, les BPC (biphényles polychlorés) et le mercure, sont à l'origine de graves maladies. Les poissons prédateurs ou à chair grasse sont particulièrement touchés par la pollution; ainsi le thon, l'espadon, le doré, le brochet, le flétan, l'achigan et le maskinongé sont fortement contaminés. En règle générale, les poissons de mer sont moins contaminés que les poissons d'eau douce; comme la pêche commerciale se fait surtout en mer, le poisson vendu en magasin est généralement moins pollué que celui pris lors de pêches sportives.

ACHAT   L'achat du poisson s'effectue selon des critères qui diffèrent légèrement selon que le poisson est frais et entier, frais et coupé, congelé, fumé, en semi-conserve ou en conserve.

Poisson frais et entier. Les ouïes sont humides et rougeâtres. Les yeux pleins et brillants sont à fleur de tête et les paupières sont lisses. La peau luisante, nacrée et tendue adhère à la chair. La chair est ferme et élastique; elle n'est pas tachée, ne retient pas l'empreinte des doigts et ne se sépare pas facilement des arêtes. Les écailles sont adhérentes mais s'enlèvent facilement car elles ne collent pas entre elles. Le ventre n'est ni gonflé ni terne et la senteur est douce et agréable (une forte odeur de poisson indique un manque de fraîcheur). Une odeur de vase ne signifie pas que le poisson n'est plus frais, elle imprègne divers poissons selon le lieu où ils vivent.

Poisson frais [en filets (morceaux de chair coupée le long de la colonne vertébrale), en darnes (tranches épaisses) ou en morceaux]. La chair ferme, élastique et brillante adhère bien aux arêtes et sent bon. Elle ne doit être ni brunâtre, ni jaunâtre, ni desséchée. La loi canadienne sur l'étiquetage exige que soit clairement indiqué si le produit vendu a été décongelé, car il est souvent difficile voire même impossible de le différencier d'un produit frais. Cette information est importante car la congélation modifie légèrement saveur et texture; de plus, le poisson doit être consommé le plus vite possible et surtout, il ne doit pas être recongelé.

Poisson congelé. La chair d'apparence ferme et luisante doit être exempte de taches et de brûlures de congélation. Elle doit aussi être solidement congelée, exempte de neige ou de cristaux de glace et être placée dans un emballage étanche et intact.

Poisson salé. La chair d'une belle couleur doit avoir une bonne odeur et ne pas être desséchée. Salé à sec, le poisson est tranché et entassé en couches; on alterne sel et poisson de telle sorte que la saumure qui se forme puisse s'écouler librement. En saumure, le poisson baigne dans le sel. Les méthodes de salage variant, la teneur en sel du poisson peut varier. Il n'est pas recommandé de manger souvent des aliments salés (ou fumés) car on les considère peu bénéfiques pour la santé.

Poisson fumé. Se servir des mêmes critères que pour le poisson salé, en surveillant en plus que le poisson ne perde pas son jus et qu'il ne soit ni légèrement vernissé, ni emballé sous vide. Le poisson fumé est exposé à la fumée dégagée par la combustion lente de bois non résineux ou d'autres produits ligneux comme la tourbe. Il devient partiellement déshydraté et acquiert un goût de fumée. Il peut être fumé à chaud, c'est-à-dire exposé à une chaleur ne dépassant pas 120 °C; ses protéines se coagulent et une cuisson ultérieure est inutile. Il peut être fumé à froid, soit simplement mis dans un endroit emboucané loin de la source de chaleur. Le poisson fumé à froid se conserve plus longtemps, surtout s'il est fumé lentement (3 à 4 semaines), mais il est moins fin et moins savoureux que le poisson fumé à chaud. Selon le procédé utilisé, on peut le consommer tel quel ou il doit être cuit. Le poisson peut être très légèrement fumé (sur une très courte période) et il peut être salé avant d'être fumé, c'est alors un poisson sauré.

Poisson en semi-conserve. Ce qui différencie la semi-conserve de la conserve est sa durée d'entreposage plus limitée. Souvent le poisson est vendu dans une boîte de métal scellée identique à celle d'une conserve, elle porte cependant la mention «garder au frais», ce qui est nécessaire pour allonger le temps de conservation. En magasin, la semi-conserve doit être placée dans un endroit où la température se situe entre 0 et 4 °C. Comme pour la conserve, on n'achètera que des boîtes intactes, ni bombées, ni bosselées. Dès qu'elles sont ouvertes, on s'empressera d'en consommer le contenu, qui ne se garde que 24 heures même s'il est conservé dans un autre récipient.

Poisson en conserve. Poisson disponible sous plusieurs formes (entier, filets, tranches, miettes) et dans diverses préparations (au naturel, à l'huile, au vinaigre, au vin blanc, à la tomate, en sauce, etc.).

Le poisson est également vendu sous plusieurs autres présentations, très souvent congelées, notamment en croquettes, en bâtonnets de poisson panés et en portions de poisson au naturel, panées ou en sauce. Le poisson pané est très populaire, mais c'est une des pires façons d'apprêter le poisson, qui devient très gras.

La quantité de poisson nécessaire pour nourrir une personne dépend de plusieurs facteurs: l'espèce, l'apprêt, le menu et l'appétit de la personne. On calcule habituellement de 200 à 250 g par personne si le poisson est entier et de moyenne grosseur, environ 300 g s'il est imposant et que sa tête est grosse et près de 200 g s'il s'agit de filets ou de darnes.

Préparation du poisson

Le poisson demande une certaine préparation avant d'être cuit. S'il est congelé, la préparation est réduite au minimum car le poisson est déjà vidé, écaillé, ébarbé, lavé, presque toujours dépouillé et souvent coupé en filets, bref il ne reste plus qu'à prévoir la cuisson et parfois la décongélation. Quand c'est nécessaire, le décongeler juste ce qu'il faut pour être en mesure de détacher les filets ou les morceaux car le poisson est meilleur s'il ne décongèle pas complètement. Si le poisson est mince, le cuire congelé; s'il est épais, le décongeler partiellement car le dessus cuira trop alors que l'intérieur restera cru. Le décongeler s'il doit être grillé ou frit.

La meilleure façon de décongeler le poisson est de le mettre au réfrigérateur de 12 à 18 heures. Le poisson peut aussi être laissé à la température de la pièce, c'est plus rapide car il décongèle en quelques heures, mais s'il est laissé trop longtemps il deviendra très mou, baignera dans son eau et perdra de la saveur. Si le temps presse, tremper le poisson de 15 à 30 minutes dans de l'eau froide ou légèrement tiède, jamais chaude car il cuira.

La préparation du poisson frais est plus élaborée. Le poissonnier peut aider à raccourcir cette opération en écaillant, vidant et, si désiré, en coupant le poisson. Il n'est pas nécessaire d'enlever la tête car les yeux et les joues sont comestibles et la laisser limite l'écoulement du jus. Si le poisson sent la vase, le mettre à tremper 1 heure ou 2 dans de l'eau vinaigrée, que l'on renouvellera quelques fois, ou verser 15 ml (1 cuillerée à soupe) de vinaigre dans la bouche du poisson et fermer les ouïes afin qu'il ne s'écoule pas, ou ajouter un peu de vin blanc ou de vinaigre lors de la cuisson.

Il est plus facile d'écailler le poisson s'il n'est pas évidé car les parois ventrales sont bombées. L'écaillage peut s'effectuer avec un couteau spécial appelé écailleur, une fourchette, le dos d'un couteau ou un couteau émoussé (sinon on risque de se couper); si on se coupe, faire saigner la plaie abondamment puis la désinfecter. Bien tenir le poisson par la queue puis détacher les écailles en plaçant le couteau à 45 degrés et en remontant vers la tête. Mettre le poisson sous un filet d'eau empêche les écailles de se disperser. Lorsqu'on veut cuire le poisson avec la peau, éviter de la briser.

Plusieurs méthodes sont possibles pour éviscérer le poisson, c'est-à-dire le vider en enlevant les entrailles. La plus facile est de procéder par le ventre, en faisant une incision de l'anus jusqu'aux ouïes, avec la pointe d'un bon couteau ou avec des ciseaux; décoller les viscères puis les retirer. Cette méthode a le désavantage d'ouvrir les flancs du poisson, ce qui le déforme et le rend plus difficile à farcir. On peut aussi le vider en effectuant une petite incision (1 ou 2 cm de long) près des ouïes, enlever les viscères avec l'index ou à l'aide d'une cuiller. La tête peut être coupée à la base des ouïes, puis on la pousse par en arrière assez délicatement pour que les viscères suivent. Les gros poissons vivants (flétan, turbot, barbue) doivent tout d'abord être saignés complètement avant d'être vidés; les sectionner près de la queue. Parfois, dans certaines espèces, le foie, les rogues (poches à œufs) ou la laitance sont comestibles.

On choisit parfois d'ébarber le poisson, c'est-à-dire d'enlever les nageoires. Les avis sont partagés sur l'opportunité de cette opération; certaines personnes disent qu'il faut laisser les nageoires dorsales car elles retiennent les chairs à la cuisson; d'autres croient qu'il faut aussi laisser la nageoire caudale intacte tandis qu'un troisième groupe préfère découper cette nageoire en V. Si on enlève les nageoires, les couper à contresens.

Bien laver le poisson à l'eau courante avant de l'apprêter en procédant rapidement; si la cavité ventrale n'est pas ouverte, y faire pénétrer de l'eau avec force.

Plusieurs choix sont possibles pour cuire le poisson; entier, en morceaux, en tranches, en filets. La levée des filets s'effectue presque toujours après l'éviscération, pour éviter de souiller la chair; lorsqu'on dépouille les filets, il n'est pas nécessaire d'écailler le poisson. La levée de filets peut être une opération décevante les premières fois, mais à mesure qu'on se familiarise avec l'anatomie des poissons, on acquiert de l'habileté. La technique diffère selon le type de poisson; en règle générale, il s'agit de coucher le poisson sur un côté, de pratiquer une incision sur le dos, à partir de la queue jusqu'à la base de la tête le long de la colonne vertébrale, de couper la chair en biais sous les branchies puis de glisser la lame du couteau entre la chair et les arêtes de haut en bas de façon à la détacher. Quand un premier côté est terminé, on peut soit retourner le poisson et recommencer l'opération, soit retirer les arêtes en soulevant l'arête principale à partir de la queue jusqu'à la tête.

S'il s'agit d'un poisson plat, les filets au nombre de quatre seront souvent levés individuellement, ce qui implique qu'on pratique une incision latérale de la tête à la queue. Pour éviter que le poisson ne se recroqueville à la cuisson, on effectue de légères incisions sur la fine pellicule nerveuse (visible quand la peau est enlevée).

Le poisson peut être mangé cru, c'est le sushi ou le sashimi des Japonais, le ceviche des Sud-Américains, etc. Il est soit laissé tel quel, soit mariné dans du jus de citron. Ce genre de préparation ne convient pas à tous les poissons: certains sont trop gras, d'autres trop pollués ou infestés de parasites qui ne disparaissent qu'à la cuisson.

Le poisson est surtout mangé cuit. La cuisson doit être de courte durée sinon le poisson devient sec et insipide. Il est difficile d'en fixer le temps avec précision car plusieurs facteurs entrent en ligne de compte: la forme du poisson, sa grosseur, sa teneur en graisse, etc. Pour avoir une certaine idée, mesurer le poisson dans sa partie la plus épaisse et calculer de 5 à 6 minutes par centimètre d'épaisseur pour le poisson frais cuit dans un four à 220 °C et de 15 à 20 minutes pour le poisson solidement congelé.

À 70 °C, la chair est cuite; elle devient opaque, d'une couleur uniforme (blanc laiteux si elle est blanche) et elle se défait facilement. Mise en attente, elle continuera à cuire car elle est très sensible à la chaleur; le prévoir et diminuer le temps de cuisson en conséquence.

Le poisson peut être cuit de multiples façons; les principaux modes de cuisson utilisent la chaleur sèche, la chaleur humide ou la friture.

Chaleur sèche

Au four. Tailler le poisson entier à quelques endroits afin que la chaleur puisse bien pénétrer et, si désiré, mettre dans sa cavité des tranches d'oignons, des gousses d'ail, du thym, du poivre, etc. Déposer le poisson dans un plat, si on veut sur un lit de légumes et de fines herbes, puis le parsemer de noisettes de beurre ou l'arroser légèrement d'huile, de jus de citron, de vin blanc ou encore le laisser au naturel. Régler le four à 230 °C; si le poisson se dessèche, le recouvrir. Éviter de trop cuire. Si le poisson est recouvert de sauce contenant du lait, des œufs ou du fromage, cuire à une température plus basse (180 °C) pour empêcher les protéines de se séparer ou de durcir.

Au gril. Le poisson déposé sur un gril ou enfilé sur une brochette est exposé directement à la chaleur. Les poissons maigres qui ont tendance à se dessécher gagnent à être d'abord enfarinés. On tailladera les gros poissons pour accélérer la cuisson. Les poissons fragiles (dépouillés, tranchés, etc.) seront déposés sur un gril très chaud et même légèrement huilé, ce qui les empêchera de coller. Badigeonner le poisson d'huile, de beurre ou de sauce et l'assaisonner avant et pendant la cuisson. Le placer à 10 ou 15 cm de l'élément chauffant (15 à 20 cm pour les gros poissons). Les poissons épais seront retournés à la mi-cuisson, pas les autres, qui se briseraient. Dans le four, laisser la porte entrouverte.

Chaleur humide

Poché ou au court-bouillon. Le poisson est poché quand il cuit doucement dans un liquide frémissant. Ce mode de cuisson est particulièrement adapté aux filets fermes et aux petits poissons entiers. Ne jamais cuire à pleine ébullition car la turbulence causée par le bouillonnement émiette la chair et cause une perte de saveur. Le liquide doit idéalement contenir un élément acide (vinaigre, vin sec, bière, jus de citron, etc.), ce qui favorise une réaction chimique qui réduit au minimum la forte senteur de poisson qui se dégage à la cuisson. Cela permet en outre le développement des molécules donnant la saveur et fait coaguler la chair qui reste ferme. Le liquide est aromatisé à volonté et peut contenir divers légumes (ail, céleri, oignons, carottes, etc.). Pour le corser davantage, cuire d'abord le court-bouillon seul pendant une vingtaine de minutes (plus longtemps il devient âcre), vu que l'ébullition est à proscrire quand le poisson est présent. Un court-bouillon fait avec les parures des poissons (tête, arêtes et peau) s'appelle fumet.

Les poissons entiers se mettent dans un court-bouillon froid, ainsi la température s'élève graduellement et la chair peut cuire plus également. S'ils sont déposés dans un liquide bouillant, l'extérieur est saisi et cuit trop rapidement, avant que l'intérieur puisse être prêt.

Les poissons dont la chair est à nu (filets, tranches, etc.) peuvent cuire dans un court-bouillon chaud. La chaleur permet une coagulation rapide de la couche extérieure, ce qui emprisonne les sucs, préserve la saveur et empêche la chair de s'émietter. Laisser refroidir dans son court-bouillon un poisson qui sera servi froid; raccourcir de quelques minutes le temps de cuisson.

Un court-bouillon au lait convient particulièrement aux poissons fumés, au turbot, à la raie et au poisson gratiné. Avec un poisson salé, omettre le sel dans le court-bouillon; si un poisson doit pocher longtemps, réduire le sel sinon la concentration sera trop forte. L'idéal est de pocher le poisson dans tout juste assez de liquide pour le recouvrir puis d'utiliser ce bouillon pour préparer une sauce, car il contient plusieurs éléments nutritifs. Le poisson sera plus facile à retirer s'il est d'abord placé sur une grille ou dans un coton à fromage avant d'être cuit.

À la vapeur. Le poisson est cuit par la vapeur se dégageant de l'ébullition d'un liquide qui recouvre le fond d'une casserole. Le poisson a été déposé sur une grille, mis dans un panier ou suspendu dans un coton à fromage afin qu'il ne touche pas au liquide. La cuisson à la vapeur est une méthode très simple car elle évite d'avoir à farcir ou à envelopper le poisson, mais elle peut être fade. Pour y remédier, on ajoute un assaisonnement (fines herbes, épices, gingembre, échalotes, sauce tamari, algues, etc.) qui sera déposé sur ou sous le poisson. Comme pour le pochage, le liquide de cuisson contiendra un élément acide. Amener le liquide à ébullition, déposer le poisson puis couvrir. Le temps de cuisson varie habituellement entre 3 et 10 minutes.

Au bleu. La cuisson au bleu est un pochage particulier qui s'effectue avec des petits poissons (carpes, truites, perches, brochets) encore vivants ou morts seulement depuis 2 heures. Surtout, ils doivent être encore recouverts de limon, donc non écaillés (mais vidés). Le poisson devient bleu en cuisant sous l'effet d'une réaction chimique entre le vinaigre (dont la concentration est élevée) et le limon. Arroser le poisson des 2 côtés avec environ 100 ml de vinaigre, puis le cuire dans un court-bouillon tiède fort en vinaigre. Certains arrosent le poisson dans la casserole qui servira à le cuire, en laissant le vinaigre qui s'incorpore au court-bouillon. D'autres trouvent qu'il n'est pas nécessaire d'utiliser autant de vinaigre et affirment même que le poisson a plus de goût si le court-bouillon n'est pas autant vinaigré (il doit cependant être très acide). La cuisson dure de 8 à 10 minutes.

À l'étuvée et **en papillotes**. Le principe de ce mode de cuisson est d'emprisonner hermétiquement le poisson afin qu'il cuise dans son propre jus et dans celui des légumes, des assaisonnements, parfois du vin ou de l'eau qui peuvent l'accompagner. En papillotes, déposer le poisson sur une feuille de papier d'aluminium huilée ou beurrée; l'assaisonner (fines herbes, jus de citron, poivre, ciboulette, poivre de cayenne, etc.), le parsemer de noisettes de beurre, sceller le paquet et le déposer dans un plat allant au four, cuire à 230 °C; mesurer l'épaisseur du poisson pour calculer le temps de cuisson. Le service s'effectue à la table, directement de l'empaquetage.

Braisage. Le braisage est une cuisson douce à l'abri de l'air. Le poisson est déposé dans une casserole ou une poissonnière dont le fond aura été tapissé de divers légumes et fines herbes (s'il est gros, le taillader pour que la chaleur pénètre bien). Ajouter un liquide (fumet, vin) pour le mouiller, à mi-hauteur seulement car il faut éviter le pochage. Couvrir et cuire à petit feu sur le dessus de la cuisinière ou dans le four. On sert le poisson tel quel ou on peut épaissir la sauce: retirer tout d'abord le poisson, filtrer la sauce, la réduire légèrement sur le feu ou y ajouter un mélange de beurre et de farine [15 ml (1 cuillerée à soupe) de chacun], 1 ou 2 jaunes d'œufs ou encore un peu de crème. Ce mode de cuisson convient bien aux poissons à chair ferme.

Friture

C'est la méthode la plus populaire et la plus déplorable: elle enfume la pièce, répand une forte odeur de poisson et rend ce dernier très gras et difficile à digérer. Deux façons de procéder sont possibles: grande friture ou friture légère. Toutes deux fonctionnent sur le même principe: le poisson doit tout d'abord être enfariné ou pané pour permettre la formation d'une couche protectrice qui limite l'absorption du gras et empêche l'eau du poisson de s'échapper et d'aller rejoindre le corps gras, car quand cela se produit, la chaleur s'abaisse et le poisson devient détrempé et graisseux.

Grande friture. La grande friture consiste à cuire le poisson par immersion dans un corps gras bouillant. S'il n'y a qu'une petite quantité de poisson à cuire ou si le poisson est de petit format, utiliser seulement quelques centimètres d'huile (cela implique de mettre peu de poisson à la fois et de le retourner souvent). Il est très important que le poisson soit bien recouvert (farine, panure, pâte à frire), cela le protège de la chaleur vive et réduit l'absorption de graisse. Le mettre d'abord à tremper dans du lait salé 5 minutes, ou le passer dans de l'œuf qui aura été battu avec 15 ml (1 cuillerée à soupe) d'eau, ou encore le tremper dans du jus d'agrumes (l'y laisser 30 minutes, la saveur sera étonnante); puis l'égoutter et le recouvrir de l'enrobage choisi (miettes de pain, farine, pâte à frire, agrémentés ou non de fines herbes, de fromage, etc.). Pour faciliter l'opération, mettre tous les éléments secs choisis dans un sac de plastique, bien les secouer pour les mélanger, ajouter les morceaux de poisson un à un et agiter le sac pour les enrober complètement.

Le beurre ou la margarine ne sont pas adaptés pour la grande friture, ils contiennent de l'eau et brûlent rapidement. Utiliser de la graisse ou de l'huile; l'huile doit avoir un point de fumée élevé (voir huile, p. 255). L'utilisation d'un thermomètre est très utile pour éviter de surchauffer le corps gras et pour savoir exactement quand y plonger le poisson. La température doit atteindre entre 160 et 180 °C; plus bas, la croûte ne pourra pas se former et le poisson sera spongieux et gras; plus haut, l'huile se dénature et le poisson risque de brûler. D'ailleurs, la température ne doit jamais dépasser 180 °C. Pour de meilleurs résultats, ajouter peu de poisson à la fois afin d'éviter une baisse subite de la température du corps gras. Quand la cuisson est terminée, égoutter le poisson puis le déposer sur du papier absorbant avant de le servir.

Petite friture (poêle, meunière). Utiliser très peu de corps gras. On peut se servir du beurre, surtout s'il est clarifié (fondu et filtré, ce qui le débarrasse de ses impuretés) car il brûle moins facilement. Paner ou enfariner le poisson; le trempage dans un liquide n'est plus essentiel. Le corps gras doit être chaud mais non brûlant. Si le poisson colle, c'est que le poêlon n'était pas assez chaud, ce qui a empêché la formation d'une couche protectrice. Ne retourner le poisson qu'une seule fois, l'égoutter et le placer sur du papier absorbant. Au lieu d'être cuit à la poêle, le poisson peut être mis au four, cela permet d'utiliser encore moins de gras; il n'est pas nécessaire de le retourner à la mi-cuisson: le poisson cuit plus vite et plus également. Régler le four à 260 °C.

CONSERVATION   La conservation du poisson frais est plus facile avec le poisson de mer qu'avec le poisson d'eau douce. Les deux doivent cependant être réfrigérés le plus tôt possible. Enlever tout d'abord les viscères, puis essuyer le poisson avec un linge humide. Le poisson peut ensuite être laissé entier, coupé en filets, en morceaux ou en darnes. Il ne reste plus qu'à bien l'envelopper et à le placer au réfrigérateur, où il se gardera de 2 à 3 jours. Plus la température est basse, plus il se conservera longtemps. Au cours d'une excursion de pêche, déposer le poisson dans une glacière ou dans de la mousse à l'abri du soleil, le recouvrir d'un linge imbibé d'eau vinaigrée et le mettre au frais; toujours le manger le plus tôt possible. Le poisson fumé ou salé se conserve comme le poisson frais.

CONGÉLATION   Le poisson se congèle facilement; bien l'envelopper et le maintenir à une température constante, égale ou inférieure à -18 °C. Le poisson maigre supporte une plus longue congélation (6 mois) que le poisson gras (2 mois), car il rancit moins rapidement.

Il est préférable de congeler du poisson uniquement si on l'a pêché soi-même. Ne pas acheter du poisson frais pour le congeler car la congélation maison n'est pas aussi efficace que la congélation industrielle, du fait qu'elle est beaucoup moins rapide. Le poisson se congèle toujours vidé et le plus frais possible. Quatre méthodes sont possibles: en bloc de glace, avec glaçage, imbibé de citron ou dans un emballage imperméable; cette dernière est la moins durable, alors que celle au citron est très efficace.

En bloc de glace. Laver le poisson à l'eau salée [15 ml (1 cuillerée à soupe) par litre] puis le mettre dans un récipient et le recouvrir d'eau fraîche, en arrêtant au moins à 2 cm du bord. Couvrir et congeler.

Avec glaçage. Congeler d'abord le poisson dès qu'il est lavé; une fois congelé, le plonger dans de l'eau glacée et le remettre au congélateur en répétant cette opération plusieurs fois, jusqu'à ce que le poisson soit recouvert d'une couche de glace de 4 à 5 mm. Une fois cette épaisseur atteinte, emballer hermétiquement. Avec un poisson en darnes ou en filets, enlever la peau, rincer à l'eau froide puis mettre les tranches ou les filets dans un récipient en les séparant d'une feuille de papier d'aluminium ou de cellophane. Les recouvrir d'eau et les congeler comme précédemment.

Poisson imbibé de citron. Recouvrir un bol ou le fond d'une assiette de jus de citron, y déposer le poisson le temps que la chair s'humecte de jus, retourner le poisson, refaire l'opération puis bien emballer et congeler.

Poisson emballé hermétiquement. Laver le poisson puis l'envelopper soigneusement dans une feuille d'aluminium épaisse ou dans un emballage à congélation, en prenant soin de bien expulser l'air. Le congeler rapidement à basse température (-18 °C ou plus bas si possible).

POISSONS PLATS
Nom anglais: *flat-fish*

Les poissons plats (barbue, carrelet, fausse limande, flet, flétan, limande, plie, sole, turbot, etc.) font partie de la grande famille des Pleuronectidés, qui comprend environ 500 espèces. Ces poissons vivent dans la mer et ils aiment s'enfouir dans la vase ou le sable. Assez étrangement, ils naissent identiques aux autres poissons, puis à un moment de leur développement (variable selon les espèces), ils se couchent sur un côté, s'aplatissent, deviennent plus ou moins ovales et leur œil du côté couché va rejoindre celui du côté dégagé; ils demeurent ainsi le reste de leur vie. Ils se couchent différemment selon les espèces: à droite (turbot, fausse limande, souvent plie), à gauche (barbue, carrelet, flet, flétan, limande, plie, sole). Le côté où ils se couchent est toujours blanchâtre tandis que l'autre est coloré. Tout le contour de leur corps est recouvert de nageoires; selon les espèces, les nageoires dorsales peuvent contenir entre 60 et 115 rayons et les nageoires anales, de 35 à 63 rayons.

UTILISATION   La chair des poissons plats est blanche, maigre, délicate et la plupart du temps très savoureuse (sauf chez les limandes et le flet). Elle supporte tous les modes de préparation mais il est préférable de l'apprêter le plus simplement possible, afin de ne pas en cacher la finesse.

CONSERVATION   Voir poissons, p. 429.

POIVRE

Piper nigrum, **Pipéracées**
Nom anglais: *pepper*

Fruit du poivrier, plante grimpante originaire de la région indo-malaise. Le poivre est connu depuis des temps immémoriaux et il joua un rôle important tout au long de l'histoire. Il servit d'offrande aux dieux, d'impôt, de monnaie et de rançon; sa recherche incita les explorateurs à prendre la mer et amena à la découverte de continents. On se battit pour en conserver le monopole. Il permit de masquer la saveur des aliments manquant de fraîcheur, notamment la viande faisandée, condition fréquente avant l'apparition des réfrigérateurs et des congélateurs. Il rehaussa et rehausse toujours le goût des aliments.

Le poivrier pousse sous les climats tropicaux; il en existe plusieurs centaines d'espèces. Ses racines peuvent se fixer sur les arbres; sa tige ligneuse et lisse peut atteindre jusqu'à 8 m de hauteur. Ses feuilles ovales en forme de palmes sont vert foncé; ses petites fleurs blanches, regroupées en épis allongés, donnent naissance à des grappes de petits fruits globuleux qui passent du vert au rouge puis au brun en mûrissant. Une partie de ces fruits sont cueillis avant maturité puis mis à sécher; ils deviennent alors foncés et ridés et donnent le poivre noir. Pour obtenir du poivre blanc, on attendra que les fruits soient très mûrs avant de les ramasser et on les traitera à l'eau pour les débarrasser de leur carapace extérieure. Le poivre vert provient des fruits frais non mûris; ils sont vendus saumurés, vinaigrés ou séchés. Le poivre gris est du poivre noir à peine lavé et possédant encore sa carapace. Il est assez rare et toujours moulu. Il peut aussi consister en un mélange de poivre noir et de poivre blanc. Le poivre noir est le plus fort et le plus piquant de tous, le blanc est plus doux, le vert peu piquant et très fruité tandis que le gris est assez doux. Le poivre rose ou rouge provient d'une espèce différente *(Schinus terebinthifolius* ou *molle),* sous-arbrisseau de la famille de l'herbe à puce (Anarcadiacées); comme cette dernière, il semble qu'il pourrait causer de l'allergie. C'est une baie lyophilisée de saveur délicate et parfumée, qui s'altère rapidement.

VALEUR NUTRITIVE

Le poivre a plusieurs propriétés médicinales; on le dit tonique, stimulant et excitant. Il aide la digestion et active la salivation; à forte dose, il devient irritant et échauffant. C'est un bon agent de conservation des viandes.

ACHAT

Pour obtenir un maximum de saveur, il est préférable d'acheter le poivre en grains et de le moudre au fur et à mesure des besoins. Rechercher des grains lourds, compacts, peu friables et d'une coloration uniforme. L'achat du poivre moulu peut être problématique car le poivre peut contenir des impuretés, être moisi ou être falsifié, c'est-à-dire avoir été remplacé par du poivre de qualité inférieure ou mélangé avec un aromate moins dispendieux. L'acheter de préférence dans un endroit où le roulement est rapide pour obtenir un maximum de saveur. Le poivre moulu est aussi vendu assaisonné à l'oignon, à l'ail, au céleri, au citron, etc. Ces mélanges présentent les mêmes problèmes que ceux qui ont été décrits plus haut, en plus d'être coûteux.

UTILISATION

Le poivre est une des épices les plus employées dans le monde. On l'ajoute à presque tous les aliments: sauces, légumes, viandes, charcuteries, vinaigrettes et même certains desserts. Les grains entiers sont habituellement employés avec les marinades, soupes, pâtés, charcuteries et fromages. On emploie le poivre moulu en toute fin de cuisson pour éviter qu'il ne devienne amer. La saveur du poivre s'accentue dans les aliments congelés.

CONSERVATION

Le poivre entier se conserve indéfiniment; pulvérisé, il perd de la saveur dès qu'il est moulu.

POMME

Malus sylvestris, **Rosacées**

Nom anglais: *apple*

Fruit du pommier, un des plus anciens arbres fruitiers de la terre et un des plus répandus. Le pommier, originaire d'Asie du sud-ouest, croît sous les climats tempérés; certaines espèces peuvent même endurer un froid approchant -40 °C. Il atteint des hauteurs variables, surtout depuis la création d'hybrides nains. Il produit de très jolies grappes de fleurs roses ou blanches très odorantes et décoratives; un pommier en fleurs constitue un spectacle ravissant.

Il existe un nombre impressionnant de variétés de pommes; on en aurait recensé plus de 7 000. Tant de diversité se répercute sur la forme, la couleur, la saveur, la texture, la valeur nutritive, le moment de la récolte, l'utilisation et la conservation. Habituellement rondes, les pommes peuvent être globulaires, allongées ou légèrement aplaties. Leur couleur ne se limite pas au rouge et une pomme peut être jaune, verte, brun rougeâtre, jaune verdâtre, etc.; certaines variétés sont striées ou picotées. Les pommes sont plus ou moins fermes, croquantes, acidulées, juteuses, sucrées et parfumées. Certaines variétés sont dites d'été, d'autres, d'hiver. Les pommes d'été se conservent mal et doivent être consommées rapidement; les pommes d'hiver durent plus longtemps.

Le degré d'acidité des pommes, leur fermeté, leur teneur en cellulose, en pectine et en sucre ainsi que la rapidité avec laquelle elles s'oxydent déterminent l'utilisation que l'on en fait. Certaines variétés supportent très mal la cuisson (raison pour laquelle tant de tartes maison baignent dans un surplus d'eau); d'autres deviennent amères quand elles sont cuites au four. On recherche généralement pour croquer une pomme ferme, juteuse et savoureuse; pour les tartes, une pomme peu aqueuse et légèrement acidulée; pour cuire au four, une pomme sucrée qui se déforme peu; pour les gelées, une pomme à peine mûre, acidulée, riche en pectine et juteuse, pour la compote, une pomme qui reste d'une belle couleur (voir tableau). Les impératifs du marché font que relativement peu d'espèces sont commercialisées. Au Canada, particulièrement au Québec, la McIntosh représente 75 % de la production. Aux États-Unis, 13 variétés occupent 91 % de la production et de ce nombre 8 en accaparent 75 %: ce sont les Délicieuses rouges et jaunes, la McIntosh, la Rome Beauty, la Jonathan, la Winesap, la York et la Stayman. En France, la Délicieuse jaune prend 70 % du marché.

Le tableau qui suit indique les principales variétés de pommes et leurs caractéristiques:

Variété	Origine et description	Utilisation
Cortland	croisement avec la McIntosh, grosse, globuleuse, aplatie, rouge vif, rayée, chair très blanche et parfumée, ne brunit pas; plus de qualité que la Spartan	Tout usage, parfaite pour tartes, four, compotes
Délicieuse jaune	originaire des États-Unis, moyennement allongée, rétrécissant vers le bas, a 5 renflements caractéristiques, jaune, chair semi-ferme, juteuse, sucrée, fine, peu acide	à croquer, tartes
Délicieuse rouge	mêmes caractéristiques que la jaune sauf que la chair est plus croquante	à croquer
Empire	originaire des États-Unis, croisement entre la McIntosh et la	tout usage

Golden Russet	Délicieuse rouge, sensiblement même saveur que McIntosh, plus résistante aux meurtrissures, plus de conservation origine inconnue, moyenne ou petite, globuleuse, brun jaunâtre, rugueuse, marquée de roussissement, chair jaune, saveur capiteuse, unique; se conserve mal	à croquer
Granny Smith	originaire d'Australie, grosseur moyenne, verte, chair ferme, juteuse et acidulée	à croquer
Idared	grosse, rouge foncé tachée de vert-jaune, chair ferme, juteuse, parfumée, ne se déforme pas	tout usage, excellente au four
McIntosh	créée en 1796 à Dundelwa en Ontario par John McIntosh, chair ferme, juteuse, croquante	excellente à croquer, bonne pour le four, compote
Melba	grosseur moyenne, jaune verdâtre, juteuse et tendre, devient vite farineuse	à croquer, excellente en compote
Rome Beauty	grosse, ronde, rayée de rouge et tachée de petits points, brillante, chair ferme, juteuse, acidulée, aromatique	tout usage
Spartan	croisement d'une McIntosh et d'une Yellow Newton, plus croquante, colorée et sucrée que la McIntosh, moyenne à grosse, globuleuse, rouge foncé, tachetée de petits points blancs	tout usage

VALEUR NUTRITIVE

La pomme contient 84 % d'eau, 15 g d'hydrates de carbone, des protéines et des matières grasses à l'état de traces et 59 calories/100 g (cela équivaut à une petite pomme). Elle renferme des vitamines, des sels minéraux et des acides divers, dont de l'acide malique et de l'acide tannique; elle est riche en cellulose et en pectine. Une certaine partie des nutriments logent sous la peau, ce qui entraîne une perte de valeur nutritive lorsqu'on pèle la pomme. Frotter la pomme avant de la consommer.

Les propriétés médicinales de la pomme sont nombreuses, à tel point qu'un dicton populaire dit «une pomme par jour éloigne le médecin». La pomme est notamment diurétique, laxative, antidiarrhéique, revitalisante et décongestionnante; crue, elle nettoie les dents et masse les gencives. Les pommes sont souvent cueillies immatures cependant (sauf en saison) afin qu'elles résistent au transport et à la longue attente en entrepôt, ce qui affecte leur valeur nutritive et leur saveur.

ACHAT

L'achat d'une pomme fraîche est possible à l'année depuis que se sont généralisées les méthodes de conservation en entrepôts frigorifiés et en entrepôts à atmosphère contrôlée (AC). Dans les entrepôts frigorifiés, les pommes sont gardées à une température approchant 0 °C avec 85 à 90 % d'humidité. Ceci ne les empêche pas de continuer à mûrir: elles consomment de l'oxygène et produisent du bioxyde de carbone. Elles demeurent agréables à manger nature jusqu'en décembre ou janvier, après quoi elles perdent leur lustre, leur croquant et deviennent pâteuses. En atmosphère contrôlée, les pommes «hivernent»: on retire l'oxygène de l'air tout en augmentant le bioxyde de carbone; le mûrissement est alors au grand ralenti et les pommes peuvent se conserver jusqu'à 8 mois. Elles sont mises en marché après les pommes frigorifiées.

Rechercher des pommes fermes, bien colorées et exemptes de meurtrissures (les parties endommagées font pourrir la pomme et les autres autour). Un fruit immature ou trop mûr est terne; cet indice est souvent faussé cependant car la plupart des pommes sont «maquillées» et ne brillent que parce qu'elles ont été recouvertes de cire ou frottées. Vérifier le degré de maturité en donnant une chiquenaude près de la queue, un son sourd indique que la pomme est mûre tandis qu'un son creux signifie qu'elle devient blette. Il est préférable d'acheter les pommes dans un étalage réfrigéré, à moins de connaître le moment de leur cueillette, car elles mûrissent très vite à la température de la pièce.

Les pommes sont classées selon leur forme, leur grosseur et leurs qualités. Les pommes exemptes de défauts sont les plus chères; elles constituent un achat inutile lorsqu'on les destine à la cuisson. Les pommes moins parfaites sont surtout utilisées par l'industrie.

UTILISATION

L'utilisation de la pomme est presque infinie; on la mange nature, cuite, déshydratée et confite; on la transforme en compote, gelée, confiture, beurre, jus, vinaigre, eau-de-vie (calvados), cidre, beurre, etc. On la cuisine en desserts (tartes, gâteaux, muffins, crêpes, flans, strudels, puddings, etc.) et on s'en sert pour accompagner des aliments salés (viande, volaille, gibier, salades composées, andouillette, etc.).

Pour qu'une pomme cuite conserve sa forme, choisir une variété moins aqueuse, la cuire doucement et utiliser peu de liquide, uniquement pour l'empêcher de coller. Pour la cuisson au four, évider la pomme sans la transpercer complètement, en laissant un fond qui retiendra les ingrédients déposés dans son centre (raisins, noix de coco, noix, miel, tahini, etc.). Une compote peut très bien se passer de sucre; pour s'y habituer, diminuer progressivement la quantité de sucre ajouté. Utiliser de nouvelles variétés, les combiner, ajouter des fraises ou de la rhubarbe à une compote briseront la monotonie.

CONSERVATION   Les pommes se conservent au réfrigérateur dans le tiroir à fruits ou dans un sac perforé. Si elles ne sont pas assez mûres, les laisser à la température de la pièce; les surveiller cependant puisqu'elles mûrissent dix fois plus vite qu'au froid. La conservation à long terme s'effectue dans un endroit obscur, très frais (0 à 4 °C) et très humide (85 à 90 %). Asperger légèrement les pommes d'eau de temps en temps et les recouvrir d'une feuille trouée aident à retarder la déshydratation. Ne pas entasser les pommes car dès qu'elles sont meurtries, elles mûrissent rapidement et font mûrir et pourrir les fruits environnants; enlever les pommes trop mûres et celles qui sont endommagées.

La pomme se congèle très bien en purée, sucrée ou non sucrée. La congélation lui réussit moins bien si elle est crue (la peler, la parer, la trancher et l'arroser de jus de citron ou d'acide ascorbique, substances qui empêchent le brunissement).

POMME DE TERRE
Solanum tuberosum, **Solanacées**
Noms anglais: *potato, Irish potato*

Tubercule d'une plante originaire d'Amérique du Sud, plus particulièrement de la région andine. La pomme de terre est un aliment de base des sociétés andines depuis les temps anciens. Les Espagnols la découvrirent lorsqu'ils conquirent l'Amérique; ils l'introduisirent en Europe où on la considéra d'abord avec méfiance, croyant notamment qu'elle transmettait la lèpre. Sa culture se répandit graduellement mais ne s'imposa réellement qu'après les famines qui frappèrent durement la France en 1769 et l'Allemagne en 1771. De nos jours, les plus grands pays producteurs sont l'URSS, la Pologne, l'Allemagne et les États-Unis.

Le Français Antoine Auguste Parmentier (1737-1813) vit son nom associé à ce légume car il contribua à le faire accepter de ses compatriotes. Il gagna notamment un concours institué par le gouvernement français pour trouver un aliment qui pouvait remplacer le pain, devenu une denrée rare, en créant un plat de pommes de terre qui porte encore son nom aujourd'hui. Louis XV baptisa ce légume «pomme de terre» pour en rehausser l'image. En Irlande, la pomme de terre vint à occuper une place importante dans l'alimentation du peuple; une maladie décima les récoltes en 1845 et causa une terrible famine qui dura quelques années. Des milliers d'Irlandais moururent, d'autres émigrèrent vers l'Amérique du Nord et firent retraverser l'océan à la pomme de terre.

La pomme de terre pousse sur une plante vivace cultivée en annuelle, qui comporte une partie aérienne contituée de tiges atteignant parfois 1 m de haut et ornées de feuilles oblongues. Seuls les tubercules, parties renflées enfouies sous la terre, sont comestibles. Leur chair blanchâtre ou jaunâtre est recouverte d'une peau de couleur rougeâtre, brunâtre, jaunâtre ou bleu violacé. Plus ou moins ronds, allongés et lisses, ils sont ornés de petits «yeux» d'où sortiront éventuellement les bourgeons. On récolte les pommes de terre après la floraison, lorsque les plants jaunissent; elles s'endommagent facilement car elles sont fragiles. Il existe plusieurs centaines de variétés de pommes de terre, ce qui se répercute non seulement sur la forme, la couleur et la grosseur mais également sur la saveur et le contenu en amidon.

VALEUR NUTRITIVE

La pomme de terre a souvent mauvaise réputation car on la considère comme calorifique ou comme un aliment de pauvre; on oublie qu'elle peut entrer dans la préparation de mets élaborés et savoureux et que si elle est nature, son contenu en calories est moyen (80 calories/100 g); c'est 2 fois plus que les légumes verts mais pas plus qu'une tranche de pain. C'est lorsqu'on la cache sous une avalanche de crème sure, qu'on la pile avec du beurre et de la crème ou qu'on la frit qu'elle est riche en calories. Voici un tableau qui permet de constater à quel point la valeur nutritive (par 100 g) des pommes de terre varie selon le mode de cuisson et la préparation:

	Protéines	Hydrates de carbone	Gras	Calories
pomme de terre crue	2 g	17 g	traces	76
cuite au four	3 g	21 g	traces	90
bouillie et pelée	2 g	16 g	traces	77
en purée avec lait	2 g	12 g	traces	64
en purée avec lait et beurre	2 g	12 g	4 g	94
frite	3 g	35 g	8 g	271
en croustilles	5 g	50 g	40 g	575
rissolées	3 g	30 g	12 g	229

adapté du *Panier à provision*

La pomme de terre est un aliment nourrissant. Ses hydrates de carbone sont composés à près de 20 % d'amidon, qui se transforme en sucre sous l'effet de la chaleur et de la cuisson. Elle est une bonne source de potassium, de vitamines du complexe B et de vitamine C. Plus sa chair est jaune, plus la concentration en vitamine C est élevée. Cette vitamine est plus concentrée en périphérie qu'au centre; elle disparaît graduellement avec le temps; ainsi, après 3 mois d'entreposage, il n'en reste plus que la moitié et après 6 mois, seulement un tiers.

La pomme de terre aurait plusieurs vertus médicinales; on la dit notamment antispasmodique, antiscorbutique et reminéralisante. Elle serait utile contre l'insomnie, la névralgie et les ulcères. Crue et tranchée ou en fécule, elle sert pour soigner les inflammations, les coups de soleil, les brûlures et les gerçures. Son jus cru peut être utilisé comme cicatrisant des muqueuses, calmant, diurétique et antiacide. La pomme de terre se digère facilement, surtout lorsqu'elle est apprêtée simplement; elle se donne sans crainte aux malades ou aux bébés. Il semble que les personnes souffrant d'arthrite voient leur état soulagé si elles cessent leur consommation de pommes de terre et des autres légumes de la famille des Solanacées, tels l'aubergine, le poivron et la tomate.

L'exposition de la pomme de terre au soleil et à la lumière a pour effet de susciter l'apparition de la chlorophylle. L'action de la lumière provoque aussi la formation d'un glycoalcaloïde toxique, la solanine. À petite dose, cette substance peut causer des crampes d'estomac, des maux de tête ou de la diarrhée; à forte dose, elle peut affecter le système nerveux. La chlorophylle n'est pas toxique, mais comme elle est associée à la solanine que la cuisson ne détruit pas, il faut enlever toute trace de vert sur la pomme de terre. Il est aussi nécessaire d'ôter les germes et les «yeux» car les alcaloïdes s'y accumulent. Pour vérifier si une pomme de terre verdie est encore comestible, y goûter: si elle est amère et brûle la langue, elle est toxique; si elle est verte à plus de 50 %, elle n'est plus comestible.

ACHAT   Rechercher des pommes de terre fermes, intactes, exemptes de germes et de parties vertes. Éviter les emballages de plastique, ils ne protègent pas de la lumière solaire, ils empêchent les pommes de terre de respirer et ils accélèrent le pourrissement. Les sacs de papier opaques n'ont pas ces défauts mais ils ne permettent pas de voir l'état des pommes de terre et il est toujours risqué de les acheter sans vérifier leur qualité; il devrait toujours y avoir un sac d'ouvert à l'étalage. Il se vend des pommes de terre pré-lavées; elles ont perdu leur couche protectrice et deviennent vulnérables aux bactéries, alors leur conservation est plus difficile. Elles coûtent plus cher, ce qui représente souvent une dépense inutile car on les relave presque toujours.

PRÉPARATION   Faut-il laisser ou enlever la peau de la pomme de terre? Il n'est pas simple de répondre à cette question, car cela dépend notamment s'il s'agit de pommes de terre cultivées biologiquement ou non (voir légumes, p. 293), de la présentation choisie (par exemple il n'y a pas d'hésitation si on cuisine des pommes de terre pilées), de la saison (la pomme de terre nouvelle n'a pas besoin d'être pelée, la cuire telle quelle ou la gratter), et si on désire préserver le plus possible la saveur et la valeur nutritive (qui seront plus grandes si la peau est présente). Bien la brosser si elle cuit avec sa peau.

Pelée ou sectionnée, la pomme de terre noircit si on ne l'utilise pas immédiatement; pour y remédier, la mettre dans de l'eau légèrement salée ou l'arroser avec un peu de jus de citron ou de vinaigre. Ce bref trempage permet aussi de prévenir l'effritement de la pomme de terre si on n'utilise pas l'eau de trempage pour la cuisson. Éviter par contre les trempages prolongés qui font perdre des éléments nutritifs. Si on doit absolument couper à l'avance la pomme de terre, la réfrigérer un moment avant de la préparer puis la conserver au réfrigérateur dans un sac de plastique.

CUISSON   La variation dans la teneur en amidon fait que toutes les pommes de terre ne réagissent pas de la même manière à la cuisson. Ainsi, une pomme de terre riche en amidon a une chair farineuse qui s'effrite lors de la cuisson à l'eau, l'amidon se gorgeant d'eau; la friture, la cuisson au four et les purées lui conviennent mieux. La pomme de terre pauvre en amidon se prête bien à la cuisson à l'eau car elle reste ferme et cireuse et elle est plus sucrée; elle est idéale pour les salades mais moins pour la friture car son sucre se cristallise au contact de l'huile chaude, avec pour conséquences que la pomme de terre raidit avant de cuire tout en brunissant trop rapidement. La pomme de terre nouvelle n'est pas une variété spéciale, elle n'est qu'immature; elle se distingue par le fait qu'elle est sucrée car l'amidon n'a pas encore eu le temps de se développer; la friture lui réussit mal tandis que la cuisson à l'eau donne de meilleurs résultats si la casserole est découverte et que l'ébullition est rapide. Pour déterminer le contenu en amidon, plonger la pomme de terre dans un litre d'eau froide salée [112 ml de sel (125 g)] car si elle est riche en amidon elle flottera, si elle est pauvre en amidon elle coulera, et si elle contient autant de sucre que d'amidon elle se tiendra entre deux eaux.

Les consommateurs sont rarement en mesure d'identifier les caractéristiques particulières des pommes de terre sur le marché car les emballages sont muets à ce sujet. Les pommes de terre sont surtout des variétés tout usage; en Amérique du Nord, les variétés les plus courantes se réduisent à une vingtaine, divisées en deux grandes catégories, les pommes de terres allongées et les rondes. Grosso modo on peut se faire une idée de la texture de la pomme de terre d'après sa forme; l'allongée est ferme alors que la ronde est farineuse. Lorsque l'on veut une pomme de terre ferme et sucrée, l'entreposer quelque temps au froid (au-dessous de 7 °C) tandis que pour la rendre farineuse et amidonnée, la laisser à la température ambiante (21 °C).

La pomme de terre supporte divers modes de cuisson; elle peut être cuite à l'eau, à la vapeur ou au four, être frite, rissolée, mise en purée, etc.

Cuisson à l'eau ou **à la vapeur**. L'idéal est de cuire dans le moins d'eau possible et de ne pas jeter l'eau de cuisson (l'utiliser dans les soupes et les sauces). Couvrir la casserole et veiller à ce que les pommes de terre ne collent pas. Il arrive parfois que les pommes de terre noircissent, oxydation due à leur plus grande concentration en fer; l'addition de jus de citron à l'eau de cuisson prévient l'oxydation. Entières, les pommes de terre cuisent entre 30 et 40 minutes à l'eau (30 à 45 minutes à la vapeur) tandis que sectionnées, elles nécessitent de 15 à 25 minutes (15 à 30 minutes à la vapeur).

Cuisson au four. Toujours piquer préalablement les pommes de terre à quelques endroits à l'aide d'une fourchette pour permettre à la vapeur de s'échapper sinon elles risquent d'éclater, occasionnant un dégât indescriptible. Il n'est pas nécessaire d'envelopper les pommes de terre dans du papier d'aluminium; non enveloppées, elles sont cependant plus sèches. Les pommes de terre enveloppées nécessitent plus de cuisson pour compenser la chaleur perdue par la réflexion sur le papier d'aluminium; leur peau reste tendre et leur chair est humide car la cuisson s'effectue aussi par la chaleur qui reste emprisonnée dans le papier.

Le temps de cuisson dépend de la température du four et de la taille des pommes de terre. Pour une pomme de terre de taille moyenne, compter de 40 à 50 minutes dans un four à 220 °C; le temps double presque si la température est réduite à 160 °C; ceci n'est pas forcément un inconvénient car on peut facilement cuire les pommes de terre en même temps que la viande, c'est même très pratique et cela réduit le travail au minimum.

Friture. Les pommes de terre contenant le moins d'humidité possible sont les meilleures. On peut les cuire sans les peler. Les couper en lanières plus ou moins fines mais ne pas dépasser 1 cm d'épaisseur car les pommes de terre seront très grasses; les tailler d'égale grosseur pour une cuisson uniforme. Les rincer pour enlever l'amidon en surface, cela les conservera blanches, les empêchera de coller et les rendra croustillantes. Veiller à ne pas imbiber les pommes de terre d'eau, ce qui les rendrait huileuses et détrempées. Bien les assécher pour éviter les éclaboussures dangereuses lorsqu'on les plonge dans l'huile bouillante. On peut aussi seulement éponger les pommes de terre.

Le bain de friture devrait être constitué d'un corps gras pouvant supporter une chaleur élevée sans brûler (voir huile, p. 255). Le niveau d'huile devrait atteindre 20 cm afin que chaque pomme de terre puisse flotter librement et ne pas rester collée aux autres. Chauffer préalablement le bain de friture, utiliser si possible un thermomètre afin de connaître le moment exact où il faut plonger les pommes de terre et de ne pas dépasser le point de fumée, qui rend l'huile nocive; l'huile qui grésille quand on ajoute les pommes de terre est assez chaude. Ne plonger qu'une petite quantité de pommes de terre à la fois afin de ne pas trop refroidir le bain de friture, hausser le feu pour compenser la baisse de température, mais surveiller la cuisson pour être en mesure de baisser le feu lorsque la chaleur est revenue au point maximal. Deux méthodes de cuisson sont possibles, en une fois ou en deux fois; cette deuxième pratique présenterait l'avantage de rendre les frites plus croustillantes. Les cuire une première fois de 7 à 10 minutes (150 à 160 °C), les retirer avant qu'elles ne dorent, les égoutter, puis les remettre 2 ou 3 minutes dans l'huile plus chaude (170 à 180 °C) afin de les dorer.

Le bain de friture doit être en bon état sinon il devient nocif; le filtrer avant de le ranger au réfrigérateur ou dans un endroit frais car les restes de pomme de terre accélèrent sa dégradation. Le jeter s'il est très foncé, s'il sent le rance, s'il fume avant d'atteindre 150 °C ou s'il écume. Il est préférable de ne pas ajouter d'huile fraîche lorsque le niveau est trop bas car l'huile nouvelle se dénature très vite au contact de l'huile oxydée.

On peut frire les pommes de terre au four; elles sont alors moins grasses. Les enrober d'huile [environ 30 ml (2 cuillerées à soupe) pour 3 ou 4 pommes de terre moyennes], les cuire à 230 °C environ 8 minutes puis baisser la chaleur à 190 °C et cuire jusqu'à tendreté ou encore les griller de 15 à 20 minutes à 8 cm de la source de chaleur en les brassant de temps en temps.

Les frites congelées peuvent être cuites en grande friture ou au four; la cuisson au four les laisse souvent molles, graisseuses, pas assez cuites et insipides. Les frites congelées sont rarement aussi bonnes au goût que les frites maison; de plus elles contiennent souvent des additifs, tels des sulphates, de l'arôme artificiel, du BHA et du glutamate monosodique. Vérifier la liste des ingrédients sur l'étiquette lorsqu'on désire éviter l'ingestion d'additifs.

Les croustilles (chips) sont aussi des pommes de terre frites, mais elles sont coupées en tranches très minces; elles ont trempé dans de l'eau pour perdre de l'amidon qui les empêche d'être croustillantes.

Purée. Pommes de terre pilées après cuisson. Pour obtenir une purée onctueuse, le temps de battage et la quantité de lait ou de crème ajoutés sont importants; plus il y a de lait ou de crème et plus on bat les pommes de terre, plus la purée est légère.

UTILISATION La pomme de terre doit être consommée cuite car lorsqu'elle est crue son amidon n'est pas digestible. C'est beaucoup plus qu'un légume d'accompagnement; on la met dans les potages, les salades, les omelettes, les ragoûts, etc. C'est un ingrédient de base des croquettes, quenelles et gnocchis. Elle s'apprête en plats raffinés comme le gratin dauphinois, les pommes duchesse et les soufflés. Elle peut se substituer au plantain et à l'igname dans beaucoup de recettes. C'est l'ingrédient de base de la vodka; on en tire de l'amidon et de la farine qui entrent dans la préparation de pâtisseries, de charcuteries, de puddings et qui servent pour lier et épaissir. On la congèle, on la déshydrate et on en fait des conserves.

CONSERVATION   Après la cueillette, les pommes de terre restent dans une période de repos qui dure de 4 à 15 semaines, selon les variétés. Elles entrent ensuite dans une période dormante, puis elles commencent à germer. Les conditions d'entreposage vont déterminer la durée de conservation; dans des conditions appropriées, on peut entreposer les pommes de terre jusqu'à environ 9 mois. Mettre les pommes de terre dans une pièce aérée, sombre et relativement humide où la température oscille entre 7 et 10 °C. Plus la température est élevée, moins elles se gardent longtemps. La pratique qui consiste à les conserver à la température ambiante en les plaçant sous l'armoire n'est pas adaptée car elle favorise la germination et la déshydratation.

Éviter les sacs de plastique qui favorisent le moisissement; s'il faut employer à tout prix de tels sacs, les perforer. Le réfrigérateur convient aux pommes de terre nouvelles ou très vieilles; les placer loin des aliments à forte saveur tels les oignons. Les pommes de terre nouvelles se conservent peu de temps tout comme les pommes de terre cuites, qui acquièrent un goût désagréable, surtout si elles sont bouillies ou en purée.

PORC

Sus, **Suidés**

Nom anglais: *pork*

Mammifère dont la domestication remonte à environ 9 000 ans et qui a comme ancêtre le sanglier. Le mâle se nomme «verrat», la femelle, «truie», et le jeune «cochonnet», «goret», «porcelet» ou «pourceau» – ce dernier terme n'est guère employé de nos jours. Un animal de 3 à 4 semaines est nommé «cochon de lait». Le mot «porc» est utilisé tant pour désigner la bête vivante que la viande. Le porc occupe depuis toujours une place importante dans l'alimentation humaine. Aujourd'hui aussi bien qu'hier dans certaines parties du globe, «tuer le cochon» constitue une fête rituelle qui permet de rassembler parents et amis.

Le porc est prolifique et plus facile à élever que les autres bêtes de boucherie, car il est plus paisible et se nourrit d'à peu près n'importe quoi, dont des déchets. Il a longtemps partagé le même espace que ses éleveurs, occupant l'étage inférieur des maisons ou se promenant près des habitations; ces conditions d'élevage existent encore dans certaines parties du monde. Sa valeur provient non seulement du fait qu'il fournit de la viande, mais parce que toutes ses parties sont utilisées, oreilles, soies, pattes, entrailles, etc., et qu'on en tire un nombre impressionnant de produits (saindoux, andouille, bacon, boudin, jambon, rillettes, etc.).

Le porc est souvent perçu comme un éboueur à cause de sa façon de s'alimenter. Les religions juive et musulmane en interdisent la consommation; le porc fut longtemps prohibé parce qu'il rendait fréquemment les gens malades (gastro-entérite, fièvre, vomissements, douleurs musculaires, œdème des paupières, maux de tête, etc.). On ignorait en ce temps-là que la cause de cette maladie (la trichinose) est que le porc est très souvent porteur de vers *(trichinella spiralis)* non visibles à l'œil nu, vers qu'une cuisson en profondeur détruit. L'irradiation du porc permet aussi de détruire ce parasite; son utilisation est problématique cependant car le gras du porc est très sensible à la radiation: il devient lui-même émetteur de rayons gamma pendant 24 heures, ce qui cause un grave problème de production de radicaux libres.

Il existe diverses races de porc, dont l'asiatique, la celtique et la napolitaine, qui ont donné lieu à de nombreux croisements. Les méthodes d'élevage actuelles diffèrent énormément des méthodes anciennes. Même l'anatomie des bêtes a changé; les porcs bas sur pattes et presque sphériques à cause de leur obésité ont presque disparu. La demande pour de la viande moins grasse a suscité le développement de races plus hautes sur pattes et moins grasses. Les méthodes modernes d'élevage n'ont pas que de bons côtés cependant; les porcs vivent confinés dans des endroits restreints et ils deviennent très vulnérables aux maladies. On leur administre des médicaments pour éviter les pertes monétaires dues à une très grande mortalité. Or une partie des médicaments n'est pas éliminée et reste dans la chair sous forme de résidus (voir viande, p. 556). Le stress causé par les conditions de vie affecte parfois la qualité de la viande; il arrive qu'elle exsude, ce qui amène les bouchers à dire qu'elle «pisse».

La découpe de la carcasse du porc est probablement celle où l'on note le plus de différences entre l'Amérique du Nord et l'Europe. Les Européens ont une plus longue tradition qui fut établie avant que le désir de rentabilisation ne prédomine, tandis qu'en Amérique du Nord, on a développé des coupes faciles à effectuer à un rythme accéléré, imposé par la cadence d'une chaîne de production.

La viande fraîche la plus tendre provient de la longe, dont on tire des filets, des rôtis et des côtelettes. L'épaule est moins tendre, on la consomme fraîche ou fumée; le jambon «picnic» est tiré de l'épaule, certaines côtelettes aussi. Le jambon provient principalement de la cuisse, parfois de l'échine. Le lard gras (bardes et lardons), constitué de graisse dorsale située entre la chair et la couenne, provient de l'épaule. Le lard maigre entremêlé de tissu maigre est pris dans la poitrine. Le saindoux est de la graisse de porc fondue.

VALEUR NUTRITIVE

Le porc est une bonne source de fer et il se distingue par son contenu en vitamines du complexe B, plus élevé que dans les autres viandes; il renferme notamment jusqu'à 5 fois plus de niacine. La digestibilité de la viande de porc est affectée par la teneur en matières grasses; ainsi, une viande maigre est plus facile à digérer qu'une viande grasse. La valeur nutritive varie en fonction des coupes et selon que l'on inclut ou non le gras visible. Voici un tableau qui indique la valeur nutritive de quelques coupes les plus populaires:

VALEUR NUTRITIVE PAR PORTION DE 100 G

Morceau	calories	protéines	matières grasses	cholestérol
	(Kcal)	(g)	(g)	(mg)
Rôti de soc				
– maigre	238	28,0	13,1	74
– maigre et gras	294	25,6	20,5	74
Rôti de longe (bout du filet)				
– maigre	227	30,5	10,7	75
– maigre et gras	278	28,1	17,5	75
Rôti de jambon frais (croupe)				
– maigre	203	31,3	7,7	72
– maigre et gras	264	28,3	15,9	72
Côtelettes de longe (bout des côtes)				
– maigre	260	28,6	15,3	71
– maigre et gras	323	25,7	23,6	71
Rôti du milieu de longe				
– maigre	226	28,4	11,7	62
– maigre et gras	291	25,7	20,1	63
Rôti d'épaule picnic				
– maigre	204	29,1	8,9	68
– maigre et gras	282	25,4	19,2	68
Côtes levées de flanc				
– maigre	281	28,4	17,7	78
– maigre et gras	336	25,4	25,2	78

Source: Agriculture Canada, 1987

CUISSON

Le porc est relativement insipide, aussi gagne-t-il à être assaisonné avant cuisson ou à être mariné, d'autant plus si le gras est enlevé car il confère de la saveur et il attendrit la chair. Il n'a pas besoin de maturation avant d'être cuisiné. La cuisson est l'unique moyen de tuer les parasites (mise à part l'irradiation); ils meurent quand la température interne atteint 59 °C, mais pour plus de sûreté on cuit jusqu'à 80 °C. La cuisson devrait s'effectuer à feu doux afin que la viande puisse cuire en profondeur sans se dessécher ni carboniser. Ne jamais manger de porc saignant (sauf s'il est irradié) et se méfier du four à micro-ondes qui peut cuire inégalement, laissant des parties infectées; les directives des manufacturiers de four à micro-ondes induisent souvent en erreur, indiquant un temps de cuisson insuffisant pour détruire les trichines.

Le rissolage rapide ne convient pas au porc, sauf s'il est coupé en tranches très minces, car ce mode de cuisson ne détruit pas les parasites; on peut rissoler des morceaux épais, mais il faut saisir la viande puis baisser le feu pour cuire en profondeur. La cuisson peut nécessiter jusqu'à 30 minutes selon l'épaisseur. Couvrir le poêlon si désiré pour éviter l'évaporation du jus qui s'écoule et pour garder la viande moelleuse.

Huiler la viande ou la barder seulement pour la cuisson au gril qui l'assèche, sinon la dégraisser le plus possible et utiliser très peu de matière grasse, car le gras du porc fond sous l'effet de la chaleur et empêche la viande de coller. Une température élevée permet d'éliminer plus de gras qu'une basse température; veiller cependant à ce que la viande puisse atteindre 80 °C sans être calcinée.

CONSERVATION

Le porc se conserve au régrigérateur ou au congélateur. Toutes les parties du porc ne supportent pas d'égale façon la congélation cependant; plus elles contiennent de gras, moins elles se congèlent longtemps car le gras rancit. Les côtelettes et les rôtis se conservent de 8 à 10 mois, la saucisse, de 2 à 3 mois, le bacon, de 1 à 2 mois et la charcuterie non enrobée de gélatine, 1 mois. Il est préférable de dégeler le porc avant de le cuire afin de détruire les éventuels parasites, sinon doubler le temps de cuisson.

POUDRE À PÂTE
Nom anglais: *baking powder*

Poudre alcaline levante. La poudre à pâte est constituée de plusieurs ingrédients qui réagissent au contact d'un liquide et de la chaleur, formant du gaz carbonique qui fait lever la pâte. La formule de sa composition n'est pas fixe; on trouve notamment sur le marché:

    — de la poudre à pâte faite de phosphate de calcium, de bicarbonate de soude et de fécule de maïs;

– de la poudre à pâte composée d'amidon, de phosphate monocalcique et de bicarbonate de sodium;
– de la poudre à pâte contenant bicarbonate de sodium, sulfate de calcium, phosphate monocalcique, silicate de calcium, fécule de maïs et sulfate d'aluminium et de sodium.

Il pourrait être souhaitable d'éviter la poudre à pâte contenant du sulfate d'aluminium car on soupçonne cette substance de s'accumuler dans le corps humain, notamment dans le cerveau, les os et les glandes parathyroïdes.

Selon les ingrédients présents, la poudre à pâte est dite à action rapide, à action lente ou à double action.

La poudre à pâte à action rapide contient de la crème de tartre ou de l'acide tartrique; elle agit dès qu'elle vient en contact avec un liquide et près de 90 % de son action s'effectue en quelques minutes; il est donc nécessaire de travailler la pâte rapidement et de la cuire sans délai pour qu'elle conserve le gaz produit et soit bien levée. Cette poudre à pâte est presque disparue du marché, remplacée par des produits plus stables.

La poudre à pâte à action lente est à base de phosphate. Le phosphate vient sous forme de minuscules particules recouvertes d'une substance insoluble qui retarde son action; la production maximale de gaz est produite dans le four.

La poudre à pâte à double action contient 2 acides qui agissent à des moments différents, un agissant surtout à la température de la pièce (sulfate d'aluminium et de sodium par exemple), l'autre dans le four (phosphate monocalcique), ce qui donne un produit plus léger car il est mieux levé.

On peut fabriquer sa poudre à pâte en combinant:

2 parties de crème de tartre
1 partie de bicarbonate de soude
2 parties de fécule de maïs ou d'arrow-root

UTILISATION On utilise la poudre à pâte notamment dans les gâteaux, muffins, crêpes, gaufres et biscuits. Elle est plus efficace à la chaleur que le bicarbonate de soude car elle lève à une température plus basse et elle ne laisse pas d'arrière-goût, sauf si on en met trop; on calcule habituellement 7 ml (1 cuillerée à café et demie) par 240 ml (250 g) de farine.

CONSERVATION La poudre à pâte se conserve à la température de la pièce, à l'abri des insectes.

POULAMON ou POISSON DES CHENAUX

Microgadus tomcod, **Gadidé**s

Noms anglais: *tomcod, Atlantic tomcod, frostfish*

Poisson proche parent de la morue. Le poulamon fréquente les deux côtes de l'Amérique du Nord et fraye l'hiver dans les fleuves; il aime les eaux salées ou saumâtres. C'est un habitué du fleuve Saint-Laurent; au Québec on le connaît mieux sous le nom de «poisson des chenaux». Facilement identifiable par ses longues nageoires ventrales filamenteuses et sa queue ronde, il a un corps cylindrique vers l'avant et qui se comprime latéralement dans sa portion arrière. Comme la morue, il possède trois nageoires dorsales et deux ventrales. Très petit, il mesure en général entre 20 et 30 cm de long, et excède rarement 35 cm.

VALEUR NUTRITIVE   La chair blanche et maigre est très recherchée. Crue, elle contient 17 g de protéines, 0,4 g de matières grasses et 77 calories/100 g.

UTILISATION   Ce poisson est souvent frit à cause de sa petitesse.

CONSERVATION   Voir poissons, p. 429.

POULE

Gallus gallus, **Gallinacés**

Nom anglais: *hen*

Nom donné à la femelle du coq et qui désigne également la femelle de divers autres gallinacés; dans ce cas, il est alors suivi d'un autre terme (poule faisane, poule des bois, poule d'eau, etc.).

La poule est élevée pour la ponte et n'est tuée qu'à la fin de sa vie, quand elle ne produit plus, habituellement entre 18 et 24 mois. Elle est à son meilleur lorsqu'elle pèse moins de 2 kg.

VALEUR NUTRITIVE   La chair et la peau de la poule bouillie contiennent 27 g de protéines (la chair seule 30 g), 19 g de matières grasses (la chair seule 12 g) et 285 calories/100 g (la chair seule 237 calories). La poule est riche en niacine et en phosphore.

UTILISATION   La chair de la poule, toujours ferme et un peu grasse, nécessite une cuisson lente et prolongée, à chaleur humide. Elle permet l'obtention d'excellentes soupes. On peut la rôtir après l'avoir braisée environ 1 heure dans très peu de liquide.

CONSERVATION   Voir volaille, p. 573.

POULET

Gallus gallus, **Gallinacés**
Nom anglais: *chicken*

Petit de la poule, volatile domestiqué en Asie du Sud-Est il y a plus de 4 500 ans. Le poulet est facile à élever et peu exigeant quant à la nourriture, car il peut s'alimenter avec des déchets de table et en grattant le sol; il est consommé presque universellement. Cette consommation a connu des fluctuations tout au long de l'histoire; à certaines époques, le poulet fut considéré comme un mets de luxe figurant aux menus des festivités et des repas dominicaux, tandis qu'à d'autres périodes il tombait dans l'oubli. Jamais cependant le poulet n'a été aussi populaire que depuis la Seconde Guerre mondiale. Le développement d'une industrie florissante, qui accélère la croissance des volailles et qui en produit massivement, a permis de l'offrir à des prix abordables pour la plupart des gens. L'intérêt pour le poulet s'est aussi accru lorsqu'on l'a présenté comme une alternative à la viande rouge. Les méthodes modernes d'élevage n'ont cependant pas que des aspects positifs, plusieurs ont des conséquences déplorables sur la santé (voir volaille, p. 573).

Le poussin est rarement consommé avant 6 semaines car il manque de chair et de saveur. Entre 6 et 8 semaines, on le nomme «broiler» en jargon du métier, c'est le «poulet à rôtir»; âgé de 9 à 12 semaines, c'est le «poulet à griller». Le «poulet de Cornouailles» (croisement de la femelle Cornish et du poulet anglais) est une espèce naine, habituellement tuée quand elle pèse environ 500 g.

Certains poulets sont dits «de grain» («fermiers» ou «de marque» en Europe) pour les différencier des poulets industriels. Idéalement, ces poulets sont élevés d'après les méthodes ancestrales, en liberté et sans recevoir de médicaments, mais ce n'est pas toujours le cas. Il arrive souvent qu'ils ne soient nourris au grain qu'à la fin de leur vie, habituellement les 2 dernières semaines, ou qu'ils ne le soient pas du tout.

Le poulet de grain peut être plus jaune que le poulet «industriel», couleur qui lui vient de son alimentation et des méthodes d'abattage. Ce poulet ne reste qu'une vingtaine de secondes dans une eau chaude (entre 65 et 71 °C) avant d'être plumé, tandis que le poulet industriel séjourne 2 minutes dans de l'eau plus froide (entre 49 et 57 °C); la chaleur accentue quelque peu le jaunissement. Il faut plus de temps au poulet nourri exclusivement au grain pour atteindre le même poids à la fin de sa vie que le poulet industriel. Il coûte plus cher mais la différence de prix n'est pas toujours aussi élevée qu'elle le paraît, car ce poulet est moins gras (du moins le véritable poulet de grain) et il absorbe moins d'eau lors du plumage, donc la perte à l'achat et à la cuisson est moindre. À l'achat, si le poulet perd de l'eau, c'est qu'il n'a pas été nourri au grain.

VALEUR NUTRITIVE
La chair crue contient 21g de protéines, 3 g de matières grasses et 119 calories/100 g; si on inclut la peau on obtient 19 g de protéines, 15 g de matières grasses et 215 calories/100 g. Lorsqu'elle est rôtie, elle renferme 29 g de protéines, 7 g de matières grasses et 190 calories/100 g; en incluant la peau on obtient 27 g de protéines, 14 g de matières grasses et 239 calories/100 g. Le contenu en matières grasses et par le fait même en calories est très variable puisqu'il dépend de divers facteurs, notamment des méthodes d'élevage, de l'âge du poulet et du mode de cuisson. Un poulet jeune est moins gras qu'un vieux; dégraissé et cuit sans corps gras, le poulet est plus maigre que le bœuf et le porc. La chair du poulet contient à peu près la même proportion d'acides gras saturés et de cholestérol que le maigre des animaux de boucherie. Le poulet est riche en niacine (plus même que le porc), en acide pantothénique, en riboflavine et en phosphore.

ACHAT
Le poulet ne constitue pas un achat aussi avantageux qu'il paraît à première vue, car la perte est importante; elle provient de la cuisson (29 % du poids à l'achat), des os (14 %), de la peau (7,6 %) et du jus qui s'écoule (3,7 %). La chair comestible disponible après cuisson varie selon les parties; la poitrine fournit en chair comestible environ 45 % du poids à l'achat, la cuisse 41 %, le haut de cuisse 43 % et le pilon (partie inférieure de la cuisse) 39 %.

Calculer qu'un poulet de 1,4 kg donne environ 6 portions de 50 g. Pour obtenir 1 portion de 90 g, prévoir 195 g de poitrine, 210 g de haut de cuisse, 220 g de cuisson et 230 g de pilons.

UTILISATION
Le poulet peut être mangé aussi bien chaud que froid, il supporte tous les modes de cuisson et il peut être accompagné d'une multitude d'ingrédients et d'assaisonnements. Le poulet est délicieux rôti, grillé ou sauté. Plus il est gros, moins la cuisson sèche lui convient; il est alors préférable de le cuire lentement à la chaleur humide. Le laisser mariner quelques heures ou le farcir le rendent plus savoureux.

CONSERVATION
Voir volaille, p. 573.

POULPE

Octopus spp, **Loliginidés**
Autre espèce: *pieuvre*
Nom anglais: *octopus*

Mollusque dépourvu de coquille. Le poulpe fait partie d'une famille qui comprend notamment le calmar et la pieuvre. C'est le plus laid de la famille avec son immense nez qui fait penser à un bec de perroquet; c'est aussi le plus gros, car il peut atteindre 3 m de long. Son corps n'est pas allongé comme celui du calmar, il ressemble plutôt à une étoile de mer munie d'un gros dos, surmontée d'une tête et d'un énorme nez. Il n'a que huit tentacules munies de ventouses et il prend des teintes allant du gris au noir.

La chair est ferme et savoureuse, surtout lorsque le poulpe est petit. Elle est plus indigeste et plus coriace quand il est gros, de sorte qu'il faut la battre avec un bâton avant de la cuire. Il semble qu'un bouchon de liège ajouté au poulpe lors de la cuisson l'attendrirait suffisamment pour éliminer le battage. Habituellement, le poulpe est vendu nettoyé, sinon lui enlever les yeux, le bec et les intestins.

CUISSON   Le poulpe rend de l'eau à la cuisson; pour l'éliminer, le sauter à feu doux dans un poêlon à sec jusqu'à ce que l'eau qu'il perd se soit évaporée. On peut aussi préalablement le faire dégorger: le mettre dans de l'eau fraîche 15 minutes, le plonger dans de l'eau bouillante 5 minutes, le dépouiller, si désiré le couper, puis finalement le sauter tel que décrit précédemment.

UTILISATION ET CONSERVATION   Le poulpe est utilisé comme le calmar (voir p. 94). Il se conserve au réfrigérateur et peut être congelé.

POURPIER

Portulaca oleracea, **Portulacées**
Nom anglais: *purslane*

Plante vivace ou annuelle hautement décorative, très commune dans les pays chauds où elle pousse souvent comme une mauvaise herbe. Il existe une centaine d'espèces de cette plante probablement originaire de l'Inde, dont une seule variété peut être utilisée comme légume. Déjà consommé du temps des Romains, le pourpier est plus populaire comme légume en Europe qu'en Amérique du Nord. C'est une plante haute d'environ 30 cm, dont les tiges rougeâtres et ramifiées ont une consistance caoutchouteuse et se gorgent d'eau, tout comme les feuilles épaisses et charnues, de couleur verte ou rougeâtre. Les feuilles se cueillent avant que n'apparaissent de petites fleurs jaunes, qui ne s'ouvrent que pendant la matinée.

VALEUR NUTRITIVE   Le pourpier est riche en vitamines A et C, en fer et en magnésium. Il peut apaiser la soif à cause de sa haute teneur en eau.

UTILISATION   Les feuilles, plus tendres près du sommet, peuvent être mangées crues ou cuites. On les utilise comme l'épinard ou le cresson, avec une certaine modération, surtout au début, quand on ne connaît pas leur saveur légèrement acide et piquante. On les ajoute aux salades et elles sont excellentes avec des carottes râpées, du radis ou du fenouil. Elles parfument et décorent soupes, ragoûts, omelettes, sauces, etc. Les tiges peuvent être marinées dans du vinaigre.

CONSERVATION   Voir légumes, p. 293.

PROTÉINES VÉGÉTALES TEXTURÉES

Nom anglais: *Textured Vegetable Protein (TVP)*

Protéines extraites (isolées) de certains végétaux par un processus chimique. Ces protéines entrent dans une multitude de produits alimentaires et servent principalement de substitut à la viande. Le procédé chimique pour isoler les protéines a été mis au point dans la dernière moitié du XXe siècle. On s'y est tout d'abord intéressé parce que l'on croyait que ce pourrait être une solution efficace pour régler le problème de la faim dans le monde, mais ce bel idéal ne s'est pas concrétisé. Le coût de production de ces protéines est peu élevé et en fait une source intéressante de profit; l'industrie inonde graduellement le marché de produits à base de protéines texturées; leur acceptation est cependant beaucoup plus lente que prévue. Elles sont souvent identifiées par le sigle PVT (protéines végétales texturées).

Les protéines végétales texturées proviennent très souvent du haricot de soya qui remplit les conditions idéales pour ce genre de transformation, à savoir son abondance, son coût peu élevé, la richesse et l'équilibre de ses acides aminés et la facilité avec laquelle les protéines peuvent être isolées. D'autres végétaux aux qualités semblables, dont le blé, le tournesol et la luzerne, se prêtent aussi à ce genre d'opération. Les protéines du soya se dissolvent rapidement lorsqu'elles sont mises en contact avec une substance alcaline et elles deviennent insolubles dans une substance acide.

La première phase du procédé de fabrication consiste à isoler les protéines; de la farine de soya est plongée dans une solution alcaline puis est neutralisée avec un acide. Il en ressort un caillé de couleur blanc ou crème qui est resolubilisé par centrifugation ou à l'aide de soude caustique. Cette substance est ensuite séchée; à ce stade, les protéines isolées ont la texture de la viande mais elles sont incolores et insipides. Selon les procédés de fabrication utilisés, elles sont plus ou moins gélatineuses, visqueuses et solubles; leur valeur nutritive est variable.

Il est possible de fabriquer à la maison un produit semblable aux protéines végétales texturées, et ce, sans l'apport de produits chimiques. Utiliser du tofu congelé, le décongeler dans une passoire et en extraire l'eau le plus possible. Écraser le tofu égoutté soit à la fourchette, soit à l'aide d'un pilon à pommes de terre, l'assaisonner d'ingrédients variés (bouillon, jus de tomate, tamari, fines herbes, etc.), bien mélanger et s'en servir tel quel ou le déshydrater (120 à 135 °C) pour une utilisation future.

VALEUR NUTRITIVE

La composition des protéines de soya texturées est très variable, elle dépend des procédés de fabrication et des ingrédients avec lesquels on cuisine les protéines. Dans les préparations commerciales cuisinées, l'écart est tellement grand qu'il est très difficile de connaître la valeur nutritive à moins que l'étiquette ne la révèle.

On peut s'interroger sur la valeur nutritive réelle de cet aliment créé par la technologie. Il a subi divers traitements qui le mettent en contact avec de nombreuses substances chimiques, notamment des alcalis, des solvants, des détergents, des agents de conservation, des colorants, des émulsifiants et des agents aromatiques.

ACHAT

Il est préférable de vérifier la liste des ingrédients sur les étiquettes si on se préoccupe d'éviter les additifs chimiques, car leur nombre varie selon les produits.

UTILISATION

Les protéines végétales texturées peuvent facilement adopter diverses formes (granules, poudre, cubes, tranches); elles sont disponibles naturelles ou aromatisées. Elles absorbent très efficacement les saveurs; elles peuvent être aromatisées à presque tout (poulet, jambon, bacon, bœuf, porc, pepperoni, légumes, noix, poissons, fruits de mer, saucisse, charcuterie, etc.). Elles entrent dans la préparation de nombreux mets cuisinés (sauces, ragoûts, lasagnes, hamburgers, desserts congelés, céréales préparées, etc.). On peut facilement consommer des protéines végétales sans s'en rendre compte, dans les restaurants et les hôpitaux par exemple, ou si on ne lit pas les étiquettes des produits alimentaires, car elles remplacent la viande ou peuvent y être combinées.

Pour réhydrater les protéines, leur incorporer de l'eau bouillante (210 ml par 240 ml de granules) et laisser reposer de 10 à 15 minutes. Se mouiller les mains pour empêcher les protéines réhydratées de coller lorsqu'on les façonne.

CONSERVATION

Les protéines de soya texturées déshydratées peuvent être laissées à la température de la pièce. Si elles sont réhydratées, les placer au réfrigérateur, elles se conserveront environ une semaine.

PRUNE

Prunus spp, **Rosacées**

Nom anglais: *plum*

Fruit du prunier, arbre originaire de Chine et qui pousse sous les climats chauds et tempérés. Le prunier atteint habituellement entre 4,5 et 6 m de hauteur, mais des variétés naines n'ont que de 2 à 3 m. Ses feuilles sont généralement ovales et ses fleurs, blanches. Il en existe plus de 200 variétés. La prune est connue depuis les temps préhistoriques; les premières variétés avaient une saveur aigre.

La prune est une drupe qui, selon les variétés, peut être ronde ou oblongue. Sa taille est variable tout comme sa couleur qui peut être jaune, pourpre, rouge, verte ou bleu foncé. Sa chair prend des teintes de rouge, de jaune et de jaune verdâtre; elle peut adhérer au noyau ou s'en détacher plus ou moins facilement. Elle peut être plus ou moins parfumée, très sucrée ou acidulée, juteuse, plutôt croustillante ou parfois farineuse; la peau reluisante est plus ou moins tendre et aigrelette.

On divise habituellement les prunes en trois espèces principales:

- **la prune européenne** *(P. domestica),* de couleur foncée (pourpre à noir), de taille moyenne, à peau épaisse et à chair ferme;
- **la prune japonaise** *(P. salicina),* de couleur plus pâle (jaune à cramoisi), plus grosse, à chair pâle, ferme et juteuse, et dont le sommet plus prononcé donne une forme de cœur;
- **la prune sauvage** *(P. spinosa, nigra),* petite, globulaire, bleu noirâtre et acide.

En Amérique du Nord, où une grande quantité de prunes provient de la Californie, qui en produit plus de 140 variétés, l'espèce japonaise domine; la Santa Rosa est la plus connue. En France, les variétés les plus courantes sont la reine-claude (ainsi nommée parce que la femme du roi François 1er l'aimait tant qu'elle lui a légué son nom), la mirabelle (mot qui vient du grec et qui signifie «gland parfumé»), la quetsche (mot d'origine alsacienne) et la prune d'Ente.

VALEUR NUTRITIVE

La prune contient 87 % d'eau, 0,8 g de protéines, 0,6 g de matières grasses, 13 g d'hydrates de carbone et 55 calories/100 g. Elle est riche en potassium et en vitamine A; elle contient de l'acide oxalique et est réputée pour son pouvoir laxatif, qui devient redoutable si la prune n'est pas mûre.

ACHAT

Rechercher des prunes à la peau luisante et pleinement colorée, qui dégagent un certain parfum et qui cèdent sous une légère pression des doigts. Éviter les prunes excessivement dures et peu colorées car elles sont immatures, et délaisser les prunes meurtries ou très molles, elles sont devenues trop mûres. Une chair brunie indique que le fruit a souffert; sa saveur s'en ressentira.

UTILISATION La prune fraîche est excellente nature et peut être mangée en collation ou en dessert. Cuite, elle s'apprête notamment en confiture, en gelée, en purée, en compote et en pudding. La prune peut être mise en conserve, être confite, être déshydratée (voir pruneau, ci-dessous), être mise en jus, être transformée en eau-de-vie (prunelle, mirabelle) ou en vin. Pour enlever la peau, pocher le fruit rapidement dans de l'eau bouillante puis refroidir immédiatement à l'eau froide pour arrêter l'effet de la chaleur (même méthode que pour la pêche et la tomate). Ne pas abuser de la cuisson car la prune tourne vite en bouillie.

CONSERVATION La prune peut mûrir à l'air ambiant. C'est un fruit assez périssable que l'on conserve de 3 à 5 jours au réfrigérateur. La plupart des variétés peuvent être entreposées environ un mois à 0 °C avec 85 à 90 % d'humidité. La chair fraîche se congèle bien, à condition qu'on enlève le noyau qui lui confère un goût amer.

PRUNEAU
Prunus domestica, **Rosacées**
Nom anglais: *prune*

Prune déshydratée. Seules certaines variétés de l'espèce *Prunus domestica* sont utilisées, dont la prune d'Ente. Les prunes furent longtemps séchées au soleil; les méthodes industrielles actuelles utilisent des fours, ce qui accélère le processus qui ne dure plus que de 15 à 24 heures. Trois kilos de prunes donnent un kilo de pruneaux.

VALEUR NUTRITIVE La déshydratation augmente considérablement la valeur nutritive des prunes; comme tous les fruits séchés, elles sont calorifiques. Selon leur degré de déshydratation, les pruneaux contiennent de 3 à 4 g de protéines, des matières grasses à l'état de traces, de 60 à 90 g d'hydrates de carbone et de 240 à 340 calories/100 g. Ils sont riches en potassium, en calcium, en fer, en vitamines A et B et en fibres. Ils ont une action laxative, surtout s'ils ont trempé et sont mangés avant le coucher (2 ou 3). Le jus a aussi des propriétés laxatives.

ACHAT Les pruneaux sont vendus dénoyautés ou non; leur grosseur et leur qualité sont variables. Rechercher des pruneaux bien noirs et charnus, ni poisseux ni moisis. S'ils sont très secs, c'est qu'ils sont vieux ou qu'ils n'ont pas été traités à l'aide d'additifs.

UTILISATION Les pruneaux sont souvent mangés tels quels. Ils peuvent s'intégrer à diverses préparations (gâteaux, pains, biscuits, muffins, glaces, puddings, etc.) ou peuvent être cuits (crèmes, compotes, sauces, etc.). Ils accompagnent viandes, volailles et poissons; le lapin aux pruneaux est une recette classique. Tremper les pruneaux dans de l'eau, du jus ou de l'alcool peut remplacer ou raccourcir leur cuisson.

CONSERVATION   Les pruneaux se conservent à l'abri de l'air, dans un endroit frais et sec. Les réfrigérer prolonge leur conservation.

QUINOA
Chenopodium quinoa, **Chénopodiacées**
Nom anglais: *quinoa*

Plante annuelle originaire d'Amérique du Sud, plus particulièrement de la région andine. Cette plante, qui atteint de 1 à 2 mètres
de hauteur, produit d'abondantes graines minuscules qui ressemblent à celles du millet, tout en étant légèrement aplaties. Elle
supporte des conditions que la plupart des autres végétaux n'aiment pas, notamment des terrains arides et sablonneux, des
températures froides, la sécheresse et l'altitude.

Le quinoa est cultivé en Amérique du Sud depuis plus de 5 000
ans. Il constituait la base de l'alimentation des peuples andins, en
compagnie de la pomme de terre, de la courge et du maïs. Il était
considéré comme sacré par les Incas, qui l'appelaient «le grain
mère». Depuis la Conquête, la culture du quinoa a graduellement
décliné au fil des siècles. Inconnu en Amérique du Nord jusqu'à
tout récemment, le quinoa gagne lentement en popularité grâce à
deux Américains qui décidèrent, en 1982, d'implanter sa culture au
Colorado.

Traité comme une céréale, le quinoa est en réalité le fruit d'une
plante appartenant à une tout autre famille, qui comprend entre
autres la bette et l'épinard. Il en existe plus d'une centaine de
variétés, ce qui se répercute notamment sur la couleur des grains,
qui prennent des teintes variées, entre autres de rouge, de jaunâtre, d'orange, de rose, de pourpre et de bleu noirâtre. Le quinoa
sur le marché est habituellement jaunâtre. Commercialisé surtout
dans les magasins d'alimentation naturelle, il coûte passablement
cher.

**VALEUR
NUTRITIVE**

Les grains sont recouverts de saponine, une substance amère
qui mousse lorsqu'elle vient en contact avec de l'eau et qui doit
être enlevée pour que les grains soient comestibles. On les lave
dans une solution alkaline ou on les nettoie par frottage à sec.

Le quinoa contient 14 g de protéines, 7 g de matières grasses,
67 g d'hydrates de carbone et 352 calories/100 g. Il est riche en
calcium, en fer, en phosphore et en vitamine E. Il contient plus de
protéines que la plupart des céréales, et ses protéines sont de meilleure qualité car ses acides aminés sont plus équilibrés. La lysine
notamment est plus abondante, ainsi que la méthionine et la cys-
tine. C'est un aliment qui complète bien les céréales, les légumineuses, les noix et les graines (voir théorie de la complémentarité,
p. 536).

CUISSON

Rincer le quinoa à l'eau courante et le laisser s'égoutter. S'il
laisse un goût amer dans la bouche quand il est cru, c'est qu'il
contient encore de la saponine. Le laver soigneusement en le frot-

tant pour faire disparaître toute trace de cette substance, jusqu'à ce que l'eau ne mousse plus. Le cuire une quinzaine de minutes dans 2 parties de liquide par partie de grains. Les grains demeurent séparés après la cuisson et restent légèrement croquants.

UTILISATION   On cuit le quinoa comme le gruau ou on l'incorpore aux potages, omelettes, tourtières, croquettes, puddings, mueslis, etc. Il peut être substitué à la plupart des céréales; il demeure légèrement croustillant après la cuisson et sa saveur rappelle la noisette. Lorsqu'il est moulu, on l'ajoute entre autres aux pains, biscuits, crêpes et muffins. Les grains peuvent aussi être germés et utilisés comme les germes de luzerne. Les feuilles se préparent comme l'épinard.

CONSERVATION   Placer le quinoa dans un contenant hermétique et le conserver dans un endroit frais et sec. S'il est moulu, le mettre au réfrigérateur pour en retarder le rancissement; il se conserve de 3 à 6 mois.

RADIS
Raphanus sativus, **Crucifères**
Noms anglais: *radish, daikon*

Plante potagère à racine, qui serait originaire de l'est de la région méditerranéenne. C'est un légume annuel ou bisannuel, selon l'époque des semis, qui fut particulièrement apprécié pour ses vertus médicinales à l'époque des pharaons.

Le radis fait partie de la même famille que le raifort, avec lequel il est souvent confondu. Les deux ont un goût piquant, attribuable à une huile concentrée principalement en surface. Sa partie aérienne est formée de tiges rameuses munies de feuilles oblongues, rugueuses mais comestibles, arborant à l'occasion des fleurs blanches ou violettes. Il en existe plusieurs variétés qui donnent des radis ronds ou allongés, petits ou gros, à chair blanche, crème ou parfois rouge, avec une peau noire, rose ou rouge (écarlate, cerise, cramoisi), parfois teintée de deux ou trois couleurs (bout blanc, haut rouge cramoisi, violet). Le daikon (radis noir, var. *longipinnatus*) très populaire en Asie, atteint de 5 à 10 cm de diamètre et de 15 à 50 cm de long; il possède une saveur très piquante.

VALEUR NUTRITIVE Le radis contient 94 % d'eau, 0,6 g de protéines, 0,5 g de matières grasses, 3,5 g d'hydrates de carbone et 17 calories/100 g. Il est riche en cellulose, en vitamine C, en fer et en potassium. Il a diverses propriétés médicinales; on le dit notamment antiseptique, diurétique, apéritif et tonique. En phytothérapie, on l'utilise pour faire tomber la fièvre, arrêter la toux et les hémorragies, faciliter la digestion et rééquilibrer les fonctions hépato-biliaires. Plusieurs personnes ont de la difficulté à digérer le radis.

ACHAT Choisir des radis fermes, bien formés, sans taches ni meurtrissures. Éviter les radis très gros qui risquent d'être fibreux et plus piquants. Les feuilles, si elles sont encore présentes, devraient être non flétries et d'un beau vert.

UTILISATION La plupart des radis n'ont pas à être pelés sauf si on désire qu'ils soient moins piquants. Les noirs sont cependant grattés, brossés ou pelés. Le radis est presque toujours consommé cru, tel quel ou mariné, servi en hors-d'œuvre, en salade, etc. Il est laissé entier, tranché, mis en dés, haché ou râpé. On peut aussi le cuire; sa saveur s'adoucit et rappelle légèrement celle des petits navets; il peut être mangé seul ou entrer dans la composition de soupes, pot-au-feu et autres mets du genre. La cuisson avive et même restaure la couleur d'un radis dans les teintes de rouge s'il est en contact avec un ingrédient acide; par contre, un ingrédient alcalin le bleuit; ne pas se servir de soda à pâte pour la cuisson et n'ajouter le radis qu'au dernier moment s'il est combiné à des aliments alcalins. Les fanes s'apprêtent comme l'épinard lorsqu'elles sont fraîches et tendres; elles peuvent être infusées et séchées.

CONSERVATION   Le radis se conserve assez bien, surtout s'il n'a plus ses feuilles, qui accélèrent la perte d'humidité. Le ranger au réfrigérateur, il se conservera de 1 à 2 semaines; ne pas le laisser dans un récipient hermétique car il s'y forme de la condensation qui le fait pourrir. Éviter de le laisser tremper dans l'eau. On peut l'entreposer de 4 à 5 mois en le mettant dans un endroit frais (0 ou 1 °C) et humide (98 à 100 %).

RAIE

Raja spp, **Rajidés**

Divers noms et espèces: *raie* (R. montagui), *raie épineuse* (R. spinicauda), *raie lisse* (R. senta), *raie bouclée* (R. clavata), *raie blanche* (R. alba), *manta, pocheteau gris*

Noms anglais: *ray, skate*

Poisson marin au corps plat, carré ou en losange, forme lui venant de ses nageoires pectorales collées au tronc comme des ailes. La raie se déplace d'ailleurs par des mouvements ondulatoires; certaines parmi les 18 espèces que comporte cette famille peuvent transmettre des décharges électriques. D'autres espèces, telles la pastenaque et la torpille, souvent à mi-chemin entre le requin et la raie, appartiennent à une autre famille mais sont traitées comme des raies parce que leur chair est semblable. La Méditerranée abrite 18 espèces de raies et la côte est du Canada, 13. Ce poisson très peu apprécié au Canada est consommé abondamment en Europe.

La raie a une longue queue étroite en forme de fouet; certaines espèces ont un aiguillon vénéneux sous la queue. La raie est démunie d'écailles mais des épines sont réparties un peu partout sur son corps; quelques espèces, dont la raie épineuse, en ont plus que les autres. La bouche placée sur la face ventrale est située sous la tête comme chez le requin. La raie ressemble d'ailleurs à un requin aplati; elle peut atteindre une taille allant de 60 cm jusqu'à 8 m (la manta, par exemple, est énorme). La peau grise est plus ou moins foncée selon les espèces. Seules les ailes de la raie sont comestibles.

La petite raie se vend entière et vidée et prend souvent le nom de raiteau ou de raiton; les gros spécimens sont vendus en morceaux. La peau des raies est enduite d'une substance visqueuse qui se forme même 10 heures après sa mort; sa présence (ou son absence) révèle (chez celles qui ne sont pas dépouillées) leur degré de fraîcheur. Cette substance disparaît sous l'eau froide lorsqu'on la frotte. La chair de quelques espèces s'apparente beaucoup à celle des pétoncles; il arrive d'ailleurs que des marchands malhonnêtes taillent la raie comme un pétoncle et la vendent au prix de ce mollusque.

**VALEUR
NUTRITIVE**

La chair blanche ou rosée est maigre. Elle contient 20 g de protéines, 1 g de matières grasses et 99 calories/100 g; elle est riche en potassium et en vitamines du complexe B.

CUISSON

La raie est meilleure 1 ou 2 jours après sa capture, ainsi le petit peu d'urée que contient sa chair se transforme en ammoniaque. C'est à cause de cet ammoniaque que la raie est souvent préparée au beurre noir, car le beurre en noircissant développe de l'acroléine, une substance qui neutralise l'ammoniaque. On peut mettre la raie à tremper plusieurs heures dans de l'eau froide citronnée ou vinaigrée puis la pocher ou la griller. La raie peut être cuite avec ou sans la peau; si on choisit de la dépouiller, la recouvrir d'eau bouillante et la pocher de 1 à 2 minutes (plus, elle cuira). Déposer ensuite la raie à plat puis gratter la peau avec un couteau; la retourner et répéter l'opération. Procéder délicatement, car l'extrémité des ailes contient des épines orientées vers le dedans des ailes. Pour éviter de se blesser, on peut couper les bords. La raie doit être servie très chaude, sinon elle est gélatineuse.

CONSERVATION

Voir poissons, p. 429.

RAIFORT

Armoracia rusticana, **Crucifères**
Nom anglais: *horseradish*

Plante potagère originaire d'Europe, appartenant à la même famille que la moutarde, le navet et le radis. Ce légume vivace, cultivé en annuel, dégage une forte saveur brûlante dont rend compte son appellation anglaise *horseradish*, littéralement «radis cheval». Le terme français vient quant à lui de *raiz fort*, signifiant «racine forte». Charnu, ce légume, qui ressemble au panais mais en plus volumineux, peut avoir de 15 à 30 cm de long et de 2 à 7 cm de diamètre. Brunâtre à l'extérieur et recouvert d'une peau rugueuse et plissée, il est blanchâtre à l'intérieur et sa chair est fibreuse. Il contient une huile essentielle semblable à celle de la moutarde qui lui donne son goût épicé, plus fort en surface.

**VALEUR
NUTRITIVE**

Le raifort contient 3 g de protéines, 0,2 g de matières grasses, 12 g d'hydrates de carbone et 62 calories/100 g. Il est riche en potassium et en calcium; il contient plus de vitamine C que l'orange, ce qu'ont intuitionné les marins anglais et allemands qui l'utilisaient à profusion bien avant que ne soit connu son effet contre le scorbut. Le raifort serait en outre antiseptique, antigoutteux, antirhumatismal, diurétique et stimulant. Consommé en quantité, il devient purgatif.

UTILISATION   Le raifort est mangé cru, mariné ou cuit; il peut être râpé ou tranché. Il sert de légume mais on l'utilise beaucoup plus comme condiment. Cru et râpé (le peler d'abord), il assaisonne notamment sauces, mayonnaises, vinaigrettes, charcuterie, soupes, ragoûts, viandes, poissons et fruits de mer. Il peut remplacer la moutarde. Le râper au dernier moment pour obtenir le maximum de saveur. L'ajouter à de la crème ou du yogourt l'adoucit. Une cuisson trop prolongée lui fait perdre saveur et nutriments. Ses feuilles peuvent être mangées crues ou cuites, comme les feuilles des autres crucifères.

CONSERVATION   On peut déshydrater le raifort ou le passer au mélangeur et le congeler; il se transforme alors en petits flocons faciles à séparer et à prélever selon l'usage désiré.

RAISIN

Vitis spp, **Vitacées**
Nom anglais: *grape*

Fruit de la vigne, arbuste grimpant dont on ignore l'origine exacte, qui pourrait se situer dans la région englobant la mer Caspienne. Le raisin est un des fruits les plus anciens et les plus répandus à travers le monde; il existe depuis des millions d'années. C'est l'ingrédient de base du vin et de diverses boissons alcoolisées (armagnac, cognac, brandy, champagne, etc.); la fabrication du vin remonte à des temps immémoriaux et cette boisson a toujours été fort prisée des humains tout au long des siècles.

La vigne peut atteindre plus de 2 m de haut; elle développe des vrilles qui se lignifient et qui peuvent se fixer très solidement à peu près partout, afin de permettre aux tiges de bien supporter les grappes de fruits. Ces grappes, parfois jusqu'à une cinquantaine par vigne, sont peu visibles lors de leur apparition, car elles sont dissimulées par des feuilles à cinq lobes, longues de 10 à 20 cm.

Les raisins sont des baies (couramment appelées grains) rondes ou légèrement allongées, plus ou moins charnues et de couleur variable, vert (en Europe on dit blanc), jaune verdâtre, rougeâtre ou bleu tirant sur le noir. Leur pulpe juteuse et sucrée est recouverte d'une mince pellicule pruineuse; elle abrite de 2 à 4 pépins ou en est exempte, selon les variétés, qui sont au nombre de 1 500 environ.

Les raisins sont divisés en raisins de table et en raisins à vin. La plupart des variétés poussent mieux dans les climats chauds; certaines supportent les climats tempérés. Les raisins sont souvent identifiés selon leur continent d'origine. Parmi les variétés européennes, les plus connues sont le Cardinal et le Tonkay (rouge), le Ribier (noir), le Muscat (noir ou vert) et le Chasselas (vert); en Amérique du Nord ce sont le Concorde (bleu), le Thompson sans pépins (vert), le Niagara (vert) et le Delaware (rouge). Les espèces vinicoles se nomment entre autres Gamay, Cabernet, Pinot et Sauvignon.

VALEUR NUTRITIVE

Le raisin contient 82 % d'eau, 0,6 g de protéines, 0,3 à 0,6 g de matières grasses, 17 g d'hydrates de carbone et 63 calories/100 g. Les hydrates de carbone sont surtout composés de glucose et de fructose, sucres rapidement assimilables. Le raisin ne mûrit plus après avoir été récolté, aussi est-il important qu'il soit cueilli à maturité afin qu'il soit bien sucré et savoureux. Il est reconnu pour ses propriétés désintoxicantes, diurétiques et laxatives. Il serait en outre un excellent tonique, le raisin noir plus particulièrement, à cause de l'œnocyanine, son colorant.

ACHAT

Choisir des raisins bien formés, bien attachés à la grappe, bien fermes et pleinement colorés. Les verts sont plus sucrés s'ils ont des teintes jaunâtres. Des raisins mous et ridés, blanchis à l'extrémité rattachée à la tige ne sont pas frais.

PRÉPARATION

Laver soigneusement le raisin car il a presque toujours été traité avec des produits chimiques. Détacher des petites grappes de raisins de la grosse grappe, car si on ne retire que quelques raisins ici et là, en les choisissant, les tiges se déshydratent et les raisins qui restent amollissent et se ratatinent.

UTILISATION

Le raisin est délicieux nature, cuit, déshydraté (voir raisin sec, ci-dessous) et en jus. On le mange tel quel ou incorporé aux salades de fruits et autres desserts. On en fait des confitures et de la gelée; on l'ajoute aux sauces, farces, currys, ragoûts, salades composées, etc. Il accompagne volaille, gibier, poisson et viande. Son jus est des plus apprécié, nature mais également fermenté! De ses pépins, on extrait une huile de table (voir huile, p. 255).

CONSERVATION

Le raisin sèche, se ratatine et fermente s'il est laissé à la température de la pièce. Le placer au réfrigérateur, il se conservera quelques jours; le mettre à la température ambiante une quinzaine de minutes avant de le consommer cependant, afin qu'il ait plus de saveur. Pour une conservation plus longue, le suspendre au plafond dans une pièce où la température est à 0 °C et l'humidité entre 85 et 90 %. La congélation lui réussit mal; par contre la macération dans de l'alcool lui convient parfaitement.

RAISIN SEC

Nom anglais: *raisin*

Raisin déshydraté issu le plus souvent des variétés de table. Les

Muscat, Malaga (de table et de vin), Monika, Sultana et Thompson Seedless (qui représente plus de 95 % de la production américaine) sont parmi les plus courants. Dans une autre catégorie, le raisin de Corinthe et le Zante sont des raisins miniatures, noirs et sans pépins, particulièrement recherchés en pâtisserie; ils portent le nom d'une ville et d'une île grecques où s'effectuait un commerce intensif il y a très longtemps. Selon les variétés, les raisins secs contiennent ou non des pépins.

VALEUR NUTRITIVE   Comme tous les fruits déshydratés, les éléments nutritifs des raisins secs sont concentrés. Ces raisins sont donc nourrissants et ils fournissent rapidement de l'énergie. Ils contiennent 3 g de protéines, 0,5 g de matières grasses, 77 g d'hydrates de carbone et 287 calories/l00 g. Ils sont riches en magnésium, en potassium, en fer et en calcium. Les raisins jaune doré sont traités au sulfure de dioxide, ce qui les empêche de noircir mais détruit certains éléments nutritifs.

ACHAT   Les raisins secs sont habituellement vendus en paquets scellés, ce qui ne donne pas une bonne idée de leur état. Quand l'empaquetage est transparent, s'assurer que les raisins sont propres, intacts, dépourvus de vers et non cristallisés, signe qu'ils manquent de fraîcheur.

UTILISATION   Les raisins secs peuvent être mangés tels quels ou être utilisés de multiples façons, tant comme condiment que comme ingrédient. On les met à peu près dans tous les aliments; salades composées, sauces, fricassées, farces, pains de viande, pâtés, pilafs, couscous, tartes, pains, muffins, biscuits, brioches, puddings, crèmes ou autres desserts. On les emploie directement ou on les réhydrate dans de l'eau, du jus ou de l'alcool.

CONSERVATION   Les raisins déshydratés se conservent à l'abri de l'air dans un endroit frais et sec, environ un an.

RAMBOUTAN
Nephelium lappaceum, **Sapindacées**
Autres noms: *palussant, litchi chevelu*
Nom anglais: *rambutan*

Fruit originaire de Malaisie. Le ramboutan pousse en grappes sur un petit arbre à feuilles persistantes, de la même famille que le litchi et le longan. Il est muni de nombreuses pointes crochues, longues de 1 à 1,5 cm, qui le font ressembler à un oursin. Son apparence hérissée est à l'origine de son nom car *rambout* signifie «cheveux» en malais. Le ramboutan est très répandu dans le sud-est asiatique, notamment en Indonésie, où croissent une vingtaine de variétés.

Le ramboutan est une noix ovoïde ou sphérique de petite taille (jusqu'à 6 cm de long). Sa coquille habituellement rouge ou pourpre est fragile et se fend facilement, mieux que celle du litchi. Sa pulpe blanchâtre et translucide a une consistance similaire à celle du litchi; elle recouvre comme ce dernier une unique graine plate et pointue, non comestible. Sa saveur est tantôt sucrée, douce et parfumée, tantôt aigrelette ou acidulée, selon les variétés.

VALEUR NUTRITIVE   Le ramboutan contient 0,7 g de protéines, 16 g d'hydrates de carbone et 65 calories/100 g. Il est riche en vitamine C, en phosphore et en potassium.

UTILISATION   On utilise ce fruit comme le litchi, qu'il peut d'ailleurs remplacer; on le consomme frais tel quel ou en conserve. On le cuit et on s'en sert entre autres pour farcir de la viande. Plus le ramboutan vieillit, plus sa pelure extérieure noircit; très mûr, il perd de la saveur, laisse échapper une grande quantité de jus et peut sentir le sur.

CONSERVATION   Le ramboutan est un fruit fragile qui se conserve difficilement car il perd sa saveur. Le placer au réfrigérateur s'il n'est pas consommé immédiatement.

REQUIN
Sélaciens
Noms anglais: *shark, dogfish, grayfish, spur dog*

Il existe des dizaines d'espèces de requins. On trouve par exemple la grande et la petite roussette *(Scyliorhinus stelleris* et *S. caniculus)*, l'aiguillat *(Squalius acanthias)*, l'émissole lisse, à peau bleue ou tachetée *(Mustelus spp)*, la touille, (lamie ou hâ, *Galeorhimus galius)*, l'ange de mer *(Lamna cornubica)*, le requin commun, le bleu, le marteau, le pèlerin et le requin maquereau. Plusieurs sont couramment appelés chiens de mer en langage populaire. Ces poissons sont souvent classés dans diverses sous-familles (Lamnidés, Triakidés, Squalidés, Sphyrnidés, etc.).

Les requins ne sont pas toujours aussi voraces ni aussi imposants que ce que l'on imagine généralement. Tous n'ont pas des dents puissantes; ainsi, celles de l'émissole sont plates et petites. Plusieurs n'ont que de 1 à 1,2 m de long, certains peuvent même n'avoir que 50 cm tandis que d'autres mesurent 4 m. Les uns ont des nageoires anales, d'autres tel l'aiguillat en sont dépourvus. Certaines espèces se distinguent par le fait que la femelle est vivipare (roussette).

VALEUR NUTRITIVE   Le requin contient 24 g de protéines, 1 g de matières grasses et 106 calories/100 g.

CUISSON ET UTILISATION   La chair de ces poissons est dépourvue d'arêtes et cuit sans perte. Selon les espèces, elle est ferme, plus ou moins humide, parfois même légèrement gélatineuse et plus ou moins savoureuse (la chair de l'aiguillat est souvent considérée comme étant la meilleure); plus le requin est gros, plus sa saveur est corsée. Elle contient un peu d'urée qui se transforme en ammoniaque au fil des heures; la mettre à tremper plusieurs heures dans de l'eau citronnée ou vinaigrée ou la placer sous l'eau courante au moins 30 minutes la fait disparaître. La chair des chiens de mer est rosée, ce qui lui vaut d'être souvent commercialisée sous le nom de saumonette.

Les requins sont souvent coupés en darnes et vendus dépouillés; c'est d'autant plus apprécié que leur peau est très rugueuse. Dans certains pays, cette peau sert à polir fusils et meubles. La plupart des modes de cuisson leur conviennent; ils peuvent être cuits au court-bouillon, au four, frits, fumés, etc. Dans les pays asiatiques, on prépare avec les ailerons du requin un potage fort apprécié.

CONSERVATION   Voir poissons, p. 429.

RHUBARBE

Rheum rhapoticum, **Polygonacées**
Noms anglais: *rhubarb, pie plant*

Légume consommé habituellement comme fruit. La rhubarbe serait originaire du Tibet. Le mot rhubarbe vient du latin *reubarbarum* signifiant «racine barbare». Autrefois on appelait barbare ce qu'on ne connaissait pas; la rhubarbe étant inconnue en Occident, on qualifiait de barbares ceux qui en consommaient. D'abord utilisée pour ses vertus médicinales, la rhubarbe ne fit réellement son entrée dans les préparations culinaires en Europe qu'au XVIIIe siècle; l'Amérique du Nord la découvrit un siècle plus tard.

La rhubarbe est une plante vivace qui peut atteindre plus de 1 m de haut. Il en existe une vingtaine de variétés. Seules sont comestibles les tiges vertes ou rougeâtres, pétioles robustes, épaisses et croustillantes, qui peuvent mesurer de 2 à 7 cm d'épaisseur. Ces tiges se terminent par des feuilles nervurées qui peuvent avoir 75 cm de large, feuilles non comestibles car elles contiennent diverses substances toxiques, dont de l'anthraquinone et de l'oxalate. La rhubarbe est à son meilleur au printemps.

VALEUR NUTRITIVE   La rhubarbe contient 4,5 g d'hydrates de carbone, des protéines et des matières grasses à l'état de traces et 21 calories/100 g. Elle est riche en potassium et en calcium. Elle est réputée pour ses propriétés laxative et tonique. Comme on consomme rarement la rhubarbe nature car elle est très acide, et qu'on lui ajoute presque toujours une grande quantité de sucre, elle devient calorifique.

ACHAT   Choisir des tiges fermes, croustillantes et sans taches.

PRÉPARATION   La préparation de la rhubarbe est simple; couper les deux extrémités de la tige pour enlever la feuille et la base, laver les tiges puis les sectionner en morceaux de 2 cm. Peler la tige uniquement si elle est trop fibreuse; il s'agit alors de procéder comme avec le céleri, en tirant sur les fibres.

UTILISATION   La rhubarbe est parfois mangée crue, trempée dans du sucre ou du sel. Elle est plus souvent cuite (compote, marmelade, chutneys, sauces, tartes, gâteaux, punchs, sorbets, etc.); elle est délicieuse combinée à d'autres fruits, en particulier des fraises ou des pommes (on peut n'ajouter les fraises qu'en fin de cuisson). La cuire une vingtaine de minutes à feu modéré, dans une petite quantité d'eau; arrêter la cuisson quand les fibres sont amollies, il est inutile d'attendre que la rhubarbe devienne en purée. La rhubarbe peut être associée aux mets salés et accompagner viande et poisson; elle peut remplacer la canneberge dans la plupart des recettes.

CONSERVATION   La rhubarbe se conserve au réfrigérateur quelques semaines ou à une température de 0 °C avec un haut taux d'humidité. Elle se congèle bien, seulement coupée en morceaux, sans sucre ni blanchiment, ou encore en compote. On la met également en conserve, soit stérilisée à chaud ou à froid, soit non stérilisée; il s'agit alors de remplir d'eau des bocaux de rhubarbe et de les entreposer renversés.

RILLETTES

Nom anglais: *potted meat*

Charcuterie faite de viande coupée ou hachée plus ou moins finement. Cette viande est assaisonnée puis cuite doucement dans de la graisse jusqu'à consistance onctueuse. Elle est ensuite refroidie dans sa graisse, mise dans des pots et recouverte de saindoux. Traditionnellement à base de porc ou d'oie, les rillettes peuvent être faites de lapin, de volaille, de canard, de veau ou de poisson. Diverses parties de l'animal sont utilisées – foie, poitrine, etc.

VALEUR NUTRITIVE   Les rillettes contiennent de 18 à 22 g de protéines, de 45 à 57 g de matières grasses et de 480 à 600 calories/100 g, selon les ingrédients qui les composent.

UTILISATION ET CONSERVATION   Les rillettes sont toujours consommées froides, généralement en hors-d'œuvre ou en sandwichs. Non entamées, elles se conservent plusieurs semaines au frais; entamées, elles deviennent périssables et ne se conservent que quelques jours.

RIS

Nom anglais: *sweetbread*

Nom donné au thymus de certains animaux, glande blanchâtre présente chez les jeunes et qui s'atrophie avec l'âge. Située à l'entrée de la poitrine, devant la trachée, elle comporte 2 parties; la seule comestible est la noix, fortement plissée et de forme arrondie, l'autre plus allongée est nommée gorge. Le ris de veau est le plus apprécié; suivent le ris d'agneau et le ris de chevreau.

VALEUR NUTRITIVE
Le ris contient à peu près le même pourcentage de protéines que de matières grasses, soit environ 20 g/100 g; il renferme 280 calories/100 g. Il est surtout riche en potassium, en phosphate, en albumine et en acide urique; c'est une des rares pièces de viande à contenir de la vitamine C. Il est facile à digérer s'il est cuit dans peu de gras.

ACHAT
Rechercher un ris dodu, lustré, de bonne odeur et d'un blanc crémeux tirant sur le rose.

PRÉPARATION
Toujours mettre le ris à dégorger 1 heure ou 2 dans de l'eau froide ou du lait pour enlever toute trace de sang, le blanchir au court-bouillon, l'égoutter puis le refroidir avant de le cuire (calculer de 5 à 6 minutes s'il s'agit d'un ris d'agneau et de 2 à 3 minutes pour du ris de veau). Retirer la membrane, les veinules et la graisse qui le recouvrent.

CUISSON
Le ris peut être grillé, sauté, braisé ou frit. On le cuisine en vol-au-vent, en gratin, en brochettes, en farce, etc. Éviter une cuisson prolongée, qui l'assèche. Comme il est très périssable, le cuisiner le plus rapidement possible après l'achat.

CONSERVATION
Le ris se conserve au réfrigérateur.

RIZ

Orysa spp, **Graminées**
Nom anglais: *rice*

Une des plus anciennes céréales. Le riz est, avec le blé, la céréale la plus consommée à travers le monde; pour environ la moitié de la population mondiale, il fournit au moins 50 % des calories de la diète. Il est probablement originaire du sud de l'Asie; on le cultivait déjà en Chine il y a plus de 6 000 ans. En Asie, le riz occupe une place tellement importante que cela se répercute jusque dans la langue; ainsi en chinois classique, le même terme sert à la fois pour désigner «riz» et «agriculture», tandis que dans plusieurs autres langues orientales les mots «riz» et «nourriture» sont équivalents. Le riz demeure toujours la principale céréale produite en Asie, et même si d'autres pays sont devenus d'importants producteurs, comme les États-Unis, une grande partie de la production reste concentrée en Inde, en Chine, en Thaïlande, au Vietnam, au Japon et en Indonésie.

Le riz se divise en 2 grands groupes; le plus important est le genre *sativa* nommé «riz blanc», originaire d'Asie, tandis que le genre *glaberrima* dit «riz rouge», originaire d'Afrique de l'Ouest, est plus récent et moins répandu car il s'adapte plus difficilement aux diverses conditions climatiques. Il existerait environ 120 000 cultivars de riz, dont 40 000 en Chine, 25 000 en Inde et 7 000 aux États-Unis. Ce que l'on nomme «riz sauvage» provient d'une espèce différente (voir riz sauvage, p. 483). Le riz peut être à grain court, à grain moyen ou à grain long. Le riz à grain court a un contenu plus élevé en glutine, substance féculente responsable du fait que les grains collent entre eux à la cuisson. La grande diversité de riz influence également la saveur.

Le riz est une plante annuelle qui croît plus facilement dans les climats tropicaux mais il pousse dans des environnements fort divers. Cette plante a des tiges très ramifiées dressées à la verticale et qui se terminent en panicules mesurant de 20 à 30 cm de long. Les épillets contiennent de 30 à 100 grains. Le riz poussait originairement en terrain sec comme toutes les autres céréales; ces espèces sont plus rares maintenant. La plupart des variétés ont besoin de croître dans des champs inondés où le niveau d'eau doit atteindre de 15 à 20 cm de haut. La culture millénaire du riz requiert de nombreuses heures de travail car elle exige plusieurs manipulations, faites souvent dans des conditions difficiles, les gens étant pliés en deux et pataugeant dans l'eau. Le riz est semé à la main, il est repiqué quand il atteint une certaine hauteur, puis la rizière est inondée; quand la floraison est terminée, la rizière est asséchée (ce qui met souvent à nu des poissons venus avec l'eau d'irrigation ou par ensemencement) et le riz est récolté manuellement. De quatre à six mois se sont écoulés entre les semailles et la récolte. De nouvelles méthodes sont venues révolutionner les procédés ancestraux: on sème par avion, on n'a besoin que de 2,5 cm d'eau (car la plante est très courte), la transplantation est inutile, on cueille à l'aide de machines, etc. Cette nouvelle technologie est surtout accessible aux pays les plus riches.

Le grain de riz est recouvert d'une enveloppe dure et non comestible, la balle; il doit donc être décortiqué. Le procédé employé a une influence déterminante sur la saveur, la valeur nutritive et la durée de conservation car le riz est composé de plusieurs couches qui n'abritent pas les mêmes éléments nutritifs; ainsi plus de 80 % de la thiamine, 56 % de la riboflavine, 65 % de la niacine, 60 % de l'acide pantothénique et 85 % de matières grasses logent près de la surface. Les pertes de nutriments sont plus ou moins grandes selon le nombre de couches qu'on enlève au riz. Il existe plusieurs procédés de décorticage, à partir du traditionnel battage, piétinage ou pilage, jusqu'au décorticage industriel à l'aide de brosses ou de solvants.

Le riz est commercialisé sous plusieurs formes, notamment en riz brun, riz brun à cuisson rapide, riz étuvé, riz blanc, riz camolino, riz blanc précuit et riz assaisonné.

Riz brun (**riz complet** ou **riz naturel**). Riz entier débarrassé de son écorce extérieure fibreuse et non comestible. En Europe, on appelle souvent le riz brun «riz cargo», car autrefois c'est sous cette forme que les navires venant d'Extrême-Orient le livraient. Ce riz contient presque toujours des grains verts, grains qui n'étaient pas encore arrivés à pleine maturité au moment de la récolte. Cela est inévitable car les grains ne mûrissent pas au même rythme et les trier avant ou après la moisson s'avère difficile et coûteux. Ces grains sont aussi présents dans le riz blanc mais on ne le note pas à cause du décorticage poussé. Le riz brun est le plus complet des riz sur le marché. Sa saveur, qui rappelle la noisette, est plus prononcée que celle du riz blanc.

Riz brun à cuisson rapide. Riz traité afin que sa cuisson soit écourtée. Les procédés de fabrication sont variés; on expose par exemple le riz à la vapeur puis on l'écrase à l'aide de rouleaux qui projettent de la vapeur; on déshydrate aussi le riz à l'aide d'un bref jet d'air chaud; ainsi, à mesure que l'humidité s'échappe, il se crée des fissures microscopiques qui permettront à l'eau de cuisson d'entrer plus rapidement dans le grain.

Riz blanc étuvé (*parboiled, converted* en anglais). Riz ayant subi une cuisson à la vapeur avant d'être décortiqué; parfois il est préalablement mis à tremper avant d'être exposé à la vapeur. Ce traitement à l'étouffée permet aux éléments nutritifs hydrosolubles (acides aminés, sels minéraux, vitamines) contenus dans le germe et l'enveloppe de s'infiltrer à l'intérieur du grain, de telle sorte que la valeur nutritive n'est pas trop affectée par le polissage (une bonne partie des fibres se perdent cependant). Le riz est légèrement translucide et jaunâtre mais il blanchit à la cuisson, conserve son apparence et ne colle pas; il est plus léger et de saveur plus délicate que le riz brun. C'est le meilleur riz au point de vue nutritif après le riz brun et à quantité égale, il donne un meilleur rendement après la cuisson que le riz brun. Il se conserve facilement car le rancissement est retardé et les insectes ainsi que leurs œufs sont détruits par l'étuvage.

Riz blanc. Riz décortiqué et poli. Le riz blanc a perdu une grande partie de ses éléments nutritifs; il possède par exemple beaucoup moins de niacine, de thiamine, de magnésium, de zinc et de fer que le riz brun. On l'enrichit parfois afin qu'il retrouve une partie de sa valeur nutritive, mais seuls quelques nutriments sont ajoutés, ce qui l'améliore peu. Il arrive aussi qu'il soit enduit de paraffine, d'huile de vaseline ou de glucose et de talc, on l'appelle alors «riz glacé» ou «riz poli». Plusieurs peuples préfèrent le riz glacé, qu'ils considèrent plus attirant visuellement car il est très blanc et luisant.

Riz blanc précuit (instantané). Riz ayant d'abord subi les mêmes traitements que le riz blanc ordinaire, puis ayant été cuit et déshydraté afin que soit raccourci son temps de cuisson. Après la cuisson, ce riz a une apparence sèche et légère et il ne goûte plus grand-chose; il a encore moins de valeur nutritive que le riz blanc. Le riz blanc précuit est plus dispendieux que le riz blanc.

Riz camolino. Riz blanc légèrement enrobé d'huile. Le riz camolino est surtout vendu en Italie.

Riz assaisonnés. Ce sont presque toujours des riz précuits, fortement assaisonnés et salés, contenant un nombre plus ou moins important d'additifs.

VALEUR NUTRITIVE Le riz contient 2 g de protéines, des matières grasses à l'état de traces, de 23 à 25,6 g d'hydrates de carbone et de 105 à 118 calories/100 g. C'est une des céréales les plus pauvres en protéines (certaines variétés améliorées en renferment cependant jusqu'à 14 g/100 g). Comme celles des autres céréales, ses protéines sont incomplètes (voir céréales, p. 113). Son amidon, composé d'amylose et d'amylopectine, a la propriété de gonfler à la cuisson; il est très digestible.

Le riz est riche en niacine et en chlore et il constitue une bonne source de potassium, de phosphore, de calcium et de fer. Il est pauvre en thiamine (vitamine B_1); le manque de thiamine est la cause d'une grave maladie (béri-béri) fréquente dans les pays où le riz blanc non enrichi est la base de l'alimentation. Les principaux symptômes de cette maladie sont l'œdème, l'insuffisance cardiaque et la paralysie. Le riz est reconnu pour son effet positif contre la diarrhée (son eau de cuisson est particulièrement efficace). On le dit alcalinisant et efficace pour combattre l'hypertension, l'œdème et les maladies rénales et cardiaques.

PRÉPARATION Doit-on laver le riz avant de le cuire? Quand il est rempli de terre ou d'écorce, la question ne se pose pas. Mettre le riz sous l'eau courante jusqu'à ce que l'eau qui s'en écoule devienne limpide. Avec le riz étuvé et le riz enrichi ce n'est pas nécessaire.

Malgré ce que l'on pourrait croire, la cuisson du riz demande un certain soin pour donner de bons résultats, sauf si on utilise un cuiseur à riz, un appareil simple à manier et où le riz peut séjourner plus de 24 heures;

- éviter une trop forte ébullition qui provoque l'éclatement des grains;
- ne pas trop cuire si on préfère le riz ferme et diminuer la quantité d'eau;

– pour obtenir du riz plus tendre, augmenter légèrement la quantité de liquide;

– si le riz n'est pas servi immédiatement, raccourcir légèrement le temps de cuisson; plus la quantité de riz est élevée, plus la chaleur reste emprisonnée longtemps et plus il faut écourter la cuisson. Découvrir la casserole à moitié une fois la cuisson terminée car le riz continuera de cuire dans la casserole;

– s'il reste un peu de liquide après la cuisson, enlever le couvercle et hausser le feu pour que le liquide s'évapore rapidement;

– si la quantité est plus grande, égoutter le riz [ne pas jeter le liquide qui nourrirait les tuyaux, le boire ou s'en servir pour cuisiner (soupe, sauce, ragoût)]; si désiré, chauffer le riz quelques instants pour qu'il s'assèche;

– une fois la cuisson en marche, ne plus remuer le riz si on ne veut pas qu'il devienne gluant.

CUISSON   Les méthodes de cuisson du riz sont variées:

– le riz est cuit à l'eau, au bouillon, au jus ou au lait (la cuisson au lait sert surtout à confectionner des desserts);

– il est parfois revenu préalablement dans un corps gras (c'est l'apprêt traditionnel du risotto, de la paella, du riz à la grec- que, du riz pilaf, du riz créole, etc.);

– on peut le mettre dans un liquide froid (il sera plus collant) ou chaud;

– la quantité de liquide peut être grande ou petite; lorsqu'on le cuit dans une petite quantité d'eau, se servir d'une casserole épaisse possédant un bon couvercle pour qu'elle soit étanche et que la vapeur reste emprisonnée (sinon la recouvrir d'un papier d'aluminium);

– le riz peut être mis à tremper, ce qui prévient son éclatement, le rend moins collant et diminue la quantité de liquide néces- saire à la cuisson (sauf le riz brun qui nécessite la même quantité de liquide);

– se servir du liquide de trempage pour cuire le riz ou pour cuisiner.

Ces divers procédés n'ont pas tous la même valeur si on tient compte de leurs effets sur la santé. Ainsi, faire revenir le riz dans un corps gras augmente l'apport de gras et de calories dans la diète, et jeter l'eau de cuisson si on cuisine dans une grande quantité d'eau occasionne une perte de nutriments.

Cuisson à l'eau. On peut procéder de diverses façons:

Méthode 1   – mesurer le riz ainsi que deux fois son volume de liquide, mettre le tout dans une casserole, amener à ébullition, baisser le feu, couvrir et cuire douce- ment;

Méthode 2   – amener d'abord le liquide à ébullition avant d'y plonger le riz, qui sera ainsi moins collant;

Méthode 3   – mettre le riz dans une casserole, le recouvrir abondamment d'eau, amener à ébullition, baisser le feu, cuire à découvert, égoutter (conserver l'eau); si désiré, assécher le riz au four (150 °C) de 7 à 15 minutes;

Méthode 4   – mettre à tremper le riz brun une heure (si on désire un riz non collant). Le cuire dans son eau de trempage 35 minutes, éteindre le feu et laisser la casserole 10 minutes de plus sans l'ouvrir ou cuire 45 minutes.

Le temps de cuisson est fonction du riz utilisé et du mode de cuisson; les durées ci-dessous sont simplement approximatives:

riz brun, 35 à 45 minutes,

riz étuvé, 25 minutes,

riz blanc, 15 minutes,

riz minute, 5 minutes.

Cuisson à la vapeur. Mettre le riz dans un panier, le déposer au-dessus de l'eau bouillante, couvrir et maintenir l'ébullition à feu moyen fort. On peut blanchir préalablement le riz quelques minutes mais cela l'appauvrit.

Cuisson au gras. Le riz est d'abord cuit quelques minutes dans un corps gras en étant constamment remué puis on lui ajoute deux fois son volume de liquide, on couvre la casserole et on laisse la cuisson se poursuivre. Ce riz reste ferme et plus formé.

Cuisson dans une marmite à pression. En général, la quantité de liquide est un peu moins importante car l'évaporation dans la marmite à pression est minime. Elle diminue à mesure que la quantité de riz augmente, ainsi 240 ml (200 g) de riz brun demandent 480 ml de liquide alors qu'il ne faut que 840 ml de liquide pour 480 ml (400 g) de riz. On peut procéder de diverses façons:

Méthode 1   – amener le liquide à ébullition, ajouter le riz brun et couvrir. Cuire 20 minutes (pression à 103 kPa). Passer immédiatement la marmite sous l'eau froide dès que la cuisson est terminée pour empêcher le riz de coller ou de trop cuire;

Méthode 2   – le riz peut être cuit dans un bol déposé au fond de la marmite à pression; il sera moins collant. Verser de 5 à 7 cm d'eau et l'amener à ébullition, mettre le riz dans un bol en acier inoxydable, le remplir de liquide en dépassant le niveau de riz de 2 cm. Cuire comme dans la méthode 1. On peut profiter de l'occasion pour cuire des légumineuses en les mettant dans l'eau où baigne le bol; choisir celles qui ont le même temps de cuisson que le riz;

Méthode 3   — faire d'abord revenir le riz dans un corps gras puis ajouter le liquide bouillant. Cuire 20 minutes.

Certains riz demandent un traitement spécial; c'est le cas notamment du **riz basmati**. Ce riz délicat et très aromatique cuit dans moins de liquide [environ 300 ml par 240 ml (200 g) de grains s'il a trempé, un peu plus non trempé] et une cuisson à feu doux. Voici une méthode de cuisson classique pour le riz basmati brun:

le mettre à tremper 30 minutes dans 600 ml d'eau, l'égoutter, le laisser reposer 10 minutes, le cuire 20 minutes à feu très doux dans une casserole couverte, éteindre le feu et laisser reposer 10 minutes.

Pour réchauffer du riz cuit, séparer délicatement les grains à l'aide d'une fourchette, verser 30 à 60 ml (2 à 4 cuillerées à soupe) de liquide, couvrir et placer sur un feu doux.

UTILISATION   L'utilisation du riz est des plus variée. On se sert du riz entre autres pour préparer soupes, bouillies, croquettes, farces, salades, puddings, tartes et gâteaux. Le riz peut être servi au naturel ou être cuit puis sauté à la chinoise; il remplace agréablement la pomme de terre et accompagne notamment viande, volaille, poisson et fruits de mer. Il est transformé en pâtes alimentaires, en vinaigre, en miso, en mochi, en céréales sèches et en sirop. Il peut être moulu en farine (le mettre dans un mélangeur électrique ou un moulin à farine). Cette farine délicatement sucrée reste granuleuse; elle confère une texture légèrement croquante aux gâteaux et pâtisseries. Elle n'est pas panifiable car elle est dépourvue de gluten. Le riz entre dans la fabrication de boissons alcoolisées comme le saké japonais, boisson habituellement sucrée qui se boit chaude, tiède ou froide dans de très petites coupes et le mirin japonais, un vin plus ou moins alcoolisé (certaines variétés tirent à 8 %), salé, sucré ou les deux à la fois et qui est utilisé comme condiment.

CONSERVATION   Le riz complet montrera un léger signe de rancissement après 2 mois s'il n'est pas conservé au réfrigérateur car ses matières grasses s'oxydent à la température de la pièce. Ranger le riz cuit au réfrigérateur dans un contenant fermé afin qu'il n'absorbe pas les odeurs; il se conservera près d'une semaine. Le riz cuit peut aussi se congeler (6 à 8 mois); cuire plus de riz que nécessaire et en congeler une partie pour une utilisation future est souvent pratique.

RIZ SAUVAGE

Zizania aquatica, **Graminées**

Nom anglais: *wild rice*

En Occident, on nomme riz sauvage la graine d'une plante aquatique et non pas du riz poussant à l'état sauvage. Le riz sauvage croît dans les lacs calmes aux eaux fraîches et aux fonds boueux; il pousse principalement en Amérique du Nord. Les Amérindiens le cueillent et l'apprécient depuis plusieurs siècles; certaines tribus indiennes se sont même fait la guerre de nombreuses années pour y avoir accès. Très recherché, le riz sauvage fait maintenant l'objet d'une commercialisation poussée. Il coûte cher car il pousse sur une plante qui ne produit pas beaucoup, étant sensible aux variations climatiques, aux changements de niveaux d'eau et aux parasites. De plus, il n'est pas facile à récolter; la méthode ancestrale consiste à pencher les longues tiges de la plante au-dessus du canot et à les battre; on se sert maintenant de plus en plus de ventilateurs mécaniques qui soufflent les grains sur un moustiquaire sans que l'on ait besoin de plier les tiges. Les grains du riz sauvage sont plus longs que ceux du riz et de couleur noirâtre. Ils possèdent une saveur de noisette assez prononcée et une texture croustillante.

VALEUR NUTRITIVE

Le riz sauvage a une grande valeur nutritive. Il contient 14 g de protéines (protéines dites incomplètes, voir théorie de la complémentarité, p. 536), 75 g d'hydrates de carbone et 353 calories/100 g. Il renferme plus de protéines, de fibres, de vitamines et de sels minéraux que le riz et moins de matières grasses et de calories. Il est riche en calcium, en potassium, en phosphore et en vitamines du complexe B.

CUISSON

Le riz sauvage peut être traité comme le riz brun; son temps de cuisson est un peu plus long cependant et les grains triplent de volume. Voici une autre méthode de cuisson:

Laver 175 ml (150 g) de riz. Le mettre dans une casserole, ajouter 750 ml d'eau bouillante, faire bouillir pendant 5 minutes et retirer du feu. Laisser tremper à couvert pendant une heure. Égoutter et laver de nouveau. Mettre le riz et 2 ml (une demi-cuillerée à café) de sel dans 500 ml d'eau bouillante. Amener à ébullition puis laisser mijoter jusqu'à tendreté (environ 20 minutes). Donne quatre portions.

On peut aussi mettre le riz sauvage à tremper plusieurs heures (une nuit par exemple) et le cuire directement, sans le bouillir préalablement.

UTILISATION

Le riz sauvage accompagne souvent la volaille et le gibier; sa couleur foncée et son goût prononcé font un contraste fort apprécié. On le sert tel quel ou on l'utilise dans les farces. On peut aussi le souffler comme le maïs ou le moudre en farine.

CONSERVATION

Voir riz, p. 476.

ROGNON

Nom anglais: *kidney*

Nom donné au rein des animaux destinés à la consommation humaine. Les rognons du porc et du mouton sont formés d'un seul lobe tandis que ceux du veau et du bœuf en ont plusieurs. Les rognons de veau et d'agneau sont les plus appréciés car ils sont tendres et savoureux, venant de bêtes jeunes. Les rognons de porc, de mouton et de bœuf sont âcres, de texture plus ferme et de saveur plus prononcée; les rognons de bœuf sont les plus coriaces.

VALEUR NUTRITIVE Les rognons contiennent 15 g de protéines, 8 g de matières grasses, 0,9 g d'hydrates de carbone et 141 calories/100 g. Ils sont riches en fer et en vitamines du complexe B. Ils répandent souvent une odeur d'urine en cuisant car ils renferment un haut taux d'acide urique (autour de 300 mg/100 g).

ACHAT, PRÉPARATION ET CUISSON Rechercher des rognons dodus et fermes, de coloration vive et avec une surface brillante. Retirer la fine pellicule qui les entoure, la graisse logée au centre et les parties nerveuses. Pour enlever l'odeur d'urine, les ébouillanter brièvement puis les égoutter avant de les cuire. Les rognons de porc et de bœuf gagnent à tremper plusieurs heures dans de l'eau salée; cela atténue leur saveur prononcée. Les rognons les plus tendres peuvent être grillés ou sautés dans très peu de gras; les autres sont meilleurs braisés. Les rognons entiers de bœuf et d'agneau nécessitent un braisage de plusieurs heures. Éviter une cuisson prolongée, qui les rend caoutchouteux.

CONSERVATION Les rognons se conservent au réfrigérateur. Ils peuvent être congelés; les utiliser immédiatement après la décongélation.

ROMARIN

Rosmarinus officinalis, **Labiées**
Nom anglais: *rosemary*

Feuilles très parfumées d'un arbrisseau vivace originaire de la région méditerranéenne. Cet arbrisseau peut atteindre jusqu'à 2 m de haut lorsque les conditions lui sont favorables; en général cependant, il mesure entre 60 cm et 1,2 m. Les feuilles persistantes ressemblent à de fines aiguilles; leur face supérieure est vert foncé et leur face inférieure, blanchâtre. Des fleurs bleues ou blanches regroupées en petits bouquets attirent les abeilles, qui en tirent un miel exquis. Le nom latin du romarin signifie «rosée *(ros)* de mer *(marinus)*» et fait référence au lieu de croissance que préfère cette plante. Le romarin est utilisé à des fins culinaires, médicinales et religieuses.

VALEUR NUTRITIVE Le romarin est riche en vitamine C. Il est reconnu depuis très longtemps pour ses vertus médicinales; certains peuples, dont les

Égyptiens et les Romains, le considéraient comme une panacée. On le dit notamment antispasmodique, antirhumatismal, antiseptique, diurétique et digestif. Il serait en outre utile aux systèmes nerveux et respiratoire et aiderait à lutter contre les maux de tête et les insomnies. La phytothérapie en fait un grand usage. En tisane, mettre 5 ml (1 cuillerée à café) de feuilles par tasse d'eau (240 ml), faire bouillir de 2 à 3 minutes, puis laisser infuser 10 minutes.

UTILISATION   Le romarin a une saveur piquante et parfumée assez prononcée; s'en servir à petites doses, surtout au début, pour s'y habituer et afin de ne pas masquer la saveur des aliments. Il est particulièrement populaire dans le sud de la France où on l'incorpore dans une foule d'aliments tels les soupes, les farces, les marinades, la viande, le poisson et le gibier. Ses fleurs aromatisent vins et salades. Quelques feuilles infusées dans du lait le parfument légèrement; ce lait peut par la suite servir à confectionner des crèmes ou divers desserts.

CONSERVATION   Voir fines herbes, p. 188.

ROUGET
Mullus spp, **Mullidés**
Autres noms et espèces: *surmulet, rouget doré,*
rouget de roche, rouget-barbet
Noms anglais: *mullet, red mullet*

Poisson de mer au corps allongé qui recherche les eaux chaudes de la Méditerranée et de l'Atlantique. Ses gros yeux sont placés sur le sommet de sa tête volumineuse et il possède deux barbillons qui ont des fonctions tactiles et gustatives. Sa queue est fourchue et sa première nageoire dorsale est épineuse. Sa peau recouverte de grandes écailles prend des colorations variées, généralement dans les teintes de rouge ou de rose, surtout lorsque le poisson est excité ou frais écaillé. Elle perd vite de son éclat cependant, ce qui devient un indice précieux pour en connaître la fraîcheur.

Ce poisson perciforme est peu courant dans les eaux froides, d'où sa rareté près des côtes canadiennes. Parmi les espèces les plus courantes dans la Méditerranée se trouvent le surmulet, le rouget doré et le rouget de vase.

Surmulet *(Mullus surmuletus)*. Ce poisson porte également le nom de «rouget de roche» ou de «rouget-barbet». Il atteint de 35 à 40 cm de long. Son museau est plus allongé et son corps est de couleur plus vive, avec une bande dorsale foncée. La première dorsale est garnie de raies et parsemée de taches noirâtres. Il a deux écailles sous les yeux.

Rouget doré *(Mullus amatus)*. Poisson proche du surmulet. Sa bande dorsale est jaune et sa première dorsale est ornée d'une bande orange à sa base et d'une bande jaune un peu plus haut.

Rouget de vase *(Mullus barbatus).* Poisson qui porte également l'appellation normalisée de «rouget-barbet», comme l'espèce surmulet. Il mesure en moyenne 25 cm de long. Son museau est plutôt busqué. Sa peau est brun-rouge avec des reflets vert olive. Sa première nageoire dorsale est incolore. Il a trois écailles sous les yeux.

VALEUR NUTRITIVE   Le rouget et le surmulet contiennent 19 g de protéines, 8 g de matières grasses et 150 calories/100 g.

UTILISATION   La chair de ces poissons est maigre et ferme; elle contient une foule de petites arêtes; elle est meilleure lorsqu'elle a reposé 24 heures. Le rouget doit être écaillé délicatement car sa peau est fragile; il est très recherché, notamment dans le sud de la France, car sa saveur est particulièrement fine. Il peut être cuit tel quel (lorsqu'il est petit) ou vidé; ne pas enlever le foie, très savoureux. La cuisson au four le met en valeur.

CONSERVATION   Voir poissons, p. 429.

Rutabaga

Brassica napobrassica, **Crucifères**

Autres noms: *chou-navet, navet de Suède* (une traduction de l'anglais),
chou de Siam (appellation archaïque)

Noms anglais: *swede, swedish turnip, turnip-rooted cabbage*

Plante potagère qui serait le résultat d'une hybridation du chou et du navet, et qui aurait été développée en Scandinavie. Le rutabaga est plus volumineux que le navet, ses feuilles sont plus grandes et plus charnues, et son goût est plus prononcé et plus sucré. Certaines variétés de rutabagas servent à nourrir le bétail.

VALEUR NUTRITIVE   Le rutabaga contient 87 % d'eau, 1,2 g de protéines, 0,2 g de matières grasses, 8 g d'hydrates de carbone et 36 calories/100 g. Il renferme plus de vitamine A que le navet.

ACHAT   Rechercher un rutabaga ferme, lourd, non ridé et exempt de meurtrissures et de taches. On recouvre presque toujours le rutabaga de cire pour retarder son dessèchement. Cela pourrait être évité si on le conservait dans un endroit humide (98 à 100 %) et si on le mettait dans un sac en plastique perforé.

UTILISATION   Les gros rutabagas risquent d'être durs et fibreux. Il arrive parfois que le cœur de ce légume soit brunâtre, ce qui est causé par un manque de bore dans le sol; enlever cette partie foncée. Le rutabaga doit être épluché et son temps de cuisson est presque deux fois plus long que celui du navet. Il est particulièrement adapté aux purées et aux soufflés. Pour en atténuer le goût, le blanchir une dizaine de minutes avant de le cuire. Plus le rutabaga a une odeur forte, plus son goût est piquant. Le rutabaga peut remplacer le navet dans la plupart des recettes.

CONSERVATION   Le rutabaga se conserve plus longtemps que le navet; il demande les mêmes soins (voir navet, p. 355)

SAFRAN

Crocus sativus, **Iridacées**
Nom anglais: *saffron*

Variété de crocus originaire d'Asie, principalement cultivée pour le colorant jaune fourni par les stigmates de ses fleurs. Le crocus atteint environ 15 cm de hauteur; il a de longues feuilles filiformes issues d'un bulbe solide; ses fleurs violettes veinées de rouge sont également rattachées au bulbe. Chacune d'elles produit trois stigmates, filaments brun-orangé que l'on sèche et qui ont une odeur piquante et une saveur chaude et amère. La matière colorante du safran provient de la crocine. On doit compter de 70 000 à 80 000 stigmates pour obtenir 500 grammes de safran, d'où son coût élevé. Le safran est fréquemment «rehaussé» ou falsifié; on y mêle des fleurs de carthame, des pétales d'arnica et de calendule ou encore on l'humidifie avec de l'eau ou de l'huile pour en augmenter le poids. Il en existe plusieurs variétés; le plus réputé vient d'Espagne.

VALEUR NUTRITIVE   Le safran a un certain nombre de propriétés médicinales; on le dit notamment carminatif, antispasmodique, digestif, emménagogue (favorise le flux menstruel) et stimulant.

ACHAT   Se procurer des filaments de safran plutôt que de la poudre, qui est souvent falsifiée. Le meilleur safran est orangé et son odeur est doucement épicée. En vieillissant, le safran dégage une odeur de moisissure.

UTILISATION   Le safran est un élément important dans les cuisines arabe et indienne. Il assaisonne et colore potages, ragoûts, riz, currys, couscous, pâtisseries, liqueurs et fromages. En Europe, il est indispensable dans la bouillabaisse, la paella et le risotto; on le met dans certains desserts au lait, dans des brioches, avec la volaille et le poisson. Il est préférable de le mettre à tremper dans de l'eau chaude une quinzaine de minutes avant de l'utiliser pour éviter une certaine amertume et pour obtenir une meilleure répartition du colorant. L'utiliser avec discrétion, une petite pincée suffit pour aromatiser tout un plat. L'incorporer en début de cuisson. Éviter de le faire revenir dans du beurre ou de l'huile à haute température pour préserver son arôme.

CONSERVATION   Voir épices, p. 188.

SALSIFIS

Tragopogon porrifolius, **Composées**
Noms anglais: *salsify, oyster plant, salsafy, viper grass*

Plante potagère à racines, probablement originaire du sud de l'Europe. Ce légume ressemble à la carotte, sans en avoir la couleur cependant car sa chair est blanchâtre; une espèce voisine, le **scorsonère** *(Scorzonera hispanica)*, a une chair noirâtre. Le salsifis peut atteindre 30 cm de long et 5 cm de diamètre. Il est orné de longues feuilles comestibles; les jeunes pousses surtout sont délicieuses. Il a une saveur douce et sucrée qui laisse un arrière-goût de déjà connu; lorsqu'il est cuit, on le compare souvent à l'huître (d'où une de ses appellations anglaises) ou au panais.

VALEUR NUTRITIVE

Le salsifis contient 78 % d'eau, 3,3 g de protéines, 0,2 g de matières grasses, 18,6 g d'hydrates de carbone et 82 calories/100 g. Il est riche en calcium et en potassium.

ACHAT

Ce légume-racine est habituellement vendu sans son feuillage qu'on enlève à la cueillette pour diminuer la perte d'humidité. Choisir des salsifis fermes (ils sont un peu moins fermes que les carottes), sans parties détrempées.

CUISSON ET UTILISATION

Le salsifis est préparé, cuit et utilisé comme la carotte. Éviter une trop longue cuisson qui le transforme en bouillie peu savoureuse; la cuisson à la vapeur lui convient mieux que la cuisson à l'eau. Contrairement à la carotte, ce légume noircit dès qu'il est coupé; aussi est-il nécessaire de le mettre dans de l'eau citronnée ou légèrement vinaigrée pour empêcher sa décoloration.

CONSERVATION

Voir légumes, p. 293.

SARDINE
Clupanadon spp, **Clupéidés**
Nom anglais: *sardine*

Petit poisson au corps élancé que l'on trouve par bancs énormes dans les eaux tempérées de l'Atlantique et de la Méditerranée. La sardine, qui atteint de 10 à 25 cm de long, est recouverte de minces écailles. Sa mâchoire inférieure est proéminente. Son dos est bleu tandis que ses flancs et son ventre sont argentés. Il en existe 6 espèces, dont la sardine européenne *(Clupanadon pilchardus)*. Au Canada, ce que l'on vend sous le nom de sardine est en réalité un petit hareng. En Europe, on nomme souvent la très petite sardine «pilchard».

La sardine fraîche est délicieuse mais elle est rarement vendue comme telle car elle se conserve mal; elle est plutôt étêtée, éviscérée et cuite, habituellement à l'étuvée, puis mise en conserve (à l'huile, à la tomate ou au vin blanc). La sardine à l'huile présente le rare avantage de s'améliorer en vieillissant. Elle se conserve plus longtemps que les sardines au vin ou à la tomate, qui baignent dans des ingrédients acides qui attaquent le métal des boîtes (si elles ne sont pas étamées), ce qui leur confère un goût métallique.

VALEUR NUTRITIVE

La chair de la sardine fraîche est semi-grasse. La sardine à l'huile contient 20,6 g de protéines, 24 g de matières grasses, des hydrates de carbone à l'état de traces et 311 calories/100 g; elle constitue un excellent apport en calcium lorsqu'on mange les arêtes.

UTILISATION

La sardine en conserve peut être consommée telle quelle ou être marinée, être écrasée avec d'autres ingrédients, ou comme la sardine fraîche, être cuite au four, rôtie, grillée, etc. La sardine à l'huile est souvent mangée avec du pain beurré, ce qui la rend encore plus grasse et souvent plus difficile à digérer.

CONSERVATION

Retourner de temps en temps la conserve non entamée pour que les sardines baignent toujours dans le liquide. Conserver les sardines au réfrigérateur lorsque la boîte de conserve est ouverte.

SARRASIN

Fagopyrum esculentum et *F. tataricum*, **Polygonacées**
Nom anglais: *buckwheat*

Considéré comme une céréale et souvent nommé «blé noir», le sarrasin est en réalité le fruit d'une plante appartenant à une tout autre famille, qui comprend notamment l'oseille et la rhubarbe. Cette plante annuelle buissonnante, qui atteint de 30 à 70 cm de haut, est originaire d'Asie centrale; elle produit des grappes de fleurs blanches ou roses très odorantes qui fleurissent presque continuellement. Les abeilles les affectionnent et en fabriquent un miel foncé au goût prononcé. Les fruits sont des akènes presque noirs, formés de trois arêtes. Le sarrasin s'adapte aux terrains appauvris et au manque d'eau (en produisant moins cependant); son cycle végétatif court permet sa culture dans les régions tempérées.

Cet aliment occupait une place de choix chez les Sarrasins, les populations musulmanes d'Afrique, d'Orient et d'Espagne; il semble que c'est pour cette raison qu'on le baptisa «sarrasin». Il devint un aliment important en Bretagne, en Europe de l'Est, en Russie, en Chine et au Japon. En Amérique du Nord, l'utilisation la plus répandue du sarrasin est sous forme de crêpes (galettes).

La graine de sarrasin doit être décortiquée; sa forme particulière à 3 coins complique l'opération et nécessite un outillage spécial. Les graines sont d'abord nettoyées et triées par grosseur, puis elles passent au travers de 8 tamis, dont 6 sont équipés d'aspirateurs qui attirent l'écorce. Elles sont par la suite laissées telles quelles, sectionnées en différentes grosseurs, rôties ou non. Le sarrasin rôti, appelé «kacha», acquiert une saveur et une coloration plus prononcées. Le sarrasin est également transformé en farine, et sa valeur nutritive dépend du taux d'extraction. Cette information étant rarement disponible, la couleur de la farine est un bon indice; plus la farine est foncée, plus elle a conservé de nutriments.

VALEUR NUTRITIVE

Le sarrasin contient 11 g de protéines (protéines dites incomplètes, voir théorie de la complémentarité, p. 536), 2 g de matières grasses, 62 g d'hydrates de carbone et 310 calories/100 g. Comparativement à ceux des céréales, ses acides aminés essentiels sont plus complets car le tryptophane y est plus abondant (voir céréales, p. 113). Le sarrasin est riche en calcium, en magnésium, en potassium, en phosphore, en fer, en thiamine et en cellulose. Il contient de la rutine, ce qui aiderait à prévenir les hémorragies et faciliterait la circulation sanguine. On le considère comme digestible, nourrissant, peu encrassant et un bon reconstituant. Les macrobiotiques affirment que s'il est mangé d'une façon régulière, il rend les gens impatients.

CUISSON

Le sarrasin entier cuit en une trentaine de minutes, les grains concassés en une vingtaine de minutes. On peut cuire le sarrasin en même temps que le riz blanc, auquel il confère une saveur inhabituelle. L'ajouter à un liquide bouillant (2 parties de liquide par partie de sarrasin); il nécessite moins de liquide s'il a été préalablement sauté dans un corps gras. Le sarrasin devient facilement une bouillie insipide s'il est mal cuit; une façon d'y remédier est de lui adjoindre un œuf battu avec lequel on enrobe les grains avant de les cuire; l'albumine de l'œuf les scelle et les rend moins pâteux.

UTILISATION

Le sarrasin concassé peut être employé comme le riz ou les pommes de terre, comme mets d'accompagnement ou pour préparer soupes, ragoûts, muffins, etc. Non grillé, il a une saveur plus délicate que le sarrasin grillé et il convient mieux aux aliments à saveur fine, tels les poissons et les desserts. On le cuit aussi comme le gruau ou on le combine à des céréales pour varier la saveur. La farine de sarrasin est dépourvue de gluten alors elle ne lève pas à la cuisson; on doit la combiner à de la farine de blé si on l'intègre à du pain, des gâteaux ou autres aliments levés. Cette farine sert à confectionner nouilles, galettes, polentas, gâteaux, biscuits, etc.

CONSERVATION

Réfrigérer la farine de sarrasin non raffinée en retarde le rancissement.

SARRIETTE

Satureia hortensis, **Labiées**

Nom anglais: *savory*

Plante aromatique originaire de la région méditerranéenne. Il existe deux espèces de sarriette, une vivace et une annuelle. Cette dernière, dite d'été, est la plus courante; elle atteint environ 25 cm de hauteur. Ses feuilles vertes très odorantes ressemblent à de larges aiguilles. Des fleurs mauve pâle apparaissent aux aisselles des feuilles; les feuilles ont plus de parfum avant la floraison.

VALEUR NUTRITIVE

La sarriette est reconnue pour ses vertus aphrodisiaques; son nom latin *satureia* signifiant «herbe à satyre» y fait référence. On la dit en plus carminative, antispasmodique, antiseptique, tonique, vermifuge, expectorante, diurétique et stimulante. Elle semble empêcher la fermentation intestinale, ce qui explique pourquoi elle est si souvent associée aux légumineuses. Elle est riche en vitamine A et en calcium.

UTILISATION

Une pincée de sarriette séchée suffit pour parfumer suffisamment; en trop grande quantité, cette fine herbe peut rendre l'aliment amer. La sarriette rehausse à merveille non seulement les légumineuses mais aussi sauces, salades, potages, ragoûts, marinades, viandes, gibiers, farces, pâtés, légumes, vinaigrettes, etc. C'est la compagne idéale du cerfeuil et de l'estragon. On l'utilise fraîche ou séchée et elle ne devrait être pulvérisée qu'au moment de servir, afin de conserver toute sa saveur. En tisane, mettre 5 ml (1 cuillerée à café) par tasse d'eau (240 ml) et laisser infuser 10 minutes.

CONSERVATION

Voir fines herbes, p. 188.

SAUCISSE et SAUCISSON

Nom anglais: *sausage*

Produits à base de viande hachée, de gras animal et de sel. Les termes «saucisse» et «saucisson» sont d'ailleurs dérivés du latin *salsus* signifiant «salé». Les saucisses auraient été créées au temps des Romains quand la viande de porc était abondante et les moyens pour la conserver limités. Elles constituaient et constituent toujours aussi un excellent débouché pour les abats et les parties dures difficilement utilisables. Cette charcuterie est vite devenue populaire, surtout lors de foires et de fêtes, popularité qui s'est perpétuée tout au long des siècles.

Traditionnellement faite de porc, cette charcuterie est maintenant fabriquée à partir de divers autres ingrédients, tels du bœuf, du veau, de l'agneau, du cheval, de la volaille, des protéines de farine de blé modifiées ou du tofu. Diverses parties de l'animal peuvent être utilisées en dehors du maigre et du gras, dont le cœur, le diaphragme, l'œsophage, les tripes, la langue, le foie, le sang, le plasma sanguin. Les saucisses et saucissons peuvent aussi contenir des agents liants, des stabilisants, des épices et des édulcorants; parfois, quand la viande est désossée mécaniquement, on y trouve des résidus formés de lambeaux de peau, de nerfs, de tendons ou de vaisseaux sanguins et des fragments d'os.

Les ingrédients forment ce que l'on appelle le hachis; ce dernier est malaxé plus ou moins finement selon le résultat final désiré. Il est ensuite inséré le plus souvent dans une enveloppe comestible ou non, naturelle ou synthétique. Les enveloppes synthétiques à base de collagène ont presque fait disparaître les enveloppes naturelles constituées du boyau d'un animal (intestin) ou de la crépine (membrane graisseuse, fine et transparente, parfois appelée coiffe).

Il existe un nombre incalculable de variétés de saucisses et de saucissons; c'est en Allemagne que la variété est la plus grande, dépassant les 1 500. Plusieurs noms de saucisses ont d'ailleurs une origine allemande; c'est le cas notamment quand apparaît le suffixe *wurst* signifiant «saucisse». Les divers procédés de fabrication, qui diffèrent d'un pays à l'autre, ont une influence non seulement sur la composition mais également sur la taille, la grosseur, la saveur et la valeur nutritive de ces produits. On distingue fréquemment 3 types de produits, soit les saucisses crues, les saucisses cuites et les saucissons.

Saucisses crues. Saucisses à griller, à cuire à la poêle, à faire bouillir ou à frire. Elles accompagnent ou constituent souvent un plat principal (saucisses longues, merguez, crépinettes, chipolatas, etc.). À l'achat, rechercher des saucisses lisses, non poisseuses et de couleur uniforme. Les piquer avec une fourchette avant de les cuire permet au gras qui fond de s'écouler. L'ajout de matière grasse est inutile puisque les saucisses en perdent sous l'effet de la chaleur; commencer la cuisson doucement. Ajouter si désiré une petite quantité d'eau en début de cuisson si les saucisses risquent de coller.

Saucisses cuites. Saucisses habituellement disponibles sous deux formes: entièrement ou partiellement cuites et fumées ou cuites, généralement à la vapeur. Certaines, dont les gendarmes, sont mangées crues, d'autres, dont la saucisse de Francfort, doivent d'abord être réchauffées à l'eau, à la vapeur, par friture ou au gril.

Comme son nom l'indique, la saucisse de Francfort est d'origine européenne; on la connaît surtout à cause de son association avec le **hot dog**, une invention américaine qui date du début du XXe siècle. C'est sûrement la saucisse la plus consommée mondialement; seulement aux États-Unis, on a ingéré 19 milliards de hot dogs en 1986.

À peu près n'importe quelle partie de l'animal peut entrer dans la composition d'une saucisse de Francfort; elle contient en outre gras, eau, agents liants (souvent de la farine de blé), aromates, sel, édulcorants (glucose ou dextrose) et additifs. Sa fabrication est hautement mécanisée; les ingrédients sont broyés et malaxés en une pâte homogène. Cette pâte est versée dans un poussoir mécanique qui remplit des files d'enveloppes de cellulose reliées entre elles et qui forment une chaîne ininterrompue de saucisses. Ces dernières sont acheminées vers l'unité de cuisson, habituellement un fumoir, où elles acquièrent leur saveur caractéristique. Une fois cuites, les saucisses sont refroidies à l'eau fraîche, pelées, puis transportées par un tapis roulant vers l'unité d'emballage où elles sont empaquetées sous vide puis réfrigérées.

La valeur nutritive d'une saucisse de Francfort dépend des ingrédients utilisés et de leur proportion; c'est en général un aliment gras et calorifique qui contient moins de protéines que la viande.

Vérifier la date de péremption sur les emballages scellés, c'est l'unique façon de connaître la fraîcheur des saucisses qui conservent longtemps une belle apparence. Délaisser les emballages endommagés qui ne sont plus sous vide: les saucisses ne sont plus protégées et on ne peut pas savoir depuis quand elles ont commencé à se détériorer.

Les saucisses fumées se conservent environ 1 semaine au réfrigérateur quand l'emballage est ouvert. Elles supportent un mois de congélation; les congeler telles quelles si l'emballage est scellé, sinon, bien les envelopper.

Saucissons. Plus volumineux que la saucisse, ils sont prêts à manger; leur enveloppe peut être comestible ou non. Il en existe 2 grandes variétés: le saucisson sec et le saucisson cuit.

Le saucisson sec a subi une longue dessication qui commence d'abord par la fermentation (sous l'effet d'un étuvage), suivie du séchage et de la maturation. La consistance du hachis varie de fine à grossière; si elle est fine, le saucisson a un aspect homogène, alors que si elle est grossière, il laisse voir morceaux de viande, de gras et d'épices. Dans cette catégorie se trouvent le saucisson de montagne, le saucisson d'Arles, le pepperoni, le cervelas, le Jésus, etc.

Le saucisson cuit ou demi-sec a seulement subi la cuisson; il conserve au moins 80 % de son humidité. Comme pour le saucisson sec, son hachis peut être composé de viandes diverses, ce qui influence sa consistance, sa saveur et sa couleur. La mortadelle est souvent classée avec les saucissons cuits, tels les saucissons de Paris, de Cambridge, de foie, de langue, de veau et porc, de boudins fumés, etc. Le salami peut être sec ou cuit.

UTILISATION   Les saucissons peuvent être coupés en fines tranches, être servis en hors-d'œuvre ou garnir canapés et sandwichs. Certains tels le chorizo et le cabano sont servis chauds. Comme toutes les charcuteries, ce sont des aliments riches en matières grasses, en calories, en sel et souvent en additifs.

CONSERVATION   Les saucissons secs peuvent se conserver jusqu'à 3 mois dans un endroit frais et sec; rendus à point ou entamés ils deviennent plus périssables; on peut les conserver à la température ambiante environ 15 jours, mais il est préférable de les réfrigérer. Les couvrir et les tenir éloignés des aliments qui absorbent facilement les odeurs. Les saucissons mi-secs doivent être rangés au réfrigérateur; ils se conservent plusieurs semaines.

SAUGE

Salvia officinalis, **Labiées**
Nom anglais: *sage*

Plante aromatique vivace, réputée pour ses propriétés médicinales. Son nom lui vient d'ailleurs du latin *salvus* signifiant «sauvée» et elle est aussi connue sous le surnom d'«herbe sacrée». Il en existe de nombreuses espèces; certaines sont des herbes, d'autres, des arbrisseaux. La plus commune est la sauge officinale, originaire de la région méditerranéenne; elle atteint environ 30 cm de hauteur. Ses feuilles oblongues d'un vert cendré sont nervurées, lancéolées et velues. Ses fleurs violettes forment des grappes de petites clochettes aux extrémités des tiges. Les feuilles et les tiges sont recouvertes de poils argentés hérissés qui, en arabe, lui ont valu le surnom de «langue de chameau».

VALEUR NUTRITIVE

La sauge aurait des propriétés médicinales tellement étendues qu'il est impossible de toutes les énumérer; on affirme qu'elle est bonne à tout, possédant à elle seule les vertus d'une vingtaine de plantes. Un proverbe dit: «Qui a de la sauge dans son jardin n'a pas besoin de médecin». En tisane, mettre 15 ml (1 cuillerée à soupe) de feuilles par tasse d'eau (240 ml) et laisser infuser 10 minutes.

UTILISATION

La saveur piquante, corsée et légèrement camphrée de la sauge aromatise agréablement une multitude de plats, facilitant même la digestion des plus riches. L'employer avec discrétion, surtout au début, pour s'y habituer et afin de ne pas masquer la saveur des aliments. L'utiliser en fin de cuisson car cette fine herbe supporte mal l'ébullition et la chaleur. La cuisine de plusieurs pays lui fait une place de choix, notamment celles de la France, de l'Allemagne, de l'Angleterre, de l'Italie et de la Chine. La sauge aromatise viandes, volailles, charcuteries, jambons, farces, légumes, omelettes, soupes, ragoûts, bref presque tout. Elle sert aussi à parfumer fromages, vins, bières, thés et vinaigres. Elle se conserve facilement sans grande perte de saveur.

ACHAT ET CONSERVATION

Voir épices, p. 188.

SAUMON

Oncorhynchus spp, **Salmonidés**
Diverses espèces: *saumon chinook, sockeye, coho, rose, keta,*
de l'Atlantique (Salmo salar)*, ouananiche*
Nom anglais: *salmon*

Magnifique poisson qui vit en mer, principalement dans le Pacifique *(Oncorhynchus)*, mais aussi dans l'Atlantique *(Genus salmo)*. On le trouve également dans les fleuves ou dans les rivières, lors de la période de frai ou parce que certaines espèces s'y sont fixées (telle la ouananiche). Au Québec, les saumons sur le marché viennent du Pacifique sauf celui qui est souvent appelé à tort «saumon de Gaspé», que l'on devrait nommer «saumon de l'Atlantique».

Le corps du saumon est allongé et légèrement comprimé; il change de forme selon les espèces. Sa tête est petite et sa bouche, grande. Il se distingue de la truite par sa nageoire anale qui compte 13 ou 14 rayons. Sa peau, recouverte d'écailles lisses, est souvent décorée de taches, variables selon les espèces: rondes sur la tête, en forme de X sur les flancs, etc. Le saumon quitte la mer et se rend en eau douce pour frayer. Son aspect physique se modifie considérablement lors de cette période, surtout chez les mâles où le museau se déforme, la mâchoire s'allonge et les dents deviennent proéminentes. La femelle pond environ 4 000 œufs mais seulement 15 % arrivent à maturité. Plusieurs espèces (dont celles du genre *Oncorhynchus*) meurent après la période de reproduction, avant même de retourner à la mer. Les saumons atteignent des tailles variant entre 60 cm et 1,5 m de long tandis que leur poids moyen est de 7 ou 8 kg; il arrive qu'ils pèsent de 40 à 50 kg. Leur couleur dépend des espèces et de la période de l'année. Les espèces les plus fréquentes dans le Pacifique sont le chinook, le sockeye, le coho, le rose et le keta.

Saumon chinook ou **royal** *(O. tschawytscha)*. Ce poisson peut peser jusqu'à 35 ou même 45 kg. Sa chair prend des teintes allant du rose clair à l'orange foncé. Fraîche, elle contient 19 g de protéines, 15,6 g de matières grasses et 222 calories/100 g; elle est très grasse. Elle est surtout vendue fraîche ou congelée; on la met rarement en conserve (en conserve, elle contient 19,6 g de protéines, 14 g de matières grasses et 210 calories/100 g). Fumée, elle est très recherchée.

Saumon sockeye ou **rouge** *(O. nerka)*. C'est l'espèce la plus recherchée après le saumon chinook. Sa chair rouge mat est ferme et très savoureuse. Ce saumon mesure environ 80 cm de long et pèse en moyenne entre 2 et 5 kg. Il garde sa belle coloration rouge même lorsqu'il est dans une boîte de conserve. Comme il est plutôt mince, élancé et de taille uniforme, il est facile à mettre en conserve; il contient alors 20,3 g de protéines, 9,3 g de matières grasses et 171 calories/100 g.

Saumon coho ou **argenté** *(O. kisutch)*. Ce saumon mesure environ 1 m de long et pèse de 2 à 6 kg. C'est la troisième espèce en importance; sa chair égale presque celle du sockeye ou du chinook. Elle est rouge-orangé mais plus pâle que celle du sockeye. Elle se défait en gros morceaux comme celle des deux autres. Très utilisé pour les conserves, le saumon coho est aussi beaucoup vendu frais, congelé ou fumé; il est également commercialisé légèrement saumuré. En conserve, il contient 20,8 g de protéines, 7,1 g de matières grasses et 153 calories/100 g.

Saumon rose *(O. gorbuscha)*. C'est le plus petit du genre, il atteint sa maturité très tôt (2 ans). Il mesure environ 75 cm de long et pèse de 1,5 à 3 kg (parfois 6 kg). Le saumon rose a longtemps été considéré comme une espèce de qualité inférieure (tout comme le keta), car sa chair rosée est plutôt molle et se défait en petits morceaux. Il est surtout mis en conserve; il contient alors 20,5 g de protéines, 5,9 g de matières grasses et 141 calories.

Saumon keta ou **chum** ou **à chien** *(O. keta)*. Son poids moyen se situe entre 4 et 9 kg; il mesure habituellement 1 m de long. C'est le saumon qui a la moins belle et la moins bonne chair; à peine rosée, elle est spongieuse, molle et se défait en petits morceaux; elle a cependant l'avantage d'être moins grasse. Elle est meilleure fraîche et se vend souvent comme telle. Elle est aussi mise en conserve, congelée, salée à sec ou fumée. En conserve, la chair contient 21,5 g de protéines, 5,2 g de matières grasses et 139 calories/100 g. C'est le saumon le moins cher.

Saumon de l'Atlantique *(Salmo salar)*. C'est le seul saumon qui vit dans l'Atlantique. Il est différent du saumon du Pacifique et il ne meurt pas après le frai; il peut se reproduire deux ou trois fois. Malgré tout, l'espèce a dangereusement diminué à cause de la pêche intensive; l'élevage et une stricte gestion des stocks sont des mécanismes qui ont été mis en place pour en assurer la survie.

Ce saumon est renommé mondialement pour sa combativité et sa chair rose délicieusement parfumée. Son corps ressemble à celui des autres salmonidés, sa couleur varie avec l'âge. Il peut peser jusqu'à 28 kg mais il fait habituellement entre 4,5 et 14 kg. Sa chair fraîche contient 22,5 g de protéines, 13,4 g de matières grasses et 217 calories/100 g. Il est vendu frais, congelé ou fumé. L'apprêter le plus simplement possible afin de ne pas en masquer la saveur.

Ouananiche *(Salmo ouananiche* ou *Salmo salar)*. Il existe une variété de saumon assez spéciale, connue au Québec sous le nom indien de «ouananiche». C'est un délicieux petit saumon d'eau douce. Il semble qu'il aurait été emprisonné dans les terres après l'époque glaciaire, car il n'aurait pu retourner à la mer lorsque les eaux se sont retirées. Il demeure maintenant en eau douce de façon permanente même si, bien souvent, les cours d'eau qu'il fréquente ont un accès facile à la mer.

Ce poisson forme une espèce à part entière, tant par ce changement d'habitat maintenant volontaire que par certaines modifications corporelles, qui le distinguent actuellement du saumon. Il est plus petit et pèse rarement plus de 6 kg. Ses nageoires plus longues et plus fortes et sa queue grosse et puissante se sont développées à cause des eaux vives de son environnement. Ses yeux ainsi que ses dents sont plus grands. Il prend des teintes de noir sur le dos, de gris bleuâtre sur les flancs et son ventre est argenté; ses taches plus rapprochées sont mieux définies. On apprête la ouananiche comme le saumon ou la truite.

ACHAT ET UTILISATION

Le saumon frais est vendu entier, en darnes ou en tronçons. Au début de la saison, une substance crémeuse entre les écailles est un signe de qualité. Frais pêché, il se conserve de 3 à 4 jours au réfrigérateur et un peu moins longtemps s'il est placé dans un endroit frais ou recouvert de glace. Il rancit rapidement car sa chair est grasse. L'écailler et le vider avant de l'apprêter; on peut s'abstenir de le laver et se contenter de l'essuyer. Le saumon peut être cuit de toutes les façons et il est aussi bon chaud que froid; il peut remplacer la truite, l'omble, le corégone et d'autres poissons du même genre dans la plupart des recettes. La chair du côté de la tête est plus délicate que celle près de la queue.

Le saumon fumé ne doit pas être trop foncé pour être à son meilleur, sinon il risque d'être très salé. Éviter de l'acheter si son pourtour est desséché ou bruni, si son aspect est brillant et légèrement vernissé ou si un léger écoulement est visible, car la fraîcheur laisse à désirer. Il est préférable de l'acheter dans un endroit où le roulement est rapide. Le saumon fumé est très souvent vendu scellé sous plastique ou congelé; la congélation atténuerait cependant la finesse du fumage. Consommer le saumon fumé le plus simplement possible, en évitant de cacher sa saveur avec des aliments trop élaborés.

Le saumon en conserve se prépare en sandwichs, salades, pâtés, sauces, quiches, etc. Comme il est cuit et mis en boîte dans son propre jus, il arrive parfois qu'il contienne arêtes ou vertèbres; on peut facilement les manger car elles sont très friables et elles constituent une importante source de calcium. On devrait également ment utiliser le liquide, qui contient aussi des éléments nutritifs.

Le saumon est également mis en conserve sous forme de pâté, surtout utilisé pour recouvrir canapés et sandwichs. Cette préparation est particulièrement calorifique, car outre le fait que le saumon est un poisson assez gras, des matières grasses lui sont ajoutées.

Les œufs des saumons sont délicieux; ils se vendent souvent dans des pots de verre.

CONSERVATION   Voir poissons, p. 429.

SÉBASTE

Scorpaena spp, **Scorpénidés**

Autres noms et espèces: *rascasse de fond*, (S. dactyloptera), *sébaste de l'Atlantique ou grand sébaste* (souvent appelé à tort *perche de mer*, Sebastes marinus), *scorpène*
(*rascasse noire* ou *diable*, S. porcus),
rascasse rouge (S. scrofa), *vivaneau*
Noms anglais: *hogfish, rascasse, redfish*

Poisson de mer au corps comprimé latéralement et au dos légèrement bossu. Sa grosse tête hideuse est ornée d'une ou de deux paires d'aiguillons, parfois vénéneux; ses yeux sont exorbités. Le sébaste possède une grande bouche et une mâchoire inférieure proéminente. Plusieurs de ses nageoires sont épineuses. Sa peau recouverte d'écailles irrégulières prend diverses colorations le plus souvent dans les teintes de rouge, de rose ou d'orangé. Sa taille et son poids varient énormément selon les variétés; le sébaste courant mesure entre 30 et 50 cm de long et pèse de 1 à 2 kg. Le sébaste habite les eaux peu profondes des mers du Nord et les profondeurs des mers du Sud; il fait partie d'une famille comprenant près de 30 genres et 250 espèces; plus de 50 espèces vivent dans le Pacifique près des côtes canadiennes et plusieurs dans l'Atlantique et la Méditerranée.

VALEUR NUTRITIVE   La chair parfois rosée est maigre, ferme, floconneuse et très savoureuse; elle s'apparente souvent à celle du crabe ou du pétoncle. Crue, la chair du sébaste de l'Atlantique contient 19 g de protéines, 1,6 g de matières grasses et 94 calories/100 g.

UTILISATION   Ce poisson peut être cuit entier ou en filet. Se méfier des nageoires épineuses et les enlever le plus tôt possible. Le sébaste peut être préparé de toutes les façons imaginables, car il est aussi bon cru, cuit, fumé que froid. Laisser la peau lors de la cuisson au court-bouillon ou au gril, ainsi la chair se défait moins. Dans le sud de la France, on considère qu'une bouillabaisse est incomplète sans la rascasse.

CONSERVATION   Voir poissons, p. 429.

SEICHE

Sepia officialisis, **Loliginidés**
Autre espèce: *sépiole* (S. rondeleti)
Noms anglais: *cuttlefish, cuttle*

Mollusque dépourvu de coquille. La seiche fait partie d'une famille qui comprend notamment le calmar et le poulpe. Son corps est plus ovale et plus aplati que celui du calmar et il est complètement recouvert d'une longue nageoire. Son dos gris-beige ou brun noirâtre est teinté de pourpre et souvent rayé. La seiche possède une poche remplie d'encre et dix tentacules, dont 2 très longs; elle a un os en forme de bouclier au lieu d'un cartilage. Ses yeux sont petits et comme ceux du poulpe, ils ressemblent aux yeux des vertébrés. La seiche est plus grosse que la sépiole, qui ne mesure que 3 ou 4 cm de long. Elle vit en eaux profondes et est très courante en Europe et en Asie.

VALEUR NUTRITIVE La seiche a une valeur nutritive semblable à celle du calmar (voir p. 94).

UTILISATION La chair de la seiche ressemble à celle du poulpe; il faut aussi la battre avec un bâton avant de la cuire (voir poulpe, p. 459). La seiche, le poulpe et le calmar peuvent s'interchanger dans la plupart des recettes.

ACHAT ET CONSERVATION Voir poissons, p. 429.

SEIGLE

Secale cereale, **Graminées**
Nom anglais: *rye*

Céréale originaire d'Asie, probablement d'Afghanistan et du Turkestan. Le seigle semble être apparu tardivement dans l'alimentation humaine; son existence n'est signalée que 1 000 ans av. J.-C. Ce n'est qu'avec les Romains qu'il gagne en popularité et se répand à travers l'Europe; il devient alors une nourriture de base dans de nombreux pays, notamment en Scandinavie et en Europe de l'Est. Encore aujourd'hui, le seigle demeure très important en Europe puisque 90 % de la production mondiale y est concentrée, dont plus de la moitié en Russie. Mondialement, sa consommation est à la baisse car cette céréale est plus populaire en temps de disette; le seigle sert surtout à nourrir le bétail.

Il existe une dizaine d'espèces de seigle et plusieurs variétés qui se divisent en seigle d'hiver et en seigle d'été. Certaines sont vivaces alors que d'autres sont annuelles. Légèrement buissonnant à sa base, le seigle atteint de 60 cm à 2 m de hauteur. Il pousse facilement dans les terrains pauvres et il supporte le froid, conditions néfastes à la plupart des autres céréales. Son grain ressemble à celui du blé tout en étant moins dodu et plus long; il est légèrement comprimé latéralement et une touffe de poils coiffe son sommet. Il prend des teintes allant du brun jaunâtre au gris verdâtre. Il doit être décortiqué; une fois libéré de son enveloppe, on le laisse entier, on le concasse, on le met en flocons ou en farine.

La farine de seigle est panifiable mais son gluten est moins élastique que celui du blé et retient moins l'humidité; le pain lève peu et est plus dense, plus compact et se conserve plus longtemps car il se dessèche moins rapidement. Le taux d'extraction de la farine (qui détermine la proportion de germe et de son encore présents) revêt une importance particulière car les divers éléments nutritifs du seigle sont plus difficiles à extraire et une plus grande partie reste dans le son et le germe. Plus la farine est raffinée, plus elle est blanche et plus la perte de valeur nutritive est élevée (voir farine, p. 199).

La farine peu ou pas raffinée donne un pain presque noir, à saveur prononcée. Ce pain est souvent moins apprécié qu'un pain plus léger, aussi se sert-on fréquemment de farine de seigle avec un haut taux d'extraction ou on incorpore une partie de farine de blé. Il arrive aussi que seigle et blé soient moulus ensemble; autrefois il était courant de semer conjointement ces 2 céréales dans le même champ et le mélange de céréales portait le nom de «méteil». Lire attentivement les étiquettes car du pain de seigle est souvent composé principalement de farine de blé colorée de caramel.

VALEUR NUTRITIVE Le seigle a une valeur nutritive similaire à celle du blé. Il contient 11 g de protéines, 1,7 g de matières grasses, 68 g d'amidon et 334 calories/100 g. Le seigle brun est riche en niacine, phosphore, chlore, potassium, fer, calcium et soufre. Comme toutes les céréales, le seigle a des déficiences en acides aminés essentiels (voir céréales, p. 113). Il contient de l'acide phytique que son enveloppe riche en phytase neutralise (voir blé, p. 68). Il est légèrement laxatif et il renferme de la rutine qui semble posséder le pouvoir de faciliter la circulation sanguine, ce qui aiderait à protéger de l'artériosclérose et des maladies cardiovasculaires.

UTILISATION Les grains de seigle entiers peuvent être cuits et consommés tels quels au même titre que ceux des autres céréales et ils sont très nourrissants. Les flocons sont utilisés comme ceux de l'avoine roulée (müesli, granola, gruau, etc.). Il n'en demeure pas moins que c'est sous forme de farine que le seigle est utilisé le plus couramment. Grossièrement broyée et possédant tous ses éléments nutritifs, la farine donne notamment le fameux pain «pumpernickel» d'origine allemande; elle entre également dans la préparation de biscottes, de pains d'épices, de pâtés, de muffins, etc. Les grains de seigle peuvent aussi être germés (voir céréales, p. 113) ou entrer dans la fabrication de boissons alcoolisées (whisky, bourbon, certaines vodkas).

CONSERVATION   Voir céréales, p. 113.

SEITAN

Nom anglais: *seitan*

Aliment spongieux fait à partir des protéines du blé (gluten). Ces protéines sont extraites de la farine; la farine de blé est débarrassée de l'amidon et du son par pétrissage au-dessus de l'eau jusqu'à ce qu'il ne reste plus que le gluten; cette pâte est ensuite mise à cuire une heure ou deux dans un bouillon assaisonné de tamari et d'algue kombu. Il est important que ce concentré de protéines absorbe les sels minéraux du bouillon, ainsi il devient très digestible et de grande valeur nutritive (un concentré de protéines pauvre en sels minéraux se digère difficilement). Plus le gluten cuira longtemps, plus il sera ferme.

Fabrication du seitan

Avec de la pratique, faire du seitan prend environ une heure; parce que c'est assez long, il est intéressant d'en préparer plus et d'en congeler une partie. Se servir de préférence de blé dur ou d'épeautre.

Pétrissage:

- Mélanger de la farine [780 ml (500 g)], du sel (une pincée) et de l'eau dans un grand bol;
- ajouter suffisamment d'eau (720 ml) pour obtenir une pâte pas trop dure qui puisse être pétrie facilement;
- pétrir énergiquement (cette opération est importante car le pétrissage agglomère les molécules du gluten et permet qu'elles restent liées lorsque l'amidon disparaît dans l'eau);
- laisser reposer la pâte de 45 à 60 minutes en la recouvrant d'eau tiède (cette étape n'est pas indispensable mais elle permet de raccourcir le temps de rinçage, facilitant la séparation de l'amidon et du gluten).

Trempage:

- Remplir un grand bol d'eau froide;
- placer une passoire au-dessus de l'eau et y déposer la pâte;
- pétrir cette pâte dans l'eau;
- conserver l'eau de rinçage qui devient laiteuse, car elle contient l'amidon et le son, et s'en servir pour épaissir soupes, sauces, ragoûts et desserts. On peut l'égoutter

et ne garder que l'amidon qui s'est accumulé dans le fond, on l'emploie alors comme la fécule de maïs;

- cesser le rinçage de la masse lorsqu'elle devient une pâte caoutchouteuse dépourvue d'amidon; ne pas craindre de trop la travailler, elle reprend facilement son élasticité;
- changer l'eau si désiré.

Cuisson:

- Préparer un bouillon avec 2 litres d'eau, 240 ml de tamari, 15 à 20 cm d'algue kombu et une pincée de sel;
- aromatiser le bouillon si désiré avec des légumes, des épices et des fines herbes (ail, oignon, gingembre, thym, laurier, etc.);
- découper le gluten en morceaux de la grosseur désirée ou le laisser entier (le gluten gonfle à la cuisson, aussi est-il préférable de le séparer si la masse est imposante);
- ajouter le gluten dans le bouillon, couvrir la casserole et cuire à feu moyen une heure ou deux;
- remuer de temps en temps et ajouter de l'eau si nécessaire.

VALEUR NUTRITIVE   Le seitan frais contient 18 g de protéines et 118 calories/100 g. Il est dépourvu de matières grasses et d'hydrates de carbone.

UTILISATION   Le seitan a le même usage que la viande, qu'il peut d'ailleurs remplacer dans la plupart des recettes. Il peut même en avoir l'aspect; si on le hache par exemple, il peut passer pour du steak haché dans les plats cuisinés. Le seitan est ajouté notamment dans les soupes, les tourtières, les ragoûts, les farces et les croque-monsieur; on l'apprête aussi en escalope, en rôti, en brochettes, etc.

CONSERVATION   Le seitan se conserve au réfrigateur ou au congélateur.

SEL

Nom anglais: *salt*

Substance inodore, friable, soluble à l'eau et au goût piquant. Son nom chimique est *chlorure de sodium,* car le sel est composé de sodium (40 %) et de chlore (60 %). Le sel est essentiel pour le bon fonctionnement du corps humain et il est précieux comme condiment et comme agent de conservation des aliments. Il est associé depuis toujours à l'histoire des sociétés humaines et son importance fut telle qu'on alla même jusqu'à le nommer «or blanc».

Rare pendant très longtemps car il est réparti inégalement sur la planète, le sel fut un prétexte de guerre, les sociétés qui en étaient dépourvues cherchant souvent à s'en assurer un approvisionnement stable. Il servit au culte religieux et en médecine (usages qui se sont perpétués jusqu'à nous). Sa recherche fut un facteur qui contribua au développement des civilisations et son commerce permit la construction de routes. En Chine, il fut mis en tablettes qui portaient le sceau de l'empereur et qui servirent de monnaie; en France, il donna lieu à un impôt, la gabelle, qui forçait les gens à acheter chaque année du sel dont le commerce était un monopole d'État. De nos jours, le sel est abondant et bon marché.

Le terme «sel», dit *sal* en latin, est à l'origine de plusieurs mots dont «salaire», de *salarium* qui désignait la ration de sel payée aux soldats, «saucisse» formée du mot *salsus* qui signifie salé, «salami», de *salame* (chose salée en italien), «saumure», «salaison», «salade» ou encore «saupoudrer». Il figure également dans diverses expressions telles que «le sel de la terre», «mettre son grain de sel», «une histoire salée».

Le sel est tiré de la mer. Il provient de mines apparues naturellement après le retrait de la mer ou de marais salants, bassins où l'on emprisonne l'eau de mer afin qu'elle s'évapore. Le sel des mines se nomme sel gemme; il coûte moins cher à produire que le sel des marais. Il est extrait sous forme de solution obtenue après l'injection d'eau dans des trous creusés à cette fin; cette eau qui devient saumurée est ensuite pompée puis chauffée afin qu'elle s'évapore; le sel qui en résulte est blanc car il a perdu presque tous les sels minéraux qu'il contenait à l'exception du chlore et du sodium. Quant au sel des marais, il est recueilli à la pelle après avoir été mis en tas; non raffiné, il est grisâtre car il renferme divers sels minéraux en quantité infime, entre autres du calcium, du magnésium, du potassium, des bromures et des oligo-éléments. Il arrive de plus en plus fréquemment cependant qu'on lui enlève ces éléments car la demande pour ces substances est forte et les industriels en retirent un meilleur prix en les vendant séparément.

Le sodium remplit de nombreuses fonctions vitales dans le corps humain; il joue notamment un rôle dans le métabolisme des protéines et des glucides, la transmission d'influx nerveux, la contraction des muscles, la régulation des hormones, la consommation de l'oxygène par les cellules et la production des liquides (sang, salive, larmes, sueurs, sucs gastriques, bile).

Le sel est généralement disponible sous forme de gros sel, de sel fin et de sel en cristaux. Le sel de table peut comprendre du sel gemme et du sel des marais salants. Il est très souvent iodé, c'est-à-dire qu'on lui ajoute de l'iodure de potassium. Cette pratique est apparue aux États-Unis en 1924, quand on découvrit qu'une déficience en iode causait le goître, maladie qui était endémique depuis le début du siècle.

Le sel est presque toujours traité à l'aide d'additifs (carbonate de magnésium, oxyde de magnésium, silicate de calcium, etc.) afin qu'il n'absorbe pas l'humidité et qu'il demeure granuleux. On trouve sur le marché plusieurs sels spéciaux dont du sel aromatisé (ail, céleri, oignon, épices, etc.), du sel attendrisseur (additionné d'enzymes, habituellement de la papaïne) qui sert à attendrir la viande, et du sel nitrité (contenant un mélange de nitrate de sodium ou de potassium et de nitrite de sodium) utilisé particulièrement en charcuterie et en conserverie. Il existe aussi des succédanés du sel, partiellement ou totalement dépourvus de sodium; le sodium est souvent remplacé par du chlorure de potassium, substance qui laisse un arrière-goût amer dans la bouche et qui pourrait occasionner des déséquilibres dans l'organisme, surtout lorsqu'elle est prise en grande quantité.

UTILISATION   Le sel joue plusieurs rôles en alimentation. Il inhibe l'action des bactéries et des moisissures, ce qui en fait un excellent agent de conservation (charcuterie, marinades, fromages, poisson, etc.), il stabilise la couleur, la saveur et la texture des aliments (notamment des légumes), il contrôle le développement des levures (pains, gâteaux, biscuits, etc.), il cache l'amertume des aliments et en relève la saveur et enfin il stimule l'appétit.

La consommation de sel est tellement élevée dans les pays industrialisés qu'elle dépasse souvent plus de 5 fois la dose considérée comme normale, ce qui amène plusieurs professionnels de la santé à recommander une baisse de sa consommation. Lorsqu'on veut suivre ce conseil, il est habituellement préférable de procéder graduellement car le goût et le corps ont ainsi le temps de s'habituer. Une diminution rapide de la consommation de sel peut créer une réaction de sevrage, surtout lorsqu'on sale beaucoup, entraînant l'apparition de divers symptômes dont des maux de tête et une sensation de faiblesse. On n'a pas à se préoccuper de manquer de sel car il est présent dans l'eau potable et dans la plupart des aliments naturels et ce seul apport est suffisant pour satisfaire aux besoins normaux de l'organisme.

Pour diminuer sa consommation de sel, il convient de surveiller particulièrement les aliments usinés, ceux qu'on prend au restaurant et certains médicaments riches en sel, tels les médicaments brevetés, les laxatifs, les analgésiques et certains anti-acides. Ces diverses sources de sel représentent jusqu'à 75 à 80 % du sel ingéré mais elles passent presque toujours inaperçues, d'une part parce qu'on ignore presque toujours la quantité de sel ajoutée, d'autre part parce qu'on finit par ne plus se rendre compte de la présence du sel vu que la capacité de distinguer le degré de salinité des aliments s'émousse en même temps que s'installe l'accoutumance au sel.

D'autres mesures aident à diminuer le sel:

- éviter le plus possible les aliments très salés, tels la charcuterie, les marinades, les salaisons, les chips et autres amuse-gueule ainsi que la plupart des fast food;
- lire attentivement les étiquettes, bien que cette lecture soit souvent compliquée du fait qu'il existe plus de 60 substances contenant du sodium (monoglutamate de sodium, carboxyméthyl cellulose de sodium, pyrophosphate acide de sodium...) et que très souvent les étiquettes soient muettes sur leur quantité;
- rechercher dans la même catégorie d'aliments ceux dont la teneur en sel est moindre, en particulier les fromages, boissons gazeuses, sauces, eaux minérales et conserves;
- bannir l'usage des aromates salés (sel au céleri, à l'ail, etc.), qui contiennent souvent plus de sel que d'assaisonnements; ceci permettra en outre d'économiser et d'assaisonner plus efficacement;
- se tenir éloigné du glutamate monosodique;
- ne pas saler avant d'avoir goûté, ne pas mettre de salière sur la table ou en boucher quelques trous;
- ne pas saler à la cuisson, tout spécialement les légumes, les pâtes alimentaires et les viandes grillées ou rôties ou ne saler qu'en fin de cuisson;
- utiliser plus d'assaisonnements (fines herbes, épices, ail, oignon, etc.);
- augmenter légèrement quand c'est possible la teneur en acidité des aliments (ajout de vinaigre, de jus de citron ou de jus de tomate dans les soupes et les sauces par exemple); cette mesure peut permettre de diminuer jusqu'à 50 % du sel tout en satisfaisant le goût.

CONSERVATION   Le sel se conserve à l'abri de l'air et de l'humidité. Mettre quelques grains de riz cru dans la salière aide à éviter la formation de grumeaux car le riz absorbe l'humidité.

SÉSAME
Sesamum indicum, **Pédaliacées**
Nom anglais: *sesame*

Plante annuelle originaire d'Afrique ou de l'Inde. Le sésame est très apprécié pour ses graines oléagineuses qui servent dans l'alimentation humaine et qu'on utilise aussi à plusieurs autres fins, notamment pour nourrir le bétail et en cosmétologie.

Le sésame est populaire en Afrique et en Asie et ce, depuis des temps immémoriaux. En Inde, on le considère comme un symbole d'immortalité. Les esclaves africains en introduisirent la culture dans le sud des États-Unis, culture qui y demeure marginale cependant. Les plus grands pays producteurs sont la Chine, l'Inde et le Mexique.

Le sésame est une plante touffue qui atteint environ 1 m de hauteur. Ses fleurs blanches ou roses donnent naissance à des gousses mesurant 1 cm de large et 3 cm de long; elles renferment plusieurs graines minuscules ovales, de couleur différente selon les variétés (blanc crème, jaune, rouge, brun, noir). Ces petites graines au goût de noisette sont recouvertes d'une mince écorce comestible. La graine de sésame est disponible entière ou décortiquée.

VALEUR NUTRITIVE

La graine de sésame entière contient 18,6 g de protéines, 49 g de matières grasses, 21,6 g d'hydrates de carbone, 6,3 g de fibres et 562 calories/100 g. Décortiquée, elle renferme 18,7 g de protéines, 53,7 g de matières grasses, 18,6 g d'hydrates de carbone, 2,5 g de fibres et 587 calories/100 g. Les protéines sont déficientes en lysine (voir théorie de la complémentarité, p. 536) et les matières grasses sont composées à 85 % d'acides non saturés (39 % d'acides monoinsaturés et 46 % d'acides polyinsaturés, voir corps gras, p. 147).

La graine de sésame est riche en calcium, en fer, en potassium, en vitamines du complexe B, en vitamine E, en mucilage et en lécithine. Elle a diverses propriétés médicinales; on la dit utile pour soulager l'arthrite, faciliter la circulation sanguine et la digestion et bénéfique au système nerveux. Il est préférable de la moudre car il est difficile de bien la mastiquer vu sa petitesse, et elle passe directement dans le système digestif sans être assimilée. C'est pour que ses éléments nutritifs soient mieux absorbés qu'elle est souvent transformée en huile, en pâte et en beurre.

UTILISATION

Les graines de sésame peuvent être mangées telles quelles, rôties ou crues. Elles garnissent souvent pains et gâteaux. Elles constituent la base du halva, une friandise indienne agrémentée de miel et d'amandes. On les moud en farine dépourvue de gluten, donc qui ne lève pas, qu'on combine avec d'autres farines ou qu'on utilise seule.

Broyées, parfois rôties, les graines de sésame sont transformées en pâte plus ou moins liquide: lorsqu'elle est épaisse, c'est le beurre de sésame, qui se tartine comme le beurre d'arachides; lorsqu'elle est coulante, c'est le tahini (tahin en Europe), ce condiment particulièrement estimé au Moyen-Orient et en Asie. Le tahini peut être ajouté aux sauces, mets principaux et desserts; il est souvent assaisonné de jus de citron, de poivre, de sel et d'épices et sert de vinaigrette qui rehausse légumes, salades, hors-d'œuvre, etc.

On tire des graines de sésame une huile épaisse, de couleur allant du jaune à l'ambré, et de saveur prononcée (raffinée, cette huile est plus pâle et plus douce), qui est excellente pour la friture et qui rancit très peu.

CONSERVATION   Les graines de sésame décortiquées rancissent rapidement; les réfrigérer pour en retarder le rancissement.

SHIITAKE

Lentinus edodes, **Agaricacées**

Autres noms: *champignon noir* (ne pas le confondre avec le champignon noir chinois), *champignon de forêt*

Nom anglais: *shiitake*

Champignon comestible qui, comme le pleurote, pousse sur le bois et peut être cultivé. Le shiitake est originaire d'Asie; le Japon en fait une culture intensive; c'est d'ailleurs le terme japonais désignant ce champignon qui s'est imposé un peu partout à travers le monde. Au Japon, ce champignon est l'équivalent du champignon de couche du monde occidental.

Le shiitake est formé d'un chapeau charnu qui atteint généralement de 5 à 20 cm de diamètre. Sa saveur est légèrement aillée et résineuse. Ses tiges sont plus ligneuses que les tiges de la plupart des autres champignons. En Occident, ce champignon est surtout vendu déshydraté.

VALEUR NUTRITIVE   Le shiitake déshydraté contient 10 g de protéines, 1 g de matières grasses, 75 g d'hydrates de carbone et 296 calories/100 g; il est riche en fibres et en niacine.

UTILISATION ET CONSERVATION   Ce champignon savoureux absorbe la saveur des mets dans lesquels on l'ajoute. On l'utilise et le conserve comme les autres champignons (voir p. 120).

SHOYU – TAMARI – SAUCE SOYA (SOJA)

Noms anglais: *shoyu, tamari, soy sauce*

Condiments originaires de Chine où ils sont connus depuis plus de 2 000 ans. Ces sauces occupent une place de choix dans la cuisine asiatique. Shoyu et tamari sont des mots japonais; leur usage s'est imposé dans plusieurs parties du globe car le Japon est un important pays exportateur; «tamari», dérivé de *tamaru*, signifie «s'accumuler».

Traditionnellement, shoyu et tamari désignent le liquide qui se forme lors de la fabrication du miso qui fermente de nombreux mois (voir miso, p. 340). À une certaine époque au Japon, tamari et shoyu étaient synonymes, puis ils en vinrent à désigner des sauces différentes. Le terme «shoyu» sert à nommer le liquide apparu lors de la fabrication de misos contenant des céréales (blé ou orge), ce qui amène la formation d'alcool, tandis que le terme «tamari» s'applique à un produit à base presque exclusive de haricots de soya, donc non alcoolisé. En Occident, shoyu et tamari sont souvent équivalents.

Le tamari est de couleur brun chocolat foncé et sa consistance est épaisse. Sa saveur est plus riche mais moins accentuée que celle du shoyu, vu l'absence d'alcool. Il existe du shoyu non naturel, produit avec des tourteaux de soya (résidu du pressage des haricots lors de la fabrication d'huile), substance moins coûteuse que les haricots de soya entiers; le mélange placé dans des cuves métalliques fermente moins longtemps (seulement de 4 à 6 mois) et des additifs sont souvent ajoutés, tels du glutamate monosodique et du caramel.

Ce que l'on nomme «sauce soya» désigne habituellement un produit synthétique qui est une pâle imitation du produit original, car il n'a ni la même valeur nutritive ni la même saveur. La fermentation est remplacée par l'hydrolysation des tourteaux de soya à l'aide d'acide chlorhydrique bouillant; le mélange obtenu est ensuite neutralisé au carbonate de sodium puis on lui ajoute du caramel et du sirop de maïs pour donner couleur et saveur; du benzoate de sodium ou d'autres additifs peuvent aussi être ajoutés.

VALEUR NUTRITIVE

La plupart de ces condiments sont très salés, car ils renferment entre 7 et 18 % de sel [15 ml (1 cuillerée à soupe) de tamari contiennent 1040 mg de sodium]. Depuis quelques années, on produit des sauces qui ont une teneur en sel moins élevée afin de répondre aux besoins des consommateurs préoccupés de diminuer leur consommation de sel; certaines renferment 700 mg de sodium/15 ml (1 cuillerée à soupe). La soif apparaît souvent après l'ingestion d'aliments assaisonnés avec ces condiments car le corps humain réagit au surplus de sel par un besoin accru de liquide (voir sel, p. 503). Le tamari et le shoyu fabriqués selon les méthodes ancestrales possèdent des propriétés identiques au miso et qui sont dues à la fermentation (voir miso, p. 340).

UTILISATION

Le tamari, le shoyu et la sauce soya ont une utilisation variée; ils peuvent remplacer le sel, conférant aux plats une saveur nouvelle. Ils sont tout désignés pour donner du goût au tofu, ils en constituent d'ailleurs l'accompagnement minimal traditionnel. Ils servent d'ingrédient de base pour de nombreuses sauces, dont la sauce teriyaki et la sauce Worcestershire; on peut leur ajouter divers ingrédients, tels de l'ail, du gingembre frais, du vinaigre, de l'huile et de l'oignon; ces sauces peuvent servir de marinades ou de trempettes.

Lors d'une cuisson prolongée, n'ajouter la sauce naturelle qu'en fin de cuisson pour préserver sa saveur et sa valeur nutritive; ce n'est pas nécessaire avec les sauces synthétiques.

CONSERVATION

Ces sauces se conservent indéfiniment à la température de la pièce, sauf quand leur teneur en sel est moindre et qu'elles ne contiennent pas d'additifs; la réfrigération est alors préférable.

SIROP D'ÉRABLE

Nom anglais: *maple sirup*

Édulcorant obtenu par la réduction de la sève de certaines espèces d'érables (*Acer daccharum* et *A. migrum*), arbres qui ne se trouvent qu'en Amérique du Nord, principalement au Québec et au Vermont, très importants centres de production de sirop d'érable.

La sève est recueillie à la fin de l'hiver, en période de dégel. Ce procédé ancien était pratiqué par les Indiens et étonna les Français qui débarquèrent en Amérique. Les autochtones entaillaient les arbres en V quand la sève commençait à monter et ils suspendaient des récipients aux arbres pour la recueillir, puis ils condensaient la sève en sirop. Ils utilisaient deux méthodes: soit qu'ils plongeaient des pierres brûlantes dans la sève, qui épaississait par évaporation (le sirop était foncé), soit qu'ils congelaient la sève à plusieurs reprises en jetant chaque fois la glace qui se formait sur le sirop, lequel devenait progressivement plus épais au fil des nuits (le sirop était plus transparent). Les Indiens se servaient du sirop d'érable à la fois comme médicament et comme aliment.

On récolte toujours la sève en perçant les arbres sauf qu'au lieu de la recueillir dans des chaudières, on se sert de plus en plus souvent d'un système de tubes qui aspirent la sève et qui l'amènent directement à l'endroit où elle est bouillie, la cabane à sucre. Cette technique augmente la quantité d'eau d'érable recueillie tout en diminuant les coûts de main-d'œuvre. Il se pourrait qu'elle soit dommageable pour les arbres qui perdent une plus grande quantité de sève; seul le temps le dira. Plusieurs facteurs mal connus, dont les conditions climatiques, jouent sur la quantité de sève que fournit un arbre. Un réchauffement le jour et du gel la nuit contribuent à augmenter le volume de la coulée.

La sève comme telle est un liquide transparent, sans goût à proprement parler. Elle contient de 1,5 à 3 % de matières solides, principalement du sucrose; il faut généralement de 30 à 40 litres de sève pour obtenir un litre de sirop. La conversion de l'eau en sirop représente une dépense énergétique considérable et explique le caractère «luxueux» du sirop d'érable. Un nouveau procédé, l'osmose inversée, est en train de remplacer l'ancien; la sève subit une première concentration avant d'être évaporée par ébullition et il ne faut plus que 10 litres de liquide pour obtenir 1 litre de sirop.

VALEUR NUTRITIVE

Le sirop d'érable contient environ 34 % d'eau, 65 g d'hydrates de carbone (dont environ 60 g est du sucrose) et 252 calories/100 g. Il renferme moins de sels minéraux que le miel (1 %) mais ceux qui sont présents (calcium, fer, cuivre, phosphore et sodium) sont légèrement plus concentrés. Il a moins de calories que le miel à poids égal, soit 50/20 g [20 g égalent 15 ml (1 cuillerée à soupe)].

Le sirop d'érable n'est guère meilleur pour la santé que le sucre car comme tous les glucides simples il est métabolisé rapidement, ce qui a des conséquences sur la santé (voir sucre, p. 516).

La qualité du sirop d'érable est déterminée par la densité et la couleur. Un sirop peu dense sera instable et aura tendance à fermenter et à surir tandis qu'un sirop trop dense cristallisera plus facilement. La couleur du sirop va de l'extra-clair au foncé en passant par le clair, le médium et l'ambré; la saveur varie autant que la couleur. Quant à savoir quel sirop est le meilleur, c'est une question de goût.

ACHAT L'achat du sirop d'érable nécessite une certaine vigilance afin de déjouer les fraudes et de pouvoir reconnaître les qualités du sirop. Les fraudes sont faciles et assez fréquentes; elles consistent à ajouter du sirop de maïs, du sucrose ou du glucose, de l'essence artificielle, du colorant et à jouer sur la densité. Les gouvernements légifèrent pour éliminer les fraudes; c'est au Québec que les normes sont les plus sévères; elles définissent la couleur, la saveur, le pourcentage de matières solides et l'appellation; la mention «sirop d'érable» ne peut apparaître que sur des produits purs à 100 %.

UTILISATION La sève d'érable est transformée en sirop, en tire, en sucre (dur ou mou) et en beurre. Le sirop a l'usage le plus diversifié; on s'en sert notamment pour fabriquer des desserts variés aussi bien pour remplacer le sucre que pour donner une saveur caractéristique (tarte au sirop d'érable, soufflé, mousse, etc.). On l'utilise pour cuire le jambon et les œufs, pour sucrer thé, café et tisanes, pour arroser crêpes et gaufres. On le mange seul ou sur du pain tout comme le sucre. Au Québec, un dessert traditionnel consiste à râper du sucre dur et à le saupoudrer sur une tranche de pain de ménage imbibée de crème. La tire est mangée surtout durant la saison des sucres, et principalement à la cabane à sucre où on la verse encore chaude sur de la neige, ce qui la fait durcir immédiatement. Pour substituer le sirop au sucre, réduire la quantité de liquide de la recette de 115 ml par 240 ml de sirop utilisés.

CONSERVATION Le sirop d'érable non entamé se conserve dans un endroit frais et sec; le placer au réfrigérateur une fois le contenant ouvert et bien le couvrir. Il peut aussi se congeler tout comme le sucre, le beurre et la tire (le sirop reste liquide mais se verse difficilement car il est trop épais; il redevient liquide lorsqu'il est décongelé). Si des moisissures apparaissent, il est préférable de jeter le produit car des toxines nocives peuvent se développer et on ne peut les détruire par ébullition. La cristallisation du sirop dans le fond et sur les parois du contenant, c'est-à-dire l'apparition de cristaux durs et transparents due au fait qu'une partie du sucrose se sépare et durcit, peut être causée par une falsification ou un long entreposage, surtout si le sirop a subi une cuisson prolongée.

SOLE

Solea spp, **Pleuronectidés**

Diverses espèces: *sole de Douvres* (S. solea), *sole perdrix* (S. variegata), *sole pôle* (S. lascaris), *petite sole jaune* (S. lutea), *sole ocellée*, (S. ocellata),

Nom anglais: *sole*

Poisson marin qui fréquente les fonds sablonneux de la Manche, de l'Atlantique Est, de la Méditerranée et de la mer du Nord. La sole est absente des côtes canadiennes et américaines, contrairement aux plies, très abondantes, et que l'on nomme souvent incorrectement soles (voir plie, p. 422). La sole est facilement reconnaissable à son museau en lobe qui fait penser à un bec de perroquet. C'est un poisson plat (voir p. 439) qui atteint habituellement entre 20 et 45 cm de long et qui peut mesurer jusqu'à 65 cm. La coloration de son côté exposé (droit) est variable; elle est toujours enrichie d'une ou de plusieurs taches foncées. La sole est toujours très savoureuse; sa délicatesse dépend de l'espèce et de l'endroit où elle est pêchée. La plus recherchée est la sole de Douvres, pêchée sur les côtes anglaises.

VALEUR NUTRITIVE

La sole contient 15 g de protéines, 0,5 g de matières grasses et 68 calories/100 g.

CUISSON ET UTILISATION

Une sole de 500 grammes donne 4 filets pesant environ 80 grammes chacun. On la cuit avec ou sans la peau, selon les préférences et le type de préparation choisi; ainsi la sole cuite à la poêle se brisera moins si la peau est présente. Plus que tout autre poisson, il est préférable de l'apprêter le plus simplement possible afin de ne pas en masquer la finesse.

ACHAT ET CONSERVATION

Voir poissons, p. 429.

SORGHO

Sorghum vulgare, **Graminées**

Nom anglais: *sorghum*

Céréale probablement originaire d'Afrique et qui était déjà connue en ancienne Égypte, il y a plus de 4 000 ans. Le sorgho est une plante tropicale qui se cultive facilement dans les régions trop sèches pour le riz, le blé et le maïs; elle supporte aussi bien les climats semi-arides que les climats à forte pluviosité. C'est la quatrième céréale la plus consommée mondialement après le blé, le riz et le maïs; elle est particulièrement importante en Afrique, en Inde et en Chine. On l'appelle souvent «gros mil», par opposition au millet, qui est le «petit mil». On en a recensé 70 espèces, la plupart annuelles, certaines vivaces.

Le sorgho est une plante qui peut atteindre de 60 cm à plus de 4 m de hauteur. Cette plante ressemble beaucoup au maïs; elle produit des épis de 2 à 3 cm de large, abritant de 800 à 3 000 petits grains jaunes, blancs, gris perle, rouges, bruns ou noirs, qui mesurent souvent 4 mm par 2,5 ou 3,5 mm et dont la forme est sphéroïdale.

VALEUR NUTRITIVE   Il existe des variétés qui ont moins de protéines que d'autres, mais en général le sorgho en contient autour de 11 g/100 g. Comme pour toutes les céréales, sa principale déficience en acides aminés essentiels est la lysine (voir céréales, p. 113). C'est la céréale la plus grasse après l'avoine et le maïs (3,5 g/100 g); ses matières grasses sont composées de 49,4 % d'acide linoléique et de 36,2 % d'acide oléique, deux acides non saturés (voir corps gras, p. 147). Le sorgho renferme 73 g d'amidon et 334 calories/100 g; il est riche en niacine, en chlore et en sodium.

UTILISATION   La farine de sorgho n'est pas panifiable car elle est dépourvue de gluten. On s'en sert néanmoins pour fabriquer du pain en la mélangeant avec de la farine de blé. On consomme le sorgho entier ou en semoule et on l'utilise comme le riz ou le millet; on en fait des bouillies, des gâteaux, des galettes, de la bière et des boissons alcoolisées. On en retire l'amidon qui a un usage identique à l'amidon de maïs. En Amérique du Nord, le sorgho sert surtout à nourrir le bétail.

CONSERVATION   Voir céréales, p. 113.

SOYA (ou SOJA)

Glycine max ou *Soja hispida,* **Légumineuses**
Noms anglais: *soybean, soya bean*

Fruit d'une plante annuelle originaire d'Asie, probablement de Mandchourie. Le soya pousse mieux dans les pays chauds mais il croît aussi dans les régions chaudes des pays tempérés. Les francophones vivant en Amérique du Nord nomment cette légumineuse «soya» alors que ceux de l'Europe l'appellent «soja». Le terme «soya» est inspiré de l'anglais *soy*, lui-même emprunté au japonais, tandis que le terme «soja» vient de l'allemand.

La culture du soya est très ancienne en Asie, particulièrement en Corée, en Mandchourie, au Japon et en Chine. On en trouve mention dans un écrit chinois vieux d'environ 3 000 ans; dans ce pays, on considérait le soya comme un des 5 grains sacrés, avec le riz, l'orge, le blé et le millet. Ce n'est qu'au XVIIe siècle qu'il fut introduit en Europe. En Amérique du Nord, sa culture intensive débuta avec le XXe siècle. Les Américains en sont maintenant les plus grands producteurs mondiaux; ils ont créé une industrie puissante et florissante qui transforme le soya en huile, qui se sert du résidu de pressage (tourteau) pour nourrir le bétail (ce qui a chambardé les méthodes d'élevage à travers le monde) et qui est à l'origine de l'invention de la margarine, substance créée lors de recherches pour maximiser les profits et trouver un débouché pour l'huile produite en abondance.

Le soya pousse sur une plante fortement ramifiée atteignant de 20 cm à 1,8 m de haut. Les gousses oblongues et légèrement courbées mesurent de 2 à 10 cm de long et de 8 à 15 mm de large; elles sont recouvertes d'un doux duvet verdâtre ou brun jaunâtre qui peut atteindre jusqu'à 2,5 mm de long. Elles abritent de 2 à 5 graines très dures, légèrement ovales et plutôt petites, mesurant de 6 à 11 mm de long et de 5 à 8 mm de large. La variété oléagineuse est jaune; les graines peuvent aussi être vertes, beiges, grisâtres ou noirâtres, selon les variétés, fort nombreuses.

VALEUR NUTRITIVE

Le soya déshydraté peut contenir de 30 à 50 g de protéines/100 g, soit plus que la viande. C'est la plus nourrissante des légumineuses car ses protéines sont d'excellente qualité, ses acides aminés étant plus équilibrés. La lysine est présente en abondance, ainsi le haricot de soya est un complément idéal des céréales (voir théorie de la complémentarité, p. 536).

Certaines variétés de soya sont très riches en matières grasses (20 à 26 g/100 g); ce gras non saturé à 85 % est dépourvu de cholestérol et il contient de la lécithine (0,5 à 3 %, soit un peu moins que l'œuf). Le soya contient aussi de 14 à 24 g d'hydrates de carbone, dont environ 3 g sont des fibres, et 335 calories/100 g. Il est riche en phosphore, en calcium, en fer, en zinc, en thiamine, en riboflavine, en niacine, en vitamine D, en vitamine E et en choline. On le dit bénéfique pour les reins, l'estomac, le foie et le cœur.

UTILISATION

Le haricot de soya contient des substances toxiques, substances que la cuisson et la fermentation neutralisent; il est donc important de bien le cuire. Les Asiatiques consomment surtout le soya transformé, principalement sous forme de miso, de tamari et de tofu, ainsi les éléments toxiques sont inactivés; en outre, le soya se digère plus facilement.

Le haricot de soya est la seule légumineuse dont on peut tirer un liquide nommé «lait», dont on se sert entre autres pour fabriquer du tofu. Ce haricot peut être consommé non seulement frais ou séché, mais également concassé, germé, rôti (en «noix»), moulu (farine), pressé (voir huile, p. 255) et fermenté (voir miso, natto, shoyu, tempeh, p. 340, 355, 508 et 529); on l'utilise aussi comme substitut de café et on le transforme en protéines texturées, qui remplacent la viande et avec lesquelles on prépare divers autres produits (voir protéines végétales texturées, p. 460).

Haricot frais et déshydraté. Le haricot frais est cueilli jeune, avant qu'il ne devienne huileux et amidonneux. On le mange seul ou avec ses gousses; il sert souvent de légume ou peut être cuisiné comme le haricot séché. Pour l'écosser plus facilement, on peut le blanchir environ 5 minutes en le plongeant dans de l'eau bouillante. Le haricot séché est préparé et utilisé comme n'importe quelle autre légumineuse qu'il peut remplacer dans la plupart des recettes. Il est important de bien le cuire pour détruire les substances toxiques qui disparaissent à la chaleur. Il est excellent dans les mets mijotés; il y reste ferme et leur confère sa saveur de noisette. Il peut être difficile à digérer.

La cuisson du haricot séché demande au moins 3 heures; elle dure parfois jusqu'à 7 ou 9 heures, selon les variétés. Utiliser un peu plus d'eau que pour les autres légumineuses et veiller à ce qu'il n'en manque pas, car le soya en absorbe beaucoup.

Dans la marmite à pression (103 kPa) (cuisson peu recommandable à cause de l'écume):
- avec trempage, 30 minutes,
- sans trempage, 35 à 40 minutes.

Haricot de soya concassé. Haricot moulu en granules plus ou moins fins. Le haricot concassé cuit beaucoup plus rapidement que le haricot entier (une quinzaine de minutes); utiliser 4 parties d'eau pour 1 partie de soya. Il peut être ajouté à une variété de mets qu'il enrichit (soupes, ragoûts, sauces à spaghetti, gruau, biscuits, pains, etc.). Selon l'usage prévu, on peut le recouvrir préalablement d'eau bouillante ou on peut le faire bouillir quelques minutes, ce qui le rend plus digestible et aide à détruire les substances toxiques; cette précaution est inutile s'il cuit longtemps, dans les soupes par exemple.

Soya germé. Haricot prêt à manger après une germination de quelques jours, lorsque les germes atteignent entre 4 et 7 cm de long. Il est plus nourrissant et plus savoureux que le haricot mungo (chop suey) et est utilisé de la même façon. Il est préférable de le manger légèrement cuit.

«Noix» de soya. Haricot rôti après avoir été légèrement cuit ou trempé longtemps (éviter la fermentation en le plaçant au réfrigérateur). La cuisson peut s'effectuer dans une marmite à pression: tremper tout d'abord les haricots toute la nuit, les égoutter, les mettre dans la marmite, les recouvrir d'eau, verser 15 ml (1 cuillerée à soupe) d'huile, couvrir et amener à pleine pression. Retirer immédiatement du feu et laisser la pression tomber d'elle-même, puis égoutter. Déposer les haricots sur une tôle à biscuits huilée et les dorer à four modéré (180 °C) de 30 à 45 minutes, en brassant de temps en temps; saler si désiré. Conserver à l'abri de l'air. On peut frire les haricots à grande friture, mais cela augmente considérablement leur contenu en gras.

Farine de soya. Farine dépourvue de gluten, donc qui ne lève pas. Elle contient habituellement de 35 à 45 g de protéines/100 g (soit beaucoup plus que la farine de blé); de 20 à 25 g de matières grasses, de 13 à 15 g d'amidon et environ 400 calories/100 g. Certaines farines sont dégraissées et ne renferment qu'entre 1 et 6 % de matières grasses; cette farine peut se conserver à la température de la pièce tandis que la farine riche en matières grasses doit être réfrigérée car elle rancit rapidement. On utilise beaucoup la farine de soya pour lier les sauces ou pour confectionner gâteaux, muffins et biscuits qu'elle enrichit. Comme elle ne lève pas, elle ne peut pas remplacer totalement la farine de blé entier; de plus, parce que sa saveur est assez prononcée, on préfère souvent n'en ajouter qu'une petite quantité, surtout au début, pour s'y habituer.

Substitut de café. Haricots moulus après rôtissage et infusés comme le café dont ils imitent plus ou moins la saveur. Rôtir les haricots crus au four (150 °C) jusqu'à ce qu'ils brunissent (ne pas les laisser noircir et ne mettre qu'une couche de haricots). Si possible, les moudre lorsqu'ils sont encore chauds, puis les conserver à l'abri de l'air. Mettre 15 ml (1 cuillerée à soupe) de poudre par tasse d'eau frémissante (ne jamais faire bouillir car le «café» sera amer).

CONSERVATION   Voir légumineuses, p. 304.

SUCRE
Nom anglais: *sugar*

Substance soluble à l'eau et de saveur douce. Le sucre est tiré de la canne à sucre (Graminées) et de la betterave à sucre (Chénopodiacées); son nom scientifique est «saccharose».

En chimie, une centaine de substances sucrées ont été identifiées (glucose, fructose, maltose, etc.); on les regroupe sous le terme de «glucides» ou d'«hydrates de carbone». Il n'y a pas que les aliments sucrés qui contiennent des hydrates de carbone; les céréales, les pâtes alimentaires, les légumes, les fruits et en fait la plupart des aliments renferment des proportions plus ou moins importantes de glucides. Le miel, le sirop d'érable, le sirop de maïs, le malt et le miel de palme en sont presque exclusivement formés.

Historique. En Occident, le miel fut pendant des millénaires le seul édulcorant connu alors qu'en Orient on cultivait déjà la canne à sucre et on savait comment en extraire le jus (jus qui fermentait cependant rapidement).

Les premières traces de l'exploitation de la canne à sucre remontent à près de 3 000 ans et ont été retrouvées au Bengale. Ce serait cependant les Arabes qui auraient développé le raffinage et l'exploitation de la canne à sucre sur une grande échelle, faisant connaître la culture de la canne à sucre ou son commerce dans les pays qu'ils conquéraient. Les Européens découvrirent le sucre de canne lors des Croisades; cette denrée rare et coûteuse resta long-temps sous le contrôle des apothicaires. Au XVe siècle, la décou-verte des Amériques et la présence des Européens aux Indes orientales et dans les îles de l'océan Indien devaient marquer le dé-but d'une grande expansion de la culture sucrière; les Antilles notamment furent et demeurent un important centre de produc-tion. La France devait cependant favoriser l'extraction du sucre de la betterave sucrière sur son sol au début du XVIIIe siècle, en réponse au blocus anglais sur le sucre en provenance des Antilles. Napoléon, qui aimait bien consommer des sucreries, décora même de la légion d'honneur le Français Delessert qui inventa un pro-cédé de raffinage rentable. La consommation du sucre devait con-naître par la suite un essor considérable.

Les habitudes alimentaires concernant l'ingestion du sucre se sont considérablement modifiées au cours du XXe siècle. La con-sommation du sucre a atteint un niveau jamais égalé auparavant. Alors que pendant des siècles la quantité de sucre qu'une personne consommait par année se situait au-dessous de 2 kg, durant la deuxième moitié du XXe siècle elle s'est approchée ou a même dépassé 50 kg pendant un certain temps dans plusieurs pays industrialisés.

D'autres changements majeurs sont aussi survenus: les hydrates de carbone consommés proviennent de moins en moins souvent des sucres complexes – l'amidon des fruits, des légumes et des céréales – car ils sont remplacés par des sucres simples démunis d'éléments nutritifs. Aux États-Unis par exemple, avant 1910, les gens obtenaient 68,3 % de leurs calories de l'amidon et 31,7 % des sucres simples alors qu'en 1980, la part de l'amidon était de 47,2 % et celle des sucres simples de 52,8 %. Maintenant, le sucre est sou-vent qualifié d'«invisible» en ce sens qu'on le consomme sans se rendre compte de sa présence. On calcule que de 75 à 80 % du sucre ingéré provient des aliments usinés, alors qu'en 1910 c'était le contraire, 75 % du sucre simple était ajouté aux aliments à la maison et les 25 % restants se trouvaient dans les produits alimen-taires achetés. Les fabricants utilisent le sucre à profusion, en met-tant souvent dans des aliments où l'on ne s'attendrait pas à en trou-ver comme dans la charcuterie, les pizzas, la sauce soya, le bouil-lon en cubes, les sauces, le beurre d'arachide et la mayonnaise. Même quand on sait que le produit est sucré, l'industrie alimen-taire a trouvé un moyen ingénieux pour que l'on n'ait pas une juste idée de la quantité; quand l'étiquette oblige à indiquer la liste des ingrédients par ordre d'importance sans que la quantité soit mentionnée, divers glucides sont souvent utilisés; alors comme la quantité de chacun est moindre que leur somme, le sucre peut apparaître plus loin dans la liste.

Fabrication

La canne à sucre pousse dans les régions tropicales. C'est une longue tige mesurant de 2 à 7 m de hauteur et atteignant de 3 à 5 cm de diamètre; elle renferme de 13 à 18 % de saccharose. Les hydrates de carbone de la canne à sucre sont logés dans la moelle de la tige; la canne est coupée, écrasée, puis passée dans des cylindres qui en extraient le jus (vésou) de couleur noirâtre, dont on tire le sucre. Le résidu (bagasse), constitué d'écorce, de moelle et de fibres, est principalement utilisé comme combustible à l'usine.

La betterave à sucre, une parente de la betterave consommée comme légume, est une grosse racine bulbeuse qui peut croître en climat nordique. Elle pèse en moyenne 800 g et elle contient de 15 à 20 % de saccharose. Elle est découpée en lanières (cossettes), puis on en extrait le jus par un procédé de diffusion où l'eau circule dans le sens contraire des lanières. L'eau devient de plus en plus sucrée et prend une couleur bleu noirâtre (le jus de la canne à sucre peut aussi être extrait par diffusion). Les résidus de cossettes, lorsqu'ils sont vidés de sucre, sont utilisés comme nourriture à bétail.

Les jus de canne et de betterave subissent ensuite un traitement semblable, quoique le jus de la betterave soit plus compliqué à traiter. Ils doivent avant tout être épurés des matières colorantes: sels minéraux, matières azotées et acides organiques. L'épuration est surtout faite à l'aide de chaux; on se sert aussi entre autres de phosphates solubles ou d'anhydride sulfureux. La précipitation des matières étrangères permet leur élimination et le jus devient alors d'un jaune plus ou moins foncé (le traitement à la chaux prévient également la fermentation du jus). Le jus est ensuite chauffé pour que s'évapore environ 70 % de l'eau, c'est-à-dire jusqu'à ce que soit obenu un sirop épais permettant l'extraction de sucre pur par cristallisation. Le sirop cristallisé (masse cuite) contient environ 50 % de cristaux, le reste continuant à être liquide (eau-mère). La masse-cuite passe ensuite dans des centrifugeuses qui séparent les cristaux de l'eau-mère, liquide qui prend alors le nom d'«égout pauvre». Une mince pellicule reste sur les cristaux qui sont pulvérisés d'eau chaude (clairçage), ce qui les fait fondre légèrement et donne un liquide nommé «égout riche». Ce liquide renferme encore une certaine quantité de sucre cristallisable et peut être encore traité; chaque «égout» donne une mélasse à teneur en sucre différente. Plusieurs produits résultent du raffinage du jus de canne et du jus de betterave dont le sucre brut, le sucre brun, le sucre blanc, le sucre en poudre, la mélasse et le sucre liquide.

Sucre brut: de couleur jaunâtre pour le sucre provenant de la betterave ou gris verdâtre pour celui de la canne à sucre, ce sucre est le résultat de la première extraction. Il est recouvert d'une mince pellicule de sirop pouvant accumuler des impuretés comme des fragments d'insectes, de la terre, des débris de plante, des moisissures, des bactéries ou de la cire. C'est un produit intermédiaire contenant de 96 à 99 % de sucrose; il est peu (ou pas) disponible sur le marché (il est illégal aux États-Unis). Il peut être décontaminé à la vapeur et vendu en pain (sucre «turbinado», «turbinado sugar» en anglais); il contient alors autour de 95 % de sucrose. La publicité vante souvent le côté naturel et peu traité de ce sucre, ce qui est exagéré; ce produit a connu, à l'instar du sucre blanc, toutes les étapes du raffinage sauf la dernière filtration. La présence de sels minéraux y est si infime qu'elle est insignifiante du point de vue nutritif.

Sucre brun ou **cassonade**: autrefois nommé sucre roux et provenant de cristaux peu raffinés encore recouverts d'une mince couche de mélasse, il s'agit presque toujours maintenant de sucre blanc auquel on ajoute un peu de mélasse et parfois saveur et couleur artificielles. Un de ces colorants, le colorant caramel, n'est en fait que du sucre brûlé. La cassonade contient de 91 à 96 % de sucrose.

Sucre blanc: cristaux de sucre pur obtenus par raffinage poussé (et total). Les cristaux de sucre brut sont lavés, à nouveau centrifugés, clarifiés à l'aide de chaux ou d'acide phosphorique, filtrés à travers du charbon pour être blanchis et débarrassés des dernières impuretés, puis cristallisés et séchés en des grains contenant 99,9 % de sucrose (ce sucre est dépourvu de vitamines et de sels minéraux).

Sucre en poudre: cristaux de sucre blanc pulvérisés auxquels on a ajouté environ 3 % de fécule de maïs pour empêcher la formation de grumeaux.

Mélasse: un résidu du raffinage du sucre. La couleur et la teneur en sucre de la mélasse varient et dépendent du nombre d'extractions qu'elle a subies. La mélasse de première extraction est pâle et très sucrée; celle de deuxième extraction est plus foncée et modérément sucrée; la mélasse de troisième et dernière extraction est noire (black-strap), moins sucrée et de saveur prononcée; c'est celle qui contient le plus d'éléments nutritifs. La mélasse de betterave a une odeur assez forte. Elle contient environ 50 % de sucrose et 33 % d'autres substances, constituées principalement de matières azotées et de sels minéraux (fer, calcium, zinc, cuivre et chrome). Leur concentration varie selon les conditions de culture (dépendant entre autres du degré de fertilisation du sol). La mélasse de canne contient 35 % de sucrose et 20 % de glucose et de fructose (hexoses). Certains manufacturiers produisent un substitut de mélasse (quelquefois appelé mélasse non sulfurée) constitué d'un mélange de sucrose, de glucose et de fructose.

Sucre liquide (ou **inverti**): saccharose hydrolisée sous l'action d'un acide. Le sucre liquide est composé de glucose et de fructose; il a la propriété de retenir l'humidité et d'empêcher la cristallisation. Il est utilisé à profusion par l'industrie agro-alimentaire qui l'emploie notamment dans les confiseries, les pâtisseries, les boissons gazeuses et les sirops de table.

Chimie alimentaire. Il existe trois formes principales d'hydrates de carbone fournissant chacune des glucoses à leur manière; elles diffèrent essentiellement par la grosseur de leurs molécules et leur facilité d'assimilation par l'organisme. On distingue les sucres simples, les sucres complexes et les fibres.

Sucres simples: ils sont divisés en monosaccharides et disaccharides. Les monosaccharides sont composés d'une seule molécule de sucre, tels le glucose et le fructose abondants dans les fruits, et le galactose présent dans le lactose du lait. Les disaccharides sont formés de deux monosaccharides et ont une molécule d'eau en moins; le sucrose, le lactose et le maltose sont des disaccharides. Les sucres simples sont solubles à l'eau et peuvent être isolés sous une forme cristalline. Les sucres simples les plus courants sont les suivants:

Glucose (dextrose): ce monosaccharide est le glucide le plus abondant dans la nature; il est présent dans les fruits, les céréales, les fleurs, les feuilles, le miel, les noix, etc. C'est aussi la forme principale sous laquelle les autres hydrates de carbone sont convertis par l'organisme humain.

Fructose (levulose): ce monosaccharide se trouve sous une forme naturelle dans les fruits (2 à 7 %), le miel (40 %) et divers autres aliments. C'est le plus sucré de tous les sucres, son pouvoir sucrant étant une fois et demie à deux fois plus élevé que celui du sucre blanc (sucrose).

On le raffine sous forme cristalline et sous forme de sirop (sirop de maïs à haute concentration de fructose). En cristaux, le fructose est pur; en sirop, l'amidon du maïs a été traité à l'aide d'enzymes pour augmenter la proportion de fructose; le sirop qui en résulte est plus sucré que le sirop de maïs normal; il peut contenir de 42 à 90 % de fructose, le reste étant du glucose. Le sirop à haute concentration de fructose est abondamment utilisé dans les aliments usinés.

Sucrose (saccharose): disaccharide composé de glucose et de fructose. Le sucrose est présent dans plusieurs végétaux; il est abondant dans la canne à sucre, la betterave à sucre et le sirop d'érable. C'est le sucre blanc commun.

Lactose: cet autre disaccharide composé de glucose et de galactose est présent dans le lait (environ 7,5 % dans le lait humain et 4,5 % dans le lait de vache). Il ne cristallise pas. Il est utilisé dans plusieurs produits alimentaires comme préservatif parce qu'il peut être converti en acide lactique.

Maltose: ce disaccharide fait de 2 molécules de glucose est un produit de la fermentation de l'amidon par des enzymes ou levures, par conséquent, il ne se trouve pas dans les aliments à l'état naturel. Couramment utilisé par l'industrie alimentaire, on en trouve dans la bière, le pain, les aliments pour enfants, les substituts de café, etc.

Sucres complexes: ce sont des polysaccharides. Les sucres complexes (qui comprennent notamment l'amidon) sont constitués d'un grand nombre de molécules de sucres simples liées entre elles de façon complexe. Les molécules qui en résultent sont plus grosses que celles des sucres simples. Les polysaccharides ne sont pas solubles à l'eau et ils ne peuvent être extraits sous une forme cristalline; ils peuvent cependant être «cassés» par hydrolyse (ce qui implique l'addition d'une molécule d'eau) en des sucres simples (le procédé produit trois molécules ou plus de monosaccharides). On trouve des sucres complexes dans les céréales, les légumineuses, les noix et certains légumes telles la pomme de terre et la patate douce.

Fibres: ce sont aussi des polysaccharides; les plus connues sont la cellulose, la pectine et les mucilages. Le système digestif humain ne peut pas dégrader la totalité des fibres, en particulier celles de la cellulose, car il ne possède pas les enzymes nécessaires; par contre, il a besoin des fibres, notamment pour accélérer le transit intestinal. Une alimentation pauvre en fibres est un facteur important dans l'apparition de maladies du système digestif tels le cancer du côlon, la colite, la diverticulose et la constipation, maladies fréquentes dans les sociétés occidentales où l'ingestion de fibres est généralement déficiente.

La cellulose provient essentiellement des fruits et des légumes tout comme la pectine, abondante dans les pommes et dans la membrane de la pelure des agrumes. La pectine est métabolisée presque totalement par le corps humain; contrairement aux autres polysaccharides, elle est soluble et devient gélatineuse au contact d'un liquide. Les graines sont riches en mucilages, substances qui contiennent de la pectine et qui ont la propriété de gonfler dans l'eau.

VALEUR NUTRITIVE

La valeur nutritive du sucre raffiné est très limitée. Ce sucre ne contient ni protéines, ni matières grasses, ni fibres et il est dépourvu de vitamines et de sels minéraux. Il est composé essentiellement de glucides et fournit 4 calories par gramme [16 calories par 5 ml (1 cuillerée à café)]. L'absence d'éléments nutritifs lui a valu d'être qualifié d'aliment à calories vides.

Les hydrates de carbone contribuent au bon fonctionnement

des cellules et des tissus de l'organisme humain. Ils fournissent énergie et chaleur plus ou moins rapidement. On soutient depuis longtemps que les sucres complexes sont digérés plus lentement que les sucres simples; des recherches récentes démontrent que cette affirmation doit être nuancée. Certains aliments riches en sucres complexes augmentent le glucose sanguin aussi rapidement que les sucres simples, la pomme de terre entre autres. Cette découverte oblige à revoir la classification que l'on faisait des sucres. Comme le sel, le sucre a un pouvoir de rétention des liquides; c'est pourquoi on peut sentir la soif après l'ingestion d'aliments sucrés.

Une surconsommation de sucre serait un phénomène déterminant dans l'apparition de la carie dentaire et de diverses maladies (obésité, artériosclérose, maladies coronariennes, diabète, etc.). Les conséquences sur la santé de cette surconsommation ne font pas encore l'unanimité cependant. Ainsi, l'industrie du sucre et certains secteurs de l'industrie agro-alimentaire contestent les recherches qui démontrent les effets nocifs du sucre; une baisse de la consommation du sucre a des répercussions sur leurs profits. On note le même scénario qu'avec le beurre, les œufs, la viande et tous les aliments controversés; les industriels rejettent très souvent les découvertes qui dénoncent leurs produits et trouvent toujours un certain nombre de chercheurs pour confirmer les bienfaits de ces aliments. Le public impuissant est bombardé d'informations souvent contradictoires dont il peut difficilement juger la pertinence.

UTILISATION   Le sucre raffiné a de multiples usages dans la cuisine. On s'en sert notamment pour changer la texture des aliments, pour relever leur saveur, pour adoucir les aliments au goût acide ou aigrelet, pour nourrir la levure (lors de la fabrication du pain par exemple) et comme moyen de conservation. Il est indispensable pour préparer entre autres meringues, crèmes glacées, sorbets, sirops et bonbons.

Si on désire diminuer sa consommation de sucre, on peut:
- diminuer progressivement le sucre jusqu'à l'éliminer complètement dans les aliments où il n'est pas essentiel, dans le café par exemple, sur les pamplemousses, dans la vinaigrette, les jus, le yogourt, etc.;
- couper le sucre jusqu'à la moitié ou parfois plus dans la plupart des recettes de gâteaux, de pâtisseries et de desserts variés;
- camoufler la diminution du sucre à l'aide d'épices, ajoutant par exemple cannelle, gingembre ou muscade aux aliments;
- éviter ou se méfier des aliments usinés; quand c'est possible, lire les étiquettes, en général les mots finissant en «ose» indiquent la présence de sucre;

– attendre une quinzaine de minutes avant de manger un dessert sucré, souvent la faim disparaît et le dessert est superflu;

– ne pas se décourager; le goût est un sens qu'on peut éduquer et après un certain temps les préférences changent; on croyait ne pas pouvoir se passer de tels aliments et voilà qu'on les trouve trop sucrés;

– ne pas s'étonner si des rages de sucre ou certains symptômes telles l'irritabilité et la fatigue apparaissent; la consommation du sucre crée une dépendance semblable à celle du café et du sel; le corps vit donc une période de sevrage qui dure habituellement une semaine;

– ne pas craindre de manquer de sucre, il y en a suffisamment dans les aliments naturels sans qu'il soit nécessaire d'aller en chercher ailleurs.

CONSERVATION Les divers sucres peuvent se conserver indéfiniment s'ils sont à l'abri des insectes et de l'humidité; les placer dans des récipients hermétiques et dans un endroit sec. La mélasse se conserve mieux dans un lieu sec et frais car elle peut moisir si elle est dans un endroit chaud et humide. On peut aussi l'entreposer au réfrigérateur, ce qui l'épaissira cependant et la rendra difficile à verser si elle n'est pas réchauffée.

SUCRES ARTIFICIELS

Nom anglais: *artificial sugar*

Édulcorants de synthèse, à fort pouvoir sucrant, utilisés pour remplacer le sucre car ils n'ont pas de calories ou ils en ont peu. Ces substances sont controversées car leur innocuité n'est pas encore établie. La législation de plusieurs pays a statué sur leur caractère nocif; certains sucres font l'objet de restrictions ou sont interdits. Les sucres artificiels comprennent le cyclamate, la saccharine et l'aspartame.

Cyclamate. Ce produit a été découvert accidentellement en 1937 par un universitaire américain quand sa cigarette, qu'il avait déposée par mégarde sur un dérivé de l'acide cyclohexylsulfamique, une poudre cristalline, développa une agréable saveur sucrée. Dépourvu de calories, le cyclamate possède un pouvoir sucrant équivalant à 300 fois celui du sucre.

Le cyclamate fut fréquemment utilisé en combinaison avec la saccharine; ce mélange permettait de rehausser leur saveur sucrée respective, d'améliorer leur stabilité et leur durée de conservation et de masquer l'amertume de la saccharine. Les États-Unis devaient restreindre l'usage du cyclamate en 1969, puis l'interdire en 1970, à la suite de recherches qui jetèrent des doutes sur son innocuité;

des tests sur des animaux avaient causé le cancer de la vessie et divers autres effets toxiques, dont l'atrophie des testicules.

Le cyclamate est vendu dans environ 40 pays; plusieurs, dont le Canada et la France, en limitent l'usage. Le fabricant et l'industrie alimentaire font régulièrement des pressions pour que soient levées les restrictions, arguant que le caractère nocif du cyclamate n'a jamais été prouvé de façon satisfaisante. Ils citent diverses études visant à démontrer son innocuité. La question demeure encore en suspens; le gouvernement américain a établi que si les recherches ne prouvent pas sans contredit que le cyclamate est cancérigène, elles ne réussissent pas non plus à démontrer qu'il n'est pas susceptible de causer le cancer ou des problèmes génétiques. Il maintient donc l'interdit.

Saccharine. Découverte par un universitaire américain en 1879, la saccharine est un sous-produit du pétrole. Elle fut utilisée pendant plus de 100 ans, d'abord comme antiseptique et préservatif alimentaire puis comme édulcorant artificiel.

La saccharine ne contient aucune calorie et son pouvoir sucrant est 300 fois supérieur à celui du sucre; elle laisse un arrière-goût amer. Son usage a été restreint en 1977 au Canada et aux États-Unis à la suite de recherches qui démontraient que cette substance causait le cancer de la vessie chez les rats. Dans divers pays, la vente de la saccharine n'est permise qu'en pharmacie. Aux États-Unis, après un tollé de protestations venues de l'industrie des boissons gazeuses, du fabricant et des consommateurs que l'absence d'un édulcorant de remplacement non nocif dérangeait, le Congrès a décidé d'appliquer un moratoire de deux ans, moratoire qui a été régulièrement reconduit depuis.

Aspartame. À l'instar du cyclamate, l'aspartame fut découvert par accident en 1965 lors de recherches effectuées sur des médicaments contre les ulcères. L'aspartame résulte de la combinaison de deux acides aminés, l'acide aspartique et l'acide phénylalanine (on lui ajoute parfois du glucose ou du lactose). Contrairement aux deux autres édulcorants artificiels, l'aspartame contient un nombre de calories identique à celui du sucre à poids égal (4 calories par gramme). Cependant, son pouvoir sucrant est de 180 à 200 fois plus élevé; il en faut donc beaucoup moins pour arriver au même résultat que le sucre.

L'aspartame est l'objet de controverse depuis son apparition; son approbation par la FDA américaine *(Food and Drug Administration)* nécessita plusieurs années et fut plus une décision politique que scientifique. L'interdiction du cyclamate et la menace de bannissement qui pesait sur la saccharine laissaient d'énormes besoins insatisfaits et promettaient des profits considérables. Des chercheurs se sont opposés à la reconnaissance du produit, dénonçant les recherches du fabricant déposées devant la FDA, les qualifiant même de «scientifiquement déficientes» et d'«irresponsables». L'aspartame fut d'abord autorisé dans les aliments secs en 1981 puis permis dans les boissons gazeuses en 1983, malgré le fait qu'il est peu stable dans les liquides, qui altèrent relativement rapidement sa composition chimique; après douze semaines d'entreposage à température élevée (30 °C, température facilement atteinte en été), près de 50 % de l'aspartame peut être décomposé. La dégradation de l'aspartame entraîne, outre la perte de son pouvoir sucrant, la formation de méthanol, une substance nocive pour la santé.

L'usage de l'aspartame ne cesse de croître; cette substance entre dans une foule de produits dont des médicaments, des vitamines et une quantité impressionnante d'aliments (céréales, jus, biscuits, puddings, gâteaux, pâtisseries, crème glacée, yogourt, etc.). Les ventes d'aspartame sont en hausse phénoménale, 13 millions de dollars en 1981, 336 millions en 1983 et 600 millions en 1985 et ce, malgré le fait que l'innocuité du produit n'ait pas encore été établie. Ce succès est dû en bonne partie aux 100 millions de dollars américains alloués à sa publicité, soit la plus forte somme jamais dépensée pour faire connaître un aliment.

La seule contre-indication officiellement reconnue concerne les personnes souffrant de phénylcétonurie, une maladie héréditaire du métabolisme relativement rare, dans laquelle se produit une accumulation excessive dans le sang de phénylalanine, un des principaux composants de l'aspartame, ce qui peut provoquer des lésions au cerveau et de l'arriération mentale. Le problème, c'est qu'environ 2 % de la population (près de 4,5 millions de personnes aux États-Unis seulement) est porteuse d'un des deux gènes qui causent la maladie sans en avoir les symptômes, donc sans le savoir. Ces personnes risquent d'être affectées par l'augmentation du taux de phénylalanine dans le sang.

Aux États-Unis, plusieurs groupes de pression tentent d'obtenir l'interdiction de l'aspartame; ils dénoncent la nocivité du produit, à la suite de l'augmentation du nombre de personnes qui ont rapporté être affectées par son ingestion. Les principaux symptômes sont des démangeaisons, des lésions de la peau, des désordres menstruels, des maux de tête, des nausées, des troubles de la vue, des pertes de connaissance, de l'irritabilité et de la dépression, allant parfois jusqu'au désir de suicide. Comme toujours, l'industrie défend son produit et nie sa toxicité, disant qu'il n'existe pas de preuves établies. Cette attitude est déplorable car tout le temps que dure le débat, la société entière devient un immense laboratoire et la population sert de cobaye sans même le savoir; si les effets négatifs deviennent trop nombreux et trop graves, on finira par les reconnaître mais pour de nombreuses personnes, il sera bien tard.

Les risques que les gens subissent des effets nocifs s'amplifient à mesure que l'aspartame gagne en popularité. Plus il y a de produits qui en contiennent, plus il devient difficile de l'éviter et plus la dose ingérée peut augmenter. Plusieurs chercheurs recommandent aux femmes enceintes et aux enfants au-dessous de 6 ans d'éviter l'aspartame car il peut causer des dommages irréparables au cerveau. Pour la population en général, on conseille d'en limiter l'ingestion. Si des symptômes apparaissent, éliminer l'aspartame complètement pour un certain temps, au moins une semaine, et observer ce qui se passe. Si les symptômes ont disparu puis qu'ils reviennent quand l'ingestion de l'aspartame reprend, la situation devient claire.

L'usage d'édulcorants chimiques soulève plusieurs questions troublantes dont certaines reçoivent très peu d'attention. Le pancréas est-il mis en alerte quand la langue détecte l'ingestion de sucre? Si oui, que se passe-t-il quand il ne reçoit pas ce qui lui était promis et qu'il n'a pas besoin d'utiliser le mécanisme mis en marche? Se pourrait-il qu'il s'ensuive une baisse du sucre dans le sang, créant à nouveau le désir de manger? La consommation d'aliments sucrés artificiellement a-t-elle une réelle influence sur l'obésité ou ne donne-t-elle pas bonne conscience, entraînant l'ingestion d'aliments peu valables nutritivement (je peux tricher, vu qu'il n'y a pas de sucre)? Les substituts de sucre ne font pas maigrir, ils n'entretiennent que le goût du sucre.

SUREAU

Sambucus spp, **Caprifoliacées**
Nom anglais: *elderberry*

Fruit produit par un arbuste qui atteint généralement de 2 à 3 m de haut, mais dont certaines espèces ne sont que de très hautes herbes. On croit que le sureau est originaire d'Europe et d'Asie; une douzaine de variétés poussent en Amérique du Nord. Ses fleurs blanchâtres, jaunâtres ou rosées sont odorantes et très aromatiques, elles poussent en ombelles et donnent naissance à des grappes de petits fruits, des drupes rondes de couleur rouge, pourpre ou noire. La variété rouge est très acide, la noire est meilleure.

VALEUR NUTRITIVE   Le sureau contient 0,7 g de protéines, 0,5 g de matières grasses, 18,4 g d'hydrates de carbone, 7 g de fibres et 73 calories/100 g. C'est une bonne source de vitamine A, de calcium et de fer. Le sureau a la réputation d'être sudorifique et laxatif, parfois même purgatif s'il y a abus; il aiderait dans les affections rhumatismales.

UTILISATION   Les fruits et les fleurs du sureau se transforment en confitures, vinaigre, jus, vin ou sirop. Les pousses nouvelles renferment une moelle comestible qu'on cuit comme les asperges.

CONSERVATION   Le sureau se conserve au réfrigérateur.

TAMARILLO

Cyphomandra betacea, **Solanacées**
Nom anglais: *tree tomato*

Fruit appartenant à la grande famille des Solanacées (tomate, piment, aubergine, pomme de terre, etc.). Originaire d'Amérique du Sud, le tamarillo pousse sur un arbuste atteignant de 2 à 3 m de haut. Cette plante des pays chauds commence à donner des fruits après 18 mois d'existence seulement et sa production est maximale après 3 ou 4 ans. Il en existe plusieurs variétés; la Nouvelle-Zélande en cultive deux qui ont une grande importance commerciale, une espèce à fruits jaunes avec une chair jaunâtre et une espèce à fruits rouge foncé dont la chair est orangée.

Le tamarillo est une baie ovale de la grosseur du kiwi; sa peau lisse et non comestible s'enlève facilement car elle est assez épaisse. Sa chair renferme de nombreuses petites graines noirâtres comme celles de la tomate. Sa saveur légèrement acidulée rappelle aussi la tomate.

VALEUR NUTRITIVE
Le tamarillo contient 2 g de protéines, 10 g d'hydrates de carbone et 46 calories/100 g. C'est un des fruits les plus riches en vitamine C, plus même que l'orange.

UTILISATION
Le fruit peut être consommé cru à la manière du kiwi ou cuit; il est prêt à manger quand il cède sous une légère pression des doigts. L'ajout de sel ou de sucre amollit la chair. Avant de le cuire, le plonger préalablement dans de l'eau bouillante comme la tomate pour enlever la peau (voir tomate, p. 544). On en fait une délicieuse purée qui aromatise yogourt, crème glacée, sorbets, etc. Le tamarillo peut accompagner des mets salés; on l'utilise comme la tomate, qu'il peut remplacer dans la plupart des recettes.

CONSERVATION
Le tamarillo peut être laissé quelques jours à la température de la pièce; le placer au réfrigérateur pour le conserver plus longtemps ou s'il est très mûr.

TAMARIN

Tamarindus indica, **Légumineuses**
Nom anglais: *tamarind*

Fruit du tamarinier, arbre imposant appartenant au même genre que le caroubier (Césalpinacées). Le tamarinier pousse sous les climats tropicaux et subtropicaux; on le trouve notamment en Afrique, en Asie du Sud-Est, aux Antilles, en Amérique du Sud et dans le sud des États-Unis. Le mot tamarin vient de l'arabe *tamar hindi* signifiant «datte de l'Inde», pays où ce fruit est cultivé depuis les temps préhistoriques et qui pourrait être son lieu d'origine.

Le tamarin est enfermé dans des gousses presque cylindriques de couleur brun rougeâtre, mesurant de 10 à 18 cm de long et 2,5 cm de large. Elles abritent de 1 à 12 graines dures et luisantes, recouvertes d'une pulpe brune, à la fois sucrée et très acidulée, contenant quelques fibres dures.

VALEUR NUTRITIVE

Lorsqu'il est frais, le tamarin contient 2,8 g de protéines, 0,6 g de matières grasses, 62,5 g d'hydrates de carbone, 5,1 g de fibres et 239 calories/100 g. Séché, il est encore plus nourrissant car il renferme 5 g de protéines, 0,6 g de matières grasses, 71 g d'hydrates de carbone et 270 calories/100 g. Il est riche en calcium, en phosphore, en pectine et en acides malique, acétique, tartrique et citrique. On lui attribue diverses propriétés médicinales, notamment celles d'être laxatif, vermifuge et antirhumatismal. On s'en sert aussi pour soigner entre autres les ulcères, les hémorroïdes et la diarrhée.

UTILISATION

Le tamarin peut être utilisé frais, en sirop, déshydraté, confit, saumuré ou en jus. On l'emploie comme aliment ou comme condiment. Il est souvent vendu pressé en bloc compact ou transformé en pâte. Il entre dans la préparation de confitures, marinades, soupes, sauces, salades, ragoûts, légumineuses, gâteaux, boissons, friandises, etc. Il accompagne viande, gibier et poisson. On emploie les graines comme les noix; les fleurs, la pulpe et même les feuilles servent comme légume. On peut remplacer le tamarin par du jus de citron dans la plupart des recettes mais le résultat est différent; le jus d'un citron équivaut à 15 ml (1 cuillerée à soupe) de pulpe dissoute dans 60 ml d'eau.

TEMPEH

Nom anglais: *tempeh*

Produit fermenté, dont la texture est légèrement caoutchouteuse et la saveur, prononcée. Le tempeh est originaire d'Indonésie où il constitue un aliment de base des plus nourrissant. Il est fait traditionnellement avec des haricots de soya; on peut aussi le préparer avec d'autres légumineuses (arachide, haricot rouge, petit haricot blanc, haricot great northern), des céréales (riz étuvé, blé concassé) et de la noix de coco.

Les haricots doivent d'abord être cassés en deux et débarrassés de leur peau, puis ils subissent un début de cuisson avant d'être ensemencés. Les ferments *(Rhizopus oligosporus)* sont des champignons filamenteux qui ne se développent adéquatement qu'à une température se situant entre 30 et 35 °C. La fermentation prend habituellement 24 heures (et peut durer jusqu'à 48 heures, selon la température environnante); des moisissures blanches se développent de part en part du produit, qui ressemble alors à du nougat et dont l'aspect extérieur rappelle le camembert.

Comme tous les aliments fermentés, le tempeh a une grande valeur nutritive car la fermentation transforme les nutriments. Ainsi, les protéines sont partiellement hydrolysées, ce qui les rend plus faciles à digérer et augmente leur taux d'assimilation; le stachyose et le raffinose, des hydrates de carbone à l'origine de la flatulence, sont partiellement hydrolysés et deviennent moins actifs, et la teneur en vitamines et en sels minéraux est augmentée.

VALEUR NUTRITIVE

Le tempeh de soya contient 18,5 g de protéines, 0,4 g de matières grasses, 17 g d'hydrates de carbone et 149 calories/100 g. Il est riche en calcium, en phosphore, en fer et en vitamines du complexe B.

Fabrication maison

La fabrication du tempeh est à la fois simple et exigeante; il est important de suivre attentivement toutes les étapes de la préparation sinon les résultats seront décevants. Veiller aussi à laver méticuleusement mains et ustensiles, ainsi qu'à toucher le moins possible aux légumineuses, sinon diverses bactéries risquent de se développer et le tempeh sera immangeable.

La température d'incubation est aussi un élément crucial car dans de mauvaises conditions, des ferments indésirables croissent et le tempeh n'est pas comestible. L'étendue des écarts possibles de température est peu élevée; or, après une quinzaine d'heures de fermentation, la température interne de la préparation augmente; il faut alors abaisser la température ambiante au risque d'obtenir du tempeh non comestible.

Le temps nécessaire à la préparation du tempeh s'étend sur plusieurs heures si on utilise des haricots entiers; une partie de ce temps sert à enlever la peau des légumineuses. Il est possible de le raccourcir si on se sert de haricots de soya décortiqués; on peut même utiliser des haricots rôtis, ce qui abrège encore plus la préparation (et la valeur nutritive est identique); choisir des haricots non salés car le sel ralentit l'action des ferments.

- Mettre à tremper les haricots de soya;
- casser les grains en deux et enlever la peau, en se servant d'un pilon ou en malaxant vigoureusement avec les mains;
- rincer avec soin et veiller à ce qu'il ne reste plus de peaux (ces deux opérations sont supprimées si on utilise des haricots décortiqués);
- couvrir les haricots d'eau froide et cuire une heure à

feu doux (avec des haricots rôtis, amener une eau à pleine ébullition puis y plonger les haricots et les remuer pour qu'ils ne collent pas, amener de nouveau au point d'ébullition, baisser le feu et laisser mijoter 10 minutes en brassant fréquemment);

— égoutter les haricots puis les essorer soigneusement; il convient de les étendre en une couche mince entre deux feuilles de papier ou de tissu absorbant jusqu'à ce qu'ils deviennent presque secs (environ 15 minutes); ils ne doivent être ni trop secs, ni trop humides;

— ensemencer les haricots quand leur température atteint 30-31 °C; bien répartir la culture pour que le résultat soit uniforme [les ferments habituellement disponibles dans des magasins d'aliments naturels sont vendus sous deux formes: une culture vivante, qui vient dans une boîte de culture (rare), et une culture déshydratée, poudre blanche qui ressemble à de la fécule de maïs];

— mettre la préparation dans un plat aux bords peu élevés et l'égaliser avec le dos d'une cuiller pour qu'elle ait de 2 à 3 cm d'épaisseur;

— recouvrir le plat avec une feuille de papier d'aluminium ou de plastique; veiller à ce qu'elle ne touche pas les haricots et la perforer avec les dents d'une fourchette à tous les 2 ou 3 cm;

— faire incuber environ 24 heures à 31-33 °C. On peut construire un incubateur ou en improviser; placer par exemple la préparation près d'un poêle à bois ou sur le dessus d'un réfrigérateur (si la température n'est pas trop élevée); une ampoule de 40 watts dans un four ou un placard fournit une chaleur suffisante (surveiller la température cependant puisqu'après une quinzaine d'heures de fermentation, le tempeh commence à produire sa propre chaleur; il faut alors ventiler l'endroit pour abaisser la température si elle devient trop élevée ou mettre une ampoule moins forte);

— le tempeh est prêt lorsqu'il forme une sorte de gâteau recouvert d'une mince couche blanchâtre et qu'il dégage une bonne odeur de champignons; ne pas s'inquiéter s'il contient des taches noires ou grises, ce sont seulement des endroits qui ont davantage fermenté. S'il est orné de taches roses, jaunes ou bleues et si le dessous sent le pourri, c'est différent; il a mal fermenté et n'est pas comestible; le jeter et bien laver le contenant.

UTILISATION   Le tempeh doit toujours être mangé cuit; il est très souvent sauté ou frit (environ 5 minutes), il devient alors doré et croustillant (l'égoutter sur du papier avant de servir). Il peut remplacer le tofu ou y être combiné dans beaucoup de recettes; comme le tofu, il est plus savoureux s'il a mariné (au moins une vingtaine de minutes). Le tempeh peut être ajouté aux soupes, sauces, farces, trempettes, sandwichs, salades composées, ragoûts, lasagnes, pizzas, etc.

CONSERVATION   Le tempeh se conserve au réfrigérateur environ 1 semaine. Il peut être congelé.

THÉ
Camellia sinensis, **Théacées**
Nom anglais: *tea*

Feuilles séchées du théier, arbre touffu qui atteint de 2 à 17 m de hauteur selon les variétés, mais que l'on rabat à environ 1,5 m pour faciliter la cueillette. Le théier est originaire de Chine, où il existerait depuis plus de 4 000 ans. On tire de ses feuilles une boisson d'origine très ancienne et qui est plus populaire mondialement que le café. L'origine de la découverte de cette boisson se confond avec les débuts de la civilisation chinoise et donne lieu à plusieurs légendes. La plus connue la situe en l'année 2737 av. J.-C.; le souverain régnant, Chen Nung, aurait donné l'ordre à ses sujets de faire bouillir leur eau pour s'assurer qu'elle soit potable; il s'adonnait lui-même à cette activité à l'ombre d'un arbre sauvage, quand le vent détacha des feuilles qui se déposèrent sur l'eau chaude. Goûtant l'eau, il fut conquis par la saveur qu'elle avait acquise.

Vers le Xe siècle de notre ère, le thé est connu au Japon, en Mongolie, au Tibet et dans le monde arabe. Au Japon, il resta longtemps l'apanage des souverains et des prêtres bouddhistes; au XVe siècle, des moines bouddhistes inventèrent le *chanoyu*, une cérémonie qui prenait place dans une salle particulière; on y fouettait du thé vert jusqu'à ce qu'il devienne une purée épaisse, en suivant un rituel fort détaillé et passablement compliqué.

L'Europe se mit réellement à la mode du thé en 1610, époque où les Hollandais en commencèrent le commerce. En Angleterre, le thé devint une véritable institution et au XVIIIe siècle toutes les classes de la société arrêtaient leurs activités deux fois par jour pour prendre le thé. En Amérique du Nord, la forte immigration en provenance de l'Angleterre et de l'Irlande rendit le thé fort populaire jusqu'en 1773, année où eut lieu ce que l'on nomma le *Boston Tea Party*, quand des Bostoniens en colère contre les fortes taxes imposées par l'Angleterre prirent d'assaut trois navires chargés de thé et balancèrent à la mer 342 caisses de thé. Les Américains se mirent ensuite au café.

L'Angleterre demeure encore aujourd'hui le plus grand pays con-sommateur de thé; le thé est aussi particulièrement populaire dans les pays saxons en général, dont l'Australie et la Nouvelle-Zélande, et dans le monde arabe, grand amateur du thé à la menthe. Les plus grands pays producteurs sont la Chine, l'Inde et le Sri Lanka.

Les feuilles persistantes et d'un vert brillant du théier sont char-nues, légèrement poilues, de forme elliptique et partiellement dentelées; elles sont parsemées de glandes huileuses contenant une huile essentielle. Une fois l'an naissent de petites fleurs blanches faiblement parfumées, vendues à fort prix.

On estime généralement qu'il existe trois variétés principales de théiers, originaires respectivement de Chine, d'Indochine et d'Inde, variétés qui ont donné naissance à un nombre incalculable de sous-variétés.

La cueillette des feuilles de thé, qui peut avoir lieu jusqu'à 20 ou 30 fois par année, s'effectue traditionnellement à la main; elle est de plus en plus souvent remplacée par la cueillette mécanique cependant. On ne récolte que les jeunes feuilles à l'extrémité des branches. Les meilleurs thés proviennent du bourgeon et des deux feuilles qui le suivent; on cueille aussi la troisième, la quatrième et parfois la cinquième feuille, ce qui donne des thés moins fins. Le bourgeon terminal est appelé «pekoe», terme dérivé du chinois et signifiant «duvet blanc», car il est recouvert d'un mince duvet sur sa face inférieure quand il commence à se dérouler pour devenir une feuille. Le terme «pekoe» ne désigne donc pas une variété de thé mais bien la partie d'où il provient. Les feuilles de thé subissent di-vers traitements avant d'être prêtes pour la consommation. Selon le procédé utilisé, on obtient du thé noir (fermenté), du thé oolong (semi-fermenté) et du thé vert (non fermenté).

Thé noir. La préparation du thé noir nécessite cinq étapes, soit le flétrissage, le roulage, la fermentation, la dessication et le triage. Le flétrissage vise à enlever de l'humidité aux feuilles par évapo-ration, afin qu'elles perdent leur fermeté et leur rigidité. Le roulage sert surtout à détruire les membranes intérieures des feuilles, ce qui agit sur la composition du thé en permettant la libération des huiles essentielles. La fermentation joue sur la saveur; sa durée dé-pend des résultats recherchés. La dessication a pour but principal de mettre un terme à la fermentation et le triage permet de séparer les feuilles selon leur grosseur.

Thé oolong. Il n'est qu'à demi fermenté, car il a été flétri et fer-menté moins longtemps que le thé noir. Le thé oolong est à mi-chemin entre le thé noir et le thé vert, aux points de vue de sa sa-veur et de ses caractéristiques.

Thé vert. Non fermenté, il n'est que chauffé quelques minutes à la vapeur afin que ses enzymes soient inactivées, puis il est roulé et desséché. Le thé vert est plus astringent que le thé noir car ses tannins sont moins oxydés; sa saveur est plus fine. Longtemps le plus consommé, il a maintenant perdu sa suprématie au profit du thé noir, qui accapare plus de 98 % de la production mondiale.

Outre les trois catégories de thé précitées, il existe du thé parfumé, du thé soluble et du thé décaféiné.

Thé parfumé. Il s'agit de feuilles aromatisées d'huile essentielle ou agrémentées d'épices ou de fleurs de plantes (jasmin, gardénia, rose, lotus, cannelle, menthe, etc.). Ainsi le thé Earl Grey est parfumé à l'huile de bergamote; la légende dit que ce thé porte le nom d'un comte auquel un mandarin chinois aurait fait cadeau de ce thé.

Thé soluble (*instant tea* en anglais). Préparation obtenue après l'infusion du thé. Ce procédé, très populaire aux États-Unis depuis la seconde moitié du XXe siècle, existe depuis beaucoup plus longtemps, en particulier au Japon.

Thé décaféiné. Thé dont une partie de la caféine (appelée aussi théine) a été enlevée à la suite d'un traitement afin que son effet soit moindre. La teneur en caféine du thé décaféiné est cependant très variable et il n'est pas rare qu'elle soit presque aussi élevée que celle du thé régulier.

VALEUR NUTRITIVE

Le thé renferme plusieurs substances dont les plus importantes sont la caféine, des huiles, des enzymes, des tannins, des acides aminés, du fluor, des vitamines C, E et du complexe B (B_1, B_2 et B_3). Il ne fournit que 3 à 4 calories par tasse s'il ne contient ni sucre ni lait et il a une faible teneur en sodium.

La théine est identique à la caféine du café et du cacao; c'est un alcaloïde de la famille des xanthines. Deux autres xanthines, présentes en faible dose, se retrouvent dans le thé, soit la théophylline et la théobromine. La teneur du thé en théine varie selon le type de feuilles utilisées et le temps d'infusion; plus l'infusion se prolonge, plus le taux de théine est élevé.

Un kilo de thé renferme plus de caféine qu'un kilo de café, mais comme on peut préparer jusqu'à 450 tasses de thé avec un kilo et un peu moins de 100 tasses de café avec la même quantité, la teneur dans chaque tasse de thé est moindre. Une tasse de thé noir infusée de 3 à 5 minutes contient de 40 à 60 mg de théine.

Le thé est un stimulant qui a plusieurs effets sur l'organisme (voir café, p. 87). Il semble cependant qu'il ait moins de répercussions négatives que le café car l'action de la théine est atténuée par d'autres nutriments du thé. Ainsi, contrairement à la caféine pure, l'absorption de thé entraîne une légère chute de tension artérielle. Il semble que le thé permettrait d'atténuer les effets secondaires des traitements de la chimiothérapie du cancer.

Les substances que l'on nomme tannins sont en réalité des polyphénols; jusqu'à 30 % des résidus des feuilles sèches en sont composés. Les polyphénols réduiraient l'absorption du fer et on croit qu'ils retardent la croissance chez les enfants. Le thé noir en contient moins que le vert, et le temps d'infusion joue ici encore un rôle important; s'il dure plus de cinq minutes, les tannins sont plus concentrés et confèrent au thé un goût amer. L'habitude d'ajouter du lait au thé a une action bénéfique sur les tannins, qui sont neutralisés par le lait.

ACHAT   Acheter le thé dans un endroit où le roulement est rapide afin que les feuilles soient savoureuses. L'achat du thé en vrac est presque toujours plus économique que l'achat du thé en sachet; de plus, ce thé est souvent meilleur car les feuilles sont plus complètes; on ne met pas dans les sachets les plus belles feuilles et les sachets renferment en outre de la poudre et de la poussière de feuilles ainsi que des débris de branches.

PRÉPARATION   La préparation du thé a subi des transformations à travers les âges; il fut un temps où l'on faisait bouillir le thé; on l'a aussi battu puis on en vint à l'infuser; c'est cette dernière méthode qui est la plus courante de nos jours.

Il est facile de préparer du bon thé. Réchauffer la théière, y jeter 5 ml (1 cuillerée à café) de thé par tasse désirée plus 5 ml (1 cuillerée à café) pour la théière ou y mettre les sachets nécessaires, verser l'eau, laisser infuser de 3 à 5 minutes puis retirer le thé. On peut aussi recouvrir la théière durant l'infusion. La température de l'eau joue un rôle capital ainsi que le temps d'infusion; bouillie trop longtemps, l'eau devient plate et donne un thé décevant. La verser dès qu'elle atteint le point d'ébullition. Du temps d'infusion dépend l'âcreté de la saveur et la teneur en théine; plus il est court, plus le thé est doux et moins il contient de théine. L'utilisation d'eau trop calcaire et de théière en métal sont déconseillées, les polyphénols du thé réagissant au contact du métal, ce qui rend le thé amer.

Le thé est bien connu comme breuvage chaud que l'on boit tel quel ou agrémenté de sucre, de lait, de citron, d'orange, d'une goutte de vanille, d'extrait d'amande, de clou de girofle, etc. Il peut aussi être pris froid; les Nord-Américains sont particulièrement friands de cette boisson, qui est aussi vendue en mélange instantané déjà sucré, aromatisé et qui contient souvent divers additifs. On prépare le thé froid en laissant infuser 5 minutes une quantité un peu plus grande de thé que pour le breuvage chaud; retirer ensuite les sachets ou les feuilles de thé, puis sucrer et aromatiser avec des rondelles de citron ou d'autres fruits. Le thé peut devenir légèrement brouillé sous l'action des tannins quand il refroidit, surtout si on le met encore chaud au réfrigérateur; l'ajout d'un peu d'eau bouillante lui rend sa limpidité. On peut aussi laisser infuser le thé avec de l'eau froide, en mettant de 8 à 10 sachets pour un litre d'eau et en plaçant le récipient au réfrigérateur pendant au moins 6 heures.

UTILISATION   Comme avec le café, on peut se servir du thé pour aromatiser certains aliments, particulièrement la crème glacée et des pâtisseries. Des pruneaux et autres fruits secs trempés dans du thé froid acquièrent une saveur très agréable. Le thé a en outre de multiples emplois non culinaires tels les soins de la peau et des cheveux, le polissage de la verrerie, des miroirs et des planchers vernis.

CONSERVATION   Le thé se conserve à l'abri de l'air, de la chaleur et de la lumière. L'idéal est d'utiliser une boîte de métal hermétique qui le protège de l'humidité et des odeurs. Il est moins fragile que le café et peut se garder environ 18 mois, quoiqu'il soit préférable de ne pas dépasser 6 mois. Introduire dans le récipient une substance aromatisante, tels un bâton de cannelle, des feuilles de menthe, une gousse de vanille, du zeste de citron ou d'orange, lui confère une saveur inhabituelle.

THÉORIE DE LA COMPLÉMENTARITÉ

La théorie de la complémentarité est surtout connue depuis 1972, à la suite de la parution du livre de Frances Moore Lappé intitulé *Diet for a small planet* (traduit en français sous le titre *Sans viande et sans regrets*). Cette théorie dit qu'on doit inclure dans son alimentation des aliments végétaux qui se complètent sur le plan de leurs acides aminés. Les acides aminés sont les principaux constituants des protéines. Les protéines contiennent 22 acides aminés, dont 8 sont dits essentiels parce que le corps humain ne peut les synthétiser; il doit donc aller les chercher dans les aliments. Les acides aminés de la viande diffèrent de ceux des végétaux; depuis le début du XXe siècle, on dit que les protéines animales sont complètes et que les protéines végétales sont incomplètes.

La théorie de la complémentarité visait surtout à rassurer les personnes désireuses de délaisser la viande, et démontrait qu'on pouvait être végétarien sans qu'il en découle une déficience en protéines. À cette époque, le mythe selon lequel la viande constituait l'unique façon d'ingérer des protéines de haute qualité était encore plus fort que maintenant. La connaissance de la composition des aliments a permis de comprendre comment les déficiences d'un aliment en acides aminés sont compensées par la richesse d'un autre. Par exemple, la plupart des légumineuses manquent de méthionine et de tryptophane tout en étant bien pourvues en lysine; elles complètent et enrichissent les céréales, les graines et les noix, pauvres en lysine; ces dernières leur donnent la méthionine et le tryptophane manquants.

Combler la déficience en acides aminés essentiels d'un végétal en lui combinant un aliment qui contient ce qui lui manque (aliment qui devient complémentaire) a été fait instinctivement depuis des millénaires par de nombreux peuples. C'est le cas notamment de ceux qui combinent haricots et maïs (notamment les Mexicains), pois chiche et bulghur (les Arabes), lentilles et riz (les Indiens).

Lorsque Frances Moore Lappé a formulé sa théorie, elle a beaucoup insisté sur l'importance de la complémentarité, donnant l'impression qu'il fallait presque mesurer les aliments à chaque repas pour combler les besoins nutritifs quotidiens, et qu'une grande connaissance en nutrition était quasiment indispensable. Elle a révisé sa position par la suite dans une version corrigée de son livre parue en 1982, version qui n'avait pas encore été traduite en français en 1989. Elle prend une position plus réaliste et moins médicalisée, et explique qu'avec une alimentation végétarienne variée, l'équilibre s'effectue naturellement, tout au moins pour la population moyenne. Font exception surtout les jeunes enfants et les femmes enceintes, qui ont des besoins particuliers.

Réussir à bien s'alimenter tout en étant végétarien est donc beaucoup plus simple qu'on ne le croit généralement; ce qui importe surtout est de manger des aliments variés et sains, c'est-à-dire non transformés.

THON
Thunnus spp, **Scombridés**
Diverses espèces: *thon rouge* (ou *commun*), *thon blanc* (*germon* ou *albacore*), *thonine* (*bonite à ventre rayé* ou *bariole*), *albacore* (*thon à nageoires jaunes*), *bonite à dos rayé* (*pelamide*), *bonite du Pacifique, bonite orientale*
Nom anglais: *tuna fish*

Grand poisson au corps allongé et robuste qui fréquente les mers chaudes; dans l'Atlantique Nord, il remonte jusqu'à Terre-Neuve durant l'été. Le thon offre une des meilleures pêches sportives; sa vivacité et sa puissance en font un poisson très agile qui nage vite. Les plus gros résistent aux pêcheurs des heures durant, traînant parfois les bateaux vers le large sur plusieurs kilomètres. Le thon est pêché depuis des temps immémoriaux; dans l'Antiquité, on l'appréciait particulièrement s'il était fumé ou saumuré.

Les thons se répartissent en plusieurs espèces qui ont des particularités et des noms distinctifs; ils ont cependant en commun deux nageoires dorsales dont une épineuse, deux nageoires anales, et une série de petites nageoires situées entre la deuxième nageoire dorsale et la deuxième nageoire anale.

Thon commun ou **rouge** *(Thunnus thynnus)*. C'est le géant de sa famille, atteignant de 50 cm à plus de 2 m de long et pouvant parfois peser près de 500 kg; c'est aussi le plus connu. Il a une tête en cône, une grande bouche et une mince queue en forme de croissant. Son dos est bleu foncé, ses flancs, gris et son ventre, blanc. Sa chair d'un rouge brunâtre a une saveur prononcée.

Bonite à dos rayé, à ventre rayé, du Pacifique, commune, etc. *(Sarda sarda, Euthynnus pelamis, S. chilensis)*. La bonite a un corps allongé et est plutôt petite, n'atteignant parfois que 70 cm de long. Son poids moyen est de 3,5 kg. Ses rayures bleu foncé aident à la reconnaître facilement. C'est l'espèce la plus pêchée à travers le monde. Au Japon, on l'utilise beaucoup séchée, sous forme de flocons qui se conservent indéfiniment. Comme le thon rouge et l'albacore à nageoires jaunes, elle est principalement destinée à la conserverie. Sa chair est de saveur et de couleur variables.

Thon blanc ou **germon** *(T. alalunga)*. Il possède de longues nageoires pectorales en forme de sabre et une étroite bande de couleur blanche le long de la queue. Le thon blanc atteint 1 m de long et pèse habituellement entre 30 et 40 kg. Sa chair blanche à peine rosée est très appréciée.

Thonine commune, orientale ou **faux albacore** *(Euthynnus allettaratus)*. Ce poisson est toujours bleu foncé et son dos est traversé de lignes foncées irrégulières. Il mesure près de 1 m et pèse environ 7 kg. Sa chair foncée est peu prisée car sa saveur est très prononcée.

Albacore ou **thon à nageoires jaunes** *(T. albacores)*. L'extrémité de ses nageoires est colorée de jaune. C'est l'espèce la plus courante, en particulier dans l'Atlantique. L'albacore est énorme: il mesure entre 90 cm et 1,5 m de long. Sa chair pâle est très bonne. Il suit la bonite à ventre rayé pour l'importance des prises; il est surtout vendu en conserve. Il est souvent confondu avec le thon blanc, car ce dernier est désigné sous le nom de *albacore* en anglais.

Le thon frais pêché doit être saigné le plus tôt possible, ce qu'on effectue en pratiquant une incision de quelques centimètres au-dessus de la queue. Il est ensuite taillé sous forme de steaks, de filets ou de tronçons, rincé puis mis au frais sans délai. Comme le maquereau, il a une bande de chair plus foncée, plus grasse et de saveur très prononcée située vers le milieu de son corps. L'enlever améliore grandement la saveur du poisson. Le thon possède une rangée d'arêtes qui jaillissent au milieu des côtes et que l'on sépare de la chair en glissant entre les deux un bon couteau. Plusieurs variétés sont rarement vendues à l'état frais, elles vont directement à l'usine pour être mises en conserve ou sont immédiatement congelées. Le thon peut causer des allergies s'il n'est pas frais, car il contient de l'histidine, qui se tranforme en histamine, une substance allergène.

La chair de ces poissons gras est ferme et dense; elle se digère plus difficilement fraîche qu'en conserve. Sa couleur varie selon les espèces tout comme sa saveur qui peut être très prononcée. La partie entre les flancs est très recherchée car c'est la plus fine; elle est aussi la plus chère.

VALEUR NUTRITIVE

Le thon frais renferme environ 25 g de protéines, de 3 à 4 g de matières grasses et de 130 à 145 calories/100 g, selon les espèces. Le thon en conserve à l'huile contient 24 g de protéines, 20,5 g de matières grasses et 288 calories tandis que le thon en conserve à l'eau contient 28 g de protéines, 0,8 g de matières grasses et 127 calories/100 g (chair et liquide inclus).

Il n'est guère possible de parler du thon sans aborder la question de la pollution. Ce poisson contient notamment une certaine quantité de mercure, surtout quand il vit près des côtes. Le thon frais peut en renfermer plus que le thon en conserve car il est plus facilement soustrait aux contrôles gouvernementaux. Cette contamination est d'autant plus déplorable que le thon constitue une excellente source de protéines, une des plus hautes après le bœuf ou la dinde rôtie et dépassant celle qui est fournie par le poulet, le porc, le veau rôti et le saumon en conserve. Au Canada, l'information sur le sujet ne circule plus beaucoup; pourtant au début des années 80, le problème était déjà préoccupant. La Direction générale de la protection de la santé avait alors recommandé de ne consommer du thon frais ou en conserve qu'une fois par semaine seulement.

ACHAT

Le thon est surtout mis en conserve. Son achat constitue souvent un casse-tête car une dizaine d'espèces sont mises dans ces boîtes, et l'étiquette la précise très rarement, se contentant d'indiquer thon blanc ou thon pâle. Le **thon blanc** provient du germon; il est plus ferme, plus doux et davantage recherché, ce qui le rend souvent plus cher que le **thon pâle** (bonite, thon à nageoires jaunes ou à nageoires bleues), qui est plus tendre et plus humide, mais dont le goût est plus prononcé. Le prix varie énormément d'une marque de conserve à l'autre; il arrive que du thon pâle entier ou du thon blanc émietté soient au même coût que du thon blanc entier. L'albacore forme une catégorie à part car sa chair très cotée est plus coûteuse; elle se vend habituellement entière ou en morceaux.

Le thon en conserve peut baigner dans plusieurs liquides dont de l'huile végétale, du bouillon et de l'eau. Le thon à l'huile est moins sec mais sa teneur en matières grasses est importante. Le thon peut être entier, en morceaux, en flocons ou émietté. Le thon entier est presque toujours très cher; le thon émietté est souvent meilleur marché, mais il faut être sur ses gardes et comparer plusieurs marques, car c'est aussi la préparation dans laquelle on trouve le plus de débris de peau et d'arêtes. Un facteur qui guidera l'achat est l'utilisation projetée: si l'apparence est importante, on choisira du thon entier, ce qui devient inutile quand le thon se perd dans une sauce ou se cache sous de la mayonnaise.

CUISSON   Le thon frais ou congelé peut être poché ou braisé s'il est en tronçons, grillé ou rôti au four s'il est en darnes ou en filet. Une cuisson longue et douce ou au court-bouillon est idéale. Éviter les préparations grasses car le poisson est déjà gras. Certaines espèces gagnent à être marinées (bonite à ventre rayé, bonite à dos rayé, thon commun, thonine), car cela atténue leur forte saveur. Le thon sera plus digestible s'il est poché une dizaine de minutes avant d'être accommodé. S'il doit être grillé, on peut le mettre une quinzaine de minutes dans l'eau froide, puis dans une marinade de son choix environ 1 heure.

UTILISATION   Le thon en conserve est beaucoup employé pour préparer salades et sandwichs. Son utilisation peut être plus variée et plus poussée (omelettes, plats au gratin, hors-d'œuvre, etc.). Le thon entre dans la préparation du *vitello tonnato*, un mets italien qui comprend aussi du veau froid, des anchois, des câpres et de la mayonnaise.

CONSERVATION   Le thon ne doit pas être laissé dans sa boîte de conserve une fois cette dernière ouverte car il prend un goût de métal; il est préférable de le transvider le plus vite possible. Ce poisson se congèle bien.

THYM

Thymus vulgaris, **Labiées**
Nom anglais: *thyme*

Plante aromatique ligneuse, originaire de la région méditerranéenne. Sous-arbrisseau vivace sous les climats chauds et annuel sous les climats tempérés, le thym atteint de 10 à 30 cm de haut. Ses feuilles allongées et plus ou moins étroites sont d'un vert grisâtre sur le dessus et blanchâtres en dessous. Elles dégagent une odeur pénétrante et produisent une huile essentielle au goût chaud et piquant. Ses fleurs roses ou violettes poussent à la base des feuilles. Il en existe plus d'une soixantaine d'espèces dont la plus usuelle est le thym commun.

Le serpolet ou **farigoule** en Provence *(T. serpyllum)* est une variété sauvage dont la tige rampante est munie de feuilles plus petites et non blanchies sur la partie inférieure. Son goût généralement plus doux permet de l'utiliser plus généreusement. Une autre variété particulièrement intéressante est le **thym citronné** *(T.*

citriodorus), qui ajoute une touche de citron aux mets qu'il assaisonne; il ne supporte pas la cuisson.

**VALEUR
NUTRITIVE**

Le thym est riche en vitamine A, en calcium, en fer et en potassium. Il aurait diverses propriétés médicinales; on le dit notamment stimulant, diurétique, antirhumatismal, antispasmodique, vermifuge, sudorifique et décongestionnant. Le thymol qu'il contient en fait un excellent antiseptique. En tisane, mettre 15 ml (1 cuillerée à soupe) de feuilles par tasse d'eau (240 ml), faire bouillir de 2 à 3 minutes, puis laisser infuser 10 minutes.

UTILISATION

Cette fine herbe résiste bien aux longues cuissons; elle est donc un compagnon idéal des ragoûts, civets, soupes et sauces tomate. Elle est particulièrement bien adaptée aux viandes, gibiers, poissons, légumineuses, sauces, œufs et légumes. C'est un des composants du bouquet garni. Ses propriétés antiseptiques en font une herbe recherchée pour la confection de la charcuterie et des marinades. Son huile essentielle sert à parfumer savons, huiles de bain et autres produits cosmétiques.

**ACHAT
ET
CONSERVATION**

Voir fines herbes, p. 188.

TOFU

Nom anglais: *tofu*

Nom japonais du caillé obtenu avec le liquide laiteux tiré des haricots de soya. Cet aliment nommé *doufu (dow-foo)* en Chine, d'où il est originaire, est connu depuis plus de 2 000 ans; il occupe une place importante dans la cuisine asiatique. Le Japon découvrit ce produit vers le VIIIe siècle lorsque des moines japonais revinrent de Chine; il devait beaucoup plus tard le faire connaître au monde occidental. Le tofu est parfois désigné sous le nom de pâté, de caillé ou de fromage de soya; ce dernier terme peut porter à confusion parce que le tofu n'est ni fermenté, ni vieilli, ni mûri et qu'il existe un véritable fromage de soya.

Généralement disponible en blocs rectangulaires, le tofu a une consistance quelque peu gélatineuse mais ferme, qui surprend les premières fois mais à laquelle on s'habitue rapidement; on compare souvent sa texture à celle d'un flan assez ferme. Sa saveur est fade mais elle peut se modifier à volonté puisque le tofu absorbe la saveur des aliments avec lesquels il est préparé.

La première étape de la fabrication du tofu est identique à celle du lait de soya (voir p. 282), à ceci près que le lait doit être plus épais que celui à boire. Vient ensuite le caillage effectué à l'aide de sel ou d'acide. Parmi les sels, le nigari est traditionnellement utilisé; c'est un extrait de sel de mer disponible sous sa forme naturelle, une poudre de cristaux de couleur beige ou blanchâtre. Le chlorure de magnésium (extrait du nigari), le chlorure de calcium (un produit tiré d'un minerai extrait de la terre), le sulfate de calcium (gypse) et le sulfate de magnésium (sel d'epsom) sont aussi utilisés; on peut également se servir de vinaigre, de jus de citron ou de limette et de lactone (difficile à trouver). Le coagulant est ajouté au lait chaud et 15 à 20 minutes plus tard, un caillé blanchâtre se forme. Le caillé est par la suite égoutté et débarrassé de son petit lait, égouttage qui se fait à l'aide de coton à fromage; puis il est habituellement pressé dans un boîtier où il acquiert sa forme familière et de la consistance. Le tofu peut être nature ou assaisonné.

Chaque coagulant influence à sa façon la texture et la saveur du tofu. Les experts parviennent d'ailleurs à identifier le coagulant utilisé par l'aspect du tofu et sa saveur; ainsi le tofu est plus léger et de saveur plus délicate et plus douce avec le chlorure de magnésium, le nigari et l'eau de mer, il est plus fade et de texture plus molle avec le gypse, et il est plus ferme et de saveur plus délicate avec les sels d'epsom. La texture et la saveur des tofus sont aussi influencées par la durée de l'égouttage; plus elle se prolonge, plus le tofu est ferme et compact.

VALEUR NUTRITIVE

Le tofu est un aliment nourrissant. Frais, il contient 7,8 g de protéines, 4,2 g de matières grasses, 2,4 g d'hydrates de carbone, 0,1 g de fibres et 72 calories/100 g. Il est riche en calcium (surtout lorsqu'il est fabriqué avec des sels calciques), en phosphore et en potassium; il contient peu de sodium et de vitamines. Les protéines sont riches en lysine, ce qui fait du tofu un complément idéal des céréales (voir soya, p. 513). Les matières grasses sont non saturées à 85 % et ne contiennent pas de cholestérol. La quantité d'hydrates de carbone est minime car la majeure partie reste dans le petit lait lors du caillage.

ACHAT

Le tofu peut être vendu en vrac baignant dans de l'eau, enveloppé individuellement – le plus souvent dans un contenant hermétique – déshydraté ou congelé. S'il est en vrac, s'assurer qu'il est bien frais et que les conditions d'hygiène sont adéquates, notamment que personne ne touche le tofu avec ses mains et que l'eau est propre. L'empaquetage scellé élimine les risques de contamination et prolonge la durée du tofu; une date d'expiration doit toujours y être apposée, elle indique jusqu'à quand le tofu peut rester enveloppé; passé cette date, il est toujours comestible, quoique un peu moins savoureux; retirer cependant le tofu de l'emballage et le recouvrir d'eau, que l'on change tous les jours ou aux deux jours.

CUISSON

Le tofu est l'aliment-caméléon par excellence. Non seulement absorbe-t-il la saveur des préparations dans lesquelles on l'ajoute, mais il peut aussi en quelque sorte adapter sa texture à celle des aliments pour mieux s'y intégrer. On peut l'égoutter, le presser, l'émietter, le broyer et l'étuver. Il fonctionne comme une éponge; plus on l'égoutte, plus il absorbera les saveurs. Il peut être plus ou moins humide, plus ou moins granuleux selon les méthodes de préparation. Pour l'affermir, l'assécher à feu doux ou le laisser s'égoutter en mettant une assiette puis un poids dessus; on peut aussi le placer sur un linge absorbant et presser doucement ou le laisser plusieurs heures dans une passoire placée au-dessus d'un récipient (si possible le réfrigérer).

Le tofu ferme garde mieux sa forme, se tranche et se met en cubes plus facilement que le tofu mou mais s'émiette et se pile plus difficilement. La congélation rend le tofu plus charnu, plus caoutchouteux, plus spongieux et plus perméable aux sauces et aux saveurs. L'ébullition a un effet semblable; de sa durée dépendra sa consistance. L'ébullition permet aussi de rafraîchir du tofu trop vieux, dont on a oublié de changer l'eau et qui dégage une odeur sure; le laisser entier ou le couper en cubes puis le faire bouillir de 4 à 20 minutes, selon la taille des morceaux et la texture désirée.

Le tofu frais, consommé le plus tôt possible après sa fabrication ou son achat, a plus de goût car chaque jour qui passe occasionne une transformation de la texture et de la saveur; le tofu devient plus ferme et d'un goût plus prononcé, il gagne alors à être bien assaisonné.

UTILISATION Cru et broyé, le tofu s'intègre entre autres aux mayonnaises, sandwichs, salades et hors-d'œuvre; il peut aussi remplacer la crème sure, le yogourt et le fromage (cottage, ricotta, en crème). Cuit, le tofu peut être sauté, braisé, mijoté, frit, grillé, etc.; sa cuisson est rapide (quelques minutes suffisent). Son utilisation est très vaste, on l'emploie aussi bien dans les entrées, les soupes, les plats principaux, que dans les desserts et les breuvages. On le met notamment dans les céréales, les spaghettis, les pizzas et les omelettes. C'est l'ingrédient de base d'un nouveau produit semblable à de la crème glacée, souvent commercialisé sous le nom de tofutti (voir crème glacée, p. 163).

CONSERVATION Le tofu frais se conserve au réfrigérateur ou au congélateur. Le réfrigérer baignant dans de l'eau que l'on changera tous les jours ou aux deux jours. Le congeler sans eau dans un récipient hermétique. La décongélation peut s'effectuer à la température de la pièce ou dans de l'eau bouillante; presser ensuite le tofu pour bien l'égoutter, si désiré.

TOMATE

Lycopersicum esculentum, **Solanacées**
Nom anglais: *tomato*

Fruit d'une plante dont on a longtemps cru qu'elle était originaire d'Amérique du Sud, plus particulièrement de la région andine; des découvertes archéologiques récentes donnent à penser qu'elle viendrait plutôt du Mexique et de l'Amérique centrale. La tomate, qui est consommée comme légume, pousse sur une plante buissonnante, parfois rampante. Son nom est dérivé du mot aztèque *tomalt*.

Consommée par les peuples autochtones, la tomate intrigua les Espagnols et les Portugais qui la découvrirent lors de la Conquête. Ils la transplantèrent en Europe où elle souleva longtemps la méfiance; on croyait qu'elle rendait malade, ce qui n'est pas surprenant quand on sait que ses feuilles, ses tiges et ses fruits immatures contiennent un alcaloïde toxique. Par la suite, on la nomma «pomme d'amour» et elle devint un symbole de richesse car quiconque se targuait d'être riche se devait de l'inclure au menu du repas nuptial.

Annuelle sous les climats tempérés et vivace à courte vie sous les climats tropicaux, la tomate nécessite toujours une longue période de chaleur et d'ensoleillement. Il en existe plus d'un millier de variétés, dont la tomate cerise et la tomate prune (variétés *cerasiformes*), cette dernière souvent appelée tomate italienne au Québec. Cette diversité a une incidence sur la forme, la taille, la couleur, la fermeté, la saveur et la valeur nutritive. La tomate peut être arrondie, ovale, globulaire et même carrée. Cette variété récente fut créée par des agronomes américains en 1984 pour répondre aux besoins de l'industrie qui recherchait une tomate facile à cueillir et à empaqueter. La taille des tomates varie autant selon les espèces qu'à l'intérieur d'une même variété; les tomates arrondies peuvent peser de 50 g à 1 kg, parfois même plus. Leur diamètre varie en fonction du poids. Les tomates cerises restent minuscules, elles ont entre 2,5 et 3 cm de diamètre. Les tomates prunes mesurent entre 5 et 10 cm de long et ont un diamètre de 3 à 5 cm.

Certaines variétés de tomates sont vertes, même mûres, mais la plupart deviennent rouges, roses, orangées ou jaunes. De nos jours, les tomates sur le marché sont presque toujours du type ferme et leur peau est épaisse; c'est souvent un recul sur le plan gastronomique, surtout quand elles sont consommées crues. Des impératifs commerciaux sont à l'origine de ce changement. La saveur des tomates est loin d'être uniforme et dépend entre autres du degré d'acidité, du contenu en sucre et en eau, de la texture de la chair (parfois assez farineuse) et du moment de la cueillette.

VALEUR NUTRITIVE
Constituée à près de 94 % d'eau, la tomate contient 1 g de protéines, des matières grasses à l'état de traces, 4 g d'hydrates de carbone et 23 calories/100 g. Elle est riche en vitamines A, B et C, en potassium, en magnésium et en sodium; elle contient plusieurs acides, dont l'acide malique, l'acide pectique et l'acide citrique. On la dit notamment apéritive, diurétique, laxative et reminéralisante. Verte, elle est très acide et contient une substance toxique, la solanine, qui disparaît à la cuisson. La valeur nutritive de la tomate est fortement influencée par l'endroit où elle pousse et par son degré de maturation à la cueillette. Les tomates qui poussent à l'ombre, même à celle de leur feuillage, contiennent moins de vitamines que celles qui sont exposées au soleil. Cette découverte rend perplexe vis-à-vis des méthodes commerciales, malheureusement généralisées, qui consistent le plus souvent à récolter les tomates alors qu'elles sont encore verdâtres. On les expose ensuite au gaz éthylène afin d'obtenir une couleur attrayante, mais ce traitement n'ajoute pas de valeur nutritive, il donne seulement une belle apparence trompeuse.

ACHAT
C'est à la fin de l'été que l'achat des tomates fraîches est le plus satisfaisant. Les tomates locales sont disponibles et elles sont cueillies plus mûres. Choisir des tomates intactes, fermes mais cédant un peu sous la pression des doigts, d'une belle coloration et dégageant une bonne odeur. Éviter les tomates trop mûres, devenues très molles, parfois tachées ou meurtries; elles sont plus aqueuses, dépérissent vite et ont moins de saveur.

PRÉPARATION
On prépare les tomates en les passant à l'eau puis, si désiré, en les pelant, les épépinant et les mondant. Pour enlever la peau, les plonger 5 secondes dans de l'eau bouillante puis les passer immédiatement à l'eau froide. L'opération doit s'effectuer rapidement car la chaleur détruit la vitamine C; les tomates ne doivent ni cuire ni tremper. Une façon efficace est d'utiliser une passoire ou un panier pour les plonger dans l'eau bouillante, on les en retire plus facilement. On peut peler des tomates bien mûres directement en effectuant des incisions sur la peau que l'on saisit ensuite entre le pouce et la lame d'un couteau et que l'on arrache en commençant par le bas. Pour épépiner les tomates, il suffit de les couper horizontalement en deux et de les presser pour faire sortir le jus et les graines. Pour les monder, enlever la partie dure qui retenait la queue en coupant un cercle tout autour.

L'acidité des tomates a un effet corrosif sur certains métaux, qui peuvent ensuite lui conférer un goût métallique déplaisant et nocif. Éviter l'emploi de casseroles en acier inoxydable ou en fonte émaillée pour la cuisson et utiliser si possible des produits de la tomate mis dans des contenants de verre ou de carton. L'ajout de sucre ou de miel lors de la cuisson permet de neutraliser l'excès d'acidité des tomates; la quantité nécessaire dépend du degré d'acidité, fort variable.

UTILISATION   On utilise la tomate aussi bien crue que cuite et son emploi est des plus diversifié (hors-d'œuvre, confitures, marinades, sauces, etc). L'usage projeté va influencer le choix des variétés de tomates; ainsi on utilise les tomates cerises principalement à des fins décoratives (hors-d'œuvre, salades, entrées, etc.), tandis que les tomates prunes et les tomates peu aqueuses sont idéales pour la cuisson. Une cuisson prolongée à feu trop intense n'est pas à conseiller; par exemple, c'est souvent ce qui rend la sauce à spaghetti indigeste [il vaut mieux la cuire à feu très lent ou au four (120 à 135 °C)]. Les tomates vertes sont plus fermes et gardent mieux leur forme à la cuisson; elles sont souvent sautées, frites ou mises en marinades.

La tomate est souvent transformée en jus, en sauce, en purée et en pâte. Ces produits sont souvent interchangeables dans les recettes; les substitutions peuvent cependant rendre nécessaire un changement dans la quantité de liquide et des assaisonnements; ainsi:

- remplacer 125 ml (8 cuillerées à soupe) de pâte de tomates par 240 ml de purée, en enlevant 120 ml du liquide dans la recette et en omettant les épices et le sel;
- remplacer 240 ml de jus de tomates par 125 ml de sauce diluée dans 125 ml d'eau ou de bouillon, ou par 60 ml (4 cuillerées à soupe) de pâte de tomates mêlée à 180 ml de liquide;

CONSERVATION   Les tomates mûres sont fragiles. La température idéale pour les conserver oscille entre 6 et 11 °C. Si la température est plus élevée, les réfrigérer pour ralentir le mûrissement; les sortir à l'air ambiant 30 à 40 minutes avant de les consommer, elles auront plus de saveur. Les tomates matures mais encore vertes peuvent mûrir à la température de la pièce; laisser un bout de tige et envelopper les tomates individuellement dans du papier journal, ou les recouvrir d'un linge. À l'abri du soleil, les tomates peuvent se conserver plusieurs semaines. Ne pas exposer les tomates à des températures au-dessous de 10 °C car le froid arrête le mûrissement.

Les tomates se congèlent mais s'affaissent et perdent leur jus à la décongélation; on les utilise surtout pour la cuisson et si possible encore congelées. Les blanchir environ 5 secondes afin d'enlever la peau avec facilité et les congeler entières; éviter de les laisser tremper longtemps dans l'eau, sinon elles perdent saveur et valeur nutritive. On peut cuire les tomates doucement de 5 à 6 minutes avec du sel et du sucre [5 ml (1 cuillerée à café) de chacun] avant de les congeler ou les congeler non blanchies; dans ce dernier cas, elles ne se conserveront que 6 mois.

La mise en conserve maison est efficace seulement si les pots sont bien stérilisés et si les tomates ont un taux d'acidité suffisant. Le pH doit être de 4,6 ou moins (plus les tomates sont acides, plus le chiffre est petit), sinon il y a risque d'empoisonnement car des bactéries nocives peuvent s'y développer. L'acidité varie selon la variété des tomates, les conditions climatiques et le moment de la cueillette; elle diminue au fur et à mesure que la saison avance, les tomates très mûres en ayant peu. Connaître le taux d'acidité des tomates n'étant guère aisé, il est préférable d'ajouter du jus de citron en bouteille (le jus de citron frais n'est pas assez concentré) ou de l'acide citrique; calculer 15 ml (1 cuillerée à soupe) de jus de citron pour 500 ml de tomates ou 1 ml d'acide citrique; ajouter en outre 2 ml (une demi-cuillerée à café) de sel pour une meilleure conservation. Verser ces ingrédients quand les tomates sont dans le récipient.

TOPINAMBOUR

Helianthus tuberosis, **Composées**
Nom anglais: *Jerusalem artichoke*

Tubercule d'une plante potagère vivace, originaire d'Amérique du Nord. Appelé «artichaut de Jérusalem» en anglais, ce légume n'est cependant pas un artichaut qui viendrait de Jérusalem. Ce terme serait une déformation du mot italien *girasole articocco* («tournesol comestible»), car le topinambour est un proche parent du tournesol; sa saveur rappelle celle des artichauts et sa partie aérienne tourne aussi vers le soleil. En français, le mot topinambour aurait pour origine *topinambus*, nom d'une tribu mexicaine, *Topinambus,* qui faisait une grande consommation de ce tubercule. Le plant de topinambour mesure entre 1 m 80 à 3 m de haut. Il est tellement grand et décoratif que dans certaines parties du globe, tels le Moyen-Orient et le sud des États-Unis, on s'en sert pour clôturer les terrains. Il pousse facilement et on peut difficilement s'en débarrasser car il est très résistant.

Les tubercules irréguliers et noueux atteignent de 7 à 10 cm de long et de 3 à 6 cm de diamètre. Selon les variétés, leur couleur varie du blanc au jaune en passant par le rouge ou le bleu. Leur saveur et leur texture diffèrent selon qu'ils sont consommés crus ou cuits. Crus, ils sont croustillants et sucrés, d'une saveur délicate et d'une texture rappelant les châtaignes d'eau. Cuits, ils s'humidifient et deviennent pâteux, un peu comme les marrons cuits. La saveur des topinambours s'améliore avec le temps, surtout si on les récolte après un léger gel.

VALEUR NUTRITIVE

Le topinambour contient 80 % d'eau, 2 g de protéines, des matières grasses à l'état de traces, 17,5 g d'hydrates de carbone, 0,8 g de fibres et 76 calories/100 g; il est riche en phosphore et en potassium. Il renferme de l'inuline, un hydrate de carbone voisin de l'amidon, qui n'est pas dommageable pour les diabétiques. Il cause parfois de la flatulence; les personnes fragiles ou qui en mangent pour la première fois devraient n'en consommer qu'une petite portion.

ACHAT   Rechercher des topinambours fermes avec une peau intacte. Plus leur forme est régulière, plus ils se lavent et se pèlent facilement.

CUISSON   Le topinambour noircit dès qu'il est coupé, sauf s'il est mis en contact avec un élément acide (eau vinaigrée, jus de citron, etc.). Difficile à éplucher, ce légume à peau comestible est souvent cuit non pelé, après un brossage minutieux; si désiré, ôter la peau après la cuisson, sans trop attendre cependant, car si elle est refroidie, elle se retire plus difficilement. Il est préférable d'abréger la cuisson du topinambour, qui autrement se défait et devient pâteux; éviter de le cuire à l'eau, ce qui lui fait perdre saveur et valeur nutritive; la cuisson au four, à la vapeur et au wok sont préférables; au wok, l'ajouter en dernier. Les casseroles en cuivre ou en aluminium sont à éviter car elles causent l'oxydation du topinambour.

UTILISATION   Ce légume est utilisé de diverses façons; il peut être mangé cru ou cuit, être mariné, apprêté en purée, au gratin, etc. On le sert en hors-d'œuvre ou on l'incorpore aux soupes, crêpes, beignets, etc. Il confère aux salades une touche rafraîchissante et il remplace agréablement pommes de terre et châtaignes d'eau. On tire de l'alcool des topinambours fermentés et distillés; lorsqu'ils sont séchés, on les transforme en une farine très nourrissante.

CONSERVATION   Le topinambour se meurtrit facilement et se déshydrate rapidement. L'idéal, quand c'est possible, est de le cueillir au besoin, même l'hiver. Simplement entreposé au réfrigérateur dans un sac perforé sans avoir été lavé, il peut se conserver environ deux semaines. Pour l'entreposer plusieurs mois, un haut taux d'humidité et une température entre 0 et 2 °C sont nécessaires. On peut également l'enfouir dans du sable; il se conserve de 1 à 2 mois. Il supporte très mal la congélation et la mise en conserve, sa chair noircit et sa texture dégénère; on peut le mariner.

TRIPES

Nom anglais: *tripes*

Nom donné à l'estomac des animaux de boucherie, surtout de bœuf, de mouton et de veau (ne pas confondre avec le terme «tripe» au singulier qui désigne le boyau de l'animal). Ce mot désigne aussi certains mets à base de cet abat, le plus connu étant les tripes à la mode de Caen.

L'estomac des ruminants comprend 4 parties nommées panse, bonnet, feuillet et caillette. Chez le bœuf, on appelle ces quatre estomacs gras-double; on le marine souvent avant de le griller ou de le frire; on le sert aussi en ragoût, en gratin, braisé, etc. Le braisage dure parfois jusqu'à une vingtaine d'heures, ce qui rend le gras-double très tendre.

Le procédé de fabrication des tripes est des plus varié; on peut y retrouver une grande variété d'ingrédients, tels pieds de bœuf, de porc ou de veau, tête de porc, fraise de veau, lard, légumes, vin, crème et assaisonnements.

VALEUR NUTRITIVE

Les tripes de bœuf crues contiennent 19 g de protéines, 2 g de matières grasses et 100 calories/100 g.

CUISSON

Avant de cuire les tripes, les rincer ou les mettre à tremper, puis les brosser pour enlever la graisse. On peut non seulement braiser les tripes, mais aussi les faire sauter, les griller et les frire; elles sont souvent servies accompagnées de pommes de terre.

CONSERVATION

Les tripes se conservent au réfrigérateur.

TRITICALE
Triticale, **Graminées**
Nom anglais: *Triticale*

Céréale créée par hybridation au XXe siècle. Le triticale est issu d'un croisement du blé et du seigle; son nom lui vient d'ailleurs de la combinaison d'une partie des termes latins identifiant ces céréales, **Triti**cum (blé) et Se**cale** (seigle).

Résultat de plusieurs années de recherches, le triticale combine certaines qualités de ses deux parents, en particulier la haute teneur en protéines du blé et la richesse en lysine du seigle, ce qui lui confère une grande valeur nutritive. Il existe divers cultivars de triticale qui ont des caractéristiques variées; les recherches se poursuivent pour les améliorer. Le triticale est moins fragile que le blé; il a la résistance du seigle et s'adapte à plusieurs environnements dans les régions tempérées aussi bien que tropicales.

VALEUR NUTRITIVE

Le triticale contient 17 g de protéines, 1,5 g de matières grasses, 68 g d'hydrates de carbone et 350 calories/100 g. Il possède à peu près autant de protéines que le blé; ses acides aminés essentiels sont plus équilibrés, notamment en lysine (voir céréales, p. 113). Sa concentration en gluten se situe à peu près entre celle du seigle (pauvre) et celle du blé (riche); son gluten n'a cependant pas la même qualité que celui du blé et il est donc plus difficilement panifiable. Le triticale est plus riche que le blé en certaines vitamines (biotine, folacine et vitamine B$_6$) et légèrement appauvri pour d'autres (thiamine, riboflavine et acide pantothénique).

UTILISATION   On utilise le triticale comme le blé ou le seigle. Le grain peut rester entier, être concassé, germé, mis en flocons ou moulu. On en fait des pâtes alimentaires, des tortillas, des crêpes, des muffins, des tartes, etc. On s'en sert aussi en distillerie et en brasserie. La farine a une saveur qui rappelle la noisette; elle contribue à augmenter la teneur en fibres et en nutriments des préparations dans lesquelles on l'emploie. La composition de son gluten rend plus délicate la fabrication de pain à 100 % de triticale; le gluten ne peut supporter qu'un pétrissage car il est fragile et le pain qui ne peut lever qu'une seule fois est moins volumineux. Dans la plupart des recettes, la farine de triticale peut remplacer jusqu'à 50 % de la farine de blé sans aucune difficulté.

CUISSON   Cuire les grains de triticale dans 2 ou 3 fois leur volume d'eau.

CONSERVATION   Voir céréales, p. 113.

TRUFFE

Tuber spp, **Discomycètes**
Nom anglais: *truffle*

Champignon comestible difficile à trouver car il est souterrain: il pousse sur les racines des arbres, particulièrement des chênes. La truffe a longtemps intrigué car on se savait pas comment elle poussait ni à quelle classe d'aliments elle appartenait. On croyait qu'elle se formait lors d'orages électriques, ce qui n'était pas si bête, de fortes pluies remuant la terre et la mettant à découvert.

La truffe occupe une place particulière parmi les champignons; aucun ne jouit d'une aussi grande réputation. Dès l'Antiquité, on vantait l'excellence de sa saveur. Relativement rare et perçue comme un aliment de prestige, la truffe a toujours été coûteuse. De nos jours, elle est presque inabordable, sa rareté étant avivée par une hausse de la demande et par une baisse notable de la production depuis le début du XXe siècle, à cause notamment du déboisement et de l'utilisation de pesticides.

La cueillette des truffes s'effectue très souvent à l'aide d'animaux; on s'est longtemps servi de porcs muselés (on les muselait pour les empêcher de se battre entre eux car ils raffolent des truffes et ne se contentent pas de les détecter). On utilise de plus en plus souvent des chiens dressés; parfois c'est l'observation d'une espèce particulière d'insecte qui pond ses œufs sur les truffes qui permet d'en découvrir l'emplacement.

Il existe plusieurs espèces de truffes; la plus recherchée est la truffe du Périgord *(T. melanosporum)*, truffe globuleuse recouverte de petites verrues noirâtres, dont la chair noirâtre marbrée de veines blanchâtres est très parfumée. Cette espèce abondante au Périgord ne pousse pas exclusivement dans cette région cependant. La truffe blanche *(T. magnatum)*, connue sous divers noms (truffe du Piémont, truffe des Grands), jouit également d'une grande réputation, spécialement celle qui pousse à Alba, en Italie. Passablement rugueuse, elle ressemble à un tubercule irrégulier; sa chair ocre veinée de blanc a une saveur aillée et fromagée. La truffe est plus fréquente en Europe qu'en Amérique du Nord; il s'écoule environ 5 mois avant que la truffe arrive à maturité. En France, le moment de la cueillette s'étend d'octobre à février.

UTILISATION   On utilise les truffes crues, cuites, sous forme de concentré, de jus ou d'essence. Elles entrent dans une multitude d'apprêts; les plus connus sont les pâtés et les foies gras; elles sont aussi associées à la volaille, tout spécialement à la dinde de Noël. Elles sont délicieuses cuites au naturel.

CONSERVATION   Voir champignons, p. 120.

TRUITE

Salmo spp, **Salmonidés**
Nom anglais: *trout*

Poisson vivant dans les lacs et les rivières; une espèce cependant vit dans la mer. La famille des salmonidés comprend plusieurs espèces dont la truite brune, la truite arc-en-ciel, le touladi, l'omble de fontaine, l'omble chevalier, l'ombre et l'ombre arctique. Ces poissons ont en commun un corps plutôt allongé et légèrement comprimé latéralement, ainsi qu'une chair très fine et très recherchée. Quelques espèces d'ombles ainsi que la truite arc-en-ciel supportent la vie confinée des piscicultures.

Truite brune ou **truite de mer** *(Salmo trutta)*. La truite brune a une grande bouche munie de plusieurs dents. Elle atteint de 30 à 40 cm de long et pèse de 1 à 6 kg, parfois plus. Son dos est brunâtre ou brun olivâtre, ses flancs sont plus pâles et son ventre est blanchâtre ou crème. Sa nageoire dorsale, son dos et la partie supérieure de ses flancs sont parsemés de grandes taches noires aux contours flous. Ses côtés sont mouchetés de rouge et d'orange. Sa queue carrée est presque démunie de taches. Sa chair rosée est délicieuse.

Truite arc-en-ciel *(Salmo gairdneri)*. Truite donc les flancs sont ornés d'une bande horizontale de couleur allant du rose pâle au rouge vif ou même au pourpre, ce qui lui a valu le nom d'«arc-en-ciel». Elle ressemble à la truite brune et a un poids similaire; son corps et sa queue sont tachés de noir. La truite arc-en-ciel préfère les eaux froides et claires mais peut tolérer les eaux chaudes. C'est l'espèce la plus répandue en Amérique du Nord et celle dont l'élevage est le plus fréquent à travers le monde. En pisciculture, le type d'alimentation et la température de l'eau, surtout vers la fin de l'élevage, influencent directement la qualité de la chair et sa couleur.

Touladi ou **truite grise, omble gris, truite de lac** *(Salvelinus namaycush)*. Ce poisson de couleur variable (de gris à brun foncé, voire noir ou vert) se distingue des autres par son corps plus allongé, habituellement moucheté de taches pâles parfois jaunâtres, et par sa queue fourchue. C'est le plus gros de toute cette famille, il atteint en moyenne de 5 à 10 kg; c'est même un des plus gros poissons d'eau douce.

Omble de fontaine *(Salvelinus fontalis)*. Son corps olive foncé ou noir est marbré de lignes foncées. Ses flancs sont parsemés de petites taches rouges. Son poids assez réduit atteint en général de 500 g à 2 kg. Il existe une variété de cette espèce qui vit principalement en mer et qui ne remonte les fleuves que pour frayer, on l'appelle «truite de mer»; la coloration de sa peau est différente.

Ombre chevalier ou **omble** *(Salvelinus alpinus)*. L'ombre se distingue par la beauté de ses coloris, souvent bleu foncé ou bleu-vert sur le dos, argenté sur les flancs et blanc sur le ventre. Ses flancs sont ornés de grandes taches généralement rose-violet. Sa taille varie selon l'habitat (entre 1 et 5 kg, parfois plus).

Ombre *(Thymallus thymallus)*. Ce poisson sent le thym lorsqu'il est frais pêché, d'où son nom latin *thymallus*. Son corps allongé et légèrement compressé se termine par une queue fourchue; ses nageoires dorsales sont très longues. Sa tête est courte et sa bouche, petite. Sa peau est recouverte d'écailles plus grandes que celles de la truite. Son dos légèrement arrondi est bleu foncé, bleu-gris ou pourpre bleuté, tirant sur le mauve; tout son corps est parsemé d'une quantité variable de taches en forme de V ou de losange. C'est un très beau poisson pouvant mesurer de 25 à 40 cm de long.

VALEUR NUTRITIVE

La chair de ces poissons contient environ 20 g de protéines, 7 g de matières grasses et 150 calories/100 g. Très fine et très parfumée, elle a une saveur particulièrement délicate qui varie légèrement selon les espèces. Sa coloration diffère également et prend des teintes allant du blanc ou de l'ivoire au rose foncé ou au rouge.

ACHAT ET CUISSON

Les truites sont vendues fraîches ou congelées, entières, parées, en filets et quelquefois en darnes; une très petite quantité est mise en conserve. Il est particulièrement important de les cuire le plus simplement possible afin de ne pas en masquer la finesse. Il est très facile de lever les filets et on peut laisser les minuscules écailles qui recouvrent la peau.

Les truites pêchées sportivement doivent dorénavant être consommées avec prudence car elles sont souvent contaminées par divers résidus. La contamination varie en fonction de l'âge du poisson et de son habitat. Plus un poisson est âgé, donc gros, plus la concentration de résidus est élevée. Il est préférable de limiter la consommation de truite, à moins de savoir qu'elle provient d'un habitat non pollué. Au Québec, le ministère de l'Environnement recommande de ne pas manger plus de 460 g de truite par semaine (pour le touladi, 230 g par semaine).

UTILISATION ET CONSERVATION

Voir poissons, p. 429.

TURBOT

Scophthalmus ou *Rhombus maximus,* **Pleuronectidés**
Nom anglais: *turbot*

Poisson marin qui ressemble beaucoup au flétan mais en plus petit. Il a la même coloration de peau, plus sombre toutefois, ce qui lui vaut les surnoms de flétan noir ou de flétan bleu; sa queue est fourchue. Le turbot est un poisson plat qui se distingue par son œil gauche qui ne s'est pas déplacé entièrement mais est resté niché sur le bord supérieur du front, ainsi que par la couleur gris sombre de son côté droit aveugle. Il a une grande bouche munie de puissantes dents. Sa taille atteint entre 40 cm et 1,2 m de long et il peut peser jusqu'à 25 kg. Il existe plusieurs espèces de turbots dont une variété qui ne se trouve qu'en Europe. En Amérique du Nord, on désigne incorrectement le flétan du Groenland *(Reinhardtuis hippoglossoides)* sous le nom de turbot du Groenland.

ACHAT ET CUISSON

Le turbot peut se vendre entier ou coupé en tronçons; il est surtout disponible sous forme de filets dépouillés. Sa chair blanche et ferme est savoureuse. S'il cuit trop longtemps, le turbot se recroqueville. Refroidi, il devient gélatineux; il est donc plus apprécié légèrement tiède.

UTILISATION ET CONSERVATION

Voir poissons, p. 429.

VANILLE

Vanilla planifolia, **Orchidacées**

Nom anglais: *vanilla*

Fruit d'une orchidée grimpante, originaire d'Amérique du Sud ou du Mexique, et dont plusieurs pays tropicaux font la culture. Le vanillier a des tiges qui se suspendent aux arbres ou à d'autres supports et qui peuvent monter jusqu'à plusieurs dizaines de mètres de haut. Ses feuilles sont oblongues et lancéolées et ses fleurs éphémères sont blanches ou vert pâle. Il en existe une cinquantaine de variétés qui donnent des fruits (ou gousses) en forme de longues capsules charnues d'un vert jaunâtre, mesurant de 10 à 30 cm de long et de 8 à 10 mm d'épaisseur. Ces capsules contiennent une pulpe aromatique et de nombreuses petites graines. Cueillies avant leur pleine maturité, les gousses sont mises à sécher jusqu'à ce qu'elles deviennent brun foncé, molles et recouvertes d'une pellicule de cristaux de vanilline, substance donnant la saveur caractéristique de la vanille. La vanilline est également produite synthétiquement à partir de l'eugénol, l'essence du giroflier, et elle remplace souvent la vanilline du vanillier bien qu'elle n'ait pas sa finesse.

VALEUR NUTRITIVE

La vanille aurait diverses propriétés médicinales; on la dit tonique, stimulante, digestive et antiseptique.

ACHAT

La vanille se vend en gousses, en poudre, en liquide ou en sucre vanillé. Le produit n'est pas toujours pur, aussi est-il important de lire attentivement les étiquettes pour s'en assurer. La vanille pure a meilleur goût que la vanille artificielle; son coût est beaucoup plus élevé cependant.

UTILISATION

La vanille joue un rôle important dans les desserts; elle parfume notamment tapioca, compotes, crèmes glacées, yogourts, puddings, bonbons et chocolats; elle est presque indispensable en pâtisserie. Elle peut relever certains mets salés, notamment soupes et volailles, mais on l'y utilise en très petite quantité. On la met aussi dans les boissons (punchs, vins, sangria et chocolat chaud) et on s'en sert en distillerie. L'extrait liquide n'est souvent qu'une pâle imitation de la véritable vanille et il perd beaucoup de son arôme à la cuisson; l'ajouter si possible hors du feu, une fois la cuisson terminée.

CONSERVATION

La vanille se conserve à la température de la pièce.

VEAU

Bos, **Bovidés**

Nom anglais: *veal*

Nom du petit de la vache de 0 à 1 an. Après, on nomme le mâle bouvillon et la femelle génisse. En boucherie, le veau est tué très jeune, parfois vers 2 semaines, le plus souvent entre 4 et 6 mois.

La consommation du veau est relativement récente dans l'histoire humaine; ce n'est qu'avec l'apparition d'une classe aisée qu'on a commencé à tuer ce jeune animal; auparavant, il était bien trop rare et important: la femelle pour le lait qu'elle donnait, le mâle pour la viande qu'il fournissait, adulte. Manger du veau devint un symbole de richesse – on pouvait se permettre de tuer des bêtes peu fournies en chair – et donna lieu à des pratiques aberrantes: on alla jusqu'à donner au veau 10 œufs par jour pour que sa bouche se colore de jaune; on disait alors qu'il avait un palais royal; on le nourrit aussi de biscuits trempés dans du lait pour que sa viande soit la plus blanche possible.

La pratique de manger du veau finit par se généraliser, pas sur la même base que les autres animaux de boucherie cependant, car il n'apparaissait sur le marché qu'au printemps. De nos jours, le veau est disponible toute l'année depuis l'apparition de la congélation et de nouvelles méthodes d'élevage. Au Québec, on a inventé une nouvelle technique d'élevage dite au grain. On nourrit tout d'abord les veaux au lait, puis, lorsqu'ils ont à peu près 4 semaines, on les met au grain et à la poudre de lait; tués vers 18 à 20 semaines, ces animaux pèsent autour de 200 kg, soit beaucoup plus que les veaux élevés différemment.

Le veau nourri exclusivement de lait est nommé «veau de lait» ou «veau blanc» car sa chair est très pâle. Quand l'animal est tué trop jeune, sa chair est flasque, presque gélatineuse et peu savoureuse. Un veau plus âgé est dit de «lait lourd», sa chair est plus ferme et a plus de saveur. Du veau à la chair teintée de rouge ou d'un blanc grisâtre a reçu d'autres aliments que le lait de sa mère, en particulier du lait reconstitué; il arrive encore trop souvent qu'on lui administre des hormones qui stimulent sa croissance malgré le fait que cette pratique soit illégale dans la plupart des pays. Le veau amené au pâturage est nommé «broutard», sa chair est rose foncé. Le veau de grain a une chair encore plus foncée, tirant sur le rouge; elle se situe à mi-chemin entre celle du veau de lait et celle du bœuf; ses fibres sont plus formées, mais parce que l'animal est jeune, la chair est tendre et délicate. La découpe de ce veau est différente car l'animal est plus volumineux, donc plus charnu; on peut en tirer une variété plus grande de coupes. Le veau de grain est moins coûteux à produire que le veau nourri au lait de sa mère.

VALEUR NUTRITIVE   La valeur nutritive du veau est directement liée aux méthodes d'élevage, sauf en ce qui concerne le contenu en protéines, qui reste stable et qui se compare à celui des autres animaux de boucherie, soit environ 27 g/100 g. Habituellement, le veau est moins gras que le bœuf, moins calorifique (160 à 190 calories/100 g) et il contient moins de cholestérol et d'acides gras saturés. Le veau de grain est riche en fer et en phosphore.

CUISSON   La cuisson du veau exige certaines précautions car cette viande fragile est riche en eau (jusqu'à 75 %) et pauvre en gras. Les températures élevées la dessèchent et la durcissent, raisons pour lesquelles les recettes disent souvent de la barder ou de l'enduire de corps gras. La cuisson lente lui convient mieux; au four, saisir le veau seulement une quinzaine de minutes (150 °C) afin de détruire les bactéries puis diminuer la température; l'arroser de temps en temps. Éviter de rôtir un morceau très mince.

UTILISATION   Cette viande est indigeste car elle provient d'un animal jeune; il ne faut pas la manger saignante. Le veau peut être apprêté de multiples façons; il se marie particulièrement bien avec la crème, le fromage, l'aubergine, l'épinard, la tomate, l'oignon et l'alcool. Il entre dans la préparation de plats élaborés ou simples (escalope, paupiette, sauté Marengo, piccata, etc.).

CONSERVATION   Voir viande, ci-dessous.

VIANDE

Nom anglais: *meat*

Nom donné à la chair des animaux, mammifères et oiseaux, dont l'être humain se sert pour se nourrir. Tiré du latin *vivenda*, de *vivere* signifiant «vivre», le terme «viande» s'emploie aussi pour désigner la chair des animaux de boucherie. Il a déjà eu une signification beaucoup plus large; pendant longtemps on l'utilisa pour désigner toute nourriture nécessaire à la vie; on s'en servit aussi pour nommer la chair de tous les animaux.

La viande est consommée depuis des milliers d'années. On croit qu'initialement, les êtres humains disputaient aux animaux vivants les bêtes que ces derniers avaient tuées. La consommation de viande resta longtemps sporadique, influencée notamment par les rencontres, les saisons puis par le succès de la chasse. La viande acquit un statut différent des autres aliments parce qu'elle n'était ni aussi accessible, ni aussi abondante; le fait qu'elle provenait d'animaux tués à la chasse, une activité réservée aux hommes et dont ils tiraient du pouvoir, fut aussi un facteur déterminant. La viande finit par symboliser la richesse car elle donnait une indication du statut social, les riches pouvant s'en offrir alors que les pauvres s'en passaient. Elle en vint aussi à acquérir la réputation de jouer un rôle prépondérant dans le maintien d'une bonne santé. L'attrait spécial pour la viande s'est perpétué jusqu'à nos jours.

Presque de tout temps, la diète humaine a été constituée principalement de végétaux (l'immense majorité de la population de la terre est toujours végétarienne). Même si la possibilité d'ingérer de la viande à profusion a existé à certaines époques, à certains endroits et dans des milieux restreints, en Europe par exemple, à la Cour et dans la noblesse, du Moyen Âge au XVIIᵉ siècle, elle est relativement récente dans l'histoire humaine. Elle a réellement pris de l'ampleur à mesure que des peuples s'industrialisaient, que s'élevait leur niveau de vie et que se développaient les moyens de conserver la viande (réfrigération, congélation), de la transporter sur de longues distances (chemins de fer, avions) et de la produire massivement.

Dans les pays industrialisés, la consommation de viande est généralement fort différente de celle qui prévalut durant des millénaires. Il n'est pas rare que la viande apparaisse au menu plusieurs repas par jour, que ce soit le matin, le midi, le soir et même avant le coucher. Malgré le fait qu'on ne s'entende pas encore à savoir si l'être humain est carnivore, herbivore ou omnivore, il semble que la diète actuelle impose au système digestif un travail pour lequel il n'a pas été conçu, surtout si elle est combinée à un mode de vie sédentaire. En effet, la viande est métabolisée plus lentement que les végétaux (raison pour laquelle elle procure une sensation de satiété qui dure plus longtemps); elle transite donc plus lentement dans le système digestif. Comme la viande laisse peu de résidus dans les intestins et qu'une diète fortement carnée conduit à une alimentation pauvre en fibres, il n'est pas rare que la constipation survienne.

De nombreuses recherches ont démontré l'existence de corrélations entre une forte consommation de viande et diverses maladies dites de civilisation. Dans plusieurs pays, les ministères de la santé se sont penchés sur la question. Aux États-Unis, en 1977, un comité du Sénat produisit un rapport, le *Dietary Goals.* Ce rapport, qui eut des répercussions mondiales, recommandait une diminution de la consommation des aliments riches en acides gras saturés et en cholestérol, soit les aliments d'origine animale [viande (sauf la chair de volaille), œufs, lait entier, beurre, etc.]. Il reconnaissait qu'ils avaient divers effets sur la santé, ayant notamment une incidence sur l'apparition de l'hypertension, des maladies cardiovasculaires et de certains cancers. Ces conseils furent suivis par un nombre grandissant de personnes, ce qui fit diminuer les ventes et amena une baisse de profit pour les producteurs. Ceux-ci n'ont pas tardé à réagir. Ils ont créé de puissantes organisations dotées de fonds considérables et qui constituent d'efficaces lobbies. Parfois, rien dans leur nom ne laisse supposer l'origine des bailleurs de fonds (aux États-Unis, par exemple, le NEF, *Nutritional Effects Foundation*). Leur action comporte plusieurs facettes; ainsi ils cherchent à convaincre les professionnels de la santé et le public en général des bienfaits de leurs produits. Au palier gouvernemental, ils travaillent à faire modifier les recommandations qui leur sont défavorables et ils associent les gouvernements à la promotion de leurs produits. Ils publient des études niant les effets négatifs de la viande, mais ces études font très souvent de l'information sélective, mettant l'accent sur certains aspects et laissant de côté ceux qui sont moins favorables.

Diverses autres considérations peuvent motiver le désir de consommer modérément de la viande ou même de l'exclure de sa diète, dont l'importante question des résidus médicamenteux et la question d'éthique.

Les résidus médicamenteux. Les conditions d'élevage ont radicalement changé durant le XXe siècle; on est passé de l'artisanat au complexe industriel gigantesque. Ce changement a entraîné de nombreuses transformations dont l'entassement et le confinement des bêtes, une alimentation différente, l'utilisation de plus en plus importante de médicaments de toutes sortes et parfois un éclairage artificiel nuit et jour. Ces modifications ont plusieurs répercussions qui finissent par avoir un effet sur la qualité de la viande.

Le surpeuplement et l'inactivité rendent les animaux agressifs et vulnérables aux maladies, on doit donc leur administrer calmants, médicaments contre les parasites, antibiotiques et divers autres médicaments. Des médicaments (antibiotiques, hormones, arsenic) servent aussi à accélérer la croissance, ce qui permet d'augmenter les profits en abaissant les coûts (moins de nourriture, de soins, etc.).

À partir de 1950 environ, l'emploi des médicaments s'est fait plus systématique et plus généralisé; on a même commencé à administrer les médicaments de routine, de façon préventive. Le nombre de substances et de produits pharmaceutiques susceptibles d'être administrés aux animaux est élevé. Au Québec seulement, un comité a recensé, en 1983, 450 substances de base et 2 500 produits différents; ces chiffres ne tiennent pas compte des médicaments destinés aux humains et dont on se sert occasionnellement.

Dès la fin des années 50, un cri d'alarme a été lancé, mettant en garde contre l'usage intensif des médicaments dans l'élevage des animaux. Des recherches démontraient que très souvent toutes les parties de l'animal (muscles, abats, gras, os, etc.) contenaient des résidus médicamenteux, résidus non détruits par la cuisson et ingérés involontairement par les personnes qui consomment les produits animaux. Ces résidus ont souvent des répercussions sur la santé; ainsi on dit qu'ils causent une résistance aux antibiotiques, des allergies, des cancers et des débalancements hormonaux.

Les mises en garde contre les dangers des résidus se sont poursuivies au fil des ans; même l'Organisation mondiale de la santé a pris position dans ce débat. Mais les sceptiques sont difficiles à convaincre; des milliards de dollars de profits sont en jeu. Outre les éleveurs, de nombreux intervenants sont concernés, notamment les vétérinaires, l'industrie pharmaceutique, l'industrie chimique, les meuneries et l'industrie de la transformation de la viande. Comme dans les autres controverses, on conteste les résultats des recherches publiées et on exige toujours d'autres preuves.

Un des arguments contre l'arrêt de l'utilisation des médicaments prétend que si la période de retrait est suffisante – si on cesse toute médication un certain temps avant l'abattage – le problème des résidus devient négligeable. La question n'est pas si simple, car présentement même si les périodes de retrait sont clairement définies par la loi, les transgressions sont nombreuses et elles sont difficilement contrôlables.

Face à ce problème complexe, le consommateur peut avoir diverses attitudes: attendre que les experts finissent par s'entendre, cesser sa consommation de viande ou la diminuer. Attendre un accord des experts est une solution partielle, car même si on en venait à une décision, le bannissement effectif du ou des médicaments incriminés serait long, il prend habituellement quelques années; de plus, le problème ressurgit souvent sous une autre forme car les médicaments anciens sont fréquemment remplacés par des nouveaux; il faut alors refaire la preuve au complet et le cycle recommence. Réduire ou exclure la viande de sa diète constitue un moyen de pression efficace pour entraîner des changements car les producteurs n'aiment pas que les ventes baissent. C'est aussi adopter une approche plus logique car il est plus facile de prévenir que de guérir.

L'éthique. La mise à mort des animaux est une réalité dont presque tout le monde fait abstraction mais qui n'en demeure pas moins bien réelle. On peut délaisser la viande parce qu'on est contre la violence faite aux animaux ou parce qu'on désapprouve les méthodes d'abattage. Il s'avère que l'abattage s'effectue souvent dans des conditions déplorables, plusieurs animaux étant encore conscients quand on leur tranche la gorge, soit qu'ils n'aient pas été assommés, soit qu'ils aient repris conscience parce qu'un trop long délai s'est écoulé. Il arrive aussi que des bêtes se blessent sur le plancher glissant de l'abattoir ou qu'elles reçoivent des charges électriques trop puissantes ou trop fréquentes des bâtons dont on se sert pour les diriger d'un endroit à un autre.

Le stress que subissent les animaux affecte la qualité de la viande car il se produit des réactions du métabolisme. On n'a qu'à penser à la réaction du corps humain quand il fait face à un évévement stressant; de la bile reflue dans l'estomac, les glandes surrénales produisent de l'adrénaline, le cœur pompe plus vite, etc. Pour les animaux, des réactions semblables surgissent et une partie des substances sécrétées sous l'effet de la peur restent dans la chair après l'abattage.

VALEUR NUTRITIVE

La composition de la viande dépend de plusieurs facteurs, notamment de l'espèce, de la race, du sexe de l'animal, de son âge et de son alimentation. Ces facteurs influencent l'intensité de la couleur de la myoglobine, une protéine pigmentaire qui donne à la viande sa couleur rouge. Certains éléments nutritifs sont plus stables que d'autres. La proportion d'eau se situe entre 60 et 75 %; la viande maigre en contient plus que la viande grasse. Le contenu en protéines de la viande crue atteint entre 14 et 22 g/100 g; la viande grasse en contient le moins. La teneur en matières grasses est fort variable (5 à 30 g/100 g), ce qui a une incidence directe sur le nombre de calories; ainsi une viande maigre renferme habituellement entre 160 et 200 calories/100 g et une viande grasse, de 250 à plus de 400 calories/100 g. La viande est dépourvue de fibres non digestibles et elle contient rarement des hydrates de carbone [sauf notamment certaines volailles (pigeon, canard, oie), le faisan, le sanglier et le cheval, de 0,5 à 1 g/100 g]. Les hydrates de carbone sont présents sous forme de glycogène. Le glycogène est responsable de la saveur douceâtre; il se transforme en acide lactique après l'abattage, acide qui cause la rigidité après la mort. Une viande est généralement agréable à consommer si elle a maturé au moins 48 heures; le bœuf nécessite une maturation prolongée; en Amérique du Nord, elle dure habituellement de 8 à 14 jours, temps minimal à l'acquisition de tendreté et de saveur agréable. La viande contient un certain nombre de vitamines et de sels minéraux.

Protéines. On qualifie souvent les protéines de la viande de complètes, par opposition à celles des végétaux dites incomplètes. La différence réside dans leur teneur en acides aminés essentiels, substances indispensables au corps humain. Ces acides aminés sont au nombre de 22; le système digestif peut fabriquer la plupart des acides aminés dont il a besoin à partir des aliments ingérés sauf 8, dits essentiels, qu'il doit trouver dans les aliments. Or ces acides aminés essentiels sont tous présents dans la viande et dans des proportions dites idéales, alors qu'ils se retrouvent inégalement dans les végétaux (voir théorie de la complémentarité, p. 536). Dans les pays occidentaux, la plupart des gens consomment trop de protéines. Idéalement, une portion de viande ne devrait pas dépasser 100 g.

Lipides. La teneur en gras varie selon l'espèce, la partie de l'animal et les méthodes d'élevage. Depuis les 30 dernières années, elle a augmenté passablement (sauf dans le porc, au contraire plus maigre); le poulet, par exemple, est presque 50 % plus gras.

Crues, les viandes dites maigres contiennent de 5 à 10 g de matières grasses/100 g (cheval, lapin, poulet, pintade, certaines parties du veau), les viandes mi-grasses, de 10 à 15 g (parties maigres du bœuf, du veau et du porc), et les viandes grasses, environ 20 g (la plupart des parties du mouton, certaines parties du bœuf, du porc et de la dinde). Le gras est le principal facteur de la sapidité de la viande.

Le gras animal est composé en bonne partie d'acides gras saturés et il contient du cholestérol (environ 100 mg de cholestérol/100 g dans la chair musculaire, environ 370 mg dans le foie, 800 mg dans les rognons et 1 800 mg dans la cervelle). Choisir une viande maigre et enlever le gras apparent permettent de diminuer l'ingestion de ces substances, dont une trop grande consommation risque d'entraîner l'apparition de diverses maladies (voir corps gras, p. 147).

Vitamines et sels minéraux. La viande est une excellente source de vitamines du complexe B, notamment de vitamine B_{12}. Elle est riche en phosphore, en potassium, en zinc et en fer (ce dernier présent surtout dans les abats). Les abats et la volaille renferment de la vitamine A. La cuisson laisse intacte la plus grande partie des vitamines et des sels minéraux.

ACHAT En général, de 35 à 65 % du poids de la carcasse d'un animal est constitué de muscles – la chair – sauf si l'animal est très gras. Les muscles sont principalement composés de longues fibres musculaires retenues par du tissu conjonctif. La qualité d'une viande dépend de sa teneur en tissu conjonctif car ce tissu est composé de deux substances qui réagissent différemment à la chaleur: le collagène qui fond et l'élastine qui reste intacte. Plus un muscle aura travaillé fort et longtemps, plus le tissu conjonctif se sera développé, élargi et durci, et plus la viande sera coriace (plus aussi elle aura de saveur). Toutes les parties de l'animal ne travaillant pas également, la tendreté de la viande dépendra de l'endroit d'où cette viande provient. Le dessus du dos, incluant les côtes, fournit les coupes les plus tendres; c'est surtout l'arrière de l'animal qui donne les coupes moyennement tendres tandis que les coupes plus coriaces viennent du flanc, du jarret, de la poitrine, de l'épaule, du collier et du bout des côtes.

Rechercher une viande au grain fin, c'est-à-dire ferme et onctueuse au toucher. Se méfier d'une viande flasque et de couleur inhabituelle, elle risque de provenir d'un animal malade ou elle manque de fraîcheur. Le bœuf doit être d'un rouge vif et brillant, le mouton, d'un rose foncé, l'agneau, d'un rose plus pâle, le porc, rosé, et le veau, plus ou moins rosé, selon que sa diète contenait du fer ou en était exempte (élevé au lait).

La viande est classifiée d'après des normes gouvernementales qui varient selon les pays. Au Canada, on fonctionne avec des catégories, identifiées par des lettres de différentes couleurs; il existe des subdivisions à l'intérieur des catégories (A1, A2, etc.). En Europe, on fait une distinction entre l'état de la viande (la qualité) et la destination culinaire (les catégories, au nombre de 3 et indiquées par des chiffres: 1re catégorie, pièces à griller ou à rôtir; 2e catégorie, pièces moins tendres à cuisson mixte; 3e catégorie, pièces à bouillir). Aux États-Unis, on se sert de mots (*prime, choice, good, standard, commercial*). Auparavant, on valorisait surtout l'importance du persillage des muscles et de la couche adipeuse; on se base de plus en plus sur la maturité des carcasses, leur rendement, la couleur du gras et du maigre, l'épaisseur de la couche de graisse et la texture de la viande.

Acheter sa viande en fonction de l'apprêt qu'elle subira; il est inutile de payer pour un morceau tendre s'il est mijoté un long moment. Une viande moyennement dure peut être attendrie à l'aide de marinade ou d'un attendrisseur. Pour éviter de payer inutilement, choisir sa viande d'après le nom de la coupe et non pas d'après l'usage projeté; demander par exemple un haut de côtes ou du bifteck de jarret pour un pot-au-feu, ce qui empêchera de payer pour du talon de ronde ou une autre coupe plus chère. Comparer les prix des différentes coupes ne suffit pas pour effectuer l'achat le plus avantageux, il faut aussi tenir compte du nombre de portions que l'on obtient, nombre qui dépend de la proportion d'os et de gras. En général, une viande désossée donne plus de portions qu'une viande avec os. Pour calculer le coût par portion, diviser le prix/kg par le nombre de portions obtenues.

portions par kg de certaines coupes les plus courantes

6 - 7 portions de 100 g	5 - 6 portions	3 - 5 portions
– biftecks désossés	– rôtis de porc désossés	– cuisses de poulet
– foie	– biftecks	– dindes entières
– viande en cubes	– rôtis avec os	– poulets entiers
– viande hachée	– côtelettes avec os	– bouts de côtes
	– poitrines de poulet	
	– viande froide	

Les carcasses sont débitées en de nombreuses coupes qui varient selon les espèces; en Amérique du Nord, seulement pour le bœuf, il en existe plus de 25. Les coupes peuvent aussi différer selon les pays; ainsi la découpe nord-américaine est moins raffinée que la découpe française, à cause d'impératifs monétaires; il est plus rapide donc plus économique pour les marchands de couper la viande plus sommairement au lieu d'y effectuer une découpe minutieuse qui tienne plus compte des multiples variations dans la tendreté de la viande.

L'achat d'une carcasse entière ou d'une demi-carcasse pour le congélateur ne constitue pas automatiquement une bonne transaction; plusieurs facteurs sont à prendre en considération:

- calculer le rendement en viande, qui dépend de la catégorie de la carcasse et de la qualité de la découpe. Le prix est presque toujours basé sur le poids de la carcasse au crochet, c'est-à-dire avant désossage et parage; les pertes sont d'environ 25 % pour le bœuf, de 15 % pour le porc (en incluant les os du cou, les pieds et la queue) et un peu moins pour le veau et l'agneau;
- comparer le prix réel avec le prix des aubaines offertes par les supermarchés;
- s'informer si le prix comprend la découpe et un emballage imperméable;
- additionner le coût de l'énergie nécessaire pour faire fonctionner le congélateur;
- chercher un fournisseur qui livre la viande déjà congelée; la congélation commerciale donne de meilleurs résultats que la congélation maison car elle est plus rapide et permet de conserver la viande plus longtemps; cela permet aussi d'économiser sur les coûts de fonctionnement du congélateur;
- se demander s'il sera possible de consommer la viande durant la période où elle est à son meilleur (avant 3 mois pour le bœuf, 5 mois pour les rôtis de veau et les côtelettes, 10 mois pour le porc, les rôtis et les côtelettes d'agneau et 12 mois pour les biftecks de bœuf) sinon il s'ensuit une perte de qualité et une perte d'argent si des morceaux deviennent inutilisables;
- tenter de trouver un fournisseur qui accepte les spécifications concernant l'épaisseur des rôtis et des biftecks et la répartition de viande à ragoût et de viande hachée, qui identifie clairement les morceaux et qui permet d'être sur place lors de la découpe de la viande.

CUISSON   La viande est habituellement cuite, mais elle peut être mangée crue [carpaccio (hors-d'œuvre italien), steak tartare], surtout si elle est bien fraîche et exempte de bactéries et de parasites (que seule la cuisson détruit).

La cuisson peut attendrir ou durcir la viande, selon le degré de chaleur utilisé. Le secret d'une cuisson réussie consiste à amollir les protéines contenues dans les fibres musculaires et à rendre le collagène gélatineux. Trop de chaleur liquéfie le collagène; le jus qui s'écoule entraîne vitamines et sels minéraux, ce qui diminue la valeur nutritive si le jus s'évapore à la cuisson ou s'il est jeté; en outre, la viande se dessèche et diminue de volume, ce qui la durcit et affecte sa saveur.

Au four, cuire à basse température permet de réchauffer graduellement le tissu conjonctif, qui devient gélatineux et qui continue à retenir fibres musculaires et jus, donnant une viande tendre, juteuse et savoureuse. De plus, cela simplifie la cuisson car la viande n'a pas besoin de surveillance et cela élimine le risque de trop cuire. Il faut toujours cuire une heure à 177 °C afin de détruire les bactéries situées en surface. Régler ensuite le four à la chaleur désirée; si la température choisie est proche de la température interne désirable pour la viande, calculer le temps de cuisson en multipliant par 3 le temps habituel. Pour le bœuf, la température interne qu'atteint la viande quand elle est cuite varie car elle dépend du goût de chaque personne, ce qui n'est pas le cas pour les autres viandes:

animal	température interne
bœuf saignant	58 à 60 °C
bœuf medium	65 à 68 °C
bœuf bien cuit	71 à 74 °C
veau	82 à 85 °C
agneau	68 à 71 °C
porc	74 à 77 °C
jambon	73 à 77 °C
lapin	82 à 85 °C

On peut difficilement prévoir avec exactitude le temps de cuisson, qui dépend d'un trop grand nombre de facteurs, dont l'âge de l'animal, la coupe et l'efficacité de la source de chaleur. Les coupes tendres demandent moins de cuisson que les coupes dures.

Un thermomètre à viande est très utile pour connaître le degré de cuisson; l'insérer au centre de la chair et s'assurer qu'il ne touche ni os ni gras. Le placer de façon à pouvoir le lire sans avoir besoin d'ouvrir la porte du four.

Se servir de préférence de casseroles épaisses, qui conduisent mieux la chaleur. Insérer des tiges de métal dans la viande accélère la cuisson d'un tiers ou plus et diminue le dessèchement; par contre, cela durcit la viande légèrement.

Saler en fin de cuisson car le sel fait ressortir le jus de la viande, qui perd de la saveur. Saler en début de cuisson n'est indiqué que pour obtenir une sauce ou un bouillon savoureux, comme dans les potages ou les bouillis.

Pour diminuer l'ingestion de matières grasses, enlever le gras visible, cuire sans ajouter de corps gras et dégraisser la sauce, soit en la mettant au réfrigérateur (il se forme alors une couche de gras facile à enlever), soit en se servant de papier absorbant que l'on dépose délicatement sur la sauce et qui s'imbibe de gras (répéter l'opération plusieurs fois si nécessaire).

La viande peut être attendrie mécaniquement avant la cuisson par un outil qui brise les fibres, ou naturellement avec l'aide d'enzymes ou d'ingrédients acides. Certains fruits contiennent des enzymes qui attendrissent (papaye, kiwi, figue et ananas); on s'en sert tels quels, en jus ou, quand c'est possible, on utilise leurs feuilles; les attendrisseurs commerciaux sont souvent à base de papaye. L'ingrédient acide provient du vinaigre, du vin, du jus d'agrume, etc.; il constitue la base d'une marinade dans laquelle la viande est mise à macérer plusieurs heures.

Il existe diverses méthodes de cuisson dans lesquelles on utilise tantôt la chaleur sèche, tantôt la chaleur humide, tantôt une combinaison des deux; on peut rôtir, griller, faire sauter, braiser, étuver ou faire bouillir la viande.

RÔTIR. Cuire à la chaleur sèche, au four ou à la broche. Au four, placer la viande sur un gril et déposer un plateau dessous, afin de recueillir le gras et le jus qui s'écoulent, ou la déposer sur des os ou des parures de viande. Ne pas la mettre dans le fond d'une lèchefrite et ne pas la couvrir puisqu'une partie cuira par le gras et la chaleur humide du jus qui s'accumule.

Pour obtenir la viande la moins grasse possible, enlever le gras visible; si désiré, enduire très légèrement la viande d'huile pour prévenir l'évaporation. Le degré de température dépendra du résultat recherché; une température élevée saisit la viande et permet l'obtention d'une couche extérieure plus sèche; par contre elle entraîne une plus grande perte de volume qu'une cuisson à basse température car elle assèche la viande.

Le temps de cuisson est difficile à déterminer avec précision; il dépend de nombreux facteurs, dont certains concernent les caractéristiques de la viande; ainsi la cuisson est plus rapide avec de la viande dégelée, peu marbrée, peu épaisse et contenant des os minces et longs. Les temps indiqués dans les recettes ne sont qu'indicatifs.

Une fois cuite, laisser la viande reposer un petit moment dans le four réglé à la température interne de la viande; ceci permet au jus de se répartir également et à la viande de devenir plus savoureuse; un rôti prêt à servir peut rester un bon moment à cette température.

CUIRE AU GRIL. Cuisson à feu découvert qui sert surtout à cuire volaille, côtelettes et biftecks tendres; si la viande manque de tendreté, la mariner quelques heures ou l'attendrir.

La viande est placée sur un gril et est retournée une fois à la mi-cuisson, ou elle est mise sur une broche. La cuisson au four égale difficilement la cuisson au barbecue, car le four emprisonne l'humidité qui se dégage de la viande, même si la porte est entrouverte, donnant une viande plus pâle et moins sèche.

On conseille souvent de cuire à haute température et de saisir la viande, ce qui l'assèche, la durcit, diminue son volume et peut même la carboniser. Il vaut mieux cuire à une chaleur soutenue mais pas trop vive (à 10 ou 13 cm des éléments du four) ou par la braise du barbecue, non par les flammes. Inciser le gras afin d'empêcher la viande de rouler, huiler légèrement la viande et l'assaisonner si désiré. La placer dans un four préchauffé. Ne pas piquer la viande pour éviter la perte de jus et attendre quelques instants avant de la servir afin que le jus se répartisse mieux.

CUIRE À LA POÊLE. Ce procédé est une variation de la grillade mais il s'effectue dans un poêlon. Il peut facilement se transformer en friture si on utilise trop de corps gras.

Inciser le gras de la viande, mettre très peu de gras dans la poêle (omettre le gras si un poêlon anti-adhésif est utilisé). Brunir à découvert à feu moyen-fort; éviter de faire bouillir la viande (feu trop bas) ou de la faire coller (feu trop chaud). Tourner une fois à la mi-cuisson, quand des gouttes perlent à la surface si on désire la viande saignante ou un peu plus tard si on la veut bien cuite. Si la viande adhère au récipient, retirer le poêlon du feu et laisser refroidir légèrement, elle se décollera d'elle-même.

Ne pas entasser trop de morceaux à la fois et éviter qu'ils se touchent. Si du gras fond et s'accumule, il vaut mieux l'égoutter, sinon la cuisson se transforme en friture.

BRAISER. Cuire à basse température et à la chaleur humide (obtenue par la vapeur qui se dégage du liquide ajouté). La casserole doit être épaisse et munie d'un bon couvercle qui garde la vapeur à l'intérieur. Ce procédé est idéal pour les viandes moyennement épaisses et peu tendres, qui ont besoin de la chaleur humide pour que leur collagène devienne gélatineux. Plus les morceaux sont petits, plus la cuisson est rapide mais plus il y a de jus qui s'écoule de la viande; on peut les enrober de farine pour réduire l'écoulement au minimum.

Dans un premier temps, dégraisser la viande puis la faire revenir sur toutes ses faces pour qu'elle se colore; utiliser très peu de corps gras. Si désiré, retirer la viande, égoutter le gras puis faire revenir brièvement des légumes coupés finement. Déposer la viande sur ces légumes, assaisonner (sans saler ni poivrer sauf si la viande est panée ou enfarinée) puis ajouter du liquide (bouillon, eau, vin, bière, jus de pomme, etc.). Plus la quantité de liquide est importante, plus le risque que la viande bouille est grand, ce qui donne un bouillon délicieux mais une viande aux fibres plus sèches et à la saveur amoindrie. Pour être sûr que la viande ne bouillira pas, on peut la placer sur une grille; ceci permet également d'uniformiser et de raccourcir la cuisson. Cuire en mijotant doucement et ne pas dépasser 85 °C si on choisit de cuire au four à très basse température (calculer 3 fois plus de temps qu'ordinairement) et pas plus de 160 °C à la cuisson habituelle. Éviter une cuisson trop longue qui laisse la viande fibreuse et moins savoureuse. Dégraisser le bouillon avant de servir; s'il n'est pas assez concentré, l'amener à ébullition (après avoir enlevé la viande).

POCHER. Ce procédé ressemble au braisage mais la quantité de liquide y est plus importante; c'est le pot-au-feu français ou le bouilli nord-américain (le terme bouilli n'est pas adapté, car il faut éviter l'ébullition qui assèche la viande et l'effiloche). La viande subit une perte de saveur qui est transférée au bouillon, c'est pourquoi il est important de choisir le morceau le plus savoureux possible, correspondant à une partie de l'animal qui a beaucoup travaillé comme le cou, le jarret, l'épaule, la poitrine, la queue ou les pattes.

Pour minimiser la perte de saveur, faire sauter la viande sur tous ses côtés à feu moyen-vif avant de la plonger dans le liquide frémissant (cela emprisonne le jus à l'intérieur); ne saler qu'en fin de cuisson. Pour obtenir un bouillon plus riche, saler en début de cuisson, ne pas faire revenir la viande dans un corps gras et la déposer dans un liquide froid; écumer dès que les protéines se coagulent et apparaissent à la surface du bouillon, ou laisser l'écume (ce qui rendra le liquide moins limpide mais plus nourrissant). Ajouter les assaisonnements désirés et cuire plusieurs heures en laissant mijoter doucement; dégraisser avant de servir. Intégrer de la farine épaissit le bouillon [15 ml (1 cuillerée à soupe) par tasse de liquide (240 ml)]; s'assurer que la farine ait le temps de cuire pour que disparaisse sa saveur peu agréable. Ajouter un ingrédient acide (si le bouilli contient un os) aide à attendrir la viande et à diminuer le temps de cuisson.

UTILISATION On connaît bien habituellement les diverses utilisations de la viande. Par contre, on est souvent moins familier avec une alimentation moins carnée. Lorsqu'on désire diminuer sa consommation de viande tout en obtenant des plats savoureux, nourrissants et sains, une façon intéressante de procéder est d'incorporer une petite quantité de viande à des légumes et des céréales comme on fait dans la cuisine de plusieurs pays, dans la cuisine asiatique par exemple.

CONSERVATION La viande est très périssable; si elle est laissée à l'air ambiant, microbes et enzymes s'y développent très rapidement, la rendant impropre à la consommation. Elle se conserve quelques jours si elle est fraîche, non hachée et placée à une température de 0 à 2 °C;

hachée, elle se conserve environ 24 heures. La viande cuite se conserve un peu plus longtemps, sauf si elle baigne dans de la sauce, auquel cas ne pas la garder plus de 24 heures. Envelopper la viande pour éviter son dessèchement.

Divers procédés tels le fumage, le salage, le séchage, la mise en conserve, la lyophilisation, l'irradiation et la congélation visent à prolonger la durée de conservation. Pour obtenir des résultats satisfaisants, la viande doit être de bonne qualité et en bon état.

Le fumage consiste à imprégner la viande de fumée qui est produite lors de la combustion de bois résineux ou aromatique (bouleau, pin, sapin, hêtre, etc.). Cette fumée contient diverses substances soupçonnées d'être cancérigènes, dont du benzo-pyrène et du goudron. Traditionnellement, le procédé s'effectuait à basse température (durant 3 à 4 semaines) ou à haute température (seulement quelques heures). Le fumage artificiel a presque totale-ment remplacé le fumage naturel; il est le plus souvent effectué à partir d'extraits de fumée traités afin qu'ils aient moins de sub-stances cancérigènes; ce sont des produits classés comme additifs (arôme de fumée, fumée d'érable, de hickory, etc.). La viande légèrement déshydratée peut se conserver plusieurs mois.

Le salage consiste à saler de la viande crue; il existe divers procédés, dont le salage dit à «sec» où du sel est intercalé entre des morceaux plats et peu épais, le salage en saumure où la viande est immergée dans une solution liquide et le salage par injection où l'on introduit un mélange à base de nitrates ou de nitrites, subs-tances fort controversées (voir légumes, p. 293). La viande doit être dessalée avant cuisson.

Le séchage, qui à l'origine s'effectuait au soleil dans les pays où l'air est sec et chaud, peut se pratiquer industriellement par la cryo-dessication, un procédé relativement peu utilisé car il est assez coûteux et qui consiste à congeler la viande puis à enlever la glace qui s'est formée entre ses fibres.

La lyophilisation est un nouveau procédé qui traite la viande coupée en tranches minces, tout d'abord en la congelant, puis en la séchant par sublimation, faisant passer l'eau de la viande à l'état gazeux.

L'irradiation, procédé inventé vers 1950, traite par des rayons gamma, émis habituellement par le cobalt 60, lequel est produit par un réacteur nucléaire. Les rayons pénètrent les cellules, détrui-sant ou neutralisant les agents pathogènes de la viande. Le pro-cédé est relativement peu utilisé encore car il soulève de nom-breuses réticences de la part des consommateurs, inquiets de ses répercussions sur la santé; malgré cela, son utilisation se répand graduellement.

La congélation conserve la viande mais n'agit pas sur sa maturation; on doit l'effectuer rapidement pour éviter la formation de gros cristaux de glace. Bien envelopper la viande; séparer la viande tranchée par des feuilles de papier sulfurisé ou en cellophane pour les empêcher de coller. Ne jamais recongeler une viande totalement dégelée. Décongeler lentement, de préférence au réfrigérateur, pour éviter la perte de jus qui peut atteindre 20 %, entraînant une diminution de saveur et de valeur nutritive. La teneur en gras influence le temps de conservation; plus une viande est grasse, moins elle se conserve longtemps car le gras rancit.

VIANDE HACHÉE
Nom anglais: *minced meat*

Hacher la viande permet d'utiliser les restes ou les parties moins tendres ou peu présentables. Une bonne viande hachée doit être bien fraîche et exempte de cartilage, de tendons et de nerfs.

Sur le marché, le contenu en gras de la viande hachée est très variable, ce qui en complique l'achat. Le gras joue un rôle déterminant dans la saveur; une viande très maigre a moins de goût. La viande contenant plus de gras coûte moins cher mais elle a un rendement moindre, car une partie du gras fond sous l'action de la chaleur. La teneur en gras de la viande hachée devrait aussi dépendre de l'utilisation projetée et du rendement désiré; ainsi une viande cuisinée sans précuisson aura avantage à être plus maigre (pain de viande par exemple) puisqu'il n'est pas possible de la dégraisser après la cuisson.

La meilleure façon de contrôler la qualité, la fraîcheur et la teneur en gras est de hacher soi-même la viande ou de demander au boucher de la hacher devant soi.

VALEUR NUTRITIVE La valeur nutritive de la viande hachée est fortement influencée par sa teneur en gras; plus elle en contient, plus elle est calorifique. La teneur en gras est habituellement réglementée par les gouvernements; au Québec par exemple, la loi exige que le bœuf haché maigre renferme au plus 17 % de gras, le bœuf haché mi-maigre, moins de 23 %, et le bœuf haché ordinaire, moins de 30 %. Plus une viande est parsemée de taches blanches, plus elle contient de gras.

ACHAT La couleur de la viande hachée peut être un signe de fraîcheur car une viande contaminée a une teinte brunâtre; cet indice est malheureusement trop souvent faussé par l'utilisation de sulfite, qui garde la viande rouge plus longtemps. Il est normal qu'une viande soit plus foncée à l'intérieur d'un paquet qu'à l'extérieur, car elle pâlit à l'air ambiant.

UTILISATION La viande hachée peut être cuisinée de multiples façons; elle fait partie des mets les plus humbles comme elle peut être apprêtée avec raffinement. La viande fraîche perd de l'eau et du gras en cuisant; égoutter le liquide qui se forme permet de diminuer l'ingestion de matières grasses.

CONSERVATION   La viande hachée est très fragile car les microbes y prolifèrent rapidement. Elle ne se conserve qu'un jour ou deux au réfrigérateur et 3 mois au congélateur.

VINAIGRE
Nom anglais: *vinegar*

Liquide obtenu par l'action de bactéries qui transforment une solution alcoolisée en acide acétique. Les matières premières les plus diverses servent à sa fabrication: vin, alcool éthylique (vinaigre blanc), cidre, bière, canne à sucre, vin de palme, dattes, oranges, bananes, riz, lait de coco, etc.

L'origine du vinaigre est probablement aussi vieille que celle du vin car du vin laissé à l'air libre devient rapidement acide. Le mot «vinaigre» fut d'ailleurs créé à partir des termes «vin» et «aigre». On trouve mention du vinaigre dans la Bible et on sait que les Grecs et les Romains lui attribuaient des vertus médicinales. Au XIVe siècle, une région de France, Orléans, devint un important centre de production du vinaigre car des péniches effectuant le transport des vins sur la Loire s'y échouaient souvent. Orléans est toujours un haut lieu de production.

L'obtention du vinaigre est fort simple car l'acidification de l'alcool se produit spontanément au contact de l'air. Elle prend forme quand apparaît un mince voile qui recouvre le liquide; ce voile se transforme petit à petit en une masse gélatineuse, appelée «mère», qui s'enfonce graduellement dans le liquide.

Même s'il se produit naturellement, le vinaigre est le plus souvent fabriqué à partir d'une culture; le procédé traditionnel, dit à «l'ancienne», subsiste encore de nos jours mais il est beaucoup plus rare que le procédé industriel.

Procédé traditionnel. Le vinaigre est produit dans des barils de chêne où il est ensemencé avec la mère de vinaigre; il fermente plusieurs semaines, parfois jusqu'à 6 mois, après quoi il est mis en bouteille. Non pasteurisé, ce vinaigre conserve tout son arôme et sa couleur. Il arrive après un certain temps qu'il s'y reforme de la «mère», substance comestible que l'on peut laisser, filtrer ou utiliser pour fabriquer son propre vinaigre.

Procédé industriel. Le liquide est mis dans de vastes cuves métalliques chauffées, munies de générateurs et de pompes, et il est ensemencé à l'aide de bactéries. Il subit ensuite une fermentation accélérée qui peut durer aussi peu que 24 heures et qui requiert parfois l'ajout de produits chimiques tels de la potasse, du phosphate d'aluminium, de l'anhydride sulfureux et des sulfites. Il est ensuite pasteurisé et parfois distillé; il en résulte un liquide clarifié, qui a perdu une partie de son bouquet et qui ne peut contenir de mère de vinaigre.

VALEUR NUTRITIVE   Le vinaigre est composé en grande partie d'eau (autour de 95 %). Il ne contient ni protéines, ni matières grasses, ni vitamines, presque pas d'hydrates de carbone et très peu de calories (2/15 g). Le vinaigre non pasteurisé contient plusieurs sels minéraux en quantité infime, sauf le potassium et le phosphore dont la concentration est plus élevée; le vinaigre pasteurisé est presque dépourvu de sels minéraux. Plus son degré d'acide acétique est élevé, plus le vinaigre est acide; il contient habituellement entre 5 et 7 % d'acide acétique.

On attribue au vinaigre diverses vertus médicinales, particulièrement s'il n'est pas pasteurisé. On l'utilise pour soulager blessures, piqûres d'insectes et brûlures; on croit qu'il aide à soulager maux de tête et fatigue chronique et qu'il est bénéfique pour le système digestif, favorisant l'appétit et la digestion et permettant d'éviter les gastro-entérites ou de les soigner le cas échéant. En usage interne, on recommande d'en diluer 10 ml (2 cuillerées à café) dans un verre d'eau, d'y ajouter si désiré un peu de miel et d'en prendre avant chaque repas ou au besoin.

Pris en trop grande quantité, le vinaigre peut irriter les muqueuses; on recommande de le remplacer par du jus de citron dans les cas d'ulcères d'estomac et autres problèmes du tube digestif.

Fabrication maison

Pour faire son propre vinaigre, on verse le liquide choisi dans un récipient de bois, de verre ou de grès et on le laisse à la température ambiante, en recouvrant le récipient mais en laissant passer l'air pour qu'il se forme une mère de vinaigre. On peut commencer avec un mélange à part égale de vinaigre et d'alcool (vin blanc ou rouge, cidre, etc.), mais ce procédé est long et prend de 3 à 4 mois; il est raccourci à un mois ou deux si on dépose délicatement la mère de vinaigre sur le dessus. Quand la mère de vinaigre devient trop volumineuse, il faut en enlever une partie, dont on peut se servir pour obtenir d'autre vinaigre.

Pour préparer du vinaigre de fruits, de fines herbes, d'épices, d'ail, etc., porter du vinaigre au point d'ébullition, éteindre le feu puis ajouter l'ingrédient choisi, couvrir et laisser reposer quelques jours avant de tamiser (si désiré) et de mettre dans un récipient. Utiliser la même quantité de fruits que de vinaigre, 4 à 5 branches de fines herbes fraîches, 15 ml (1 cuillerée à soupe) d'épices ou 3 à 4 gousses d'ail par litre de vinaigre; écraser les fruits, l'ail et les épices donne plus de saveur au vinaigre. On peut aussi mettre les ingrédients directement sans chauffer le vinaigre.

UTILISATION   Le vinaigre a un usage varié en cuisine; il sert comme condiment assaisonnant vinaigrettes, mayonnaises et moutardes. Son action acidifiante est mise à profit pour empêcher l'oxydation des fruits et des légumes (pommes, bananes, aubergines, etc.), retarder l'action des enzymes qui détruisent la vitamine C, prolonger la durée des aliments en prévenant le développement de bactéries nuisibles (chutney, marinades, etc.) et pour donner aux aliments une saveur aigre-douce. Le vinaigre sert aussi pour attendrir la viande, qui demande ensuite moins de cuisson et qui est plus savoureuse; il augmente la valeur nutritive des sauces, soupes et ragoûts où entrent des os car il en dissout le calcium et il est utile pour déglacer. On l'emploie pour la cuisson des œufs, en le versant dans l'eau, ce qui fait coaguler le blanc.

La plupart des vinaigres sont interchangeables, ce qui permet de jouer avec les saveurs. Ils ont cependant des utilisations plus spécifiques; ainsi le vinaigre blanc, le moins parfumé, est l'ingrédient idéal des marinades et autres conserves, contrairement aux vinaigres de cidre et de vin qui transmettent leur couleur et leur saveur et qui ne devraient être utilisés que dans les chutneys et marinades foncés et épicés. Les vinaigres de cidre et de vin blanc sont plus doux que le vinaigre de vin rouge et sont excellents quand il ne faut pas masquer la finesse des aliments, avec le poisson et les crustacés par exemple, les fruits et les sauces fines. Le vinaigre de vin met du piquant et relève le goût des aliments fades.

CONSERVATION   Le vinaigre se conserve indéfiniment à la température de la pièce. Il est toujours comestible même s'il devient brouillé et qu'il s'y forme une mère de vinaigre.

VIOLETTE

Viola odorata, **Violacées**
Nom anglais: *violet*

Plante vivace dont on se sert à des fins culinaires et médicinales. La violette odorante est une des nombreuses variétés de violettes qui appartiennent à une grande famille comprenant 500 espèces, incluant les pensées. C'est la plus utilisée en cuisine. Les pensées sauvages ont aussi des feuilles comestibles qui donnent une touche inhabituelle aux salades tout en apportant une importante quantité de vitamines A et C. La violette atteint environ 15 cm de hauteur; elle a des feuilles en forme de cœur et ses fleurs sont blanches chez la violette odorante, bleues ou jaunes chez la violette sauvage.

VALEUR NUTRITIVE

La violette aurait plusieurs propriétés médicinales; on la dit notamment expectorante et antiseptique.

Les feuilles et les fleurs, qui dégagent un arôme suave et délicat, s'achètent dans les épiceries fines. On les utilise fraîches, séchées ou confites; elles décorent volontiers salades, glaces, pâtisseries et boissons. On en extrait une huile qui sert à parfumer gâteaux, glaces, bonbons et liqueurs et qui est abondamment utilisée par l'industrie cosmétique. En tisane, mesurer 5 ml (1 cuillerée à café) de feuilles ou de fleurs par tasse d'eau (240 ml) et laisser infuser 10 minutes.

VOLAILLE

Noms anglais: *poultry, fowl*

Terme dérivé du latin *volatilis* signifiant «qui vole» et qui désigne les animaux de basse-cour (canard, dinde, poule, poulet, pigeon, coq, oie, pintade). En cuisine, le mot a un usage plus spécifique et désigne la chair de poulet et de poule, parfois même de dinde; les autres animaux sont nommés expressément. La plupart de ces volatiles sont domestiqués depuis fort longtemps. Certains sont parfois élevés dans des buts très précis: le canard et l'oie pour leur foie que l'on transforme en foie gras, la poule pour ses œufs, la pintade pour la chasse, etc. Le poulet est le plus populaire car il est économique à produire, agréable au goût et il peut être apprêté de multiples façons. Tous ces volatiles sont disponibles à l'année, même la pintade, difficile à domestiquer, depuis qu'ils sont produits industriellement.

Les méthodes modernes d'élevage n'ont pas que des aspects positifs; elles entraînent de nombreux changements qui se répercutent sur la valeur nutritive. Ainsi la teneur en matières grasses est plus élevée (le poulet était 50 % plus gras en 1986 qu'en 1956) et la viande renferme fréquemment des résidus de médicaments et de pesticides (voir viande, p. 556). Un problème particulièrement aigu chez la volaille est la contamination à la salmonelle, une bactérie qui se transmet aux humains et qui provoque une maladie, la salmonellose. De plus en plus d'animaux sont porteurs de salmonelles; le nombre a plus que doublé depuis 20 ans et ce phénomène est observé dans plusieurs pays. Aux États-Unis par exemple, la contamination bactériologique de la volaille est tellement fréquente que des experts gouvernementaux affirmaient en 1986 qu'elle constituait un danger pour la santé publique.

La salmonelle est la plus grande cause des dérangements intestinaux; très souvent elle n'est pas diagnostiquée cependant, les gens ne faisant pas le lien entre leur dérangement intestinal et l'aliment ingéré. Aux États-Unis, un organisme en charge de l'inspection et de la salubrité de la viande, le FSIS *(Food Safety and Inspection Service)* estime qu'en 1986, 6 millions de personnes ont souffert de la salmonellose, dont de 4 000 à 5 000 aux dépens de leur vie. Cette infection est de plus en plus difficile à soigner car les antibiotiques sont souvent inefficaces, les bactéries s'étant adaptées à ces médicaments trop fréquemment utilisés tant chez les êtres humains que chez les animaux (voir viande, résidus, p. 558).

La production massive et le désir d'abaisser les coûts de production ont entraîné divers changements qui contribuent à la contamination. Ainsi, les conditions matérielles ne sont plus les mêmes (surpeuplement et confinement des animaux), le rythme de production est accéléré dans les abattoirs (il n'est pas rare qu'une ouvrière vide 3 000 poulets à l'heure, ce qui fait que l'eau dans laquelle est plongée la volaille avant d'être plumée est plus rapidement contaminée) et le nombre d'inspections est réduit pour des motifs d'économie.

On retrouve la salmonelle dans d'autres produits animaux (viande des animaux de boucherie, lait, œufs, fromage, etc.) mais moins souvent. En fait, une centaine de bactéries différentes sont regroupées sous le terme de salmonelle. Ces bactéries s'attaquent au système digestif; elles occasionnent divers malaises dont les plus fréquents sont de la diarrhée, des vomissements, des maux de tête, des crampes abdominales et de la fièvre.

VALEUR NUTRITIVE

La volaille a un contenu en protéines équivalent à celui des animaux de boucherie. Sa teneur en matières grasses est très variable; elle change selon les espèces (le canard et l'oie sont plus gras que la caille et le poulet), les parties de l'animal (la chair de la poitrine est légèrement moins grasse que celle des cuisses et la peau est très grasse) et les méthodes d'élevage.

Les matières grasses des volailles sont moins saturées et contiennent moins de cholestérol que celles des animaux de boucherie. Une partie du gras est intramusculaire, une autre est logée dans la peau (la peau est riche en gras saturé et en cholestérol) et une part importante est localisée sous la peau, où elle forme une masse jaunâtre qui peut représenter jusqu'à 2,5 % du poids du poulet. Une grande teneur en matières grasses rend la volaille moins intéressante sur le plan de la santé et moins profitable sur le plan financier car le gras a la propriété de retenir l'eau. Comme on plonge la plupart des volatiles dans de l'eau afin d'en faciliter le plumage (voir poulet, p. 456), ils en absorbent une certaine quantité qui est incluse dans le poids à l'achat; au Canada la loi permet jusqu'à 8 % du poids en eau pour le poulet congelé et jusqu'à 12 % pour le poulet frais.

La poitrine est plus tendre, plus sèche et de saveur plus délicate que la cuisse. Elle est aussi généralement plus appréciée, ce qui n'est pas sans causer des surplus de viande brune depuis que plusieurs restaurants de «fast food» ont mis à leurs menus divers produits à base de blanc de poulet. Pour pouvoir écouler les gigantesques surplus de chair brune, les Américains ont mis au point un procédé pour la blanchir. La viande est mise dans une solution de peroxyde d'hydrogène ou d'acide ascorbique, bain qui est parfois précédé d'un lavage qui fait disparaître une partie de la myoglobine, protéine qui donne à la viande sa couleur rouge.

ACHAT
Les volailles sont classifiées par catégories selon des normes qui diffèrent d'un pays à l'autre. Ces catégories servent à déterminer l'état extérieur du volatile, mais non la qualité de la chair, qui est influencée notamment par l'âge. Un volatile à qui il manque une aile ou une cuisse est aussi savoureux qu'un volatile entier, mais il est classé dans une catégorie inférieure et coûte moins cher.

La volaille se vend fraîche ou congelée et presque toujours plumée. La dinde et le poulet sont disponibles non seulement entiers mais en moitiés, en quarts et en morceaux désossés ou attendris mécaniquement. En règle générale, la volaille est moins chère entière. Si elle est fraîche, la choisir charnue, avec une peau souple, humide, intacte, exempte de duvet et de plaques foncées ou sèches. Lorsqu'elle est congelée, la délaisser si elle est desséchée et placée dans un emballage givré, endommagé ou contenant de la glace rosée, signe qu'il y a eu décongélation puis recongélation. Une volaille jeune a le bec et le bréchet (l'os en forme de V également nommé fourchette) flexibles au toucher.

PRÉPARATION
La volaille peut être consommée dès qu'elle est tuée puisque sa chair n'a pas besoin de vieillir; cependant on la mange uniquement après la cuisson. Avant de la cuire, vérifier si des plumes sont encore présentes; si nécessaire, flamber le volatile à l'alcool ou brûler les plumes avec la flamme d'une chandelle ou d'une allumette, ou encore les faire disparaître en les brossant. Laver l'intérieur et l'extérieur de la volaille, puis assécher; frotter la peau avec du citron pour que la chair reste blanche. Enlever le croupion qui donne une saveur amère; si désiré, enlever aussi le bréchet, la chair de la poitrine sera alors plus facile à couper.

La volaille cuit plus rapidement si elle est en morceaux ou en crapaudine, c'est-à-dire entière mais aplatie. Pour l'aplatir, sectionner la colonne vertébrale; utiliser des ciseaux à volaille ou un grand couteau tranchant. Couper à environ 6 mm du centre de la colonne vertébrale tout au long du dos, à l'endroit où les os forment une jonction. Mettre la volaille à plat côté poitrine sur le dessus et l'écraser avec la main.

La volaille étant très souvent porteuse de salmonelle, sa manipulation et sa cuisson demandent certains soins. Jeter son emballage dès qu'il est retiré. Travailler sur un espace restreint pour contaminer le moins d'endroits possibles; nettoyer à fond à l'eau chaude savonneuse tous les ustensiles et les surfaces qui ont été en contact avec la volaille et son emballage. Veiller particulièrement à laver le couteau avant de l'utiliser pour couper tout autre aliment, surtout si cet aliment est consommé cru. Bien se laver les mains. Éviter de laisser la volaille à la température de la pièce pour une longue période; ne pas la cuire à basse température car la volaille doit atteindre 60 °C le plus rapidement possible, c'est à ce degré de cuisson que la salmonelle est détruite; le four devrait idéalement être réglé entre 150 et 160 °C.

CUISSON Le mode de cuisson peut influencer la teneur en matières grasses; ainsi cuire sans la peau, enlever avant la cuisson le gras qui forme une masse visible et piquer la volaille pour que le jus s'écoule à la cuisson diminuent considérablement la quantité de gras présente dans cette viande.

Ne farcir la volaille qu'au moment de la cuire car introduire la farce plus tôt, même si elle est refroidie, peut être une cause d'empoisonnement, les bactéries y proliférant facilement. Éviter de tasser la farce, qui gagne en volume à la cuisson et qui risque de déborder ou de faire éclater la volaille.

La volaille est cuite quand sa température interne atteint 85 °C (au moins 70 °C pour la farce). Un thermomètre permet de savoir avec exactitude quand la cuisson est terminée; l'insérer dans la partie la plus charnue de la cuisse sans toucher l'os. Une viande peut demeurer rosée même si elle est cuite, conséquence d'une réaction entre les pigments de la volaille et certains composés présents dans l'air du four; ce rosissement n'est pas dangereux pour la santé; il est plus fréquent chez les jeunes volatiles. De jeunes volailles peuvent aussi avoir des os qui foncent à la cuisson; cette réaction ne présente pas de danger.

Il est préférable de dégeler complètement la volaille avant la cuisson, surtout la dinde entière, plus volumineuse, afin qu'elle cuise uniformément. Toujours retirer les abats avant la cuisson. La décongelation idéale mais la plus longue s'effectue au réfrigérateur; elle permet de conserver un maximum de saveur et d'éviter la prolifération de bactéries. Laisser la volaille dans son emballage, percer quelques trous sous le dos pour que le liquide s'écoule. On peut aussi la décongeler par trempage dans l'eau froide; laisser l'emballage hermétique et changer l'eau plusieurs fois afin d'éviter que la chair du dessus soit à la température ambiante et s'avarie. Une troisième méthode, à la température de la pièce, est moins conseillée car l'extérieur décongèle plus vite que l'intérieur et peut se détériorer. Couper l'emballage le long du dos et placer la volaille sur une grille déposée au-dessus d'une lèchefrite; celle-ci recevra le liquide qui s'écoule; pour une décongelation plus uniforme, recouvrir la volaille de papier brun. Compter 3 heures par kilogramme et ne laisser le volatile à l'air ambiant que le temps nécessaire. Si la cuisson est prévue pour le lendemain, terminer la décongelation au réfrigérateur. Dès que la volaille est dégelée, la déballer, la laver et l'essuyer; si elle n'est pas cuite immédiatement, la recouvrir d'un papier ciré afin d'éviter que la peau ne sèche et pour permettre à l'air de circuler, puis la réfrigérer

Avant la cuisson, retirer le gras sous la peau pour diminuer la teneur en matières grasses. Si désiré, enduire la peau d'une mince couche de corps gras; cela en accélère la coloration (tout comme de l'arroser durant la cuisson). Brider ou ficeler la volaille si on veut qu'elle garde sa forme. Quand la peau risque de brûler avant la fin de la cuisson, recouvrir la volaille d'un papier d'aluminium. La cuisson entraîne une perte de poids qui peut atteindre de 30 à plus de 60 % selon les parties, ce qui se répercute sur le coût et sur le nombre de portions que l'on obtient.

On cuit souvent la volaille jeune et tendre par rôtissage ou par grillage. Ces modes de cuisson donnent un volatile à la peau croustillante. Le rôtissage s'effectue à chaleur modérée ou intense; une chaleur intense sur une courte période permet l'élimination d'une partie du gras; sur une période plus longue, cela raccourcit considérablement le temps de cuisson mais demande plus de surveillance car la viande peut brûler et cela encrasse le fourneau. Le grillage demande plus de soin que le rôtissage car la chair peut facilement s'assécher ou carboniser. Ne pas mettre la volaille trop près de la source de chaleur, éviter de la piquer pour qu'elle garde son jus et l'arroser quelques fois durant la cuisson. La chair de la volaille âgée est ferme et a une saveur prononcée; elle est meilleure cuite à la chaleur humide (voir viande, p. 556). Laisser reposer la volaille cuite quelques minutes pour que son jus se répartisse également, elle aura plus de saveur.

CONSERVATION   La volaille fraîche est hautement périssable; des bactéries nocives y prolifèrent facilement car elles y trouvent un fort pourcentage d'humidité et un bas taux d'acidité. La retirer de son emballage dès le retour à la maison et ôter les abats, puis recouvrir la volaille et la réfrigérer le plus rapidement possible, en la plaçant à l'étage le plus froid. Cuire dans les 2 ou 3 jours suivants. Il arrive qu'une volaille vendue comme étant fraîche soit en réalité une volaille décongelée, ce qui peut causer des ennuis car une volaille décongelée est encore plus périssable qu'une volaille fraîche et doit être mise à cuire dans les 24 heures.

Retirer la farce avant de réfrigérer ou de congeler la volaille, pour éviter les risques d'empoisonnement. Laisser le moins longtemps possible à la température de la pièce farce et volaille cuites. La volaille cuite se conserve de 3 à 4 jours au réfrigérateur. Au congélateur, la volaille entière se conserve 12 mois, la volaille coupée, 6 mois, et la volaille cuite, 1 ou 2 mois.

Se méfier des sandwichs et des salades contenant volaille et mayonnaise qui ont séjourné un bon moment à la température ambiante; elles présentent un risque élevé d'empoisonnement.

YOGOURT

Nom anglais: *yogourt*

Lait caillé par l'action de ferments lactiques. En Amérique du Nord, on se sert du mot «yogourt» (ou «yoghourt») pour désigner cette préparation, terme issu de *yoghurmak*, un mot turc signifiant «épaissir»; en Europe on utilise plutôt le mot «yaourt», tiré de *jaurt*, terme bulgare signifiant «caillé».

Le yogourt serait originaire de Bulgarie. Dans ce pays où les gens consomment du yogourt sur une base régulière, le nombre de centenaires est élevé. Au début du siècle, Metchnikoff, un collaborateur de Pasteur, attribua cette longévité au yogourt et depuis ce temps, malgré que cette affirmation soit parfois contestée, le yogourt jouit d'une excellente réputation.

Le caillage du lait fut sûrement découvert par hasard; il s'est révélé un procédé de conservation précieux. Son origine remonterait au tout début de l'agriculture, soit à la Haute Antiquité. Dans plusieurs parties du monde (en Grèce, en Turquie, au Moyen-Orient et dans certaines parties d'Asie), la consommation du yogourt fait partie de la tradition; en Inde, on le considère comme un aliment des dieux. En Europe de l'Ouest et en Amérique du Nord, le yogourt est connu depuis moins longtemps. Sa commercialisation, qui remonte à la première moitié de XXe siècle, connut peu de succès au début car le goût surette du yogourt déroutait. Les ventes du yogourt se sont mises à croître lorsqu'on aromatisa le caillé de fruits et de jus de fruits. En Amérique du Nord, où l'adhésion fut plus lente, la consommation démarra vraiment dans les années 70, à la suite d'une publicité qui présentait le yogourt comme un aliment de santé et après qu'on eut lancé un plus grand choix de saveurs.

Le yogourt se prépare avec du lait (vache, chèvre, brebis, soya, etc.) dans lequel on incorpore des ferments qui convertissent une partie du lactose (glucides du lait) en acide lactique. Ces ferments, différents de ceux qui donnent le fromage, sont deux bactéries, *Lactobacillus bulgaricus* et *Streptococcus thermophilus*, qui fonctionnent en étroite collaboration et qui produisent ensemble plus d'acide lactique que chacune d'elles prise séparément. Au début de la fermentation, ce sont surtout les *streptococcus* qui agissent; ils acidifient le lait puis laissent progressivement la place aux *lactobacillus*, plus résistants en milieu acide. Idéalement, on devrait utiliser les deux bactéries en proportions égales; il arrive souvent que le yogourt commercial contienne moins de *Lactobacillus bulgaricus* car cette bactérie est plus acidifiante et donne un yogourt plus aigre.

Le lait coagule quand une quantité suffisante d'acide lactique est produite; d'autres transformations biologiques s'effectuent en parallèle, les protéines deviennent ainsi plus facilement assimilables. L'action des bactéries est optimale à une température se situant entre 40 et 50 °C; quand le yogourt a suffisamment fermenté, il suffit de le refroidir pour arrêter le travail des bactéries. Contrairement au fromage, le yogourt n'est pas égoutté.

En fabrication commerciale, le mélange lacté, qui se compose de lait (entier, partiellement écrémé, écrémé, évaporé ou déshydraté) et de solides de lait, est pasteurisé et homogénéisé, ce qui donne un yogourt plus ferme et moins susceptible d'expulser le lactosérum, liquide jaunâtre qu'on trouve parfois à la suface des yogourts naturels. Le sérum n'affecte pas la qualité du yogourt, mais il est jugé indésirable par les fabricants.

Il existe toute une gamme de yogourts commerciaux, dont le yogourt ferme (le plus ancien), le yogourt brassé (procédé inventé en Suisse) et divers produits comme le yogourt congelé, le yogourt à boire, le yogourt à tartiner pressé et le yogourt déshydraté. Le yogourt ferme a l'aspect d'une gelée compacte; il est fermenté à même le contenant, puis refroidi; s'il est aromatisé, les ingrédients sont déposés au fond. Le yogourt brassé est mélangé après la fermentation et le refroidissement; la texture ferme du produit initial disparaît, alors des agents solidifiants, telles la carraghénine ou la gélatine, sont souvent employés. Les yogourts sont aromatisés avec des produits naturels ou artificiels. Parmi les autres produits, le yogourt à boire se veut un substitut aux boissons gazeuses, le yogourt pressé peut remplacer la crème sure et le yogourt congelé est semblable à la crème glacée. La publicité vante souvent ces aliments parce qu'ils sont à base de yogourt; or plusieurs des procédés de fabrication inactivent les bactéries, c'est le cas notamment quand le yogourt est pasteurisé ou traité à ultra-haute température (UHT), par conséquent les bienfaits de la fermentation ne sont plus les mêmes. Plusieurs de ces produits contiennent en outre des additifs; ainsi, on trouve dans le yogourt glacé de la gomme à base de cellulose modifiée, de la gomme de guar, du polysorbate 80, de la carragheen, des mono et diglycérides, du sorbate de potassium, des colorants et des arômes artificiels. Lire la liste des ingrédients sur l'étiquette afin d'identifier les yogourts les plus conformes à une saine alimentation.

Le yogourt n'est qu'une des nombreuses formes que prend le lait fermenté; on trouve aussi notamment le lait caillé, le kéfir, le koumis et le lait emprésuré.

Lait caillé. Lait qui a fermenté à la température de la pièce sans l'ajout de culture bactérienne mais par l'action de la flore lactique présente dans le lait. La chaleur active cette flore qui produit de l'acide lactique, ce qui entraîne le caillage du lait. Le lait caillé se sépare en deux parties distinctes, comprenant le caillé et le lactosérum. Il est consommé tel quel après avoir été brassé ou après égouttage.

Autrefois très populaire, le lait caillé a maintenant presque disparu, sauf quand on a accès à du lait non pasteurisé, car la pasteurisation détruit la flore lactique, ce qui rend impossible la fabrication du caillé.

Le lait caillé est hautement périssable; il doit être consommé le plus tôt possible et conservé au réfrigérateur.

Kéfir (**kéfyr** ou **képhyr**). Lait fermenté légèrement gazeux et alcoolisé; son taux d'alcool atteint généralement 1 % mais peut aller jusqu'à 2 %. Les ferments du kéfir sont des levures *(Saccharomyces kefir* et *Candida kefir)* et des bactéries *(Lactobacillus caucasicus, L. acidophilus, L. desidiosus,* etc.*)*. Les bactéries effectuent une fermentation d'acide lactique qui donne un goût suret semblable à celui du yogourt tandis que les levures transforment une partie du lactose en gaz carbonique et l'autre partie en alcool éthylique. Selon la durée de fermentation, le kéfir est plus ou moins liquide, onctueux et alcoolisé. Le kéfir peut aussi être préparé avec des fruits déshydratés ou du citron, mais la culture utilisée est alors différente.

La préparation du kéfir est semblable à celle du yogourt car toutes les opérations sont identiques; elle est cependant plus facile car la fermentation s'effectue à la température de la pièce sans soin particulier (elle prend un peu plus de temps par contre, s'effectuant en un jour ou deux; elle est plus rapide quand la température se situe autour de 22 °C). Traditionnellement, on ensemence le kéfir avec de minuscules grains de couleur jaune (rares sur le marché), qui deviennent blanchâtres lorsqu'ils sont mis en contact avec le lait. On les récupère après chaque utilisation et on les conserve au froid dans un peu de lait. On utilise aussi une culture en poudre ou du kéfir d'une préparation précédente, faite depuis moins d'un mois.

Le kéfir serait originaire du Caucase; le mot est d'ailleurs emprunté au caucasien. Cette boisson est bien connue en Europe de l'Est, en Russie et au Moyen-Orient. On peut l'utiliser en cuisine comme le yogourt.

Le kéfir se conserve au réfrigérateur; il est plus périssable que le yogourt. Lorsqu'il a suri, il peut encore servir, surtout pour la cuisson.

Koumiss (**koumys**). Ressemblant au kéfir, mais plus alcoolisé car il contient jusqu'à 2,5 % d'alcool, le koumiss est fabriqué avec du lait de jument. Sa saveur rappelle parfois le vin blanc. Courante dans les steppes russes et en Asie depuis fort longtemps, cette boisson fut très appréciée de Marco Polo, qui en révéla l'existence aux occidentaux.

Lait emprésuré et **lait gélifié**. Le lait emprésuré a caillé sous l'action de présure tandis que le lait gélifié a reçu un gélifiant naturel (gélatine, agar-agar, etc.) ou artificiel (des alginates créés en laboratoire). La valeur nutritive de ces laits est fort variable; elle dépend, en plus du ferment utilisé, de la teneur en matières grasses du lait, de la quantité de sucre ajouté et de la présence ou de l'absence d'additifs (arômes, colorants artificiels, etc.).

VALEUR NUTRITIVE

La valeur nutritive du yogourt nature, non sucré et exempt d'additifs, équivaut à peu de choses près à celle du lait qui entre dans sa préparation avec, en plus, les bienfaits dus à la fermentation (voir miso et tempeh, p. 340 et 529). Ce yogourt est donc une excellente source de protéines, de calcium, de phosphore, de potassium et de vitamines A et B. Comme tous les produits laitiers, le yogourt contient du cholestérol et des acides gras saturés, sauf s'il est écrémé (voir lait, p. 276).

La valeur nutritive des yogourts commerciaux connaît de grands écarts; la teneur en matières grasses, en hydrates de carbone, en calories et en additifs est particulièrement variable. Certains yogourts contiennent jusqu'à 10 % de matières grasses, soit beaucoup plus que le lait entier qui en a entre 3,5 et 3,7 %. La teneur en hydrates de carbone est généralement de 6 % pour le yogourt nature et atteint de 16 à 17,5 % pour les yogourts aux fruits, ce qui les rend calorifiques (habituellement entre 92 et 160 calories/100 g). Des yogourts contiennent des additifs chimiques (stabilisants, épaississants, arômes, colorants, etc.), additifs non essentiels puisque certaines marques en sont dépourvues.

De nombreuses propriétés médicinales sont attribuées au yogourt; non seulement croit-on qu'il favorise la longévité s'il est consommé sur une base régulière, mais on dit qu'il est bénéfique pour le système digestif, restaurant entre autres la flore intestinale après un traitement aux antibiotiques, qu'il aide à prévenir le cancer et que, pris avant le coucher, il favorise le sommeil. On s'en sert aussi pour soigner les infections vaginales (on l'introduit directement dans le vagin) et les maladies de peau.

Le yogourt est plus digestible que le lait; il se solubilise dans l'estomac trois fois plus rapidement, soit en près d'une heure. Il contient de la lactase, une enzyme qui facilite l'assimilation du lactose et qui favoriserait l'absorption du calcium, les sels de calcium se dissolvant lors de la fermentation du lait pour devenir ensuite plus facilement utilisables.

UTILISATION

Non seulement le yogourt peut-il être mangé tel quel, il peut aussi être cuisiné. Ses possibilités d'utilisation sont vastes car on l'ajoute aussi bien aux mets salés que sucrés (soupes, salades, viande, volaille, poisson, riz, pâtes alimentaires, pains, gâteaux, tartes, brioches, entremets, boissons, etc.). Son acide lactique sert d'attendrisseur; il tient lieu de marinade pour la viande, le poisson, les fruits et les légumes. Le yogourt est un ingrédient important dans la cuisine de plusieurs pays, notamment au Moyen-Orient et en Inde. Dans la cuisine indienne, il assaisonne en particulier les *raïtas*, fruits ou légumes baignant dans du yogourt aromatisé.

Nature, le yogourt remplace la crème, tant liquide, fouettée que sure, et il peut être ajouté à la mayonnaise ou à la vinaigrette, abaissant l'ingestion de calories et de matières grasses. Quand on l'emploie à la place de la crème dans les préparations qui cuisent, il peut être nécessaire de le stabiliser en lui ajoutant un peu de fécule de maïs ou de blanc d'œuf, car la cuisson le décompose. Le réchauffer 1 heure ou 2 à la température de la pièce avant de l'incorporer aux plats chauds et, si possible, l'ajouter à la toute fin pour que ses ferments demeurent intacts.

CONSERVATION   Conserver le yogourt au réfrigérateur et le laisser le moins longtemps possible à la température de la pièce. Vérifier la date d'expiration sur l'emballage lors de l'achat pour avoir le yogourt le plus frais possible; après la date mentionnée, il est encore comestible tant qu'il a bon goût mais ses ferments sont moins actifs. Il semble que le froid de la congélation n'affecte pas ses ferments; ne pas le garder congelé plus de 6 semaines. La décongélation lente au réfrigérateur est préférable à la décongélation à la température de la pièce.

Les ferments déshydratés du yogourt se conservent 6 mois à la température de la pièce, 12 mois au réfrigérateur et 18 mois au congélateur.

Fabrication maison

La fabrication maison du yogourt est facile, économique et permet d'obtenir du yogourt exempt d'additifs et de sucre ajouté. Laver d'abord soigneusement les ustensiles et bien les rincer à l'eau très chaude ou les stériliser. Chauffer ensuite le lait, sauf si du lait UHT (ultra-haute température) est utilisé (ce qui n'est guère recommandable, ce lait ayant été dénaturé par la chaleur). Plusieurs recettes disent de faire bouillir le lait alors que d'autres ne parlent que de l'amener juste au-dessous du point d'ébullition (82 °C) et de l'y laisser de 2 à 5 minutes. L'ébullition est recommandée avec le lait cru mais elle n'est pas souhaitable avec le lait pasteurisé et homogénéisé car elle détruit des éléments nutritifs; elle est inutile avec le lait en poudre, qui a déjà subi un traitement thermique.

Laisser refroidir le lait jusqu'à 44 ou 45 °C, puis l'ensemencer. Ajouter si désiré de la gélatine [5 ml (1 cuillerée à café) par litre de lait]; s'assurer qu'elle soit bien fraîche et la faire gonfler complètement dans un peu de lait avant de l'incorporer (la gélatine est superflue si une culture déshydratée est utilisée car le yogourt obtenu est ferme). Bien mélanger la culture au lait, puis verser le liquide dans un récipient, incorporer si désiré des fruits (75 ml par 240 ml de yogourt) et laisser fermenter. Éviter de remuer le yogourt en cours de coagulation, sinon il se sépare et devient aqueux. Une fois le yogourt coagulé, ce qui nécessite au moins 3 heures et peut en demander jusqu'à 6 ou 10, le réfrigérer immédiatement pour arrêter l'action des bactéries.

Le ferment peut être une culture déshydratée (lyophilisée), du yogourt commercial nature (de 30 à 75 ml par litre de lait) contenant des bactéries vivantes, donc non pasteurisé, le plus naturel et le plus frais possible, ou du yogourt maison. Pour minimiser la contamination, prendre soin avant de commencer à consommer le yogourt de mettre de côté la quantité nécessaire au prochain ensemencement. Le yogourt fait avec une culture déshydratée est plus crémeux, plus épais et moins acide qu'un yogourt fait avec un yogourt commercial; en outre, il conserve ces qualités plus longtemps et on peut donc l'utiliser plus de fois pour refaire du yogourt. Après environ 1 mois ou après 15 à 20 utilisations, le yogourt est dégénéré; se servir d'un nouveau ferment.

La teneur en matières grasses et en solides du lait influence la texture, la saveur et la valeur nutritive du yogourt. Du lait entier donne un yogourt plus ferme, plus savoureux, plus gras et plus calorifique qu'un yogourt au lait écrémé. L'ajout de poudre de lait [45 à 125 ml (3 à 8 cuillerées à soupe) par litre de lait] épaissit le yogourt et augmente sa valeur nutritive. La température d'incubation du yogourt est un élément crucial. La température idéale se situe entre 40 et 46 °C; la multiplication des bactéries est impossible au-dessus de 46 °C car la chaleur détruit les bactéries et empêche la coagulation et elle est plus lente au-dessous de 40 °C car une température trop basse prolonge le temps de coagulation et rend le yogourt plus surette; une température au-dessous de 20 °C arrête la fermentation. Se servir d'un thermomètre permet de contrôler l'ébullition et de connaître le moment exact où il faut ajouter le ferment.

L'emploi d'une yaourtière est pratique mais non essentiel. Toute source de chaleur constante à l'abri de courants d'air remplit la même fonction. On peut faire incuber le yogourt dans un four, s'il se règle au-dessous de 46 °C ou s'il possède une lumière qu'on laisse allumée et qui fournit la chaleur nécessaire; on peut aussi se servir d'une bouteille isolante (thermos) préalablement réchauffée, d'un plat ou d'une poêle à frire remplis d'eau chaude et recouverts d'un linge épais afin que la chaleur se conserve, ou d'un récipient enveloppé d'une couverture et placé dans un four, sur un radiateur ou près de toute autre source de chaleur.

Si le yogourt n'épaissit pas, plus d'un facteur peut en être la cause: une culture trop vieille, l'oubli d'incorporer la culture, une température trop haute ou trop basse, le temps d'incubation trop court, le manque de fraîcheur de la poudre de lait ou du lait contenant trop de pénicilline. Remettre un ferment, ajouter si désiré de la poudre de lait (fraîche) et incuber à nouveau. Si le yogourt est sur ou que le sérum se sépare, l'incubation peut avoir été trop longue ou le refroidissement, trop lent; réincorporer le sérum au yogourt en le battant (la préparation sera cependant plus liquide).

YUBA

Nom anglais: *yuba*

Nom japonais donné à la peau qui se forme à la surface du lait de soya refroidissant et qui se présente sous forme de minces feuilles. Le yuba est un aliment particulièrement apprécié au Japon et en Chine. Les feuilles fraîches ont l'apparence d'un voile crémeux translucide; on compare d'ailleurs parfois leur saveur riche et légèrement sucrée à celle de la crème fraîche. Une fois séchées, les feuilles arborent une coloration beige et deviennent cassantes et croustillantes.

VALEUR NUTRITIVE   Le yuba est très nourrissant. Sous sa forme la plus couramment vendue, c'est-à-dire séché, il renferme environ 52 g de protéines, 24 g de matières grasses (pour la plupart polyinsaturées, voir corps gras, p. 147), 12 g d'hydrates de carbone et 432 calories/100 g.

PRÉPARATION   Pour obtenir le yuba, verser du lait de soya dans une casserole peu profonde (il sera plus facile de soulever la peau) et le chauffer à 80 °C sans le déposer directement sur le feu sinon il va coller (mettre une feuille d'amiante, une plaque de métal ou un gril sous la casserole). Une peau assez épaisse pour être soulevée se formera environ toutes les 7 minutes; plus on lui laisse le temps de se former, plus elle devient épaisse. La détacher délicatement le long des parois de la casserole avec la pointe d'un couteau. La soulever légèrement avec les doigts puis glisser une baguette mouillée de part en part et la soulever; la laisser s'égoutter quelques secondes puis déposer la baguette sur les bords d'une casserole qui sera assez large pour accueillir la feuille sur toute sa longueur sans l'endommager (on peut soulever la peau par le milieu ou par une extrémité, il faut alors laisser un rebord assez grand pour qu'elle ne glisse pas). La durée de l'égouttement dépend de l'usage projeté; après 4 ou 5 minutes la peau peut être consommée, après 20 minutes elle est plus résistante. Quand tout le lait est évaporé, le fond et les côtés de la casserole sont recouverts d'une couche épaisse et savoureuse, appelée **amayuba**. La décoller à l'aide d'une spatule de métal ou d'un couteau.

ACHAT ET UTILISATION   Le yuba est commercialisé frais, mi-séché ou séché, en feuilles, en grand rouleau ou en morceaux. On peut reconstituer le yuba séché pour qu'il reprenne sa souplesse en le trempant dans de l'eau; dans les soupes, bouillons et ragoûts, il reprend de lui-même sa texture initiale. Étant très flexible, le yuba est apprêté de maintes façons; au Japon, on le roule comme une crêpe que l'on assaisonne d'aliments salés ou sucrés. On s'en sert pour fabriquer des rouleaux de toutes sortes ou pour envelopper maints aliments que l'on fait ensuite frire (légumes, noix, fruits, etc.). On l'utilise aussi dans les omelettes, sashimis, plats de légumes, gâteaux au riz, etc. En Chine, il remplace ou accompagne la viande. Une façon très populaire de l'utiliser consiste à frire les feuilles séchées, qui deviennent alors croustillantes, à l'instar des croustilles de pommes de terre (chips).

CONSERVATION   Le yuba frais doit être consommé le jour même; séché, il se conserve au réfrigérateur.

Livres

ANDROUET. *Guide du fromage*, Paris, Éditions Stock, 1971.

APPEL, Louise. *Lexique des fruits et légumes*, Québec,
Éditeur officiel du Québec, 1982.

ARZEL, Florence. *Légumes santé*, Paris, Solar, 1980.

ASHLEY, Richard et DUGGAL, Heidi. *Dictionary of Nutrition*, New York,
Pocket Books, 1975.

AUBERT, Claude. *L'assiette aux céréales*, Paris, Terre Vivante, 1983.

BARBAU, Jacques. *Les hommes et leurs aliments*, Paris,
Messidor/Temps Actuels, 1983.

BAUDRY, Joël. *Les carnets de l'amateur de bière*, Paris, Hachette, 1981.

BAUER, Cathy et ANDERSON, Juel. *The Tofu Cookbook*, Pennsylvania,
Rodale Press, 1979.

BAZIN, Micheline. *Les bienfaits des fruits*, Paris, Retz, 1977.

BINDING, G.E. *About Soya Beans*, Northamptonshire,
Thorsons Publishers Limited, 1970-1980.

BLANC-DAIRE, Lydia. *Plantes et régimes*, Paris, Fernand Nathan, 1983.

BOLLORE, Gwenn-Aël. *Suivez le crabe*, Paris, Gallimard, 1984.

BROUK, B. *Plants Consumed by Man*, London, Academic Press, 1975.

CANTIN, Christian. *Guide pratique des fromages*, Paris, Solar, 1976.

CELLI, Elisa. *La diète aux pâtes*, Montréal, Éditions Inter, 1985.

CHABIRON, Catherine. *Une meilleure santé par les céréales*, Paris,
Éditions De Vecchi, 1981.

CHERNET, Daniel. *Les protéines végétales*, Collection «Santé naturelle», France,
Éditions Dangles, 1986.

CHÈZERIES, Jean-François. *La santé par le miel et les produits de la ruche*, Paris,
M.A. Éditions, 1982.

COYLE, Patrick L. *The World Encyclopedia of Food*, New York, Facts on File Inc.,
1982.

CROCKET, James Underwood. *Légumes et arbres fruitiers*, Pays-Bas,
Time-Life International, 1978.

DARRIGOL, Jean-Luc. *Les céréales pour votre santé*, Saint-Jean de Braye,
Éditions Dangles, 1978.

DAVIDSON, Alan. *Les poissons de la Méditerranée*, Paris, Solar, 1983.

DAY, Harvey. *About Rice and Lentils*, London, Thorsons Publishers, 1970.

DELISLE LAPIERRE, Isabelle. *Précis de nutrition*, Montréal, Guérin, 1980.

DIWO, Jean et KARSENTY, Irène. *Le livre du cochon*, Paris, Philippe Lebaud.

DOROSZ, Docteur Ph. *Table des calories*, Paris, Maloine s.a. Editeur, 1985.

DOYLE, Rodger P. et REDDING, James L. *The Complete Food Handbook*, 3e éd.,
New York, Grove Press, 1976.

DUKE, James A. *Handbook of Legumes of World Economic Importance*,
New York and London, Plenum Press, 1981-1983.

EEKHOF-STORK, Nancy. *Les fromages*, Paris, Vander Oyez, 1976.

ENSRUD, Barbara. *Le guide des fromages*, Montréal,
Éditions Optimum internationales inc., 1981.

ESSER, William L. *Dictionary of Natural Foods*, Connecticut,
Natural Hygiene Press, 1972.

FREYDBERG, Nicholas et GORTNER, Willis A. *The Food Additives Book*,
Bantam Books, 1982.

GARLAND, Sarah. *Le livre des herbes et des épices*, Paris, Fernand Nathan, 1979.

GELB, Barbara Levine. *The Dictionary of Food*, New York, Ballantine, 1978.

GOLDBECK, Nikki et David. *The Supermarket Handbook*, Massachussetts,
Plum Books, 1973.

GOODE, John. *Les fruits*, Montréal, Éditions de l'homme, 1973.

GOODE, John. *Les légumes*, Montréal, Éditions de l'homme, 1973.

GROSSER, Arthur E. *The Cookbook Decoder*, New York, Warner Books, 1981.

GROVES, Walton J. *Champignons comestibles et vénéneux du Canada*, Direction
générale de la recherche, Agriculture Canada, publication 1112, 1981.

GUIERRE, Dr Georges. *Petite encyclopédie des fruits*, Paris, Le courrier du livre,
1975.

GUILLOT, André. *La vraie cuisine légère*, Paris, Flammarion, 1981.

HALL, Ross Hume. *Food for Nought*, New York, Vintage Books, 1974.

HANKS, Lucien M. *Rice and Man*, Agricultural Ecology in Southeast Asia,
New York, Aldine Atherton, 1972.

HAZAN, Marcella. *The Classic Italian Cook Book*, New York, Alfred A. Knopf,
1973.

HOWARTH, Jan A. *Délices de la mer et du Canada*, Montréal, Lidec, 1983.

JACQUES-FÉLIX, Henri. *Le café*, Collection «Que sais-je?», n° 139, Paris,
Presses Universitaires de France, 1968.

JACOBSON, Michael F. *Eater's Digest - The Consumer's Factbook of Food
Additives*, éd. rev., New York, Anchor Books, 1972.

JAFFREY, Madhur. *World-of-the-East Vegetarian Cooking*, New York,
Borzoi Book, 1981.

JANICK, Jules, SCHERY, Robert W., WOODS, F.W. et RUTTAN,
V.W. *Plant Science*, San Francisco, W.H. Freeman and Company, 1969.

JANVIER, Emmanuelle. *Les meilleures recettes aux fruits de mer*,
Paris-Bruxelles, Elsevier Sequoia, 1977.

JEANS, Helen. *Grains, Nuts and Seeds*, Northamptonshire,
Thorsons Publishers Limited, 1978.

JOLY, Patrick. *Les champignons*, Paris, Éditions Hatier, 1972.

KADANS, Joseph M. *Encyclopedia of Fruits, Vegetables, Nuts and Seeds for
Healthful Living*, New York, Parker Publishing Company Inc, 1973.

KARMAS, Harris. *Nutritional Evaluation of Food*, Connecticut,
AVI Publishing Company, 1975.

KAUFFMANN DOIG, Frederico. *Manual de Arqueologia Peruana*,
Perú, Ediciones Peisa, 1973.

LAGRIFFE, Louis. *Le livre des épices, condiments et aromates*,
Westmount, Desclez, 1981.

LA MÈRE MICHEL. *Le jardin naturel*, Montréal, Éditions de l'Aurore, 1976.

LANDRY, Robert. *Guide culinaire des épices, aromates et condiments*, Belgique, Marabout, 1978.

LE DIVELLES, Jacques et VENCE, Céline. *La cuisine de la mer*, Paris, Robert Laffont, 1982.

LE RICHE, W. Harding. *A Chemical Feast*, New York, Facts of File Publications, 1982.

LEROY, Jean-François. *Les fruits tropicaux et subtropicaux*, Collection «Que sais-je?», n° 237, Paris, Presses Universitaires de France, 1968.

LERY, François. *Le cacao*, Paris, Presses Universitaires de France, 1971.

LOCQUIN, Marcel. *Les champignons*, Collection «Que sais-je?», n° 812, Paris, Presses Universitaires de France, 1968.

LONDON, Sheryl et Mel. *Creative Cooking with Grains and Pasta*, Emmans, Rodale Press, 1982.

LONDON, Sheryl et Mel. *Poissons et fruits de mer*, Montréal, Stanké, 1983.

MATZ, Samuel A. *Cereal Science*, Westport, AVI Publishing Company Inc, 1969.

MAURY, Dr E.A. *Les tisanes du docteur Maury*, Paris, Jean-Pierre Delarge, éd., 1980.

MÉLANÇON, Claude. *Les poissons de nos eaux*, 4e éd., Montréal, Éditions du Jour, 1973.

MERVYN, Leonard. *The Dictionary of Vitamins*, Northamptonshire, Thorsons Publishers Lted, 1984.

MINCHELLI, Jean et LE DUC, Paul. *Crustacés, poissons et coquillages*, Poitiers, Éditions Jean-Claude Lattès, 1977.

MINIFIE, Bernard W. et CHEM, C. *Chocolate, Cocoa and Confectionery: Science and Technology*, 2e éd., Westport, AVI Publishing Company Inc, 1980.

MORASH, Marian. *The Victory Garden Cookbook*, New York, Alfred A. Knopf, 1982.

MUELLER, Jo. *Growing and Cooking your own Mushrooms*, Vermont, Garden Way Publishing, 1976.

MURAMOTO, Naboru. *Healing Ourselves*, New York, Avon Books, 1973.

NEUNER, Andreas. *Champignons*, Paris, Fernand Nathan, 1976.

NONIS, Umberto. *Guide des champignons gastronomiques*, Paris, Duculot, 1984.

NORRIS, P. E. *Le miel*, Les Editions Griffe, 1970.

NUGENT, Nancy et les rédacteurs de *Prevention. Food and Nutrition*, Pennsylvania, Rodale Press, 1983.

PATTEN, Marguerite. *La viande de bœuf*, Montréal-Toronto, Optimum.

PECKHAM, Gladys C. *Foundations of Food Preparation*, Toronto, Collier-MacMillan Canada, 1969.

PENNINGTON, Jean A.T. et CHURCH, Helen Nichols. *Food Values of Portions Commonly Used*, 14e éd., New York, Harper & Row, 1980-1985.

PIERRE, Michel. *Les plantes de l'herboriste*, Robert Jauze, 1982-1983.

PILAT, Albert. *Champignons*, Collection «Atlas illustré», Paris, Gründ, 1977.

PLUME, Christian. *Le livre des fromages*, Paris, Éditions des deux coqs, 1968-1977.

POMERLEAU, René. *Champignons de l'est du Canada et des États-Unis*, Montréal, Les éditions Chanteclerc ltée, 1951.

PRUILHÈRE, R. *Le livre de l'assaisonnement*, Paris, Éditions J.-Lamore.

RAGOT, Bernadette. *La santé par les céréales*, Paris, M.A. Éditions, 1982.

RAU, Santha Rama et les rédacteurs des Éditions Time-Life. *La cuisine de l'Inde*, Pays-Bas, Éditions Time-Life, 1970 (1974).

RICHARD, Jean et CARON, Céline. *Fruits et petits fruits*, Trois-Rivières, Jean Richard, 1981.

RUNNER, Jean. *Le thé*, Paris, Presses Universitaires de France, 1974.

RYDER, Edward J., Ph.D. *Leafy Salad Vegetables*, Connecticut, AVI Publishing Company Inc, 1979.

SCHERY, Robert W. *Plants for Man*, 2e éd., New Jersey, Prentice-Hall Inc, 1972.

SCHNEIDER, Elizabeth. *Uncommon Fruits and Vegetables: A Commonsense Guide*, New York, Harper & Row, 1987.

SCOTT, W.B. et CROSSMAN, E.J. *Poissons d'eau douce du Canada*, Bulletin 184, Office des recherches sur les pêcheries du Canada, Environnement Canada, 1974.

SHURTLEFF, William et AOYAGL, Akiko. *The Book of Miso*, New York, Ballantine Books, 1976-1982.

SIMONIS, W. Ch. *Du grain au pain*, Paris, Édition du centre TRIADES, 1966.

STADELMAN, William J. et COTTERILL, Owen J. *Egg Science and Technology*, Westport, AVI Publishing Company Inc, 1973.

STANLEY, Leon's Evan. *How to be your own butcher*, Perigee Books, New York, 1983.

STARENKYJ, Danièle. *Le mal du sucre*, Québec, Orion, 1981.

STERN, Jérôme. *Dictionnaire de nos aliments*, Paris, Éditions Garnier frères, 1982.

STITT, Paul A. *Fighting the Food Giants*, Manitowoc, Natural Press, 1980.

STOBART, Tom. *Herbs, Spices and Flavorings*, New York, McGraw-Hill Book Company et The International Wine and Food Publishing Company, 1973.

SUYEUX, Jean. *Le grand livre des produits et de la cuisine exotiques*, Paris, Le Sycomore, 1980.

TOUSSAINT-SAMAT, Maquelonne. *Histoire naturelle et morale de la nourriture*, Paris, Bordas, 1987.

TRAIT, Jean-Claude. *La p'tite ferme, le jardin potager*, Montréal, Éditions de l'homme, 1980.

VAN DER SEELEN, Elza. *Livre de la cuisine naturiste et macrobiotique*, vol. 1, Belgique, Publications Lima.

VANI, Paule. *Les nouvelles astuces de madame Truc*, Paris, Albin Michel, 1979.

VERDON-LABELLE, Johanne. *Soigner avec pureté*, Montréal, Les éditions Fleurs sociales, 1984.

VIARD, Henry. *Fromages de France*, Dargaud, 1980.

VOSTRADOVSKY, Jiri. *Poissons d'eau douce*, 2e éd., Collection «Atlas illustré», Paris, Gründ, 1973-1975.

WINTER, Ruth. *A Consumer's Dictionary of Food Additives*, New York, Crown Publishers, 1978.

WOODROOF, Jasper Guy. *Tree Nuts*, Westport, AVI Publishing Company Inc, 1967.

YAMAGUCHI, Mas. *World Vegetables*, Westport, AVI Publishing Company Inc, 1983.

Catalogue de nos produits, Coopérative La Balance, Montréal, La Balance, 1980.

Céréales, pâtes et légumes secs, 2ᵉ éd., Les rédacteurs des Éditions Time-Life, Amsterdam, 1982.

Dictionnaire multilingue des poissons et produits de la pêche, 2ᵉ éd., Organisation de coopération et de développement économique (OCDE), Farnham, Fishing News Books Ltd, 1968-1978.

Du bon usage des aliments, Bruxelles, Test achats, 1983.

Elements of Food Technology, Editor: Norman W. Desrosiers, Wesport, AVI Publishing Company Inc., 1977.

Fabricated Foods, Editor: George E. Inglett, Wesport, AVI Publishing Company Inc., 1975.

Larousse gastronomique, Paris, Librairie Larousse, 1984.

La santé, L'encyclopédie pour vivre mieux, vol. 1, Lausanne, Alpha, 1981.

La vie animale, Bordas encyclopédie, Paris, Bordas éditeur, 1968.

La volaille, Les rédacteurs des Éditions Time-Life, Amsterdam, 1978.

Le bœuf et le veau, Les rédacteurs des Éditions Time-Life, Amsterdam, 1978.

Le grand livre des plantes, Paris, Éditions des deux coqs d'or, 1970.

Le grand livre des poissons d'eau douce, Paris, Éditions De Vecchi, 1979.

Le porc, Les rédacteurs des Éditions Time-Life, Amsterdam, 1979.

Les industries agro-alimentaires, Encyclopédie Larousse, Paris, Librairie Larousse, 1979.

Nos amies les plantes, Genève, Éditions Famot, 1977.

Poissons et crustacés dans la cuisine internationale, Paris, Éditions Vilo, 1969.

The Basic Book of Organically Grown Foods, Les rédacteurs de *Organic Gardening & Farming*, Scarborough, New American Library of Canada, 1972.

The Farm Vegetarian Cookbook, Tennessee, The Book Publishing Company, 1975-1978.

The Healing Power of Herbal Teas, Grande-Bretagne, Ceres, 1984.

The Rodale Herb Book, Pennsylvania, Rodale Press, 1974.

Périodiques

Cahiers de nutrition et de diététique – Consumer Reports – Cooprix information – East West Journal – FDA Consumer – Food in Canada – L'alimentation au Québec – Le consommateur canadien – L'épicier – L'impatient – Le panier à provisions – Nutrition and Health – Nutrition Week – Organic Gardening – Prevention – Protégez-vous

INDEX PAR SUJETS

Fromages et produits laitiers

Fruits

Fruits de mer

Légumes

Légumineuses

Sucre et sucres artificiels